市川房枝と婦人参政権獲得運動

模索と葛藤の政治史

菅原和子
sugawara kazuko

世織書房

市川房枝と婦人参政権獲得運動★目次

［凡例］

一、婦人参政権という場合、国政レベル、地方レベル双方の参政権を包含するものとして広義に使用しているが、特に国政レベルの参政権を地方レベルの参政権たる公民権と区別する場合は、「婦人参政権（狭義）」と表記した。

一、資料の表記法については、漢字は原則として旧字体は新字体に、旧仮名づかいは新仮名づかいに改めた。ただし、人名、地名の他、特に必要と認めるものについてはそのまま残した。

一、明らかな誤字、脱字はこれを訂正したが、意味不詳のところは〈ママ〉とした。

一、ふり仮名は、繁雑さを避け、原文にあるものも削除したが、難読と思われるもの若干を残した。また、漢字全部にふり仮名が付され、そのことを強調したい場合は、その旨を添えた上で、削除した。

一、句読点は原典にしたがった。

一、引用文中［　］内の挿入は文意を明確にするために引用者が補足したものである。

一、註は巻末にまとめた。

市川房枝と婦人参政権獲得運動

★序章

課題と視角

1 問題意識と研究課題

婦人運動家市川房枝がその八七年余の生涯を閉じたのは一九八一（昭和五六）年二月のことであった。明治、大正、昭和という激動の時代をかけぬけたその生涯は、戦前は婦選運動、戦後は女性解放や平和・民主主義を守る諸運動への献身で彩られ、その名は女性史をはるかにこえたところで輝いている。わけても婦選運動は市川の運動哲学を体現し、市川の行動エネルギーを源泉として推進されたものであり、今や市川の名によってシンボライズされるものになっている。

本書は、その市川を中心に婦選運動の総括をめざし、彼女に体現されている二〇余年にわたる婦選運動を特定の段階や特定の運動分野を分断することなしに、世界史的視野をもって、日本近代史のなかで統一的・構造的に捉えようとするものである。そして、そうした意図のもとに可能な限り新しい事実・事象を掘り起こし、その脈絡を整理し、その内的関連を解明するつもりである。

婦選運動における最大の論点（争点）は「戦争協力」の問題である。婦選運動は近代日本がいったんは開花したデモクラシーの思潮や運動を圧倒して破滅的な戦争に向かった時代に重なり、その逆流のなかで格闘のうちに銃後の役割を担うものになってしまった。そして市川はその歴史の節目節目で決定的な役割を果している。本書が生い立ちから始まって、市川の意識や思想の生成プロセスに深入りしているのは、婦選運動を主導しきった市川の「戦争協力」の内的契機とメカニズムを究明するためには、それが不可欠だからである。

それにしても、大正デモクラシーのなかで人格と思想を形成し全力で権力にたち向かった市川が、なぜ戦争に手を貸すことになってしまったのか。いや、市川だけではない。多くの知識人が、多くの国民が国家の総動員体制に巻きこまれ、結局、侵略戦争に加担することになった。なぜか。本書はそうした国民全体の動向への問題関心を前提として、市川のそれを探ろうとするものでもあり、その意味では、きわめて特異ではあるが、一つのケース・スタディと言えるかもしれない。

もし歴史を学ぶことが現在を問い未来に課題を提起するものならば、戦前への回帰的状況が具体的に一種の爆発力をもって進行している今日であればこそ、さらには制度的にはともかく女性解放の点でなお課題が残され、その意味でまだ過渡期にある現在であればこそ、戦前戦中の市川の実像を研ぎだし婦選運動の「陥穽」を探ることはきわめて重要な課題である。

さて、婦選運動を辿るにあたっては、もちろん市川のみならず、運動に携わった他の有名な運動家や縁の下の力として働いた無名の女性たちに目を向けなければならない。ただ婦選運動が本来もつ自発的・主体的な性格を前提として、名実ともに婦選運動の指導者だった市川を中心に据えなければ、その多岐多端にわたる運動相互の脈絡を捉えることも、時代の歯車のなかで変転をみせる婦選運動の本質や内的メカニズムに迫ることはできない。例えば、大同団結方式で展開した傍系運動において、その協力と連帯を導いたのは市川であり、また冠の如何に拘らず実権を握って運動の采配をふるったのも市川であった。問題の所在を探り、運動の全体的な構図を描くには、どうしても市川を中心に据え、しかも連続性をもって考察することが必要なのである。

とはいえ、運動集団内部の相互関係、すなわち運動の仲間・同志の存在とその影響、運動構想・戦略戦術をめぐる運動内部の相剋、葛藤などの検討は不可欠である。その点無視できない人物として、金子（山高）しげりと藤田たきを大きく視野に入れた。戦中から戦後にかけて市川の近くにあって、当時の市川をよく知る原田清子(1)も、「市川の航跡を辿るにあたっては実践活動を分担した山高［金子］しげりと、つねに影のように市川に添っていた藤田たきの存在を見逃せない」(2)とやや意味深長な言葉を残している。とりわけ金子は、「女房役」として「市川・金子のゴールデン・コンビ」を形成し、市川とは路線や手法をめぐる対立や論争を伴いつつ協働し、曲折のうちにともに総力戦体制になだれこんだ人物であり、戦時の市川の実像を研ぎだすためにはどうしても視野からはずせない。

従来の市川（婦選運動）研究の動向を見てみれば、やはり資料が出揃う前の研究は資料へのアプローチの困難さからくる不可避の限界があるように思われる。例えば井手文子「日本における婦人参政権運動」（『歴史学研究』二〇一号、一九五六年一一月号）や吉見周子『婦人参政権』（鹿島研究所出版会、一九七一年）などは、「負」の側面にはまったく触れておらず、その標題に相応するものとは言い難い。

その後、時期的には限定されたものであるが、体制側の動向を包摂した研究が登場し、新しい研究の地平が切り拓かれた。米田佐代子「婦人解放史における民主主義の課題——治安警察法修正運動の意義によせて——」(一)(二)（『東京都立大学人文学報』八九号、一九七二年三月／九七号、一九七四年三月）、白石玲子「一九二〇年〜一九三〇年代日本における婦人関係立法についての一考察——婦人の政治的権利容認の立法意図をめぐって——」（『阪大法学』一一〇号、一九七九年三月）、佐治恵美子「浜口内閣期の婦人公民権問題」（『日本史研究』二九二号、一九八六年一二月）などである。

また、松尾尊兊の「大正期婦人の政治的自由獲得運動——新婦人協会から婦選獲得同盟へ——」（『女性同盟』復刻版、ドメス出版、一九八五年）、「別編　大正期婦人の政治的自由獲得運動」（『普通選挙制度成立史の研究』岩波書店、一九八九年）、「解

説 帝国議会における婦選法案の推移」（『婦選』復刻版、ドメス出版、一九九四年）によって、婦選運動の対議会活動の基礎的事実が明らかにされると同時に、大正期の婦選運動が概観できるようになった。

他方、「負」の部分についての研究としては、まず鹿野政直「ファシズム下の婦人運動――婦選獲得同盟の場合――」（家永三郎教授東京教育大学退官記念論集刊行委員会編『近代日本の国家と思想』三省堂、一九七九年）が挙げられる。鹿野は、「無権利者は、本来、体制への責任を分担しないにもかかわらず、まさに無権利であるがゆえをもって、拒否の論理なき参加の論理にひきずられやすい。そのことは往々にして既存の体制の改変をではなく、それへの無限の接近という結果をもたらす」という視点を示して、「運動の反対物への転化」の本質に迫った。また、西川佑子「戦争への傾斜と翼賛の婦人」（『日本女性史 現代』第五巻、東京大学出版会、一九八二年）、大宮みゆき「婦人運動家の動向」（『銃後史ノート』復刊二号通刊五号、一九八一年七月）、同「大政翼賛会と婦人団体」（『銃後史ノート』復刊三号通巻六号、一九八二年四月）も、部分的ではあるが、鋭い切り口で「負」の局面に迫り、婦選運動の研究レベルを高めている。

わけても銃後史的視点を明確にうちだしているのが鈴木裕子である。彼女は「参加↓解放への論理、あるいは心情こそ、市川をして、戦争協力・体制加担へと向けていった最大の理由」と論じ（「参加↓解放への『死角』――市川房枝」『フェミニズムと戦争』マルジュ社、一九八八年）、さらにはその意味を「『女権＝参加＝解放』が市川の生涯を辿るキー・ワード」と明確化している。この視点は鹿野の「無権利状態におかれていたがゆえに」とする原理と一脈通じつつ、運動者の強い権利意識の存在を前提にしている点ではっきり異なる。また鹿野が社会的弱者であった運動者側に理解を示しつつ歴史的総括として提出しているのに対し、鈴木はそれを徹底的に客観化して、その「戦争責任」を問い、さらに今日の女性の生き方、フェミニズム運動の見直しを迫る意気込みを前面にだしている。

他方、鈴木裕子論に対する異論もだされ、例えば国武雅子「戦時期の市川房枝」（『歴史評論』一九九六年四月号）は、「戦時協力の活動をすべて戦争協力ととらえることはやや一面的にすぎる」、またその「責任を『すべて個人』レベルの問題に帰すことにも無理がある」と批判したうえで、「使命感」から「状況が どのように 変わろうとも、運動家としての役割を模索し続けた。それが結果として戦争への協力につながった」のだと結論づけている。

いずれにしても、市川を顕彰するのみならず銃後史的見地から客観的に再検討しようとする試みが表出してきた背景には、先の戦争の加害性についての認識が強まったこと、平和の希求をこめて歴史の教訓を導こうとする世論が高まったことなど、社会一般の歴史認識の深まりがある。またより直接的には時間の経過が市川を客観視あるいは遠近法で見ることを許容するに至ったことが挙げられる。もちろん、それは婦人参政権獲得運動史の歴史検証の公正化と女性史全体の質的な飛躍を意味し、日本の歴史学全体にとって歓迎すべきことである。ただ、これらがいずれも市川側の豊富な資料に依存し、そこで充足的に結論を導きだしている面があることは否めない。その意味で婦選運動の研究は他の資料と照合し多角的に検討する、あるいは個別研究のそれぞれをつき合わせて全体像を描けるほどには蓄積されていない。とりわけ「負」の側面の研究はなお緒についたところで、この領域は広大な未開拓の原野とさえ言える。

そもそも女性史の枠にはおさまらないスケールをもつ市川の言説や行動、あるいは戦術・戦略も絡んできわめて複雑な様相をみせる婦選運動を、豊富とはいえ市川サイドの資料だけに依拠して分析・研究することは問題なしとはいえない。そうした問題意識から、本書では可能な限り周辺の客観材料を渉猟収集し、世界史的文脈のなかで、政治史と女性史を架橋するかたちで、あるいは政治史のなかに女性史をとりこむかたちで実証的に考察した。また主官庁たる内務省の動向について、それを徹底的に追求した。

人物としては、堀切善次郎（戦中には主として選挙粛正関係の運動を通して市川とは深い関わりをもち戦後には内相として婦人参政権付与の立て役者となった人物）、狭間茂（大正デモクラシー期には婦人参政権の妥当性を認め婦人参政権〔制限付〕付与を画策しつつ、ファシズム期には口を閉ざした人物）、田邊定義（東京府市関係の選挙粛正運動を通して協力関係を結んだ東京市政調査会役員）、横溝光輝（国民精神総動員運動において「果敢」に婦人を登用した内閣情報部部長）らに着目、彼らの果した役割を明らかにした。さらに「反軍演説」であまりにも有名な斎藤隆夫、彼は婦選付与に関して影響力をもつ立場にあったが、その態度はどうであったか、その点も徹底的に洗い上げた。その他、例えば大日本言論報国会や大政翼賛会調査委員会における市川の働きなど、彼女と体制側（男性側）との接点の部分の解明に努めた。いずれも市川サイドの資料だけでは見えてこないものである。

2　分析の視角と方法

一般に個人を研究対象にすること、つまり生身である人間を俎上にのせるということは、それが誰であれ、それがどんな生涯であれ、きわめて責任の重い仕事である。まず求められるべきは公正性と客観性であり、資料の意味づけや解釈の多様性のなかで独善や先入観を排するのはもちろん、その個人と歴史条件において考察されるべき問題を現在という一定の到達点の規範で裁断してはならない。と同時に、それを見る現代の目がなければ、歴史の教訓を導きそれを未来につなげることはできない。しかしその時代に生きた者とそれを過去として見る者との間には往々にして感情や判断における懸隔がある。さらに本質とは関係のない好悪の感情をどこかで捨て切れないという、論者側のこれまた生身の人間の複雑な感情の問題もある。

市川の場合、使命感と善意にあふれ、しかもその動機において正当、その態度において誠実かつ真摯であった。それでもなお過酷さを承知で言えば、戦術であれ戦略であれ、あまりにも権力に近づきすぎた。そして「婦人解放」に急で、日本が仕掛けた戦争の侵略性、加害性に対する問題意識をもちつつも結局、翼賛体制に組みこまれていった。研究途上で共感と反発が交差する所以である。

ところで、『共同研究　転向』下巻の「第五章　資料・転向思想上の人びと―略伝―」のなかに、市川がその一人としてとり上げられ、彼女の「転向」類型がおよそ六八〇字の略伝のなかで次のように結論づけられている。「自由主義から超国家主義への、集団参加をとおしての無自覚的、なしくずし的転向。転向は中日戦争以後の翼賛運動の内部でなされた」。本書は市川の戦中の言動を「転向」理論で解こうとするものではないが、この「なしくずし的転向」論にひきつけていえば、彼女の「転向」は、そうした消極的、受動的な文脈で捉えるべきものではない。むしろ「強制力」が加わる前に先取り的に「適応」して身をかわすという、いわば戦略線上の「転向」であった。この点は市川の運動家としての個性を強く刻印するものとして、ここで押えておきたい。

大きな曲がり角は一九三七（昭和一二）年の日中戦争突入の時期であった。すべての抵抗勢力が解体を強いられていく当時にあって、市川は、運動のなかで培ってきていた「タテマエ」と「ホンネ」を自覚的に区別する知恵と工夫をもって、一定の留保を付しつつ、婦選運動を内在化する一方、可能な限り戦時下の婦人政策を追求する道を選択した。だが、そのぎりぎりの稜線を歩み続けるには、ファッショ化の波はあまりにも激しく急だった。思惑を凌駕するその波を受けつつ、やがて「東亜新秩序建設論」を是認するに至る。

ただし、留意すべきは「婦人解放」の側面ではあくまで「非転向」を貫いているということである。すなわち、無権利であるがゆえに、時局下さらに苦難を強いられることになる大衆婦人の生活と権利の擁護をめざすという点では、市川は不屈の抵抗者であり続けた。したがって、その局面では現状批判のリアルな認識と自立の精神を失わず、権力に限りなく接近しながら「反権力」であり続けた。

かくて、権力に対しては「東亜新秩序建設」をめざして「婦人に対する新しい指導理念の確立」を訴え、大衆婦人に対しては「皇国女性の心構え」を説き、そのはざまで婦人の「自発性の確保」の方途を探りつつ婦人の「社会進出」の意義を純化、尖鋭化させていくという、市川独特の「転向」スタイルをみせることになる。この二重性は次のように表すことができる。すなわち、外見的には婦選獲得運動→国策協力運動→女子動員運動（「銃後」→「前線」）というかたちで転化・変質しているが、内面的には婦選の要求→戦時下婦人の最低限の権利擁護・婦人の発言権確保（婦選要求の潜在化）→家族制度への反発・挑戦という内なるドラマとして展開されている。

では、市川の陥穽はどこにあったか。先に示したように鹿野政直と鈴木裕子は、アプローチの違いはあれ、国策機関（準国策機関）への進出を一種の「参政権の実現」「行政権の確保」と捉える心理・心性に着眼したという点で一致し、それはまったく当を得たものである。だがそれだけでは市川の矛盾と逆説に満ちた言動、戦争協力を解くことはできない。筆者は、それ以上に、彼女の政治的リアリズム、戦略・戦術的な政治感覚に注目したい。もちろん、これは運動家としての市川のすぐれた資質と才腕、そして彼女本来の権利意識や実践知が加わって磨きがかけられた精神の柔軟性と強靭さを映したものであり、それそのものの正否は語り得ない。問題はそれが反対物に転化してしまったという事実である。そして、そこに見えてくるのは戦略・戦術を駆使しながら反動のなかをつき進んだ市川が、その不屈の精神と戦略・戦術的巧みさゆえに国家に搦めとられてしまったというパラドックスである。この点は論考を進めるなかで検証していく。

研究資料について若干述べておきたい。市川、あるいは婦選運動史に関する資料は機関誌を中心にその多岐にわたる活動を映して膨大である。まず機関誌『女性同盟』（新婦人協会機関紙）、『婦選』（婦選獲得同盟機関誌）、『女性展望』（同前）、『婦人問題研究所々報』（婦人問題研究所機関誌）があり、運動の経過や運動哲学・運動手法を知るためには、その詳細な報告や関係者の論説やアンケート等が貴重な資料となっている。これらは現在いずれも復刻されており原資料へのアプローチは容易になった。また戦時の婦人界の動向を知るためには、市川房枝編『戦時婦人読本』（昭和書房、一九四三年）、同じく『婦人年報第一輯婦人界の動向』（文松堂出版、一九四四年）が貴重な資料となっている。さらに市川がその歩みを記録した『市川房枝自伝戦前編』（新宿書房、一九九〇年）も、「自伝」というより事実経過を忠実に再現した「資料集」に近く、その率直かつ克明な記録によって婦選運動の全貌を見渡すことができる。ただし、その記述は戦時が深まるにつれ希薄化している。おそらく原資料となる戦時下の機関誌が、雑誌統制下、紙数においても内容においても十全ではありえなかったからであろう。

他方、運動経過を年表風に整理した児玉勝子の『婦人参政権運動小史』(ドメス出版、一九八一年)、同じく『十六年の春秋――婦選獲得同盟の歩み』(ドメス出版、一九九〇年)が運動の骨格を記しているが、前者が入り組んだ運動を年月順に書いてやや複雑であるのに対し、後者はそれを一度解体して問題別に整理して見やすくなっている。ただし、双方とも「負」の歴史についてはほとんど触れていない。その他、児玉の『信濃路の出会い――婦選運動覚書き――』(ドメス出版、一九八五年)が前書の行間をうめるような裏話に触れ、また追悼集『市川というひと一〇〇人の回想』(同書刊行会、一九八二年)が市川という稀有の人物を映しだし、それぞれ興味深いものになっている。

だが市川サイドの著述・著作は、第三者的な客観的な目が欠落しているという点で決定的な限界がある。そのなかで唯一の例外が原田清子の「戦時下の市川房枝――婦選獲得同盟の解散と婦人時局研究会」(『銃後史ノート』復刊五号通巻八号、一九八三年一二月)と、「新日本婦人同盟の成立」(『銃後史ノート』復刊七号通巻一〇号、一九八五年八月)である。戦中から戦後のごく初期にかけて市川の身近かにあった原田のそのリアルな目は市川を捉えて的確である。本書も彼女の証言に喚示されるところ少なくなかった。

その他、外崎光広『高知県婦人解放運動史』(ドメス出版、一九七五年)が、全国的な運動を視野に入れつつ、同県の戦前戦後の百年にわたる婦人解放運動全般(戦後婦人労働者運動を除く)の動向を示しており、その叙述から多くを学んだ。また千野陽一『近代日本婦人教育史』(ドメス出版、一九七九年)は、直接には婦選問題を扱ったものではないが、支配層による婦人層の掌握過程、その一環としての体制内婦人団体ないし婦人運動の組織化の過程、そして反体制婦人運動と体制内婦人運動の緊張関係を構造的に導きだし、市川研究に不可欠な歴史的視座を提供してくれる。藤井忠俊『国防婦人会』(岩波新書、一九八五年)も、断片的ながら満州事変以後の婦選獲得同盟に触れており、同書から比較の視座が与えられた。その他、歴史研究においては当然のことながら、可能な限り第一次料資料にあたった。「真実」はもとより、

「歴史への臨場感」が伝われば幸いである。

3　構成と内容

本書全体の構成を記せば、第一から第六章までで、誕生から女子動員問題へのコミットまでの市川の約五〇年の軌跡を辿り、第七章で疎開から敗戦を経て婦人有権者同盟結成までの歩みを追うと同時に、占領下実現をみた婦人参政権の立案過程と立法意図を探った。そして終章では、婦選運動の総括を行うとともに、戦後の市川の再生・再出発を確認した。以下、章ごとの内容を大まかに述べる。

第一章「自立の精神と女性解放思想の形成」では、生い立ちから友愛会婦人部への就職・退職まで、彼女の思想と人生の方向を大きく決定づけた経験を追った。なぜ、「手段」を「目的化」するほどまでに「婦人の進出」にこだわり続けたかがいささかなりとも見えてこよう。

第二章「婦選運動前史――試練と学習の時代」では、平塚らいてうに誘われて新婦人協会を結成し、治安警察法第五条改正運動（婦人参政権運動の前提として）へ文字通り猪突猛進で取り組んだものの、内外の軋轢のなかで、結局同協会を離別、心機一転アメリカへ飛びたち、そこで二年半をすごし、帰国後ＩＬＯ（国際労働機関）東京支局で仕事をするところまでをみる。また、運動者のみならず為政者も視野に入れざるを得なかった婦人解放先進諸国の婦人参政権獲得運動をも概観した。

第三章「婦選運動の統一と発展――満州事変勃発まで」では、帰国後婦選獲得同盟に加わり、虚実こもごもの対議会活動を展開、そのなかで婦選運動の絶頂期を迎えるという局面を扱った。また、後の選挙粛正運動から翼賛選挙運動の原型となる、戦術としての東京市会浄化運動に注目した。

第四章「満州事変勃発と婦選運動の戦術転換」では、婦選運動の舞台が満州事変を機に暗転、その反動時代に処する戦略として傍系運動（東京市政改革運動、母子保護運動など）に関わり、そのなかで次第に運動の本質が歪められていくダイナミズムに迫った。

第五章「日中戦争突入と婦選運動の屈折」では、延命のため、また戦時下婦人の権利と生活の擁護のため「第三の道」を選択、国民精神総動員運動を通して「要求」と「協力」、「抵抗」と「同調」の稜線を歩むうちに、それまで辛くも体制にくみこまれることに抵抗してきた市川が「東亜新秩序論」を積極的に容認し、新体制運動への参加を企図するに至る、その論理と実際をみる。

第六章「太平洋戦争下の『翼賛』と『抵抗』」では、婦人再組織の主張とその帰結としての大日本婦人会成立、そしてその欺瞞的な組織の解消の要求、さらには翼賛選挙への協力、大日本言論報国会理事への就任、女子動員（銃後→前線）の建言まで、市川の体制加担と体制批判をみる。

第七章「戦中から戦後へ」については先に触れたが、第一節では戦争激化による疎開から敗戦を経て有権者同盟の結成までを描き、その第一項には疎開地で接触した人々の証言も収めた。第二節では占領の磁場で実現をみた婦人参政権をめぐる諸事実を究明した。これは拙論「日本の『女性参政権』の成立とその史的背景」(一)〜(三)(『自治研究』七〇巻四号、一九九四年四月・七〇巻一〇号、同年一〇月・七一巻一号、一九九五年一月)をベースにしている。

終章「市川房枝と婦選運動」については、先に示した通りである。

本書を通して特に注目したのは、市川主導の傍系諸運動が婦人解放運動の先進国である欧米、とりわけ米国のそれの影響を強く受けているという点である。婦選運動は、理念においても手法においても、間接的にも直接的にも、その影響なしには考えられない。例えば戦後の婦人有権者同盟や、アリス・ポール（全米婦人党の事実上の会長）の運動専一主義などはよく知られているが、実は全く注目されていないものの、「戦争協力」への傾斜の文脈において重要なものとしてシカゴの婦人クラブがある。同会を下敷きに、一九三一年七月には「婦人市政クラブ」（婦選獲得同盟東京支部中心）

を結成し、その発想の線上で東京市政改革運動、国民精神総動員運動等に関わっている。また市川が執着してやまなかった「婦人再組織論」(全婦人の「協力」組織網の整備案)も、その源流は第一次世界大戦(欧州戦争)におけるアメリカの大衆婦人動員組織形態にあった。女子動員(徴用)の建言にしても、英米独における婦人と権力との協調的な戦争遂行のあり方が「かくされた動機」としてあった。その他、東京市会浄化運動(選挙革正運動)などもアメリカの大統領選時における手法を取り入れたものであり、そうした運動の根っこにあって見えない事実をも掘り起した。

次に注目したのは、市川の組織づくりと運動手法である。これは先述の政治的リアリズムに関わるものであるが、市川は状況に即応した新しい組織を作りだすオルガナイザーであると同時に、種々の軋みや対立をはらむ婦人団体を協力・連帯に導くコーディネーターであった。そして、その行動様式は個人的な感情を排して婦人だけの大同団結的組織を結成し、そこへいわば清濁合わせのむかたちで多彩な人脈を吸収、それを背後の勢力として協力姿勢を示しつつ実効性のある政策を迫る、これであった。この有効性と危険性の双方を意識的にみていきたい。

また基本的スタンスとしては、婦選運動、ないし市川をトータルに肯定したり否定するのではなく、「正」と「負」、「光」と「影」のそれぞれをきわめて困難な時期に遭遇したその「試行錯誤の局面」として捉えるという立場をとりたい。鈴木裕子は、戦時の市川の評価に関連して、「女性史は今百家争鳴の時」(3)と述べている。本稿もその意味で一石を投じるものでありたいと思う。

最後に、市川が主導した婦人参政権獲得運動を婦選運動と表す理由を述べておきたい。婦選とは男子普選案の成立(一九二五年三月)にあたって婦人参政権関連法案が積み残されたとき、婦人問題に理解のあった穂積重遠が「婦選なくして何の普選ぞや」として用いたものである(4)。以後市川らは真の普選はまだ実現されていないという抗議と風刺の意味をこめて婦選(婦選運動)という語を使うようになった(5)。したがって、厳密にいえば、婦選運動とは普選成立後の婦人参政権獲得運動をさし、それ以前の運動は婦選運動ではなく婦人参政権獲得運動ということになる。本書では、煩雑さを回避すると同時に市川の運動としての連続性を示すため、彼女が普選成立以前に関わった新婦人協会の運動については、それを「婦選運動の前史」と位置づけた。

なお、「婦人」の使用には若干の違和感を覚えるが、「婦選」、「婦人運動」、「婦人参政権」といった歴史的に形成された概念については、当時の文脈に即して「婦人」を使用することにした。その他一般的な記述において「婦人」がなじまないと思われる箇所では、煩瑣でかつ一貫性を欠くことにはなるが、「女性」「女子」をも併用した。

★1章

自立の精神と女性解放思想の形成

1　因習と封建秩序のなかで

1　自我の形成期——師範学校卒業まで

一八九三（明治二六）年五月一五日、市川房枝は愛知県中島郡明地村字吉藤（現尾西市明地字新田橋上南）に、市川藤九郎・たつの男三人女四人の兄弟姉妹の三女として生れた。父親は染物に使う藍玉の商売をしていたがうまくいかず、市川が育つころには「すっかり貧乏になって、七、八反の田畑を耕し、養蚕もする純粋の農夫になっていた」(1)。だが、それだけに、「自分は学問しなかったから百姓をしている。……おまえたちはみんな勉強せよ」と子供の教育に熱心で(2)、しかも「女の子は行儀よく、女らしく」などとは言わなかった。

反面母親に対しては暴力をふるい、拳骨で、ときには薪で殴った。そんなとき市川は泣いて母をかばったが、母親はあとで「今までに何度里へ帰ろうと思ったかしれないが、お前たち子供が可愛いいから我満しているのだ。女に生れたのが因果だから……」と涙を流した。市川は記している。「『なぜ女は我満しなければならないのか。なぜ女に生まれたのが因果なのか』そうした思いが頭に刻みこまれた。……私のそれからの長い人生は母の嘆きを出発点にえらんでしまったようである」(3)。封建秩序の桎梏のなかでただひたすら耐えるしかなかった母親の姿に、その幼い心をどんなに痛めたかは想像にあまりある(4)。

母たつは忍耐強く聡明な女性だった。市川は限りない尊敬と誇りの気持ちを綴っている。「無学で字が読めず、それに嫁いだ当初は父親の姉妹が子どもをつれて里帰りしていて、ずいぶん辛い思いをしたらしい」が、「忍耐強く、理性的で、すばらしく記憶力がよかった」(5)。

ここで市川誕生以降の日本を遠望しておこう。まず誕生の翌年が日清戦争勃発の年である。そして、その戦争が終わるや、三国干渉による遼東半島返還、そして臥薪嘗胆をスローガンとする軍備拡張から日露戦争へと、時代は大きく転回していく。市川の少女時代は、日露戦争勝利の結果、朝鮮を保護国化し、さらには本格的な植民化をめざして増税と軍備拡張をはかっていくという、日本が帝国主義化の上昇気流の渦のなかにあった時代と重なる。だが、そうした大状況はまだ直接には市川の生活を左右するものではなかった。

一八九九(明治三二)年、数え年七歳で尋常小学校へ入学した。だが学校になじめず、よく休んだ。両親は「農業と養蚕で忙しく、また教育もな」いために家で勉強を教えてもらうことはなかった。市川は言う。「所謂家庭教育などは与えられず生まれたままで放置されてきたといえるが、私としてはむしろそれを感謝している」(6)。確かに、伸びようとする芽を摘まれることなく、両親に肯定されて成長したことは幸せであった。そのことによって自らの人生や運命は自らの才覚と決断で切り開いていくものであることを体得し、独立自尊の精神・自助の精神を育んだ。女大学的倫理に基づく家庭教育などとは無縁な、そして両親のおおらかな懐のなかで批判精神や向上心の自然の発芽を許されたこの幼少時代こそ、市川が運動家として大きくはばたく土壌だった。そして、そうした独立的気風と精神、女性解放の初志は、やがて訪れる大正という時代の社会的条件あるいは時代的要請が加わったとき、いやがうえにも助長されずにはおかなかった。

尋常小学校卒業後、高等小学校に進むが、やがて「日本は神様の国だというので」、国学者の本居宣長や平田篤胤などに傾倒するようになる。「両親がお寺の息子が株をやったり芸者買いをしたりしてけしからんと非難しているのをしばしば耳にしていたから」(7)という。

高等小学校卒業後、渡米をめざしてアメリカにいる兄藤一に相談した。兄がくれた葉書に、「アメリカニハ、オンナノダイガクノセンセイダッテイルヨ」と書いてあった。それをみて刺激を受けぬはずがない。役場へ渡米願いを出した。だが、警察署から呼出しをうけ、未成年者ひとりでやるわけにはいかないとして不許可になってしまった。後のアメリカ行きはこのときの夢の実現でもあった。

その後も勉学の夢捨てがたく、兄の助言と助力で上京、三輪田高等女学校を受検するが失敗、無試験のミッションスクール女子学院に入学した。同校は当時一般の女学校が国民の忠誠を天皇=国家へと集中させるために体系づけられた家父長制度の道徳・良妻賢母を奉じていたのとは正反対に、男女平等意識とキリスト教的ヒューマニズムに基づいた進歩的な教育を行っていた。だが市川は拒否反応を起した。午前中は英語ばかり、午後には毎日聖書の講義があり、さらには学生全部が集まってお祈りがあったためで、特にお祈りは「日本は神の国だと思」い、「仏教もヤソ(キリスト教)もきらい」(8)だった彼女には耐えられなかった。やがて授業後に通える「国粋主義みたいな学生ばかり」の国語伝習所(女学校の国語教師の養成所)に通い、万葉集や十八史略などの講義を受けるようになる。こうした人格形成途上の内的経験はおそらく抜き難い感情として深部に残ったのではなかろうか(9)。

結局、女子学院は三ヵ月余り後に退学、郷里へ帰って隣の萩原町尋常小学校の代用教員になった。この代用教員時代、薄給などに発奮して準教員になろうと毎日講習会に通ってその資格をとるが、その教員生活も半年ほどで止め、学資の少なくてすむ全寮制の愛知県立第二師範学校女子部の本科一年に入った。市川一六歳春の再出発である。

同校女子部は「質実剛健」の校訓のもとに、道徳に厳格で行動の枠の設定は徹底しており、学生の自由と人権は無視されていた。例えば、男子学生との会話は禁止、手紙は検閲制、外出簿には訪問先・時間等の記入と認印が必要であった。社会の状況を知る回路も狭かった。湯飲場においてあった小説部分を切り抜いた新聞一紙（『名古屋毎日新聞』）が辛うじて日々の情報を得る窓口だった。だが市川にはそうした男女関係の厳しさを含めた質実剛健性が体質的に合ったと思われる。市川自身、「生徒としては実に従順な、いい生徒でした。不思議な程……束縛や、制限を無理だとも嫌だとも思わず、当然な事だと思って遵奉していました」(10)と語り、それを「きびしい一方、真面目な前進的な気風があったからだろう」(11)と振り返っている。

市川がこの師範学校に入学した一九〇九（明治四二）年は初代韓国統監になった伊藤博文がハルピン駅頭で暗殺された年である。翌年には日韓併合が行われ、その直後に大逆事件が起きた。そうした動きに対して、市川自身は「それほど関心をもたなかったようである」(12)というが、どうして社会の動きには目を凝していたようだ。同窓の永井志津が証言している。入学したころの市川は、「一寸むつかしい顔をして、暇そうにゆっくりあるいて、上級生の常連しか来ていない湯飲場に、毎日、新聞を見に来て居られた」(13)。

市川は先生には真面目でよく勉強するというので可愛がられ、三、四年には級長になるが、その四年次、「反乱」の主役になった。「女子は良妻、賢母となるべきだから舟底型の木枕を持参せよ」(14)と命令する新校長に対する不満などからストライキを起したのである。同級生二八人を組織して一人一項目づつの要求を学校当局にぶつける、教室では無言で答えない、試験には白紙でだす等を決め実行した。そのうち要求の一部は解決し、一応成功に終わった。このストライキにみる反骨精神と行動力に、後のオルガナイザーとしての市川、リーダーとしての市川、闘士としての市川の片鱗をみるが、この優等生でかつ反骨精神に富むという市川の姿は、後の運動を考えるとき、かなり重要なポイントになる。婦選運動においても合法・不合法の稜線を歩みながら決して明治憲法体制の大枠を決して外れることはなく、その枠内でそこに設定された女性差別を撤廃させようとした。そのラジカルだが冷静な思想と行動こそ「優等生」の「反骨精神」といえるものではなかろうか。

ともあれ、スト後勉強にも身が入らず、卒業後さらに東京女子高等師範学校に進学すべく受験したが失敗、それ以上の勉学は諦めた。

以上、市川の自我の形成期・思想の揺籃期を垣間見てきたが、彼女が母親の姿を原点として、また闘いの火種として、幼くして自らに課した婦人解放というテーマはさらなる自己鞭撻の日々を経て、やがて具体的な像を結ぶことになる。

2　実社会へのたびだち——小学校教員として

市川が師範学校を卒業するのは一九一三（大正二）年、ちょうど民衆運動がはじめて内閣を倒した「大正政変」の年であった。市川二〇歳、まさにそれを契機に高まる大正デモクラシーのなかで批判的な知性や創造力を磨き、またその大正デモクラシーにのって婦人解放（婦人の差別解消と地位向上）の課題にたち向かっていくことになる。

卒業後、郷里の母校・朝日尋常高等小学校に奉職した。担任は尋常科六年女子、他に高等科の女生徒の唱歌と家事を受け持った。唱歌と家事は苦手だったものの、先生ぶりはなかなかだったようだ(15)。しかし市川は教員という職業に満足できなかった。女性にとっては先駆的な仕事だったが、男子教員との俸給格差に加えて、待遇面の男女格差があり（女教員だけ忘年会などで料理当番を負わされるなど）、その点に我慢がならなかった。結局、在職一年で名古屋の小学校に転勤した。だが相変わらず俸給格差に加えて来訪者へのお茶のサービス等の割当があり、ここでの経験も市川に児童の月謝から計算して「名古屋市役所にだいぶもうけさせていることになると不平だった」(16)との思いを残させるものであった。

そうした差別と忍従を前提として成り立つ職業にあきたらない市川の心は、やがて大正デモクラシーの発信地・東京に向かう。だが、師範学校卒業者には月謝も寮費も無料、着物も支給されるかわりに卒業後五年間は県内の小学校に勤務する義務があり、東京の小学校への転任を試みるが、義務年限にひっかかって駄目だった。

それでも東京に焦がれる気持ちが募るばかりで、「生徒は可愛いので、教室では一生懸命教え」、あとは「学校は面白くないのできまったことだけ」すると割り切り、地元での講習会や講演会に出席したり、教員仲間で研究会を催したり、また夏休みになると上京してあちこちの講習会に出席するなどして知的好奇心を満足させながら、引き続き名古屋脱出の方途を模索し続けた。当時名古屋の染物屋の二階で自炊生活をしていた市川を尋ねた永井志津は、「壁には、その月のスケジュールが張ってあり、市川さんが社会勉強に張り切って」(17)いたと証言している。

そうして行動半径を広げていくうちに、市川は文化人グループ「木曜会」に出入りするようになった。同会には、『名古屋新聞』主筆・小林橘川、組合教会(キリスト教の一派)の牧師・金子白夢、ユニバーサリスト(キリスト教の一派)の長野浪山などが集い、「時の問題」を話合っていた。そこで市川は哲学の講義なども聞いたという。時代の空気に敏感な市川である。このころには「国粋論」も返上、「信仰は洗礼を受けるまでには熟していなかったが、教会の会員になってある程度の献金をしないと悪いと思い」洗礼を受け、やがて頼まれて日曜学校の教師(五、六歳前後を担当)を引き受けるまでになる。当時その生徒だった外山栄は市川について、「クリスチャンだった父が、女ながらしっかりした人だとよくいっていたので、子供心にも立派な人だなあと思っていました」(18)と語っている。

キリスト教には、上京後も接触していくが、市川の場合、宗教というよりそこに漂う知的な刺激や雰囲気に魅せられていたのではなかろうか。西洋の新しい思想・思潮は、当時、キリスト教を窓口として流入し、その普遍性をもって日本の精神的伝統の再検討を促していた。市川はそこに集まる人々との接触のなかで、女性解放の基礎となる新時代の教養を身につけ、自由と独立の精神に磨きをかけると同時に、ものごとの大綱をつかむ思索力を養ったに違いない。

市川は、この青春時代、因習と封建の壁にぶつかり、二度『六合雑誌』(19)に投書している。「結婚問題」(一六年四月号）と、「不徹底なる良妻賢母主義」（同六月号）である。前者は、女性の人生における選択肢がほぼ結婚に限定されている状況にあって、「従来の因襲的道徳に循い、普通に過ぎ行かば更に迷いは無之候も、内心の叫び如何ともいたし難く候」との心情を吐露したものである。実はこのころ同僚の教員からの結婚申込みを受けるなど、実際に結婚という問題にぶつかっていた。だが、「社会的進出を夢みていた」市川には「普通の結婚をする意思はなく」(20)、迷いをふっきった。そして、結局、生涯独身で通すことになった。

いま仮に、市川に家事、育児その他日常的な身辺雑事や私生活上の悩みが必然的に伴う結婚生活があったとしよう。おそらく日本の婦選運動はかなり違ったものになっていたのではなかろうか。独身であったことで、もてる時間とエネルギー、そして金さえも自由に投入することができた。日本の婦人参政権獲得運動は、彼女が独身だったことによって、その独自性が強められているように思われる。

後者の投書、「不徹底なる良妻賢母主義」では、女子教育における良妻賢母主義のもつ曖昧性を指摘したうえで、女子教育家のほとんどが「女大学の遵奉者」であると断じ、「欧米に於ける女子教育及び婦人問題の現況から」学び、「旧時代の伝習的道徳を脱して新しい男女問題の研究の上に、如何なる良妻賢母を養成すべきかという、確たる根底の上に立たなければならない」と説いている。女子教育家といえば、当時、下田歌子、棚橋絢子などが国家政策に呼応して、良妻賢母主義を柱に女子教育を封建的家族制度擁護の方便とする立場で「健筆」を奮っており、市川の投書は彼女らに異を唱えるものであった。

結局、市川は苦悩を克服し、因習の束縛をたち切って自らの信じる道をつき進むことになるが、当時良妻賢母主義は旧来の枠を超えて、そこに国家的な役割が付与される方向に向かっていた。臨時教育会議（一九一七年九月発足）に対して答申された「女子教育ニ関スル件」では、危険思想防止策に比重がおかれながら、女子の国家的役割が強調されている。

また、文部省学務課発行の『時局に関する教育資料』の第五輯（一九一五年）、第七輯（一九一六年）、第一四輯（一九一七年）、第一七輯（一九一八年）をみれば、第一次世界大戦中の欧米各国婦人の銃後の役割を示しつつ、そこに正統性を求め、日本における女子の「国策協力」のあり方を示唆している。陸軍も、「戦時婦人の活動は……今や博愛、慈善を超絶して国家に対する婦人の義務となり婦人は独り平時に於ける良妻賢母たるに止まらず又戦時国内活動の中心たり得ることを必要とするに至れり」と、大戦中からたてていた総力戦準備構想のなかで研究していた「女子活動」に関する調査結果を示していた(21)。

他方、そうした「反動」の流れとしのぎを削るように大正デモクラシーの「進歩」の潮流がその水量を増やし、そのなかで既成の社会や価値を見直し批判する空気が強まりつつあった。婦人界では平塚らいてうが「元始、女性は太陽であった」の叫びのもとに登場するや、青山（後の山川）菊栄が「日本婦人の社会事業について伊藤野枝に与ふ」などで鋭い筆力を見せはじめていた。市川より一五歳年上の与謝野晶子は、例えば『人及び人間として』（一九一六年四月）において、「日本の女もまた男のようにあらゆる虚偽と妥協とから脱して、真実に思想し、真実に発言し、真実に行為することを許されるべき時期に達していると信じます」と謳いあげていた。彼女らはそれぞれ差別と抑圧と対決するなかで、自らを鍛えていくのであるが、市川の場合は、反「反動」という点で彼女らと意識や思想を共有しながら、なお独自に彼女らとは異なった視座をうちたて、それを婦選運動へ収斂させていくことになる。

実生活に戻れば、先のように貪欲なまでに社会勉強に張りきり、教員生活のかたわら家庭教師もやるという超過密な生活を送る間に疲労が生じ、そこに食事の偏りも重なって教員生活三年目にして体をこわし（肺炎カタル）、一九一六年一〇月には転地療養（五カ月間）を余儀なくされた。だがこれも一面歓迎すべきことであった。教師の義務年限の拘束から免れ自由の身になることができたからである(22)。

3 「社会的進出」の模索――新聞記者修行をへて東京へ

一九一七(大正六)年六月、先の「木曜会」で知り合った小林橘川から声をかけられ、『名古屋新聞』(現『中日新聞』)の婦人記者(社会部所属教育・家庭・婦人関係担当)になった。ただ当時は男女を問わず新聞記者はゆすりと同様に考えられ、また古い女性観が浸透したまま女の本分は家庭にありとされた時代にあって、最先端の職業でありながら、師範学校の先生や友達に悪口を言われ、記者商売辞職の勧告まで受ける羽目になった。だが市川は気にもせず、「試験場から見た看護婦と産婆　明るい看護婦暗い産婆」(『名古屋新聞』一九一七年一〇月三日)、「蔬菜の暴騰　葱に蕪に大根が二三倍」(同一〇月一六日)、「婦人と家庭　お歳暮の商品券」(同一二月一七日)、「婦人と家庭　経済的な搗方」(同一二月二二日)などのほか、奥様訪問、小学校、女学校訪問の記事を書いている。

市川の記者ぶりは、先輩記者大西巨口の、「まったくよく仕事のできる人で、行動力はあるし、筆は立つし、あっさりして気持のよい人」(23)との言葉から推察されるように、周囲から信頼されるものであり、着実に実績をあげていたと思われる。だが記者生活を一年経験したころ、それを人生の一節として自らピリオドを打つ。新聞記者という職業は「月給が一五円で男より安いのが何より悔しかった」(24)という以外に特別の不満はなかったが、東京への思い断ちがたく、かねて知人に「仕事があったら知らせてほしい」と頼んでいたところ、そのチャンスがめぐってきたからである。名古屋は未来に向けて翼を広げ飛躍を夢みていた市川にとって、その舞台として狭すぎた。市川は述べている。「名古屋での新聞記者生活はわりあいに楽しかったが、早く東京の息吹にふれたかった。東京ではそれこそ大正デモクラシーの花がほころび始めていたときだったからである」(25)。

実際、そのころ米騒動が全国にひろがり、それが名古屋にも波及して三日間連続して鶴舞公園に何万という群衆が集まり、警官隊や軍隊ともみ合うという状況が現出していた。この大群衆に市川は上京の直前の八月一〇日ごろ遭遇している。その社会の底辺からのゆさぶり、とりわけ富山の漁村の主婦達が火をつけた米騒動の大きな波紋を目の当たりにして、市川は何を感じ、何を考えたのであろうか。上京後の市川はまさにその巨大なデモクラシーの波動にのって躍動することになるのであるが、感想らしきものは何も残していない。

上京後まず生活の基盤をつくるため蠣殻町の小さな株屋の事務員になった。もちろんそれだけでは満足できず、やがて兄の紹介で山田嘉吉の英語塾に通い始める。嘉吉は独学で社会学を学び、平塚らいてうなどにも影響を与えたエレン・ケイやレスター・ウオードなどの社会学を専攻した人物である。妻の山田わかも『青鞜』への寄稿をきっかけとして当時女流論壇の人となっていた。わかによると、市川は「名古屋新聞の記者をしていたけれど、もっと修養して、後には雑誌でも作ってみたいと思って上京してきた」(26)と訪ねてきたという。雑誌編集は女子師範以来の夢であり、東京進出の具体的な目的の一つだった。その志は後の運動でそれと不可分な機関誌として結実することになる。

こうして市川の行動半径はぐんと広がり、まもなく平塚らいてうをはじめ「新しい女」といわれる人たちと知り合うが、平塚とはまさに運命的な邂逅だった。一九一九年八月、市川は平塚の希望で愛知県下の繊維工場(紡績、織物、生糸)を案内し、帰京後も東京モスリン請地工場を一緒に見学した(27)。当時の日本の主要な工業が繊維工業で、その大部分が女子によって担われ、彼女らの生活は『女工哀史』に見られるごとく悲惨そのものであった。平塚に強烈な印象を与えたのは、その女工の生活の実態とともに、市川その人であった。平塚はこのときの市川の印象をこう記している。

各方面の社会的事件や社会問題や社会思想に対して、一般的な理解を広くもっている方であること、新時代の日本が生んだこれが職業婦人の典型であろうと思われるほど実務家として役立つようなごく常識的な要領のいい頭と、外に向かつて注意深くかつ敏捷に動く心と男のような身体をもった新婦人であることを知りました(28)。

後に平塚が新婦人協会をはじめるとき相棒として選んだのは、実に、「青鞜社」の仲間ではなく、たった数日間工場見学を共にした市川だった。

話は戻る。市川は上京後間もなく『六合雑誌』を読んでいた関係からユニテリアンの統一教会に所属、「毎日曜というほどではない程度」に通うようになっていた。同教会はキリスト教の中でも人間性と理知的信仰を標榜する一派で、アメリカ人牧師のほか、内ケ崎作三郎（早稲田大学教授）、三並良（第一高等学校教師）、沖野岩三郎（小説家）などが牧師として説教しており、会員には安部磯雄、大山郁夫、鈴木文治、松岡駒吉など錚々たる人物が所属していた。市川にとって同教会での学習、人的交流は、デモクラシーなど普遍的な価値についての理論性を身につけ、後の婦選運動の内的準備を整えるものだったと言えよう。市川は、『自伝』で、自らを「大正デモクラシーの洗礼を受けた自由主義者」と位置づけているが、このユニテリアン教会での経験もその意味で重要なものだったように思われる。

ただ当時、「冬の時代」を耐えて台頭してきた社会主義には心動かされることなく、その思想とは一線を引いていた。先の「不徹底なる良妻賢母主義」でも、女子教育家の旧式な良妻賢母主義によって、時代の風潮は彼女らが忌み嫌う皮相なる唯物主義の思想に覆われるとの趣旨（皮肉ではなく）を述べている。また、ユニテリアンの統一教会で沖野から彼が多少関わりをもった大逆事件の話を聞いたが、思想的な影響は受けなかったと言い切っている(29)。

婦人解放運動は、周知の通りしばしば社会主義思想と結びついて行われた。だが市川は、階級的視点より現実的判断を、机上の理論より合法的実践を重視し、結局社会主義の思想とは終生交わることはなかった。ただ常により包括的で根源的な理論と運動を志向し、そこでは社会主義者を排除することなく、むしろ大きく抱えこんでいる。

実生活に戻れば、市川は株屋が閉店となって失業、就職口を探しまわっていた矢先、まったく新しい仕事の話が舞いこんできた。大日本労働総同盟友愛会（以下、「友愛会」と略記）の婦人部書記として機関誌の編集をしないかという沖野岩三郎からの誘いである。市川は即座に承諾、婦人労働者の地位改善をめざして友愛会に就職する。ちょうど第一次世界大戦が終了、国内にはデモクラシーと平和とに向かう世界の進歩におくれまいという革新の機運が、知識人をはじめ労働者、一般勤労者いや国民の間に広くひろがってきていたころのことである。

2　友愛会婦人部書記として

1　波乱と激動の労働界へ

一九一九（大正八）年九月、友愛会に就職、労働界へ踏みだすことになった。その期待と意気込みの大きさは、市川の「私自身働く婦人であり、職業婦人問題に興味をもっていたので直ちに承諾」(1)したとの言葉から窺える。が、結論からいえば、不完全燃焼のまま、わずか約二カ月余で辞職した。なぜそんなに早く見切りをつけたのか。その経緯をみる前に、まず当時友愛会がおかれていた状況を概観しておく必要があろう。

友愛会は一九一二年八月設立の、改良主義的かつ親睦・修養団体的な労働者組織であった。鈴木文治が東京帝国大学法学部卒業後、東京朝日新聞社を経てユニテリアン派の教会に勤め、『六合雑誌』の編集を担当するうちに劣悪な条件で働く労働者に接触し、彼らの団結の必要性を痛感してその組織化をはかったものである。その目的は労働者の地位向上にあったが、大逆事件後の「冬の時代」のことでもあり、敵対や弾圧を回避するため、穏健着実を旨として労使協調を訴え会員の修養・福利共済を重んじていた。そうして微温的ではあったが現実的な活動によって会勢は徐々に拡大し、四年後の一九一六年九月には二万人弱の会員を擁するまでになった。

その後労働争議が続発し労働界全般が尖鋭化する一方、ＩＬＯ（国際労働機構）が設立されて労働条件の国際的規制が実施されるなか、友愛会にも急進勢力が現れ、彼らによって改革が大きく進められることになった。その頂点的出来事が第七周年大会（一九一九年八月三〇日〜九月一日）である。同大会では運動の闘争化・労働組合化が決定されると同時に、鈴木文治会長の独裁制が理事の合議制に変更され、労働組合らしい要求を盛った「主張」二〇項目が決定された。

婦人労働者に関していえば、その第七周年大会の代議員に婦人部から七人の女子会員が選出され、さらに山内みな、野村ツチノの二名が女子としてはじめて理事（総勢二二名）に加えられた。また先の二〇項目のなかに、「同質労働に対する男女平等賃金制の確立」「婦人労働監督官を設くる事」などがうたわれ、さらには大会後の理事会で、(1)婦人部会計独立の件、(2)婦人部機関雑誌発行の件、(3)婦人部常任委員設置の件が可決された。

市川はちょうどそうして婦人部の組織的陣容が整えられた時点で婦人部常任委員として迎えられ、『労働婦人』の発刊準備を任務とされたのである。したがって市川の前には雑誌発刊もさることながら、そこから切り拓くべき未知の新しい可能性が広がっているはずであった。だが友愛会内部は折しも来る一一月ワシントンで開催予定のＩＬＯ第一回労働会議出席の労働者代表の官選を巡って大揺れの状態で、雑誌発刊に手をつけるどころではなかった。市川はその渦中に入って「独走事件」をひき起こし、責任をとって友愛会から退却することになったのである。では「独走事件」とは何か。それをみる前に、ＩＬＯ労働会議出席の労働者代表の官選問題を押さえておかねばならない。

ＩＬＯ労働会議への参加者は、規定としてまず政治家・資本家・労働者の三者の代表によって構成されるべきこと、次に議題に婦人労働者問題があるときには代表あるいは顧問に婦人を任命することが決められており、友愛会としてはまず当然ながら労働者代表に鈴木文治を推薦していた。しかし政府（原敬内閣）は形式的には協議会を設定したものの、友愛会や既存の労働組合を無視して労働者代表に政府指名の人物を送ろうと画策し、第一候補に本多精一、第二候補に高野岩三郎に交渉した。だが両氏は曲折を経て辞退、そこで政府は第三候補の枡本卯平（中小企業の工場長）を労働者代表に指名した（その他、資本家代表として鐘紡社長武藤山治を、政府代表として貴族院議員・慶応義塾塾長鎌田栄吉を委嘱）。その労働者代表の官選に対し、友愛会はじめ労働各団体は猛反発、大々的な反対運動を繰り広げ、枡本に対しても膝詰談判で辞職を迫った。しかし、政府も枡本も頑としてこれを拒否、そこで政府糾弾・枡本反対の運動はさらに燃え上がった。

反対運動の中心勢力は、友愛会、なかでも水曜会出身の急進派（吉野作造門下）で、先の第七周年大会では友愛会の労働組合化を大きくリードした麻生久、棚橋小虎であった。また鈴木会長も、一九一八年末から一九年にかけて渡欧、戦後ヨーロッパの労働運動の荒々しい息吹に接して思想的覚醒を促され、新勢力の改革案を積極的に承認する器量を示すようになっていた。例えば「資本家の利害と労働者の利害が相一致することなどといふやうなことは、戦争か天災地変とかいふ非常時の外、滅多にあるものか」というほどに先鋭的になり、枡本の渡米問題についても鋭い批判を加えていた。

このようにして、市川が入ったころの友愛会は政府から敵対視される存在になっており、そのせめぎあいのなかで、労働者代表官選問題は友愛会として絶対譲れない階級闘争的争点になっていた。いや大きくみれば、それは労働界全体の動向であり、そこでの政府と労働者側の攻防は凄まじいものであった。当時の新聞は社会主義、サンジカリズム、アナーキズムなどの諸勢力が政府反対という一点で一致をみて激しい抗議行動(演説会やデモ行進)を展開している様子を生々しく伝えている。その後枡本渡米阻止の行動は、高揚する雰囲気のなかで船出間際まで続き、多くの労働者が参加して葬式デモ(弔旗を掲げて見送る)を行った。枡本出発にあたって政府側は、前夜ひそかに彼を検疫所に宿泊させ、ランチで本船に送りこみ強行突破をはかったのである。

「独走事件」はこうして権力者側との必死の綱引きのなかにあった友愛会に飛びこんだ市川が、女子労働者の問題一途にのめりこんでひき起こしたもので、市川は結局その責任をとるべく、慰留されたが辞職した。この事件の顚末の一部始終が市川自身によって詳細に記録されているので(「友愛会と婦人労働者」『婦人画報』一九二〇年一月号)、次節ではそれに基づいて具体的状況を探ってみる。

2　婦人労働者への共感と「独走事件」

市川が友愛会に入って第一にとり組んだ仕事は、予定の機関誌発行ではなく、前記ＩＬＯ第一回労働会議の政府代表

・鎌田栄吉の顧問に田中孝子が任命されていたことをチャンスとして、その田中を通じて悲惨な状態におかれていた日本の女子労働者の不満や要求をその労働会議に届けてもらうことであった。田中は日本女子大教授で、早稲田大学教授田中王堂（哲学者）の夫人、また渋沢栄一の姪にあたる。市川は田中と面識があったので、早速一〇月一日個人として田中宅を訪問、田中に女子労働者（女工）たちの要求を聞いてもらおうと婦人労働者大会（一九一九年一〇月五日開催予定）に臨席を乞うた。田中はそれを快諾、さらに「だれか随員を連れていきたい。……いっそ女工の方に願いしたら……」との言葉をもらした。早速、人選を市川が引き受けることで合意が成立した。これはあくまで個人レベルの話であったが、市川は友愛会が「私の行動を束縛することはあるまい」と信じ、鈴木文治会長に「女工の中から随員を伴れて行きたいさうですが、誰か適当な人はいないでせうか」と相談した。鈴木は婦人顧問についてひとしきり批評した後、渋い顔をして「誰かあるでせうよ」と賛成とも反対ともつかない対応を示した。そこで市川は本部員の一人にも相談して山内みな（友愛会婦人部理事・東京モスリン吾嬬工場の女工）の推薦を決めた。

市川が彼女に白羽の矢をたてたのは、かつて平塚と東京モスリン吾嬬工場を訪れ女工たちと膝を交えて語り合った際、一八歳ながら労働問題に対する見識がある山内の存在に印象づけられていたためである。

他方、田中の方も他の候補もあったが市川推薦の山内を選び、鎌田政府代表も「実際の経験が何より尊いのですから」とそれを歓迎、市川の画策は順調に運ばれるかにみえた。しかし友愛会本部の幹部から猛反撃を受けた。理由は政府代表顧問の随員として、いやしくも友愛会婦人部理事である山内が随行することは承服できないというものであった。市川は納得できなかった。そもそも友愛会には女子労働者に対するポリシーがなく、彼女自身の立場も中途半端といった不満があった。そこで考えた末、「行く所迄行かないのは卑怯にも思はれるが……、随員事件と併せ考へたる時、自分の進退は如何にすべきか。寧ろ此際責を引いて退き、暫く機会を待つた方がいゝのぢゃないか」と辞職願いを提出した。

だが鈴木や本部役員（麻生久主事）などから慰留され、友愛会の女子労働者（女工）からも来訪や手紙で懇願されて迷い一時は翻意も考えたが、やはり決意を翻さなかった。面談した際の鈴木の「実際今迄も婦人部は駄目だと思つた位でしたが、……これで又あなたがやめられることになるなら、もう婦人部の後任は探さないで、婦人部は成行きに任せて置く積りです」との言葉に市川の決断は動かぬものとなったのである。

市川の取組みは、結局山内みな自身が田中の随員になることを断念して落着するが、山内によれば、麻生や棚橋は彼女にこう説いたという。「こんどの国際労働会議はやめた方がいい。田中孝子の随員なんか馬鹿にしている、いかに子どもだからだといっても、友愛会の理事である。友愛会は労働者の団体である。政府は労働者の団体を公認しない、無視している。来年から堂々と代表として出す。友愛会を裏切る行為になるからやめたらどうか、……鈴木会長は子どもだから［アメリカへ］やったっていいじゃないかと言っているが、あんたの考えで判断しろ。……市川さんには、ここまではこんできたのには申しわけないが……」。結局、山内は彼らの「裏切る行為という言葉にグッとこたえて」(2)、友愛会の団結を守るためと断念し、他方市川は自らの行為を「独走」としてその責任をとった。

以上が「独走事件」のあらましであるが、市川の引責退職に抗議の意味が含まれていたことは言うまでもない。ただ市川の「友愛会と婦人労働者」には、「追記」として友愛会と鈴木の多年の苦闘に対する敬意、本部の対応や女子に対する態度も無理からぬとの理解、そして自らもまた誠実に処したとの見解が加えられており、おそらく本文で走りすぎた筆を省みるところがあったのではないか。

もちろん市川の友愛会への不満、不信感は強く、婦人部が設けられながら友愛会内の婦人の地位がまったく確立されていないことに対する問題点として大きくは三つあげている。(1)理事ではない市川に対しては、最高の執行機関たる理事会議への参加や傍聴の道が閉ざされ、本部の態度は新聞を通じてはじめて知るという実情でありながら、都合のよいときだけ婦人部の主任として紹介されるというご都合主義、(2)婦人部を設けながら友愛会の集会がすべて政談演説の名によって開催され、法律で禁じられている女子のそれへの参加は不可能という非合理性、(3)婦人部を背負うのは市川でありながら、婦人部の責任者は男子であるという男子中心主義である。

山内は市川の次の言葉を書きとめている。「私は総同盟のなかで、どれほど男女の差別が残されているかを、いやというほどみせつけられてきた。私としては婦人の労働運動をするまえに男女同権の婦人運動をせねばならないという結論を出したのだ」(3)。

ここで鈴木文治の「独走事件」における態度について補足すれば、それは友愛会の戦闘化過程にあってまさに勢いにのった麻生や棚橋との力関係のなかで見る必要もある。というのも、友愛会内にあっては、先述の通り理事の合議制が決められ鈴木の独断が通用しないばかりか、上昇過程にあった麻生らの意向は無視できないものになっていた。加えて、彼自身も政府の国際労働会議をめぐる対応には徹底的に抵抗しており、その点、田中に友愛会理事をつけることには躊躇もあったろう。その対応をもって直ちに鈴木を断罪することはできない。

また市川が鈴木を全否定していたわけでも、両者が決定的に決裂したわけでもなかったことは、鈴木が後に市川が関わる新婦人協会に寄付を寄せていること、また第一回普通選挙(一九二八年)に鈴木が社会民衆党候補として出馬したとき、市川が松岡駒吉などと一緒に応援に駆けつけていることからも分かる。

3　第一回ILO世界労働会議における「日本の婦人労働者問題」

一九一九年一〇月五日、田中孝子を迎えて予定通り婦人労働者大会が開かれた。市川が、「独走事件」とは関係なく、田中を通して日本の女子労働者の不満や要求を労働会議に届けてもらおうとの思いを貫いたのである。市川の司会で幕を開けたその日、まず九名の女工が厳しい労働条件・労働環境を報告、続いて友愛会の男子会員数人が応援演説をし、最後に田中が「決意表明」を行った(同日、明治座では奇しくも枡本労働代表反対の集会が開かれていた)。彼女が演壇にたったときには、「資本家の走狗」などの野次で騒然となったが、市川の賢明な司会でのりきった。また、来賓席には与謝野晶子、平塚らいてう、伊藤野枝、金子しげりが顔を揃えたが（山川菊栄はメッセージのみ）、これは市川が彼女らにプログラムを送付して実現したものである。

他方、市川によれば、女工たちの演説は「男の組合幹部に書いてもらったのを暗唱するのが大部分」といった程度のものだったが、「婦人労働者自身が演壇にたち、直接田中顧問に要求をつきつけ」（傍点―引用者）(4)、それが「田中顧問に非常な感激を与えたらし」い(5)。実際、田中は市川の期待によく応えた。田中が出席途上の船から次のような一文を送っている。

何故に今回の労働協約中に「婦人労働問題を論議する場合には、顧問の一人は婦人であらねばならぬ」といふ条件が加へられたか、其れは単に男子の顧問より婦人問題については同性であるが故に精通して居るからといふ点のみでは無い。同性であるが故に真に婦人労働者の意中を了解し、真に彼等の福祉を考察し、出来得る範囲に於て彼等の理想を発表し得べきものであると見做された故である(6)。

私が言う政府なるものは政府の為めの政府でもなく、又資本家の為めの政府でもあるべきものではない。政府なるものは国民の為めの政府でなければならない。又……労働者も国民の一部であるのみならず、我が不完全なる労働状態が社会一般に及ぼす一の影響は（社会上、経済上、衛生上及道徳上の凡てを通じて）決して軽少と見做すことはできない。……婦人顧問の任に当たる者は余りに偏頗に傾き、又は過激に流れ、或は国家の体面を傷つるが如き態度に出でざる限り、専心労働者の福利増進の為に奮闘すべきものであると思ふ(7)。

かくて迎えた世界労働会議。ここに外務省の『大正九年四月 第一回国際労働会議報告書』がある。そのなかの婦人労働者関係の項をみると、日本政府代表及び資本家代表は、欧米諸国では解決済の「婦人の深夜業の禁止」、「産前産後の休養」などに対して難色を示したが、最終的にはそれを承認、それが「夜間婦人の使傭に関する条約」、「出産前後に於ける婦人使傭に関する条約」として採択されたと報告されている。また、田中に関しては大よそ次のように報告されている。

田中は第二回婦人雇傭委員会（一九一九年一一月八日）に登場、席上、武藤山治（資本家代表）が女子の深夜業の禁止に反対し、その理由として「女子の夜業の急激なる禁止は紡績業に痛撃を与えるのみならず、一般消費者及び綿糸の供給をうける小工場にも苦痛を与える」等をあげ、さらに鉱山業の場合などは女子の夜業は鉱山主ではなく家族の希望によるものであると述べるや、鎌田政府委員の深夜業の禁止に関する陳述（ベルヌ会議に加入の政府の声明）を代読した後、すかさず自らの主張として日本の紡績女工の惨状を訴えた。その代読後の「パフォーマンス」について、先の『報告書』は、「田中顧問ハ右陳述書ヲ朗読シタル後一言付加シ度キコトアリトテ自己ノ意見トシテ日本ニ於ケル紡績女工ノ惨状ニ付テ陳述スル所アリタリ」と記している。

この官製の報告内容は、『東京日日新聞』（一一月二〇日）の記事によってより明確になる。

田中女史は鎌田正使の陳述書を朗読せんことを求められし際、同女史は素早く女史自らの陳情書をポケットより取出し、日本の工女生活に対して痛烈なる非難を加へ、鎌田氏の陳述書は之を女史自らの陳述書の跡に付加しこの間に区別を設けず一気に読了し、恰も政府の陳述なるかの如くに取繕うて非常に得意の体にありて、之を聞きたる武藤氏は立腹して鎌田氏を難ぜるに、鎌田氏は之に関する全責任を負ふべき旨を答へたるも武藤氏なお満足せず、田中女史が妊娠中なるを利用して同女史の精神状態を調査すべく特別委員会を設けんことを調査しつゝあり……。然るに我日本代表武藤山治氏は其の廃止説に反対し、婦人の夜業を即刻廃止する時は我産業は重大なる打撃を被るべく、従つて労働者自身に取りても亦利益にあらざるべし、と述べたり。また、田中女史は鎌田代表の代理として述べて曰く。日本代表は婦人夜業禁止の必要を認むるものなり而して日本現時の工場法に依れば婦人の夜業禁止は同法規則施行後十五個年を経過したる後に廃業することに規定せられ居れど、本問題は今や喫緊の問題たり即日本は今や直にベルン協約に加入せんとするものなり。

而して女史は更に女史自身の意見なりとして社会上、経済上、技術上并に健康上の諸点より婦人の夜業より起る害悪を指摘しながら「婦人の夜業は結局損失よりも却つてより多きの利益を齎するものなり」と結べり。会議解散後資本代表の武藤氏は怒気を含んで田中女子に喰つてかかり曰く。「貴女は国の恥を国外に晒したんですか」と。田中女子憤然として曰く。「妾は鎌田さんのお許しを得て日本の現状の真相を述べた迄です、而も真相は私の述べたよりも更に甚いんです」と。

斯くと見るや鎌田氏は両人の間に割つて入り仲裁して曰く。「私は田中さんのご意見に賛成です。尚日本が今ベルン協約に加入するとしても夫れを実施する迄には資本家は夫に対応する準備を為し得る時間がある筈です」と。

また同紙によれば、田中は到着後一度も正式な会議へ出席する機会を与えられず、この第二回婦人雇傭委員会（一一月八日）にも、一、二の政府側委員が欧米の慣例（妊娠中は公的な席へ出席せず）を引き合いにだして、妊娠中の田中の出席に難色を示したが、この委員会には各国の婦人顧問が多数出席の予定であることなどから、やっと出席が認められたのだという。

田中はその後、第三回婦人雇傭委員会（一一月一〇日）に出ているが、その際武藤は鎌田に、田中の追加した発言は日本国政府の見解か、彼女個人の見解かをただした。これに対して、鎌田がそれは田中の私見とつっぱねるや、武藤はさらに全部が鎌田の意見の如くに聞こえたと反駁したが、他国の多くの委員が鎌田の弁明通り、鎌田と田中の意見を区別して聞いたと証言した。武藤はこれにまた反発、田中の口述に対する答弁書を議場に配布、紡績女工は田中の言うが如き惨状にはない、多年米国に留学していた田中には日本の現状に対する知識は少ないとのアピールを行なった(8)。こうしたなか、なんとか「婦人の深夜業の禁止」、「産前産後の休養」を「勧告」にまでもちこむことができたが、批准はされなかった。これも政府の対応からすれば当然の流れであったろう。

それにしても田中は市川の付託と期待によく応えた。会議での疎外・抑圧状況を耐えて、それを見事に突破、日本の女子労働問題をアピールした。市川の画策が女性たちの連携のなかで奏を効したのである。市川の働きかけがなかったら、田中が女子労働者の声を聞きその惨状を知ることがなかったら、田中はおそらく表面的な役割を果たすのみだったに違いない(9)。

堀江帰一（友愛会評議員・慶応義塾大学教授）は田中の行動を賞賛して言う。

田中女史の行動は我が意を得て居る。成る程政府代表たる女史の態度としては非難は免れないが労働研究者たる田中女史としての弁明は当然である。……田中女史が政府代表を裏切り桝本氏の言ふべき事を率先して喝破したのは政府当局を反省せしむる点に於て必ず善良なる結果を齎すであらう。之に依り我国繊維工業の悪習が打破し得たならば田中女史は我が女工にとっての神である(10)。

他方、山川菊栄は、田中を「資本家的立場にたって労働問題を論ずる人」(11)と手厳しい。これは田中の目覚ましい働きを知っての発言だったのだろうか。もっとも田中はそれまでは婦人労働者や婦人参政権に対する関心が薄く、婦人参政権については、その半年ほど前、「普選は望ましいが時期尚早、婦人参政権は尚更時期尚早」と論じて(12)、山川に鋭く批判されていた(13)。そうだとすれば、市川の田中への影響力の大きさが改めて浮彫りになってくる。

当時女子労働者問題に関心を深めていた平塚も、婦人顧問の資格として「直接女工生活に深い経験ある婦人」あるいは、「常に女工に親しんで彼らの生活に十分の理解と同情とをもつ」人としており(14)、この基準でいけば、田中は必ずしも該当する人物ではなかった。しかし事実として田中はそれにまさる役割を果した(15)。

4 婦人労働運動から婦人解放運動へ

市川にとって重要だったのは、結局、田中が政府代表の顧問であるということよりも、田中が女性であること、田中が同性として日本の婦人労働者の声を代弁し得るということだったのである。他方、友愛会の棚橋、麻生などの発想は逆で、田中が政府代表だったことが問題で、それに拒否反応を起した。この構図は山川によってこう示されている。「そのころ市川氏は、男子がいかに婦人に対して無理解であるかを嘆いていましたが、麻生氏らは、市川氏が労働運動を理解しないことを嘆きました」(16)。

実は、棚橋と麻生は労働者代表枡本の資格についてその後も粘り、開催中の国際労働会議へ直接に抗議文を提出、それが同会議の資格審査委員会で検討され、その結果各国労働代表によって枡本の代表権が否認されたのだった。だが、日本政府は奔走して各国政府、資本家代表の票をとりまとめ、結局本会議での資格否認を免れた。こうした点にまで視野を広げて考えれば、麻生や棚橋が山内みなが政府代表顧問の随員となることを「階級的裏切り」と反対したのも、また市川の女性解放への熱意から出た行為を「専断」と決めつけたのも、無理からぬことだったように思われる。そこで彼ら男子が女子労働者問題、さらには女子一般の問題に関して無知・無理解を露呈した、あるいは彼らが女工たちのおかれた状況に問題意識もなければ人間的な共感もなかったと片付けることにはやや躊躇を覚える。

この問題は、横軸を階級一元論的思考と婦人解放一辺倒の思想との対立として引き、縦軸を体制と反体制の拮抗として描くと、構造的、あるいは俯瞰的にみえてくる。すなわち婦人差別問題を重視するあまり、当時の階級的差別状況に盲目であっても、男性優位的な主観による階級観念のみの理解であっても公平さを欠く。確かに男尊女卑観は労働界にも因習としてぬきがたく染みこんでおり、その点は山川菊枝も鋭い分析を加えていたところであるが、やはり当時にあっては労働運動そのものがまだまだ未熟で、男女労働者が同志として共通基盤を作るところまでの状況にはなく、その点不徹底は免れなかった。

山川菊栄は友愛会内の男子専制についての市川の弁には「大体もっともだ」としつつ、市川の下した結論（退職）については、「女工の惨状に同情するのあまり、ただ目前の境遇改善を求むるに急にして、労働者自身の間に戦闘力を発達させようという、より困難な、しかしより根本的、永久的な救治策には重きを置かぬ風が窺われる」、「その抱負や希望を幹部の前に明らかにしてその自省を求め、あくまで自己の要求貫徹に努力した跡がない」との批判を加えている(17)。確かに、市川の側にも不満の点は自ら参加して改善する余地があったかもしれない。だが、山川の言葉は、期待と表裏のものであろうが、情熱の噴出ともいうべき問題意識や心情部分をすくいあげることなく切り捨てている点、若い市川にはやや辛言にすぎたように思われる。

市川の立場からいえば、友愛会からの離反は自由とデモクラシーを追求するはずの左翼陣営においてさえ牢固としてあった男女差別の構造、あるいは進歩的な男子でさえその呪縛の下にあった封建的な女性観は我慢できるものではなかったということであり、彼女が戦後に至るまで男子の容喙を排する組織づくり、男子の制肘を受けない組織運営を志向、追求したのも、この経験から得た教訓だったように思われる。

また市川には階級的視座というものはなく、以後の運動でも社会主義とは明確な一線をひき、当然ながら無産婦人運動とは共闘はしても同化することはなかった。とはいえ、もちろん社会の底辺におかれていた労働者を軽んじることはなかった。友愛会辞職に当たっても市川が一番うしろ髪をひかれたのは、彼女を慕い留任を願った女子労働者（女工）たちだった。「女工さん達は生地そのままで可愛いものです。私は昔教員をやったことがあるので何だか自分の生徒の様な気がしてなりません。此度かうして友愛会を去るについても、一番心残りなのは女工さん達と別れることでした」(18)との心情を見せている。

ただ友愛会辞職・新婦人協会での再出発という選択に市川一流の現実感覚・実務的発想が働いていたことも確かであり、その点については、山内がこう証言している。市川は「婦人労働者のみじめな現状をしりながら、それを傍観しつつ婦人参政権運動を推しすすめるとは安易な道を選びとったのではなかろうかと自責の念にかられる」としながら、「現在の労働運動家のなかには婦人に対する差別が強くあり、また、婦人労働者の側でも意識が低く、活動する人もすくないため運動にならないから、婦人がまず政治的発言の場を獲得し、婦人大衆に訴えるのが先決だろう、この過程で新しい活動家・指導者も育って来るだろう、という期待をもって活動を展開していこうと結論づけた」(19)。そして、新婦人協会の第一回準備会では、「自分は総同盟〔友愛会〕で労働婦人の地位の向上に努めたのだが、日本の労働者の意識は低く不可能であるとさとって放棄した。今後インテリ層を基礎にして婦人解放運動をすすめていきたい」(20)と語った。

女子労働界は有為な人材を失ったわけだが、市川のこの友愛会から新婦人協会への転身は、労働運動から婦人運動への軸足移動、また男子主導の組合から女子主体の運動体へのシフトという意味で大きな転回を示すものと言えよう。

★2章

婦選運動前史――試練と学習の時代

1　治安警察法第五条改正運動――結社権・集会権の復権を求めて

1　新婦人協会の結成をめぐって

一九一九(大正八)年一一月、市川は平塚らいてうに誘われ新婦人協会(以下「協会」と略記)の結成に加わった。平塚は与謝野晶子らと火花を散らした母子保護論争を経てより現実的な運動を志向するに至り、その相棒として市川に白羽の矢をたて、それに対し市川も平塚の熱意を認め、かつ自らの使命感に基づいて快諾したものである。ときに市川二六歳(平塚三二歳)、やがて奥むめお、田中孝子、田島ひで、山内みななどを迎え連帯を整えていくのであるが、こうして立場や境遇をこえて婦人の解放をめざした新婦人協会こそ、日本で最初の婦人運動組織に他ならない。彼女らは大正デモクラシーの潮流の一翼を占めつつ、それを下から支える存在だったと言えよう。

当時の婦人運動は世界的に見て三つの思想類型に分けることができる。女権主義、母性主義、社会主義に依拠するそれである。協会の場合は、エレン・ケイ(スウェーデン)に傾倒する平塚の意向を反映して母性主義思想を基調とし、平塚が起草した「綱領」「宣言」においても婦人の地位向上・男女平等とともに、家庭の重視・母子の保護が強く主張されていた。市川もまた、「女権主義も母権主義もなく、一途に婦人の地位向上、権利の獲得を望んでおり、平塚氏を信頼し、そのいうままをうけ入れ」、「規約」の事業も主に彼女が起草した(1)。

だが、実行段階に入るや、そうして平塚の名とその母性主義的な看板を背に世にでた協会が女権主義的な色彩を帯びることになる。当初の母性主義的な構想が堅実でかつ実行力に富む市川の現実的な構想にとってかわることになったのである。すなわち、市川が「若し婦人が参政権を有てば、社会の有ゆる制度を通じて、婦人の思想なり感情なりを現すことができ」(2)ると治安警察法第五条改正要求運動(以下「治警法五条改正運動」と略記)再開への道を切り開き、それが同時に着手した花柳病男子の結婚制限運動(平塚の提唱)を凌駕して、良くも悪くも社会の注目を浴びることになった。

治警法五条改正運動とは、一八九〇年の集会及政治結社法によって禁止されていた女子の政党への加入並びに政談演説の傍聴・開催の権利、つまり結社権と集会権を奪還(獲得)しようとする、いわば婦人参政権獲得運動の条件整備のための運動で、具体的には一九〇〇年制定の治警法五条の第一項「左ニ掲グル者ハ政事上ノ結社ニ加入スルコトヲ得ス」の「五、女子」と、第二項「女子及未成年者ハ公衆ヲ会同スル政談集会ニ会同シ若ハ発起人タルコトヲ得ス」から「女子及」を削除させようとするものであった。

運動開始となるや平塚も市川が驚嘆するほどの献身的な働きをみせた。ただし、平塚をつき動かしていたのは基本的に母性主義だった(3)。そもそも、半年遡れば、彼女は婦人参政権運動に否定的だった(4)。

両者が治警法五条改正の闘いに深く関わることになった背景には、まず普選論をめぐる国内的な潮流があった。一九一九年二月には東京帝国大学ほか一〇余校の学生を中心に二千人が日比谷公園で集会を開き、帝国議会から皇居前までデモを行った。三月に入ると日比谷公園に五万人余の民衆が参加し、普選運動は一部知識人の枠をこえて日本各地へ燎原の火のように広がり、第四二議会(一九一九年一二月二六日〜一九二〇年二月二六日)には、野党の憲政会・国民党などがその院外の普選運動に押し上げられるかたちで普選法案を提出することになった。事実、市川らは彼らとの共闘を模索している（後述）。

目を転ずれば、婦人参政権は第一次世界大戦後の一九一八年イギリスで実現、翌年にはオーストリア、オランダ、チェコ、ポーランド、ドイツが続き、二〇年にはアメリカ、カナダも手に入れていた。またそれより先に、一九〇五年にはフィンランド、一三年にはノルウェイ、一五年にはデンマークで婦人参政権が認められていた。それが刺激にならないはずがない。市川は述べている。「第一次世界大戦が終了して、多くの国で婦人に参政権が与えられているのに、日本ではまだ政治の演説を聞くことさえできない実情に、大いなる憤りを感じたのであった」(5)。

協会の女権主義への傾斜という点で無視できないものに、印刷物発刊をめぐる問題がある。実は平塚は当初腹案として具体的な運動に先だって、「まず社会問題中心の高級な婦人雑誌」の発刊を考えていた。すなわち、婦人雑誌の発行に「よって同志を集めることに努め、有力な同志が相当集るのを待ち、機を見ていろいろな社会運動や社会的事業を始め、次第に一つの生命体ある団体としての完全な組織と統制とを備えたものに育て上げてい」きたいとの考えであった(6)。

この「はじめに雑誌がありき」の構想は青鞜社のそれと変わらず、内容もひとつ間違えれば『青鞜』の亜流になりかねない。これに対して市川は、「雑誌を出すことで金や精力をとられ、運動ができなくなるのではないかと心配」して機関誌的なものにしたいと主張、結局それが通って、まず「運動の目的や計画をまず発表」し、後に機関紙を発刊することになった。それが『女性同盟』である。この発刊物の性格の決定は両者の合意のものであり、その限りで問題はなかった。が、それによって会の性格と方向性は平塚の構想とは大きくずれることになり、後に平塚の悔いるところとなる(7)。よく知られる両者の確執と分裂には、こうした構想段階での平塚側の妥協が伏線としてあったことに留意しておきたい。

では以下、市川が「何かもよくわからず、乗り気ではなかった」(8)という花柳病男子の結婚制限の運動は割愛して、治警法五条改正運動に焦点を絞っていくが、その前に、明治の初めまで遡るべき先駆の運動を概観しておきたい。新婦人協会はその最終走者の運動を継承するかたちで運動を開始することになるからである。

2 明治の先駆的婦人参政権獲得運動

日本が鎖国を解くや、欧米の思想・文物が潮のごとく流入したことは周知の通りである。婦人参政の思想もこのときH・スペンサー「女子之権理—一名男女同権論」(『権理提綱』"The Rights of women," *Social Statics*)やJ・S・ミル『婦人の隷従』(*The Subjection of Woman*)などを通して入ってきた。そして、それが自由民権運動の高まりのなかで具体的な動きとなった。

一八七八(明治一一)年、民権運動の一大拠点・高知でのこと、楠瀬喜多がはじめて投票権を要求するという挙にでた。未亡人で戸主の彼女が区会議員選挙に投票しようと区役所に行くが拒否され、それを不満として納税を怠ると督促を受けた。そこで高知県庁に「男女同権なら納税するが、不同権なら男子と同じように納税できない、男女の権利の同不権について指示願いたし」との伺い書を提出して掛け合ったものである(十分な返答は得られず、内務省にも同様の伺いを提出している)。

女性の政談演説を先駆けて行い、そのさわやかな弁舌で人々を魅了したのが岸田俊子(のちの中島湘煙)である。彼女はすぐれた才能と学識で知られているが、日本立憲政党に入り演壇にたって女子の参政権の必要を説くや、大評判となり、やがて大阪から近畿・九州地方を遊説するようになった。

その岸田の演説に触発され運動に身を投じたのが景山(福田)英子である。古い婦道は女権を無視したものと政府を攻撃、一八八五年自由党員大井憲太郎らが計画した朝鮮改革運動に参加、運動が発覚して全員逮捕されるなか、彼女も逮捕・裁判となるが、以後も迫害に屈せず、婦人解放・婦人参政権を果敢に主張し続ける。

そうした彼女たちに刺激されて、集会や演説会に女子も参加した事実も全国各地でみられる。例えば、島根県の津和野では女子も民権結社に続々加入し、埼玉の嚶鳴社の集会には一四、五人の婦人が参加した。また山形の女生徒たちが生かじりの民権論を語ったという新聞記事もある(9)。

一八八〇〜八一(明治一三〜一四)年頃、各地で民間の憲法草案が作られたが、政治参加についてはその対象がほとんど男子に限定されていた。そうしたなか植木枝盛が「実勢より考えれば他の天賦の権利よりも重大」として婦人参政権を強く主張したことはよく知られている。小田為綱や村松愛蔵も認めていたが、被選挙権は男子に限定していた。また小田は男女の戸主、後者は一八歳以上の男子とともに女戸主を有権者としているものの、女戸主は男戸主の五分の一以下であり、実質的には必ずしも男女平等とはいえないものであった。それでも、馬場辰猪が「婦人小児の如き瘋癲白痴の如き其他一般の感覚なき者」(『天賦人権論』)と言っているのとは雲泥の差といえよう。

刮目すべきは、地方行政レベルでは早くから女子の政治参加が課題化され、一部実現されていたことである。その第一声は一八七八年四月の第二回地方官会議で提出された「府県会規則案」に関連して、広島少書記平山靖彦が提出した、被選挙権はともかくとして選挙権は「女子タリトモ其ノ分限アラハ選挙権ヲ有セシメ度キモノナリ」との動議である。ただ、岡部綱紀(岩手県大書記官)の賛成の修正意見にも拘らず、北垣国道(熊本県大書記官)や松田道之(政府委員)が反対意見をだし、結局、反対多数で否決されてしまった(10)。次いで一八八〇年、土佐国土佐郡上街町が二〇歳以上の住民に男女・戸主・被戸主の別なく被選挙権を、二〇歳以上の男女戸主に選挙権を付与する規則を作り、反対する県令を屈服させ、実現にもっていくことができた。すると隣村(小高坂村)もこれにならって村会規則をつくり婦人参政権を実現させた(11)。

長野県赤穂村でも同様な動きがあった。一八八〇年、同村が村会議員の選挙に女子を加えるべく県令に伺い書を提出している(12)。また一八八三年には成田うめが「仙台女子自由党」を結成し、一八八五年の仙台区組長選挙には女戸主も投票したという記録がある(13)。以上は歴史の表面に出たものだけであり、おそらく類例は全国的にあったのではなかろうか。

だがこうした動きも政府の自由民権運動に対する弾圧政策のなかで抑えこまれてしまう。まず集会条例（一八八〇年）で男女ともに政治関係の会合が取り締まられ、次に「区町村会法」（一八八四年）で区町村レベルでの決定権が引き上げられてしまった。また憲法発布と同時に制定された衆議院議員選挙法（一八八九年）でも婦人は無視され、しかも翌年の集会及政社法では憲法で認められていた女子の政党への加入並びに政談演説の傍聴・開催まで禁止とされてしまった（憲法で保障された諸権利は「法律ノ範囲ニオイテ」とされ変更可能であった）。

これに対して、景山（福田）は元老院に女子の政談演説の傍聴・開催禁止の改正要求の書面を提出、日本婦人矯風会（矢島楫子ら）も反対の建白書を総理大臣に提出した。また清水豊子（紫琴、後東大総長古在由直夫人）も、「何故に女子は、政談集会に参聴することを許されざる乎」(14)と女性の奮起を促している。

しかし一八九〇年「教育勅語」が発布され、良妻賢母主義をもって婦人は政治からますます遠ざけられ、さらには先の悪法（集会及政社法）が一九〇〇年の治警法五条にひきつがれ、婦人は政治活動を全面的に禁止されてしまった。ここにその失われた結社権と集会権の復権を求めて厳しい闘いが始まることになる。

治警法五条改正を初めて議会に働きかけたのは平民社（堺利彦、幸徳秋水ら）に集う社会主義の女性たち（堺為子、今井歌子、福田英子ら）であった。一九〇五年の第二一回帝国議会（以下「議会」と略記）から一九〇九年の第二五議会まで毎議会、治警法五条改正の請願書を提出している(15)。その結果、例えば、第二三議会では第二項修正（集会権復権）が衆議院で採択された後、改正法律案として本会議に上程され衆議院は通過するが、貴族院で絶対多数の反対にあっている。理由は、「日本固有の婦徳と相容れず、家庭の平和を乱す」という男子側の感情と論理、つまり家族制度への固執とその崩壊への危機感、そしてそれを認めれば必ず次は選挙権を要求するようになるといった杞憂で、これは最後まで一貫する反対論の一つであった。

この間の一九〇七年には、福田（景山）が雑誌『世界婦人』を発刊、「婦人解放」をスローガンに社会・政治・法律上の男女差別撤廃を訴え、また運動の経過や諸外国の女性参政権を紹介するなど運動の核となって活動するが、新聞紙条例違反に問われ、請願運動の記事も跡を絶つことになる。一九一〇年には社会主義運動に対する弾圧が強化されるなか、大逆事件がおきている。

その「冬の時代」を突きやぶるように自我の解放を求めて登場し脚光を浴びたのが平塚らいてうの主宰する『青鞜』（一九一一年九月創刊）である。そしてそれが引き金となって婦人論が興隆、増大する職業婦人を背景に、新聞・雑誌は女子職業論や婦人参政権論議を掲載するようになった。そうしたなか河田嗣郎（京大教授）が『婦人問題』（一九一〇年）を著し、そのなかで男女平等の集会結社権と参政権を積極的に支持するが、この新しい波に対して反動はなお働き、同書は日本古来の婦人美徳に反し、また官学の教授が書くべきではないとの理由で発禁となってしまった。当時、天皇主権説をとる憲法学者上杉慎吉は、婦人が選挙権をもつことは「国家存在の根本義に反し、国家存在の利益に反す」、婦人はあくまで家庭にあって本分を発揮すべき、と婦人の政治参加を全面否定していた(16)。

第一次大戦終了の翌一九一九年は大正デモクラシーにとって画期的な年であった。労働組合運動、学生左翼運動、普選運動が一斉に花開き、そのなかで婦人参政権問題も普選熱の院内外での盛り上りを背景に大きく浮上した。与謝野晶子は普選同盟大会（二月一一日）に婦人の参政権を除外した普通選挙は真の民主主義を満足せしめない旨のメッセージを送ると同時に、婦人にも「自由独立の権利」「平等の権利」として普選運動に進んで参加するべきと訴え、婦人参政権さえ獲得すれば、廃娼運動や少年禁酒運動なども容易になると説いている(17)。三月一〇日には山脇玄（貴族院議員・同友会）が第四一議会貴族院本会議における普選論議のなかで婦人参政権を主張している。これは婦人参政権が議会で主張された最初の例である。こうした歴史を継承して、新婦人協会は治警法五条改正運動に邁進することになる。

3　デモクラシーのなかの封建と反動に抗して

着手にあたって市川らは、まず先駆者の遠藤清子（先の請願運動に最後まで関わる）を訪ねた。協会の運動は長らく中断していた彼女らの運動を復活させるものであった。もちろん実行段階では先駆の運動を復活継承するのみならずそれをさらに発展させ、大衆基盤を広げるべくさまざまな新しい試みに挑戦した。

協会が船出した時代、それは新しい息吹を告げる兆しはあってもなお重苦しさがぬけきれない、そして一見華やかな光彩を放ちながらそのデモクラシーを社会の底辺にまで広めようとすると大きな岩盤に突きあたり跳ね返されてしまう、そうした時代であった。彼女らはそのもっとも過渡期的な様相を呈する大正デモクラシーの高揚期に遭遇し、いやが上にもその「自由」と「反動」の渦に巻き込まれねばならなかった。

まず、結社権も集会権もなかった当時にあって、法的には「猿ぐつわ」をはめられたまま、「猿ぐつわ」をはずすという微妙で難しい運動を強いられた。例えば、治警法五条をテーマとした演説会開催（一九二〇年二月二一日「新婦人協会第一回講演会」）にあたっては、それを「演説会」としては同条第二項違反となるため、「講演会」として申請、許可を得るといった細工が必要であった。この「演説会」と「講演会」の区別は所轄警察署の認定によるもので、外交、選挙、労働問題などは基本的に「演説会」に属するとされていた。また開催にあたっては必ず警察官が見張り、後の同条第二項改正（集会権奪還）の成功祝賀会でさえ警官の命令によって中止解散とされた。こうした官憲の圧迫とそれに対する運動者側の抵抗を映して顕著なものに、「広島県当局の女教員圧迫事件」（後述「広島事件」）があるが、そのときも名古屋支部で請願の署名運動に着手するや、早速会員の身辺に刑事がはりついたという(18)。

そもそも、協会は当初から社会運動の取締当局の注視のなかにあった。内務省警保局の『思想団体視察人報告』の

「思想団体状況」（極秘、大正一〇年一月調）、「思想団体表」（秘、大正一一年四月一五日調）では、「要注意団体」とされ、調査・査察の対象になっている。もっとも、記載内容そのものは組織の概要程度で殊更のものではなく、その結論も「本会ハ婦人ノ地位向上ヲ期スル所謂婦人運動ヲ目的トスルモノニシテ現在ノ処動穏健ナルモノナリ」と一応パスしたかたちになっている。しかし、「要注意団体」であったことは確かで、市川自身も「要監視人」としてマークされていたことを後になって知る。

顧みれば、国民の政治的権利というものは女子に限らず常に支配体制の安定・強化という国家政策のなかで考えられてきた。また政治参加をめぐる論議においては、男女を問わずその政治的能力が問われた。が、とりわけ女子の場合は家族制度、あるいは良妻賢母主義の見地から、その資格審査がきびしかった。女子は二重の抑圧構造のなかに置かれていたのである。

一九一七年の臨時教育会議においては、国民の思想的統合策の一つとして国体観念・国家観念を鞏固にすることが要請され、それに沿って内務省は婦人会、処女会(19)の組織化を進め、協会が旗を掲げたころにはそこに文部省も参加して女子の政治的能力とは国家的役割・国家的自覚の要請に応えうる能力という視点を一層明確にしていた。

そうして権力者側が女子の政治的能力をその国家的役割の側面から問題とするにつけ、運動者側は大衆婦人の権利意識の欠如、つまり婦人側自身の自覚のなさを問題にせざるを得なかった。市川も「男女の価値同等観の上に差別を認めず、其の協力を主張する事」を綱領の眼目としながら、女子の政治的能力に関して次のような認識を示していた。

女子が今日男子と比較して、男子と共に協力するだけの自覚がないと云ふことは、残念でありますが、聡ての婦人方が矢張り認めてゐる。……現在のやうな婦人に、どうしてなつたかと申しますと、それは婦人にも多少の罪はありますけれども、全く社会が悪いのであります。社会の習慣なり制度なりが、婦人をして今日のやうな地位に立たしめたと考へます。さうしますと婦人を向上させる為には、社会を改良しなければなりませぬ。茲に初めて、婦人の運動が起つて来るものと思います(20)。

対議会活動においても、婦人側の政治的能力不足という点で、スキをつかれることは痛かった。そうでなくても男子側の旧態依然たる婦人観の払拭が一朝一夕にいくはずはなく、彼らの懐柔的な、あるいは高圧的な、あるいは曖昧な態度については平塚が憤激をもって告発しているところである(21)。市川も請願書をもって国会議員を訪問した際の経験を後にこう語っている。

普選運動の盛り上がりのなかで演説会やデモなどが盛んに行われていたのに、私たちは二、三人で不案内な議会の受付に行って、恥ずかしい思いや、きまり悪さを我慢していた。ところが面会する議員の人たちからは、「もっと大勢で押しよせて来なければだめだ。もっと院外の気勢をあげなければ議員の神経を刺激することはできない」などとはっぱをかけられたのであった(22)。

彼女たちはあまりにも無勢だった。そこで味わった疎外感、拒絶感は以後の運動方法・手法に大きな影響を与えているように思われる。まず幅広い勢力の結集＝運動の大衆化が焦眉の課題と認識されたことであろう。市川が以後採用する大同団結的な共同戦線スタイルはこの経験から導かれたものに違いない。少なくとも対外的にはスクラムを組んでいるかたちを示さねばならない、そしてそのためには、課題を最大公約数的なそれに絞らねばならない。後に婦選獲得同盟が当初採用する婦選一本槍手法はその一策だった（満州事変以後、議会活動がたちゆかなくなるなか、それを返上、傍系運動をも婦選運動の一環とするが）。ここで重要なことは市川が男子側にたち向かうには不断の地道な努力とともに、相手を上回る戦略・戦術が必要であることを痛感したということである。

対議会活動では市川らは党派を問わずに見込みがある議員から次々にアタックし、膝詰め談判でかけあった。だが社会的偏見のなかで議員側の抵抗感は強く、賛同者を発掘していく作業は困難をきわめ、とりわけ本会議や委員会で提案理由を説明せねばならない提案者探しには苦労した。ごく一部を除いて、圧倒的多数は女子の政治的権利など歯牙にもかけなかった。またこの問題への関与を「冷笑されるから」と敬遠する議員が多かった。

党派的・会派的な思惑から動く議員、あるいは国家的な義務と関連させて漸進的に認めようとする議員もいた。なかには与党、野党といった立場の変化によってそのスタンスを変えるなど、態度が一貫しない議員もいた。さらに、たとえ衆議院を通過しても貴族院がこれまた難関であった。貴族院議員は選挙という関門がなく世論を顧慮する必要がないため、ごく一部を除いて躊躇なく否認した。

そうしたなか、市川らは目的達成を最優先、議員が議会で披瀝する提案理由については一切不問を通し、超党派主義で議会突破をはかり、やがては根回しや駆け引によって政党間の競争を生じさせるまでに「成長」していく。

協会が治警法五条修正要求において、その理由のなかに「政治を理解することは良妻賢母となるにも必要な条件で、決して日本婦人の淑徳を害さないという意味の一項をいれたのも、保守頑迷の徒のなお少なくない議会に対」(23)する作戦であった。対議会活動に関して市川は次のような悔しさの滲む報告をしている。「選挙権を持つてゐない私共は、七重の腰を八重に折らなければなりません。自分のためだけだつたら、又これだけ限りの事だつたら、誰が我慢出来るものですか。……頭を下げなくてもよくなる為め、大事の前の小事と我慢してゐるのです」(24)。

大衆婦人の応援、後盾、あるいは下からの支えがないところでの運動者の孤立感、孤独感はやはり士気を挫くものだったろう。平塚はこう嘆いている。

婦人運動者に何よりも衷心寂しさを感じさせることは、自分たちの背後に全女性がひかえていないという意識ではないでしょうか。前面にどんな大敵をひかえていても背後に全女性がいてくれるという意識さえあれば千万の敵も金城鉄壁もなんのそのであります。しかし、前面に敵をひかえているばかりか背後にも両側にも別種の敵がいる、否、敵でないまでも自分たちを前面へと押し出してくれる大きな味方の力が感じられないというすら寒い感じ、これほど婦人運動者にとってうらさびしいことはないでしょう(25)。

それにしても、インテリ婦人層と大衆婦人の意識の落差は決定的だった。したがって、それを埋めるために女子の政治教育・政治啓蒙は運動者にとって重要な課題であり続け、後の本格的な婦選運動においては、それを一つの導因として傍系運動から「協力」に傾斜している。だが女子教育そのものが家族制度をもって低くおさえられていたことを考えると、日本の婦人参政権運動の宿命的な難しさもみえてくる。

マスコミも婦道に背き家族制度を破壊するものとして社会的偏見の対象になっていた協会に対し好意的ではなかった。「新聞の論調はおおむね好意的で、側面から援助の姿勢をとった」(26)のはかなり後のこと、当時はその扱いに皮肉と揶揄はつきもので、直接、間接に、あるいは微妙なニュアンスで茶化していた。例えば、「大気炎」「金切声」(『国民新聞』一九二〇年七月一七日)、「絶叫」(『都新聞』同年七月一九日)、「女将軍市川房枝」(『東京朝日新聞』一九二一年一月三〇日)といった言葉を付してその言動を皮肉り、女子の社会的、政治的進出に対する抵抗感を滲ませている。ついでにいえば、マスコミは後の婦選獲得同盟の結成時の方が辛辣だった。婦選のみをはっきり掲げ、その現実性も増していたからである。例えば、「女だてらに初の政治会議」(『中外商業』一九二五年一月六日)、「野次のつぶてを赤い気焔で撃退、昨夜開いた婦人参政獲得初演説会の気勢」(同一月一八日)と書かれている。賛成にせよ、反対にせよ、真摯な扱いを受けるようになるにはなお数年を要している。

当時、明治の封建と昭和の反動のはざまで民衆運動の息の根をとめようという圧力は不断に存在し、一部男子が心配する欧米の如き戦闘的な婦人参政権運動など見るよしもなかった。吉良元夫（政友本党）は第五〇議会本議会（一九一九年三月二〇日）でこう論じている。

［先進国の婦人は］口角泡を飛ばし、男以上に乱暴であつて、到底我が帝国の婦人に真似でもして戴きましては、甚だ我々は残念に考へて居るのである。ところが焉ぞ知らん我が帝国にも、日本婦人にして生半弱に欧化したやうな、実に奇々怪々なる婦人を近来屢々見受くるのであります。私は此婦人参政権問題の演説などを謹んで拝聴に出掛けて見たことがあるが、どうも驚入つた方々が多いのである。……其の大部分は不品行、不仕鱈、実に吾々は之を聞くに身の毛の悚つやうな次第である(27)。

古くは『東京日々新聞』（一九一五年四月七日）が、安河内麻吉警保局長の、婦人は家庭でこそ美性を発揮すべきで、婦人が個別訪問の如きをしていることは早晩取締らねばならないとの意見を付したうえで、「現状の儘に放任するときは、遂に欧米各国の如き女権拡張論者を誘致し、建国三千年来の国体に由由しき大問題を生ずるの虞」ありと断じていた。市川らが請願書などに関してアドヴァイスを受けた穂積重遠も、英国の例を引き合いに、次のような危機感を絡めて婦選賛成論を張っている。「西洋諸国は婦人参政権を後廻しにした為めに、苦い経験を嘗めた。……我国の婦人はイギリスのサフラジエット(28)の様な乱暴はしますまい」が、男子のみが「勝手な法律を造ると云ふ感じを婦人に抱かせることは、抑も国家社会の破綻であります」(29)。

では、彼らの憂慮する、あるいは無視できなかった、またもちろん運動者が注視してやまなかった他国の婦人参政権運動とはどのようなものであったか。

4　婦人解放先進諸国の婦人参政権獲得運動

いずこの国でも、女性は知的にも肉体的にも男性に劣り、家庭を守るのが社会的本分である等々の理由で政治の世界から疎外されていた。これらの根拠を否定し、女性にも参政権を与えよという運動が一九世紀から二〇世紀にかけて欧米各国を中心に台頭、展開された。最初の婦人参政権要求はフランス革命による封建制度の打破・民主主義の要求、一八世紀後半のイギリスに始まる産業革命の進展等を背景として起った。

フランスでは、一七九一年にオランプ・ド・グージュが「人権宣言」に対して「女権宣言」を発表するや、実際運動が起り、男女同権の原則及び投票権などを要求するが、ロベスピエールなど革命の中心者が反対、それら婦人団体に解散を命じ、彼女らは断頭台の露と消えた。その後も運動は断続的に起され、二〇世紀初頭には運動組織がいくつか生まれ、対議会活動も展開されるようになるが、下院を通過しても上院で潰されるなどして、成立をみるのは結局先進国では最も遅かった（一九四四年）。

イギリスにおける運動の緒はそのフランスの運動にあった。それがイギリスに入って、メリー・ウオルストンクラフトの婦人解放論を生み、ジョン・S・ミルに至って実際運動が台頭したのである。一八六五年、ミルは婦人参政権付与をうたって総選挙に立候補・当選し、婦人参政権の法案を提出、他方彼の手引きでフォーセット夫人を会長とする全国婦人参政権協会（National Society of Women's Suffrage）などが請願書を提出した。彼女らは否決の憂き目にあいながらも法廷闘争などを粘り強く展開、その結果、一八六九年、地方自治体（ロンドン、バーミンガム、マンチェスターなどの主要都市）の選挙権のみが女性の納税者に付与されることになった。その後組織は離合集散のうちに統合・再統合し、改称もするが、そうした点については省略する。

他方、一九〇三年、従来の穏健な手段によって宣伝説得につとめるフォーセット夫人らとは別に、エメリン・パンカーストらが女性社会政治同盟（Women's Social and Political Union）を結成した。彼女らは婦人参政権案を政府案としようとした際、六百人の議員中四百人が婦人参政権に賛成だったにも拘わらず、これが実現しなかったこと等に怒りを発して戦闘的な手段に訴え、演説妨害、放火、破壊、故意の入獄、ハンストなどセンセーショナルな実力行使を展開した。その後、一九一二年の選挙法改正案にも政府は婦人参政権を含めず、婦人参政の修正案が四件提出されたにも拘わらず討論の機会を与えず否決したため穏健派のフォーセット夫人等も憤慨するに至り、一九一三年の夏、ロンドンで未曾有の婦人参政大示威運動を行った。その結果、翌年の春初めて政府から上院に婦人参政問題が提出されることになった。

パンカースト等の過激な運動に対しては毀誉褒貶あるが、五年間に五万回の集会を開き、被拘留者三六七名、被投獄者三一一名を出すなど、その活動が世間の注意を喚起したことは間違いない。

ただ英国の婦人参政権運動者は、一九一四年第一次世界大戦が勃発するや、運動を休止して戦争に全面協力した。パンカースト等の婦人社会政治同盟も農園・工場に働く労働者の仕事を受け継ぎ、食糧や軍需品の供給に尽力して、ロイド・ジョージ首相の激賞を受けた。フォーセット夫人ら穏健派組織も災害救済の方面に活動した。

そうした銃後の働きが評価され、一九一八年、「三〇歳以上の者に限る」制限案だったが、女性も英国議会の選挙権・被選挙権を獲得するに至った。その後二七年には二一歳以上の者に付与されることになり、ここに英国婦人は男子と同等の参政権を得ることになった。

アメリカの場合は、独立革命時、連邦憲法が婦人参政権を規定せず各州の自由に任せたため、選挙権は白人男性に限定されたが、奴隷解放運動に刺激され、一八四八年ニューヨーク州のセネカ・フォールズでスタントン夫人らによって世界初の女権大会が開かれ、婦人参政権をはじめとする一八条の男女同権要求の決議が採択された。

この女権大会を機に各地の婦人解放の運動が活発化するが、やがて奴隷解放運動、女子教育運動、民法改正運動等、それまで截切されていた婦人運動が参政権獲得運動に結集されることになった。一八六九年にはアントニー等の全国婦人参政権協会（National Women Suffrage Association）が組織され、一八九〇年それがルーシー・ストーンの米国婦人参政権協会（American Women Suffrage Association）と合併し、全米婦人参政権協会（National American Women Suffrage Association）と称され、これがアメリカ婦人参政獲得運動の中枢機関となった。他方、基督教婦人矯風会も婦人参政権運動に力を注いだ。一八七八年、これら団体の組織的運動の結果、「アントニー修正」と呼ばれる最初の婦人参政権案が連邦議会に上程される。

他方、これより前一八六九年にワイオミングの地方議会が婦人の選挙権を認めていたが、一八九〇年州となるに際して被選挙権も認めるに及び、アメリカに於ける最初の婦人参政権が実現した。その後一九一八年には四八州中三七州が地方議会の婦人参政権を認め、一五州では地方議会及び連邦議会選挙権、被選挙権が認められ、五州においては大統領選挙の投票権が認められることになった。もちろんこれら諸州における実現の裏には地道な参政権運動があった。

西部諸州の成功により連邦議会への運動も盛り上り、一九一〇年のワシントンにおける婦人参政権大会には四〇万人の署名が集められ、タフト大統領、ルーズベルト、デビス等の各政党領袖もまた漸次婦人参政に賛意を示すようになった。

一九一四年、アリス・ポールがアメリカに英国の戦闘的な婦人参政権獲得運動の形態をもちこんだ。彼女は英国留学中先のパンカースト女史の運動に参加して投獄された経験をもち、全米婦人参政権協会の生ぬるいやり方に我慢できなかった。帰国後直ちに全米婦人党（National Women's Party）を組織し、英国での戦術にならってウイルソン大統領の教書を焼いたり、ホワイト・ハウスの前でピケをはるなど激しい運動を展開して憲法修正を迫った。またアメリカが第一次大戦に参戦すると、プラカードで、国内では民主主義を守るためと称して戦争をしていると皮肉り、あるときはウイルソンの演説文を焼くなどした（三度投獄さる）。他方、全米婦人参政権協会も運動を活発化していたが、第一次大戦下では、参政権運動を続けつつ、全米婦人党とは対照的に政府に協力して戦争遂行を助けた。

一九一八年ウイルソンもついに議会に教書を送って、「大戦に対する婦人の協力を一層確実にし、戦争を速やかに終結せしむる為には婦人参政を連邦議会の憲法改正において認めることが急務」であることを訴えるに至り、一九一九年夏、憲法第一九条の修正がなった。こうして、一九二〇年八月諸州の批准を得るや、二一歳以上の米国婦人すべてが男子と同等の参政権を与えられることになった。

ドイツの場合、婦人参政権獲得運動が台頭するのは一八七〇年代、リリー・ブラウンが着手し(30)、一九〇二年にはドイツ婦人参政権協会(原名不明)を設立した。他方、一八六五年ヘレーネ・ラングが全ドイツ婦人協会(Allgemeiner Deutscher Frauenverein)を組織するが、婦人参政権は二次的要求で女子教育の改革を主眼としていた。一八九四年には彼女らが中心となって婦人団体の上部組織・ドイツ婦人団体連合(Bund Deutscher Frauenvereine)を結成するが、リリー・ブラウンやクララ・ツエトキンなど急進派はあきたらずそこから独立した。そうしたなか一八九九年には絶対男女同権を主張する進歩的婦人会同盟(原名不明)が生まれ、女権運動も隆盛期を迎える。一九〇四年にはベルリンで、六年にはコペンハーゲンで万国婦人参政権大会を開催した。

ただ、第一次世界大戦(一九一四〜一八年)に入っては、穏健派の全ドイツ婦人協会を中心として結成された婦人祖国奉仕団(Nationalor Rrauondionst)が前面にでて戦争を熱狂的に支持、協力した(急進派も、クララ・ツェトキンは戦争に反対したが、リリー・ブラウンは支持)。その一方で、国政レベルまでの婦人参政権を要求(地方レベルから段階的に実施)、戦後はワイマール憲法制定議会議員の早期選出を迫って、同議会に三六名の婦人議員を送り、その会議で成立した憲法で一挙に男子と同等の参政権が付与された。

他方、植民地は一体に国が新しいだけに因習や伝統に煩わされないうえ、男女協力して開拓にあたるため婦人の地位は早くから認められ、英国の植民地においても本国に先駆けて婦人解放が実現していた。とはいえ、もちろん運動の成果であり、例えばニュージーランドでは一八四〇年代から婦人参政権運動があり、一八八六年に地方議会に於ける選挙権並び被選挙権を得、一八九三年には男女平等の州の選挙権を獲得している。オーストリアも、ニュージーランドの刺激を受けて一八五九年まず南部オーストラリアが州議会の参政権を認め、続いて一八九九年には西部オーストラリアも認めた。一九〇二年連邦議会ができたときには婦人側の激しい運動が成って二一歳以上の男女同権参政が実現している。

インドでは、婦人参政権獲得運動の結果、一九二一年のマドラスを筆頭に各州に男子と同様の選挙権が実施されることになったが、この成功の陰には英国婦人の指導と支援があった。すなわち、インドにはパンデタ・ラムバアイなどすぐれた運動家が存在したが、一九一七年英国婦人アニー・ベサントの指導のもとに運動が組織化され、その統制ある運動により参政権を獲得したものである。

北欧諸国ではそれほど長い運動を伴わずして、婦人参政権が認められた。いずれも古い農業国であり、且男子は遠征に従事する期間が長いために女子が早くから重要産業に就いてきたことや、頻発する戦争のため女子人口の過剰な点も影響して、南方ラテン諸民族よりは女子に対してとらわれない考え方を有していたためといわれている。例えばスエーデンでは一七〇〇年頃から財産のある婦人に大臣の選挙権が認められていたが、一八四五年にはアメリカの婦人運動に倣って女権運動が開始され、一八四三年には納税婦人にまで拡張された。そして一八六二年には二〇歳以上の未婚婦人と、寡婦にして一定の納税者に市会議員の選挙権が与えられた。その後、女地主と納税婦人の組織している内国婦人参政権協会（原名不明）では一九〇六年一四万人の署名をもって政府に迫り、爾来毎年運動を続けて、一九一九年には二三歳以上の男女平等の選挙権の実現を見た。フィンランドなども、運動の結果ではあるが、早や一九〇六年には二四歳以上の男女に平等の選挙権・被選挙権が付与され、一九〇七年には一九名の婦人議員が選出されている(31)。

ロシアではどうか。帝政ロシアにあって女性は、夫の死後家長として選挙権を認められ、また大地主の女性は地方議会の選挙権を認められていたが、それは名目のみで、例えば労働賃金は男性の半分以下というように女性は隷属的な状況に置かれていた。しかし英米のような女権運動は起きず、急進的な女性はむしろ革命運動に加わった。そして革命直後の一九一七年一一月男女平等の選挙権を獲得した。

中国にも触れておこう。中国では、男子中心の家族制度が強固だったが、一九一一年の辛亥革命の気運にのって幾つかの婦人参政団体が生まれ、広東省では運動が奏効して参政権（省議会）が与えられ、婦人議員も選出された。その後運動は停滞するが、一九一九の五四運動を契機に再び興隆、一九二一年には湖南省、浙南省などで参政権（省議会）が実現、一九二八年には国民政府によって男女平等の参政権が認められた。孫文の三民主義（絶対の男女平等を認めている）の影響力は大きかったようだ。

5 普選論（運動）における「婦選」

日本に話を戻そう。純理論的に言えば国民の半数を占める婦人を認めない普選論はあり得ない。先進諸国の例に鑑みても、婦人の政治的権利は少なくとも真っ向うからは否定できないものになっていた。実際、議会の婦人参政権の審議では、賛成にせよ、反対にせよ、「世界の趨勢」に触れない議員はいなかった。にも拘わらず認める議員は少なく一般の関心もきわめて低かった。

そうした段階で普遍的権利として婦人参政権の必要性をはっきり認め、その正当性を説いていた一人に大隈重信がいる。当時政界を引退し言論界、教育界で独創的な意見を唱えていたが、婦人参政権についても世界の大勢をにらみつつ、婦人自身の自覚を促し運動を奨励している。「奮闘と能力とに対しては天は必ず与ふべきものを惜しまぬ。英国参政は実に婦人の努力と力量との結晶である。これに加えて、婦人も国家の構成分子たる以上は其の国家の運動を支配する政治に発言権を有し、其義務と責任を全うすべきが当然である」(32)。

大山郁夫（早稲田大学教授）は、普選運動にも協会にも関与しており、したがって婦人参政権問題が俎上にのったことを好意的に受けとめ、運動に期待感を示していた。また彼によれば、尾崎行雄（憲政会）も「『婦人参政権を認めようとの趣旨で戸主選挙権を認むべきと説』き」、自らの「普選の理想的四大目的」のなかにも「我国人口の半数を占むる婦人にも参政権を与へねばならぬ事」の一項を入れていたという(33)。

他方、大正デモクラシーの理論的支柱といわれる吉野作造は消極的だった。一九一五年の段階では「婦人の天性は男子と共に家庭を作り、男子を輔け男子に倚りて其の本分を完うするに在つて、外界の社会とは云はゞは男子を通じて間接に交渉するに止るものである」(傍点ママ)(34)と女性の権利を否定し、一九二四年の段階でも「理論上婦人を参政権外に置くといふ根拠は無い。参政権を行使せしむるに就て、男女の性別をなす理由は全然認められないのである」としながら、「けれども、所謂憲政の運用が理想的に行われて居ない国に於ては、婦人の地位を保護する意味で、参政権を暫く与えぬといふ制度に矢張り一つの道徳的意義を認めない訳には行かない」(35)との躊躇をみせている。

大正デモクラシーの体現者の一人、長谷川如是閑も婦人参政権には距離をおいていた。すなわち婦人が男子に寄生する生活状態を続けながら「婦人も亦人間である」といった単純な理由で政治に進出しようとしても成功するはずがない。「婦人が政治に参加する意義は、労働者が政治に参加する意義と同一でなければならぬ」と生活力確保の必要性を説き、結局すぐには婦人参政権を認めていなかった(36)。

普選派議員も婦人参政権に対しては優柔不断であった。その点きわめて例外だったのが松本君平(無所属)である。彼は、明治以来の普選論者であり、また婦人参政権をも普遍的権利として認め、第四六議会(一九二三年三月一四日)では「所謂一視同仁、法律の前に於ては貴き者、賤しき者も、如何なる人も人類としての価値として平等でなければならぬ」という観点に立って、普選とともに婦人参政権を「男女両性が均等協力の社会に於てのみ、真の人類の進歩文明が培はれる」と主張していた(37)。また後の婦選獲得同盟の運動にも協力してやまなかった。しかし、議会では徹底的に「笑いもの」にされた(後に詳述)。平塚が第四四議会(一九二〇年十二月二七日〜二一年三月二六日)衆議院本会議での一齣を記している。「松本氏は、……[提案理由を述べた後に]この案[治警法第五条修正案]は新婦人協会の活動の結果生まれたものであるが、僅か一年あまりで婦人がこれだけの偉業を完成したのは大成功だ、婦人の政治的天才の発露であるなどと言われたため『色男は貴様一人ぢゃないぞ』と憲政会の席から下品な野次がとび、どっと笑声が起ったりしました」(38)。

貴族院議員でも、「普選問題に面して女子にも参政権を」と普選のなかに婦人参政権を明確に位置づけていた人物がいた。板倉勝憲(研究会)である。彼は、⑴帝国臣民という点において男女差はない、⑵婦人側の要望の声の少ないことが拒否の理由にはならない、⑶女子の参政能力を問うなら、男子の大多数とてその能力はないとの理由を挙げ、婦選の必要性を説いている(39)。

他方、今井嘉幸(衆院・無所属)は普選実現に尽力し、また治警法五条改正にも協力的だったが(これに対しては市川らが選挙応援を申し出ている)、普選から婦人参政権を除外し、議会では「国民皆兵ト云フコトデモ、何モ子供ヤ女抔ヲ兵ニ取ルコトデハアリマセヌ。ソレデモ国民皆兵デアル。ソレト同ジク普通選挙ト云フテモ、誰ニモ彼ニモ与ヘルモノデハナイ」と断じていた(40)。もっともこれは原理的な否定というより、戦略的な「男子普選優先論」に基づくものであった。大山郁夫によれば、彼は「ナゼ普通選挙カラ女ヲ除外シタノカ」との大山の質問に、「普選案ヲ通過サセヤウトスルト、婦人参政権ヲ含ンダソレヲ提出スルノハ不得策ダト答ヘタ」(41)という。普選に婦人参政権は手足纏いというわけである。だがそのホンネを露わにすることはさすがに憚られたのであろう。『東京朝日新聞』(一九二一年一月二二日)では、実に不得要領な「男女普選選挙案反対論」を展開している(42)。ただし普選実現後は婦選関連法案提出の賛成者に名を連ね協力している。

「男子普選優先論」は当時世論の一角を占める「見識」だったのかもしれない。『大阪朝日新聞』(社説、一九二三年一〇月二四日)もこう論じている。

普通選挙といふ事を文字通り解釈すれば、国民の半数を占むる女性を全然其の埒外に立たしむるという理屈は立たない。しかし、物には順序がある。……諸外国の例をみても男子普選が先である。……婦人運動家と雖も、此実情の分らぬ筈がない。……今日は女子が全力を挙げて先ず男子の普選即行を応援すべき秋ではなかろうか。

室伏高信（評論家）も一種「普選優先論」者だった。彼は普選が婦人参政権とともに葬られることを警戒して、婦人参政権運動が普選運動に合流することに反対している。すなわち、婦人参政権論者も大いに運動を起こすべきだが、従来の如き「不信用、無理解、不誠意」な「職業的婦人運動家」には委ねられない。「婦人に参政権を与へるのではなくては不徹底と……普選そのものにも反対」する人があるが、それは「普選反対の口実を婦人参政権に求め」ているにすぎない。その手の普選反対論にのってはいけない。やはり婦人参政権は「今日では尚ほ実行の期に幾分の距離がある。……今日の政治家にその即時断行を要求することは誤りである」(43)と断じている。

植原悦二郎（国民党、急進的な民本主義者）も漸進論的に婦人の政治参加を認めていこうとする点では一貫し、協会の治警法五条改正法律案の提出や協会主催の講演会（二月二一日）への出演など、協会の運動には協力的だったが（これに対しては市川らも選挙応援を行っている）、普選に婦人参政権を絡めることには拒否反応を示し、普選の獲得が微妙な段階にさしかかると、「男子普選優先論」を説きだした。

第四二議会衆議院の「衆議院議員選挙法中改正法律案外二件委員会」の第五回委員会（一九二〇年二月二〇日）をのぞいてみよう。清水市太郎（政友会）が先進国の例を引きつつ、「平等」の観点から婦人参政権の付与の必要性を説くや、植原は「先ツ男子ノ問題ヲ解決スベキ」で、そのうえで婦人の参政権は数年の内に地方自治体の公民権、やがて国政レベルの参政権へと進むよう努力したいとの意見を披瀝している(44)。

そして半年後、このときは植原も婦人参政権を認め、当時流通していた反対論（①女子は生理的に男子に劣る、②婦人は感情的である、③婦人の美徳は従順、家庭にある等）を逐一論破し、欧米の例を引照して、「婦人参政権は奮闘努力によってしか得られない」と運動者を励まし、またその効用として政界の腐敗と堕落の軽減、社会問題、婦人労働問題、衛生問題の解決などをあげている(45)。その後も、「婦人の人権の尊重が遅々として進まない」と女子教育者の権利意識のなさを問題にし、「我が国の婦人が一日も早く覚醒し参政権を獲得すべき」(46)と婦人の奮起を促している。

ところがいよいよ普選近しとなるや、植原は前言を翻して「男子普選優先論」に復する。

物には順序がある。女子が直ちに男子と同等に衆議院の選挙権を獲得し得ると云ふが如きは、想像が出来ぬ事である。男子選挙権ですら、立憲政治建設以来三〇数年を経過して、漸く今日に到つたのである。我国においては女子が未だ経済上社会上に於てさえも、男子と対等の地位を与へられて居らぬ。然れば政治上俄に女子が男子と対等の地歩を占むると云ふ如き事は思ひ当たらぬ事である(47)。

では普選実現後はどうだったか。現在のところ彼が婦選問題にとりくんだ形跡はない。

そうした男子側の対応と連動しているものと思われるが、市川は第四四議会（一九二一年一月二九日）に提出した衆議院議員選挙法改正の請願（男女平等普選〔選挙権のみ〕を内容とする請願）に関連して、「当時澎湃として起こっていた普通選挙運動に、私たちも当然の要求として賛成していた」と述べる一方、同案の提出は「当時さかんに行われていた男子の普通選挙運動に対する協力でもあり抗議でもあった」(48)、「男子だけの普通選挙はやはり特別選挙で、婦人を加えてはじめて普通選挙となると主張したが、問題とされなかった」(49)と語っている。これは何を意味しているのか。真相を知る手がかりが『無産政党史史料（戦前）前期』（柏書房、一九六五年、四二頁。初出『日本労働年鑑』大正一〇年版）にある。

一九二〇年六月二七日（第四三特別議会直前）、平塚、市川、塚本はま子が男子の普通選挙期成同盟会に出席した。

そこで、「種々討議の結果今後の普選運動には婦人連と連合して気勢を高め、選挙権を成年以上の男女ということに拡げ会員組織として全国に之を募り議会が済んだら大宣伝に出発する。之れと共に治安警察法第五条の婦人の政治演説禁止の条項撤廃に努力すべく松本、小林、高木の三代議士が議会で活動すること」になった。

普通選挙期成同盟会とは、普通選挙期成同盟（一八九二年結成、一年半で消滅）とは別に、普通選挙期成同盟会として結成されたものであるが（一八九七年、片山潜、河野広中、陸羯南、三宅雪嶺などが結集）、その後幾度もの官憲の圧迫をくぐるなか一九一八年初頭には寺内正毅内閣の弾圧によって休止状態に陥り、それを国民的な普選要求の声を背景に松本君平、中村太一郎（同盟会組織者）などが、一九一九年一月二一日再興したものである。人的には西岡竹二郎（全国青年急進団幹部、後に政友会）と石田友治（『第三帝国』主筆）を幹事とし、また黒須龍太郎（憲政会）、牧野充安（国民党院外団）、松本君平（無所属）などを委員として、そこに再興を機に旧来の同盟会員に加えて普選を支持するジャーナリスト、弁護士、政治家たちが結集していた。二月九日には納税資格撤廃同志大会を開いているが、そこには憲政、国民党の急進派有志が参加し、植原悦二郎（国民党）、今井嘉幸（無所属）なども顔をみせている(50)。

先の市川の「問題にされなかった」との言から推して、おそらく松本らの尽力にも拘わらず、普通選挙期成同盟会と「共闘」するところまでは行かなかったのであろう。ただ普選運動自体が当時沈滞期に入り、同盟会も前年のような勢いを失っており、その点無理からぬところがあったかもしれない。

そもそも、院内普選派は不統一で、第四二回議会（一九一九年一二月二六日～一九二〇年二月二六日）をみても、憲政会案（二五歳以上男子の「独立の生計者」に限定）、国民党案（二〇歳以上男子に無条件に付与）、院内普選実行会案（二五歳以上男子に無条件に付与）の三つの普選案が別々に上程され、しかも憲政会案は急進派が幹部案に妥協して「独立の生計者」条項を付したものであった。その後三派案統一の努力は最後まで続けられるが、そのなかで憲政会急進派の四七名の議員(尾崎行雄、大竹貫一、田川大吉郎、斎藤隆夫ら)は憲政会案よりも進歩的な国民党・普選実行会と共通の修正案に賛成署名した。だが二月二六日の採決に先だって野党の足並み不一致をあざ笑うように、原政友会内閣が解散を断行した。

そして総選挙を経て開かれた第四三特別議会(一九二〇年七月一日～七月二八日)においても、普選案はやはり憲政・国民両派から別々に出され、しかも憲政会案は幹部が急進派を説得して前議会同様「独立の生計者」条項を付したものであった。そうしたなか普選に婦人参政権を挿入させることはまず不可能だった。その後の動きを追ってもそれはやはり至難だったと思われる。

第四四議会(一九二〇年一二月二七日～一九二一年三月二六日)を迎えるにあたっては、憲政、国民、無所属の普選派議員が政界革新普選同盟(ルーズな連絡組織)を結成して普選の断行などを決め、一一月四日、二つの普選案を憲政、国民両党に提示するが、憲政会が「独立の生計者」にこだわったため物別れとなり、結局普選同盟と国民党は憲政会と手を切って議会に提出することになった。同案は前議会の国民案とほぼ同じで、その第八条において「帝国臣民たる男子にして年齢満廿歳以上の者は選挙権及び被選挙権を有す」と女子を排除するものであった。このとき松本も実行委員として加わっているが、おそらく多勢に無勢、婦人参政権は否定されたと思われる。

ただその後瞬間的には普選において婦人参政権が浮上する場面も見られる。一九二〇年一一月二六日の普通選挙期成同盟会の会合で、永井柳太郎(憲政会)が「独立の生計者」と紛らわしい「公私団体」云々の欠格条項の完全削除と婦人参政権を主張、これが認められれば法案の提出を認めると発言し、結局「公私団体」云々の削除は認められ、婦人参政権を含む建議案が提出されることになるという状況が生まれている。だが永井は同夜に至って急に婦人参政権を法案に盛りこまぬとして署名を取り消してしまった(51)。この永井の行動について松尾尊兊は、永井の「行動が党内急進派に同調者を生ずること必至とみた党幹部が圧力を加えたものの如く」(52)と観察している。

次項では、そうして虚実入り乱れて真偽、正否の見分けがたい政治の世界をかいくぐって猛攻をかけていく市川らを、普選が最大の争点になっていた第四二議会（一九一九年一二月二六日〜一九二〇年二月二六日）に遡って見ていく。

6　対議会活動——政略党略のはざまをぬって

彼女らはまず請願運動の方針をたて、請願書の印刷、配布、協力議員探し等に精力的にとりくんだ。が、作業は先駆者から情報を得ていたとはいえ、請願のイロハから議員との折衝の方法まで文字通り手探りで進めねばならなかった。それでもそのなかで戦術を編みだし、例えば請願についても、「頑迷者流に教ふる為めに、更に婦人の淑徳を害さない事、良妻賢母として必要な事等を一層強く入れ」るなど知恵をつけていった(53)。第四二議会へは治警法五條修正のため請願（二〇五七名）と改正法律案を提出、前者については三回に分けて超党派的に提出（憲政会・富田幸四郎、政友会・根本正、国民党・鈴木四梅郎）、後者については植原悦二郎、堀川美哉（国民党）に提出してもらった。また貴族院へは鎌田栄吉（交友倶楽部）に願った。ここに至るまでには、それを迎える議員の思惑と体当たりの勢いをみせる運動者側の戦略・戦術が交錯するなか、悲喜こもごもの活動がみられる。次は市川が記す格闘の一端である。

改正法律案にする様にとすすめて下すつた富田幸次郎氏、鈴木富士弥氏等に御相談しました。そうして出来ることなら各派の連合提出にしたいと思つて、政友会の松田源治氏、小久保喜七氏、根本正氏等を御訪ねして御願いしてみました。三氏共問題には至極賛成の意を表され、尽力しようと仰有つて下さいましたが、提出者になる事は逃げられるので、連合の計画は成り立ちそうありませんでした。それなら憲政会の人だけだつてかまわないからと二三御願いしてみましたが「それは幹部の承認を得なければならないので面倒故、いつそ今治警一七条〔同盟罷業を事実上禁止〕の改正案を出す事になっているから、それに五条を加えて貰う事にしたらどうか」と言う事でした。

此の時国民党からは第五条も含んだ治警法全体に亘る改正案が出ると発表されていたので、憲政会もそうなればそれでもいいと考え、治警委員の江木、斎藤、小山の諸氏を初め樋口氏等の諸氏に面会してそれを依頼しました。桜井氏も令夫人が協会の賛同者である所から面会して尽力を頼みました。而し一方五条を、通過不可能とされている一七条と一所にして置く事は、却つて容易なものを困難にしやしないかという心配が起こつて来ました。それで別に五条だけの改正法律案も出したい、誰か承諾してくれる人はないかと物色しました。そうして其の主となる提出者を中立に求めることにし、先ず黒須氏に御願いしてみました。氏は問題には大賛成で提出者の一人となる事は諸されましたが、自分は矢面になるのは冷笑されるからいやだという事でした。

押川［方義、次の第四三議会では提出者の筆頭になる］氏に行きましたら、「婦人が参政権を得ると国が亡びる、仮令与えられても婦人側から辞退すべきものだ」と、言う御議論でしたので、秋田清氏へ行きました。同氏は「賛成だが自分は柄にないから、若し外から提出者が出るなら自分の党からも誰かなりませう」と答えられ、こう言つた問題を主として尽力するのには児玉右二氏がいいと同氏を紹介して下さいました。……同氏は直ちに心よく御引き受け下すつて……。……政府に了解を求め、或は憲政会、政友会等の有志と話し合つて提出の準備をしていて下さいました。今迄この問題について尽力して居て下すつた方々をも訪問して提出の際は自由問題とされる様に、又その党から一七条と一所になり或は別になり提出して下さる様に頼みました。二五日の朝には政友会の松田源二氏から、二八日の本会議後二四名の有志が会合して五条改正案に就いての協議会を開くというニュースを得ました(54)。

だがこうした必死の努力も二月二六日衆議院が突如解散となって水泡に帰した。原敬首相（政友会）が普選法案の審議を開始するや「普選は時期尚早で、階級打破を目的とした納税資格の撤廃は危険思想」として衆議院の解散を断行したからである。議会解散という現実に遭遇して、市川の落胆は大きかった。平塚が伝えている。「市川さんは、議会解散の号外を眺めたまま、がっかりして、石のようにだまり込み、動こうともしません」(55)。

しかし、彼女らがその不眠不休の活動のなかで学んだことは少なくなかった。解散後の選挙にあたっては、新しい戦術を行使した。婦人の政治的権利付与に賛意を示す候補者への応援である。直接の推薦応援演説は禁じられていたため文書による応援を考え、有権者宛に推薦状を出す、その地方の新聞に推薦状を送って掲載してもらうなどした。これには希望者が二三氏の内二、三人という思惑はずれもあったが、結果として協会が支持した二三人の候補者のうち一六人が当選、その他にも永井柳太郎（憲政会）、中野正剛（中立）、星島二郎（国民党）などが新人議員として登場し、以後彼らが「婦選派少壮議員」として力になってくれることになった。ただこの候補者応援という戦術は、健全、かつ正当なものであったにも拘らず、後の市会浄化運動、選挙粛正運動、さらには翼賛選挙運動との連携、協力へとつながる端緒となるものであった。市川の次の一節に注目したい。

今の政治界は随分腐敗して居ると申して宜いか、さう云ふ政治界に婦人が入っても何もなりませぬ。それは婦人の目的でありませぬ。唯私共は参政権を得て、今の男子の議員中のいかがはしい議員を、婦人が選挙権を持ちまして――これは外国の例ですが、成るべく品行方正な人に投票する。今迄の統計から見るとさうであります(56)。

ともあれ選挙応援戦術の好成績に気をよくした市川らは、見送る予定だった第四三特別議会（一九二〇年七月一日～七月二八日）に急遽請願と改正法律案を提出することにした。運動の結果、請願については高橋本吉のほか四名（林毅陸、根本正、山口熊野、鳩山一郎）の政友会議員を紹介者として提出することができ、これが衆議院で採択された。他方、改正法律案については各党派有志の連合としての提出をめざした。善悪よりも党派感情が優先する議会事情に対抗する手段としてである。こうして彼女らは戦術・戦略を「進化」させあるいは巧妙になっていくのであるが、実際運動は困難をきわめた。市川はこの改正法律案がまとまるまでの経過を詳述している。

政友会の松田源二氏を御訪づねして、御意見を伺ひました。氏は此度は特別議会だから準備位にして冬の議会でしつかりやる様にしたらいゝだらうといふ御意見でした。林毅陸氏は「政府党としては問題の多い事は喜ばないだらうが、あなた方としてはやつた方がいゝだらう、有志連合提出の場合は提出者の一人になつてもいゝ」といふ事でした。高橋本吉氏は「此度はよした方がいゝ外の派の人と連合は喜ばないだらう、斡旋するにしても老人連の賛成がなければ」と仰有いました。小久保喜七氏、鵜飼聡明氏は政府党としては次の議会にしてほしいが、するなら提出者には位置上なれないが賛成者として尽力しやうとの事でした。憲政会の鈴木富士弥氏、高木正午氏、国民党の星島二郎氏、中立の永井柳太郎氏、中野正剛氏等何れも大賛成で提出者の御承諾を得ることができました。

先ずこゝ迄はいゝ工合にまゐりましたが此度は主となつて尽力して下さる方を見出さなければなりません。それは多数党の関係から是非、政友会の方に御願ひしたいと思ひ、林氏小久保氏に御相談いたしました。「それは高橋本吉君が最も適任だから」と云ふ事でしたので再度同氏を御訪づねして御願ひ致しました。

同氏は「自分は婦人参政権の主張者であるから主となつて尽力する事は辞さないが、此度の議会では提出しても見込みがない。見込みがないものを引き受けたのでは力が入らない、此度は請願だけにしてそれを一度採択させておいて、次の議会で法律案の方をしたらどうか、次の議会なら自分の方でどうかしやうと思つている」と云う御意見でした。又「提出するにしても他派の人達との連合提出は六ケ敷しい、一体法律案提出の際は代議士会の承認をへなければならない事になつて居るが、絶対多数を占めて現在だから、いゝ事なら自分の派でやらうじやないかと云ふ意見が多いから、可決されまい」といふ事でした。これをきいて私共は少からず失望しましたが、更に氏の御考慮を願ふ事にしました。而して一両日して幹部も同意見との事を伺ひ、林氏からも「幹部がさう云ふ意見なら提出者たる事は出来まい」との事で、最初の計画は遂う放棄しなければならなくなりました。

政友会がさういふ態度であつて見ればたとへ提出しても不結果に終る事は目に見えてゐるから「一《マヽ》そ来議会は政友会から必ず提出すると云ふ証言をとつて此度は政友会の意見通りにしたがつたらどうか」といふ説が外の提出者から出たので、高橋氏鵜飼氏を訪づねてみましたが証言といふ所迄は行きませんでした。それでは仕方がないから政友会からは賛成者だけにして提出して仕舞はうかとも考へましたが、それでは矢張り政党的感情の渦中に這入る事になるので、可成の譲歩ではありますが提出者を中立の方に願ひ、其他の方を賛成者に願ふ事に方針を変更しました。

中立派からの提出者として初めから御承諾を得てゐたのは、永井氏と秋田氏と中野氏の三人でしたが、永井氏は憲政会に入会される筈でありますし、秋田氏は賛成者にと云ふ事でしたから、此時は中野氏一人でありました。然し中野氏は中立といふものゝ非政友会派であるから、誰か政友系の中立者を加へた方が問題のためにいゝだらうと云ふ御意見が岩崎氏林氏から出ました。松本君平氏は直に御承諾を得ましたが、副島氏は傍聴だけなら賛成だが結社は少し早すぎると云ふ御意見だつたので、御願ひすることが出来ませんでした。永井柳太郎氏からは同氏のかはりとして田淵豊吉氏を御紹介下さいました。同氏は「私は母に対して非常な感謝の念を持つて居ります、その意味から御婦人方のこういつた問題にも好意をもつてゐます―」といふので快く御承諾下さいました(57)。

政略、党略のはざまをくぐっての奮戦ぶりが窺える。

2　新婦人協会での悪戦苦闘

1　議会攻勢のなかで――「集会権のみ容認」への傾斜

かくて法律改正案の提出者は中野正剛、松本君平、田淵豊吉、押川方義の四人と決まるのであるが、市川は、「こう書いて行くと、これは容易にまとまった様ですが、色々な方面の方々に御願ひしただけ、一寸面倒な事もあって四氏お互の御了解を得るのに可成心を使ひました」と、政友会対策が失敗に終わったこと、そこで「『反対なら反対でいゝ、賛否相半してゐると思っていたからこそ今迄譲歩して来たが、政友会が党議として問題そのものに反対するなら、……野党と一緒になって内閣を倒す事に迄関係しなければならない。……予定を変更して堂々と反対党の人達に提出者になって貰はう』(1)と考えたこと等を縷々説明している。

結局、星島二郎など各党少壮議員一〇余名と協議し、絶対多数党の政友会の意に反することは得策でないと先の中野、松本、田淵、押川を提案者とし、憲政、国民、無所属議員の三〇名を賛成者として法案を提出した。提案理由を述べた田淵は英、米、独、仏などの現状を示しつつ政府の対応の遅れを批判し、提案理由として婦人の保守性によって体制安定に資するべき、すなわち婦人を革命の堡塁として利用すべきとの趣旨を長々と展開した。が、結果は委員会付託後、審議未了に終わった。

それでも市川はこの時議場が割合静粛であったこと、川村竹治内務省警保局長が「第五条二項の解禁は必要と認める」と答弁したことを率直に評価し喜んだ。すなわち、川村局長が衆議院治警委員会の審議で(一九二〇年七月二一日)、第二項は「女子と雖も之を認めると云ふ方にすることに対しては、異存がない」と前向きの答弁したのである。ただし、結社権については「まだ早い」と厳しい姿勢を見せた。

また市川らは松田源治内務省参事官から、「傍聴［集会権］の方がもう賛成にきまつてゐます。結社の方も半々位ですが、まあ一つ宛にしたらいゝでせう。内務省としては、あれ一つだけの改正は出されないから、議員から出させるやうにしたらいゝでせう。そうしたら政府は賛成します」(2)との言質をとった。当時内務省には世界の大勢をにらんだうえで、家族制度に抵触しない限り婦人の政治参加を漸進主義的に容認していこうとする空気が世論の動向と絡まりながら生まれており、後に実現をみる治警法五条二項の改正（集会権の復権）はこの内務省の意向の線上のものと言うことができる。ここで疑問となるのが、治警法五条一項にしたがえば、婦人参政権の要求を掲げている協会そのものが政治結社になるのではないかという点であるが、実は川村警保局長から間接的表現ながら、協会を政治結社とはみなしてはいないとの答えをとりつけていた（後述）。

続く第四四回議会（一九二〇年一二月二七日〜一九二一年三月二六日）では、継続の治警法五条の改正法律案のほかに男女平等普選（選挙権のみ）を内容とする衆議院議員選挙法改正の請願を提出して活動内容を拡大した。結果は前者が衆議院通過、貴族院で審議未了、後者は衆議院で「時期尚早」と簡単に不採択であったが、このころには市川らも議会事情に通じ、対政友会作戦を奏効させ、作戦的には好ましい方向へ向けることができた。すなわち革新倶楽部に依存すればかえって集会権の獲得に支障をきたすとの判断から、今議会では集会権に限って承認する意向に見えた政友会に狙いを定め、「政友会から第二項を憲政会無所属から第一項第二項の提出を願はう、それも政友会からは今期に必ず通過する事の保証を得る事にして」と決め、この方針を政友会幹事長広岡宇一郎と無所属の松本君平に話し承諾を得、政友会の幹部の訪問に力を入れた。

その結果、広岡が政友会としては結社権は「時期尚早」だが集会権については同意する、政府も賛成しているので必ず成立させると約束するに至る。そして結局一宮房治郎などを提出者に岡崎以下三〇名を賛成者とする第二項のみの改正案が提出されることになった。その他中立と憲政会にも前回同様両方を含んだ改正案を提出してもらった。具体的には、押川方義、田淵豊吉、松本君平を提出者に憲政・国民・中立有志計四〇名を賛成者としてその法律案を提出してもらい、この他憲政会として第五条二項の改正法律案、国民党からは前議会同様治警法全般にわたっての改正法律案を出してもらった。結局、第二項は政友会、憲政会、無所属全部の賛成のもとに、第一項は無所属、国民党、憲政会の一部の賛成のもとに提出され、形式上は各派連合ではなかったが、実質的にはそれと同様になったわけである。

議会では政友会案は一宮房治郎が、憲政会案は小山松寿が、無所属案は松本君平が説明した。一宮は性別による差別待遇は正義の許さざるところであると同時に、女性も知識・思想、経済的な力量もつけてきており、政治的な機会均等は当然であると述べた後、女子の国家に対する役割の重大さを強調して、女子を家庭の従属的地位より解放して国家に貢献させるべきは世界の大勢であり、むしろ集会権を与えて立憲国民として国家の生存、国家の発達に寄与できるように政治的訓練をさせよとし、さらにそれが家族制度イデオロギー良妻賢母主義と矛盾しないとして、集会権の付与を主張した。

松本君平は一宮の演説に触れつつ、政友会諸君がここまで奮発したことは時代の力であり、それを感謝するとしつつ、婦人の直観力、温かき感情、「デリカシー」といった要素が政治に入ることこそ望ましいとし、そのために政友会は一歩進んで結社まで許すのは当然ではないかと説いた。結局、各党からの改正案が一括して治警委員会で審査され、その結果、政友会案（集会権のみ付与）だけが可決された。そして同案が二月二六日に衆議院本会議に上程され、ほとんど満場一致で通過となった。新聞はこの間の事情を「各政党先を争うて治警改正案を出す　見事に先手を打たうとする政府党の魂胆」などの見出しで、政党間の駆け引きの展開を解説、与党・政友会が先手を打ち、無所属の田淵豊吉、松本君平、国民党が「鳶に油揚をさらわれた」かたちになったと報じている(3)。

こうして運動者は政党の対立・抗争を利用するかたちで衆議院では成功をおさめたが、案の定貴族院で否決の憂き目に合った。本会議で清水資治（公正会）の良妻賢母に反するとの意見の後、鎌田栄吉（交友倶楽部）の賛成意見、小橋一太内務次官の賛成答弁があったにも拘らず、藤村義朗（公正会）が家族制度に反するとまくしたて、賛成少数で否決となってしまったのである。

すでに祝勝気分さえ漂っていた協会の憤慨はおさまりがたく、『女性同盟』（一九二一年五月号）ではそれを爆発させている。ただ市川は「藤村男爵は本気であるまい」と題して、「あの時の議場の様子や貴族院に於ける党派的関係や、あの時の氏の口吻やを考え合はせてみると、どうも多分に感情が手伝ってゐる様な気がする」、「失敗したのは結局私共の策戦《ママ》がまづく、運動が足らなかったからである」との判断を示している。この点について松尾尊兊は、「公正会が反対したのは、同会が政友会の貴族院縦断政策、すなわち貴族院の最大会派・研究会との公然たる提携（一九二〇年五月）に反発したからであろう」と、そして市川の反省通り、「公正会だけ反対しても、研究会や交友倶楽部［純政友派、鎌田もその一人］が結束すれば、多数で押切れたはずである」(4)と解説している。

ともあれ、協会結成後の市川と平塚の昼夜を分かたぬ奮闘は創業の意気も加わって体当たりの激しさであった。市川の政治感覚・実務能力の冴えもさることながら、平塚の働きも市川に「運動に熱心で、議員訪問、議会訪問も進んでしたのには、私の方が驚かされ」(5)たと感嘆させるものであった。

2 運動の裾野の拡大をめざして

一九二〇（大正九）年三月二八日、協会は対議会活動のため後回しになっていた発会式をあげた。出席者は約七〇名（内一九名が男子）、男子の顔ぶれをみれば、大山郁夫（早稲田大学教授）、大庭柯公（読売新聞社主幹）、加藤時次郎（平民病院委員長）、鎌田栄吉（貴族院議員交友クラブ、慶応義塾塾長）、山崎今朝弥（弁護士）、福島四郎（婦女新聞社社長）、秋田雨雀（作家）、堺利彦（社会主義者）、島中雄作（『婦人公論』編集長）、下中弥三郎（後平凡社社長）、高野重三（実業家）、平山六之助（弁護士）、石原修、古瀬安俊、鈴木孔三（以上、農商務省工場監督官）と社会主義者から自由主義者、さらには保守主義的な立場の人々まで、いずれも大正デモクラシーを体現する超一流の人々である。また、鎌田栄吉、有島武郎が年会費六円という当時にあって毎月五円づつ拠出していたという「美談」もあり(6)、そうした人々を集めるまでの奮闘も窺わせる。当日、大山、大庭からは「自信を以て邁進せよ」との激励を、鎌田からは「綱領はまことに結構だが、実行に移す場合には一歩一歩漸進主義でするのが得策」(7)とのアドバイスを受けた。

石原修は発会式の市川をこう描写している。「男性に対する反抗の気勢を恐ろしく高潮させて居た様であった、それには当時かなり急進であった私もたじろぐ程なかなか猛烈であった」(8)。横溢するデモクラシーの機運のなかで旧秩序との対決に意気を漲らせていた市川の姿を彷彿とさせる。

その半年後には機関誌『女性同盟』を発刊して、広範囲な情報伝達が可能になり、ひいては組織の拡大が期待されるに至った（一九二〇年九月二七日現在の協会員数は正会員六三、賛助会員一三名）。市川にとって機関誌発行は平塚の「まず社会問題中心の高級な婦人雑誌を」とする構想をひっくり返しての夢実現である。その内容には徹底的にこだわり、やがて編集責任者に奥むめおを据えるものの、任せ切ることができず、自らチェックして納得しなければ発行しなかった。

その『女性同盟』にあって異質な光を放っているのが、アメリカの婦人参政同盟会が一九一八年に用いた宣伝ビラ「婦人参政権は愛国主義への第一の助け」（“First aid to Patriotism: Woman Suffrage” の意訳、『女性同盟』一九二一年三月号）である。先に触れたように、アメリカの婦人参政権は第一次世界大戦（欧州大戦）への協力によって与えられたものである。それを紹介しているのは、あくまで戦術だったに違いないが、市川の行く末を考えるとき暗示的ではある。全文を転載しよう。

　愛国主義は国を愛する事とその国に対しての責任観念の上に懸る。アメリカの如きデモクラテイックな政治に置ける責任観念は選挙人に依らざるべからず。小供《ママ》は父よりゆづられるが如く母よりもゆづられざるべからず。国家は愛国的な責任観念ある人々を必要とせざるや。然らばそれは高邁なる責任観念を有する愛国的婦人の啓発にまたざるべからず。人類の半分が選挙権を拒ばれてゐる間は、人類の半分の責任観念は十分進歩する事能はざるべし。婦人参政とは愛国を意味する。

ともあれ、『女性同盟』は後の『婦選』『女性展望』の原形をなすものであり、衆人の認める市川の実務的な資質と能力が既にいかんなく示されている。「私は口を用いることが嫌い、事務的なものならほんとに好き」とは市川の口癖だったと金子がいう通り(9)、市川は「運動とは事務の堆積」をモットーに、めだたない地味な仕事をも大切にした。もちろん市川を特徴づけているのはそこに尽きるものではない。同時代の婦人運動を志向する人々のなかにあってとりわけ傑出していたのは、その大きな構想力と実行力、それをつき動かす強靭な精神力と強烈な使命感であった。

市川が権力に果敢に挑んだ、この時代を象徴する事件に「広島県当局の女教員圧迫事件」(以下「広島事件」と略記)がある。そこでは若さゆえの生一本さも加わって猪突猛進の勢いをみせている。以下、同事件をその前史からみていこう。

協会は当初研究事業を重視して政治法律部(奥理事担当)、社会部(平塚理事担当)、教育部(市川理事担当)を設け、運動の基盤づくりをめざした。「広島事件」はその教育部が女子の政治教育・政治啓蒙の一環として開催予定(一九二〇年一〇月一九日~二三日)の第二回全国小学校女教員会(帝国教育会主催)に出席した女教員に組合づくりを直接働きかけたところから始まる。すなわち、同女教員会における議題、「全国女教員会を組織するの可否、若し可とすれば其の組織方法如何」に先手を打って独自の草案を発表し、それを出席者二六〇名に郵送する一方、大会終了後の一〇月二三日夜、彼女らを招待して懇談会を開催した。その出席者のなかから支部結成の動きが生まれ、それが地元で大問題となるのである。

市川らの女教員の自覚と団結にかける期待は大きかった。当時一般婦人の政治的権利への自覚や関心は薄く、それが大いなる弱みとなっていた。対議会活動でも議員から衝かれたのは治警法五条改正の要求がごく一部のものでしかないという点であった。そうしたなか啓蒙の対象の最前線にいたのはやはり知的労働婦人たる女教員であった。市川と同様に教育部長の山田美都も女教員出身であり、彼女らは当然のように女教員に着目した。もっとも、女教員への注目はアメリカ婦人参政権同盟会の戦術に学ぶところもあったと考えられる。同会の「なぜ女教員が婦人参政権を要求しなければならぬか」（宣伝ビラ、"Teachers Need The Vote!"）が『女性同盟』創刊号（英文と邦訳）と、同一九二一年新年号（邦訳）に掲載されている(10)。

では、市川ら教育部の提案した全国女教員の組合組織案（草案）とはどういうものであったか。結論からいえば「内部干渉」ともいえる過激なものである。まず組合組織のあるべき姿が「教育の自治」、「組織における女子の自主性の確保」を主眼として、次のように示されている。女教員会はストライキを専門とするような過激な組合であってはならないが、「修養・親睦だけで沢山だと云ふのには承服する事ができぬ」。「俸給の点について或は勤務の状態について、女教員会の決議をするのが何が悪い。……これは女教員会の一つの目的、事業として、是非加えられなければならない」、「新しい労働組合が産業の管理権を要求している如く、教育者も亦遂には教育の自治を要求してしかるべきもの」である。そしてさらに次の諸点が提案される。「支部」が中心的な存在となって確たる自治権をもつこと、「本部」はその連合会にすぎないこと、組織は(1)実際に行ひ易いものであること、(2)組合の意味を加へること、(3)すべて民主的であること、そして(4)会長ほか役員は会員の女子から選出すること。その他、「名称」から「会合」に至るまで大胆かつ詳細な内容が示される。

いや、これにとどまらない。当時東京市女教員会の会長に市の教育課長（男子）が就任していることについても、「こんな会は数年ならずしてもなきにしかずの会になること請合である」と切りこみ、「思いきつて役員は全員会員［女教員］から選出し、すべてをデモクラチツクに行く事に」すべきとし、さらにはトップ人事にも及んで「会長は女子から出し、あるいは適任の女子を推薦する」と、おそらく就任するであろう男子（当時帝国教育会会長沢柳政太郎など）側を牽制している(11)。この大胆な組織案は、当然ながら女教員会ではまったく顧みられなかった(12)。

市川のこうした女子の領域に関しての自己決定権の確保と行使への強い願望・心性は、女教員としての経験、友愛会婦人部書記時代の体験にプラスして、婦人解放に至上価値をおきその課題を担って闘おうとした彼女の強烈な指導者意識と使命感に基づくものであり、この点は以後の組織づくりにも貫徹している。

3 「広島事件」——弾圧に抗して

「広島事件」は先の草案発表後、協会の招待懇談会に出席した広島の女教員の間に支部結成の動きが生まれ実際に活動を開始しようとした矢先、そこに官憲の圧迫が加わって惹起されたものである。

招待懇談会では、平塚が「やがて母親と女教員が協力して婦人参政権を要求する時代がくる」との主旨を講演し、次に市川が女教員会傍聴の感想として女教員の自覚の程度は著しいと賛じたうえで、望むべきは「団結の力」のみ、全国女教員会は「組合的色彩に遠き」を遺憾とするも、無きには勝る、運用次第で組合に近いものにできるので努力ありたいとの希望を述べた。

次いで来賓の帝国教育会会長沢柳政太郎（協会の賛助員だった）が、協会の提案の綱領四ヵ条についてはそれをもっとも穏健なる思想としたものの、女教員が協会と連携することに対しては、それを了解しつつ、女教員が政治活動・社会活動にまで一緒にするのはどうかとクギをさした。帝国教育会の理事である野口援太郎（新しい村小学校の創始者）からは、協会は「政治問題、社会問題に関する実際問題よりは、むしろ生活改善に関する努力を根本とすべし」との注文を受けた。当時としては進歩的な彼らでさえ示した「自己規制」であったが、そもそも帝国教育会そのものが各地方の教育会を傘下におさめ、かつその頂点に立つ教育団体として政府と表裏一体の教育運動を推進していたことを考えれば、彼らの思考はむしろ進歩的だったというべきであろう。

市川らの働きかけに懇談会に出席した篠木（平田）のぶ、阪口光子等が具体的な反応を示した。彼女らが中心となって、一一月一五日三原女子師範学校内に校長了解のもと広島県下一〇数名を集めて会合を開き、広島、福山、三原の三箇所に新婦人協会の支部を結成したのである。しかし直後篠木から悲しむべき知らせがもたらされた。師範学校長が県庁に呼び出されて、「協会を政治的色彩を帯びた会と見なす。従つてそれに女教員が加わることは不都合、協会との関係を絶つように」と注意されたため、「残念ながら支部を解散する」との連絡である。そこには篠木や阪口に支部結成の翌日から尾行がつくといった不穏な動きもあった。

事態を重くみた市川らは即座に内務・文部当局の見解をただすと、川村警保局長は広島県側の「警察上からは何にもしないが、只服務上の事に関して学務の方から注意したまでだ」との言葉を伝えつつ、自らの見解として「法の条文の上では別に制裁はないが、法全体の精神は教育者はなるべく政治に関係しない様にというのだから、広島県はそれで注意したのでせう。大変法にそむいた事ならば注意してもいいが、それ位の事はまあ県の方にまかせて置きませう」と様子見の態であった。また文部省の赤司鷹一郎普通学務局長は、教員の加入を禁じているのは政治結社だけで、「教員服務規程によっても教員は議会に請願してはならぬ」ことは勿論、「政治運動をしてはならぬとかいうような事も書いてはいない」。問題は「校長が監督官庁の許可なしに校舎を協会の会合に使用したことから起こつた」のであろうから、「あなた方が知事を怒らせないように妥協」するしかないと諭した。

同じく文部省の牧野秘書官は「当局としては知事の顔はつぶされないから、まあ仕方がないでしようと言うより仕方がないでせう。……文部省へは何の報告も来ていないし、それは単に広島県下だけの事ですからまあしばらくそのままに置くのですね。もうすぐ時代はかわつて来ませうから――此二、三年間の思想の変化は、当局の取り締まりは実に変わつて来ましたからね」と、正当とも不当とも断定しなかった(13)。

彼らの発言から、問題の核心は協会を政治結社と見做すか否か、その解釈にあったことが分かる。ここで協会の綱領、宣言、規約が母性主義的な色彩の濃い、したがって政治的結社とは断定されにくいものであったことを想起すれば、戦術であったかどうかは不明ながら、それが大いに役に立ったことになる。いずれにしても、当局はそうした外装から対応に苦慮しつつ、敢えてその解釈に断を下さなかったと思われる。川村警保局長は平塚にこう語ったという。

どうも皆が協会を政治結社と認めるということになると誠に困つたものだ。警保局としても何とかせねばならぬことになるから。といって私としては協会を解散させるようなことはしたくないのだから、なるべくこういうことが社会の注意を惹く問題とならないようにしてもらいたい。婦人参政権運動もわるいとは言わぬが目立たぬようにやつてほしい(14)。

世界の大勢、国内の情勢・時流に敏感な内務省開明派の困惑を示す言葉ではある。

赤木朝治警保局保安課長は、「新婦人協会が政治的運動を為す」目的をもって結成されたかどうかは不明だが、実際に「最近婦人参政権の運動を行って」おり、これは「治安警察法が明らかに禁じて居るところ」である。したがって広島県当局は協会を「政治的色彩を」有するものと解釈したのであろうと新聞紙上で述べた(15)。この赤木発言については、市川らが翌日訪問して質した結果、彼は「いや私はあんな理解のない事は言いません。私も迷惑だからもう朝日新聞に取り消しを申し込んだのです。あなたの方の会は綱領を見ても参政権という事は出ていないのですから、無論政治的結社ではないのです」と弁明した。

ともあれ、市川らは沢柳からも「教員が協会に入会に加入するのはさしつかえない。……関係当局から回答がきたら書面を先方に出す」との言質をとるなど、事件が他府県へ波及しないよう毅然とした態度を貫くための材料を整えたうえで、広島県知事、視学官、学校長に「迫害」の事実と理由を質する書面を送付した。その一方で県下の会員に対しては、圧迫の実情の報告を依頼した。しかしその後平塚が出向くとの知らせに師範学校へは警察から協会のことや平塚の行先をたずねてきたり、狼狽した郡視学が平塚とは三原ではなく尾道か糸崎で会うように説くなどの動きが続いた。また当局は圧迫を強め、全県下に訓令を布達したため、協会員になった女教員は県視学あるいは郡役所から召喚、調査され、戒告を受けるなどした。

だが最終的には県当局も、「花柳病の請願はよいが選挙法改正と治警法五条の改正は政治運動だからいけない。したがつてそれに関係しなければ新婦人協会に加入してもさしつかえない」との見解を発表、文部当局も、広島県当局と同じ立場をとるに至った。しかし広島の三支部は退会や機関誌の購読中止などが続き、結局、解散となってしまった(16)。

以上、既成体制の女子の政治的権利要求を正面に掲げて現れた婦人運動に対する体制側の動揺と抵抗をみたが、この間協会は「当局の此の卑怯な不法な処置を世論に訴うべく」、『女性同盟』(一九二一年一月号)をあげてこの問題にとりくみ、進歩的知識人に応援の寄稿を受け(17)、しかも同誌を広島の県郡当局者、広島県下の各小学校女教員、全国の学事関係者、全国の男女師範学校長に配送した。また一月八日にはそれを『朝日新聞』、『国民新聞』で発表し、その是非を天下に問う一方、『女性同盟』(同二月号)では、市川が「広島県当局の女教員圧迫事件の其の後」を詳しく報告した。

それに対し広島の新聞は、総体的にこの問題を協会側、女教員側に好意的に論じたが、福山市では市会においてとりあげられる騒ぎとなった。他方、事件が全国的な問題に発展するなか、各地で刑事が請願書類を取りあげたり会員の身元調べをするなど、官憲による圧迫が起った。

大友よふ(戦後一九五二年以後没するまで山高しげりのあとを継いで全国地域婦人団体連絡協議会会長職にあった)によれば、彼女の通った宮城県立第二高等女学校の卒業式では、校長が「あなた方に高等女学校の教育をしたのはいま婦選運動をしている市川房枝や〇〇等の気狂い女どものようにするためでない。良妻賢母にするためですぞ」との訓示をたれたという(18)。

4　体制の婦人掌握政策のなかで

「広島事件」はマスコミの追い風にも拘らず、結局、絶対的な権力を前に広島の女教員たちに犠牲と痛手を与えるかたちで事件の終息を迎えたわけであるが、市川は事件後、女教員たちに次のような心情あふれる一文をしたためている。

此の度は大変な御心配をかけましたね。……皆様からいただいた色々な通信や報告を拝見していますと、たまらなく涙がにじんで来ます。殊に最初から最後まで当局の圧迫と社会の圧迫に戦うていらした阪口、篠木両氏の報告は私を感憤させずにはおきませんでした。……仮令此の度の事件が表面的には失敗に終るとしても、……両氏の奮闘は決して徒爾には終りません。全国幾万の女教師に延いては婦人に、どれだけの刺激をあたえ覚醒の機を与えたか計り知る事が出来ないだらうと思ひます。……私共の行き方は一方に偏することなく時に攻勢をとり時に守勢をとり、追手搦手から行きたいと思って居ます。……皆さんに御承知願ってきたいのは、私共が現状に満足しないで理想に向つて一歩でも足を先へ出すならば、いつでも迫害があり非難があるということです。…こんな圧迫に対してどうすればよいか、……それは実力を持つこと、もつと具体的にいえば女教員組合をつくる事、それより外にありません。……女教員としてのあなた方の其の苦痛圧迫は「女なるが故」に来るものでありますから、それは日本婦人全体の問題として解決の鍵を見出ださなければなりません。あなた方は其の職業の性質から、また知識の程度から日本婦人として最も中堅に立たるべき位置にあるのであります。……この大なる責任あることを自覚して、それの実現のために最も有効な近道を御考え下さい(19)。

圧迫、挫折、敗北を経てもなお尽きぬ女教員への期待、そして自らも理想に向けて突き進もうとの覚悟が滲みでている。

ところで、市川らが独自の全国女教員組合組織案（草案）や「広島事件」でみせた意地には処女会への対抗意識があったのかもしれない。というのも、当時女教員は処女会の育成を担っており、先の第二回全国女教員会の開催に際しても文部省から諮問案「処女会ノ指導上女教員ノ特ニ尽力スヘキ事項竝其ノ方法如何」がだされていた。しかも市川らが催した女教員招待懇談会の前日には処女会中央部が女教員の招待会を催していた。女教員会は実に処女会と協会というまるで方向を異にする組織から嘱望されていたわけである。

処女会の指導者、天野藤男（内務省嘱託）は文部省の諮問案提出を歓迎して次のように述べている。

去る一〇月中旬帝国教育会主催の下に開催せられたる全国女教員大会に対し、文部省が「処女会の指導上女教員の特に尽力すべき事項竝に其の方法」に関して諮問案を提出せることは処女会勃興の機運躍動しつゝある秋すこぶる機宜に適合せる措置なるを感ぜしめる。……処女会は之を機会として、一斉に活躍の気勢を示しつゝある(20)。

処女会側の意気込みが伝わるが、第二回女教員会では、その目的のなかに「処女、一般婦人指導上の必要」が六項目の一つとして入れられる一方、市川らの提出した全国女教員の組織案は「追つて之を定む」と先送りされた。

そうしたなか、先の協会の招待懇談会で司会を務めた山田美都が、沢柳が女教員の政治活動・社会活動への参加は疑問としていたことに対して、「たとへ処女会青年会等の如き公共事業に関することであつても之を強要せられるとき教育者は断然之を拒否して可なり」(21)と精一杯の反論をしている。

政府の婦人掌握策という観点からいえば、当時内務省は地方改良運動のなかで萌芽的に形成されていた婦人会・処女会等の地域婦人団体の結成をさらに推進して地域婦人層の直接的掌握をはかろうとしていた。また処女会については、それを先導していた内務省に文部省も加ってその組織化を促進し、その目的をそれまでの「良妻賢母たるの修養」から、「国民としての処女の育成」(=処女への「国家観念」の扶植)へと進化させようとしていた。

処女会の指導系列は内務省と文部省を頂点として、ピラミット型に県、郡、市町村の長及び社会教育関係者、各地域の小学校長、女教員へと体系づけられていくのであるが、両省の指導体制は一九二六年一二月に処女会、青年団、教化団体の事務所管が文部省と決定されるまで続く。そして処女会は、一九二七年には大日本青少年団に吸収され、一九四一年一月には大日本連合女子青年団へと発展していく。

こうした流れのなかで、処女会中央部は第二回女教員会の三日目に女教員の招待会を催したのである。同会はその後一九二一年一〇月には帝国教育会で第一回全国処女会指導者講習会を開催し、府県・郡の社会教育主事、県郡視学、各種学校長、女教員など二三〇名の参加を得ている。

こうした権力側の動向は集会権のみを認めようとする内務省側の譲歩と連動したものといえる。先述の通り臨時教育会議(一九一七年)で国民の思想的統合のために婦人の国体観念・国家観念を鞏固にすることが要請され、婦人の政治的権利の容認は、あくまで婦人の体制内化という基本政策のなかで日本国家の支配体制を安定させる政策=立法としてとりあげられる方向にあった。そして、そうした国策線上で文部省は処女会の育成にあたっていた女教員に対して、その系統的な把握をはかっていたのである。

市川の志向・推進する「市民的」な運動は、以後この処女会の「進化」と背中合わせで進行することになる。

5 赤瀾会の論客・山川菊栄の批判

「広島事件」に見る如く、協会が必死に権力に切り込んでいた時代、それは封建性を残しつつ他方では協会のレベルを超えてどんどん尖鋭化する時代であった。そうしたなか体制選択的な論争も絡んで、市川らの既成政党への依存的態度やその超党派的なスタンス・手法が問題視されるようになる。次の一文は市川がその渦中にあって自らの立場を明確にしたものである。

社会運動と云ふ以上は、どうしても現代の社会に適合する運動でなくてはなりませぬ。現代の社会を視ずして、理想のみに走つても、それは結局徒労に終ると思ひますから、社会運動、婦人運動と申す以上は、現在の社会を認めて、其の上に立つた運動でなければならぬと思ひます。従つて、婦人運動なり、社会運動なりを、理想から批評する事は出来ないと思ひます。私共の会に対しても、…よく理想家から、やれ不徹底とか妥協とか云ふ批評を受けます。それは成るほど御尤もで、私共の会にしても、不徹底なところは沢山にあります。併し理想家の言われるやうな事を行はんとすれば、結局理想の社会を認め、常に机上の空論になります（傍点―引用者）(22)。

ここでの「理想家」とは山川菊枝と思われる。彼女は社会主義的な立場から当時参政権獲得の運動そのものに否定的な立場をとり、「無産階級の婦人にとっては、その生活を改善し、その全き解放を実現する上に、一層直接的な、一層有効な手段があるとしたならば、必ずしも参政権の獲得に全力を傾注する必要はない」(23)と切り捨てていた。その山川を理論的指導者とする日本で最初の社会主義婦人団体・赤瀾会が結成されたのは、協会より約半年遅れの一九二一年四月、両者はいずれも家父長的家族制度と対決する「反体制」の婦人運動団体でありながら、その運動理念や戦略認識を異にした。協会があくまで合法的な婦人運動を志向したのに対し、赤瀾会は議会主義を無力とし、協会に激しい論争を挑んだのである。

赤瀾会には山川菊枝、伊藤野枝、堺真柄、九津見房子などのほか、協会を離れた田島ひで、山内みななど四〇余名が参加し、「一切の圧制に対し、断固として宣戦を布告」して権力に挑み、結成直後の第二回メーデーのデモ行進には女子として初めて参加、檄文を配り陸軍演習に反戦ビラをまくなど急進的な活動を展開して多くの検束者を出し勇名を馳せた。

山川菊栄が協会に対して痛烈な攻撃を仕掛けるのは赤瀾会の燃焼期、他方、協会側は市川が協会との別離の決意を固め、平塚も病気で第一線から退き、傾きかけたその屋台骨を奥むめおや坂本真琴らが必死に支えていた時期であった。山川の批判は、平塚への個人攻撃の色彩を帯びつつ、既存の勢力を承認して議会ごとに議員の説得や請願にお百度を踏んでいる協会に対して発せられた。

最初は無きに勝れりとし、暫くは好意を以て見もし、露骨な批評を避けてもゐたのであった。けれども協会の運動は、私の希望を裏切つた。……無知無節操なる政党者流の苟合を以てすることを始め、思想の幼稚、不徹底に加ふるに、運動方法の醜悪愚劣……其不成功は火を見るより明らかであることが感得された(24)。表面に現れた政治の経過のみに留意し、議会により、腐敗した代議士を信頼し利用することによつて、婦人および子供の権利を伸長するということは木に縁って魚を求むるに等しきものである(25)。

こうした批判を受けたのは直接には当時実質的にただ一人の理事奥だった。彼女は社会主義者の「排他性、狭量さ」を指摘し、現在は議会政治の重視とか無視とかいうことが問題なのではなくて、何故議会政治にコミットしなくてはならないか、政治とは如何にあるべきかを学ぶときであり、対議会運動は強ち徒労であったとは思わないと切り返したうえで、緊要なのは「急転直下の勢いで現在の社会を改革することよりもより多く困難なことは個々の人間の心理に泌みこんでいる意識的、無意識的社会悪を除きさること」と反撃した(26)。

これに対し山川は、「どんなに政治に関わる権利を協会が要求してみても、社会体制の中にどつぷりと浸つた男たちを賛同者に加え、そして現体制を容認する形で運動が進められているのでは、まつたく無駄なことである」と再反論、さらに「新婦人協会が労働婦人の間にさうした根を団体運動の根を張られるまで、日本の社会が現状を維持するものとは夢にも信じない。……来るべき社会の変化は、奥女史の主張と私の主張とどちらが実際的であり、どちらが空想的にすぎないかを、事実の上で証明するに相違ない」(27)と強気な態度を崩さなかった。

山川の自信の背景には、夫山川均がロシア革命を擁護し、また自身も革命の到来を信じていたという事情があった。しかし、そうした菊栄も「自己清算」の時を迎えることになる。

無意識的に方向転換の必要が認められ、新たに参加した少数の学生、職業婦人を加えて、大正一一年、国際婦人デーを記念して八日会が組織された。この会は赤瀾会の運動に対する一種の自己清算を意味し、会員の教育を重んじ、表面に現れたる活動は一切さけて、官憲にもブルジョア新聞にも、団体としての存在を知られないで済んだほど、地味な方針をとつた(28)。

これは当然、夫均の「無産階級運動の方向転換」(『前衛』一九二二年七、八月合併号)に示されたように、当時の左翼運動全体の「方向転換」に直結、あるいは連動するものといえる。したがって、「新婦人協会の解散」(『女性改造』一九二三年二月号)では、先駆的運動の宿命的な難しさを認めつつ、それを克服して多くの女性が解放の運動に関わることを要望して筆を終えている。そして戦後に至っては、赤瀾会の活動について、「権力を恐れないのはけっこうだけれども、一人よがりの英雄主義的な行動だけでは運動は発展しない。もっと合法的な運動の範囲を拡げて、大衆的な運動の経験をもたなければほんとうの社会主義の運動は発展しない」(29)とはっきり反省の弁を述べている。山川が後に関東大震災の復興をめざした一般婦人運動者からなる東京連合婦人会のなかに積極的に加わったことは、一つにはその反省の証しではなかったか。その時点で捉えれば市川と山川はそれほど離れたところに立っていたわけではないのである。そもそも、山川は平塚や協会に対しては罵倒に近い批判を浴びせたのに対し、市川個人にはむしろ期待をこめた論評をしていた。このことは確認しておく必要がある。

市川房枝氏の為人も知らず、思想も知らぬ。……氏は平塚氏と違つて真面目な実際家であるとは、一般の風評である。……ひとりブルジョワ婦人のみならず、総ての虐げられたるものゝ味方として無産者解放の運動に参加し、この風評を事実の上に証拠立てられんことを、私は切に希望してやまない(30)。

こうした期待があればこそ、そして市川の力量と影響力を認めればこそ、山川は市川に注目していたに違いない。他方、市川も山川を忌み嫌っていたわけではない。市川はアメリカ出発を間近かに控えていたころ山川宅を訪ねている(31)。その折市川は労働問題に関してアメリカ人夫妻を紹介されているが、協会をめぐっても何らかの話をしたことは間違いなかろう。田島ひでは、市川の山川訪問を「平塚との感情的な確執が深まるなかで、思想的にも多少の動揺をしていたせいではないかと思う」と言い、その理由として当時市川が河上肇の著書(『社会問題管見』、当時社会問題に関心をもつ人々の間で大評判になった)を勧めたことを挙げている。また市川の山川についての話から、田島も山川に関心を持つようになったと語っている(32)。

山川も、やや後の話であるが、男子の「婦人の政治能力の未発達」論者に対して、「まず婦人の政治的権利を与へて、政治の実際について、その権利を運用する知識と経験を積むことこそ、その未成熟から婦人を救ふ唯一の道ではあるまいか」との視点を示し、市川らを後押ししている(33)。

満州事変（一九三一年九月）後、市川が傍系運動を通じて体制に急接近し体制協力の姿勢を示すに及んでは、山川もそれに対し警告を発し、批判を投げ、攻撃を加えることになるが、それも山川の期待の裏返しだったのではなかろうか。だが、その時点では市川にとって山川はその矢によって傷つけられた甚だ苦々しい人物になっていた。市川は先の山川の協会に対する諸批判に関連して、戦後次のように語っている。

あれは私には非常なショックだったわけです。それで私は革新政党というものに入る気はなくなってしまいました。……山川さんやあるいは左の人のおっしゃるように、体制が変らなけりゃ駄目だといえるかも知れんけど、それじゃそれまで待っているのか……。私はきわめて現実主義者なものだから、現在の社会情勢の下で一歩でも前進するということをやるべきだ、でなければ運動は成り立たないんですよ。抽象論で理論だけやっていてもね、一歩も前進しない(34)。

こうして山川と市川は、戦前の市川の山川訪問（前述）を唯一の例外として、最後まで平行線のまま断絶を埋めることなく、思想や感情を交換することはなかった。

6　平塚らいてうとの確執――協会からの離脱

一九二一年四月初め市川は渡米の決意を固めた。後にその理由を次のように語っている。「第一にあまりにも忙しく健康が心配になってきたこと、第二は、平塚氏の運動に対しての態度に不満を感じてきたので、このさい私が身をひき、日本を離れて気分転換をはかるとともに、アメリカの婦人運動、労働運動を見てこようと考えたのであった」(35)。

第一の理由について言えば、確かにもてる力のすべてを使いきり、心身両面の疲労はその極限に達していたと思われる。『自伝』でも「一年半、あまりに忙し過ぎた。二倍、三倍の仕事」に「さすがに疲れた」と記している。平塚もその追われ続けた活動を次のように語っている。

仕事はいつも二人の手にあふれていました。例の二つの請願運動、その間に協会に発会式の準備として賛成者の訪問、続いて発会式挙行、音楽会開催、研究部の設置、選挙の応援、特別議会に対する運動、政治法律部主催の夏期講習会というふうに、一二月から翌年の夏まで、只もうあとからあとから仕事に追われて息つぐ暇もない忙しさ……(36)。

なかでも対議会活動は極度に精神的緊張を強いられた。平塚は記している。「政友会幹部を動かすため、幹部の一人一人を早朝彼等の外出前にその自宅を襲い、昼は昼で議会に詰めきりで、守衛の咎めるのもおかまいなしに名刺をつきつける、夜は夜で彼等の揃いも揃って遅い帰宅を一一時一二時までも待ち続けて面会を強要するふうで、寝たような寝ないような幾日か続いた」(37)。そうした悪戦苦闘にも拘わらず、議会では連戦連敗、そして運動基盤拡大のために放った果敢な矢も権力によってへし折られた(「広島事件」)。

そもそも、普選運動に比して社会の底辺からの婦選の要求が微弱で未成熟であったこと、先端部分の運動者にもほとんど基盤がなく、孤立無援の状態におかれていたことは、先駆者の不可避の試練とはいえ、彼女らの心身の疲労を増幅させるものだったに違いない。

第二の理由、「平塚氏の運動に対しての態度に不満を感じてきた」に関しては、本章第一項で述べたような「伏線」に加えて、両者の気質、性格、生活環境等の相違があったことは自明であり、その不一致が拡大して決定的な溝ができてしまったことはむしろ当然だった。為藤五郎が「我国婦人運動内面史」(『婦人公論』一九二五年四月号)で、その長短補われるべき性格に基づく破綻を詳しく論じているが、彼女らの個性については、山本藤枝が「実務のひと房枝、感性のひとらいてう」(38)と表現している。

ここで市川の「婦人の団体運動に関する所感」(アンケートへの回答、『国民新聞』一九二〇年一二月二六日)に注目したい。

人と金は総ての事業に必要でありますが、……特に現在の婦人団体に於ては、その必要を痛感します、尚ほ人と金の二つの中、金よりも第一に人の必要を感じます。人が得られゝば金は必ず得られます。ほんの二、三人でいゝから犠牲的な献身的ないゝリーダーをほしいと思ひます。

「人」の問題は、後に運命的ともいえる出会いをする金子しげりを想起するとき示唆的である。市川は平塚ではあきたらない部分のすべてを金子のなかに見出したに違いない。市川は渡米にあたって、日本の婦人運動に欠けているのは、「第一に組織的能力」であり、それを指導する意味での「真の婦人運動に耐え得る人が居ない」と語っているが、これも平塚への不満を示す言葉と言えよう。また「金」の問題は、松尾尊兊の「協会の財政的基礎がしっかりしておれば、人手もふえたことであろうし、平塚と市川の人間関係もずいぶん緩和されたことであろう。所詮は協会を財産的に支えうるほど、当時の先進的婦人層が厚くなく、またその結束が弱かったということであろう」(39)との言葉がそのすべてを語っていよう。

市川が財政的な責任を負い、四六時中心配していたことは、『女性同盟』の報告からも窺える。運動資金は寄付、音楽会開催によって調達していたが、個人的に質屋の門をくぐったり、兄姉の援助を受けるなどした。為藤五郎が証言している。「当時、市川の手提袋の中には、何時でも会計簿や会員名簿などが収められてあつて、運動費の調達や、機関雑誌の経営販売のことなどを一手で切り盛して居られた」(40)。

一般にこの時期の市川と平塚の確執は平塚の方が不利なかたちで受けとめられている。その大きな理由は、彼女がそれまでの市川に対する不満を前掲「新婦人協会の回顧」でぶちまけ、その前には『女性同盟』（一九二一年七月号）の巻頭言（「第一回総会に臨み、過去一年間を回想しつゝ」）で暗に市川を批判、その内容がやや自己中心的で攻撃的であるためのように思われる。

だがこの時期、市川自身も若さゆえの生硬さがあり、それが硬い表情や態度となって表れ、平塚に苦悩と混乱を与えたことも否めない。先の平田のぶは新婦人協会時代の市川を「四角な感じの人」、「なんとなくとげとげしく」、「眉間に刻まれた深い皺を見ると何んとなく胸がこはばる」、「子分を作りたがる」と批判的に評している。もっとも平田はすぐに、「眉間の皺、いらいらしたお言葉を、もっと涙で解かなければならなかったのだと、私は自らを責めた」との言葉を加えてはいる(41)。

平塚の立場にたてば、彼女には市川にはない個人的事情、何よりも家事育児の担当者としての役割があった。その意味で最小限自分だけに責任をもてばよかった市川とは条件も疲労の程度も違っていた。団体活動が甘いものではないにせよ、事実の問題としてその点を無視してはどんな運動も行き詰まる。その意味で奥むめおの次の言葉は内にあって他の人が知りえない側面を知る彼女の冷静な観察として、両者の亀裂を解く一つの視角を示している。

協会の内側で、人びとがいらだち、傷つけあうようになったのは、いったいいつの頃だったのか。最初の頃の、あの新鮮な明るい、沸きたつような情熱に支えられた雰囲気はいつのまにか消え失せ、お互いの欠点ばかり浮きあがって見えるようになっていた。とくに協会の顔ともいうべきらいてうさん個人に対する、市川さんとその周辺の人々からの非難は、日に日に強まっていくように見えた。らいてうさんの遅筆、世間なれしない生活態度、そんなことが原因の一端であったことはたしかだろう。しかし何より協会の運動のなかでの金銭的行きづまり、限りなく続く忙しさ、必要以上にらいてうさん個人への非難という形をとってあらわれたのではないかと思う。
わたしは、よく田端のお宅へらいてうさんを訪ねた。行くと必ずおさない敦史君に泣かれた。わたしが行くと、きっとお母さんを連れていってしまうというのである。わたしとて同じ子連れの身。これには本当にまいった。らいてうさん自身も泣く子を置いて出る辛さは、いかばかりだったであろう。そうして出てきた協会での、陰に陽にあびせられる中傷に、らいてうさんはよく耐えていたと思う。ひと言として言いわけするでもなく、ひとりで黙っていた。……
そうしているうちに、市川さんが突然、アメリカ行きを宣言した。理事も辞任し、「女性同盟」からもいっさい手をひく、という思いきった行動だった(42)。

そもそも、日常生活のレベルで両者に共有・共感できるものがなかったことは不幸であった。平塚の私生活についても、市川が奥村博史（五歳年下の画学生）との結婚生活（法律や形式を嫌って同棲）に理解をもてず、それを品行問題として扱うところがあった。この点については市川自身が反省の弁を述べているが、両者を語る場合、そのほとんどがこの一文を見落としている。注目したい。

私は、私自身が、氏から、本誌で一昨年発表された「新婦人協会の回顧」の中のやうに、どんなに批評されそしられてゐやうとも、氏に対しては前と同様に尊敬と親愛の情を持つており……。私は、私が氏の逆鱗にふれた真の原因は、氏がもつとも貴い殿堂としてまもつてゐられる氏の自我の一部を犯したことにあつたのだと思つております。氏が会の責任を一人で背負はれた上、お子さんの事から家族全部の責任をも一人で背負はねばならなかつた事、然もそれに対して不満を漏らされる事があつても、ぢつと堪へて行かれた、否堪へて行かねばならないかの如き氏の立場にどんなに同情した事でしたらうか。その結果が奥村氏を非難したり、氏の経済上のことまでつひ口を出したりして了つたのでした。……今日の私は年が教えてくれたのか、或は海外生活から与えられたのか、前よりも個人主義的な立場に立つようになつて居りますので、勿論氏の内生活ついて云々しやうとは思ひません……(43)。

市川が脱会した後やがて平塚も病気で退き、奥、坂本真琴、児玉真子、衆樹安子、塚本仲子ら残った人々の一押しによって第四五議会(一九二二年三月二五日)で集会権が認められ(44)、まずは第一関門突破、ここにやっと以後の婦人運動における有利な条件と素地がもたらされることになった。

だが、残った奥らもその後運動論をめぐる不一致で対立、一九二二年一二月平塚が自ら協会の幕を引いて、約二年半の嵐のような活動を終えた。その間市川や平塚、そして奥らは権力に立ち向かい婦人解放の歴史を一歩も二歩も進めた。チームワークの不調はあっても、その点はいくら評価しても評価しすぎることはない。

ともあれ、時代は市川の役割を協会でのそれにとどめさせておかなかった。彼女のアメリカでの学習ははからずもそれに無意識的に応えるものであった。

3　アメリカでの二年半(一九二一年七月~一九二四年一月)とILO勤務

1　新天地での生活——運動の模索

運動の行き詰まりのなか、兄の助言と新婦人協会の支援者であった大庭柯公(読売新聞主幹)の激励に背を押されるかたちで実現した渡米であったが(彼の尽力で『読売新聞』特派員の肩書きがついた)、市川にとってアメリカでの日々はまさに彷徨と模索、そして充電のそれであった(市川二八~三〇歳)。協会脱会時の「辞任挨拶」は、「渡米しましても別にいい事もありますまいが、まあ先方の婦人運動や労働運動から多少のヒントが得られれば幸だ位に思って居ります」(1)とやや弱気が滲むものだったが、半年後には、「私は今、日本にいた時よりもずっと健康になって愉快になりました。そうして何にもわずらう事なしに、自分の仕事に努力しています。こんな生活が一、二年もつづいたらきっと肥えられるだろうと思います」(2)とはずむような便りを寄せている。前者は日本での心身に刻まれた深い疲労、後者はアメリカでの順調なすべりだしを窺わせる便りである。

市川が足を踏み入れたアメリカは第一次世界大戦後世界的強国に躍進し、経済的にも繁栄をみて、そのアメリカン・デモクラシーが世界に蔓延し、英国に代って世界の中心となっていた。そして婦人界はといえば、前年の一九二〇年八月婦人参政権の批准を終え、全州の女性が参政権を獲得、それをバネにさらなる飛躍を遂げようとしていた。

顧みれば、アメリカは少女時代行こうとして果たせなかった憧れの地である。持ち前の粘り強さと旺盛な知識欲で、貪欲なまでにアメリカの婦人運動や労働運動の経験を学び吸収していった。

経済的に余裕のなかった市川は一週間後から働きはじめ、妹の住んでいたシアトルからシカゴ、ニューヨーク、ボストン、ワシントンなどをハウス・ワーク（木曜・日曜を除いて朝から晩まで家事）やスクール・ガール（朝晩雇主の家の家事を手伝い、日中は弁当を持って学校に通学）をして生活の糧を得つつ、小学校、移民学校、大学の課外講座などに参加し、その合間をぬって労働運動や婦人運動についての学習を重ねていった。

当時アメリカの婦人運動は、婦人参政権獲得運動の延長線上でほぼ三つの組織に分かれていた。第一は獲得した参政権を有効に行使するための政治教育活動を展開していた米国婦人有権者同盟で、市川はワシントンの本部とシカゴ、ニューヨーク支部を訪問している。当時、同同盟は棄権防止運動に全力をあげていた。第二は獲得した婦人参政権を平和実現のために使おうと平和運動に進んだ戦争防止委員会（後に国際婦人平和自由連盟が運動を継承）、第三は全米婦人党で、同党は参政権獲得後も各州に残存する多数の男女不平等の法律を改正するために男女同権を憲法に規定させるべく運動を展開していた(3)。

市川は、「私の一番の関心はやはり婦人問題」と、それら組織や活動家に積極的にアプローチしていくが、そのなかでアメリカが婦人解放の先進国であることを実感させられたのがニューヨークでの男女同権大会七五周年記念大会だった。その七五年前(一八四八年)に開催された同じくセネカホールでの男女平等大会こそアメリカ、いや世界の婦人解放の最初ののろしだった。イギリスの婦人運動はこの会の模様がJ・S・ミル夫人によって伝えられ、それを契機に盛りあがったもので、市川は「強い印象を与えられた」(4)と、同大会が開かれるに至った模様を『自伝』で詳しく紹介している。

それらの組織とは系譜を異にしつつ、米国婦人有権者同盟と並んで当時重要な働きを示していた組織が米国婦人クラブ総同盟であった。前者が婦人を公民としての立場から運動していたのに対し、後者は社会的、教育的立場からさまざまな活動を展開していた。ただ両組織は実際活動においては確たる隔たりはなく、一九二一年一〇月には協同することを宣言していた。市川によれば、当時米国婦人クラブ総同盟は「普通の婦人会といったものを殆ど全部含み会員数約二百万という恐らく米国の婦人団体で一番大きくはないかと思われる団体で、会長ミセス・ウィインターは此の度の軍縮会議に於いて米国委員の顧問として大統領から指名され」ていた(5)。次節で触れるシカゴの婦人クラブ総同盟に属する組織で、広範な行政の領域に目を光らせていた。

在米中、市川に最も深い印象を与えた女性は何といってもアリス・ポール(全米婦人党の事実上の会長)であった。同党は、先述のように、戦闘的婦選団体として米国中に鳴りひびき、第一次大戦中には大統領ウイルソンに強要して婦選獲得の時期を促進するのに非常に力があったとされる。

市川は、このポールに「日本に帰ったら何をしようと思っているか」と問われ、労働運動と婦人運動の二つを挙げたところ、「是非婦選運動をしなさい。……婦人のことは婦人でなければするものがない。色々なことを一時にしてはいけない」と説得されたという。市川は必ずしもその時点で婦選運動ひとすじを決意したわけではないとしつつ、その忠告が後の婦選運動に影響を与えたことを認めている。帰国後加わる婦選獲得同盟の創立一周年記念会（一九二五年一二月）では、余興にページェントとしてポールの全米婦人党が行った五種の運動を市川の原案で上演し、大喝采を博した(6)。また、婦選獲得同盟の会旗は全米婦人党の三色旗（紫、白、黄色―高貴、純潔、博愛を象徴する）をそのままとり入れたものである。もちろん目にみえるものだけではなく、ポールの戦闘性は市川のなかで何度も蘇り、勇気と闘志を与えたに違いない（過激な非合法的運動は模倣しなかったが）。

とはいえ、アリス・ポールのすべてを受容したわけではない。参政権獲得後、米国婦人党が男女平等憲法修正案を初めて議会に提出したとき、その熱意に動かされつつ全面的には支持しなかった。修正案とは、「法の下での平等は、性別によって合衆国または各州によって否認したり、制限してはならない」という条文を憲法に加えることであったが、これに対しては婦人有権者同盟の他、有力な機関が反対していた。それが実現したら、労働婦人のみに対する保護法規――深夜業禁止や八時間制など――が憲法違反となって取消されてしまうという危機感からである。結局この法案は握り潰されたが、市川はワシントンやニューヨークでそれをテーマとする討論会や講演会に出席して両者の意見を聞き、「大工場に働く婦人たちに対しては、その母性を保護するため最小限度の保護規定は必要と考え」支持しなかったという(7)。

以上、婦人運動関係において積極的に栄養摂取をはかっている市川をみてきたが、ワシントンでは社会事業大会に出席する一方、大学婦人協会、婦人クラブ総連合、婦人平和協会、PTA本部などを訪問し懸命に資料を集めている。また労働運動関係への関心も並々ならぬもので、主義を問わず、観念を排して、シカゴでは過激な労働団体IWW（世界産業労働者同盟）の本部を訪問、労働組合の会合にも参加した。また、婦人労働組合の本部もたびたび訪問し、そこではアメリカ最初の婦人下院議員ジャネット・ランキン女史（アメリカが第一次世界大戦に参加しようとするとき一人で反対した女性運動家）の講演を聞いている。彼女からは有権者がたえずハガキで選出議員に注文を出すことを学び帰国後方々で受売りしたという。

出発前山川菊栄に紹介されたアメリカ人の夫婦にはパンフレットなどをもらい、なかでも興味を感じたのは産業革命によって婦人が家庭から工場へ動員されるようになったことが書かれている"From Fire side to Factory"だったと記している(8)。また、「私は自由主義者で、社会主義を毛嫌いはせず、誰とでも交際し、いろいろ勉強しようというつもり」(9)だったと語っている。

2　シカゴ婦人クラブの機能と役割

帰国後の運動は理念においても手法においても、アメリカでの学習なしには考えられない。そこで吸収した様々な知識やアイデアは日本での運動に反映されている。その一端は先に示したが、最もよく知られているものに日本婦人有権者同盟（参政権獲得後の女性の政治教育を主目的とする組織）がある。アメリカの有権者同盟（参政権獲得運動の穏健派と言われる米国婦人参政権協会の後身）の本部を訪問したとき、「獲得後はこういう運動をしなければならない責任があると強く感じ」(10)、それを戦後採り入れたものである。

実はまったく注目されていないが、看過できないものにシカゴの婦人クラブがある。同クラブの精神、機能、形態、そして事業内容こそ市川が帰国後に加わる獲得同盟の戦術として採用され、またやがて反動の壁にぶつかるなか選択的に関わる迂回運動（東京市政関係の運動から国民精神総動員運動〔日本婦人団体連盟の活動〕）に導入されているものに他ならない。機構としても、一九三一年七月一六日、婦選獲得同盟東京支部を中心とする婦人市政クラブ（代表・市川）の結成として実らせている。では、シカゴの婦人クラブとは具体的にどういう団体だったのか。実は、市川は実際に入会するなどして研究し、「かういふ婦人会がほしい」（『東京朝日新聞』一九二四年一月三日、『婦女新聞』同年二月一〇日号採録）と詳細、かつ長大なレポートを現地から日本に送っている。以下、抜粋的に記す。

シカゴ婦人クラブは、市政は「我々の大きな家庭である」との立場から、シカゴをよくしようとする婦人たちによって結成された自立的な組織で、「娯楽や修養等を目的としている会とは趣を異にしている」。いや修養の部門もあるが、あくまで「社会的な事柄、市政の内容についての知識」を与えるもので、「児童保護」「教育」「食料、市場」等の委員会が、「市政の、市民としての生活の総ての方面に亘つて設けられ」、各委員会の婦人たちは「絶えず実際を研究し調査し」不備、あるいは改善すべき点を一般市民や当局に訴え、その実行を迫っている。会員は市内だけで五千人、彼女らはすべて選挙権をもっており、また会長はじめ各委員はかなり有名な、あるいは専門家がなり、したがって政治家、当局者から重要視されている。クラブはいま、現市長一派がよくないので彼に反対しているが、そういう組織だけに「当局者はコワイらしく」、会のすべての委員会に人を送り、その報告を受けている。委員長や委員のなかには、その方面の市の役人に任命された人もいる。

ただ、日本に導入するにはクラブにも不備な点があり、また「日本婦人と訓練や知識の程度も違」い、日本社会の実情も勘案しなければならないので、これをそのまま「真似る必要もなく、又出来もしまいが」、とにかくこうした組織が東京や大阪のような都市に欲しい。こういう会なら、「保守的な人からも、革新的な人からも」それ程反対はされまい。保守的な人も「台所と市政と切り離すことは出来ない事」はわかっている。他方、「婦人参政権論者には、その準備であり試練」になる。市川のレポートはまだまだ続く。

会長（もちろん婦人）はシカゴのみならず、全米にその名を知られ、「汎亜米利加婦人大会」には大統領から指名されてアメリカ代表として出席した。彼女はまたシカゴ市長選挙の折、共和党から候補者に推されている。会費は入会金なしで年五ドル、若しくは七ドル、一〇ドルと随意で、額による差別はない。委員会は三一の内、七つ（事務を受け持つ委員会）を除いたすべての委員会が研究事業に関わっている。それらは少なくとも月に一回例会を開き、当局者、専門家の意見を聞いたり、一緒に調査に出掛けたりしている。

市川は、以上のような説明に加えて、各委員会とその研究・事業内容を記している。直接間接に影響を受けていると思われるものの概略を記そう。

(a) ミュニンシィパル・シティズンシップ

婦人を「知識のある市民」に教育することを目的とし、政党政派に関係なく「いゝ役人いゝ政策を援助し、悪い役人悪い政策には、どこまでも反対する」ことにしている。また選挙権を理想的に行使することを重要視し、それについての講演、パンフレット、図書の発行のほか、質問にも応じるようにし、選挙の前には各派の候補者を招き、政見を聞くほか、履歴、政見等の一覧表を印刷して会員に配布している。また市役所の会合への出席、役人からの意見聴取、市政の調査、批判を行っている。

(b) シィティ・ファイナンス

市参事官の財政委員会に、少なくとも一人は必ず出席して研究し、それを報告している。そうしたなか、その委員の一人に加えられた会員もあった。

(c) シィティ・ウエルフェア・エキジィビット

数年前、市内で「シィティ・ウエルフェア・エキジィビット」が模様された時、クラブから「公園、遊戯場」「公設市場」「牛乳」「夜学校」「塵捨場」「電車中における空気」といったことに関して図表を提出した。爾来新しい図表を作りさまざまな展覧会に出している。

(d) シヴィル・サーヴィス

学校や他のクラブへの講演者紹介のほか、シヴィル・サーヴィス・ロウ(州、郡、市の役人の義務、俸給、資格任免等を規定した法律）が正しく履行されているかをチェックすることを主目的としている。過去に州の産業委員会委員として婦人の任用を認めさせたり、試験なしに二千人のなかから州の役人を任命するという法律案に反対したりしている。

(e)　クリーン・エア

電車の中、学校教室のなかの温度、湿気、空気等を検査し、統計表をつくって当局者並びに一般に発表するなどしている。第一次世界大戦中、石炭が欠乏して有煙炭を家庭で用いなければならなくなったとき、煙を少なくする方法を示したポスターを配布して効果をあげた。市の煤煙課と共同して、煤煙法に違反しているものを見つけ出し、告発するのもその仕事の一つとなっている。

(f)　クリーン・シィティ

塵芥の研究を広げて、町や横道の清潔について研究している。

(g)　クック郡アノエア

クック郡の財政に注意し、郡の役人と共同して救貧事業を助けるなどしている。

(h)　教育

学校参観から校舎、教科書、教師、教育法令等にまでわたってチェックする。市の教育課に公金費消事件が発生したときには市長をはじめ検事に対して徹底的調査を要求し、さらには教育課員全部の更迭を迫ってある程度の成功をおさめた（この場合は他の有力な婦人会と共同して活動）。この委員会はクラブの活動のなかで重要な位置を占め、市の当局者に対して「一大敵国の観を呈して」いる。

(i)　食料および市場

会員の一部で購買組合を組織し、二、三の問屋と共同して一番出盛りの一番安い時を一般に知らせるなどした。

その他、公設市場の増設運動、主婦の会に講演者を送ることなどをしている。

(j) 住宅及び市区改正

法令に違反しているものを見つけだし当局に警告したり、住宅組合等についての実地研究をしている。

(k) 立法

イリノイ州議会に提案される法律の議案中、婦人子供等に一般の生活状態に関したものはすべてこの委員会に報告されることになっている。委員会ではそれらについて専門家の話を聞くなどして、その是非を検討する。いままで通過に努力したものに図書館法案、児童労働禁止法案、公債法案、幼稚園法案、住宅法案、母の年金法案、婦人に対しての八時間労働及最低賃金法案等がある。

(l) パブリック・インスティチューション

都立病院、児童感化院、私立結核病院、養育院等の公立機関を訪問して経費を濫費していないか、食物はいゝか、患者に対して親切かといったことを調査し当局に勧告している。

(m) サニタリー・ディストリクト

サニタリー・ディストリクト（郡、市の区画の外に、上水、下水等の関係から数箇町村、あるいは二、三郡を合併して構成されている区域）の財政状態などを研究している。

(n) 社会衛生

この委員会の長は医者で、社会衛生についての特別の研究家。昨年の秋の選挙にはクック郡のコミッショナーの一人に選出された。アメリカにおいてこの職に選ばれたのはこれが初めて。委員会ではこの方の研究はもちろん、一般の会員、大衆婦人に向けて活動写真を用いて講演するなどしている。例えば、「如何にして子供に性の生物学的事実を教へるか」、「梅毒及淋毒」など。

市川は、さらに同クラブの例会（毎週火曜日）のテーマを紹介しているが、そこでは委員会よりもう少し根源に触れる包括的なテーマが扱われている（省略）。

要するに、シカゴ婦人クラブは公園の設備、塵芥汚物の整理、共同便所から路地の隅々の掃除、教育、社会事業、都市美の問題、さらには失業問題、税金の使途まで大小さまざまの問題を課題化し、かなりの成績をおさめ、その活動は行政にも評価され、一部の委員は市の役人にも任命されていた。市川はこのシカゴ婦人クラブに目をつけ、日本にも「かういふ婦人会がほしい」と考え、その一部は実行に移したのである。

一九二五年下旬、『婦選獲得同盟会報』（第二号）誌上で打ち出されている獲得同盟政治教育部の研究項目をみてみよう。

第一編

(1) 都市計画
(2) 都市の衛生　A、都市と水の供給　B、水掃と排泄物の事　C、塵挨汚物の始末　D、街路の清潔　E、煤煙防止
(3) 住宅問題
(4) 貧民問題
(5) 公設市場
(6) 交通機関　A、街路（街路樹）　B、運輸機関
(7) 公園の設備
(8) 教育　A、学校制度　B、図書館

(9) 防火設備

(10) 税金

第二編では国の政治から政党、選挙の問題までを網羅し、それが女子の政治教育の課題とされている。そして一九二七年七月、獲得同盟地方支部の任務として、「市町村の教育、衛生、土木其の他に関する知識をその地の一般婦人に与へることが得策であると思ふ。……直接その掌に当つてゐる当局者を招いて生きた事実を聞き、見学、視察等を行い、……婦人との意見を当局に具陳することも必要である」(11)と具体化が構想され、その二年後、「市政研究会と云うものが市の各方面の委員会をつくつていろいろの意見を当局に対してもつてゆくやうにしたらよいと思ひますね。シカゴには理想的なのがあつて、公衆便所、水泳、小路、ゴミ箱委員会などまでがあつて、……方々に見学などして具体的な要求を持ち出してかなり成績をあげてゐます」(12)と、婦人公民権の有効利用のための準備を促す。翌一九三一年七月一六日には念願がかなって婦人市政クラブの誕生となる。市川は述べている。

婦人市政クラブの主旨は、……自治政の研究、並にこれが改善について当局に建議することを差あたりの目的にしてゐるが、……別に期待してゐるものがある。……婦選獲得同盟の自治政に対する政策を同会で立案してほしい……。婦人が公民権を獲得してこれを行使せんとする場合、私共は、一般婦人に対し、単なる抽象的な言葉——人格の立派な人にとか府県市町村のために適当な人といふだけでは、役に立たない。どうするのが府県市町村のためになるか、其の判断の基準を示さなくてはならないと思ふ(13)。

婦選運動の最盛期、婦選獲得は目前のものと見られていた頃のことである。なお、発足した婦人市政クラブは婦選獲得同盟東京支部を中心に東京市政に関係のある婦人、約三〇名からなり、毎月の会合の他、施設の見学（浄水場等）を続け、九月からは毎月東京市政研究講座を開いている。

この間の一九二九年には東京市会浄化運動のために結成された対市議選挙委員会（代表・市川）の活動が、市会委員会（委員長・市川、幹事・稲葉節子）に引き継がれ、その際市会の監視（市会の傍聴等）や市政の勉強の継続（市会の構成と機能、局課の組織の研究等）を決め、その直後にガス料金値下げ運動に着手している。

また、市川らが独自に行った選挙革正や市政浄化の運動、その延長線上の選挙粛正運動（後述）などは、先の「(a)ミュニンシィパル・シティズンシップ」が少なからず参考になっていると思われる。

満州事変（一九三一年九月）後の婦選環境悪化のなかでは、シカゴ婦人クラブの活動を例にあげ、それは保守・急進問わず受け入れられるはずとして、市川は「自治政への婦人の協力」を呼びかけている。すなわち、シカゴ婦人クラブが「積極的に市当局を強要して、塵芥［ゴミ］問題の解決にあたらしめ成功した」こと、また「塵芥問題を廃物利用、消費節約と結びつけ、一般主婦の自覚を促す為めにゴミ箱の検査等も行った」ことなどの事実を紹介しつつ、「公民権、参政権の獲得運動を進めると同時に、どの方面からでもいゝ、各自の住んでゐる各自治体のお掃除にかゝろうではないか」と婦人に訴えている(14)。

国民精神総動員運動の一環として空前の動員をみた東京全市にわたる「街頭の無駄を拾ふ運動」（一九三八年七月二二日、参加一一団体、動員数八八二人、拾った無駄一一三八件）も、実はシカゴの婦人クラブに倣ったものである(15)。また、東京婦人愛市協会が一九三九年一〇月七日に結成した「東京婦人市政クラブ」もそこに包摂されるものといえよう。

3　近代的合理主義——アメリカで学んだもの

アメリカでの生活を送って二年半ほどの歳月が過ぎた一九二四年一月、市川は帰国の日を迎える。国際労働局（IL

O）本部に勤務していた浅利順四郎から開設予定の東京支局の職員になるように誘われ、「ILOとは友愛会時代から関係があり、労働問題にも関心をもっていたし、アメリカもそろそろ切り上げて帰りたいと思って」(16)前年の秋承諾していたのである。

二年半ぶりの東京は関東大震災（一九二三年九月一日）による瓦礫の山であった。そして、その風景が象徴するように社会・政治の空気も渡米前とはがらりと変わっていた。朝鮮人暴動の流言と戒厳令の発令、自警団による朝鮮人虐殺、さらには亀戸事件や大杉事件など社会主義者の虐殺などが続くなか、前年議会で廃案にされた過激社会運動取締法案が緊急勅令として発令され、国民精神作興に関する詔書が出されるなど、渡米前のデモクラシーの高揚が逆転させられる空気が濃厚に漂っていた。

その一方で、関東大震災の翌日発足した山本権兵衛内閣の普選構想発表（治安維持法抱き合わせの方針含む）の後、一時沈滞した普選要求熱がふたたび高まる一方、労働組合の主流である総同盟がそれまで否定していた議会政策を是認するなどして、労働運動は新たな段階に入っていた。そして、一九二四年一月には第二次憲政擁護運動が政党の主導で開始され、六月には加藤高明首班の護憲三派内閣が成立した。その流れのなかで群小の婦人団体が先述の集会権奪還を受けて政治的な自覚と自信を深め、それぞれに次なる目標、婦人参政権獲得の道を模索していた。

では、そうした日本において市川はどのように迎えられたのであろうか。穂積重遠は「随分外国帰りの婦人から、あつちの婦人運動について聞きますが、市川さん程シツカリした処、また成程という処を見てきた人はないようですね。それに私と一緒に市川さんの話を聞いた連中は相当批評の多い者ばつかりでしたが、皆感心していましたよ」(17)と語っていたという。平田のぶも「全体の感じは、前より明るくやはらかになられた様に思われます。そしてずつと『リファイン』されてゐらしたといふことは、私も感じます」(18)と述べている。市川が幾まわりも大きくなって帰国したことは間違いなかろう。

為藤五郎は、「丸みと柔らか味がどこか渾然とした多くの印象を得させられる。……米国から帰ってきた市川さんを赤くなって来たと見るものと、白くなって来たと見るものと二様の観察がある」(19)と語っている。新婦人協会書記として市川の身近かにいた田島ひでは、後者に近い見方をしていた。すなわち、「三年ほどのアメリカ生活で、いわゆる女権主義の立場にすっかり定着してしまっているように思った。まだ新婦人協会のときは、平塚とのトラブルなどいろいろ悩んでいたせいか、思想上でも社会主義への関心を寄せていたように思われた。しかし、帰国後の市川は、ブルジョワ的社会観を堅持し、その観点から男女の同権―婦人参政権の要求ひとすじに婦人運動を歩く人のようであった」(20)。本来、イデオロギー的視点を超越し抽象や思弁を寄せつけなかったところに市川の特性があったが、あるいは田島にいう通り渡米前には思想的な揺れがあったのかもしれないし、アメリカでの見聞によって市民的な社会観を確立したのかもしれない。

金子は、当時の市川の言葉を書きとめている。

経済組織だけの改革だけで、婦人問題が全部解決されるかどうか、私はいま疑問をもっている。この疑問がある間私は婦人運動をつづけるだろう。無事解決がついた日、私は社会運動に投じるだろう(21)。

原田清子の次の分析は的を得たものと思われる。「その思想と人格の形成期であった明治期の民族主義の影響を受け、明治的な意味での愛国者であった上に、アメリカ滞在で身につけた近代的な合理主義と知性を、微妙に重ねて持ち合わせた方だったように思う」(22)。いずれにしても、市川は以後自由主義的な婦人運動家としてその地歩をかため、識見においても、行動力においても群をぬく存在になっていく。

4　ＩＬＯ勤務——婦人労働委員会の創設と婦人労働の実態調査

ＩＬＯ東京支局はまず事務所の設置から始まった。支局の役割はＩＬＯの宣伝、サービス、日本の労働事情の報告を主とし、例えば本局発行の雑誌、図書などの紹介・取り次ぎ・販売、毎年ジュネーブで開催される国際労働会議出席代表への情報の提供などであった。

市川には給料の面では不満はなかったが（女性としては高給だった）、男女差別は実感としてあったようだ。彼女は庶務と会計を担当していたが、上司の次長菊池勇夫（後の九州大学学長）の下で働くことは快くなかった。彼は東京帝国大学法学部出身で学歴の点で違いはあったが、三一歳の市川からいえば年下で、また労働問題についても自分の方が造詣が深いと自負していたからである。菊池が「Trade Union」を「同業組合」と訳したのに対して市川は「私の方がいくらか知って」(23)いたとの不満を漏らしている。

やがて、ＩＬＯ東京支局の開設そのものがマスコミの注目をひいたことも手伝ってアメリカ帰りの市川に新たな光があてられるようになり講演や原稿の口がかかってきた。例えば、『大阪朝日新聞』ではアメリカの婦人労働組合運動を語り、『主婦の友』主催の京都、大阪での講演では、「男らしさ、女らしさ」という演題で、在米中に手にいれた『ドーミネント・セックス（優性）』の内容を紹介しつつ、女性の地位向上に努力する必要性を説いたという。

一九二四年、大正デモクラシーの拠点のひとつ、長野県小県郡の『信州婦人』の「第三回信州婦人夏期大学」（三日間）に招かれて「婦人運動の将来について」を講じたときには、市川の魅力によって、出席者の一人が自らの運命を変えることになった。児玉勝子（後に獲得同盟に勤務し、戦後は『婦選運動小史』などを著すなど市川を支える）である(24)。

ところで、市川は「私という人間はね、割合調査が好きなんですよ、統計なんかとることもね」(25)と語っているように、もともと調査好きであった。遡れば、教員時代に統計の講習会に通い、後の「女教師論」（『教育』一九三七年七月号）でもかなりの部分を統計資料にさいて精緻な分析を試みている。こうした調査・統計好きは物事を感性ではなく、論理で考える市川の特性のひとつとして重要な意味をもつ。

ＩＬＯ支局でもその「調査好き」を生かす大きな仕事を成し遂げた。女子労働者（女工）の過酷な労働条件に関する実地調査で、これは自ら願いでて、委員の選定から企画、運営まで、すべて市川が責任をもって行ったものである。この経験によって後の婦選運動の幅と奥行きが広がったことは間違いなかろう。彼女自身、「婦人参政権運動とはまた別の階層の学者の方々や婦人の人たちを相識ることになり、私の視野を広めてくれたように思われる」(26)と述懐している。以下、若干触れておきたい。

ＩＬＯ支局では一九二五年に入って国際労働会議で採択された条約の批准を促進するため高野岩三郎（大原社会問題研究所所長）を理事長として国際労働協会を結成し、そこへ労働問題に関心をもつ学者、国際労働会議への出席経験者などとともに菊池や市川も加わった。市川はその一般委員会（委員長・安部磯雄）で婦人労働の実態調査を行うことを提案し、それが認められた。目的は一九一九年のワシントンでの第一回労働会議で採決された「労働時間制条約」や「婦人少年夜業禁止条約」など、いまだ果たされてないＩＬＯの条約の批准を当局に要求するための論拠を実地調査に基づいて打ちたてることにあった。その調査や報告、政府への要望書起草、会の運営などに示された市川の熱意と力量はやはり群を抜いていた（市川三二歳）。以下、その経緯をもう少し詳しくみよう。

先の方針の決定後、市川は、加藤タカ（ＹＷＣＡ）を婦人労働委員長に、委員には市川（幹事）のほか労組関係者として野坂龍子、帯刀貞代、さらには婦選獲得同盟の河崎なつ、金子しげり、久布白落實など二〇余名の参加を得てチームを作った。まず着手したのは常磐炭鉱の実地調査、これは「婦人の坑内労働禁止に関する調査報告書」としてまとめられている。実際に坑内に入って調査したうえで作成されたもので、坑内で働く女性のおかれた劣悪な条件がミクロ・マクロの視点で分析されており、まさしく市川の指導力と高い調査能力を裏付けるものであった。骨子を述べれば、婦人の最も多い石炭山の坑内の状態は危険の多いうえ、空気は悪い、塵は多い、暑い、湿気が多い、日光にあたらないなど不衛生な状態であり、それによって病気が誘発される。婦人の坑内労働を許可しているのは世界中印度と日本だけであり、速かに婦人の坑内労働を禁止するべきというものである。この「調査書」が先の一般委員会に提出され、そこで市川が婦人の坑内労働即時禁止の理由、その実現の具体的方法等を述べ、「婦人の坑内労働禁止に関する決議」として採択された。なお、その間、資本家側、内務省社会局サイドから「人道的な立場からは当然の要求であるが、経営者側及び労働者側双方に相当な困難が存する」といった反論がだされた。

結局、同「決議」が採択された結果、政府（田中義一内閣）は一九二八年九月内務省令「鉱夫労役扶助規制の改正」で女子及び一六歳未満の者の坑内作業を禁止した。ただし、但書で薄層といって一尺三寸（約四五センチ）層の炭鉱にはこの禁止規則が適用せずとされ、その意味で問題を残し、批判もあった。だが、当初の目的は達しており、先駆的仕事として大いに評価されてしかるべきであろう。ただ、坑内婦からは感謝どころか、「坑外の安い賃金の選鉱場にかえられるのはいやだ」と抵抗を受けた。問題の根は限りなく深かったのである。

次に市川は紡績業及び製糸業における女工の実情調査を取り上げ、東京、関西地方、山梨、長野の工場の視察・調査を行った。これも「紡績業における徹夜作業禁止決議」としてまとめられ、一般委員会で異論はあったが、大多数の賛成で原案通り可決となった。同決議では徹夜の労働が大多数未だ成熟せざる婦人労働者の健康に著しく悪影響を及ぼしている点を指摘して、批准が引き延ばされている点を批判、批准実施のための必要な措置をとるよう要求している。

ところで、実は市川は当時ＩＬＯ支局に勤務の傍ら、すでに会務理事として婦人参政権獲得同盟会に加わり（一九二四年一二月）、それも婦選獲得同盟への改称を機にＩＬＯ支局を半日制勤務に変えていた。いわば二足のわらじを履いていたのである。

そうしたなか金子もＩＬＯ支局の機関誌『世界の労働』に進出するようになり、同誌（一九二七年一月号）の「婦人委員の諸氏の紡織工場視察感想記」では、「感想というより実現可能な提案」として、次の三点を示している。(1)夜行禁止の即時断行、⑵婦人の工場監督官実現、⑶婦人の社会事業団体が女工の娯楽・修養に手をのばすべきこと。

やがて市川は二重生活を解消して、そのエネルギーを婦人参政権運動に収斂させていくことになる。市川はその理由をこう述べている。「働く婦人の問題も非常に重大だが、その労働条件を改善するためにも、早く婦人が政治に参加する必要がある。ＩＬＯ支局の仕事は必ずしも私でなければできない仕事ではない」(27)、「志を持ちながら、生活のために殆どすべての時間を空費して慰安をむさぼっている自分を見出だした時、私は愕然とした」(28)。かくして相当の高給を棒に振り、一九二七年一二月、満四ヵ年間勤務したＩＬＯ東京支局を退職した。時に市川三四歳。以後生活の保障のない婦選運動に全力投球していくのであるが、その決断は、満州事変後も、「生活のための職業をなげうった事を後悔していない」(29)といい切れるものであった。

時代は、大正から昭和初期にかけての社会運動勃興の時代から、満州事変をへて民族主義・国家主義・軍国主義が台頭するファシズムの時代へ大きく展開していくのであるが、市川はやがて遭遇するその激しい風雨や嵐を想像することなく、運命の糸に引かれるように本格的な婦選運動につきすすんでいく。

次章では、新婦人協会による集会権の獲得（奪還）後の段階まで戻り、その後の婦人界の動向や体制側の対応、また市川らの運動スタンス等を確認したうえで、婦選運動の具体的展開をみる。

★3章

婦選運動の統一と発展——満州事変勃発まで

1　婦人参政権獲得運動と婦選獲得同盟

1　婦人参政権獲得運動団体の簇生

新婦人協会の解散後、婦人の参政権獲得をめざす婦人団体が簇出した。集会権の獲得（奪還）によってはずみがつく一方、第二次山本内閣が普選実施の公約をするなど（一九二三年一〇月）、婦選をめぐる状況が前進したからである。かくて婦人参政権の要求運動は、大正末から昭和にかけて空前の高まりを見せることになる。それら婦人団体と代表人物を記せば、次のようになる。

一九一九年一一月「新婦人協会」平塚らいてう、市川房枝、奥むめお
一九二一年七月「日本婦人参政権協会」（基督教婦人矯風会の一部）久布白落實
一九二三年二月「婦人参政同盟」以下の寄合世帯——「婦人連盟」奥むめお、児玉真子、衆樹安子、塚本仲子。「真

新婦人会」西川文子、高木富代、沼田いせ、早川こと。「婦人禁酒会」高橋千代、碧川たか。「革新倶楽部婦人部」河本亀子、長谷川胤。個人・坂本真琴、行川仲子、上村露子

一九二三年四月「婦人市政研究会」河口愛子、多川澄子、小滝きよし

一九二四年一〇月「婦人参政三派連合」婦人参政同盟の分派――「婦人保護協会」河本亀子。「真新婦人会」西川文子。「婦人禁酒会」碧川かた

一九二四年一二月「婦選獲得期成同盟会」（一九二三年一〇月結成の東京連合婦人会政治部が母体―二五年四月婦選獲得同盟に改名）久布白落實、市川房枝、金子しげり、赤松常子、河崎なつ

一九二五年一〇月「全関西婦人連合会」（一九一九年一一月発足、第七回大会以後婦人参政権問題を課題化）恩田和子、井出菊江

一九二六年七月「女子参政権協会」（婦人参政同盟の分派）山根菊子、小手川倫子

一九二七年七月「関東婦人連盟」（無産左派労農党・共産党系）田島ひで、山内みな、柳つる

一九二七年七月「労働婦人連盟」（日本労働総同盟婦人部）赤松常子

一九二七年一〇月「全国婦人同盟」（無産中立の日労党系／↓無産婦人連盟↓無産婦人同盟↓社会大衆婦人同盟）織本貞代、岩内とみえ、堺真柄、菊川静子

一九二七年一一月「社会婦人同盟」（無産右派の社会民衆党系／↓社会民衆婦人同盟↓社会大衆婦人同盟）赤松明子、赤松常子、阿部静枝

一九三〇年五月「婦人同志会」吉岡彌生、山脇房子、井上秀子

この他にも、全国小学校連合女教員会、国民婦人会、女子薬剤師会、婦人平和協会、浅草寺婦人会、子供の村お母様

学校、仏教女子青年会などが獲得同盟の後援団体として有力な働きをみせている。これら個々の団体の消長については割愛するが、以下、運動の大きな流れだけは確認しておきたい。

新婦人協会解散(一九二二年一二月八日)の後、その一部(奥むめお他)によって婦人連盟が結成された。だが、路線をめぐる内紛が絶えず、他方婦人参政権獲得運動への進出に意欲をみせる諸団体が登場して、運動組織の群雄割拠状況が生れた。彼女らの未熟性・非効率性が憂慮されるなか、やがて、その大同団結が松本君平(衆議院議員・無所属→革新倶楽部)らの斡旋によって実現し、婦人参政同盟が結成された。しかし、これも最終的な解決とはならず、なお個人的な離合集散を経て婦人参政三派連合と女子参政権協会が派生するという混迷ぶりを露呈した。

そうして分散・分立する中立的な婦人団体を束ね、共同活動推進の中心的な存在になったのが市川が帰国後加わる婦選獲得期成同盟会(後の婦選獲得同盟)で、以後、思想的には自由主義的な幅をもって保守革新を問わず婦選勢力を統合すべく努力を重ねていくことになる。

その後、普選法が成立するや、複数の無産政党が登場し、その傘下に結社権のない女子の無産婦人運動団体が分立するかたちで三つ結成される。彼女らは婦選のみならず婦人解放全般にわたる要求を掲げていたが、ともあれ、ここに婦選獲得をめざす運動は中立的婦人団体系(婦選獲得同盟が中心)と無産婦人運動団体系という二つの流れを形成することになった。ただ、無産婦人勢力は一定のエネルギーを放出後ファッショ状況が進行する三〇年代後半には後退を強いられ、以後ほとんど獲得同盟を中核とする中立的組織だけの奮闘となる。もっとも、それまでも運動は獲得同盟の絶対的実行力を軸に動いており大勢に影響はなかった。この点は山川菊栄が、「婦人参政権を目標とする婦人団体とはいっても、他は、大衆抜きの、看板だけの団体にすぎないのでまったく問題ではない。問題となり得るものとては、最も進歩的な、有能な要素を集め、常に小ブルジョア婦人運動の急先鋒となって活動してきた婦人獲得同盟あるのみである」(1)と論じているところである。

その獲得同盟の猛烈な運動によって、一九二八、九年には議会で婦選が政治問題化され、運動はその高揚期を迎える。が、ピークに達した一九三〇年五月、婦選獲得不成就の予兆を帯びて、獲得同盟の右寄りの勢力が離脱して婦人同志会を結成するという事態が発生し、ここに婦選戦線は「過激派」と「穏健派」に分裂することになった。この婦選運動史の最後のページに現れた婦人同志会を含めてその系譜を大別すれば、婦選獲得同盟を核とする中立的婦人団体を中心に、左の無産婦人団体、右の婦人同志会（傘下の婦人団体を含む）の三つとなる。

その後、満州事変が勃発し、婦選運動をめぐる舞台は暗転、対議会運動は事実上不可能になるが、それでも市川を中心に中立派の婦選運動は時局に批判的な目を向け、婦選を追求する姿勢を保持した。しかし、官製・半官製の婦人団体（国防婦人会、愛国婦人会、大日本連合婦人会、大日本連合女子青年団）が銃後活動を活発化するなか、存続そのものが難しくなり、戦略・戦術の駆使のうちに婦人同志会や官製・半官製の婦人団体とも宥和的な関係になり、銃後の役割を共有するに至る。以上、婦人参政権運動組織の系譜とその流れを確認した。

2　婦選獲得期成同盟会結成まで

では、市川が金子しげりとともに一六年間牽引することになる婦選獲得同盟（当初、婦人参政権獲得期成同盟会。以下「期成同盟会」と略記）に絞って、その結成までの経緯をみてみよう。期成同盟会は当時分裂状態の婦人組織にあきたらない東京連合婦人会の政治部が、自らを発展的に解消するかたちでさまざまな個人を糾合して結成したもので、その道筋をつけたのは日本基督教矯風会（東京連合婦人会の中核団体、代表・久布白落実）であった。同会は新婦人協会の治警法五条改正運動にも積極的に協力し、その後も婦人参政の権利獲得の運動に向けて準備態勢に入っていたものである。

他方、金子も東京連合婦人会政治部にあって、市川を巻きこみつつ下から突き上げるかたちで新組織の結成に弾みをつけ(2)、やがて期成同盟会をスタートさせるころには金子・市川サイドが発言権を強め、最終段階では彼女らのペースに巻きこんでいる(3)。このことは、「運動方針」の決定過程をみれば分かる。まず、「運動方針」は、(1)運動の目的を婦人参政権獲得の一点に絞る、(2)政党政派に対しては中立の立場を堅持する、(3)構成員はあくまで個人単位で所属する、(4)婦人参政権以外の諸問題についてはそれぞれの所属団体において慫慂するにとどめる、というものであった。これらは「婦人参政権並に対議会運動懇談会」(一九二四年一一月一三日)で決定されたもので、(1)は婦選運動一本槍手法は不得策として間接的な運動の必要性が説かれるなか、新婦人協会の失敗をふまえて、金子、市川、そして婦人連盟の人人によって強く主張されたものである。(2)はその共通理解のもとで出発しており、問題はなかった。

議論が沸騰したのは(3)だった。既成団体を基礎とするルーズな連絡組織構想が説かれるなか、金子、市川らが団体連合では勢力結集に実があがらないとして個人単位で有力な活動家を集めることを強く打ちだし、それを久布白側が譲歩するかたちで決定されたものである(4)。いずれにしても、観念を排し戦略に徹した明快な「運動方針」は、当時運動が四分五裂の状態にあったこと、そして層の薄い婦選運動にとって幅広い勢力結集が必要あったことを考えれば、きわめて賢明なものといえる。かくて一九二四年一二月、久布白を専務理事、市川を会務理事とし、また金子の他、運動経験者の坂本真琴など人材を集めて期成同盟会のスタートとなる。

彼女らの活動をみる前に、新婦人協会による集会権獲得(奪還)後の政府や議会の態度を確認しておきたい。結論からいえば、彼らの認識はやはり集会権どまりで、結社権も参政権も普選が実現するまではほとんど無視という状態だった。まず、加藤友三郎内閣下の衆議院議員選挙法調査会(会長・内相水野錬太郎)の答申(一九二三年六月)で、「現行法通り」と切り捨てられている(5)。また、同答申を踏まえて「選挙法改正の必要如何」との諮問が臨時法制審議会にだされ、これが第二次山本権兵衛内閣に引き継がれて、五大臣会議(一〇月一六日。後藤新平内相、岡野敬次郎文相、田鍵治郎農商相、犬養毅逓相、平沼騏一郎法相)で検討されるが、彼らは全員一致で「婦人ニ参政権ヲ与ヘズ」と下した(6)。

また、臨時法制審議会(一〇月二七日)では、「女子ニ対シ男子ト同ジク選挙権得ヲ与ヘルベシトスル説」(美濃部達吉、板倉勝憲）と、「年齢三〇歳以上ノ女戸主ニシテ義務教育ヲ終エタル女子に選挙権ヲ与フヘシトスル説」（花井卓蔵）、「年齢三〇歳以上の女戸主に選挙権を与フベシトスル説」が出されたが、松田源治、江木千之、副島義一、小野塚喜平次、関直彦、関和知の反対論があり、採決の結果、賛成者は美濃部説二名、花井説三名（他は不明）で否決された。反対説の主旨は、「女子の選挙権をあたえることは絶対反対ではないが、わが国の今日の国情にかえりみ、この際すぐに婦人参政権をみとめる必要はない」という曖昧なものであった。なお、板倉は一一月五日の委員総会でも、「二五歳以上ノ女子ニ選挙権ヲ与フルコト」の動議をだしているが、これも美濃部の賛成、小野塚の反論の後、否決されている(7)。

次の清浦奎吾内閣（一九二四年一月～六月）では、男子普選の内容が後退、これに対し野党の護憲三派のうち憲政会、革新クラブが普選断行を強調したが、いずれも婦人参政権は視野に入れていない。また加藤高明内閣下（一九二四年六月～二五年七月）でも、三派普選委員会（会長格・安達謙蔵）が普選の政府案を決め枢密院に提出するが、女子は排除されている。ただ政党の調査会レベルでは、清瀬規矩雄（政友会）などが婦人参政権を問題にしているが、これも時期尚早で一蹴された(8)。

ただ、唯一の野党政友本党の有志一二名（本郷實ほか一一名）が、床次竹二郎総裁の「世帯主に限って選挙権付与」との方針に基づいて選挙法改正特別委員会（会長・松田源治）が設置されるや、一二月二二日、「世帯主を基礎とする以上は独り男子のみならず苟しくも一家を支へてゐる者に対しては女子に対しても」付与すべきと床次竹二郎総裁に申し入れている(9)。そして、同党から普選法成立必至とみなされていた第五〇議会（一九二四年一二月二六日～二五年三月三〇日）に小選挙区制、二五歳以上の男女世帯主に対する選挙、被選挙権の付与を骨子とする修正案が提出された。同案は政府の普選案が千四百万人と目されるのに対し新有権者数を約五百万人減じさせるものではあったが、男女平等という意味では画期的なものだった。だが、これも少数意見として葬られた。

興味深いのは、その政友本党案提出をめぐって、松田源治が一年半前の臨時法制審議会での反対論を翻し、「諸君ハ何故ニ婦人ノ選挙権ヲ忘レタノデアリマスカ、無条件ノ普選ヲ唱ヘナガラ婦人ノ選挙権ヲ何所ニ忘レテ来タノデアルカ」（一九二五年二月二日、本会議）と論じていること、また先の政府案が枢密院に提出された際、石黒忠悳が女子を除外した理由を「此際尚一事御説明ヲ願ヒタキコトアリ女子ニ選挙権ヲ与ヘザルハ何故ナリヤ」(10)と質問していることである。とりわけ後者は官僚勢力の牙城といわれる枢密院にあってきわめて異例なことであり特記に値する。ちなみに、このとき若槻内相は「女子ノ中ニモ相当政治能力アル者ヲ認ムルモ未タ全般ニ対シ之ヲ与フヘキ時期ニ非ズト認メ漸進主義ノ御論ト同主旨ニ因リ男子ト区別シ女子ニ参政権ヲ与ヘサリシナリ」と答弁している。以上、集会権容認後の政府や議会の態度を確認した。

市川ら期成同盟会の対議会活動はこの間の第五〇議会（一九二四年一二月二六日〜二五年三月三〇日）への婦選三権、つまり結社権（法律改正案）、公民権（建議案）(14)、参政権（建議案）の提出からはじまった。提出にあたっては、婦人参政同盟、婦人参政三派連合を巻きこみ、短期間ながら演説会開催、請願署名集め、対議会活動に大車輪をかけた。そして三月一〇日、山口政二（中正倶楽部）、高橋熊次郎（同）、松本君平（革新倶楽部）などを提出者として提出にこぎつけた。傍聴席ではその行方を女子二百数十名が見守ったが、治警法改正委員会を通過し本議会でも可決となったものの貴族院で審議未了となった。衆議院通過は貴族院での不通過をみこしたもので、運動者もそれを承知していた。

同議会では男子普通選挙制度が成立したが、周知の通り、治安維持法とセットで辛うじて通過したものであり、運動者にとっては、この普選案成立の日こそ、反動の嵐に向かって長く苦しい旅がはじまった日であった。

3　運動仲間——金子しげりと藤田たき

運動家としての市川は資質、実績、実践力、そのどの点においても抜きんでていた。本来の勤勉さ、高い実務能力、金銭への潔癖性などに加えて、職業人としての社会的訓練、新婦人協会時代に学んだ運動の技術と知恵、アメリカで蓄えた婦人運動の知見、ＩＬＯ支局で培った統率力など、これらがすべて彼女に指導者としての実力と自信を具備させずにはおかなかった。

そうした市川の指導者としての資質・能力を一層確かなものにしたのが金子（後に山高）しげりとのコンビである。金子は市川の「片腕」「女房役」として市川を支え、時には市川に優るとも劣らぬその鋭敏で旺盛な問題意識と実行力で運動を推進した。ある意味では金子あっての市川だった。市川、あるいは婦選運動の本質に迫るためには、金子の掘り下げが不可欠である。

金子しげり。一八九九（明治三二）年生まれ。東京女子高等師範（現お茶の水女子大）中退後、国民新聞社、主婦の友社の記者を経験、戦後は全国地域婦人団体連絡協議会（地婦連）会長、全国未亡人団体協議会理事長となり、参議院議員を二期つとめた。

市川と金子の出会いは、金子が主婦の友社に勤務していたとき同社企画の京阪神方面での講演会における講演を市川に依頼したときで、この帰路意気投合、金子（当時東京連合婦人会政治部に所属）が市川に期成同盟会設立に加わるよう誘ったものである。以後平凡ならざる二人が、平凡ならざる能力を発揮して婦選運動を大きく盛り上げることになるが、当時の市川の金子への期待と信頼は絶大であった。当初ＩＬＯに勤務しつつ婦選運動に関わっていた市川が、一九二六年に入ってその常勤を半日勤務とし、金子もまた半日勤務として有給幹事になったとき、市川は「金子氏と私が今までより以上に、運動に時間と精力を捧げればもっと運動を盛んにする自信はあった」(12)と言い切っている。市川がそう考えたのも無理はない。金子は、児玉勝子が「誇りたかく、ある意味では市川氏をしのぐ実力者」(13)と評している通り、政治的な見識・判断力はもとより、直感力、決断力、行動力、強靭な精神と身体、その他ありあまるほどの才能とエネルギーなど、運動に必要な資質すべてを備え、実際、市川に劣らぬ実力を発揮したのである。

機関誌上等でその跡を辿れば、市川の文章（文体）がやや論文調の硬さを見せているのに対して、金子はときには流麗な、ときには軽妙な筆づかいで才気煥発ぶりを見せ、また座談、司会でもその能力を発揮して存在感を示している。また、地方講演でも、「人を見て法を説くとは正しく山高の話術で、聴衆の水準にうまく合わせて笑わせ泣かせて体で納得させるという独特の方法で他に比類をみないものであった」(14)。実際、金子の講演に感激した地方婦人の談話が機関誌に散見されるところで、「手八丁、口八丁、足八丁をみごとに兼ね具えた八面六臂の活躍は他の追随を許さぬもの」で、その「縦横の活躍は自信にみち、まわりのものをなぎ倒してすすむの観があった」(15)と言われている。

以上、金子が万能に近い能力の持主たるところを見てきたが、ただ「最後の締め」はやはり市川の手のなかにあったようだ。例えば、総会などにおける宣言、決議などの草案起草の多くは金子が担当したが、最終決定は市川が筆を加えて成ったという(16)。

市川の貫禄については、久布白落實の市川評がそれを言い得ている。「稀に見る直な人である。事務などをやって居て、細心に其責任感の鋭いには打たれる事がある、そう手足がきくと云ふよりは、むしろ大局をしっかりと見て、冷静に事を判断して、餘り事に捕はれずにやつて行く處は、従来の婦人には少ない」(17)。次のような仲間の「打明け話」もある。「ホラ又ふさゑさんの第一条第一項が始まった、と時々鹽原さんに指摘される程、……中央委員会の時にも、さうでない時にも、小数点以下いくつまでゞでも割り切れるまで割ってしまひたいのがふさゑさんの性分です」(18)。こうして、いつしか市川は周囲から「御大」といわれる存在になる。

とはいえ、運動の方向性は組織のなかで有機的に決定されるものであり、獲得同盟の場合も組織の意思は公式の場で決定され、その運動の方向ないしは路線決定は市川、あるいは市川と金子によって独占されたわけではない。それでも大きな指針は前もって市川と金子によって方向づけられ、もし両者の意見が一致しない場合でも、両者の妥協、譲歩、ときには対決を伴いつつ最終的には市川が納得するかたちで調整されたと考えられる。ただ、婦選の要求が事実上困難になった一九三四、五年頃から両者の関係に微妙なひびが入り、協力体制は維持されるものの、最終局面では歩む方向を違えることになる。

金子が表舞台で市川と共演、あるいは助演した役者とすれば、舞台裏でその演技に欠かせない小道具を整えていたのが藤田たきである。とりわけ、市川が金子との意思疎通を欠くに至った後、その市川を支え抜いている。

藤田たき。一八九八（明治三一）年に生まれ、一九二〇年女子英学塾卒業後同塾教授となる。一九二八年八月ホノルルで開かれた第一回汎太平洋婦人会議（国際婦人会議、主催団体は平和推進を目的とする汎太平洋同盟）にYMCAの代表として出席、そのとき市川と同席しそこで深く共鳴しあった。藤田は、「この会議で、市川房枝氏の婦選獲得運動への情熱に接し得て、あるいは私にも、日本の将来のため果たすべき役割があるのではないかと考えた」(19)という。

獲得同盟に加わったのはその直後、第一三回中央委員会（一九二九年一〇月一八日）では早や欠員だった中央委員に推薦され、調査委員会（婦人参政権問題に関する資料の蒐集及調査）の委員長に就任した。このとき藤田は具体的計画として次のことを挙げている。⑴参政権既得の国を一目瞭然にした地図を事務所に備える。⑵各国婦人参政権団体に書面を以って運動の状況を問い、機関紙の交換を申しこむ。⑶我が国の参政権問題に関して月刊誌、新聞記事を集める。以後、藤田を長とする調査委員会は婦選関係のみならず、婦人問題、婦人運動に関する世界の最先端の情報を集め、それを機関誌で報告している。藤田の意気込みは次の報告からも伝わる。「婦選に関する材料は婦選獲得同盟調査部に紹介すれば必ずあると云ふやうにしたいとの野心をもつて進んで居ります」(20)。ともあれ、海外情報の紹介は日本の婦人のおかれた現状を認識させ、批判するメルクマールを提供するものであった。藤田は政治教育委員会の読書会主任として、一九二九年一月九日以後何回か、J. S. Mill, *The Subjection of Women.* を教材に、読書会を指導している。

藤田はこうして主に学究者として運動に関わり、ビラまきやデモなどにはほとんど加わらなかった。それでも時には地方講演に出向き、東京市議選浄化運動（一九二九年三月）では初めて応援演説とビラまきを経験した。藤田はそれを「生れて始めての二つ」（『婦選』一九二九年四月号）として感想を述べているが、そこには謙虚さと誠実さが滲みでている。

地味ではあるが、そうした人柄と知性によって市川の信望は厚く、獲得同盟でも一目おかれていたと思われる。第七回総会（一九三一年四月）では石本静枝（加藤シズエ）とともに理事に選ばれ、翌年には会務理事、翌々年には副総務理事（ナンバー2の位置）に就任、最後までそのポストに就いている。

その間、時には市川、金子との三頭立てで活動を行い、例えば創立十周年記念事業では、展覧会は藤田、出版は金子、会館建設は市川と分担している(21)。また、戦中の婦人時局研究会、戦後の新日本婦人同盟にも加わり、また市川公職追放後同会の会長として市川の留守を守り、追放解除運動にも奔走した。その藤田が参加当初の内情をこう記している。

同盟の御大は市川房枝さん、そして配する女房役、金子しげりさんでした。会員の敬愛の的となっていられた、火のような運動への情熱をひそめもつ市川さんでしたが、婦選獲得同盟中央委員会の席上では、才気煥発、頭の回転がすさまじい金子しげりさんには歯がたたず、いつも押され気味で、というより、こてんこてんにやっつけられて黙りこんでしまう市川さんに新米の私などハラハラして……しかし、この市川・金子の名コンビこそ運動を推し進める車の両輪でした(22)。

さて、藤田のペンでの協力であるが、『婦選』誌上で、シルビア・パンカースト著の *The Suffragette* の抄訳、ドリス・ステイブンス著、米国における戦闘的婦選運動の記録 *Jailed for Freedom*（「自由のためにつながれて」）などの他、海外時事問題を担当し、ドレフュス墺首相暗殺、ソビエト連邦国際連盟加入、マルセイユ兇変、ロンドン海軍軍縮会議を詳説、また「既婚婦人の国籍問題と国際婦人団体の活動」を論じるなどしている。

以上、陽に陰に市川乃至は婦選運動を支えた金子と藤田を見てきた。彼女らの動向については折にふれ言及するが、先取り的に述べれば次のように言うことができよう。市川と金子の戦争「協力」がその深部での強烈な権利意識に支えられ、またそれとパラレルの強い指導者意識がそれに特殊な彩りを付しているのに対し、藤田の場合はその誠実さ、謙虚さゆえに、戦争の深化のなかでひとたびナショナリズムに囚われるや、権利意識より国家への忠誠心が先行し、「注文」はあっても「要求」は出ず、むしろ筆で「協力」を誘導している。

4　婦選獲得同盟の運動手法

婦選獲得同盟の運動手法（戦略）は次の三つに分けることができる。(1)対議会活動における政治的中立主義、(2)大衆婦人の政治教育、(3)大同団結手法である。以下、順次検討する。

(1)対議会活動における中立主義。彼女らは議員に対しては貴衆、既成無産を問わず目的の専一性を明確にし、かつイデオロギー性の介入を拒否してアプローチした。だが、そこでの既成政党への接近が、普選法案通過後無産政党が登場し、それがある種の期待を抱かせるといった状況のなかで、周囲から批判されるところとなった。大きくはロシア革命に続いてドイツ、オーストリアなどで革命の火の手があがるなか、婦人界も、労働運動や社会主義運動が高揚するといった政治の季節にあって「理論闘争時代」を迎え、婦選獲得同盟はその渦中にあって批判の集中砲火を浴びることになったのである。

例えば、奥むめおは新婦人協会時代とははっきり異なる立場にたち、議会に依存する運動を錯誤とし、婦人の潜在的要求として「今の社会組織の誤謬を、根本的に改造しよう」と提案、婦人参政権運動は「利害を等しくするところの無産階級の政治運動に合体」すべきと主張した(23)。また、無産婦人の間に生まれた単一婦人組織結成の動きのなかで、その準備会が開催され（一九二七年二月）、そこには田島ひで、山内みな、奥むめお等が集まっていたが、その創立趣意書にも、「已に婦人の政治団体として活動しているもの二三あるにも拘らず、何れも女権追求の余り、婦人大衆の当面の問題には冷淡」で、「年中行事となった議会運動に其の勢力の大半をすり減らしつゝ頼むべからざる已成政党の手に縋ろうとしている」と、獲得同盟を主なる標的とした文言が挿入されている(24)。

こうした批判に対し市川は、婦選運動の「構成分子は極めて広汎に亘つてゐる。したがって……よく共同一致の実を挙げん為めには、其の目的の範囲を極度に限定する」必要があり、「参政権以外の問題は会員各自が所属団体に於て努力すべき」である。また対議会活動は「婦選の獲得が法律の改正にある以上、婦選運動が当然なすべき一方面の運動」であり、「代議士をして婦選案を議会に提出せしめ、これが通過に努力せしめる運動である。従つて此運動には当然代議士乃至は政党と直接間接に交渉を持つ事になる」が、「我等は巳成政党の何れにも縋らうとしてゐない。否、最近簇出した、無産政党に対しても、特に無産政党なるが故を以て縋らうとしてはない。……政党には対してはどこまでも中立の立場で……政党の一般的政策に関しては全然白紙を以て望む」(25)と切り返した。

奥も引き下がらなかった。議会で婦人に関係する諸案が如何に翻弄されているかを述べ、今まで通りの請願や懇願形式では見込みがない。「今の婦選諸団体の態度の何と物ほしさうな、悪いのになると売名的な、申しわけに続けてゐるに過ぎないと云った風の腰の弱さであるでせう」(26)と攻めたてた。

論争の舞台は奥の主宰する『婦人運動』に移された。同誌一九二八年二月号では山川菊栄が「無産婦人運動について立場を明らかにする」として、「ブルジョア婦人運動は非階級的な性別本位の運動であるから、その運動の主体として婦人団体をもたないわけにはゆかない。しかし、無産婦人運動は、階級的な運動の一部分にすぎないから婦人団体によらない婦人運動を常としている」としたうえで、婦人獲得同盟に結集する婦人同盟や関東婦人同盟に疑問を投げかけた。平塚『婦人運動』(一九二八年三月号)には「婦選は如何に闘はるべきか」として婦人評論家の論説が集められている。平塚らいてうが「全婦人団体よ　婦選をその綱領に掲げたる無産政党を応援せよ」と論陣をはれば、高群逸枝は逆に「無産、有産を問わず、政党の口車にのり盲目的にそれに身を託する無自覚な態度よりは、婦人の問題を支持せよと、……強要する婦獲同盟の現実的な態度の方がましである」と市川らを擁護する。この高群発言に対しては神近市子が時代錯誤と糾弾し、奥もふたたび「婦人は無産政党を支持せよ」と繰り返すという具合である。

だが、婦選獲得同盟とて無産婦人団体と敵対していたわけではない。超党派を前提に、一線は画していたものの、彼女らとの「共同的動作に出づるを辞さない」(27)と分散する無産婦人を大きく包摂して運動を推進した。そもそも婦選獲得同盟はその精神、階級構成において進歩的で、市川個人としても無産婦人団体の一部婦人たちとは友愛会やＩＬＯ東京支局の活動を通じて個人的に信頼関係を築いており、例えば山内みなにみるが如く、メンバーも無産婦人団体との間で往還あるいは交錯していた(28)。他方、奥にしても無産政党を無条件に認めていたわけではなく、その対立・抗争や裏面での男子支配とその専制を問題にし、「婦人側の監視」が必要と強調してやまなかった(29)。結局、彼女らは既成政党に対する不信感を共有しつつ、市川はそれを見据えて利用に徹し、奥、平塚、山川、神近らは既成政党には見切りをつけて無産政党に回路を求めようとしたということができよう。

こうして市川ら（獲得同盟）は批判の火の粉をはらいながら、婦選運動を大きくリードしていくのであるが、無産婦人団体との共同運動については獲得同盟内にも「赤い団体」と交渉をもつことを危ぶむ慎重派もあり、また対外的にも「婦選は赤い」との誤解によって順調な発展が阻害される局面もあった(30)。こうした点、指導者市川の許容量の大きさは認められて然るべきであろう。

次に(2)大衆婦人の政治教育であるが、その目的は、①婦選運動の大衆化（＝眠れる権利意識の触発）、②婦選獲得後の権利行使を視野に入れた政治的素養の涵養（＝政治的な批判力の育成）、③政策立案能力の育成にあった(31)。この前提には、男性側からは常に政治的素養を問われ、他方大衆婦人は家族制度の呪縛のなかで「無知蒙昧」を強いられていたという現実があったが、婦選獲得がまず目標というなかで、婦選運動の大衆化は最も急を要した。

ただし、政治教育の内容は運動の進展のなかで変らざるを得なかった。婦選獲得の可能性が高まるや、後者（獲得後の権利行使の準備）の側面が強くなるが、満州事変を契機に婦選が遠のくにつれ、焦慮のなかでまた前者（婦選運動の大衆化）が火急の課題とされることになった。そして、対議会活動が機能しなくなるなか、政治教育の範囲を拡大しつつ市政浄化運動、選挙革正運動、国民精神総動員運動の戦列に次々と加わり、そのなかで政治教育に国家的義務としての意味合いが付加されていくことになる。

最後に(3)大同団結主義、これは言うまでもなく婦選獲得を共通の目的として、階級や宗教や思想を問わずそれを超越して集結し、その組織力をもって目的達成を果そうとするもので、運動体が本来的にもつ健全な知恵である。その点、市川は徹底していた。必要とあらば意にそまない人とも手を結び、それによって初期には左翼陣営の婦人団体を大きく巻きこむ一方、右翼陣営に属する婦人界の大御所吉岡彌生やその周辺の婦人たちをも婦選獲得同盟に引き入れ、それによって反体制的色彩を薄め、実際に会員を増やすことができた(32)。だが、反動期に入っては、左翼陣営の婦人団体が後退、自らも行く手を遮られる状況のなかで、勢い右翼陣営の婦人との結びつきを強めることになった。

ただ、右翼陣営の婦人たちとの大同団結については常に葛藤が渦巻いていたようだ。金子が内情をぶちまけている。「とにかくいつでも計画しては誘って実行に引き入れるまでの苦心は知る人ぞ知るです。婦選に引きづられてやるのはいやだといふ心理はいつの場合にも働いてゐたのですから、それぞれの団体の面子をたてるやうにしてゆかねばならず市川氏などはかうまでして協同するべきかしらなどゝよくいひ出したりしました」(33)。

市川も吉岡を中心に婦人同志会が結成されたとき（後述）の苦い思いをこう綴っている。「共同運動なる言葉は美しい。然し或意味に於て階級的立場、思想的立場を異にする団体の共同は困難どころでなくかへつて害を与えるものである。私共はこの教訓を昨年度［一九三〇年度］の運動から得た」(34)。だが、この教訓は生かされなかった。運動が困難になればなるほど、カモフラージュとしても、実勢の必要性からも、右翼系の婦人が必要になったからである。市川にあっては、個人としての心情と組織を率いる者としての戦略は別であり、そこでの相剋はやはり戦略の優先に終わるのが常だった。

5　婦選法案と「婦選派少壮議員」

日本の近代史にあっては、加藤高明護憲三派内閣成立（一九二四年六月）から犬養毅内閣崩壊（一九三二年五月）までの八年間を政党政治の時代という。またその後半、つまり田中義一内閣の成立（一九二七年四月）後、政友会と民政党が交互に内閣を組織するに至って、「憲政の常道」体制が実現したとされている。しかし、明治憲法体制下、政党は未成熟で政党政治の基盤も脆弱であった。政党時代もその後半には無力化し、とりわけ浜口首相狙撃事件（一九三〇年一一月）後は既成政党の自壊作用が進み、満州事変が勃発し日本ファシズムの政治潮流が台頭するに至っては、終焉を迎えねばならなかった。

議会主義に依拠した婦選運動は、当然ながらこの政党政治の運命と重なっていた。婦選運動がスタートしたのが一九二四年一二月、政党政治時代がようやくはじまった時期である。その政党政治の最盛期である一九二八〜三一年前半、市川らも政党の枠組をこえて横断的な勢力を結集し、婦選を議員個人レベル（少壮→中堅→幹部）から政党レベルにのせ、さらには政治問題とすることに成功した。しかし、このころを頂点として、満州事変（一九三一年九月）後、政党政治の空洞化が進み、そのなかで婦選獲得の可能性を最高度に高めながら最後の扉を開けることができなかった。

政党政治の最盛期にあって、議会で市川ら運動者を迎え院内で婦選をリードしたのがごく少数の「婦選派少壮議員」である。彼らはそのほとんどが革新倶楽部系の議員、あるいは第一回普選によって生まれた少壮議員で、総じて進歩的な思想をもち、世論には敏感で社会改革の志向性をもっていた。彼らはそれまでも普選の実現、軍縮などを主張し、それによって自党の自由主義的なイメージを形作り、ときには世論を背景に幹部を動かすことさえあった。また、女性に対しても、その地位向上に対する使命感をもち、婦選をめぐっては運動者と気脈を通じて党内世論をもりあげ、婦選議案の提出に尽力、ときには党派を超え、いや所属政党の意向に反して手をつなぐことさえ辞さなかった。

彼らとの信頼関係は市川が新婦人協会時代にその基礎を一定程度築いていたものであるが、獲得同盟時代にはさらにそれを固め、彼らを通して婦選を政党に浸透させ、またそれまでほとんど革新倶楽部に限られていた婦選の理解者を政友会、憲政会（→民政党）にまで広げ、やがては婦選を政治過程にまでのせることに成功する。

もちろん、議員の持続的な支持・協力を得ることは、家族制度が染みついた日本の風土にあって、また政党の拘束のなかで、至難の技であった。市川は述べている。

社会的偏見のなかで、男性がこれを支持し援助する事は、余程の信念と勇気がなければ出来ない。しかもこうした男性に与えられるものは真面目な攻撃ではなくて、やれ鼻が長いとか、目尻が下がっているとかいったやゆと嘲笑であっただけに、男性としては堪えられない事であったろうと思われるのである。この事が英米の婦人運動に比較して、日本に於ては男性の所謂シンパが少なかった事、又そのシンパの活動が弱く消極的で長続きがしなかった事の原因をなしていたと思うのである(35)。

ここで、「やゆ」と「嘲笑」の対象になったのが、新婦人協会時代から「参政権といえば松本君平」（無所属→革新倶楽部）といわれるほど婦選に尽力した松本君平である。彼の「受難」については、先にも触れたが、彼は議会でもマスコミでも「君平朝臣」と揶揄愚弄され続けた。次なるは第五〇議会での「受難」である(36)。松本が「婦人参政に関する建議案」の提案者として演壇にたち、その提案理由を「男女差別に根源的理由は存在しない」という見地から、「仮令それが要求がなくとも、或は要求が弱くとも、之を与えなければならない」と論じたときのことである。原惣兵衛（政友本党）が、「恐らく松本君は此沢山の婦人を集めて演説を聞かす為にやられたのであらうと思ふ（拍手）。松本君が鼻眼鏡を掛けて金鎖を付けて今日は殊にめかして居られる、……若しさうであるとしたならば我が帝国議会を愚弄するものである」と陳腐な論理でそれこそ松本を愚弄した。

吉良元夫（政友本党）も「此衆議院に於ては最も好男子、在原業平みたいな方である」と奇妙な論理で揶揄している。ヤジもひどく、同じく提案者として提案理由を述べた山口政二（政友会）、高橋熊次郎（同）、内ケ崎三郎（憲政会）とともに、「鼻の下が長いぞ」「目じりが下がっているぞ」といったヤジを飛ばされ、おまけに翌日の『東京朝日新聞』（一九二五年三月一一日）では四人揃って髪にリボンをつけられ（岡本一平の似顔絵）、嘲笑、あるいは同情の対象になった。

こうしたなか松本が婦選問題で表にたつことは反対議員の侮蔑や反発を誘発するのみならず、他の議員の協力を抑制することにもなり、結局婦選にとっても不利になるという状況が生まれ、彼はこの議会を最後に婦選の舞台から退くことになった。

松本君平のあとを引き受けて婦選に尽力したのが星島二郎（政友会）である(37)。もっとも彼が活躍するころには松本の時代より大胆な言動が可能になってはいた。世界のほとんどの国で婦選が実現し、英国では三〇歳以上とされていたものが男女平等の二一歳と改正される（一九二八年六月）など、婦人の権利拡大の潮流が確かなものになり、したがって理論的には婦選を否定する論拠はなく、運動への反発も減っていたのである。とはいえ、婦選に肩入れするには、それなりの信念と勇気を要したことはいうまでもない。星島をめぐってはこんな話がある。望月圭介（内相・一九二八年五月二三日〜一九二九年七月一日）が後輩議員に、「政治家として成功しようと思ったら酒と女にさわるなよ、星島二郎がよいお手本だ」（酒は少年禁酒法案、女は婦選と廃娼を意味する）と忠告した(38)。

星島は対議会活動における水先案内人であったばかりではなく、議会の外でも婦選賛成の旗幟を鮮明にして運動者の力になった(39)。例えば、第五六議会を前にして、政友会機関紙『政友』（一九二九年一月号）では「実施期に入った婦選問題」と題して婦選の必要性を説いているが、同号には久布白や山田わか他九人（地方婦人）の婦選要求（懇願）の声も掲載されており、おそらく星島の尽力があったと思われる。また市川、金子ともに『政友』に進出し、市川が「婦選を中心としてみた英国の総選挙」（一九二九年七月号）を論じて婦選をアピールすれば、金子も「日本の婦人運動」（一九二九年九月号）をもって婦選問題の所在を指摘している。

星島はまた政友会議員の行きつけの赤坂や築地の待合に次のような鴨緑江節の替歌（金子らとのいわば合作）をはやらせたという(40)。

一、国政は、男ばかりじゃ丸くはゆかぬ
婦人の参政いそがねば
義理も人情もわかりゃせぬ
岩戸かぐらの昔より

二、望月さん、普通選挙じゃまだ片手落
早く婦選にせにゃならぬ
人情大臣ほんとなら
せめて公民権なと通しゃんせ

満州事変後も、多くの「婦選派少壮議員」が後退するなか、星島は最後まで運動者を支え、婦人問題研究所（一九四〇年一月設立）の維持会員にもなっている。

民政党の加藤鯛一（加藤勘十の実兄）も婦選を普遍的な権利として協力した少壮派議員だった。「婦選の理論と実際」（『民政』一九二八年九月）では、「婦人が立憲政治制度の精神を理解せず、また平然として自己の権利と自由を男子に譲渡して、自ら奴隷たるを甘じて来たかの傾向もあった」と婦人の自覚の要を説きつつ、「男子政治家は、従属関係の地位に在る婦人を、生存の原則に合致する居力の立場に引直す」必要があるとし、その上で一般的な反対論の根拠を一つずつ突き崩している。

金子によれば、「群小団体の婦人参政権運動にあきたらない連中が大同団結を志して出来た婦選獲得同盟は議会内でも非常に評判がよく、今度のは本物だから助けなければならないということで而立会という少壮議員グループが進んで支持してくれた」という。そして星島二郎（政友会）、加藤鯛一（民政党）、松浦武雄（杉浦武雄？・民政党）、山枡儀重（民政党）、山口政二（中正）、西岡竹二郎（政友会）の名を挙げ、彼らは「三〇にして立つといふ若手らしい気分にみちみちていた」。「女の地位の低かった過去の日本において、進んで女の味方になって婦人の地位の向上に力めた人々は、われわれから考えれば決して忘れてはならない恩人」と感謝を捧げている(41)。

「婦選派少壮議員」には属さないが、市川が新婦人協会時代から一貫した支持者としてあげているのが安部磯雄（社会民衆党）である。他に、貴族院の鎌田栄吉（交友倶楽部）、高橋琢也（同）、佐々木行忠（火曜会）、松村義一（公正会）も協力者としてあげている(42)。

また、例外ではあるが、婦選協力者であっても党派的利害によって「変節」した議員もいた。山枡儀重（民政党）、末松偕一郎（民政党）がそれで、彼らは当初から協力を惜しまなかったが、野党時代には完全公民権を主張していたにも拘らず、与党の立場に転じるや党利党略を優先、政府の制限公民権案支持の側にまわった（後述）。他方、自らの「転向」とともに婦選から離れていく議員もあった。永井柳太郎（民政党）や中野正剛（民政党）である。

もちろん、ホンネもタテマエもなく強烈な反対論を開陳して運動者の士気を挫く議員もいた。その一人が林平馬（民政党）である。彼は、提案者に質するかたちでこう言いがかりをつけている。婦選運動の顔触れは一定であり、「女子国民挙げて之を熱望」しているとは到底認められない。「世論ニハ作ル世論ト生ズル世論トノ二種類」があり、婦選の請願、陳情の場合は前者で、それは世論ではない。また、婦人票が政界の革正・政治の安定化に役立つというのは間違いで、「女性ハ……一タビ相争フ時ニハ永ク解ケエナイ……、地方自治ニツイテモ常ニ反目嫉視シ、……敵視スル……改革サレルナドトハ考ヘラレナイ」(43)。同じ民政党でも、先述の加藤鯛一とは一八〇度違う。

ともあれ、市川らは「婦選派少壮議員」や無産派安部磯雄などの助力を得て、結社権、公民権、参政権の婦選三案を法律案・建議案ないしは請願として第五〇回議会から第六五議会まで（第五三臨時議会、第六〇通常議会、第六一特別議会を除く、また第六二、三議会は参政権のみ）と、第六九特別議会（参政権と公民権のみ）に提出し続けた(44)。なお、無産政党が第五五特別議会以後、議会に進出しているにも拘らず、彼らによる婦選関係法案の提出が少ないのは、彼らが現実の議会政治の舞台では政友・民政の二大政党のはざまで微弱な勢力でしかなく、したがって政策実行の機会は乏しく、婦選案提出についても所定の賛成者が得られなかったからである(45)。

以上、「婦選派少壮議員」の動向をみてきたが、市川や金子は対議会活動には不可避の政略党略の渦に接近しながら、それに巻きこまれることはなかった。例えば、金子は、政友会と民政党が競争的に婦選を取り上げる状況が現出するなか、次のように自制している。

今後幾多の政党によつてこの問題は政策として並びたてられるかも知れない。然も実現はこれが党略として大に有利な場合にのみ限られる。……然しながらこゝに婦選運動の危機がある。我々はあくまで、政党に利用されてはならない。我々が政党を利用するのである。如何に聡明にそれを為し得るか、それだけが、残された我々の問題であればよいのである(46)。

また金子は後に、代議士にコーヒー一杯でも負担をかけることを自戒し、そうした襟持をもって「自分たちの運動に指一本の掣肘もうけないところに、何よりも喜びがあった」(47)と回想している。彼女らの運動に貫かれている、こうした潔癖性は彼女らの自立性と表裏一体のものだったといえよう。

6　対議会戦術とその虚実

対議会戦術の実際を見てみよう。その柔軟で自在な戦術、その徹底したリアリズムは、まさに市川らの真骨頂を示すものである。第五〇議会が婦選を圏外においたまま普選を通過させた(一九二五年三月二九日)ことは先に述べたが、その後獲得同盟は第五一、五二、五四議会と精力的に婦選三案を提出した。いずれも不首尾に終わったが、議会内外の婦選世論は確実に前進した。婦選派議員が増え、議会外でも、例えば『婦人公論』(一九二六年三月号)の婦選に関する全国の女学校長に対するアンケートの回答では、九九通の内九六通までが賛成、その内九三通が即刻実施すべしとなっている(絶対反対は三名)。

こうした世論を追い風に市川らはさらに攻勢をかけていった。第五五特別議会(一九二八年四月二三日～五月六日)にあたっては、無産婦人団体との統一組織・婦獲得共同委員会を結成して基盤を広げ、そのそれぞれの構成体が政党間の競争意識をついて各党別に法律案を提出するという戦術にでた。そして、それが大成功、会期切れで上程はされなかったものの、婦選問題を党の政策として競争的に取り上げさせることができた。もっとも、この超党派作戦は新婦人協会時代に「試験済」のものだった。ただ、かつては議員個人のレベルだったのに対し、今回は政党レベルにまで昇格した。

好ましい事態はこれにとどまらなかった。第五五特別議会後の六月一二日、与党・政友会の幹事会(星島二郎、西岡竹次郎などの少壮議員が構成)が、突如として婦人に公民権、ならびに婦人参政権(選挙権のみで年齢または教育上の制限付)を与えることを決定した。これは、実は、星島や西岡が「政友会の人気挽回策」の一つとして取り上げたものであった(48)。

当時田中義一政友会内閣は世間の不評をかっていた。第一回普選では露骨な選挙干渉を行い、選挙運動の取締りには野党候補の違反を集中的に摘発するなど、選挙戦の裏で多くの干渉行為や疑獄事件を生み出す一方、治安対策に執着し、同普選で八名の無産政党議員が誕生するや、千六百名に及ぶ共産党関係者の大検挙(三・一五事件)を行った。いや、それだけではない。社会運動の弾圧に力を入れ、治安維持法改悪案の提出までしていたからである。そして、それに対し星島や西岡は批判的だった。

ともあれ、「人気挽回策」はさまざまな反響を呼んだ。例えば「治安維持法変更の緊急勅令案のごとき時代逆行を黙認せる与党は、婦選によつてこれを隠そうとしている」(『万朝報』六月二〇日)、「政友会が単に人気策として婦選を実施せんといふのは不真面目は甚だしい。かくの如きは全く党策の為に国政を弄ぶもの……」(『大阪毎日新聞』六月二〇日)と、その提案理由や動機が疑問視され、批判された。

そうしたなか野党・民政党も対抗策を迫られ、婦人公民権(市町村)を与えると発表した。他方、普選で誕生した無産政党もそれぞれ明瞭に完全参政権付与を掲げ、ここにいよいよ婦人参政権が政治の表舞台にのることになった。

「人気挽回策」をめぐっては、婦人界にも波紋が及んだ。まず全国婦人同盟が、直後の六月二四日、声明を発表した。「政友婦選案は、婦選を党勢拡張に利用せんとするもの、婦人大衆はかかるブルジョア政党の欺瞞に迷わされてはならない」。これがまた次の波紋を呼んだ。奥むめお主宰の『婦人運動』(一九二八年七月号「時評」)が、それにこう反論したのである。「政治といふものの実際を解しない神経質潔癖論で価値なき反対である」と批判する一方、政友会の出方を歓迎し、その意図がどうであろうと、「多年要望している婦人参政権を一日もはやく得るがよい」。

この種の現実的な反応は、『東京朝日新聞』(六月二一日)にも見られる。同紙は「近来の憲政無視的超反動的傾向よりみて、歯の浮くような一時の人気取り策であることは明瞭だがともかくその相当機関の決議として世間に発表された以上、それを機会に政府与党に率先してこれが解決にあたらしめることは作戦としても策を得たものではあるまいか、あえてこのことを日本婦人運動者にすすめる」と運動者を鼓舞激励した。

これら現実主義的意見に対し平塚らいてうが疑義を唱えた。全国婦人同盟の声明を「至当」、かつ「まことに必要な、十分意義のある警告」と評価したうえで、重要なのはなぜ政友会が突如として婦選を取り上げたのかを大衆婦人に知らしめ、他日婦選の行使を誤らないようにすることで、長年苦労を重ねた運動者の気持ちは分かるが、婦選獲得が現実になったよろこびのあまり、翻って他を顧みる余裕を失ってはならないと警告したのである(49)。

赤松明子も「無産政党による完全なる婦人参政権を」と主張し、婦選運動者が「単に功を急ぐあまり、婦人参政権の内容を少しも吟味することなしに、有産政党にお百度まいりまでして、それを獲得せんとする態度に嫌らなく感ずる」(50)と手厳しく批判した。だが、無産政党勢力は議会をリードできる数ではなく、むしろ議会政治の圏外におかれていたというのが実情であった。

そうしたなか、山川菊栄だけが婦選獲得同盟の「消極的な、萎縮した」態度を「異様な現象」として訝しがっている(51)。したがって迫り方も山川にしては直截的ではなく、「婦選獲得同盟として、積極的な批評も、註文も加えぬというとは、大衆をして帰趨に迷わせるもの」としつつ、「在来採ってきた主張を擲ち、……妥協しようとしつつあるのではないかという疑いを抱かせる」との柔らかい表現にとどまっている。また山川は婦選獲得同盟の設立時まで遡って、保守的な女流教育家や宗教家が加わっていたがために、「進歩的分子〔市川ら〕の活動が制肘され、ともすればその力に引きずられて、旧勢力に対する闘争力が弱められてゆく危険を感ぜしめずにはおかない」と「旧き婦人」の弊害を述べ、「先進分子」が妥協を迫られているとの危機感を示し、その顕著な例が政友会に対する「態度の曖昧さ」にあるとの結論を導いている。

おそらく市川らはその「人気挽回策」については事前に承知していたのであろう。「私どもはとうとう来る所へ来たとほくそ笑んだのであった」(52)と『自伝』で表白している。ただ、当時はその予想以上の反響には驚いたのではなかろうか。沈黙を保っている。

ともあれ、こうしたなかにも、「反作用」＝「反動」が働き、婦選運動の伸長をはばみ、婦選運動者を孤立化させ、婦選を踏み潰そうとする動きが市川らを苦しめていた。もちろん市川らはめげなかった。政略党略のはざまで、いやそれにのって激流のなかを泳いでいく。

2　婦選運動の最高揚期を迎えて

1　婦選運動における対決と融和

田中義一政友会内閣下、政友会幹事会の婦選案が政友会の人気挽回策に押し上げられたことは前節で述べた。その後、それを契機に一挙に高まった婦選世論を背景に、総務会、政務調査会、行政制度審議会(1)と順調に通過し、第五六議会(一九二八年一二月二六日〜一九二九年三月二五日)を迎えるころには、それが政府から公民権案として提出されることが確実視されるに至った。

これは「婦選派少壮議員」の大奔走によるが、市川の方も「婦選は中央一部婦人の声でしかない」とうそぶく望月圭介内相に嘆願書(二万四千余人署名)をつきつける一方、望月に同調する政友会幹部への牽制として、野党の民政党から一〇二名(加藤鯛一など)、無所属会派の新党クラブ(床次竹二郎など)、明政会(鶴見祐輔など)から一一〇余名の賛成者を得て、婦人公民権を衆議院に提出してもらった。そこへ政友会の「婦選派少壮議員」が一四五名の賛成を得て同案を提出したことから、総勢二六九名という空前の賛成者を得ると同時に、与党の過半数をも制することになり、少なくとも衆議院通過は確実となった。

しかし、議会では望月内相や秋田清政務次官が時期尚早の一点張りで突っ張り、委員会通過の形勢となるや周章狼狽して賛成者の切り崩しをはかり、議会通過の機運を潰してしまった。期待が大きかっただけに憤懣やる方なく、運動者は死亡通知になぞらえた黒枠つきの葉書を全議員に送りつけることでその無念をはらした(2)。

この婦人公民権案消滅にはそれに同調する政治力学も働いていた。当時政友会はその目玉的公約として地方制度改正案の成案を目論んでおり、もしそこに婦人公民権案を挿入した場合、貴族院でその改正案全体が葬り去られる危険性があったのである。地方制度改正案とは中央政府の地方自治体に対する官治的制度の緩和をめざすもので、政友会はそこに党勢拡大のねらいを秘めていた(3)。

また、市川によれば、望月の反対には次のような事情も絡んでいたらしい。「望月氏と前内相の鈴木氏〔喜三郎〕との間が面白く行つていない。……婦人の公民権に賛成した例の行政制度審議会といふものは鈴木派でつくつたものである。そうして地方制度の如き内務省の所管に属するものでありながら、内務大臣は委員になつて居ず、わずかに地方局長〔佐上信一〕が幹事として参与して居るだけで……望月内務大臣自身これを心よく思つて居ず、反対している……。尚政友会内で婦人の参政権問題に尽力して居る代議士がどちらかといえば、いわゆる鈴木派に属してゐ」たことも関連している(4)。理想や正義を基準にすべき政策が政党政派の利害のはざまで翻弄される、これはいつの時代にもある不条理ではある。

田中内閣が、治安維持法の改悪を行い、やっと実現した政党政治の基盤を破壊、ひいては日本を破局に導く先導的な役割を果たしたことは周知の通りである。婦選案否決の一九二九年三月五日、それは治安維持法改悪に反対した山本宣治が右翼テロの兇刀に倒れた日であった。四月一六日には前年の三・一五事件に続く四・一六事件と呼ばれる共産党員の第二次大検挙があり、六月四日には満州の地で張作霖爆死事件が起きている。最高揚期の婦選運動は、戦争への道を歩みつつあった日本の不穏で不安定な政情を背景に、こうして波乱のうちに推移していたのである。

一九二九年七月二日、浜口雄幸民政党内閣が成立した。田中内閣の後だけに人々の期待は大きく、市川らも野党時代婦選に積極的だった同内閣の出現を歓迎した。だが、組閣直後発表された十大政綱のなかに婦選はなく、ただ井上準之助蔵相が新聞紙上で財政緊縮・消費節約に対する婦人の協力への期待を語っているだけだった。それでも市川らはそれを千載一遇のチャンスと捉え、緊縮政策への婦人動員の具体策がうちだされる前に絡め手作戦にでた。その在野時代の婦選への理解を念押ししたうえで、「首相が今日の日本婦人の事実を見るにうとからず、正直に婦人に頼るべきは頼る事を希望」するが、「政友会がとりあげた公民権にさえも手をださないといふ事は今更何が何でも出来ないのではあるまいか」と競争心を煽って取り引きをもちかけたのである(5)。坂本真琴の提案も大胆だった。「婦人大衆を眼目として考えるならば、政府は此際頭を廻して現下の有能にして活動的である婦人団体を凝視してはどうか、そしてこれ等の活動的団体に、この大宣伝の事業を嘱託してはどうか」(6)。

だが、政府は御用婦人団体(委員)にこそ近づけど、市川らには目もくれなかった。八月九日、浜口内閣は緊縮政策実現のため公私経営緊縮委員会(会長は内相)を設置、そのもとに実業団体、婦人団体等を動員するが、その婦人団体に婦選団体は含まれていなかった。そして、井上蔵相が全関西婦人連合会の消費経済講演会(八月一五日)で講演したり、麹町婦人会の懇談会(一〇月一日)に内相夫人、文相夫人が出席したり、また内務省系列の勤倹奨励婦人委員会の女史たちが愛国貯金を説いて各地を遊説しはじめた。

文部省も九月登用したばかりの婦人督学官をその宣伝の第一線に立たせる一方、婦人団体、在郷軍人会を通して教化総動員運動を進め、婦人団体については半官半民の婦人団体、あるいはそれに準じた婦人団体(大日本連合女子青年団、生活改善同盟会、勤倹奨励婦人団体委員会等)を重用した。そして、その後も全国高等女学校同窓会などを次々とその網のなかにすくいあげていった。

もっとも市川らが敬遠されるのも無理はなかった。そのころ過激なガス値下げ運動展開の真っ最中で、無産市議団とともに料金供託同盟を結成するなどしていたのである(後述)。

九月一二日、浜口内閣は首相官邸に各婦人団体幹部を招き浜口首相、井上蔵相、安達内相が出席して懇談した。これは政府が東京連合婦人会(代表・吉岡彌生)を招集して協力を訴えるかたちでやっと実現したものである(市川が何らかの根回しを施したと思われる)。当日は市川、金子、久布白のほか、諸婦人団体代表、女学校長代表百数十名が出席、政府側の話を聞き、安達内相の「皆様のご意見を」との言葉には、久布白がすかさず「公民権付与を」と切り込むという所業にでた。しかも、なお「いい足りない」と、市川らは改めて安達内相を訪問、婦人の協力を求めるなら同時に権利を与える公約を速やかにしてほしいと「条件付き協力」を申し出た(7)。政府のご都合主義を逆手にとった「したたかさ」である。

九月二一日、全関西連合婦人会が安達内相を迎えて全日本婦人経済大会を開催した。出席した市川は安達の目の前で「消費経済を預かる婦人の政治への参加は、台所と政治とを接近せしめ、政治をして真に国民生活に即した政治となさしむる所以」として婦人参政権に関する決議を提案した。だが、他の出席者が「論功行賞」論を展開するなか、あえなく否決された。もっとも、これは市川の戦術的パフォーマンスだった。事前に「此度の大会では政治問題を取扱わないことに申合はせが出来て」いたのを、市川が敢えて緊急動議として提出したのである(8)。

こうした動きに対して、『婦女新聞』(一二月二九日)は「各種婦人団体〔無産婦人団体を除く〕は期せずして浜口内閣支持の態度をとり其の政策の実現に力を協せた。婦人団体が内閣の有力な味方となつたこと、本年の如きは例がない」と論じているが、市川らの言動は決してそこに包括されるものではない。むしろ、無視されても疎外されても闘志を漲らせ、政府に対しては「協力」をちらつかせながら、「勝手な時だけ婦人を持ち上げ其の力をかりながら婦人は政治的能力がない等と当然の権利を与ふるのを拒むのはあまりに虫のいゝ話である。……先ず我等に公民権及参政権を与へよ」(9)と断固たる姿勢をみせていた。いや、それだけではない。政府の懐柔策に無条件にのる同性に対して、「いたずらに政府の勧説に動かされず国家的動員に参加する前にまず権利を要求せよ」と警鐘を鳴らしていた。以後も政府に向かっては「先ず公民権を」の主張を繰り返すとともに、簡単に政府の策に陥らないよう注意を喚起し続けている。

2 婦選運動の前進と分裂

婦選運動の最盛期、それはとりもなおさず婦選運動の折り返し点であった。ときあたかも満州事変前夜、未曾有の昭和恐慌時代である。都市には失業者があふれ、農村の疲弊も急速に進んでいた。為政者はその国内矛盾、あるいは社会的危機を外に向けていくのであるが、その序幕はすでに田中政友会内閣の武断的中国外交で切って落とされていた。

後継の浜口民政党内閣（一九二九年七月二日〜三一年四月一三日）も緊縮財政と強調的平和外交を二本柱として、基本的には自由主義的、民主主義的政治姿勢を堅持し、労働組合法案や普選年齢の引下げ策（二五歳から二〇歳へ）にとり組む意欲を示した。しかし、軍部や革新右翼などの反動勢力に抗してまではそれを貫徹しようとはせず、彼らとの対決を回避して、恐慌の悪化などで激化していた社会主義運動を徹底的に弾圧した。以下、こうした背景を視野に入れたうえで、婦選運動の頂点であり折り返し点であった局面の両者のせめぎあいをみていく。

一九二九年一二月一三日、衆議院議員選挙革正審議会の設置を決めた浜口内閣はその審議事項として選挙法の改正、国民の政治教育等をあげ、その最後に婦人参政権（広義）を挿入した。にも拘らず説明の段階ではそれに片言隻句も触れず、また市川らの審議会委員に婦人を加えるべきとの要求も一蹴した(10)。運動者は第五七回議会開会（一九二九年一二月二六日）を前に、望み薄ではあったが改正案提出が一回でも欠けることを不本意として奔走し、辛うじて政民の有志による婦選三案提出の記録を残した。「先づ選挙革正審議会を動かせ」(11)との声援もあったが、その余地はまったくなかった。

運動者の焦燥のなか、また好ましからぬ事態が発生した。第二回普選実施（一九三〇年二月二〇日）にあたって、政民両党が婦選を公約に掲げず棚上げしたのである。事情はどうであれ、彼らがそうして後退のレベルで足並みを揃えたことは政党の競争原理が機能しなくなったことを意味した。彼女らはその蹂躙的態度と無産政党の戦線分裂ぶりを慨嘆しつつ、婦人の総力結集を訴えるばかりであった。「猛然たる婦選の火の手は……燃えさからさねばならぬ。たのしき戦はわれらをまつ。同志よ。進め」(12)。

迎えた第五八特別議会（一九三〇年四月二三日〜五月一三日）、今度は歓迎すべき事態が発生した。第二回普選で惨敗に終わった政友会が失地回復策の一つとして、開会式当日婦人公民権案（市町村と北海道における男子と同等の公民権付与）

を提出するや、民政党も有志議員が党幹部の了解をえて同日まったく同じ内容の公民権案を提出、賛成者の数からみて可決の見通しが立つに至ったのである。「今度こそ」と、市川らは議会に対する示威運動としてかねて機を窺っていた婦選大会開催を決行した。これが第一回全日本婦選大会（一九三〇年四月二七日）である(13)。

そうしたなか、政府の「婦人公民権付与は認めるがその範囲に就いてはなお考究を要し、議員提案に対する意見は留保する」との意見を押し切って、衆議院で賛成者が過半数を占め、先の案が可決となった（五月一〇日）。しかし、貴族院で審議未了となってしまった。

山川菊栄はこの議会における政民両議員の公民権案に疑問を呈しつつ、婦選運動者に次のような激励と忠告を送った。

ブルジョア政党の代議士たちが、これほど熱心な婦人公民権の支持者であるとすれば、府県会から婦人を除外するというのも妙な遠慮である。……今度の提案とても、婦人の要求を一銭でも安く値切り倒そう、徹底普選の実現を一日でも長引かそうとする反動的な意図の現れにすぎない。婦人はこの種の中味のからつぽな付け届けに満足せず、どこまでも徹底婦選の要求のために戦ふべきであり、……敵の投げ与えた、しやぶりからしの骨にかぶりつくような浅ましい意地きたなさを見せてはならない(14)。

だが、市川とてそれは先刻承知のこと、参政権についても男子普選と同等のものを渇望し、それを目標にしていた。ただ、法律の改正が必要である以上、議会通過の可能性を探りつつ、最大限可能な権利（当時にあっては公民権）から獲得してゆくしかなかった。

もちろん政党自身が婦人自身乃至は国家の為に衷心よりこれが実現をのぞんでゐるわけではなく、功を争ふ競争である事は、事実が示している。……獲得後に於ける婦人の投票を反対党に得させたくないのが本心で、従つて自ら進んでやるだけの勇気はなく、片一方が手を出せば他方も出すといった状態にある。〔だが、〕現在の政党乃至は政治家の態度は大凡何れの問題に対しても同様で、特に婦人公民権の場合にだけ限られたものではない以上止むを得ないかも知れない(15)。

こうした判断から市川は、いまや「婦選は放つておいても実現される」との自信をみせる一方、政党の利己心に利用されることを厳に戒めた。

顧みれば、先の第一回全日本婦選大会における田中隆三文相(代理)が閣僚としてはじめて婦人公民権の実現を公約したものの、それは厳しい制限案(市町村の選挙権のみ)であった。第五八特別議会では、その方向通り安達内相が漸進主義(制限を付しつつ段階的に付与していこうとするもの)をもって、「市町村の選挙権だけなら賛成」との見解を示した。のみならず、その直後賛否を留保し、さらなる制限の付加を示唆した。

運動者側にも戦線の乱れがでてきた。吉岡彌生ら保守的な婦人教育者が、一九三〇年五月一二日、「穏健着実」を標榜して婦人同志会(会長の吉岡弥生を中心に、山脇房子、井上秀子、二階堂トク、大妻コタカ、嘉悦孝子、大江スミなど、ほとんど保守的な女子教育家が役員)を結成、獲得同盟から離脱したのである。彼女らは婦選運動には加わったものの、市川らの「過激ぶり」には到底馴染めなかった(例えば、ガス値下運動への関与、市議選での無産党議員応援等—後述)。実際、東京連合婦人会や、井上秀子が率い政府の緊縮政策にも積極的に応じていた桜楓会(日本女子大同窓会)、大江スミを代表とする桜蔭会(東京女高師同窓会)などは第一回全日本婦選大会(一九三〇年四月二七日)の後援を「過激」として拒否していた(16)。『読売新聞』(一九三〇年七月二九日)が揶揄している。「婦人公民権をめぐつてさながら剣劇時代、火花を散らす突撃は華々しいが、惜しいかな群雄割拠の観」。

婦人同志会の結成は公民権獲得近しとなるやその功を自らのものにしようとしたものであるが、それが民政党政府による分断作戦に呼応したものであることは、その創立第一回大会（一九三〇年一一月八日）に安達内相、田中文相の両夫人が顔を揃えたことからも分かる。政府は制限公民権案の実現を計りつつ婦選要求勢力からその「穏健」部分を切り離し、それを体制内に吸収するかたちで、市川らの孤立化をはかったのである(17)。

吉岡らと内務省との接触（癒着）は婦人同志会結成前にすでにはじまっていたと思われる。内務省の「婦人参政権に関する賛否両論の要旨」（『内外調査資料』昭和四年一二月）には「賛成論」を代表するかたちで、婦選獲得同盟ではなく、活動歴のない桜楓会参政問題研究会のそれが掲載されているからである。顧みれば、婦人同志会の面々は、獲得同盟の会員でありながら、吉岡を除いては積極的な活動をしておらず、婦人同志会結成にあたっては獲得同盟の会員を引き抜いていった。そこで会員の争奪戦になったことはいうまでもない。

獲得同盟の足下を掘り崩すような動きはこれで収まらなかった。それまで潤滑油的な役割をはたしていた久布白が約六年在任した婦選獲得同盟の戦列を抜けるという事態が発生したのである(18)。市川は獲得同盟結成の経緯を述べつつ、「私の足りないものを補ってくれ、私は十二分に活動させてもらえた」(19)と感謝の言葉を述べているが、それはそれとして、久布白脱退の根は深く、婦人参政権協会側には、無産婦人団体との連携といった先鋭的な動きを示す市川らへの不満や制限案をめぐる不満があった。第一回全日本婦選大会（一九三〇年四月二七日）では後援団体としての参加要請を拒否したのみならず、ガントレット・恒子（会計理事）が婦人同志会に加わるなど、両団体の接近さえ取り沙汰されるに至っていた。奥むめおが「婦人層が反動化の危機に瀕してゐる」(20)と強い語調で警告を発した所以である。

だがそうしたなかでも婦選獲得同盟の会員数だけは増え(21)、運動が一挙に大衆化する兆しさえ見えてきた。実はここに落とし穴があった。それは婦選要求の声の高まりを映したものではなく、政治教育の一環として政治浄化、選挙革正と絡めて行った地方遊説が効を奏したものであり、その蘇生感から、以後選挙粛正運動への参加・協力は必至となる。

一九三一年秋の府県会議員選挙では本部の指令のもと地方支部が選挙革正運動を大展開、一九三五、六年の選挙粛正運動では愛国婦人会、大日本連合婦人会を指導するまでに至り、婦選運動の「方向転換」を強く印象づけている。

3　婦選運動包囲網のなかで

婦選運動が「穏健」と「急進」に分裂し複雑化したことは致命傷的なダメージだった。共同戦線は婦人参政同盟との二団体の間でしか成立せず、無産婦人団体といえば一八歳以上の男女選挙被選挙権への執着が強く現実的な運動には消極的で（社会民衆婦人同盟は制限案でも可としていた）、市川らを落胆させた。市川がもっとも憂慮したのは、その間隙をぬってそれまで戒め合っていた厳しい制限公民権案が政府から出されることであった。実際それは杞憂に終わらなかった。

政府は制限公民権案の提出を考える一方で、市川ら婦選運動者に包囲網を敷いてきた。少なくとも制限公民権の付与は不可避であるとの認識を前提に、市川らの動きを横目で捉えつつ、体制派婦人の育成に努め、彼女らを登用し、彼女らを通して大衆婦人を動かそうとしたのである。その第一歩はすでに内務省系統の勤倹奨励婦人団体常任委員会への登用ではじまっていたが、その後、一九二九年五月には文部省が女子中学教育調査委員会委員として成田順（前佐藤高等女学校長）、戸野みちゑ（文華高等女学校長）、後閑菊野（前東京女高師教授）、嘉悦孝子（嘉悦高等女学校長）の四人を登用した。九月にはさらに堀口きみこ、成田順、西野みよし（いずれも東京女高師教授）を文部省女子督学官に指名している。

やがて経済政策への婦人動員が消費節約運動から国産品愛用運動に移され、東京では先の勤倹奨励婦人委員会幹部を中心とする愛国婦人会や東京連合婦人会など一三五の婦人団体が国産品愛用奨励講演会（七月一二日）を開催した。同運動は地方でもさまざまに実践されたが、一般に地方の方が大まじめに励行した。これに対しては市川が、「政治を批判する力がなくては、正しい婦選時代の出現も危ぶまれるといはれても仕方のない現実を我々は偽らずみる必要があるかもしれません」(22)と批判するのだが、そうして政府に一定の距離を保ち、いわんや批判・対決しようとする勢力は婦選獲得同盟以外には分散的な無産婦人団体、そして少数のバラバラの個人以外にはなく、大衆婦人はと言えば、本来的な権利意識の欠如に加えて、生活難のなか国策に関心をもつ余裕さえ失っていた。

そうして婦選勢力が分裂し運動のタガが緩んでいた一九三〇年七月中旬、内務省が制限公民権案を出してきた。市川らは放置してはならじと獲得同盟として婦人参政権協会、日本基督教婦人参政同盟会によびかけ「絶対反対」を声明する一方、あくまで完全公民権を要求すると宣言し、内務省、政府の動きをこう抉った。

内務省としては貴族院の保守的分子に迎合せんとするものであることを口に出していってゐるが、内務省としてはむしろこれを政略的に扱はんとしてゐる跡が甚だ多い。

即現内閣としては他の政党と同様婦人に与へたくはない。……若し政友会内閣の手によつて与へられゝば政友会に功を奪はれると同時に婦人の投票をも奪はれるおそれがある。されば現内閣の手でどうしてもこれを与へる事が得策であるが、貴族院乃至は枢密院から新しがりの誹りは受けたくない。それで極めて尤もらしい一歩一歩といふ口実の下に、申訳的に婦人公民権を少しばかり与へようと決心させたのではあるまいか(23)。

八月九日新聞発表の新しい内務省地方局案はさらに暗雲ただようものであった。一、市町村における選挙権、被選挙権および市町村の名誉職に選挙される権利と義務、二、妻が名誉職（市町村会議員および町村長・町村助役）に就任する場合、「夫の同意条項」を付すか否か、は目下研究中とし、決定次第それを来る第五九議会（一九三〇年一二月二六日〜三一年三月二七日）に提案するというものである。これは第五八議会での「市町村の選挙権のみ」からは前進しているものの、「夫の同意条項」が検討課題とされている点、きわめて重大だった。

しかし、市川らは安達内相と次田地方局長にその事実を問い、市町村への限定の理由が「内相は漸進主義、地方局長は府県は婦人に関係が薄い」(24)というものであることを確認しただけで、制限案についても「夫の同意条項」についてもなぜか静観を決めこんでいる。また、確定した政府原案や政府の態度には多くのいうべきことがあるがと断りつつ、発表案についての世論の反響＝新聞論説を転載して、それを問題にしているだけである(25)。新聞の論調をみると、大方は政府の公民権案の府県と市町村の分割を不可解とし好意的な論評を加えながらも、「市町村のみ」での「我慢」をすすめていた。これに対しても市川は、男子の普通選挙権の獲得が如何に当時の新聞の努力に負うものであったかを述べ、「若し各新聞紙があれだけの熱を婦選の上に注いでくれていたら、婦人公民権の如きはとっくに解決されてゐたに違いない」(26)と嘆くばかりである。

なぜか。そこには婦人同志会結成と久布白の脱退後の戦略的な迷いがあった。後に市川が明かしている。「共同運動に禍された点が主であるが、会自身としても、それを社会的に明にするのは不穏当との感をするにあらずやとの意見もなくはなかった」(27)。

ただし、この迷いを吹っ切った後は、軌道を元に戻し完全公民権案獲得を視野に婦選戦線の確立と運動の活発化をはかり猛進している。先の地方局案が省内の法令審議会にかけられたまま進展していないこと、法令審議会を通過しても閣議と法制局を経る必要があることを指摘した上で、それまで原案の内容が維持されるか、また足留めになることはないか等の危惧を示し、「猛運動、それのみがわれらの前にのこされている」として、婦人同志会、日本基督教婦人参政権協会等に共同運動をもちかけている(28)。

だが、やはり拒絶された。大同団結がときには苦渋の選択であったことは先に述べたが、このときの思いがこう表されている（おそらく金子の筆による）。

粒の揃はぬものを一つにまとめてどれこれなしに一様に働いたやうにこしらへねばならない共同運動は悲哀であ

るには違いない、それでも、とにかく「女だからつて、仲良く一緒にやつてゐますよ」といふ外面的効果だけは相当ある。所が、それ丈のことを辨へてゐて、手をつなぐといふ、譯の分かった態度にでられない団体が一つや二つでないとしたら、いやはいやだ(29)。

一九三〇年一一月四日、混迷のなかで苦闘する運動者に対してまたしても手痛い一撃が加えられた。全国市町村長会が市川らの説得(獲得同盟、婦人参政権協会、婦人参政同盟の共同による)にも拘らず、婦人公民権案反対決議を行い、貴衆両議院に送付して反対の意思を表明したのである。理由は家族制度にあった。

そうした苛立ちをはね返すように、一一月末には市川、金子、坂本真琴、河崎なつが九州、広島、京阪神、四国と婦選行脚に飛びまわり、政府の婦人参政権政策と婦選運動の現状を訴えた(こちらは地方支部の協力で成功)。

一二月に入っては、先の政府からの公民権案提出の雲行きが怪しくなってきた。内相が前言を翻して、「政府が公民権を発表したのは必ずしも今議会に提案する意味ではなく、これによって世論の趨向を知るため」だというのである。想起すれば、「与党内において従来このために尽力して来た代議士の最近の言動が内相と同様甚だ曖昧」(30)になっていた。

こうして第五九回議会開会を翌日に控えながら政府が公民権案を提出するか否かさえつかめず、運動者側が焦燥の渦中にあった一二月二三日、ついに大日本婦人会が設立された。理事長には前女官長島津治子が、理事には吉岡彌生、井上秀子、山脇房子など婦人同志会の中心にあった女子教育家の他、文部・内務官僚が就任、彼ら男子が実権を握った。ここに吉岡ら「穏健派」をとりこみ、市川ら「急進的」な婦選勢力を排除するという婦人分断策対策の基本線が一本引かれたことになり、以後市川らはさらに孤立化を強いられることになる。

4　制限公民権案への徹底抗戦

一九三〇年一二月二四日、第五九回議会が召集された。市川らは召集の翌日、野党・政友会から前議会のときと同じ内容の府県を含む完全公民権案を同じ提出者・賛成者で衆議院に出してもらった。だが、政府の出方がはっきりせず、運動者思案のなか、一月二四日突如市町村における選挙権・被選挙権（二五歳以上）に「夫の同意条項」を付すというきわめて厳しい制限公民権案が発表された。同制限案は前年八月段階の大綱と比較すれば、「市町村のみの選挙権・被選挙権」という基本線は同じで、年齢が二〇歳（従前は二五歳）に引き下げられた点はともかく、「夫の同意条項」が付せられた点、大きく後退していた。しかも、それさえ一九三一年二月一日の閣議で松田源治拓務大臣、俵孫一商工相、小泉又次郎逓相の反対にあって年齢が二五歳と従前にひき戻された。

驚いた市川らは二月二日反対声明を発表、三日には安達内相に会い完全公民権（府県市町村の公民権）への修正を要請した。このとき制限公民権にははっきり「ノー」を示したわけであるが、反対の根拠は「一度不完全なものを取ると後が取れない、……一、二年おくれても府県も含んだものを取る方が、究極の参政権獲得に早い」、とりわけ、「夫の同意条項」は「一度決まったら中々除けない、入れる名目が家族制度維持にあるため、その必要がなくならない限り、即永久に除くことが出来なくなる。その上法制にまでも同意味のものが入るおそれがある」(31)というものであった。おそらく「英国の婦人が三〇歳を二〇歳に低下するために一〇年の苦闘をなめたこと」(32)が教訓になっていたのであろう。

奥むめおもこの制限案には猛反発し、こう檄をとばした。「一部婦人の間に、既成政治家との取引に於て参政権を一日も早く与へられやうとする運動が行はれてゐることは、これはむしろ婦人の当然の権利を自ら放棄して彼らの前に膝を屈するものだといはねばならぬ」、「婦人よ、進んでとれ。主張せよ、手に手を握れ一歩も曲げるな。同じ二本の足で立つてゐるやうに、男と同じ公民権を、参政権を。やがて参政権を武器として起上ちる日のために！」(33)。

だが、二月一〇日、政府はその制限案を衆議院に上程、安達内相がその提案理由を説明、続いて政友会の星島二郎、船田中が完全案を要求、社会民衆党の片山哲が参政権を迫ったが、内相は漸進論を盾に逃げ切り、委員会付託となった。

この間、市川の方も、制限案の阻止運動として委員会を長引かせるために政友会の委員を動かし反対材料の提供などを行った。星島、西岡、船田中、田子一民らは市川らの主張そのままに、完全案を修正案として提出した。これに対して民政党側は、「政友会から買収されて否決の運動をした。公民権さへ与へられぬ今日からさうでは、前途甚だ憂ふべきものがある」と宣伝するが、市川は「そこは政治問題ですからね。制限案は不満だから通したくないと思へば政略的に反対党の力もかりると云う事はあたりまへです」(34)と開き直っている。

また、第二回全日本婦選大会を開催し（二月一四日、獲得同盟、婦人参政同盟、婦人参政権協会の三者共催、後援団体として一〇団体が参加）、制限案撤廃を決議するとともに、再び貴衆両院議長に陳情することを決めた。

結局、先の政府原案は委員会を通過、二八日の本議会となるが、委員長（末松偕一郎）の報告後、山桝儀重（民政党）が、前議会における完全公民権案の説明者でありながら、政権党となるや、政友会の完全公民権案を攻撃、これに対して政友会議員からは「変節漢」「昨年はどうした」「改心しました」といった野次がとぶが、山桝は一向に平気で、「婦人公民権案を提出したのは民政党内閣の一大功績である。……婦人はことごとく民政党に投票するだろう」などと党派的言動を遺憾なく発揮した。他方、政友会側は「婦人は民政党の不完全なものに賛成せず、政友会の完全案を支持し、政友会に投票するであろう」とやり返す始末であった(35)。

こうした政党の「とらぬ狸の皮算用」に対して、市川は「私達がどこへ投票しようとしてゐるかも知らないでと、思わず苦笑させられる。今更ではないが、私達としては、政党に利用されないよう大衆婦人を導く義務があることを深く感ずる」(36)と気持ちを引き締めている。

結局、政府原案は衆議院を通過して貴族院送りになるが、これに対し市川らは作戦通り政府案修正に全力をつくす一方、もしそれが駄目なら否決か審議未了に持ちこみ出直しをはかろうと、上程日（三月一日）に安達内相に対する有効な質問の連発を望んで根回しをはかった。しかし、高橋琢也（交友倶楽部）の長口舌の質問後、後が続かなかった。ただ、研究会に働きかけておいた結果、同審査部に保守的反対論と同時に制限公民権案そのものに対する反対も起こり、委員会での握り潰し（審議未了）がほぼ決定され、ここに原案可決はないという点で「成功」の兆しが見えてきた。

だが、これに慌てた政府側は、研究会の最高幹部や他の婦人団体にも原案支持を要請するという挙にでた。婦人同志会はこれに呼応して貴族院議員を「戸別訪問」し原案支持を訴えた(37)。結局、市川らは、研究会が「自由問題」とするところまではこぎつけたが、完全公民権への修正はならず、制限案も否決された。

議場でのやりとりをみれば、まず反対論の急先鋒、井田磐楠（公正会）が激烈な論を展開している。曰く、「女子ニ参政権ヲ与ヘマシタ暁ハ此家族制度カラシテ一歩家出ヲシタコトニナル……女性ヲ没却シテノ男性化デアル、女子ノ機械化デアル、女子ハ産児制限ヲ越エテ産児分娩ヲ拒絶スルコトニナリマス……女子ニ対スル多大ナル賛美ト、同情ニ依ッテ此法案ニ対シテハ絶対ニ反対ヲ致スモノデアリマス」。次に、高橋琢也（交友倶楽部）が修正案に反対・原案賛成を、紀俊秀（公正会）が家族制度保護の立場から平凡ながら強烈な反対論を、最後に有馬頼寧（研究会）が反対論に論駁し、修正案を支持した。だが、予想以上の反対で否決となった(38)。

市川は貴族院の否決について、反対票の「全部が婦選に絶対反対の投票かと云ふにさうでもな」く次のような反対理由もあったとしている。(1)政友会系の議員の民政党内閣提出の法案ゆえの反対、(2)政党に拘らず政府への漫然とした反対、(3)進歩的な考えから公民権案の内容を不満とする反対、(4)高橋琢也老の長口舌の賛成論への反感からの反対、(5)その他どちらとも判然としない反対、である(39)。確かに原因は錯綜していたようだ(40)。

貴族院委員会で審議中の三月六日、神宮外苑の日本青年館では大日本連合婦人会の発会式が行われていた。そこに出席した金子は、「慶賀どころか女性にとっては怖しい陥穽だ」、政府の制限案提出と同婦人会の出現は「決して別々の二つの事実ではない」、「公民権案成立後はその行使を民政党政権が自らに有利にする」魂胆だと喝破し、こう訴えた。

今や自主的立場をとる婦人団体は蹶然と起つて闘ふべきの秋である。……婦人よ、醒めよ。而して国家の為にてふ美名のもとに、無批判に政府の手先たる事なく進んでこの権力者の欺瞞を白日の下にさらし、婦人はまず婦人自らの解放の為に闘ふべき強き意思を養へ、婦選の行使はその意思の上に根さしてこそ初めて実を結ぶべきである(41)。

しかし事態はまるで逆に推移し、以後日本中の婦人が巧みに体制に吸い上げられていく。

5　婦人の政治教育・公民教育をめざして

政府が制限公民権案を発表し、いよいよ婦人公民権実施も近しとなるや、当局や婦人団体において婦人に対する政治教育、わけても公民教育の必要性が強調され、具体的な方策が模索、あるいは実際に着手された。ただし、そのめざすところは違っていた。すなわち、当局はそれまでの婦人掌握策の線上での「婦人の全面的な体制内吸収」を、他方婦人団体側は「獲得後の心構え・婦人の政治的素養の育成」を目的としていた。そして、そのなかで市川が主眼としたのは「政治への批判力の養成」であった。

当時政治教育・公民教育は、①学校教育、②社会教育、③家庭教育の領域において考えられていた。本項ではこのうち学校教育に絞って、市川のそれへの関わりをみる。結論からいえば、その構想は、解釈と方向において体制側のそれとは対極のものだったにも拘らず、その積極的な提言が体制側の婦人掌握策、大きくいえば国民教化策を推し進めることになってしまった。具体的にみていこう。

獲得同盟は第四回総会（一九二八年四月二二日）で、「政治教育を徹底普及せしめ、文部当局が女子諸学校の教科目中に特に公民科を加えるよう建議する」と決議し、それを七月一六日、女子中学校教育調査会と文部大臣に建議した。

一、小学校教育に公民としての基礎教育を入れる。理由、現今の六年は多少の教育あり、これを更に拡大充実して国民として又公民として立ち得る基礎教育とすること。

具体案

一、一週一、二時間の時を定めて簡単なる教科書により、公民科として教育する設備を為す事。

二、小学校において政治的実地訓練を与ふる事（米国内学級自治制の如き）。

三、女学校に徹底せる公民教育科を入れる事。理由、現今約三分の一の女学校において、法政経済の講座があるも、公民としての徹底せる教育を与ふるは、少なくとも毎週一時間位、各学年を通じて、秩序をたてゝ公民教育を為すの必要あり。例へば英米諸国に於ける Civic Course の如き、唯上すべりでなく、事実国政の参与し得るやう、実地に当てはめて教育する事。

四、此等の為に、師範教育の徹底を期す事(42)。

だが、政府の公民教育政策はこれとは逆の発想で組み立てられ、逆の中身が詰めこまれていく。具体的な活動は獲得同盟教育部長の河崎なつを中心に進められるが、彼女らのお手本となったのはアメリカの先駆的な実践であった。まず河崎は「実態調査」（各種学校における公民教育や文部省の成人教育講座の実情調査）を行い、アメリカの場合と比較しつつ、その結果を『婦選』（一九二八年九、一〇月号）で発表した(43)。もちろん日本は大幅に遅れていた。

一二月一〇日、こうした「目障りな言動」に関連したものかどうか、天皇の「教育に関する御沙汰」が出され、文相が「大御心畏き極み、聖旨に副い奉らん」として、教育（家庭、学校、社会教育）は教育勅語を指導理念とすべきとの訓令をだした(44)。それでも市川らは、政府と反対の立場で政治教育・公民教育への取組みに拍車をかけた。市川が汎太平洋婦人会議出席(一九二八年八月一一～一八日、ホノルル)を機にアメリカ本土を再訪した際に見聞したアメリカの例も彼女らの意欲をかきたてるものだったに違いない。市川は報告している。米国では、学校や、市・州の教育者を訪問、実際に授業を参観したが、民主、共和の両党に分かれて子供たちが討論をするなど、民主的な政治教育がなされていた。また教授要目・教科書などを見ると、学校及びハイスクールには公民科があり、「その町、州、国の政治組織と憲法を巧みに時事問題と結びつけて、実際的な方法で教え」ている。教室以外でも、「生徒の自治的訓練をなさしむる為種々なる方法」で教えている(45)。

全国女学校長会議(一九二九年六月一〇日～一二日)において、高等女学校での公民科の必須化の方向が示された。市川はそれを「我々の主張を取入たもの」と歓迎しているが、その中身は市川をして、「その内容、取扱ひ方、教師の態度は極めて重大で、それの如何によっては折角の公民科を設くる意義が失われる」との疑念をもたせるものであった(46)。

一九二九年六月はじめ、東京中央教化団体連合会が思想善導の第一具体案として「正しき政治思想及び行動を国民に徹底せしむるためには、先ず婦人に政治教育を施すべき」と決議した。婦選運動の最高揚期、成行き次第では婦選実現もあり得たころのことである。その後、一九三〇年に入って、田中隆三文相が文相としてはじめて九帝国大学総長と会見を行って思想問題について協議する(四月四日)等、思想悪化防止を目的とした学校教育策がかつてなく重視されはじめた。田中が公民権付与を公約するのは直後の四月二七日だが(於第一回全日本婦選大会)、それは当時にあって最も厳しい制限案(市町村の選挙権のみ)であった(先述)。

なお、その第一回全日本婦選大会では女子の公民教育を取り上げ、次の決議を行い、それを文部当局に建議している。

一、小学校の高学年にあつては時事問題を平易に解説して明るく正しい政治思想の養成に努められんこと。

二、女子の中等学あつては低学年より公民科を必修科目として課せらるべきこと。
三、文部省の成人教育講座に此際特に政治講座を加へられんこと。

第五八特別議会の貴族院委員会（五月一二日）では、塚本清治（同成会）が女子に公民権を与えるには女学校での公民教育が必要として、現状における小学校と高等小学校の男女の就学比較、卒業比較、また小学校卒業後の社会教育における男女の比較などを文部当局に鋭く質問した。これに対し文部省側は女子の公民教育の必要性は認めているが具体案はこれから考究すると答弁した。ちょうど、政民両党から提出された公民権案が過半数をもって衆議院を通過、それが貴族院の委員会にまわされ審議となった、その二日目のことである。

その後七月末には政府の選挙革正調査委員会が、学校の政治教育は、(1)高等小学校以下では公民教育を施し、(2)高等小学校以上では政治科を設けて政治教育を行うという方策を示した(47)。

これに対して婦選獲得同盟側は、『婦選』誌上で、「婦人の公民教育必迫す」（河崎なつ、一九三〇年九月号）、「最近公民教育の一躍進」（河崎なつ、一〇月号）、「公民教育と団体意識の確立」（小泉郁子、一〇月号）、「公民教育の客観的研究」（小泉郁子、一二月号）と公民教育問題を連打したが、「最近公民教育の一躍進」（一〇月号）では、河崎が緊縮政策のなかから予算を計上して政治教育に着手した文部省の施策を無条件に歓迎している。

しかし、市川はあくまで慎重で、次のように注意を喚起した。文部省や各種婦人団体が女子政治教育をめぐって種々の動きをみせているが、肝心なことは「公正に、第三者的立場に在つて、現在の政治の事実を展開して女性の目にさらしこれが批判の力を養ふ事こそ、本来の政治教育」であるのに、実際は「何色かの色彩を帯びて」おり、「政治に対して白紙である現在の女性に対して、正に旅館の客引き心理が濃厚に働き初めて居る事を、相手である我々婦人がまづ感知しなくてはならない」(48)。これは大日本連合婦人会結成をめぐる文部省と吉岡彌生らの動きを意識しての発言でもあった。

一九三一年五月中旬の第一一回全国小学校女教員大会、そして六月に入っての実業専門学校長会議、全国社会主事会議、全国高等女学校長会議と、いずれも公民教育問題が熱心に討議された。しかし、市川に言わせれば、それらは「核心を外れ」、「自治的訓練、相互扶助の道徳心の要請」など「付随的な問題に傾斜するもの」であった。例えば、小学校女教員大会で女教員から提議されたのは、「愛郷心の養成、国体の尊重、神社崇拝、職業補導、国産奨励、廃物利用」等で、「公民教育に対する理解を疑わざるをえない。さうした女教員に公民教育を委ねてゐては、その効果を期する事は絶対出来ない」内容であった。市川のいう公民教育の中心課題は、「一票の意義を体得せしめ、その行使をしてあやまりなからしむる」ことであり、そのためには「批判力の養成……即ち政府当局の施政の功過、政党の政策等を自由に批判し、これを投票の上にあらわす見識と勇気の養成である」。だがこれは、「政府当局は勿論それと特別の関係のある機関のみではできない。政府の監督下にある学校にも、政党にも期待できない」。「この大責任を担ふものは我婦選同盟を措いてないことを私共ははっきりと意識しなければならない。……政府にこびず、政党に頼らず、独立独行、この大任を担って進む以上、それに伴う苦難を覚悟しなければならない」との意思表示をした(49)。もちろん、文部省は市川と大衆婦人を分断こそすれ、公民教育を委ねることなど微塵も考えなかった。

全国高等女学校長会議（一九三一年六月一一日〜一三日）では、「高等女学校に於ける公民教育に関し特に注意すべき事項」（文部省案）がだされ、そのなかで「公民教育と婦人公民権と関係ありや」との質疑が出された(50)。これに対しては田中文相が、「直接関係はないが婦人公民権付与の如何に拘らず婦人に公民権を授くる方法について諮問するもので婦人公民権は将来適当の時期に与へられるものと思ふ」(51)と濁した。会議では「公民権の獲得行使」の声があがり、諮問答申案の七項目の七番目にやっと「速やかに女子に公民権を与へ公民教育の徹底を期すること」と入れられた。

河崎はそれを歓迎して、「昨年の答申案が多く学校内生活を説いてゐるのに、今年度のは『政治経済社会活動の理解と実行指導』より、『公民権の獲得行使』まで拡大している積極的態度は頓に進展した校長会議の面目が見られて、女学校に於ける『公民教育』も漸く本格的目標と態度を持して来た」との楽観的な見解を示した(52)。

一九三二年二月一九日、ついに政府は高等女学校、実科高等女学校における従来の法制経済を廃止して公民科を必修科目とした。もちろん、これは国家目的に従属するものであり、市川らの意図とは逆に生徒の冷静な判断力、批判精神を阻害する方向性をもつものであった。

以上、アメリカの例に倣って、国家による婦人の公民教育を主張し、結局、その素志とは反対に国家の意図に沿った公民教育に道をひらく方向に事態を進めていたという、逆説的な局面をみた。後に市川が説いてやまない婦人再組織論が大日本婦人会として結実するのとまったく同じパターンである。

3　選挙革正運動と東京市会浄化運動の展開——運動の大衆化をめざして

1　戦術としての選挙革正運動——その主観的意図と客観的意義

話は一九二八(昭和三)年初頭に戻る。市川らは満州事変までの数年間、前節で見たような猛烈な運動を展開しながら、それと平行して選挙革正運動(1)や東京市政浄化運動に力を注いでいた。

まず、一九二八年一月五日、普選法成立後初の普選(一九二八年二月二〇日)に向けて対総選挙特別委員会(委員長・市川)の設置を決め、次の四方策を発表した(2)。

一、各政党及び候補者に対し、婦選を明瞭にその綱領中に掲げるよう要求する。

二、婦選を政綱中に掲げる候補者に対しては、その要求に応じて応援弁士の派遣ならびに推薦状の発送を行う。

三、有権者に対し、棄権、買収、其の他不正行為に左右されず、真の国民の代表たるべき人物に清き一票を投ずるよう要求する。

四、婦人に対しては、第三者として選挙を監視するとともに、有権者をしてその権利をできるだけ理想的に行使せしむべく努力することを要求する。

一、二は選挙応援に関する方策で、婦選協力者を議会に送りこもうとするもの(3)、三、四は選挙革正運動に関する方策で、大衆婦人に対する政治教育(権利意識の触発)のみならず、新しく普選を得た男子に対する政治教育をも意図したものであった。結果は、前者が不評だったのに対し、後者は好評裡に終わった。

前者の選挙応援では、政党には絶対中立、無産婦選団体との協力は婦選に関してのみという原則を貫き、立候補者には婦選獲得への協力を唯一の条件に既成・無産を問わず応援した。応援演説の申し込みは四〇名、派遣したのは一四名、内次の七名が当選した。加藤鯛一(民政党)、片山哲(社会民衆党)、安部磯雄(同)、鈴木文治(同)、為藤五郎(同)、星島二郎(政友会)、杉山元二郎(日本労農党)。

この結果に市川らは大満足だったが、婦選協力を条件に政党を問わず関与した点で批判の集中砲火を浴びた。奥が「あしたに政友会に行き夕には社会党にいく、まるで娼婦のようだ」と酷評すれば、吉野作造からは「婦選に賛成だといひさえすれば相手が泥棒だろうが何だろうが構わないというのは困ります……仮に私が貴方様方の地位にあるのなら既成政党の人は例外なくお助けしません……」との忠告(ハガキ)を受けた(4)。

神近市子も市川らの態度を「白紙主義」と断じつつ、他の人はともかく、「同盟中の進歩的分子[市川のような]が、何等の矛盾も感じないで議会で対立する或は鼎立する各政党を一様にセッセと応援されているのかと思ふと、私は寧ろ不思議に堪えない」(5)との疑問を投げかけた。

後者の選挙革正運動について言えば、選挙応援が獲得同盟単独の運動であったのに対し、こちらは吉岡彌生を代表に普選達成婦人委員会を結成し、市川自身は見えざる「司令塔」として全体を俯瞰し運動の流れをつくるという手法をとった。運動を「大衆運動にする」(6)ためという。時期的には吉岡が婦人同志会を結成する前であるが、そもそも吉岡とは波長が合わず、心理的には抵抗があったのではないかと思われる(7)。が、この大同団結とも触れ合う、吉岡を表看板に新組織を結成し自らが手綱を握るという戦法は、以後権力の包囲網が狭まるなか必至となり、その意味で吉岡の存在はますます重要になる。

運動の態勢を整えた市川らは、「普選達成デー」を設け、街頭では「貴き一票！ 正しく用いて棄てないように女の人も、手伝いませう正しい選挙のおこなはれるやう」とのビラをまく一方、それを全国の婦人団体に送って協力を求めるなどした。これが好評裡に終わった(8)ことは先に述べたが、それを背に次には東京府および神奈川県の府県会議員選挙（一九二八年六月一〇日）に対して選挙革正運動を行い（演説会の開催等）、また同年末から翌二九年にかけて行われた東京市会浄化運動（内務省筋が行ったもの）にも関与することになった。

この東京市会浄化運動は重要である。ここで充分に押えておこう。正義感や野党精神に基づく戦術だったにも拘わらず、その展開のうちに無自覚のうちに内務省系列に組みこまれ、後の選挙粛正運動→国民精神総動員運動→翼賛選挙運動への参加・協力が方向づけられることになるからである。

その実際運動は、手際よく進めることができた。一つには国政と市政の違いはあったが先の第一回普選で一応経験済みだったから、いま一つには具体的なお手本（市川がもちこんだアメリカの婦人運動のホットな情報を参考にできた）があったからである。では、市川がもち帰った情報とはどういうものか。それは汎太平洋会議（八月一一日〜一八日、於ハワイ）出席後、アメリカを再訪した際もちかえった大統領選挙（一九二八年一一月）をめぐる婦人の活躍のニュースで、具体的には次のようなものであった。「大統領選におけるフーバーの大勝利は婦人の政党別を問わぬ投票による」ものといわれている。特に「婦人が男子よりも道徳的な問題及び候補者のパーソナリテイに重きを置いてゐるらしい事は否みがたい」。そして「今一つ見逃し難い事実は、婦人団体が、直接ではなく、間接に非常に尽力したこと」、すなわち「選挙の応援はしなくとも、棄権防止、選挙の廓清及び投票方法の教授、選挙のイッシューについての説明、候補者の立会演説、候補者の経歴、政見を調査して一般に知らしめること等に非常に骨を折ったことである」(9)。また、政治運動には政党あるいは候補者を応援するのと、まったく中立の立場から棄権防止、政治教育運動といった間接の方法によるものと二つあるが、多くの婦人団体は主に後者の方面で活動し、そのなかで中心となり熱心に活動していたのは婦人有権者連盟だった。その他各候補者の経歴政見を調査、印刷して配布していたが、そこには個人としての経歴はもちろん、政治家としての履歴、婦人有権者連盟が支持していた法律に対しどのように対応しているか（賛否）の回答、将来の態度についての回答も含まれていた。また、彼女らは直接各派の候補者を招いて立会演説を行い、有権者に候補者の人格、政見を周知させていた。

実際、市川らは、この情報を参考にして、折からの市会浄化の運動にとり組んで行くのであるが、結論的にいえば、近くおこなはれる東京市会議員の改選に対する婦人の運動方法としての多少の参考になるかも知れない」(10)。我々も、中立の立場から棄権防止、政治教育運動といったことなら、「選挙権がなくても出来るし、第一回普選時の運動があくまで在野性を貫いたものであったのに対し、今回は「識者の啓蒙運動」(11)の一角を占めつつ、内務省に直結する財団法人東京市政調査会（以下「市政調査会」と略記）と協力関係を結んで行ったという点において、大きな転進があった。

2 東京市会浄化運動の展開——東京市政調査会への接近

市政調査会は、一九二二年一月、首都東京の自治体政治刷新のために安田財閥を一代でつくり上げた安田善次郎の寄付を得て、内務省出身の後藤新平（当時東京市長）が設立したものである(12)。初代会長には後藤が就任、続いて阪谷芳郎、永田秀次郎、児玉英雄、前田多門、田島道治などがその任にあたり、副会長には岡實、堀切善次郎、佐野利器、田邊定義などが就いた。このように市政調査会は、「独立不偏」とはいえ、内務官僚を大きく擁する半官製的な機関であった。

後藤の精神を継いだ市政調査会は活動の基本を調査研究におきつつ、啓蒙的な実践運動にもきわめて意欲的で、それまでもその機能と人脈を駆使して様々に展開、今回の市政浄化運動もその線上のものであった。これも創設者の後藤新平が国民運動として提唱した政治の倫理化運動に鑑みれば、当然の方向性だったかも知れない。だが、これを屈折点として逸脱する方向に進んだ。

その「逸脱部分」を演出、担当したのが田邊定義（当時、同会参事）である。彼は、北支開発調査役や内務省嘱託を兼ねつつ、市政浄化運動、選挙粛正運動、公明選挙運動の事務当局者として重要な役割を演じていた。田邊は、パンフレット、『部内用資料シリーズ・第二号　市政・選挙の浄化運動と本会』（集録責任者田邊定義、日付なし、戦後の総括と思われる）(13)の冒頭で述べている。

> 市政や選挙の浄化・粛正と本会との関係は戦前にあっては深いものがあった。東京市会、区会の議員の選挙時には、……市民活動的団体に啓発資料を提供する等の措置をとったが、これと併せて行動的（仮にこの表現を使う）に深く踏みこんだ浄化、粛正の運動を㈠本会が自ら行ったもののほか、㈡本会が別の運動組織を作って実際には本会が主導したものがあり、あるいは㈢他の組織の運動に参加協力したものなど、さまざまの実績を残している(14)。

市川らは、こうした東京市会浄化運動に、市会議員の一部、各区会、無産政党各派、市職員、貴族院同和会などとともにその一翼として加わっていったのである。

同運動は、板船権事件と言われる疑獄事件等を起こして腐敗の極に達していた東京市会が内務省から解散を命じられ

（一九二八年三月二一日）、それによって実施されることになった市会議員選挙（一九二九年三月一六日）に対するものであったが(15)、実はその東京市会の解散・選挙の裏には市政調査会の策動があった。すなわち、同調査会は、事件発覚後即座に独自の糾弾的な文書を配布、後藤新平、永田秀次郎、前田多門、堀切善次郎（全員市政調査会役員）などの名によって、「日頃から市政に深い関心をもつ識者」に呼びかけ市政問題対策協議会（代表阪谷芳郎）を結成、有識者を集めた（一九二八年一〇月三日）(16)。そして、同協議会内に組織された特別委員会（後藤新平ほか委員二四名）が、「東京市会の解散」と「板船権等補償交付金に関する市会議決停止」の決議をし、それを田中義一首相、望月圭介内相などに提出（一一月三〇日）、内務省の強制力発動に成功していたのである(17)。

市政調査会はそれまでも関東大震災後の区画整理に反対する「市民運動」などに関わってきており、その板船権をめぐる議員汚職の発覚後の市政浄化運動もその延長線上にあった。が、今回の市政浄化運動はひときわ規模が大きく、しかも市政調査会がそれを「一〇〇％主導した」(18)。

大きくみれば、他の地方政治の一般的現象と同様に、東京市政でも普選の実施とともに政党化現象が進み、足下の「党弊」に対する内務省筋の反発には強いものがあった。市政調査会の市政浄化運動は、まさにそれを「浄化」、「改革」しようとするものであり、そこにあった既成政党への不信感は彼らの推進した市政浄化運動におけるキャッチフレーズ、「政党的色彩があまり濃厚で、市政に党弊を移入する虞のある者は排除せよ」(19)に端的に見ることができる。

運動の推進にあたっては、同会独自の活動として機関誌『都市問題』誌上で大キャンペーンのほか、市政カード（「市政の浄化は市民の責任」）・パンフレットの配布、選挙標語の募集、東京市長への早期選挙期日決定告示の建議などを行った。また、一九二九年二月二三日には内務省警保局と警視庁の係官を講師に迎え、浄化団体、各町会役員吏員等向けの選挙法に関する講習会を行っている。

注目すべきは、彼らの「立候補者に関する実態調査」（以下「実態調査」と略記）である。これは区役所、警察の協力をえて、市政調査会職員が各立候補者ごとに克明な身元調査をするとともに、立候補者に対しても質問状を発送してその回答を求めて作ったもので[20]、これが特殊の希望者の利用に供された。「実態調査」に関連して、近藤操（『時事新報』記者、当時紙上で市政浄化を訴え世論を誘導していた）はこう論じている。「隣保観念の稀薄なる東京」では「候補者の人物を鑑識することが難事」ゆえに、「市政調査会の如き興信所的組織」（傍点―引用者）が必要である[21]。

問題はそれが警察情報に基づいたものであったということのみならず、警察体制はとりわけ東京において強大だったという点である。通常警察権は地方行政制度上府知事が握っていたが、東京府の場合はそれが警視総監の所管と定められ、府知事には与えられてはいなかった。その警視総監の強大な権力は、帝都たるがゆえに政治警察を中心とする治安維持のためであった。田邊自身も戦後、その「実態調査」と「優良議員推進運動」（後述）について、「いま顧みるとずいぶん思い切った行動に出たものであるが、当時の市政に対する市民の不満が別段の抵抗なくしてこれを許したのである」と、前者についてはさらに、「職員を総動員して興信所まがいの全候補の実態リストを作成、これを前記の推薦選考の資料にしたほか、婦人団体の浄化運動の参考に供する等の行動をとった」（傍点―引用者）[22]と明かしている。

その「実態調査」を基礎資料として、東京市会浄化運動では三つの流れをもつ「優良候補推薦」の運動が展開された。一つは大島正徳（東大講師）、田澤義鋪（社会教育家）、中川望（元内務官僚）、丸山亀吉（元警視総監）、後藤文夫（後に内務大臣）、佐野利器（東京帝国大学教授）の六氏によるもの、次に愛市同盟（責任者・菅原忠次郎）によるもの、三つめに時事、東京日日、東京朝日の三新聞社のものであるが、最初の六氏による運動は市政調査会を拠点とし、事務もすべて同会が担当したもので、選挙結果は推薦者五〇名中三六名、実に七二％の当選率を上げた[23]。

これらの運動の問題点は、それが利権漁りや地盤争いに血道をあげている議員の当選を阻止し、その限りで彼らに不満をもつ大衆の声を代弁するものでありながら、政党勢力の市会からの駆逐、あるいは市政への政党色浸潤の排除をめざす内務官僚勢力の意図と行動に同調するものであったという点である[24]。そもそも候補者のなかから特定人物を選択し投票するのは有権者側の権利である。上から啓発という名で押付けられるものではなかった。だが、市川らは、戦術ではあれ、彼らに同調、あるいは合流するかたちでそこへ加わり、最終的には翼賛選挙運動になだれこんでいく。

3　東京市会浄化運動の展開——東京市政調査会との協働

市川らの東京市会浄化運動を促したのがアメリカの婦人の活動情報であったことは先に述べた。では、なぜ市政調査会へ急接近することになったのか。実は、市政調査会との接触は、同会から「東京市会に関する制度改善諸案」に関する質問書が送られてきた（一九二八年五月）ことに始まる。質問書は市政腐敗の根源を科学的に調査研究すべく「朝野識者」の代表的人物五六八八人に送られたもので、「市会定員の減少」など一三項目にわたる質問の一二番目に「婦人に参政権付与」があった。もちろん、婦選獲得同盟は婦人参政権付与を強調して回答した。

市会議員の選挙浄化運動は、同質問書の回答(25)をもとに、市政調査会が実務一切を担当するかたちで、先述の市政問題協議会が各町内会の代表者と役員に対して協力を要請することから始った。要請にあたっては、「東京市当面の諸問題」などの冊子や、市政カード「市政の浄化は市民の責任」、「市会解散に際し市民諸君に望む」、「かくのごとき市会議員を選べ」（各四〇万部）などが添付され、広く町会員一般に趣旨伝達方が依頼された。このとき市川らが協力を要請されたかどうかは不明だが、「渡りに船」であったことは間違いない。

彼女らの意気ごみは並々ならぬものがあった。「我等は飽迄これを用ひて、一意政治教育に力を注ぐべき秋に立って居るのである。然しこれにめざませられた婦人の大衆的な叫びが婦選獲得に一筋に集められる時、今日の婦選案に対する政府の弱腰も、民政党の曖昧さも、もはや許されなくなるであろう」(26)と、市会解散当日（一九二八年一二月二一日）、婦選獲得同盟として次のような声明を発表した。

一、市会の空気を一新するため、前市会議員を選出しないこと。特に適当と認める人を推薦応援すること。
二、市会浄化のため贈収賄、等涜職罪で刑にふれたものはもちろん、この被疑者も選挙しないこと。
三、貸座敷業者及び芸置屋、待合料理屋を営む者を選出しないこと。

翌二九年一月九日には市政調査会を訪問して情報を得、一二日には市政問題対策協議会の会合に出席し、その声明書を提出して協力を求め、同会が決定した六項目の施策のなかに、「婦選獲得同盟の運動に対しては許される範囲において後援すること」との項目を挿入してもらい、先の声明の一には関知しないが、二、三は大賛成だからできるだけ協力するとの言質を得た。一週間後の一九日には、東京連合婦人会、共同委員会などに声をかけ、対市議選挙婦人委員会（委員長・市川）を設置、次の具体案をたてた。

一、選挙法の励行、ポスターの制限、投票場の増加などを東京市長及び警視庁及び警視庁に陳情すること。
二、棄権防止運動を婦人団体に、立会演説会の開催を有権者の団体にすすめること。
三、立候補者の経歴、政見を調査して有権者に知らせる方法を検討すること。
四、候補者推薦の基準及び応援方法の検討。
五、費用は一〇銭袋をつくつて募金すること。

このうち、一、二に関しては、その主旨を印刷して千三百余りの町会に送付、有権者への伝達方を依頼した。また、田邊を招いて講演会（二月七日）を開催する一方、婦選獲得共同委員会として、「市政浄化、公民権獲得」と銘打った演説会を二回開いた。折も折、開催中の第五六通常議会（一九二八年一二月二六日～二九年三月二五日）では婦選が中心課題に押し上げられていた。もちろん、それを念頭においての行動である。また、市会選挙日（三月一六日）が決定されるや、二四〇名余りの立候補者全員に東京市政に対する一〇ヵ条の質問を送った。設問は、婦人から見た東京市政全般にわたる重要問題（東京市政浄化、教育施設、児童相談所、公設市場、ガス、電燈、水道料金の値下げ、塵芥・汚物の処理など……シカゴ婦人クラブの活動を想起したい）、もちろん「婦人に公民権を与へることに御賛成ですか」も忘れなかった。

また、市政調査会から共同デモンストレーションを勧められ、それを実行しているが、婦選獲得同盟独自の活動としても、「有権者の方々へのお願い」（ビラ）を作成・配布した。「お願い」の中味は、「買収が行われ初めた／市民は選挙に冷淡だ／そんな噂はうそだと私共に信じさせてください／あなたの尊い一票／正しく用ひて決して棄てずに市会浄化を成し遂げてください」というもので、ビラの下部には「投票権なき婦人市民より」、裏面には「ぜひともさけてほしい人職業的政治家、貸座敷、芸者屋、待合関係者、涜職罪、贈収賄の処刑者と被疑者。ぜひさけてほしいこと／棄権、買収、請託」との言葉を刷りこんだ(27)。

その一方で、市政調査会の先の「実態調査」と各区在住の会員とを通して候補者の履歴調査を行い、職業、能力、政党的色彩等詳細に検討して次の八氏を推薦候補と決定し、推薦演説会の開催、候補者演説会での応援演説などをした。三輪田元道（中立）、岡田和一郎（中立）、堺利彦（社大）、島中雄三（社民）、柳沢保恵（中立）、岸辺福雄（中立）、馬島僴（社民）、浅沼稲次郎（社大）。

このメンバーをみれば、推薦の基準を婦選においていたことは当然ながら、市川の不信感の対象は基本的に市会の多数を占める既成政党であったことが分かる。いや、市川自身、「正直の事をいえば私なんか粛正するには無産党の人を出すことが一番いゝんだと思って居るのですがねえ。不満な点もありますけれど、多少でも道が拓けると思ふんですが」(28)との吐露に及んでいる。もっとも続けて、「然し無産党がもっと増えれば結局既成政党に似たところがでて来るんぢやないかとも思はれますがね」と無力感も示している。

しかし、市政調査会の市政浄化運動の基本的方向は、「市政を『政党から防衛』し、自治政から政党勢力を駆逐して、純粋培養の自治政を確立しよう」(29)とするもので、結局、「既成政党もだめ、革新政党もだめ」ということであり、そこへ批判的なヴィジョンを重ねることはむずかしかった。

それでも望月内相の「婦人の要求が未だ足らざる」という時期尚早論への反発もあって、婦選獲得同盟の要員が一斉に地方に飛び、選挙「革正」の講演や応援演説のなかで婦選を訴えた。そして、その経験から選挙「革正」運動が女子の政治教育に有効であるとの確信も得た(30)。

彼女らの運動は市政に対する市民の鬱積した不満に応えるものではあり、広く好意をもって受けとられた。その点、前田多門(内務官僚、市政調査会理事)の論は政党政治の腐敗を痛憤する右翼勢力の立場と微妙に触れ合いつつ、市川らの市政浄化運動への意欲をかきたてるものであった。

近い将来には参政権も獲得され様と云ふ機運に際して……、只今婦人に参政権はなくとも、男子を助けて更生の市会を再びあの汚濁した醜さの中に落さぬよう市政改善の重要な責任は凡ての男子と同じく婦人の上にかゝつて居るのだと云ふ事をはつきりと覚えていたゞきたいのです。……東京市政が常に不安定を極めて居る訳は、市政に対して何等の旗印を持たない中央の政党が、その党の私利私欲のために市政を攪乱するからであります。……現在の政党のやうに市政に対して正しい批判や政治綱を有するのではなしに、只利権あさりや、地盤争ひのために、市会の責務市民の利福について考へる事の無い者の進出に対しては、市民は声を大にして警告せなければなりません(31)。

こうした手応えを励みに、市川らは対市議選挙婦人委員会を東京市会委員会(代表・市川)と名称変更して存続させ、新市会を監視するとともに東京市政を勉強することにし、実際、東京市会の構成や機能、東京市の局課の組織などを研究し、また市の施設の見学会を行うなどしている。

市川は個人としても市政調査会の機関誌『都市問題』に進出し、「市政の浄化」(一九三三年三月号)、「牛塚新東京市長並に新市会議員に対する期待と要望」(同年七月号)、「消費者と単複問題」(同年一二月号)、「市会議員費用弁償の増額に反対す」(一九三五年四月号)を寄稿している。

田邊は、戦後、市川を評してこう述べている。

とにかく、類のない型の女性闘士であった。……闘いは理想を堅持しながらも、現実に的をしぼり、脚を地につけた、いわば「理論尊重、だがまず行動」式の市川流でつらぬかれていた。主義、信念に忠実に、公的活動と私生活に表裏がなく、かたくなまでの潔癖、私情に流されず安易な妥協をゆるさない冷徹さ、図抜けた行動力——およそ怖いものなしで目標に突っ走る市川さんであった。……市川さんは理想実現のために組織づくりに独特の才能を示された。そして本営で策をめぐらし部署に司令する統領であるとともに、演壇・街頭その他大衆の前に積極的に立たれることが、大きくこの人を特徴づけていた。あるいはこの第一線的活動こそがその本領であったともいえる(32)。

ここに浮彫りにされている市川の運動理念とスタイルは彼女が生涯貫いたものだが、田邊にとっても出会った市川はその資質と能力、そのストレートな発露において、それまでの婦人観を払拭させるものだったに違いない。また、彼女らが当時ひとつの社会的勢力としての台頭してきているという事実も衝撃だったのではなかろうか。

市川らと市政調査会の関係は以後も続くが、その親密性は金子の「東京市政調査会へは、以前から専務理事の田邊定義先生の知遇をえていて、わが家のように出入りさせていただいた」(33)との回想からも推し量られよう。

4　戦術としての東京市政浄化運動——その論理と実際

市川らの運動は、基本的に婦選運動の一環（戦術）であり、下からの抵抗と上からの啓蒙という二つの側面を有し、かつ第三者的な批判精神を備えたものであった。だが、市政調査会の「興信所」まがいの「実態調査」、警察に手づるを求めて行った潜行調査を利用した点において、その果した役割は、選挙への官憲の介入を招き、助長するものだったと言わねばならない。もちろん、市川にその認識はなかった。後に述べている。被疑者への立候補へ辞退勧告をした際、「選挙妨害」だとどなり込んできた候補者もいたが、「私どもは市政調査会が作成した正確な醜類のリストを所有していたので、ビクともしなかった」(34)。

他方、市政調査会の推薦という政治啓発方式は、先に触れたように政党駆逐あるいは政党監視の側面を濃厚に宿すものだったが、市川らのそれは基本的に婦選や婦人の日常生活への理解をメルクマールとするものであった。ただ、市川の既成政党に対する不信感は強く、その点では市政調査会のそれと交差していた。

市政調査会の運動についていえば、当時の政治や選挙をめぐる状況は、そうした選挙浄化の運動によって有権者や政治家個人の健全な政治意識を助長し、政党や議会の正常な発達を促進し得るほど、単純な構造ではなかった。まして支配者側にある組織が特定の人物を推薦することは、下から特定の人物を擁立するのとは本質的に異なり、浄化運動からは逸脱するものであった。事実、そうした論理から僭越との批判もあったが、批判よりは賛同の方が多く、批判もその多くが非推薦の候補者からのものだった(35)。

確かに、一般国民の間に選挙浄化の運動が善意をもって肯定的に迎える心情は醸成されていた。第一回普選（一九二八年二月）における政党内閣の選挙干渉、選挙腐敗は目を覆う状況であり、国民側は政党に対し、きわめて批判的になっていた。この点は市川らも同じであった。先に彼女らにとって選挙浄化運動は基本的に戦術だったと述べたが、それに尽きるものではなく、その次元をこえた社会的正義感といったものにも支えられていた。このことは、しばしば発せられている「婦人参政権を要求する理由の一つは、政治を清く正しくすることであるから、政治の浄化・選挙の粛正を計るのは当然」といった言葉にみることができる。

また、市川らはそれを婦人の政治参加によって解決できると信じていた。勝目テル(関東消費者組合連合会)が書き残している。「東京市議会や市役所に汚職や不正が続いていた時、これは資本主義社会のもとでは、さけられないことなのであるが、公民権を要求する婦人たちは、そうは理解していなかった。すべて男性の政治だから、婦人が市政に参加するようになれば、不正はふせげると信じて」(36)いた。社会主義者である勝目の立場からいえば当然であろうが、そうでなくても、それは半分の真実を含んでいる。だが、市川流にいえば、資本主義の弊害を非難するばかりで、「手をこまねいていたのでは現状は一歩も進まない」ということになろう。

なお、市川が戦後も旗印とし、また一般的にも選挙キャンペーン用に使われている「出たい人より出したい人を」(標語)は、市政調査会が政治浄化運動のなかで懸賞募集した標語の選外佳作だったものである(37)。田邊はこの標語に関して、「平凡だがいつの時代にも共感呼ぶらしい〝適時性〟をもっているところに、長命の理由があるのだろうか」(38)と述べているが、後の翼賛選挙では、「出たい人」は抑制され、「出したい人」は上から一元的に押つけられた。その〝適時性〟とは、為政者側がその標語を非民主的にも利用しうるという意味での〝適時性〟でもあった。赤木須留喜の「この用語が政党悪のイメージにつきまとわれていることは否定しがたい。政党あっての選挙であるのが、えてして逆転せられかねないところに、選挙粛正運動の微妙な効用があった」(39)との言葉がそれを言い尽くしている。

ところで、今回の選挙浄化運動によって新市会の構成は浄化市会にふさわしいものになったものの、すぐまた「不浄化議会」に転落、しかも「優良候補」の折紙をつけられた議員が五人も連座するという始末であった。そこで、一九三三年三月の選挙でも市政調査会が中心となって運動を繰りひろげることになり(40)、もちろん市川らも同調した（後述）。また、この二つの市会浄化の運動の間に、第二回普選（一九三〇年二月）を迎えていたが、そこでも市川らは独自の選挙革正運動を展開している。詳細は省くが、ただ、次のようなリーフレットを作成・配布しているので記しておく。以後一貫して主張されているものである。

有権者である男の方々へ、女はかういふ人を選んでほしいのです。
一、贈収賄、涜職罪にて刑にふれた者は勿論、これが嫌疑をも受けたことのない清廉潔白の人。
一、妾などを蓄へてゐない品行方正な人。
一、議会で野次ったり、暴行をしない人。
一、遊郭、待合、芸者屋や政治を職業としてゐない人。
一、党派の利益を主とせず、国民全体の利益幸福を主とする人。
一、選挙にあまり金を使はない人。
一、有権者を金銭や、其他の利権情実や泣き落し等で誘惑しない人。
一、老人よりもなるべく若い元気に満ちた人。
一、選挙されてから政党の鞍替をしない人。
一、婦人や子供の利益の為に働く人。

政治参加の権利をもたない女性たちの「一票ありせば」の願いである。また、ここにあるのは権力とは無縁な市民的、自立的な精神である。こうした側面に着目すれば、市川らの選挙浄化（粛正）運動の意義も見えてくる。だが、実際運動がマイナス要因を含んでいたことは先述の通りで、やがて政党の選挙活動の抑制をはかろうとする政府（内務省）の思惑にのるというより、むしろ先取り的に選挙違反者の厳罰、選挙の公営制度の確立、優良議員の選出の必要性を唱えるに至り、その素志とはまったく裏腹の役割を果すことになる。

5　ガス料金値下げ運動の展開

話はふたたび一九二九年段階に戻る。市川らが先の市政浄化運動終了後市会の監視と市政の継続的研究を決めたことは先に述べた。実はその線上で、「消費者の立場から尚公民権を要求してゐるものの立場から」(41)、当時盛り上がっていたガス料金値下げ要求運動に参加し、そこでまた体当たりの活動を見せていた。

ガス料金値下げ要求運動とは、独占企業の東京瓦斯株式会社が、一九二七年二月、自社の利益のみを図ってガス報償契約改訂案(42)を東京市会に提出したことに端を発するもので、当時すでに東京各区の区会議員が各区反対連合会を発足させ、他方、婦人市政研究会（代表・河口愛子、副代表・多川澄子）も火の手をあげていた。それが二九年に入って東京市会の料金値下げ勧告（四月）(43)をガス会社が無視したのみならず、一億円の増資と功労金二百五十万円の決議をするという挙にでたため(44)、社会民衆党、日本大衆党が対決姿勢を鮮明にし、これを皮きりにガス値下げ要求運動として本格化、無産政党を含む官民一体の一大市民（消費者）運動に発展したものである。この種のガス・電気・水道料金の値下げ運動は、恐慌を背景に、当時、富山、京都など各地で展開されており、その意味ではその東京版ということになる。

市川らが動きだすのは五月、当時すでに婦人市政研究会が東京市に対して「ガス値下に応ぜざる場合の対策」などの建議を行っていたが（四月二二日）、彼女らはそれをさらに先鋭化させていく。まず、馬島僴（先の市会選挙で推薦・応援して当選した市会議員、社会民衆党）から説明を聞き（五月二日）、翌日には早くも「ガス料金五〇銭値下げ・計量器損料の会社負担・引込料金一切の会社負担・増資反対」を骨子とする声明書を発表した。

折りしも堀切善次郎（内務官僚、東京市政調査会役員）が東京市長に迎えられ、「就任第一の事業」(45)としてこのガス問題に取り組んだ。前理事者の方針を踏襲してあくまで値下げの実現を期すべく、まずガス会社側に「大正八年より昭和三年に至る製造に要した生産費用」などについて回答を求めた（五月三日）。だが、不誠実な回答で両者の対立は平行線のまま続く。他方、堀切と関係の深い、市政調査会も社会の誠意のない対応を糾弾して、「瓦斯値下げと増資問題」（市政カード七号）一〇万枚を配布する一方、意見書を堀切とガス会社、さらには商工・内務・大蔵各大臣、警視総監などに提出した(46)。

そうしたなか市川らは堀切を訪問、運動の鍵は市会にあり、そのためには「市会議員を監視して毒瓦斯をのませないやうにする」必要があると訴えた（五月六日）。さらに、その二日後には東京連合婦人会に値下げ問題に対する共闘運動を提案する。が、吉岡彌生の五〇銭値下げという「過激なる方法は避け度ひ」とする意向によって、「値下げを希望する旨の声明書を発表するだけに留め、積極的運動はなさぬ事に決定」するだけに終わった(47)。吉岡が婦人同志会を結成するのは翌年の五月一二日であるが、このころすでに過激な市川らと一線を引いていたことが分かる。

それでも五月一〇日には婦人参政同盟、社会民衆婦人同盟が加わって運動の輪が広がり、先に運動を進めていた婦人市政研究会をさそって四婦人団体の共闘態勢を整え、婦人の一大消費者運動の流れを形成することができた。以後、市川はその指導力と実行力を発揮して、運動を急進化させていく。

まず、婦人四団体で委員会を開き（一四日）、その決定に基づいて市長、東京ガス会社を訪問（一八日）、ビラまきと署名集め、ガス問題婦人連合演説会開催（一九日）と、運動を進めた。また、これとは別に獲得同盟独自の運動として、街頭でビラまきと署名集めを行う（一一日）ほか、いくつかの施設で断続的に演説会を開催した（一八日〜二四日、市川、金子、藤田らが出演）。他方、市議に対して、ガス料金はいくらの値下げが適当か、ガス会社の増資に賛成か、否かなどのアンケートを行い、未回答者（二〇名程）には市川、金子が直談判して回答を得、その集計結果を『婦選』（一九二九年六月号）誌上に発表した。そこで、婦人の多くはガス問題に関して知識不足であり、「彼女等を無智より救ふこそ我等の目下の急務」として、「ガス問題は単純なる値下げ問題に非ずして増資反対に迄及ばざれば、問題の核心を貫く事を得ない」と訴えた。

六月一五日には東京瓦斯が、先に市が要求した料金値下げ等を拒絶するが、これに対し婦人四共闘団体は市にガス会社との報償契約の破棄などを要求する一方、次の点を決定した。⑴市理事者へ会社とガス値下の強硬な再交渉を要求すること、⑵ガス会社の配布した声明書を反駁するパンフレットを市理事会に配布させること、⑶市民運動としてガス料金供託運動を提唱すべく先ず無産党議員と共同してその実行方法を研究すること。

六月一九日、市側が会社側の拒絶に対して緊急市会を開催、堀切提案の東京瓦斯の増資申請拒否案を満場一致で可決した。他方、商工省も会社の反省を求める警告を発した。だが会社側はこれらを無視し、突如緊急重役会を召集して増資を満場一致で可決、増資払い込みの手続きを開始するという挑戦的な態度にでてきた（七月八日）。これに対し東京市会は商工大臣への裁定要求の申請と、値下げ・メートル料撤廃の命令の要請を決議（七月一二日）、これによってガス問題は商工省の裁定に委ねられた。会社側はパンフレット（「東京市の妄断と市政調査会の疑問を解明し瓦斯問題の真相を闡明する」）を全市に配布して抵抗した。

この間、運動は次第に全市民的な運動になり、市会のなかでも中立クラブと中心会が動きだし、前者は各区連合市民大会開催、後者は値下げ・増資反対・計量器損料撤廃を決議するが（五月二八日）、議員の大半はなお態度不明瞭で、それに業を煮やした市川は「今や、東京市民が闘うしかない……、解決の最後の鍵は婦人の手に握られている。……この、絶好の機会を逃す事なく身を処そうではないか」(48)と強く訴えた。

市会頼むに足らずとした市民側は、「無産市議団主催の下に」協議会を開き（六月二七日）、ガス料金供託同盟（代表・

吉野作造）を結成、料金二割供託を決めた（七月六日）。婦選獲得同盟も「消費者としての主婦の訓練を目指す」と無産市議団と一緒にガス料金二割の不払い・供託運動を行い、市川は個人としても無産六市議とともに同同盟の会計監督となった。このとき先の四婦人団体のうち婦人市政研究会が離反、以後活動を分つことになる。問題は、市川らが無産者市議団や無産者組織（ガス値下げ期成同盟、ガス料金値下要求同盟）と共託運動に加わったことだった。金子は、「無産市議団とも結びましたら、この運動で婦選は赤くなったと盛んにデマをとばされた」(49)と振り返っている。

市川らはめげなかった。供託者のガスをとめた会社の行為を糾弾しようと演説会を他の運動体と共催する一方、市内各所で「瓦斯料金供託同盟案内」十万枚を配布（七月一一日）、さらに第二次供託を行った（一五日）。これに対してガス会社は獲得同盟へのガス供給を止めるが、市川らはなお、「大手搦手から攻めたてゝ行かねばならぬ。供託、滞納、消費激減、何でもよい。できる事をやって、戦を助け市民の勝利を得させてほしい」(50)と強硬姿勢を崩さなかった。

その後も、深川同潤会アパートガス料金値下げ期成同盟と演説会を共催（八月三日）、供託者有志とともに会社と警視庁を訪問（二六日）、さらには婦人参政同盟、社会民衆婦人同盟との協力で街頭署名、戸別訪問による供託同盟加入勧誘（二八、二九日）など、攻勢をかけ続けた。そうして市川らの運動が過激化するなか、婦人参政同盟が「意見が一致しないため」(51)として供託同盟を脱退した（九月一八日）。

他方、ガス会社は増資をどんどん実行に移していたが、商工省当局からガス事業法により大臣の裁定に委ねるべきだと警告されて一時増資を中止し市へ妥協を申し入れた。だが、市議会がこれに反対し問題は商工大臣の手に移され、一〇月二五日商工大臣が会社の増資を認めずという裁定を下して一件落着となった（ただし、料金値下げ問題だけは未解決で残り、交渉が続き、一九三二年に入って四三銭値下げされることになる）。

堀切は、後年、広範な人々による激しい運動には一言も触れず、「商工省のその方の係が吉野信次君でしたが、吉野信次君が大変骨を折って力を入れてくれて、商工省の力でガスの値下げを、幾らだったか覚えていませんが実現したのです」(52)との言葉で片づけている。ガス値下げ運動とは、結局、広範な市民を巻きこんだ消費者運動でありながら、反面、内務省出身の堀切市長が大きくリードし、それを彼と密接な市政調査会が陰で支え、最終的には堀切の人脈がものをいって収束された運動だったと言うことができよう。

では、市川らにとってそれはどういう意味をもっていたか。確かにそれは、「生活の要求と政治的権利の要求とをむすびつけてとりあげ」(53)た運動であり、実際この日常生活に密着した要求運動を突破口に婦選獲得をはかろうとする壮絶なほどの努力がみられる。捨て身とさえみえる無産者との共闘もそのことと深く関わっていた。にも拘わらず、婦選運動としてはその実効性をみることなく、やがて満州事変を迎え、婦選実現が望めなくなるなか、ガス値下げ運動を一つの経験として自治体政治に関わる諸運動に急傾斜していくことになる。

4　婦人参政権立法の裏舞台――内務省の動向

1　内務省と婦人参政権

政権(内閣)の変更に関わりなく、裏舞台で婦人参政権問題と対峙していたのは内務省だった。やや遡ってその裏舞台をのぞいてみよう。まず第一次西園寺内閣(一九〇六年一月七日〜八年七月四日)の古賀廉造警保局長、彼は家族制度の観点から結社権はもちろん集会権もその復権を拒否している(1)。その後も内務省の態度に変化はなく、床次竹二郎内相(原内閣、一九一八年九月二九日〜二一年一一月五日)も、「人間は生まれながら平等ではない」、「漸を以て進むと云うとが最も適当なり」と結局は斥けている(2)。

その歯牙にもかけないといった態度に変化が現れるのがその半年後、先述の通り、新婦人協会の猛運動のなか川村竹治警保局長(原内閣)が「集会権は解禁」(「結社権は時期尚早」)の方針を打ち出し、それが一九二二年三月に認められた（3）。当時内務省は、他方で婦人の掌握策を進めていたが（婦人会、処女会の結成）、「集会権」容認に限れば、世界の大勢を視野に、また国内の状況をにらみつつ、突出はしないが一定の譲歩・妥協はするという内務官僚の特徴を表していたといえよう。

一九二三年末になると、一部内務官僚の間に家族制度に抵触しない限りで結社権をも認めようとする動きが生まれた。川村貞四郎（当時内務事務官）が中心となって「治安警察法改正要点」をまとめ、そのなかで取り上げているものである。川村は記している。

女子ノ政社加入資格制限ハ我カ国ノ家族制度維持ノ必要ニ出テタルモノナルヘシト雖モ、真ノ家族制度ヲ保持セムトセハ真ニ目醒メタル女子ニ依ル家族制度維持ニ依ルヘキ所多々アリテ存スルナリ。……徒ラナル男尊女卑ノ観念ニ捉ハルコト良ク婦人ヲシテ国民ノ一員トシテ自覚ヲ促スノ教養ヲ為スノ要アルヘク政治運動ニ参加シテ政治的智識ノ函養ニ任セシムヘキナリ。……真ニ女子ニアラサレハ理解シ難キ、社会問題、政治問題踵起スルトキニ於テハ女子ヲシテ結社ニ加入セシメ之ガ運動ニ参加セシムルノ要切ナルモノアルナリ（4）。

当時にあっては再先端をゆくものであるが、『内務省史』には記録がなく、有力な意見にはならなかったものと思われる。

他方、普選については、寺内正毅内閣の内相・後藤新平の発議で欧米に派遣された若手内務官僚、後藤文夫、丸山鶴吉、田子一民、長岡隆一郎、堀切善次郎、前田多門らが早くから、それを論議の対象にしていた。彼らは帰国後本省の参事官として政策決定に参画し、そこで普選問題など進歩的な議論をたたかわせたが、とりわけ堀切はその急先鋒で、彼は大原孫三郎（倉敷紡績社長、大原社会問題研究所の創始者）によって寄付された一万円を軍資金として普選の宣伝に努めたという(5)。しかし、そうした堀切も婦選については問題の所在を認識しつつ無視していた(6)。また、そうして有能な人材を欧米に遊学させ内務省に民主的な気風を吹きこんだ後藤新平も、内相時代(第二次山本内閣下、一九二三年九月二日〜一二月二七日)、普選についてはその断行を高唱し法制審議会の普選審議に圧力をかけるほどの熱意を示しながら、婦選については「婦人ニ参政権ヲ与ヘズ」と下していた(7)。こうして男子普選だけが課題化されていくのであるが、婦人運動家たちはそこに楔を打ちこむべく、対議会活動とは別に、内務省にも直接婦人参政権問題をつきつけていった。

その最初の動きとして確認できるのが、一九二五年一月一五日(第五〇議会開会中、二月二一日の普選案上程前)、婦人参政権獲得期成同盟会(獲得同盟の前身)の久布白落實(総務理事)、坂本真琴(議会運動委員長)などが潮恵之助内務省地方局長を訪問し、立案中の地方制度改正案に婦人公民権(8)を挿入するよう懇請しているものである。潮は「最も真面目に考慮中」なるも、「急速に実施は困難なる可し」と答えたという(9)。

内務省当局が婦人参政権に対して具体的な動きをみせるのは、普選法制定後の一九二六年六月、このとき地方局の坂千秋(10)が婦人参政権を含めて選挙制度の調査のため約一年間の予定で欧州視察にでかけた。そして一年後帰国、このとき坂は「どこに行っても日本で何故婦選を認めぬかの質問を出されてこまった」(11)との土産話を披露している。その後、その調査研究が『比選と婦選』(帝国地方行政学会、一九二八年一二月)として発表された。内容は、比選(比例代表制)も婦選もその実現は時間の問題としたうえで、婦選については英国の例を示しつつ問答式で論点を整理し広く問題提起を行ったものだが、ただ詳細な解説に終始し、坂自身の意見は示されていない。

地方局にあって一九二三年から一九三二年までの一〇年間、地方局事務官や行政課長として地方制度改革問題に関わり、そのなかで婦選問題を担当したのが狭間茂である(12)。その狭間が、婦選について後年述べている。「普通選挙が実施せられましてからは、当時の機運として次に来るべきものは比選と婦選であろう」(13)との「見透しのもとに、事務官室を中心に、この二つの制度を鋭意検討しつづけた」。婦選に関しては「婦人の政治感覚の状況をも一応勘案して、これを二段階的に考え、第一段階においては、日常家庭生活に最も関連多く、また婦人として関心高く、かつ豊富な体験をもつ地方自治政に参与させるのが、一番現実的ではないかという方向に考えた」(14)。「政党方面のイニシャチーブというよりも内務省独自の考えから提案した」(15)。

しかし、狭間がそうした明確な考えをうちだしたのは坂の帰国後のことで、それまではむしろ否定的だった。彼が婦人の政治的権利に最初に言及しているものとして、「地方議会に於ける選挙権及被選挙権の拡張(一)」(『自治研究』一九二六年四月号)がある。要約すれば、諸外国と比較して婦選を拒否する大義名分はないが、かといって、それらと同等の権利付与は現在のところむずかしい、と今一歩踏みだせないでいる。その一年後の「改正地方制度梗要(一)」(『斯民』一九二七年五月号)でも、「理論上の問題として婦人参政権を否認すべき根拠はないと思ふ」が、「法制は現実をおさへねばならぬ」、「将来に残されたる大きな宿題であると思ふ」となお様子見の態である。

その後、英国では三〇歳以上とされていた婦人参政権が男女平等の二一歳と改正され、国内では先述のように運動者の猛攻によって婦選が政治課題に押し上げられ、また新聞雑誌の論説も運動者側に立って婦選を説くなど婦選問題が大きく浮上するという状況に至って、狭間も正面から向き合わねばならなくなったと思われる。『読売新聞』(一九二八年二月二六日)によれば、内務当局者が婦人参政権についても諸外国の例などを参照して日本の国情に適合するものを至急調査したいと語ったという。その内務当局者が狭間、あるいは狭間周辺であることは間違いなかろう。

田中政友会内閣下、婦人公民権付与の方針が、幹事会→行政制度審議会→政務調査会(選挙法委員会)→政務調査会→行政制度審議会総会と通過し、それが第五六議会に提出されたことは先に述べた。実は、この間の行政制度審議会(一九二八年六月二三日)で、次回開催日(七月四日)までに内務省地方局の手で婦人参政権の参考案を作成・提案するよう指示され、そこで婦人公民権(市町村、年齢は男子と同等の二五歳以上)の付与が打ちだされている(16)。このときも担当者は狭間だったのではなかろうか。彼は当時制限公民権(市町村に限定)を最適とするに至り(17)、また一年後の著書でも、

「女子公民権の問題は到底このまゝ放置することは出来ない」として、学校の設備、電気水道瓦斯の供給等をめぐる婦人の役割の重要性を説きつつ、女子の公民権は「時期の問題」と論じている(18)。下っては、「地方自治閑話㈤」(『地方行政』一九三〇年一一月号)で、反対論に反対するかたちで女子の参政を認めている。

この間、安井英二行政課長も、「地方自治体が消費者団体たる性質を有する以上、……消費生活に最も重要なる地位を有する婦人が除外せらるべき理由はない」として、こちらは男子と同等の公民権を認めていた。ただし、「婦人の間に斯やうな自覚と要求とが一般に発生することが、制度改正の前提要件」との留保を付している(19)。

坂もこのころには婦選(広義)を「必然」と認めるようになっていた。ただ、当時すでに焦点はその具体的な内容に移っており(参政権か公民権か、完全か制限的か、また制限の程度等)、その点、彼独自の婦選観を確立していたとはいえない(20)。その後、彼は市長村長会の婦人公民権反対決議(一九三〇年一一月四日)に対してやんわりと批判しているが、なお明言的ではなく、しかも婦人の保守票への期待を強く滲ませている(21)。

いずれにしても、このころには内務省の大勢は婦人公民権案容認の方向で動いていた。ただ、当時の内相は婦選嫌いの望月圭介であり(22)、内務省一丸とはいかなかった。狭間、坂などは、おそらく望月に同調も反対もせず、第五六議会(一九二八年一二月二六日~一九二九年三月二五日)を前に状況の推移を見守っていたのではないだろうか(23)。

狭間が、「大都市制度、比例代表制及び婦人参政権の実態を調べる心づもり」(24)で欧州諸国視察に旅立つのはこの間の一九二九年一月、そして一年後に帰国、その視察経験が婦人公民権の政府案の立案に生かされることになる。

2　内務省首脳部の婦人公民権観

一九二九(昭和四)年七月二日、田中義一内閣から浜口雄幸内閣へ移り、内相も望月圭介から安達謙蔵へバトンタッチされた。そこへ狭間が帰国(一九三〇年一月)、婦選をめぐる舞台はひとまわりする。まず、狭間が安達新内相に進言した。「やがては日本にも婦人参政権の時代も来るので、段階的には婦人公民権を認めるのが順序だと思う。そして、婦人がもっとも関心をもち、従って婦人の知識と経験を政治に生かすには生活に密着している地方の自治が一番適当である」(25)。ただ、そこには婦人公民権を市町村自治体の政党政治化の歯止めとする狙いもあったと思われる。当時狹間は自著で地方自治の重要性を強調しつつ、その自治を破壊するのは政党として、「党弊」の地方自治体への侵入を強く危惧していた。

府県会議員に政治的分野が出来、市町村会議員に党派があることは別に之を非難すべき限りではないが、それが直接中央政党の分野と運命を共にする必要はない。否寧ろ市町村の行政に迄中央に於ける政党政治が浸潤して来ると云うことは、地方行政上大に憂ふべきことである(26)。

事実、普選実施とともに自治行政の政党化が急速に進み、それへの危機感は内務官僚一般の共有するところとなっていた。田澤義鋪（内務官僚出身、政治浄化・選挙粛生運動の推進者）も「市町村政における婦人の登場が、党争の自治体への侵入を防ぎ、部落と部落との軋轢を緩和し、而して階級の抗争にも、ある程度の緩和剤となってほしいと云ふ希望は何処までも抛ちたくない」(27)と論じている。狹間の婦人公民権案も、田澤ほど明確でないにせよ、やはり政党政治への危機感とつながっていたように思われる。その点でいえば、満州事変以後内務省が示す政党政治排撃の端緒的な動きがここに示されているということができる(28)。それでも狹間はあくまで一事務当局者である。裏舞台を知るためには、もう少し考察対象を広げる必要がある。

当時内務省にあって婦選政策を決定づける地位にあったのは、当然ながら安達謙蔵内相、斎藤隆夫内務政務次官、そして次田大三郎地方局長であった。彼らは漸進論を共有しつつ、婦選観の違いからその意図するところには開きがあり、それが内務省案に複雑な影を落としていた。この点については、運動者側が「内相自身は自らしばしば個人としては遥かに進歩的意見を有してゐる事を言明して居り、我々もそれは或程度迄認めるけれども、斎藤次官、次田地方局長を始め内務省内の空気が案外進まざるもの〻如くとにかく内務省の漸進主義が政府の方針となった事は事実である」(29)と述べているが、実際、三人三様の婦選観と狭間の漸進論が絡み合って妥協点の模索のうちに、きびしい制限条項付の婦人公民権案が案出されていくことになる。

安達内相に注目すれば、彼は立場としては徹頭徹尾漸進主義を通したが、しばしば「諸姉の希望が婦人公民権に止まるのは遺憾である。大に進んで婦選諸案の獲得を叫ばれるのは当然」(30)と語るほど、個人的には「完全公民権はおろか、即参政権論者」(31)であり、その点は婦人運動家によく知られているところであった。第五八特別議会の衆議院委員会(一九三〇年五月九日)で婦選派議員に食い下がられた際の答弁をみても、「婦人ニ同情シテ居ルコトモ事実デアリマス」、「私ハザックバランノオ話ヲシテオキマスガ、理想トシテハ［参政権ヲ］与ヘタイト思ツテキマス」との真情を見せている。が、結局は漸進論に戻って、「ソコマデ到達スル順序トシテ第一ニ地方自治体ノ公民権ヲ与ヘテ、ソレカラ順次進ンデ行キタイ……コトニ今日ノ日本社会ノ実情ヲ観ナケレバナラヌ、理想ト現実ト調和スルヤウニシテイキタイ」(32)となるのである。

安達が「主義における婦選賛成論者」とすれば、斎藤は「主義における婦選反対論者」であった。彼については、『東京朝日新聞』(一九三一年三月二七日)に、「名うての婦人公民権嫌いとあって婦選運動の女流連にさんざん恨まれてゐた」との寸評がある。さらに、こんな論評もある。

彼は憲法学者であるためか何か知らないが、非婦人参政権論者である。よくあの皺の沢山な婦人団体が、斎藤次官を訪問しては、婦人の参政の必要をキーキー声で論じたりすると真向からこれを論駁してお婆さん連中を悲観させたものだ。彼の論によると「政治のことは男でもまだ解らない人が大変ある位だ。しかるに田舎のおかみさんがおこしを出して草取りばかりしてゐるのだから政治のことは解らないに定まつてゐる」というのだ(33)。

こうした斎藤が、内務政務次官（浜口内閣）の後も、法制局長官（第二次若槻内閣）、内務政務次官（斎藤實内閣）と婦選法案とは切っても切れない立場であり続けたことは、婦選運動者、いや全女性にとって不運であった。

斎藤の婦選拒否の態度を示す資料はまだある。斎藤を委員長とする民政党政務調査会内に設けられた選挙法改正特別委員会㈢の「選挙法改正の方針（案）」（斎藤案、一九二八年九月二二日）において、彼は婦人参政権を「欧米諸国に於ては大安解決せられたるも、我国に於ては実際問題として尚早い様である」(34)と斥けている。この間斎藤の属する民政党が政友会との対抗上、新政策要項中に「婦選に対する要項」を掲げているにも拘わらずである。しかも、民政党有志の間に、政友会が人気挽回策として婦人公民権を第五六議会に提案すると決定したことに対抗して公民権案と結社権案を提出する空気が生じるや、『婦選』（一九二八年一〇月号）掲載の、先の「選挙法改正の方針（案）」（「斉藤案」）をめぐる解説を取り消すよう要請している(35)。その後、民政党有志四四名が第五六議会へ婦人公民権案と結社権案を提出しているが（一二月二七日）、もちろん斎藤の名はない。

GHQの『政党報告　進歩党』（戦後の占領軍のインタビュー記録GS—A—〇二〇一七、国会図書館憲政資料室所蔵）によると、「斎藤は、婦人とは本質的に保守的であり、自主的に投票を行うならば進歩党か自由党に投票するであろうと確信していた。そして多くの日本人と同様に、婦人は自分の夫の投票をコピーするにすぎないと信じていた」(36)という。

次田に注目すれば、彼は地方局長として裏方の直接的な責任者であったが、「府県は婦人と関係がうすいから必要がない」(37)とし、「うすい」の論拠は不明ながら、その言を徹底すれば、府県に関しては反対、市町村までは容認という立場であった。これは、やがては府県をも認めようとする漸進論とは似て非なるものである。そうした彼の婦選観を映しているのが「選挙権のみ付与」(38)との発表であるが、これについては市川と金子が直談判、安達の発表通り選挙権、被選挙権とも付与するとの言質をとりつけた（先述）。

次田地方局長を起用したのは安達である（一九二九年七月）。次田はいわば安達の腹心だった。そしてこのコンビこそ、第二回普選（一九三〇年二月）における民政党の大勝利をもたらした原動力だった。翌年四月、安達が第二次若槻内閣の内相に横滑りすれば次田も警保局長（八月には内務次官に昇進）になるといった緊密な関係をみせている。結局、次田には婦選問題に対する関心も確たる持論もなく（どちらかといえば消極的）、ただ安達に追随していたにすぎなかったように思われる。

以上、こうしてみてくると当時内務省首脳にあって婦選問題に真に影響力をもったのは安達、斎藤、次田のうち、前二者ということになる。次項では彼らの婦選問題をめぐる言説を加藤護憲三派内閣時代（一九二四年六月一一日〜一九二五年七月三一日）にまで遡って確認する。

3　漸進論（制限案）をめぐって――安達謙蔵内相と斎藤隆夫内務政務次官

安達と斎藤はかつて普選断行を第一の公約とする憲政会系に属し、普選には強い意欲を示していたが、婦人参政権に対しては双方とも尚早論の立場をとっていた。三派普選委員会（一九二四年六月三〇日設置）では、安達が会長格、斎藤が委員として枢密院に提出する普選案を審議しているが、このときも婦人参政権は時期尚早と一蹴している(39)。だが、普選実現後、安達と斎藤の婦人参政権に対するスタンスは分岐する。安達が婦選賛成論者に「成長」していくのに対し、斎藤は拒否的態度を貫く。安達についていえば、浜口内閣の内相に就任するや衆議院議員選挙革正審議会を設置（一九二九年一二月一三日、斎藤も民政党側の委員長として加わっていた）、その調査項目に婦人公民権を挿入した。この点は、根拠が「婦選＝浄化装置論」（「単なる婦人の政治的進出に非ず、混濁せる選挙界廓清に婦人の力の直接的効果を痛感するから」〕(40)であれ、それなりの「英断」だったといえる。だが、やっと開かれた内務省首脳会議(一九三〇年三月八日、選挙革正審議会に付議する調査項目の意見を交換)で、婦選問題は「慎重に検討すること」と退けられ原案挿入は成らなかった。坂によれば、その日の審議は「年齢の低下の問題が先であって、婦人公民権乃至選挙権の問題は先ず第二弾にして宣からうと云うことで、少数の差で」(41)否決になったのだという。また、新聞報道によれば、この日安達が主義において婦選大賛成との意見を述べたのに対し、斎藤は主義において反対を表明したという(42)。

他方、選挙革正審議会とは別に、民政党内に選挙革正委員会(三月一一日、委員長・頼母木桂吉、委員一五名)が設けられ、こちらには婦選が「政策として好題目」(43)として重要事項の一つに挙げられ、第一回会合(三月二五日)では、委員長から次のような調査細目(婦選関係のみ摘記)が提出された(44)。

三、性別の撤廃

イ、婦人に選挙権及び被選挙権を認めむべきや。

ロ、選挙権被選挙権何れか一方のみを認むべきや。

ハ、何れも主義として認むべからざるや、時期尚早なりや。

ニ、婦人を有権者たらしむるとして男子と同一条件に依るべきや、年齢其他の条件に差等をなすべきや。

九月二七日の会合でも、婦人参政権は「先づ以て婦人公民権のみ与ふるが適当」(45)と意見の一致をみた。だが、いつの間にか婦選はたち消えとなり、比例代表制と市町村長公選制(斎藤隆夫提案)のみが問題にされるようになる。確証はないが、斎藤の「仕業」ではなかろうか。

第五八特別議会(一九三〇年五月九日)では、安達が漸進論をもって「市町村の選挙権のみ容認」の意向を示したのに対し、斎藤はそれを認めつつ、「無条件デ公民権ヲ与ヘマシタナラバ、市町村会ノ議員ノ選挙権被選挙権ハ言フニ及バズ、名誉職ニ選バル、所ノ権利モ義務モ、亦進ンデハ県会議員ノ選挙権被選挙権モ与ヘナケレバナラナクナリマス」と、公民権付与が確定議になっては困るとの主旨をもって、さらなる制限の付与を仄めかした(46)。

こうして安達と斉藤の見解の相違が公となるのであるが、それが五月一二日の貴族院委員会で問題になったという(47)。議事録にあたってみると、「速記中止」の部分らしく、具体的な内容を知ることはできない。ただ、当日傍聴した坂本真琴が次のような記録を残している。

此第一回委員会では数次速記を中止して、各委員より、極めて熱心且つ詳細なる質問があり、安達内相、斎藤次官又これに応酬なし、此処でどうやら次のような空気が暗黙のうちに醸成されたかに見受けられます。即ち、「政府は近き将来に於て、公民権案を或程度の制限を付し且つ市町村丈のものとして提案する意を有する、委員会も暗黙のうちに了解すると同時に今直ちに通過させては、政府が困る云ふ点も亦暗黙の裡に了解と同意を有する」。たゞうかゞひ知る事の出来ないのは、来るべき冬の議会に政府案として提案すると云う暗黙の了解が成立したかどうかの点です(48)。

次なるは、同日の斎藤の貴族院での説明である。

東洋ノ婦人ハ昔カラシテ、政治上ノ権利ハ排斥セラレテ居ル、併シ、西洋婦人ガ有シテ居リマスル所ノ権利ハ、悉ク東洋ノ婦人ハ握ラナケレバナラヌノデアルカ、之ヲ握ルト云フコトガ国政運用ノ為ニ、又東洋婦人ノ長所及ビ美点ヲ発揮スルガ為ニ利益デアルカ無イトカ云フコトニ付テハ、考ヘテミナケレバナラヌ、……婦人ノ公民権ヲ与ヘルト致シマシテモ、所謂漸進主義デ秩序的ニ進歩シテ行キタイト云ウノガ政府ノ大体ノ方針デアルノデアリマス、……慎重ニ研究ヲシテ見タイト思ヒマスカラシテ、本案其ノモノニ付キマシテハ、遺憾ナガラ直チニ賛意ヲ表スコトハ出来ナイノデアリマス、……両院ヲ通過シタナラバ是ハ仕方ガアリマセヌ(49)。

そして、驚くことに、安達も斎藤の意向に沿って後退する。曰く、「今此処デ此法案ノヤウニ無条件デ与ヘルト云ウコトハ多少考慮ヲ要スル。……此法案ニハ賛成スルコトヲ留保シテ居ルノデアリマス」(50)。もっとも、安達には目算(作戦)があった。それに続けて先に設置した政府の選挙革正審議会で婦選問題を俎上にのせたい旨を語っている。だが、実際問題としてその余地はなかった(51)。結局、安達が斎藤に譲歩するかたちでおさまったのである。以後は完全に斉藤ペースで進む。

翌一三日の斎藤の答弁は、婦人公民権案はもはや「白紙還元」の態である。

本年ノ如ク衆議院ニ於テ大多数ノ賛成ヲ得テ此議案ガ通過スルト云ウコトハ少シク予想外ナンデアリマシテ、余リ真剣ニナッテ考ヘタコトハナイノデゴザイマス。……マダ何処マデ進ンデ行カウト云フコトハ決ッテオリマセヌ。……次ノ通常議会ニ出スト云フコトヲバ明言スルコトガ出来ナイ立場ニナッテ居リマス(52)。

興味深いのは、市川がそうした斎藤を講師に招き選挙革正婦人団体懇談会(一九三〇年一月二六日、獲得同盟として)を開いていることである。市川一流の戦略であろうが、斎藤は「婦人が革正運動に立つたことを喜ぶ旨繰り返し語」っただけで、婦選には触れずじまい、市川の空振りで終わった(53)。

一九三一(昭和六)年二月一〇日、ついに「夫の同意条項」付の制限案が衆議院に提出された。これは、第五八特別議会での議論があった後、『東京朝日新聞』(一九三〇年八月九日)紙上で「研究中」と報じられ、それが翌年一月二四日になって発表されたもので、かなりの時間を要している。この遅滞の原因はどこにあったか。その一つとして、斎藤と内務当局者の調整に手間取ったことが考えられる。しかも、ぎりぎりまでかなりの攻防があったように思われる。『婦女新聞』(一九三一年二月一五日)によれば、斎藤は内務省の控室で狹間らにこう言い放ったという。「この問題は理論抜きだ。現状に照らして悪いことは悪いといふよるほかにない。論より証拠家へ帰つて奥さんにきいてみたまえ」。

それに対して安達の譲歩は早かった(先述)。市川らがその極度に厳しい制限案を知った後安達内相に面談し(二月三日)、完全公民権への修正を要請したとき、安達は「なかなか反対は根強いものです。あなたがたの方からいつたら不満だらけだろうが、このたびは我慢してください」(54)と堪忍を説いた。そして、第五九議会(一九三一年二月一一日)ではこう説明した。

家族制度ハ我ガ社会組織ノ基本ヲ為ス重要ナル制度デアリマスカラ、女子ニ公民権ヲ付与スルニ当リマシテモ、之ト家族制度乃至夫婦生活ノ関係ニ付キマシテハ特ニ慎重ナル考慮ヲ払ヒ、恰モ私法関係ニオイテ特定ノ行為ニ付テハ妻ハ夫ノ同意ヲ要スルモノト為セルガ如ク、自治制度ノ関係ニオキマシテモ、妻ガ市町村ノ名誉職ヲ担任スルニ付キマシテハ、夫ノ同意ヲ得ルヲ要スル……(55)。

家族制度をもって「夫の同意条項」を付す、これは安達の本意ではないはずである。

斎藤は今日その「粛軍演説」「反軍演説」によってあまりにも有名である。また、金権政治や利益誘導型政治のはびこる当時にあって自らの選挙を法定選挙費用内でまかなうといった清廉潔白さをもち、選挙戦では名望家の集票組織ではなく、地域青年の手弁当に依存するといった公明正大さを貫いている。また、選挙法改正問題との対峙においても、自由主義的な選挙観を貫き、選挙権の拡大（男子選挙年齢の二〇歳への引下げ）や比例代表制採用を訴え、他方公営選挙制や選挙違反への罰則強化（官僚管理の拡大）には正面から反対するなど、反動的改正にブレーキをかける役割を果した。

しかし、婦選に関する限りは、冷淡で頑迷で非論理的な保守主義者でしかなかった。歴史に〝もし〟は不適切だとしても、〝もし〟斎藤がそれらに見せた情熱と気概をもって、婦人参政権問題に関わってくれたら、いやもっと消極的でいい、〝もし〟足を引っ張るようなことをしてくれなければ、「夫の同意条項」などない案をもって一気呵成に議会突破をはかることができたのではなかろうか。

4　内務省の制限婦人公民権案――「夫の同意条項」をめぐって

では、「夫の同意条項」はどのように案出されたのか。結論的にいえば、方針を異にする安達と斎藤の間で苦慮した狭間がそれを思いつき、その線で安達と斎藤の最終的な妥協がはかられた、これが筆者の推理である。

まず、金子の「出処はほんの一寸した所なのです。内務省の若手連が婦人に公民権を与えることは反対なので、食堂での茶話に大いに夫権の擁護論がでた、それがあの条項になつたさうです」(56)との証言に注目したい。食堂とは、内務省の広い食堂を区切って作られた判任官の一般食堂と高級官僚の高等官食堂のうち後者にあたるもので、狭間は唐沢俊樹（戦前、内務事務官→警保局保安課長→土木局長→警保局長などを歴任）らとともにそこの常連だった(57)。

金子の言の通り、もしその「若手連」の中心が狭間だとすれば、確かに彼は公民権そのものには反対ではないので辻褄が合わない(58)。だが、金子の「公民権を与えるのが反対なので」との言葉を彼女特有の誇張的表現と捉えればどうだろう。「出拠」が狭間の可能性は十分にある。いや、それ以外に考えられない。市川がその差別条項は内務省の当局者がドイツで目下起草中の地方制度改正案に範をとったものと明かしたうえで、それを痛烈に批判しているからである(59)。狭間は地方制度関係のエキスパートであり、先述の通り一九二九年一月から約一年間、欧米各国に出張し、地方行財政調査、主として欧米先進国の大都市制度、比例代表制及び婦人参政権の実態を調べてきている。

ではドイツで起草中だった地方制度改正案中の婦人公民権案における妻に関する条項とはどういうものだったか、市川はこう説明している。

内務省の一当局者は妻うんぬんの規定は、もつとも進歩したるドイツにおいて目下起草中の地方制度改正案中に、二人以上の乳のみ児のある母親は公民権を辞退する事が出来るとあるのに範をとつたので、むしろ妻に対する保護の意味であると称している。即ち名誉職に選挙された場合、理由なくしてこれを辞退すると、公民権を喪失することになるのであるから、その理由として、夫が同意しなければ辞し得るとしたのだといふのである。……［だが、］当局者のあげたドイツの例と、このたびの妻に対する規定の間には甚だしい相違がある。ドイツの例は母親自身の自由意思であって他から強制されはしない。……ドイツの如き条項なら私共も必ずしも反対はしない（傍点―引用者）。

確かに、ドイツの例は婦人の自由意思が保障されているのに対し、日本では強制しようとするものであり、日本での「夫の同意条項」はこじつけ以外の何ものでもない。

だが、そうした「夫の同意条項」付制限案は衆議院も通過したものの、運動者の猛反対もあって貴族院で否決された（先述）。それは狭間にとって痛恨の極みだった。後年、彼は述べている。

この法律案は、衆議院では可決されましたが、貴族院では猛烈な反対論が戦わされ、本会議におきましても、二議員から強硬な反対論旨が展開されまして、……当時の慣例として、よほどのことでなければ、政府提出の法律案に対し貴族院の意見が反対である場合には、これを審議未了にするのが普通でありますが、この婦人公民権法案は、その例によらず、否決の運命にさらされたのであります。私はその情景を貴族院傍聴席でまのあたりに見まして、かつて、明治四十四年普通選挙法案が、貴族院の猛烈な反対に会い、穂積八束博士の有名な反対演説ののちに否決せられたことを思い出して、直接立案に当たった者として残念にたえませんでした(60)。

これに続けて狭間は、「涙を呑んで傍聴席を出ましたらちょうど市川房枝さんに会いましてね、市川さんが『狭間さん、残念でしたね』と話しかけられたので『また陽の目を見る時も来ると思いますよ。しかし、あなたのお仕事は益々盛になりましょう。よろしく』と冗談を言って分かれた」のですと語っている。狭間の制限案の立案にかけた熱意と努力を浮き彫りにする話ではないか(61)。

市川らは制限案の否決後、「われらは勝つた。……茲に彼の我等婦人を屈辱的地位におく政府案は壊滅し去つたのである。これを勝利といふに何の疑ひがあらう」(62)と勝利を宣言し、今後の運動次第で勝利は可能と結論づけた。だが、すぐに「勝利は勝利であるが大敗の後の小勝利で決して誇ることができない」(63)と複雑な胸中をのぞかせている。それでもすぐに、「議会がすんだからとて一息入れてゐてはいけない。私共は今から必勝を期して戦を開始しよう」と、やがて満州事変が勃発(一九三一年九月)して婦人公民権がふき飛ばされるとは露知らず、完全公民権案獲得を期して再挑戦に向かった(64)。しかし、満州事変勃発、婦選をめぐる舞台は暗転し、内務省で婦選が問題にされることは戦前においては二度となかった。

そうしたなか、「修正ならずんば否決を」とした戦略は、金子の「国内其後の政治的情勢よりすれば、市町村の公民権だけでも獲得しておいた方が女権の進出にはなったと思惟されます」(65)との言葉をまつまでもなく、市川に反省や悔恨をもたらした。戦後、市川は語っている。「私どもには先の見通しがつかなかったといえましょうね。あのとき、市町村の公民権だけでもとっておけば婦人運動のうえには相当の影響もあったろうと思います」(66)。「安達内相の努力は水泡に帰し、気の毒であった。貴族院における反対は相当はげしいもので、……あえて政府案として提案した安達氏の信念と勇気に、私どもは感謝してよいであろう」(67)。宮川久子（歌誌『桑の実』主宰）は、市川の寂寥感ただよう表情を伝えている。「『安達謙藏――この人は私どもの運動にたいへん理解を示して下さった』と、そのころをなつかしむような、遠い所を見るかのごとき表情をふッとみせられるのであった。しかも、これはたびたびのことであった」(68)。

後の歴史を見れば、確かに誤算だったかもしれない。村上信彦(69)や山田洸(70)もそれに疑問や批判を投げかけている。しかし、第三者がそれを責めることは酷ではなかろうか。婦選実現にあと一歩まで追いこんでいた市川らの、そこに至るまでの死闘ともいうべき闘いの歴史、そこでの権力側の抑圧と愚弄、欺瞞と懐柔に目を向けねばならない。そもそも、満州事変勃発など夢にも考えられない時代のこと、そこでの妥協はむしろ急ブレーキをかけるが如く不自然だったのではなかろうか。

高橋清吾（早稲田大学教授）も、婦選運動者をこう激励していた。我々は次の通常議会に於て婦人公民権の輪廓が拡大されて婦人参政権案として提案されるに至る事を希望しなければならない。のみならず……婦人達が此際「枯息主義」を撤して参政権の獲得に一致邁進されん事を勧告せざるを得ない。「公民権でも下さるものなら結構ですの態度は、徒らに婦人の卑屈を意味するに過ぎない」(71)。第五八特別議会の貴族院で婦人公民権案が握り潰しになったとき（一九三〇年五月一三日）のことである。

★4章 満州事変勃発と婦選運動の戦術転換

1 時局への抵抗と延命策の模索

1 満州事変への批判と抵抗

一九三一（昭和六）年九月一八日、満州事変勃発。ここに十五年戦争の火蓋が切られた。ときに市川三八歳、彼女の衝撃と苦悩は深かった。彼女は記している。

それから約半年といふもの、私は実に煩悶懊悩した。事実婦選運動といふものは、私の脳裡から消え失せて、国家の将来、人類の将来がどうなるだろうかといふことで一杯だつた。さうして新聞に出ないニュース事実の真相を知ることによつて、時局についての正しい認識を得ることにつとめた。その結果、私は時局が日本の国家にとつて好ましからざる方向に恐ろしい勢で進展しつゝある事を知つたが、それは私達としては、与へられたる運動を続けて行くよりほかないとの結論に到達せざるを得なかつた(1)。

だが、その半年間、ただ悩み苦しんでいただけではない。軍部の独走と帷幄上奏権に批判の矢を放ち、「先ず一日も早く満鉄付属地まで撤退」せよ、「戦争を避けるためには軍備に費される国の予算を減少」せよ、「政党は国民の信頼を受け軍部の策動を押さえるだけの力を持」て、などと弾圧線上ぎりぎりの言葉を発している(2)。そして、ついに、市川の「×と□の対話―最近の政界を語る」が問題とされ、『婦選』(一九三二年三月号)が発禁となってしまった。そこへ織りこんだ軍部批判、ファシズム批判が当局の忌諱に触れたのである。

具体的な行動も起した。中国問題に詳しい竹中繁子(『東京朝日新聞』記者)を中心に、金子しげり、藤田たきを誘って「一土会」なるグループを作り、留学生や在日中国人を招いて話し合い、竹中には「中国問題を中国国民との交流・交歓から積みあげていく必要」があると、『婦選』への執筆を依頼した。竹中はそれに応えて、孫文の未亡人・宋慶齢夫人などを紹介、また中国側の立場にたって、「民国の昨今」「民国教育の過程」「民国女性の苦闘の迹」「民国婦人の進出」「広東行(民国の旅日記より)」(シリーズ)を書き、例えば、中国の事情に通じている知識人でさえ中国人に侮蔑的な言葉を発する如き認識不足を戒めている(3)。リットン調査団の来日の際には(一九三二年三月)、リットン卿をホテルに訪問して満州事変の正確な調査と公正な判断を期待している旨を伝えた(矯風会のガントレット・恒子、婦人平和協会の河井道子、女子青年会の加藤高子、友和会の高良富子とともに)。

多くの人々が慰問や献金に熱狂していた時代のことである。婦人団体に限っても、愛国婦人会、女子青年団、西本願寺婦人会、日本海外婦人協会、学習院女子部などが慰問使派遣、慰問袋発送、慰問品作成などに狂奔していた。身近なところでは、久布白が満州から帰国後ファシズムを謳歌して矯風会内に激震をもたらし、他方、社会民衆婦人同盟は上部組織(社会民衆党)の国家社会主義政党への転身もあって、活動はすでに不活発になっていた。

そうしたなか、市川は少なくとも一九三七年七月の盧溝橋事件勃発までは、時代をみる目をとぎすまし、非戦・軍縮

・国際協調の立場に自らをおいている。戦争肯定のプロパガンダに包囲されつつ、なおそうした原理を保持し得たのは、本来のリベラルな精神に加えて、約十年の運動を通して実践的な知性や堅実性を培ってきていたからに他ならない。

他方、金子は満州事変直後から事変の概要とその後の経過を断続的にではあるが、ほぼ一年間『婦選』に連載している（「S・G・R」名）。だが、そこには軍部や政府に対する直接的な批判や非難は見あたらない。市川によればそれは作戦だった。「私どもは『婦選』誌上で満州事変の経過は掲載したが、事件についての論評・批判は、右翼や軍を刺激することになるので避けた」(4)という。読み通して見ると、曖昧ながら初期には批判的な言葉も盛りこまれているが、全体としては政府広報の観を呈し、しかも次第にそれが強まっている。

連載は、まず「満州事変――わたり」（一九三一年一〇月号）から始まって、「満州事変その後」（一九三一年一一月号）、「満州事変その後（続）」（同年一二月号）、「続々満州事変その後」（一九三二年一月号）、「続満州事変その後（四）」（同年二月号）、「上海事件を中心として――満州事変その後」（同年三月号）、「その後の上海と満州」（同年四月号）と続き、さらに一九三二年一〇月から一九三三年一月号まで「日支紛争その後」、「日支紛争その後と満州国」、「日支紛争その後（三）」「日支紛争と国際連盟」と書き継がれている。

内容をみると、例えば「満州事変――わたり」では、日本の独善性そのままに事変の背景と経緯を縷々述べた後、「国民政府の主張する民族自決から支那の領土は支那人の手でといふ事になれば、他人の国に鉄道を持ち、事業を経営する日本はさしづめ、困つた立場に立つ訳です。……支那のものは支那にかへせといふ考へも日本人の中にもないでもない」と間接的に日本側の不当性を指摘し、最後に、「冷静に事実を究め、日本としての善処は那辺にあるかについて考へ」ねばならないと訴えている。また「満州事変その後」でも、日本の権益という立場から論を展開しつつ、最後には「日本の撤兵も已に時期の問題であり、……国民をして真の平和論に導かずして徒らに好戦的亢奮に馳りたてる勢の存する事は日本の為に深慮に耐えません」とこちらも間接的に戦争指導者を批判している。

だが、「満州事変その後（続）」以降は趣きが違ってくる。黒龍江省の馬占山軍の抵抗行為について、「愈我軍の近づくや、一斉射撃を開始したので我軍も止むなく自衛行動に移り、……増援隊の到着により忽ち敵を壊乱せしめ、これを昂々総退却せしめ」などと軍側のプロパガンダを丸写しにし、その他にも「支那側の欺瞞行為」「馬賊の大討伐」などと、あたかも現地の緊張関係が抵抗運動によって惹起されたが如き論調になっている。また、「満州事変その後（四）」では、国際連盟の日本に対する警告に対して日本の強硬な反論を弁護し、「ともかく皇軍はよく反軍と戦ひ、五日ハルピンに入ってその危機を脱しめ、邦人の保護を全ふし得ました」などと、「皇軍」を称揚している。

「上海事件を中心として」でも、「土賊化した反吉林軍は、邦人を多数虐殺し、七千の内鮮人の危険が迫ったので、関東軍は止むなく出動」と、また、上海の戦況を「我が総攻撃は、……全線に亘る戦局を予想以上に好転せしめ、……敵も総崩れ、……我国は更に追撃南進」などと、侵略性丸だしである。

以上、こうした論説がカモフラージュであり、その本意が満州事変否定にあったことは、金子が第三回婦選大会（一九三二年五月二八日）で、「満州・上海事件はやむを得ない」との意見に対して、臨監巡査の「弁士中止」の声が飛ぶなか、「私は女の立場から満州事変を否定したいと思います」(5)といい切っていることからも分かる。また、先の強烈な表現の続く論説のなかにも冷静で良識的な言葉がさりげなく織りこまれている。例えば、「事変と共に、我国民の愛国心も極度まで高められました。しかし、半歳、今や国民は冷静なる客観を非常に必要とはしないでしょうか。……国民は時局に対し徒らな感情の燃焼に委ねる態度は正に許されないと信じます」（「続満州事変その後（四）」）、「時局の進展は頗る重大性を帯びています。一日も早く軍事行動の終結がのぞまれます」（「上海事件を中心として」）などである。

「非常時」の声が高まり言論にタガがはめられていく時代のこと、運動や組織が潰されないためには必要な処世術ではあった。しかし、カモフラージュを施した言説が、対権力の面では有効でも、対読者においてはどうであったか。そのあまりにも鮮やかな筆によって読者の満州事変肯定の心情が促されることはなかっただろうか。最大のディレンマはそれだったように思われる。

2　婦選への執念と運動の継続

満州事変（一九三一年九月）の四カ月後、市川らは婦選運動を再開した。まず最初に婦選団体連合委員会を組織した。そして政党党首への直訴を手始めに対議会運動を再開する一方、政府が選挙法の改正に着手するや、政党、内務省、法制審議会に対して婦選の挿入運動を展開した。また、東京都制案が浮上した際にもそこへ婦選を挿入させるべく奔走した。しかし、政党、議会が正常に機能しなくなるなか、内務省はもちろん、政党レベルでもごく一部の婦選派議員を除いて婦選など問題にしなくなり、運動は空転するばかりか、失地回復さえ難しかった。では、以下にそれらを具体的にみていこう。

一九三一（昭和六）年一二月、犬養毅政友会内閣が誕生した。市川らはこの内閣を一応歓迎した。首相はじめ同内閣が婦選に理解があり、努力次第で危機を好機に転換し得ると考えたからである。だが時局の急変、政局の転換のなかで、政府も政党も議員の大勢も婦選どころではなかった。第六〇回議会（一九三一年一二月二六日〜三二年一月二一日）にあっても、婦人公民権案は政府提出はもちろん、有志による提出さえできなかった。

一九三二年一月二二日、共同戦線を志向する無産婦人同盟の提唱を受け婦選四団体（婦選獲得同盟、日本基督教婦人参政権協会、婦人参政同盟、無産婦人同盟）と全関西婦人連合会の計五団体で婦選団体連合委員会を結成し(6)、若槻民政党総裁と犬養首相に面談し、婦選付与を強く訴えた。若槻は「私個人としては賛成ですが党のことはわかりません」と逃げ、犬養は「賛成だから考えてみましょう」と好意的だったが、ただそれだけで終わった(7)。

第三回普通選挙（二月二〇日）にあたっては、それを「婦人をして票なきことを自覚せしめる運動に利用」しようと、〝婦選デー〟を設け、「与えよ一票婦人にも」（金子案）を標語として、宣伝ビラを全国一斉に貼るなどした。

選挙後は、大勝利をおさめた政友会に対して在野時代の公約通り婦選付与を実行するよう迫るとも、要約すれば次のような要望書を提出した。政友会の対外硬については不賛成だが多数を得た政友会が政策とするならば、それもやむをえない。が、ロボットのように××（軍部）に盲従するのなら承認できない。結束をかためて（軍部から）権力をとり戻すように努力すべきである。議会政治は運用次第で革正の余地はある。議会否認のごとき選挙の腐敗、政党政治の堕落の風潮は是認できない(8)。

迎えた第六一回臨時議会（一九三二年三月二〇日～二四日）、もはやそこに婦選が入りこむ余地はなかった。膨大な満州・上海事変の軍事費追加予算が満場一致（五人の無産議員も含む）で可決されて終った。

一九三二年三月一日、日本は、関東軍の手で溥儀（清朝の宣統帝だった）を執政とする立憲共和国満州国をつくりあげた。国内では、井上準之助、団琢磨に続いて、犬養首相が少壮軍人に射殺され、日本全体が物情騒然たる雰囲気に包まれた。もちろん、取締りも厳しさをました。それでも第三回婦選大会（五月二八日）を開き、婦選要求、政治教育の徹底、ファシズム断固反対に加えて、「既成政党に利用されず国民大多数の福祉を増進し得る新たなる政治の確立のために努力する」との決議を行った。

婦選の道は事実上断ち切られていたが、市川らはなお「婦人参政権即時要求決議文」を手に大奔走、第六二臨時議会（一九三二年六月一日～六月一四日）には安部磯雄（社会民衆党）を筆頭に三七名の賛成者をえて婦人参政権案を提出した。安部は、普遍的権利という視点から堂々と論陣を張ったが、質疑もなく委員会に付託され当然のようににぎり潰され、他方、軍事費の追加予算だけが前議会に引続き威勢よく決められた。記録のためだけの提出であったが、市川は「ファショの台頭している時期、しかも短い会期に……賛成者として署名された議員は、本気で賛成している人たちであることを確認して、敬意を表したのであった」(9)と、協力議員への感謝の言葉を述べている。ここにその名を刻んでおこう。

政友会　牧野良三、星島二郎、田子一民、三上英雄、野依秀市、大野伴睦、依光好秋
民政党　小坂順造、三宅磐、山桝儀重、加藤鯛一、伊豆富人、高木正年、小山邦太郎、土屋清三郎、比佐昌平、坂東幸太郎、戸田由美、西脇晋、竹田儀一
革新クラブ　清瀬一郎、大竹貫一
労農大衆党　松谷与二郎、杉山元治郎
社会民衆党　安部磯雄、亀井貫一郎
国民社会党　小池四郎
安達派　風見章、富田幸次郎、中野正剛、安達謙蔵、鈴木正吾
中立　福田関次郎、朴春琴、中野寅吉、山本市英、由谷義治

第六三臨時議会（一九三二年八月二三日〜九月八日）は「時局匡救議会」といわれ、注意喚起以上の意味はなかったが、前議会と同じ参政権案を安部磯雄と杉山元治郎を提案者として、各派有志代議士に参政権の法律案を提出してもらった。安部は八月三〇日衆議院本会議で、提案者として先進諸国の婦人参政権状況を示し、とりわけ英国についてはその過激な運動と欧州大戦開始後一転しての戦争協力、そして戦後議会自らが参政権付与を決定したその歴史的経緯を説明し、最後にこう結んだ。

最早日本ニ於テハ、諸君ガ此婦人ニ参政権ヲ与ヘルト云フコトニ付テゴ同意下サルコトハ、モウ決シテ遠キニアラズト云フコトヲ私ハ信ジテ、必ズ議会ノ開ケル毎ニ、私ハ此壇上ニ立ッテ、婦人ノ為ニ此婦人参政権問題ヲ叫ビタイト考ヘテ居リマス(10)。

婦人の戦争協力が現実的意味合いをもつようになっていたからであろうか、議場は静粛で野次一つなかった。が、やはり委員会付託→握り潰しというパターンに終った。貴族院へも請願を提出した。参政権については佐々木行忠（火曜会）、松平康昌（同）、公民権については岩城隆徳（研究会）、梅園篤彦（同）、結社権は松村義一（公正会）の協力による。

一二月二四日、第六四回通常議会が召集された。今度は婦選団体連合会の加入団体が分担して党派別に完全婦人公民権案を提出する一方、各党有志から婦人参政権を提出してもらうように働き掛けた。だが、政友両党から党としての提出は不可能として拒否され、衆議院への提出は断念した。他方、貴族院へは山県有道（火曜会）、森俊成（研究会）、加藤成之（公正会）の紹介を得て婦選三案の請願を提出した。もちろん、不採択に終わった。

このころには婦選実現の客観的条件は完全に失われていた。政党勢力は政治運営に主導権をもちえず、他方、選挙にみる腐敗現象が批判の対象になり、さらには五・一五事件（一九三二年五月一五日）後軍部がつくった既成事実にのって自らの足元を崩す動きが続き、政党政治は瀕死の状態に陥っていたからである。

思想の弾圧と統制の強化のため警視庁に特高警察部、各府県に特高課が設置されたのがこの年の六月、小林多喜二の拷問死が翌三三年の二月、共産党幹部の佐野学・鍋山貞親の「転向」が社会に大きな衝撃を与えたのが六月である。

市川は婦選の望みがたち切られていくなか、痛恨の思いを「頂上近く、九合目頃にあった運動が、一挙にして六合目、乃至七合目迄転落せしめられた」(11)と述べるとともに、拱手傍観を厳に誡め、さらには「非常事態なればこそ一層婦人参加が必要」と時局に便乗する意気を漲らせ退勢挽回に向かった。

3　転換期の婦選運動——外からの弾圧と内なる分裂の危機のなかで

時局が緊迫化するなか、第四回婦選大会（一九三三年二月一八日）ではそれまでと異なる二つの大きな動きが表出した。

第一に各婦選団体の政治姿勢の違いが表面化し足並みの乱れが露呈したこと、第二に非常時が喧伝され婦選が追い詰められるなか自治政治への参加問題が大きく浮上したことである(12)。紛糾したのは前者だった。市川らは当初「軍備拡張乃至戦争反対」など四項目の決議を予定していたが、日本基督教婦人参政権協会(代表・久布白落實)の賛同を得られず、そのうえ戦争反対に関しても「時局がらやむをえず」とその意思表示を拒否され、最終的には軍事費と軍縮に関してのみの決議となった。

世界各国が軍備の拡張にかたむきつゝある時、膨大なる軍事費を含む我が国の昭和八年度の予算は、更に重大なる事態の発生を予想せしむることを遺憾とし、世界平和のために速やかに国際協調による軍縮の実現のために努力せんことを政府当局に要望する。

これは市川の「いずれにせよ、婦選に邁進せよ」との言葉でやっと意思統一がはかられたもので、彼女は「曖昧なる決議」(13)と悔しがっている。ちなみに、大会直前の「アンケート　世界からなくくしたいもの」の回答を見てみると、市川の「何よりも戦争をなくしたいと思ひます。如何なる美名をくつけやうともそれは百害あつて一利もないものです」との回答は当然として、久布白も「戦争、売婬、酒」、ガントレット・恒子も「一、戦争、一、貧困、一、病気」と戦争反対の立場を明確にしていた(14)。

恒例の婦選大会も第五回(一九三四年二月一八日)を迎えるころには滝川事件(一九三三年五月)が日本全体に暗い影を落とし、開催にあたっても当局から反戦決議はまかりならぬとの通達を受けた。だが、市川らは挑戦的でさえあった。獲得同盟と社会大衆婦人同盟とで「国際平和の実現に対し最も有効な婦人の協力方法如何」(議題)を提出するや、藤田たきも戦争挑発記事の取り締りの必要性や言論圧迫が右翼には弱いことなどを衝いた。「決議」では、「国家非常時の叫びは高しと雖も、綱紀は弛緩し政界は萎痺沈滞、婦人の参加によらずんば、これが打開革正の途は断じて期し難い」として、婦選即時実施とともに「実現を期す」一三事項のなかに「戦争挑発の怖れある出版物取締の要求」、「戦争反対平和愛好の思想を国民の間に普及する事」、「国際平和実現のため各国婦人との提携の途を講ずる事」を打ち出した。男子側でさえ抵抗の主体を形成しえず、沈黙や後退を余儀なくされていた時代のことである。この種の決議が如何に官憲の許容の域をこえ、婦選運動抹殺の危機を孕むものであったかは想像に難くない。だが反面、この大会で母子扶助法制定の要求が決議され、大会全体としては反ファシズムの基調を貫きつつ、結局は戦時下の母性の強調に即応することになる運動を推進するというパラドックスを見せていた。

第六五通常議会（一九三三年一二月二六日〜三四年三月二五日）には、東京市の増税反対運動に多忙で手がまわらず婦選議案提出はならなかった。ただ、貴族院へは前年同様婦選三案の請願を山県有道（火曜会）の紹介で提出した（審議未了）。請願委員第二分科会（三四年三月二〇日）では狭間茂（当時地方局長）が、結社権については「考ヲ進メテ居ラナイ」と、また参政権（広義）については次のように答弁している。

女子ノ社会教育ナリ、政治思想ナリノ普及ト云フヤウナコト、政治社会ノ一般ノ情勢ト云フヤウナコトヲ綜合考慮シ之ヲ認メルカ否カト云フコトヲ決定シナケレバナラヌト思ヒマスノデ、政府トシテ今日直チニ衆議院選挙法ヲ改正シテ女子参政権ヲ認メルノガ適当デアルトハ考ヘテ居リマセヌ。……尚ホ充分考究ハ続ケテ行キツツアル次第……(15)。

これまた内務官僚の「状況への適応性」を示す言葉ではある。

この年の四月一〇日、「大日本国防婦人会総本部」が結成された。その「創立の意義」のなかに次の数行がある。

かくて満州事変以前に於ける自由主義的個人主義的の思想、或は共産主義的思想が婦人の誤られたる解放運動、婦人参政権運動等に発展せんとして国難日本の将来に重大なる危機を思はせたのであつたが、是等の反日本婦人運動は、国防婦人会の下から盛り上がる自然的結合による日本婦徳の正しき発露によつて先ず思想的に堅実なる伝統の日本婦人の姿に還元し……（傍点―引用者）(16)。

包囲網は確実に狭まっていた。

第六七議会（一九三四年一二月二六日〜三五年三月二五日）には婦選関係案の提出を断念、母性保護法及び関係法案を提出した。正攻法では太刀打ちできなくなっていたのである。折しもワシントン海軍軍縮条約の破棄をアメリカに通告していよいよ国際的に孤立化し、他方、国内的には軍部が政治の中心に進出、それに便乗する官僚や政治家を動かし準戦時体制を固めつつあった。美濃部達吉が「不敬罪」で告発され国体明徴決議が全会一致で可決されたのは同議会においてである。

第六回婦選大会（一九三五年二月一七日）は、「婦選獲得の急務」を前提として、諸問題解決のため国家非常時のなかにくいこんでいくという方向を確認した大会であった(17)。平岡初枝（社会大衆婦人同盟）が「真の非常時とは国家の危急存亡のとき」ではなく、「国内大衆の窮乏のとき」であり、「婦選実施をいそいで生活権を守ろう」と発言すれば、金子が国婦や愛婦の動きを批判しつつ、「我らはすべての女が安心して子供を産み、かつ育てる社会を招来したい、そのため一票はなくとも自治体に働き掛ける必要がある」と議論を自治体関連の運動へ誘導した。最後には、藤田が世界大戦での膨大な死傷者、寡婦、孤児の数と費用をあげ、「我々は内田外相の所謂焦土外交を慊《あきた》らざるものであつたが、廣田弘毅外相の外交方針、その態度には充分賛意を表したい」(18)と述べ、拍手喝采を受けた。大会決議をみると、「非常時とは何ぞや、……女性の力を充実せしめ、女性をして安んじて本務につかしむる事こそ、真に国家百年の計にして且つ非常時下の最大急務である。われらは女性を無視したる国家政策を断乎として退ける。……最小限度の要求として婦選諸案並に母性保護諸案、婦人労働立法の制定を迫る」との意見集約がなされている。

予定の第七回婦選大会（一九三六年五月二日）は、二・二六事件後の戒厳令下出席者五〇名以内の「婦人団体協議会」としてやっと許されたもので、議論はいきおい傍系諸運動に傾斜することになった。そして、「婦人選挙粛正運動の方向を政治教育的に導くと共に、巳に台頭しつゝある婦人の愛市運動（後述）を発展せしめ、同時に婦人公民権実現の積極的運動を起す事」と決めて終わった。

第六九回特別議会（一九三六年五月四日〜二六日）には久々に婦人参政権案と婦人公民権案を提出した。「審議未了は覚悟の上。たゞ、……次の議会への足がかり」[19]として行っただけだった。斎藤隆夫の「粛軍演説」はこの議会で行われたものである。同議会には、不穏文書等取締法案（修正成立）・総動員秘密保護法案（不成立）、思想犯保護観察法案（成立）と、言論の自由に関わる法案が提出されていた。

第七〇回議会（一九三六年一二月二六日〜三七年三月三一日）へは婦人参政同盟（碧川かたら他）が婦人参政権に関する請願を提出したが（市川らは関与せず）、郡祐一内務事務官が「賛否を表しかねる」と断じて終った。これが帝国議会最後の婦選審議であった。議会で陸軍当局が「現在の政党とは庶政一新を語れず」と表明したため政党と正面衝突になり、廣田内閣が総辞職した。以後、政権は軍部が握ることになる。

最後の大会となった第七回婦選大会（一九三七年一月二四日、実質的には第八回）、議題はファシズム下でも許容される母性保護、選挙粛正問題などに絞られた。後者に関して市川は、「この運動では手伝わされたという批判があるが、手伝いの内に多くの婦人が政治知識や認識を得ていることは見逃せない。この力で政治上の権利獲得に向かつて進みたい」と述べ、それを受けて二名の地方代表が選挙粛正への熱心な取組みを報告した。それに対して、久布白が「お先棒をかつぐだけでなく公民権獲得をめざして進まねばならぬ」と、岩内とみえも「手伝わせるばかりで公民権をくれないのなら手伝いもけとばせ」と突き上げたが、河口愛子が、「英国の婦人は欧州大戦で婦人の力を認めさせた。日本の婦人ももつと努力すべき」と反論、そこで金子が「権利はなくとも自治体の問題を取り上げ、……東京婦人市政浄化連盟をつくり、東京市の選挙、市場、税金の問題を取り上げてよろこばれている」と話の流れを変えた。

議論錯綜のなか、加藤勘十（来賓）が根源的な問題提起を行い拍手喝采を受けた。

> 非常時に際して国防を充実せよ挙国一致せよと云ふ。が如何なる非常時であるか、真実非常時なのか、我々に納得行くやう説明されたであらうか。否、挙国一致の名の下に政治言論の自由は奪はれ軍部は圧石となつて我々の上にのしかゝる……果たして軍部の云ふことのみ正しいのであるか……。

この軍部批判をキッカケに膨大な軍事費、増税、生活の窮迫化に対する批判が一気に吹き出した。婦選への執着を見せつつ、諸運動で「協力」は果しても、「自立的立場をとり、徒らにその利用に甘んずるを戒むる事」との「申合」を行った(20)。半年後には盧溝橋事件が勃発、これが最後の婦選大会となった。

以上、弾圧と分裂の危機のなかで最大限の抵抗を示しながら、婦選獲得を究極の目的に、国家と対立しない傍系諸運動へ傾斜する満州事変後の運動者の姿を追ってきた。次の四、五項では、そうしたなか背水の陣で臨んだ、選挙法改正法案と都制案への婦選挿入運動をみる。

4　選挙法改正法案への婦選挿入運動

一九三二年六月、斎藤實挙国一致内閣が「政界革新、選挙革正」を標榜して選挙法の改正作業に着手した。市川はそれを歓迎、違反者の罰則と選挙の公営化、そして選挙革正には何よりも婦人参政権が必要と、婦選団体連合委員会として関係当局や政党に働きかけようとした。だが、内務省は機先を制して、「婦人参政権付与の件は今回はその提出を見合わせる」と決め(七月四日)、婦選を除外して比例代表制に厳罰主義を加味した案を法制審議会に諮問した。

しかし、市川らは諦めず、山本達雄内相へ直訴した(七月二八日)。彼は今回の改正は選挙革正(選挙権拡張でなく)なので婦選は難しいと突つぱねたばかりでなく、「男子の普選も少し早すぎた感があつ」た。「政治教育が徹底せぬ先に普選を断行したのが今日のこの選挙を堕落させた一つの原因」なので、「政治的未教育の婦人に参政権を与へる」のは、「今少し婦人が自覚してからの方がよい」と忠告した(21)。ここに婦選尚早論の根拠として引っ張りだされている「選挙の腐敗=普選の失敗論」(22)は、非常時の波にのって台頭した政党政治否認の思想と重なるものであるが、これによって婦選が拒否されるということは現実に照らせば反論し難いものだっただけに、運動者には苦しいところであったろう。

司法省へも訴えた。秘書課長は「時期尚早」論をぶち、「もし婦人に選挙権を与へた場合投票に関して夫と意見の相違を来した時は、家庭の争議の種を播く事になる」と言い、八並武治司法政務次官は婦人は「六法全書には無能力者となつて居るから」、婦選は「婦人がずつと向上してから」の問題である。普選も「ある一部の者が騒いで法律を先に作つてしまつたから、無知な民衆が選挙権を得て選挙を堕落させて了つたんだ」と、愚民観と「選挙の腐敗=普選の失敗」論が重なった侮蔑的な言葉を放った(23)。

選挙法改正については、政党側も民政両党が特別委員会を設けて検討していた。選挙の腐敗や政府の野党への選挙干渉などによって国民の政治や既成政党への批判が高まるなか、その政党政治に対するマイナス・イメージを払拭し、信頼を回復する必要があった。また、選挙費用の増大が既成政党にも耐え難いものになっており、選挙法改正問題には積極的にならざるを得ず、いずれも比例代表制の研究を眼目としていた。

運動者は、政党側にもアプローチした(七月二〇日)。だが、政友会の岡田忠彦(選挙改正委員長)は「あまり熱はなく」、木村政義（委員）は「普選が失敗して現在のゆきづまりだ、これを打開するのに婦選では失敗を倍加するおそれがある」と、やはり「選挙の腐敗＝普選の失敗」論をもって婦選を否定した。他方、起草委員の牧野良三（婦選派議員）や中谷貞頼（婦選賛成議員）からは励まされ(24)、実際起草委員案に婦人公民権案が挿入されることになった。しかし、最終的には削られてしまった。

民政党は山本内相以下内務省幹部多数が占めており、当然ながら内務省に追随していた。ただ、添田敬一郎政務調査会長だけは「市川さん方が長年まじめに運動を続けて居られる事には感服してゐる。……この上は地方の婦人の世論を起す事ですよ」(25)との言葉をかけた。そうして個人レベルでは好意的な人物もいたが、多くは「選挙の腐敗＝普選の失敗論」を前提に、第一に大衆婦人の政治的未熟性、第二に婦選運動者と大衆婦人との乖離を理由として、婦選を否定した。

政党によってさえも「選挙の腐敗＝普選の失敗論」が唱えられるということは重大であった。それが官僚による選挙粛正というかたちの選挙管理を加速させ、自らの基盤を自ら掘り崩すことになったからである。そうでなくても、当時政党への不信感は、右翼など反既成政党勢力の「政党の腐敗」というスローガンが成功し、他方ジャーナリズムによって政党の腐敗イメージが作り上げられていくなかで増幅していた。また、五・一五事件（一九三二年五月一五日）により政党内閣が倒れた後、官僚としての独自性を強めつつあった内務省も罰則の強化を重視していたが、政党自身も国家の選挙運動統制に直結する公営選挙を主張するなど官僚管理を促進する方向に動き、一九三三年中頃には信用回復の手段としての選挙法改正への期待も熱意も失っていた。

ともあれ、内務省・司法省、政党からも相手にされなかった市川らは、法制審議会の審議に希望をつなぎ、婦選大会の後援団体にその実情を訴えた。そして、八月二九日、ゆるやかな組織として婦選後援団体連合会が生まれた（一六団体参加）。同会は即座に法制審議会主査委員会をはじめ、政府、各政党に婦選要求の決議文をつきつけると同時に、請願運動やハガキ戦術を展開した。

法制審議会に対しては、その第一回総会（一九三二年八月四日）の直前に婦選団体連合委員会として平沼騏一郎（審議会総裁）に面会し、久布白落實から要求書を手渡すが、軽くあしらわれて終わった。

法制審議会主査委員の顔ぶれをみてみよう。

政府側―堀切善次郎法制局長官、斎藤隆夫内務政務次官、潮恵之介内務事務次官、八並武治司法政務次官、皆川治廣司法事務次官、林頼三郎検事総長、清水澄行政裁判所所長、二上兵二枢府翰長（田澤義鋪―内務官僚出身・選挙粛正同盟会）

衆議院―岡田忠彦（政）、熊谷直太（政）、松野鶴平（政）、島田俊雄（政）、広瀬徳蔵（民）、松本忠雄（民）、安部磯雄（社大）、清瀬一郎（国同）

貴族院―青木信光子（研究）、水野練太郎（交友）、佐々木忠侯（火曜）、石渡敏一（交友）、塚本靖治（研究）、黒田長和男（公正）、松本蒸治（無）、関直彦（同和）、次田大三郎（同成）、藤澤利喜太郎（無）

学者――美濃部達吉、佐々木惣一

彼らの内、政府側にあってひとり清水澄行政裁判所所長だけが、一〇月一四日の主査委員会で「女子に参政権を与ふる事」を提示したが、「採決の結果、賛成四名、反対一四で否決された」という(26)。そこで、東京市政調査会市政専門図書館所蔵『法制審議会諮問第二号主査委員会議事録』（自第九回至一二回）を繰ると、確かに一〇月一四日の第一二回委員会において清水の提案が「挙手少数」で否決されている（六九〜七〇頁）。

清水に注目すれば、彼は早くから地道に婦選を説いていた。管見する限り、「議員選挙の目的」（『法学協会雑誌』一九一二年二月号)、「選挙問題に就て」(『法律新聞』一九一九年一月五日)、「選挙制度に関して」(『法律新聞』一九二二年一月一日)、「衆議院議員選挙改正私見」(『自治研究』一九三〇年一月号)、「選挙革正審議会の答申について」(『自治研究』一九三一年二月号)、「東京都制私案について」(『都市問題』一九三二年一一月号)と、婦選の必要性を論じている(27)。

調べてみると、石渡敏一も継続の法制審議会主査委員会(一九三三年一一月一一日)で比例代表制の審議中、田澤義鋪に質するかたちで選挙権拡張論を展開、そのなかで「どうしても選挙人と云うものが殖へなければならぬという期待が生じてくる。今日の選挙人では不公平である。……それこそ女権拡張にまで行かなければならぬではないか」と迫っている(28)。

藤澤利喜太郎も婦選賛成派ではなかったかと思われる。論文(29)のなかで、留学中にみた英国の婦人参政権獲得運動を示しつつ、先の貴族院での婦人公民権案否決問題に触れ、「我が国近時の一大欠陥は老人たちの不自覚にあるのではないか」(傍点―引用者)と論じ、それを市川に送付している。

法制審議会主査委員会の顔ぶれのなかで、政府側の斎藤、八並は婦選反対の「確信犯」であるが(先述)、トップの堀切善次郎法制局長官も時期尚早論、裏を返せば反対論の立場にあったと思われる。彼は法制局長官という立場で法制審議会を仕切っており、理解さえあれば、それを何らかのかたちで現し得たはずであるが、その痕跡はない。もっとも、斎藤内閣そのものが選挙権拡大に熱意をもたず、先の内務省案を基礎とする政府原案を基礎に審議するということであってみれば、当然だったかもしれない。いや、そうでなくても、彼の婦選観は遅れていた。

今日のところ我国のどの方面に於ても直に婦人に対して選挙権を与へると云う迄の考へにはまだ進んでゐないやうである。唯外国の例等から考へれば、婦人の投票権は大体において左右両翼に入らぬが、先ず中庸を得た方面に集まると云うのが実情のやうである。随つて婦人に投票権を与へた結果を考へると、さう惧るべきこともなからうと思ふが、唯我国の社会の根底である家族制度の建前から婦人に選挙権を与へると云うことは未だ時期尚早のやうに考える(30)。

家族制度に強く囚われていることが分かる。市川は男性協力者に関しては、『自伝』に意識的に克明に書き残しているが、堀切については、選挙粛正運動や国民精神総動員運動においてこそ登場すれ、婦選協力者の文脈では現れていない。そうした堀切に、鈴木たみ衛なる女性が、「嘆願書」を提出、政党の腐敗を嘆き、議会浄化を切望しつつ次のように訴えている。

自党の人気取りのために婦選問題を取上げる方ではなく真に国家国民をお考へ下さる長官に特にお願ひ致しまして、法制審議会選挙改正主査委員会の方々に議員選挙法の中の最大のお忘れものを思ひ出させて頂きたうく存じます(31)。

法制審議会には安部磯雄、美濃部達吉などの婦選賛成者の顔もみられるが、やはり多勢に無勢、望みは当初からなかった。

継続された法制審議会では(32)、主に比例代表制が審議され、政府はそれに基づいて、第六五議会(一九三三年一二月二六日~三四年三月二五日)へ提出すべく案を作った。だが、比例代表制は枢密院で削除、議会でも修正され、結局改正選挙法は選挙公営強化、第三者運動の制限を中心に、欠格事由の整理や居住制限期間の短縮として具体化されたのみであった。

かくて選挙運動における言論表現の自由の大幅な制限、費用削減のため運動全体にわたる制限の強化、取り締まり主義的選挙管理という選挙法制が実現し、これを媒介に選挙粛正運動が総動員政策の一部としての民衆動員に連なることになる。

5　東京都制案への婦選挿入運動

停滞にあった婦選運動に俄然活気をとり戻させたのが、そのころ浮上した東京都制問題であった。内務省が都制を制定して都政を直接に内務大臣の監督下におき、そこで自らの権限を強化ようとするもので、それまでも何度か着手されてはうやむやに終わっていた(33)。課題は「都長の官公選」、「区の権限」、「都の議決機関の構成・権限」等で、市川がそこ（「都の議決機関の構成・権限」）に婦人公民権挿入の余地ありと「気がついたのは三二年一〇月一〇日過ぎ」、金子に「都制案に婦人公民権を含ませることは不可能かしら」と話しかけたことに始まった。市川はその日から「八方にあたりをつけに飛んで歩」(34)き、一定の感触をつかんだところで戦陣を整え、対外的にまずこう訴えた。

自治政に於て、婦人の参加を見る事は、家庭の為にも、子供の為にも、絶対に必要である。……婦人の参加その事には賛意を表し乍ら婦人公民権案は、都だけの特殊な問題でなく、全国の市町村を通じての問題であるから、此際都制のみ挿入せしめんとする事は立法の性質上よりみて妥当ではない、……これは一応尤に聞える論だが、内務省自身、かつて六大都市の婦人に公民権を賦与すべく主張した事があるし(35)都市にまづ公民権を与へた立法例は外国に於ても尠なくない。それに都制は現行の市町村制の改正に非ずして、新に立法をみるのであるから、過去に於ける立法である処の市町村よりも内容に於て数段優れたるものでなければならない。私共はこの立法に於ける時代の進歩を婦人公民権挿入に形によつて見たいと切望する。……
私共は、東京の婦人のみ公民権を与へよとは断じて要求しない。制限公民権の主張者が、都市の婦人の自覚が農村の婦人よりも一歩を先んずる如く見る事にも、私どもは異議を申し立てる(36)。

こうした決意を表明した後、当時都制案については内務省と東京市会の都制委員会がその内容を検討しはじめた段階だったので、市川は永田秀次郎市長をも含めて市の理事者への潜行運動（戸別訪問）を展開する一方、東京市役所の担当局課にも参考資料を添えて働きかけた。また、婦選後援団体連合会がハガキ戦術（市議一人に一〇〇〜二〇〇枚のハガキを送付）を展開した。その結果、一九三二年一一月七日ついに市理事者の原案（「東京市制要綱案」・東京市には特別の地方制度を布くべしとする点から「市制」と称していた）の第三項「第一案、公民たる範囲を拡張する」のなかに、「㈠性別による差別の撤廃、㈡年齢要件を二〇歳に低下す」を含ませることに成功した。同原案には賛成理由が次のように記されている。

最近の経済事情の変遷は婦人の経済的従つて社会的地位を向上せしめたるに依り、性別による公民権の差別待遇は其理由存せず婦人参政は国家的問題なりと雖も特に市政は政治といふよりも寧ろ実務にしてその大半は消費経済に属し、市政は家庭の延長なりと云ひ得べく、而して主婦は家庭経済の担当者なるが故に婦人をして市政に参与せしむるは市政の運営を一層理想的ならしむる所以ならん(37)。

賛成者は、阿部温知都制度委員会理事（社会大衆党）によれば、理事会成員六人のうち田代義徳委員長と阿部ほか二人の理事で、残る二人は反対だった(38)。

ただし、この原案もやっと第一関門を突破したにすぎない。まだ市会の都制委員会での審議、さらに市会、内務省の承認を得ねばならなかった。その点、『国民新聞』（一一月九日）が慎重に、「婦人公民権付与の一項を加へたる理事者側が、果してどれだけの誠意と熱心とを抱持してゐるものであるかを疑はざるを得ぬ。……婦人運動当事者は厳に監視し、また、拍車をかける必要があらう」との疑問と忠告を呈しているのに対し、『東京朝日新聞』(一九三二年一一月九日)は早や実現したかの如く、「いかに行使すべきか」と、市川のほか山田わかなどの談話を掲載している。このとき市川は「先ず市議を」とその場合の基準(選挙粛正運動のなかで主張したもの)と、投票にあたっての指針(婦人団体が立候補者の身許を調査して婦人大衆の判断を容易にする)を示し、棄権の防止と適当な候補者への投票について一般婦人大衆を指導したいと述べている。

ここまでもってくるには、東京連合婦人会(代表・吉岡彌生)と前田多門など男性陣の協力があった。いずれも市川が内々に頼み成功したもので、このときは吉岡も非常に協力的だった。吉岡は主張している。

私達は勿論全般的な婦人公民権の実現を希望してゐますが、……まず東京だけに与えよ、それが部分的でいけないと云うのだつたら速やかに地方制度を改正して全般的な全般的な公民権を下さい、それなら尚更よろしい、と言いたいのです。婦選の当然さは、最早余地はない。……お役人が感情で物事を処理しては困ります。……実際に即してよい事なら、英断で事を行うべきだと思ひます(39)。

男性陣の協力も強力だった。前田多門(40)、三輪田元道(教育家)、生江孝之(社会事業評論家)など九人が発起人となって「都制と婦人公民権懇談会」(一一月八日)を開き、市議、府議、貴衆両院議員、学者、教育者など三〇余名出席のもと、「目下立案中の都制案中に婦人公民権を含ましむると同時に、全国の婦人にも公民権を付与せしむべく、現行地方制度の改正を期す」との申し合わせを行い、運動をさらに公民権の獲得まで広げ継続すると決めてくれた(41)。

しかし、そうした間に先の市理事者原案は一歩後退、最初の実行委員会(一一月一一日)で婦人公民権の資格が満二〇歳以上から満二五歳以上に修正されてしまった。先の理事会通過が反対派の気勢を煽ることになり、市議待遇者八四名の団体が反対を決議し、また先立つ新市域の市議選挙の結果六〇名の新市議が加わり、市会の雰囲気が複雑化していたためである。

市川らは戦術を立て直し、一一月一五日、六〇名の新市議を午餐に招待して意見交換を企てた。が、参加者二名（田中静衛、浅川保平）という淋しさであった。他方、東京連合婦人会も世論の喚起のため「都制と婦人」講演会（一一月一七日）を開催、この日前田多門、高島米峰（仏教思想家）、吉岡彌生、木内キヤウ（教育者、女性初の小学校長）などが講演した。また、この前後には全市会議員（一四四名）に対しハガキ戦術を展開した。それが効を奏したのか、第二回実行委員会（一一月二五日）では辛うじて原案可決となった（女子は満二五歳以上、一年以上居住するものに公民権。賛成四名、反対一名、軽い意味の条項にするとの意見三名）。

次はいよいよ市会。だが、先述の通り新市議と旧市議の間には感情的な対立があり、先だつ二四日の実行委員会、新市議の懇談会では、新市議が「婦人公民権は、家庭を破壊する恐れがあり、政府がまだ意思表示しないのに、市会が先んずる必要はない」との強硬論をぶっていた。さらに市会審議（一一月二九日）では、実行委員会が旧市議からのみ成り立っている点を問題にし、「新議員中より一〇名に委員を加えて、委員会で審議のやり直し」との方向にもっていってしまった。また新市議を入れた新市会（一二月一三日）では新議員側が強硬な反対意見を出し、これに対しては存置説も提出されたが、これは大勢をリードし得ず、妥協案として「公民権の拡張及び選挙の公営は内務省に於て慎重協議されたし」との条項が付帯されることになり、ここに婦人公民権の影は確実に薄くなった。

市川によれば、反対論の急先鋒は有馬浅雄、篠房輔、関口新太郎で、存置を力説したのは阿部温知、小林半三郎、川村正夫だという(42)。運動者は憤懣やるかたなく、それを契機に市会議員のブラックリストを作成することにし、まず婦人公民権案に対する全市議の意見を調査するため調査カードを作成するが(43)、結局、内務省が東京市会の付帯事項自体を受け入れず、したがって婦人公民権は葬られ、運動も終止符を打たざるを得なくなった。だが、たとえ内務省が付帯事項を受入れたとしても、彼らの婦人公民権挿入に対するスタンスは絶対反対論ともいうべきものであり、結果は同じであったろう。坂千秋（当時地方局行政課長）はこう述べていた。

内務省としてはそのこと［婦人公民権］はちつとも問題になつて居りません。……都制案の原案作成準備中ではありますが、婦人公民権は認めていません。……特に東京だけの婦人に公民権を与へよと云ふのは、……地方の婦人よりも政治的自覚が進んでゐるからと云ふのですか。……都制案と云う特殊の新立案が出来る際に入れ易いだらうと云ふ便宜上からだと云ふのですか。前の理由なら或は意味があるかも知れないが、後の理由ならば全体婦人の公民権と云ふものが認められてゐないのだから困難ではないか……。東京市会で婦人の公民権案を含めた案が通過した場合……内務省としては……案を出す以上は通過の確実を期さねばならない。若し婦人の公民権の一項があるために反対に逢つて都制案全体が葬られねばならぬような目にあつては困るから、その点で中々むずかしいでせう(44)。

内務省の権限拡大をはかる都制案が、婦人公民権挿入によって潰れては困るというホンネが見え隠れする。もし東京だけの公民権が不合理だとするなら、全般的な公民権を考慮する気持ちが滲んでもよいはずである。が、これに続く言葉はさらに運動者をつき離すものであった。

前に公民権が衆議院を通過したことがありましたね。あの案なんかはこちらで作つた位だから、大体賛成でせう。然し中には頑固な反対論者も少なくありませんよ。女が政治に関はるなんてと云ふ頭ごなしな奴ですな。私共はそれが世界の大勢であり、当然でもあり、別に害があるとは思はないから賛成ですが、然し婦人参政権を与へて、そんなに政治がよくなるとも思ひません。兎も角、これは主義としての賛否よりも政治問題ですからね。政界の情勢を巧く利用して議会の通過を測るやう運動するのが肝要でせう。

東京市政調査会も、東京市長の委嘱を受け「東京都制要綱」（一九三二年七月二三日受託、一〇月二一日成案）を提出しているが、婦人公民権に関してはやはり、「一般自治制上共通の問題にして、特に都制上の問題たらざるに依り、今之に触れざるなり」(45)と冷たかった。同「要綱」の審議過程は不明だが、人的には水野練太郎を委員長に、委員には前田多門、清水澄、安部磯雄、田川大吉郎など婦選賛成者も加わっている。ちなみに、市川らと縁の深い田邊定義も都制案への婦人公民権挿入を否定していた。理由は、「市町村を改正して全国的なら文句はないが、まず東京というのは如何なる根拠か、立法上も困難である」(46)というもので、同じ東京市政調査会にあっても、前田多門（理事）とは対照的であった。

以上、運動者に一瞬の夢を与えた都制案への婦選挿入運動をみた(47)。

6　婦選獲得同盟の内憂外患

満州事変（一九三一年九月）の前後、獲得同盟は、対外的な威勢とは裏腹に、内部的亀裂を抱え揺れていた。『自伝』で言えば、「〝獲得同盟内紛〟のこと」にあたる。その震源地が金子であってみれば、看過するわけにはいかない。

内紛の兆候は実は満州事変前からあった。周囲の金子への不満である。それが事変後激化し、彼女を偏重する市川の態度に対する不満とともに沸点に達した。だが、市川は金子擁護を貫いた。「金子氏が幹部間の人間関係で必ずしもうまくいっていないことは承知していたが、運動上では必要な人材なのでそれはできない」(48)と金子更迭要求をはねつける一方、坂本真琴を「泣いて馬謖を斬」(49)るかたちで切ったのである。坂本をめぐっては、「一、二年前から本部と支部を離間させるような行動があった」と支部から訴えがあり、「同氏自身もそれを認めた」からという。その後、やはり渦中にあった河崎なつが自発的に辞めていった(50)。

内紛はこれだけで収まらなかった。内部的動揺に拍車をかけるように、鹽原静、石本静枝(加藤シヅエ)が獲得同盟から去っていった。このあたりの事情を揶揄してあぶりだしているのが笛見西人なる人物で、彼は金子が彼女らを追いだしたと書いている(51)。

児玉勝子に言わせれば「金子しげりという人は、たしかに稀な有能な人物で……何をやらせてもそつのない才人……。それだけに自らの才におぼれ、過信し、いつでも、何事でも、何人も自分よりちょっとでも先をいくことを快く思わない」(52)女性だった。だが市川にとっては婦選運動の継続、成功を望む限り絶対に欠かせない大切な相棒だった。また、広く浸透していたゴールデン・コンビのイメージが壊れるとなると、そのダメージは決定的である、それだけは回避しなければならない、そんな計算が働いたのかも知れない。そのころの市川はそうしたことに時局の重苦しさが加わって、かなり苦しい立場にあったと思われる。それからしばらく後の市川らの姿を、田島ひでがこう描写している。

婦選同盟は、四谷、塩町近くの電車通りに面した普通の小さい日本家屋に移っていた。店先の一部に名刺の印刷機がすえてあったが、市川は同盟の費用の一助にはじめたといっていた。創立当時のいきごみは感じられなかった。創立当初参集した役員たちも離れていって、市川と金子で維持されているように見えた。日本の軍国主義が侵略戦争のための地がために、いっさいの民主的なものをおしつぶし、反動体制へいそぐ、暗い足音がひしひし感じられた(53)。

創立以来の主要メンバーが去った後の、しかもひたひたと押し寄せる反動の波を横目に婦選獲得同盟の屋台骨を必死に支えていた市川と金子の姿を彷彿とさせる。だが、市川は決して弱みを見せなかった。それが指導者たる所以であり、また性格的な立ち直りの早さゆえであろう(54)。

市川らがそうして逆風のなかで必死の状態にあるとき、官製婦人団体は、国防婦人会（以下「国婦」と略記）をはじめとして、男子の指導を受けつつ善意・奉仕の精神によって国策に協力し、組織を肥大化させていた。それに反比例して、婦選獲得同盟の会勢は一九三三年度をピークに急激に落ちこんでいる。国婦の出現とその活動がマイナスに働いたのである。

次にあげる「婦選魂」は、そうしたなか軍部主導の国婦に吸収されていく大衆婦人、いや「権利意識が低く参政権にも無関心な大衆婦人」に対して、市川が発した言葉である。

私共はまた俗間にこび大衆におもねる必要をみとめない。大衆はいつでも保守的であり大体に於いて無知である。社会運動はその大衆をリードし、これを引上げる使命を持つものである。従つて運動はいつでも大衆より数歩すゝめ大衆の自覚しない問題をとらへ「あやまりたる認識を是正する事」を目標としなければならない。それは大衆から決して歓迎される筈はない。歓迎されない所に運動の存在の価値があるのである。……そしるものはそしれ、この婦選魂がある限り、私達の運動は継続されて行くであらう(55)。

確かに愚民観につながりかねない「宣言」である。だが、逆境のなかで生れ、逆境のなかで育った「叫び」でもある。逆風のなかでは、「我ひとり風に向かって立つ」といった気魄や闘争心がなければ、運動を引っ張るどころか、現実のなかに埋没してしまう。市川も、「勿論非難に対しては反省は必要ですが、自分の良心に恥ずる所がなければ千万人と雖も我往かんというのが運動に対しての私の信念です」(56)ときっぱり述べている。「婦選魂」とは、結局、社会一般に対する「宣言」であると同時に、指導者としては孤独を免れない自己に対する励ましの言葉、つまり自己鞭撻の言葉ではなかったろうか。

一般に政治に関わる運動の世界で求められる指導力は通常の組織以上のものである。要求の目的と手段、その現実的効果等、メンバーの利害関係等をめぐる意見の集約、そこで必要とされる指導者としての力量など、多くのものが求められる。理想と現実、希望と絶望のはざまで、あるいは勝利への飢餓感のなかで、精神のバランスを保つことは容易ではなかったに違いない。

それにしても、このような心情と論理が婦選運動を通して醸成され、それによって大衆婦人への信頼と期待が阻害されたことは、市川にとって宿命的な不幸でありジレンマだった(57)。

内紛に揺れたこの一九三二年前後、それは政党勢力の後退・官僚支配の増大のうちに軍部が政治的進出の条件を整えていた時代であった。以後支配体制のファッショ化が進み、天皇や国体を盾に非合理な思想宣伝が大々的になされる一方、権力に対する批判的な動きは「反国体」の名の下に圧殺されていく。だが、皮肉にも、その一方で婦人の国家的役割が要請され、国家に資する限り、朝野を問わず如何なる婦人団体にも「社会参加」あるいは「政治参加」の道が開かれてくることになる。

2　迂回運動としての東京市政改革運動

1　東京市政改革運動——ゴミ問題から市政浄化まで

対議会活動中心の運動（直接的運動）から傍系諸運動（間接的運動）へという「方向転換」は、いわば本流が幅を狭められ、そこであふれた水量が必然的に支流を形成、やがてそれが本流を上回る勢いをみせるといった構図のなかで捉えることができる。本節の東京市政改革運動（以下「市政改革運動」と略記）はちょうどその支流の形成地点に位置するもので、次の諸運動を包含する。東京中央卸売市場単一組織反対運動、東京市政（市会）浄化運動、小市民税・女中税廃止運動、ゴミ処理運動。

一九二九年に市川らが市会浄化運動を展開したことは先に述べた。その延長線上にあって、この市会改革運動にも婦人の自治・自立の精神が譲れない原理として貫かれている。もちろん婦選は絶対目標であり、成行き次第では一気に攻めこむ構えであった。ただ、先の運動がいわば余裕のある通常の副次的な戦術であったのに対し、今回の運動は行き詰まった対議会活動に代わる、しかも抹殺されないことを絶対条件とするオルタナティブな運動であった。

この市政改革運動が展開された一九三三年という年、それは、大きくみれば、戦局の小康状態を映して戦争支持世論がやや沈静化し、一部には軍部の政治的強大化に対する反発も顕在化するなど、国民の国家主義への同調はなお消極的な時代であった。しかし、他方で、官僚・軍部の進出のうちに思想・言論の弾圧が進行する一方、政党の勢力回復への努力がなされつつ、その活動は自己変革能力の欠如も手伝って衰退に向かうという、総じて国民が国内体制のファシズム化への追随を余儀なくされていく時代であった。

思想・言論の弾圧についていえば、「危険思想」は共産主義から自由主義にまで拡大され、治安維持法による検挙は一万八千人をこえ（戦前最高の数字）、二月には小林多喜二が拷問による死を遂げた。そうして国家の政策に批判的な思想はすべて「アカ」と烙印され徹底的に弾圧される状況のなか、思想的には市川らよりはるかに尖鋭だった人々が次々と雪崩的に「転向」していった。佐野学・鍋山貞親はもとより、河上肇（マルクス主義学者）も実際運動との「縁切り声明」を発している。

市政浄化運動はそうした状況を背景に婦選運動者が生残りをかけた戦略・戦術的な運動であり、実際にその華々しい運動によって存在感を示すことができた。だが、この運動を大きな曲がり角として次々と傍系運動に関わり、やがてはその傍系運動のなかで銃後を支え、戦時体制への寄与・貢献を果たすことになる。以上、市政改革運動の歴史的な位置を確認したうえで、その個別の運動に焦点を合わせていこう。

(1) 東京中央卸売市場単一組織反対運動（一九三二・一二〜三四・一二）

東京市が巨費を投じた中央卸売市場の本建築が築地に完成するのを機会に、市場の業者を単一の会社にするか、複数の会社にするかの問題をめぐって、単一を主張する農林省、市当局、業者の大部分と、複数を主張する小売商、市会議員の一部が対立していた。当運動は、市川らが魚小売商組合理事長から消費者としての意見を求められ研究の結果、独占単一会社設立は不利との結論に達し、獲得同盟を中心に東京中央卸売市場問題婦人団体協議会を結成して大規模な消費者運動を展開したものである。

具体的には、「市会は単一派に買収されようとしている！　台所を守る婦人の叫びを聞け！」などのチラシの作成配布、講演会開催、請願書二万三千枚の市議会への提出などを行った。そして一年余り後、東京市政調査会幹部など男子側の援助協力もあって、勝利に終わった(1)。

(2) 東京市政（市会）浄化運動（一九三三・三）

一九二九年の市会浄化運動によって市会は刷新されたに見えたものの、すぐまた「不浄化議会」に転落、しかも「優良候補」の折紙をつけられた議員が五人も連座していたことは先に述べた。そこで迎えた東京市会選挙（一九三三年三月）において東京婦人市政浄化同盟（以下「浄化同盟」と略記。婦選六団体で構成、三七年一〇月東京婦人愛市協会に継承）を結成し東京市政調査会の運動に合流するかたちで行ったもの。「市民は選ぶな醜類を」、「築け男女で大東京を」をスローガンに、第一の目的を疑獄関係者の落選に、第二の目的を婦人公民権反対者の落選において、「立候補辞退勧告」(2)を行い、その華々しい運動で注目を浴びた。ただ、このときも東京市政調査会の「実態調査」を利用しており(3)、その点においては在野性を放棄していた。

(3) ゴミ処理運動(ゴミ減らしと選別普及運動)(一九三三・五〜一一)

当時、東京市から出るゴミの三分の二は処理工場で焼却、残りを野火で焼いていたため、煙と悪臭による煙害問題が発生、これにゴミの減量と選別の徹底を期して取り組んだ運動。市保健局清掃課の訪問、処理工場、野天焼却場の見学、全市の主婦へのチラシ二万枚配布、講演会開催と、すべて行政に先駆けて行った。金子作の啓蒙用芝居「お春さんの夢」が大好評を博したことはよく知られているが、遅れて行政も啓蒙映画を作成、それにも出演、アドバイスを行った。市川は、それを「全女性の今後の市町村政への参加の手始め」と歓迎したが、裏返せば行政の代替と補完の役割を担うものであり、これが後の国民精神総動員運動につながっていく(4)。

(4) 東京市の小市民税・女中税廃止運動(一九三四・一〜四)

浄化同盟として、東京市の増税案(三四年一月発表)の内、特別所得税(5)と女中税(傭人税)(6)に対して行った廃止運動。まず市内一六婦人団体の代表に呼びかけ、「小市民税・女中税反対婦人協議会」(吉岡彌生をはじめ婦人同志会の人々などが参加)を結成、協議した。だが、その手ぬるい要求に満足できない市川は、当時税金反対運動展開中の東京交通労働組合など各種労働組合や社会大衆党東京府支部連合会などに働きかけ、陳情(内務当局、市会議長、市長等に)を行うほか、全市議への反対声明書送付、反対演説会開催、各団体へのポスター三千枚等の配布、と矢継ぎ早やの運動を展開した(7)。

これらの市政浄化運動は大成功に終わった。婦選運動では得られなかった確かな手応えと評価を得るのみならず、それが防波堤となって権力に締めつけや弾圧の口実を与えず、組織と運動の温存をはかることができた。とりわけゴミ処理運動は、婦人の日常生活の領域に関する運動であるがゆえに地方当局の支持を受け、東京での運動が関西、中国、北陸と、獲得同盟の支部を中心に全国的に拡大し、そこで彼女たちの潜在的な能力とエネルギーが大きく引き出された。

だが、市川はあくまで冷静だった。同運動の限界を見通し、それへの没入によって婦選という大目標が見失われることを極度に警戒していた。特にゴミ問題に関しては、それが全国的拡大を見るに至ったときにも、その政治教育の効果を歓迎しつつ、婦選運動の目的が矮小化されることを戒めてやまなかった(8)。

そうして原理原則を忘れず、また実践的な知性や洞察力を失わなかった市川であるが、にも拘わらずこの市政改革運動は東京市との連携、東京市政調査会との協働のうちに「抵抗」と「協力」、自発性と被操作性という二重の性格をもたざるをえず、その実力のアピールのうちに後の行政への参与（下請け的な役割）が促されることになった。そして、以後加速的に国策協力の条件を抱えこんでいくことになる。だが、当時いかなる社会運動も継続を望む限り、その歴史的条件を越えることはできなかった。運動はもはや権力側の同時代的要請に合致したかたちでしか成立せず、運動が容認されるのは権力側の利害に合致するか、権力側がその能力とエネルギーを利用できる限りにおいてであった。

2 戦略（戦術）の転換──「抽象的」運動から「具体的」運動へ

市川がこうした傍系運動（選挙粛正関連運動を除く）に踏み出すまでには、金子との対決と分裂を孕んだ、運動路線をめぐる厳しい内的曲折があった。つまり、傍系運動の理論と実際において当初それをリードしたのは金子であり、市川はむしろ持論（信念）の修正を迫られ、そこで一定の内的葛藤を経て自己納得に至ったのである。この点は両者の葛藤や軋轢というレベルの問題以上に、運動そのものの「変質」のメカニズムを探るという意味で重要と思われるので、やや掘り下げて検討したい。

まず、金子の次の言葉に注目しよう。「なるほど婦選獲得同盟も最初の一、二年こそは抽象的な運動であったけれど、昭和に入ると早速ゴミや市場、税金、ガス等台所の諸問題を一つひとつ具体的に取り上げてゐる……」（以下同傍点―引用者）(9)。ここでの「抽象的」と「具体的」は、解読すれば、前者は概念的ともいわれる対議会活動、後者は戦術的な傍系諸運動を示すもので、市川と金子の志向する運動手法の違いを示すキーワードである。

この語は戦術の転換期、つまり東京市政改革運動展開の前後に機関誌に頻出するが、それが後々まで尾を引いていたことは、金子の敗戦四年後の、「あのかた［市川］は非常に概念的な婦人解放論だし、私は具体的な方で……」(10)との言葉に表れている。後々の話はともかく、本項では市政改革運動に鑑み、満州事変後の路線をめぐる両者の議論（論争）と、市川がそのはざまで揺れながら最終的には金子の論を受容するプロセスを、「抽象的」、「具体的」というキーワードに注目しつつ検証したい。

まず、座談会「第六五議会に臨む」（『婦選』一九三四年一月号）での応酬に注目しよう。金子が「参政権の運動は従来は抽象的だったのが最近はだんだん具体的な問題をとり上げる様になつて来た、これが具体的になつていけばもつと強くなる」と力説するのに対し、市川は「市場の問題などは他の婦人団体でやつてくれて私の方なんかは婦選の法律改正運動だけやつてゐられゝばいゝと思ふ事があります。餘り戦線が広くなると手がまわりかねる憾みがあるのですよ」と抵抗している。

ただし、市川はそれ以前に一度、金子の説を受け入れていた。すなわち、「日本に於ける現在の婦選運動としては、二方面の運動を行ふことが必要である。即ち、婦選の獲得のための議会運動及び世論喚起のための大衆運動であって、今一つは婦人の生活と政治とを結びつけ、日常闘争によって事実上、婦人を市政乃至は国政へ参加せしめる運動である。……過去に於ける実際運動はともすれば、前者にかたより勝ちであつた事は否めない」(11)と認めていた。また、その八カ月後には次のような表現をもって「具体的」な運動への転換を自ら「宣言」していた。「運動のタクテイクス」として、「抽象的な運動をやめて、具体的な日常生活に関連した問題を取りあげ、これによつて一般の婦人の政治的関心を喚起すると共に、婦人の実力によって、その解決の実果を社会に明示することが必要である」(12)。「はかどらぬ婦選運動（対議会活動）、はずみがつく傍系運動」という現実を前に、市川の心は揺れ動いていたのである。

運動路線をめぐる金子の市川への不満や疑問は満州事変以前からくすぶっていたようだ。「地方遊説座談会」（『婦選』一九三〇年三月）では、市川、金子、藤田などが地方遊説（選挙革正運動の一環）をめぐって語り合うなか、金子が「私はもはや婦選を語るのに抽象的な議論を述べる気がしないので、特に婦選運動の現状について具体的な事実ばかり話しましたが、抽象的でないだけに男にも女にも興味があつたやうです」と市川をチクリと刺し、自らの「具体的」な手法の有効性をアピールしている。

実際、金子の本領は「具体的」な運動で発揮され、「具体的」な活動で生彩を帯びた。そして、その実行力において市川とはひと味違った具体性があり、刻々と変化する時代に即応する有効な方策を追求し、さまざまなアイデアを編みだした。そこでの豊かな構想力は周囲の誰もが認めるところで、五味百合子(13)も、「運動に山高が加わると着想のひらめきが随所に発揮され、運動を多彩に盛上げることは比類のないものであった」(14)と脱帽している。

他方、市川は婦選を不動の価値として、「抽象的」な運動にこだわり、傍系の運動はあくまで戦略・戦術との考えは揺るぎなかった。しかし、婦選運動の本体が濃霧に覆われる状況にあっては、それも説得力を失っていた。振返れば、奥たまおが婦選運動より政治教育となる具体的な運動をと説いていたが（先述）、市政浄化運動については、平塚が東京市会の腐敗を突きつつそれを奨励していた(15)。また、第五回婦選大会（一九三四年二月）では、市政改革運動への埋没（婦選問題の閑却）に対する疑問や不安の声があがるなか、金子がそれを自分の論理で押し戻し、そこで雰囲気は大いに盛り上がっている。

確かに、金子の主張は運動の突破口を示すものであり、妥当性がなかったわけではない。運動家であれば、まず現実を照準に現在の立場と実力の範囲でめいっぱい活動するのは当然である。また、彼女とて婦選の夢を捨てていたわけではない。「まあ嵐の時代なら嵐の時代のやうに木を折られないだけの用心をして根を張って太らせ他日に備へやうではありませんか」(16)との真情も吐露している。ここに滲みでているのは、とりあえず現在は迂回的に日常生活に関わる「具体的」な運動に集中しよう、目標はあくまで婦選、との気持ちである。金子も、権利の視点を行動原理として、少なくともこの時点では、国家に婦人の地位向上を要求する姿勢は堅持し、官製婦人団体とも対抗・競合の関係にあった。ファッショ反対・軍備縮小の要求という局面では、市川と気脈を合わせ勇気ある反骨的態度を示した。ただ、婦選への執着という点ではやはり市川と隔りがあり、婦選という大目標がやがて後景に退けられてゆくことは免れ得なかった。

ともあれ、懐疑や葛藤を経て、市川は路線をめぐる相克を次のように整理するに至る。「婦選団体連合会」は婦選の獲得を目的にした組織で議会ないし政党に働きかける、他方、「東京婦人市政浄化連盟」は東京市という自治体を対象にして、権利の要求というよりも実際に婦人の生活に関係ある事柄をとりあげる。この両者の活動は「婦選運動の盾の両面である」。「この二つの運動のやり方を演繹的と帰納的という言葉でわけ」れば、「婦選団体連合会の方は演繹的で、市政浄化連盟のは帰納法といふ事にな」る(17)。そして、やがて、当初「運動は抽象的浪漫的」だったが、「運動者の貴重なる経験と戦術練磨」の結果その指導方法は「巧緻になつた」と評されるようになる(18)。

もちろん、市川にあっては、すべてが帰選へ収斂されるべきものであった。下って、金子に「婦選運動の指導の仕方が観念的であった責は我々免れないな。殊に立法への参与としか考えさせなかつた点は」と毒を含む言葉で責められたときにも、「だがそこから行くより仕方がない、西洋だつて同じだ。しかし、此頃は行政への参与を展開している」と反発しつつ、「我々は婦選運動を放任して目下しきりに他のことをやつているやうに思ふ人もあるかもしれないが、今我々のやっていることはすべて婦選の仕事である」(19)と言い切っている。

こうして市川も金子も走りながら理論化し、理論化しながら走っていたのであるが、この「抽象的」「具体的」という運動論をめぐっては、金子の市川への影響力は少なくなったように思われる。戦後、市川は語っている。「私は極めて現実主義者なものだから、現在の社会情勢の下で一歩でも前進するということをやるべきだ、でなければ運動は成り立たないんですよ。抽象論で理論だけやっていてもね」(20)。これは反体制の人々(山川菊栄など)に対する批判の文脈において語られているものだが、ここには金子の影響が確かなかたちで刻印されていると言ってよいのではないか。

いずれにしても、そうして両者納得のうちにポリシーとしたその周到な論理も、社会的条件との強い緊張のなかで次第に生産性をもちえなくなる。現実の問題として長期的に見た利益よりも短期的、いや即座に得られる利益を追求することになり、その線上で戦争体制のなかにひきずりこまれることになってしまった。そしてその転進において強力な梃子になっているのが、金子の場合は母性保護運動、市川の場合は選挙粛正運動である。もっとも、両運動とも戦術の文脈だけでは捉えられないものであり、この点についてはそれぞれの章で触れる。

3　東京都制案の再浮上と婦人公民権案

一九三五(昭和一〇)年半ば、市川らの前に東京都制の問題が再浮上してきた。これは前回(一九三二年)以上に望み薄と考えられ、当初は静観を決めこんでいたが、結局、そのわずかな可能性に賭けることにした。

内務省が都制案の再検討を始めたと伝えられるなか、牛島虎太郎助市長が個人として後藤文夫内相に前回同様婦人公民権を含む「東京都制に関する意見書」を具申した(一九三五年六月二六日)。婦人公民権に関する部分を摘記しよう。

都会議員の選挙権は大体現行の市会議員選挙に準じ且つ新に女子に選挙権を付与すること、地方の公事は一家の家政生活と緊密の関係あり、しかして女子は特にこの方面に知識を有し、趣味を感じ、且つ国民教育の普及発達の現状よりみて最早男子と同一の地位に立ち同様の負担に堪へ得るものと認められる(21)。

これでいくと、「現行に準ず」とあるから、二五歳位以上の女性に公民権が与えられるわけである。ただし、被選挙権の資格が「三〇歳以上で都内に三年以上選挙区内に一年以上の居住者で、一定以上の直接都税を収める世帯主」とされ、よく見れば男子普選を制限選に還元し、そこに婦人を同等の資格で加えるというものであり、結局、男女とも制限選挙ということになる。だが、もし実現すれば三〇歳以上の女世帯主が都議に選出される可能性も生まれる。市川は歓迎した。

牛島市長を動かせたのは二、三年来行はれて来た婦人市政浄化連盟の東京市政に対する協力の実績にあるといつても差支えあるまい。私共の市政革新に対する熱意、東京市をして婦人子供のためにも住みよい都市たらしめんがための努力は、その思想の相違、個人的な好悪の感情を別にして、何人も承認せざるを得まい。……私共は信ずる道に、邁進しやう。勝利は必ず我等のものである(22)。

他方、東京市政革新同盟も都制案提出に着手し、婦人公民権についてはその有力メンバーの島中雄三（社会運動家）が私案を提出した。「一、都公民は帝国臣民たる年齢二十五歳以上の男子及女子にして、五年以来都住民たるものとす。二、都公民は都会議員の選挙権、非選挙権を有す」(23)。これも実現すれば婦人議員の輩出も夢ではない(24)。

市川は、こうした動きに注目しつつ、一一月九日、内務省が五カ月にわたる東京市政監察結果を提出したのを機に動きだした。

市政の内容は天下国家の政治とは異なり教育、衛生、水道、下水道等々日常生活に関係あるもののみで、……市政に直接関係を持つ婦人をも加えて初めて市民共同の精神を喚起し、市政を市民の為の市政となし得る。……一度婦人の生活と市政の連関とを知らしむれば、婦人の自治共同の精神は、油然と湧き起つて来る事は断言してはゞからない。それは私共が行ひつつある東京市の市場問題、塵芥の処理問題等に於て明に証明し得る所である(25)。

また、婦人市民に対しても同様の論を示したうえ、「東京市を住みよい所とするために、婦人を含んだ都制が一日も早く制定されたいものです」(26)と呼びかけた。

しかし、内務省地方局発表の要綱試案（第一・第二案、一九三六年一〇月五日）は官治的な色彩が強く、各方面から熾烈な批判が相次ぎ、「婦人」などどこを探してもなかった。それでも市川は、婦選団体連合委員会として、「婦人公民権獲得の運動を擡頭させる為に一〇月二九日日比谷松本楼に内務省の地方事務官小林千秋氏を招いて都制案研究会を催し」た(27)。そして、「この勢ひで六大都市の公民権位は獲得せねば、昨年来の選粛只《ママ》働きの差引勘定がつくまい」(28)と、婦選団体連合会に婦人同志会、東京連合婦人会を加えた六団体で「都制問題婦人協議会」を結成（一二月一日）、内務省に陳情することにした。当日の出席者は百名以上、「三輪田元道、高島米峰も馳せ参じて激励されるなど久振りに活気ある会合とな」った(29)。

他方、内務省の方は都制案への婦選挿入など微塵も考えていなかった。坂千秋が一九三二年一一月段階でそれを拒否していたことは先に示したが、今回も「婦人」の文字を使わずにそれをはっきり拒否した。

公民資格は、……頗る重大であり、又都制のみに特殊のみに特殊のことを考へる事が果して適当であらうか、餘程疑ひを持つて居るのであります。……もし適当の案が考へられますれば、都制に付きましても亦当然取らるべきものでありまするが、唯都制のみに限定致しましては公民の資格に関して十分の成案を得ることが出来ませんので、一応之は全国的に見ての攻究を要する問題として、他日に留保して置きたいと思ふ次第であります(30)。

東京市政調査会も、「女子に参政権を付与すべきに非らず」(31)と突っ撥ねていた。田邊定義が、一九三二年段階で反対していたことは先述の通りであるが、今回も「婦人に選挙権を与ふるの問題は本案に予定しない」(32)、「女子参政権を付与すべきか否かは我地方制度全般の問題にして都制の上に於てのみとするは当らず」(33)と拒絶している。

そうしたなか猪突猛進とはいかなかったのであろう、市川は次のような断念とも放棄ともとれる報告をしている。

最近政府部内に都制案は性質上地方制度改正案と一緒に扱うべきとの意見があります。婦人公民権の運命は、たとへ都制案が単独に扱はれるにして公民権が地方を除外して都制だけを特別扱ひする理由が何処にもないので、絶対に見込みがないと観測されます。潮内相もこの点ははつきり返事をされてゐない。……市会議員が改選される迄にはとても間に合はないのですから、さうさう急ぐ必要も事実上はないやうに思へます(34)。

他方、『都の議決機関』(東京都立大学付属図書館所蔵、東京市役所、一九三六年)には、東京市会都制実行委員会が「都の議決機関の問題」に関して、朝野の識者に発した照会事項の回答が掲載され、そのなかで婦人公民権問題が次のように取り上げられている。

㈡　女子にも参政権を付与すべきかに対しては、

一、参政権を付与すべし

二、選挙権のみを付与すべし

三、参政権を付与すべからず

四、参政権付与は時期尚早なり

等に意見が岐れるのであるが、積極説の理由は、大体、大都市の複雑多岐な施設経営はその決定処理に多数の市民の参与を要するのみならず、地方自治の事務は概ね一家の家政と緊密な関係があるから特に女子に対して都政に対して都政参与を許す必要あり、且つ国民教育発達の現状に鑑みるときは女子の参政能力に疑を挟む余地がないとするもの〻如くである。これに対し消極説の要旨は、概ね、女子は天性に於て政治行動に不向きである、女子の選挙権行使は有夫の場合に於て事実上権限の二重行使を結果する、国民教育発達の現状より観て尚早である。特に都制に於て採り上ぐべき問題でないとなるやうである。

次に、設問「女子に参政権を付与すべきか」に対する回答が示されている。

参政権を付与すべし
高橋清吾　吉川末次郎　杉山平助　三澤寛一　鈴木義男　五島慶太　新井格　中澤辨次郎　村上恭一　早稲田大学法学部　神戸正雄　新明正道　宮澤俊義　小島憲　高島米峰　立川太郎　猪間驥一　鬼頭忠一　大蔵公望　加藤勘十　田川大吉郎　島中雄三　安部磯雄　寺田彌一郎　田代義徳　久保山武雄　井上孝哉　婦人同志会　林葵未夫　東季彦　坂本辰之助　鈴木正之助　為藤五郎
選挙権のみを付与すべし
鷲尾弘準　内池廉吉　亀掛川浩　浅沼稲次郎　木村元吉　最所文二　岡田博道　西野入愛一　中村梅吉　牛塚虎太郎　横井春野
参政権を付与すべからず

清水文之輔　今井喜三郎　斎藤守圀　西本潁　小川菊造　岡野文之助　清水徳太郎　大河内揮耕　宮田光雄　東京市会議員待遇有志　高木睦郎　角源泉　半澤玉城　猪股洪清　土岐嘉平　東京市各区名誉職待遇者会聯合会　呉文灼
本間利雄　竹内雄
参政権付与は時期尚早なり
入江俊郎　望月軍四郎　中野勇治郎　坪谷善四郎　高橋勇　池田宏　松井茂

以上、彼ら識者の意向からすれば、少なくとも東京市会議員の選挙権は婦人にも可となるはずである。しかし、その後東京市会都制実行委員会が内務省試案に対抗して自らの主張を盛りこんだ「東京都制案要綱」（一九三六年一〇月一九日）のなかにに婦人公民権に関する文字はない(35)。

他方、東京市政調査会の機関紙『都市問題』（一九三六年一一月号）に都制案に関し四九人の著名人の意見が掲載され、そのなかで唯一石井満（社会評論家）だけが、特記するかたちで、「都制案の中に女子公民権の一項を加へられんことを希望す。其実施の期は必ずしも其の都市よりとするに及ばず。次の改選期よりとし、其の期間に相当準備教育を行ふも可ならん」と婦選に言及している。彼は明治末期から婦人問題に関心をもち、婦人参政権についても自書のなかで賛成論を展開しており、婦選を語るに特記すべき人物である(36)。ちなみに、安部磯雄、田川大吉郎、加藤勘十などの顔も見られるが、いずれも婦人公民権には触れていない。

ともあれ、この後内務省が発表する「東京都制案要綱」（一九三八年六月二七日）は、案の定婦選どころか、官治主義に徹した、東京市とはことごとく対立するものであった。市川らが賭けたわずかな可能性はみじんもなく吹き飛んだ。

なお、都制案は下って一九四〇年末ふたたび内務省によって提出されるが、内容はきわめて反動的なものだった。だが市川らは、「女子の事など念頭にはなくて考へた案かもしれない」としつつ、「この特選議員制が実現すれば、婦人も公民権はなくても都住民ではあるから、議員となる事が可能性とされる。……興味ある点である」(37)との関心を示している。彼女らからすれば、どんな一角からでも切り崩したかったのであろう。

最終的には一九四三年七月一日、婦人公民権などまるで無関係に、首都の国防国家行政の強力な一元化を目途とする戦時立法として「東京都官制」(勅令)が公布され、以後都行政は官選の都長官によって一元的に執行されることになる(38)。

3　母子(母性)保護運動とその両義性

1　母子(母性)保護の現実的要請にのって

一九三七(昭和一二)年三月二〇日、母子保護法が成立した。そのきっかけとなったのが、獲得同盟を中心とした母性保護法制定促進婦人連盟(以下「連盟」と略記。一年後母子保護連盟と改称)による母子(母性)保護運動であった。

それは前史(1)を引き継いでの運動であったが、機は過去最高に熟していた。昭和恐慌の激化による失業と生活難が強まった一九三〇年ごろから母子心中が激増し、その悲惨さが限界状況に達していたからである。市川も早くからその対策を急務として、「どの団体で作ったんでもいゝから早くさせたい」(2)との焦燥感を示していた。

母子(母性)保護運動は、第五回全日本婦選大会(一九三四年二月一八日)での社会大衆婦人連盟(代表・阿部静枝)の提案が大会決議となり、それを大会に責任をもつ獲得同盟が第一〇回総会(五月六日)で方針を固めるというかたちで始まった。

スタート時点で運動をリードしたのは市川であった。だが、本来「母性」や「母子」は彼女の価値体系にないものである。かつて母性主義と女権主義を対置し、母性主義は「家族制度強く残っている日本の社会には受け入れられやすいが、人としての男女平等を前提にしないと、逆に家族制度強化に利用される心配もある」。それどころか、「性差別を前提とする一種の反動運動」であると断じていた(3)。

市川がその方向を修正したのは、おそらく悲惨な状況を見かねてというだけではなく、それを手詰まり状態にあった婦選運動の打開策と捉え直したからであろう。第一〇回婦選獲得同盟総会(一九三四年五月六日)では、「議会運動においては、婦人参政権獲得に邁進すると同時に、議会における世論を婦選に向けしむる為、一般婦人問題、例えば母子扶助法案等のために努力すること」(傍点―引用者)としたうえで、東京市の塵芥や市場問題等が自治政との関わりとするなら母性保護法制定の運動は国政を対象とした運動であり、その双方が婦選運動の一環であるとの視点を示している(4)。

方針を決めるや市川は準備委員長として奔走した。婦選団体連合委員会の承認を経た後の、七月一八日、一般婦人団体や社会事業団体等を集めて母子扶助法(この呼称は既往の運動にならったもの)に関する懇談会を開き、その第一歩を踏みだした。出席者は当時展開していた東京卸売市場問題や塵芥処理問題等で手をつないだ婦人団体などが参加して合計六〇名、この日運動の責任が婦選団体連合会に委ねられ、婦選獲得同盟が運動の中心を担うことになった。そして新団体では、市川が議会運動部の責任者・法務委員会委員(常任委員)という実務的な要職を務め、金子がそれを支えるべく書記を担当した。市川四一歳のときの挑戦である。

懇談会への出席者のうち、男性では生江孝之(内務省社会局嘱託、社会事業評論家)と前田多門(当時『東京朝日新聞』論説委員)が非常に積極的で、彼らからは直ちに運動を開始するよう激励された。その後、生江を座長に第一回準備委員会(七月二七日)を開催、以後小委員会を積み重ね、二ヵ月後の九月二九日、山田わかを委員長に母性保護法制定促進婦人連盟をスタートさせた。

山田の委員長就任は「別働隊には別のリーダーの方が有効という考慮もあって」、市川が白羽の矢をたてたものであった(5)。連盟設立にあたって山田は、夫・嘉吉の香典がえしを寄付し、その後の運営においても「財政的にはほとんど山田に支えられた」という(6)。なお、事務所は「産みの親」(7)である婦選獲得同盟に置かれた。

連盟の運動の独自性は、運動を目先の単なる慈善意識の具現化にとどめず、人道的な問題意識を母性の法律的・社会的地位の問題にまで高めようとしたところにあった。すなわち、単なる「経済的な救済」のみならず、「精神的な救済」ともいうべき母権確立のための条項挿入を検討の範囲に加え、またそうした単行法では婦人の地位向上には不完全として民法、刑法を初めその他の法律制度の改廃――ひいては婦人の政治参加――なしには目的を達することは困難であるとしたものである。

かくして母性主義のなかに母性主義・女権主義的思想が吹き込まれ、名称も「母子扶助法」や「母子保護法」ではなく、「母性保護法」とされた。ただその後要綱作成段階で単一の法のなかに複数の要求をもちこむことは不可能であることが判明、呼称も「母子保護法」と変更することとなった。本論に「母子保護」、「母性保護」、「母子扶助」の表現が混在し、また「母子（母性）」と表する所以である。

世論の母子保護運動への期待と支持は大きかった。「母性保護法制定運動に寄す」（『婦選』一九三四年九月号）には星島二郎ほか男性陣のエールが、「母性保護法制定運動に寄す(二)」（『婦選』一九三四年一〇月号）には平塚らいてうなど女性陣の応援歌が寄せられている。そのなかから三宅磐（民政党）の意見を転載してみよう。金子が自らの論文に引用し、それが「具体的」な運動に消極的な市川に対する批判の趣きをもっているからである。

婦人の運動としてこれ迄も色々の事が行はれたが、殆どその総てが全婦人を共鳴せしむるに至らず、従つて全婦人を総動員せしむることもできなかつたのは何故であるか。私は其の重要な理由として是等運動のスローガンが余りにも理論的であつたり、または局部的のものであつたりしたことを指摘する。しかし今回新たに翳された母性保護の大旆こそは、我国の全婦人が一人残らず其の心を動かさずに居られないもので、恐らく全社会も無関心であり得ない所のものである。惟ふに我国の婦人運動は之によつて初めて実際に手応えのあるものとなり同時に今後の運動もいよいよ本格的のものとなるに至ることと信ずる。今は我国の婦人運動が今回の母性保護法制定の運動によつて、当に一時代を画するであろうことを期待し、其展開振りを眺めんとするものである(8)。

他方、賛意を示す多くの回答のなかに、一つだけこの運動のもつ危うさに危惧を表しているものがあった。運動仲間の堺真琴(堺利彦の娘)のそれである。

母性保護法制定運動が叫ばれ、指示され、要求されるのは、国家が母性を保護せず国家は国民のものでないといふ実証といへますまいか。戦争でも初つて兵隊さんが足りなくなつて生めよ、殖えよ、鉄砲の玉がなくなつたので子を持つ母は補助金はいくらなんていふのも母性尊重、母性保護の一つになりますかどうか(9)。

もちろん多勢に無勢、運動は思惑を微妙に違えた市川と金子の主導のもと予定の軌道を走っていく。具体的な運動は「母性保護法要綱案」の策定から始まった。重要な部分を摘記しよう。

母ニヨル養育ハ其子女ニトツテ絶対ニ必要ナルガ故ニ、マタ国家及社会ノ単位ナル家庭ノ保全ハ尊重スベキガ故ニ、生活支持者ヲ失ヘル母ト其ノ子ヲ経済上ノ理由ノミヲ以テ別ツ事ヲ得ズ。生活支持者ヲ失ヒタル母ノ過重負担ヲ軽減シ、該母子ヲ貧窮ニ転落セシメザル為国家ハ左ノ規定ニヨリ之ヲ保護スルモノトス従ツテ本法ニヨリ之ヲ保護ヲ受クル者ハ窮民タラズ(傍点—引用者)。

この要綱案の作成に直接関与した浅賀ふさ（母性保護連盟調査部長）が裏話を明かしている。「母と子の人権と生活権の確立を願っていたが、人権という表現は当時不可能であり、『本法ニヨリ保護ヲ受クルモノハ窮民タラズ』という表現に国民としての権利の意味をこめた」(10)。

さて、態勢を整えた市川らは直ちに目前の第六六議会（一九三四年一一月二八日〜一二月九日）への働きかけを考えた。だが、同議会は東北地方の災害救済のための臨時議会になったため、急遽「災害地に於ける母子保護に関する請願」運動に切り替え、議会運動部の責任者である市川が徹夜で「請願書」を書き上げ一二月一日に衆議院へ提出した。実にこれがトントン拍子で進み三日には早や採択となった。

他方、難航が予想された貴族院には岡部長景（研究会）の紹介で提出し、これも順調に採択となった。岡部は「婦人参政権は賛成できないが、この問題なら」といって快諾したという。この言について後に市川は、「これはいわゆる良妻賢母主義につながるからのようで、それには異議があったが、ここでは議論することはやめて引き下がってきた」とその複雑な胸中を明かしつつ、「一度で採択されたことは勝利といってよく、次の運動への足がかりが築かれた」と、自信を深めた様子を語っている(11)。

2　非常時の逆用——「第二の国民」の挿入をめぐって

市川起案の「災害地に於ける母子保護に関する請願書」のなかで見逃せないのが、「理由」の第一に、「母性保護法要綱案」にはなかった「第二の国民」（傍点—引用者、以下同じ）との戦争目的に沿った語が挿入されていることである。すなわち、「第二の国民を生み、これを養育する任にあたつている母性の保護ならびに将来の日本を担つて立つべき乳幼児及び児童を保護する国家の義務」との文言が、しかも冒頭に掲げられているのである。ずばり「懐柔」作戦である。市川はこの点について一切書き残していないが、金子の「そうでなければ存続できがたく、また説得力をもちえなかった社会情勢であった」(12)との証言がその意図を示している。

「第二の国民」の挿入が市川の本心とほど遠いものであったことは、市川が婦人たちも平和のために積極的に努力すべきとして、次のように述べていることから分かる。

「外国に対する敵愾心を捨て、友邦として相尊敬し相援け合う心持、態度の養成」に心掛けるなどは、「家庭内に於ける平和教育が徹底すれば、必ず輿論を動かし得るものと確信している。平和問題は常に私の念頭を去らない問題であるが、昭和十年を迎ふるにあたり、特にその感を深くする(13)。

では、以下、「第二の国民」に注目しつつ運動の大きな流れを辿ってみよう。

先の好結果に気をよくした市川らは貴族院議員招待会(一九三五年二月六日)、衆議院議員招待会(二月一五日)を開いて協議し、開催中の第六七議会へ「母子扶助法」「家事調停法」の制定、「母子ホーム急設助成」の請願、建議案を両院に提出した(貴族院へは二月二〇・二六日、衆議院へは二月二三・二六日)。このときの「母子扶助法制定ニ関スル建議案」の制定理由にも「母が安んじて第二の国民の養育に専念できること」と、「第二の国民」が挙げられている。

ここで捻り出されている「第二の国民」の位置関係に注目すれば、最初の「災害地に於ける母子保護に関する請願書」では「第二の国民」の文字が文頭に置かれていたのに対し、第六七議会に向けた書面では後方に移されている。アクセルとブレーキのかけかたを心得ていたというべきか、ここに市川の戦術の緩急自在性をみる。ついでながら、浅賀が語る先の貴族院議員招待会での笑えぬエピソードを紹介しよう。「超保守的な殿様が混じっている相手に納得してもらうために、抵抗を少なくしようと、……きもの着用で日本女性らしさを演出したものでした」(14)。「保護色戦術」というべきか、市川も着物姿だったという。

ただ、市川が運動の第一線に立つのはこの頃までで、後は金子と山田に委ねられた。母子（母性）保護運動も一応軌道にのり、他方、選挙粛正運動その他で多忙になったからである。以後、金子が山田をリードして次々と新機軸を打ち出し、本来の母性イデオロギーを拡大再生産していくことになる。浅賀が「市川・金子コンビがその推進力だった」(15)と回想しているが、それは運動の初期のことと考えられる。

一九三五年一〇月二五日、連盟は金子の主導で、第八回全国社会事業大会（会長・清浦奎吾）に参加した。大会では、臨席した高松宮大会総裁及び同妃を前に、山田が母子扶助法案の提案理由を開陳した。当時にあっては、「恐懼感激」に尽きるはからいであった。続いて開かれたその第一部会では、先に議会へ提出した三案が「母子扶助法制定要望に関する建議」として可決され、内務、大蔵大臣への提出が決まった。当然ながらそこにも「第二の国民」が挿入された。第六八議会への提出は時期を失したが、第六九特別議会（一九三六年五月四日〜二六日）へは、連盟と中央社会事業協会の共同原案をもとにした「母子扶助法案」（建議）を片山哲（社会大衆党）に提出してもらった。ここにも「第二の国民」が使われている（結果は審議未了）。

当時市川はすでに第一線から退いていたが、第二回全国委員会（一九三六年五月四日）で正式に議会運動部長の役を山田に譲り（常任委員としてのみ残った）、選挙粛正運動に専念することになった(16)。

一九三六年一二月一九日、政府の母子保護法案(17)が発表されるが、当然「第二の国民」がうたわれていた。また、この間の一一月一七日にも、全国社会事業大会継続委員会第一委員会から、「母子扶助法案」（穂積、片山などが起草）が内務・大蔵両大臣に提出されているが、このときは、「次代国民」と表されている。

かくて第七〇議会を迎え、三七年三月二日、政府から「母子保護法案」（内務省社会局原案）が上程され、これが三月二〇日に成立するが、もちろんこの法案にも「第二の国民」の育成がその社会的正当性の理由づけとしてうたわれている。

いよいよ東亜の新秩序建設の段階に入って開催された連盟の第五回全国委員会（一九三九年五月六日）でも、金子が

「第二国民の育成にあたる母性の保護が国力拡充の基礎の一であることを衷心から痛感」すると述べたうえ、「まず当局をして両法〔母子保護法と人事調停法〕の正しき運用により、戦時下の母性保護施設の拡充を期し、これが実現に努力、もつて国家永遠の基を固むべき」と運用面へ参加を運動方針として打ち出している。

以上、運動者にとって「第二の国民」は戦術であり、このことは運動者自身が母子（母性）保護運動のもつ危うさをフルに利用したことを示している。市川は、成案の段階で、「非常時なるが故に婦選は後退し母性保護が前進した事は当然だといへばいへるが私共にとっては少ならかず皮肉である」(18)と語っているが、それは予定通りだったのである。

浅賀は書き残している。「内務省に児童課が創設された時、東大出の若い課長を激励に行った母性保護連盟幹部の人たちの胸にあった矛盾は、これが彼らにとっては健民健兵政策であったことで、その後導入された厚生年金制度が、国民福祉の仮面の下で戦費調達に利用されたのと同根、ちなみに初代厚生大臣は軍医総監でした」(19)。この言葉から、運動者の苦い思いとともに、彼女らが折からの国家による「母性」の強調を逆手にとって運動を推進したこと、しかし権力側にその逆手の逆手をとられて国家の大目的に直結せられていったこと、さらには目の前の社会的弱者を救おうとする限りそれは不可避の事態であったことが分かる。また浅賀の「あの頃は女性が自分で政治運動をすることができなかった。私たちに共鳴して代りに動いてくれる男性を通しての運動しかできなかった。間接にしか発言できないもどかしさをいつも強く感じていた」(20)との言葉は、彼女ら運動者の隔靴搔痒の思い、あるいは理想と現実との板挟みの心情を示して余りある。

やはり、母性保護法制定運動は最初から両剣であった。母性保護・母子保護が普遍的権利であると同時に、人的資源の維持培養という国家目的でもあるという不可避の両義性のなかで、運動は「進歩」への寄与と「反動」への加担という両側面を帯びざるをえなかった。運動者はその間隙をぬって進んだのであるが、とりわけ金子はその戦略的機知をむきだしに運動をリードした。次はその意味での「金子語録」である。「母子保護はファッショから言つたつて異論はない筈」(21)、「大手から理づめでゆく運動より案外この搦手は効果がありさうな事は公民権［都制案への婦選挿入］とごみの運動が立証してゐる」(22)、「母性保護運動は……色々渦巻きがあつて婦人運動としては反動的にも進歩的にもなる萌芽を含んでいる」(23)。

この戦略家ぶりは金子の強烈な権利意識の裏返しである。彼女を燃え立たせたものの多くは母子・母性に対する国家の無為無策に対する抗議であり、母親の利害を代弁する代弁者意識であった。しかし、それを念じつつ母性を神聖化する心情のなかで、声をあげるほどに、それが兵力・労働力増加を図る国家の人口政策、健民政策に資することになり、さらにはその実践の積み上げのなかで手段が目的化することになってしまった。

他方、市川はあくまで手段にとどめる冷静さを失わなかった。

婦選獲得同盟は、……その提唱者である関係から、今後の運動の進展には飽迄その責任を分かつ覚悟を有している。従つて事務所を喜んで提供しその事務の一端をも分ち負う事を承認した。然し乍ら本格的な婦選獲得運動から考へれば、該運動はその一部にすぎずといふより寧ろ含有されないのである。さらば該運動と平行して、本筋の婦人政権の獲得を初め、現在東京及び地方に於いて展開しつつある地方自治政に対する運動を継続するのは勿論のこと、今後更に必要なる新しき運動にも着手すること在るは当然である（傍点—引用者）(24)。

こうした観点にたって市川は、金子の運動の進め方、とりわけ社会事業団体への接近・傾斜には神経を尖らせていた。市川は『自伝』で明かしている。「経緯——すなわち婦選運動の延長であったこと——はうっかりすると忘れられ、母性保護連盟自身ともすれば社会事業団体を志向する傾向があるのを、私は警戒していた」(25)。

3　母子（母性）保護運動の体制化——社会事業団体との連携

市川の警戒感は当初からあった。だが、金子は市川の制止を振り払うかのように社会事業団体に接近し、母子（母性）保護運動を婦選運動の手段というより、目的とする方向に突き進んだ。中央社会事業協会は社会事業の連絡調整・調査研究などを行う半官半民的な社会事業の中枢機関で、「その体質の行政代替性や補完性は、戦後しばしば指摘されることとなった」(26)組織である。同会主催の第八回全国社会事業大会も、戦後「今にしていえば、総力体制形成の一つに地固めともなるものであった」(27)と総括されている。

金子によれば、「母性保護そのものはたぶん社会事業の対象でもある関係上、創立準備会においてすでに社会事業団体との提携の要が論ぜられたが、まず連盟を婦人の自主的運動として生れ出でしめた後に於て適当な方法でその合流を期すべしとなす説が制して、連盟の組織はまったく女性のみで結成された」(28)という。とすると、不本意ながら市川は社会事業団体との提携がいずれ行われることはやむを得ないと考えていたことになるが、いずれにしても、社会事業団との提携をめぐっては市川の苦衷が察せられるところである。

さて、第八回全国社会事業大会（三五年一〇月）への進出を果たした後、金子と山田は、翌月設置された同大会継続委員会第一委員会（委員長・穂積重遠）に加わり、これを契機に母子（母性）保護運動は社会事業団体と連携して行うことになった。その連携が金子によって推進されたことは、五味百合子が証言している。提携の「お膳立ての下ごしらえは、おそらくいつの場合もそうであったように、山高［金子］先生の熟達の手腕によるものだったに違いありません。事実、当時連盟と社会事業関係を結ぶ橋渡しは、山高先生の役割でした」(29)。

抑えられていた社会事業団体との連携を果した金子は弾んでいる。「連盟はこの社会事業団体への合流のチャンスを握つたのであつた」(30)との言葉は、市川に対する「勝利宣言」といえなくもない。その後金子は、運動の拡大強化策の一環として全国社会事業主事会議（中央社会事業協会主催）への出席者を招いて懇談会を開き（三六年二月二七日）、また第二回全国委員会（五月四日）では、対議会活動は中央社会事業協会との提携によって生みだされた機構（＝全国社会事業大会継続委員会第一委員会）を中心に進める方向を拓いた。そうして体制よりの歩みを深めていくことに対して、市川の危惧は募るばかりだったと思われるが、当時は選挙粛正運動に没頭し、母性（母子）保護関連運動にまで手がまわらなくなっていた。

その後、運動は京都や大阪などに波及し、地方組織が拡大するが、金子と山田は愛国婦人会や国防婦人会などとの提携を模索し始める(31)。

運動の変貌については、市川が「婦人運動検討座談会」（『女性展望』一九三七年一月号）で、「最初は政治運動だけに限定されていたんですが、最近では社会事業的なものも含むようになり、必ずしも純粋な政治運動でないところに来ています」と報告、これに対して金子は近々通過するであろう母子扶助法の運用にあたる別組織をつくって社会事業的な活動はそこで扱い、母子保護連盟は政治的運動に限定すると弁明している。

こうしたなか市川と金子の間には微妙な亀裂が生じ、両者は戦争末期には歩みを違えている。金子自身、「市川さんと共に婦選獲得同盟を創立、以来一六年間、彼女のあるところかならず私はいたのである」が、「私はそれ以前から、母子保護運動の仕事に重心をうつして」おり、「そのことが市川さんと私を戦後別々の道を往かせる契機ともなった」(32)と表白している。五味百合子は、社会事業団体との関わりを深めた時点が両者の分かれの起点と見ている(33)。また、山本藤枝はこう論じている。

獲得同盟発足以来、一心同体のように見えたこの二人の運動家の微妙な分岐点は、しげりが昭和一四年五月、厚生省外局の軍事保護院の中央嘱託［正式には中央遺族家族指導嘱託］をひきうけた時、いや、もうひとつさかのぼって、しげりが母子保護法実現のために母性保護連盟をつくってひたむきな運動に挺身しはじめた昭和九年のころから、次第に顕在化しはじめたのではないだろうか(34)。

だが、当時の資料で追う限り、両者の亀裂はそれほど明瞭なかたちでは現れていない。おそらく、そうした事情はごく身近かな人しか知らなかったのではなかろうか。

4　母子保護法の成立をめぐって

成立なった「母子保護法」の内容をみると、「喜びも半分」、母権主義的側面が削られ、最低限度の救貧の制度でしかなかった。しかも、それすら「凡ての赤子をして其の処を得しむるのは皇室の有難い御仁慈です。此の御仁徳を隅々まで行き渡らせることは国民全部の務めであります」とされた「恩典」であった(35)。

浅賀が書き残している、「連盟が抱いた基本理念がくみ上げられなくて、私たちの失望は大きかった。……当時は旧憲法下、とくに悪名高い治安維持法が日増しに強化されつつあった時代にあって、ズバリ人権というような表現は不可能でした。『平和』という言葉さえ封じられた時代、自由や人権は罪悪視さえされたものでした」(36)。先駆者の辛苦と努力を偲ばせる証言であるが、市川も「非常時の推進力がこれを実現するに力あったことは否めない」(37)と認めている。

結局、その不完全な母子保護法の改善から、運用の監視、さらには厚生行政への参加・協力まで、継続的な関わりが運命づけられることになった。市川は、「母子保護法」の内容は「只なきにまさるといふ程度に於て、また国家が母子の保護を法制の上で確認した点に於て意義を認める程度」(38)としたうえで、その貧弱な内容の改善と法の完全化に以後一層の努力が必要との認識を示している。平塚らいてうも、新法案を批判したうえで「これを出発点として、今後の改正拡充に努力したい」と、大浜英子(婦人同志会)も「この法案の運用には、是非婦人が加はらねば、その精神を生かすことは出来ない」(39)と論じている。山川菊栄は、批判もし改善の要も認めているが、総論賛成、各論反対というところで全否定はしていない(40)。

では、金子はどうか。一言でいえば使命観を強めた。「第一歩の勝利」として(41)、「母子保護法の一つが母性保護立法でもないのであってみれば、母性保護運動の将来はますます多忙」と戦線拡大への協力を訴える一方、「母子保護協会の設立、婦人方面委員の任用等々、次の問題は多く重い」、「運動の継続、運用への監視と参加を」と勇みたっている(42)。戦後に至っては、「幸いにも中央社会事業協会の専門家たちと親しかったので、その方面の手引きで、内務省内にもいろいろ連絡がつき、無権者時代のただ一つの立法成功例になることができました」(43)との自負をみせている。

「母子保護法」は、確かに生江孝之さえ「中途半端」(44)と下すほどの「救護策」でしかなかったが、当時底辺におかれていた婦人の目線で考えれば、金子の言う通り「第一歩の勝利」ではあったろう。

以後の運動は完全に金子と山田が担い、彼女らの意欲と役割が戦線の拡大・戦争の激化のなかで人的資源確保のための人口政策・健民政策への参加協力につながり、その循環のなかで運動は婦選運動から大きく逸脱していく。

それでも市川は、家事調停法が人事調停法として実ったときには、「時局の影響とはいえ、こうも早く第二の目的が貫けようとは」と素直に喜び、また、連盟で調停委員に婦人をなるべく多く登用するよう要望した金子らがそれに選出されなかったときには、「特に千本木道子、金子しげり両氏が除かれているのは納得がいかなかった。法務省は余程婦選運動はおきらいであった」(45)と悔しがっている。

だが、母子(母性)保護運動が市川に苦い思いを残すものであったことは間違いなかろう。戦後それとなく否定的な総括がなされ、しかもそれは母子保護運動関連ではなく、新婦人協会の「結成をめぐって」(『自伝』)においてなされている。

母子保護の主張は、いわゆる良妻賢母主義に通じ、保守派からも賛成されやすく、発会式当日も貴族院議員の鎌田栄吉氏からその点を賞賛されたほどであった。良妻賢母の前に人としての男女平等が確立されなければならぬというのが、のちの運動の中で私が得た確信であった（傍点―引用者）。

この「のちの運動」こそ母子（母性）保護運動をおいて他にない。市川にあっては、母子（母性）保護運動は本来的に婦選運動に包摂されないものであり、ゆえにそれを便法、タクティクスにとどめるだけの冷静さをもっていたのだ。

5 国の無策と母性への共感のなかで――金子しげりの転回

そもそも、金子は迷いや逡巡をみせない人である。わけても母子（母性）保護運動では、逆境にあえぐ母子へのシンパシーと国家の婦人対策の矛盾や不備を衝く心意気が直結して、その熱情はストレートに発露した。運動を進めるうちにも母子心中が多発し、一刻の猶予も許されない状況になるなか、金子は逆境の母子への同情、母性への共感をもってさらに熱を入れていくのだが、それは全身全霊を傾けるといったものであった。例えば、「いままで婦選運動では議会にほとんど手を染めてこなかった私が、今度は一切合財を引きうけて当たることになり」(46)といった言葉がそれを如実に物語っている。また金子は言う。

如上の運動で母性保護運動は決してたりない、……女性はみんな母になれる、女の正しい姿は母性にある。としたら女を正しくいきさせる為の母性保護運動の全幅は広い。……新しい年にこの運動は必ず進出すると私は信じる。私は母になつて初めて女のいきがひを感じた人間だから、この運動はいのちがけでやる(47)。

この情熱と類まれなる才覚をもって、金子は「母子保護法」制定後も「母性」のために身を挺し、熱気のうちにより早く、より深く戦争にコミットしていく。

まず、「母子保護法」でその運用に携わることになった方面委員の増員と婦人の任用（その絶対多数が男子だった）と、それに直接に携わる訪問婦の任用拡大を内務省に求めた。また、運用を担うための婦人を入れた「官民協力による母子保護協会」といった組織を内務省側に提案している。一九三九年一月には、銃後の遺家族における家事関係の紛争の増加に対応して、「母子保護法」と同時に要求していた「家事調停法」が、「人事調停法」の名によって衆院通過をみるが、これに対しても運用に民間の調停委員を登用することを要求し、その人選にも注文（「夫の社会的地位などではなく当人の人格識見を重視すること」）をつけている。

就任した軍事保護院嘱託（一九三九年五月一六日就任）の仕事についても、「戦争の終るまで私は精魂をかためる結果となった」(48)との充実感を示す一方、そこでとり扱われる問題はいずれも婦人問題から派生する根の深い問題であるとし、「私の驚ろいていることは、一般知識人、殊にインテリ婦人がかういう軍事援護方面への関心の薄いことです。もっと現実と取りくむ逞しさが培われなければ」(49)ならないと暗に市川を批判している。また、金子の口ぐせは「子供を生まない女は駄目よ」で、「女性の特質は母性にあるというのが持論であった」(50)といわれる。ここに込められているのも市川への批判であろう。ただ、婦選についていえば、金子も決して閑却視していたわけではない。「母性」への燃える思いを吐露しつつ、「婦選運動を廃業した訳でない。婦選運動と母性保護運動は盾の両面、一つの根からのびた二茎の花にすぎないのである」(51)との分別をみせている。

また、「議会と女性」と題して『東京朝日新聞』に「議会傍聴記」（一九三五年一月二四日から三月二八日まで断続的に）を寄せているが(52)、例えば、三月二日には婦選も「戦術次第」とその戦略家ぶりを見せている。おそらく金子の「議会進出」と関係するのであろう、『東京朝日新聞』（社説、一九三五年一月二一日）では久々に婦選問題がとりあげられた。

……彼女達が必ずしもそのこと〔婦選〕を忘れてしまつたのでもなく、また諦めてしまつたのでもない。……運動が表面的に前進はしてゐないといひ得るとしても、決して退却してゐない筈である。むしろ深く地に根を下して、女性の示唆と共同をもたなければ国民生活の全般に亘る進展が十分にゆかないといふ事実を具体的にみせようとする努力のみえて来たことは否みがたいのである。……彼女たちが東京市政に対して側面的に改善の途を開き得た如き……甚だ地味な形をとりつゝも、その労のむくいられつゝあることが認められる。

運動者を代弁する論説である。

金子の婦選への執念は次のような言葉にも見てとれる。「『俺たちのいふ事を聞かなければ選挙をしてやらぬ』といへるのは男たちであり、参政権のない日本の女にはこれはいへない言葉なのである」(53)。市川にとっては、金子のそうした婦選に対する働き、寄与があればこそ、「母性」につき動かされて独走する金子であっても大切な同志であり続けたのであろう。

他方、山田も論理だけでは判断しないある種の情緒性を有し、とりわけ母性保護の課題は彼女の体質に合致していたと思われる。この運動を契機に母子寮や保育園など社会事業の実践に進み、その方面での大きな功績を残しながら完全に国家主義に絡めとられていった。一九三七年秋から翌年四月まで主婦の友社の使節として渡米、一九四一年には独伊へも渡欧しているが、後者の経験を記した『戦火の世界一周記』（主婦の友社、一九四二年）は実に愛国主義的な一書となっている。

連盟は、山田をアメリカへ送った後の一九四〇年一一月二日、千本木道子を委員長として婦人時局研究会へ合流、事務所も同会に移した。そして、研究会のなかに「母性保護委員会」なる会を設けたが、「これという活動もできずに戦争の渦中に埋没した形」(54)に終わった。

4　選挙粛正運動への「参加」と「協力」

1　「婦人の立場から」の選挙粛正運動

一九三五年五月八日、政府（内務省）は、来る府県会議員選挙と総選挙に向け、「選挙浄化」「党弊除去」を目的として、官民一致を旨に選挙粛正運動にのりだした。組織的には道府県に選挙粛正委員会を、市町村には選挙粛正会を、そして、六月一八日には外郭団体として選挙粛正中央連盟（理事長永田秀次郎・常任理事堀切善次郎・田沢義鋪、監事松原一彦、横山正一）を設置、ここに選挙統制の網の目が張り巡らされることになった。

それに対し市川らは、「政府自身がこの運動を始めたことは喜んでよく、この運動にこそ全力をあげて協力すべき」(1)と歓迎、「婦人の立場から」との留保を付しつつ、参加の烽火をあげていった。もっとも、四二歳の市川にとって選挙粛正の運動は初めてではない。先述の通り、第一、二、三回普通選挙における「自前」の運動のほかに、東京市政調査会が主力となって展開された東京市会浄化運動（一九二九、一九三三年）にも参加しており、その基盤はすでに築かれていた。

運動は、「有権者」（男子）に限定されていた選挙粛正中央連盟へ婦人の参加を認めるよう働きかけることからはじまった。曰く。選挙粛正は「対象を男子だけに限」るのなら「仏造つて魂入れず」である。「政府にその意思さへあれば、如何なる形に於ても協力を求むることは出来る筈……、婦人団体は、喜んでその利用に甘んずるであろう」(2)。

その結果、大日本連合婦人会が加盟十一団体中の唯一の婦人団体として選挙粛正中央連盟に加えられる一方、市川自身と吉岡彌生（東京連合婦人会会長）、守屋東（同副会長）、山脇房子（女子青年団理事長）、島津治子（連婦理事長）の五名が評議員として名を連ねることになった。八月一〇日には市川が結成した選挙粛正婦人連合会が加盟を認められるが、実はそこに至るまでには、婦選団体連合会として加盟を要望したが拒否されたため、吉岡彌生を会長に東京連合婦人会を含めた二三団体を糾合して同連合会を結成し、その名と陣容によってやっと許されたという経緯があった(3)。もちろん、吉岡はあくまで「冠」で、市川が書記という要の役を握り、采配をふるった。

他方、「協力」をもちこまれた男子側はかなり戸惑ったと思われる。山口亨(当時、内務省係官)の証言である。

一般婦人にとって選挙はもちろん政治そのものも縁のない存在であった。この無関心の一般婦人に選挙粛正を理解させるということは、一寸見当がつきかねることであった。……さんざん関係者が首をひねった結果、運動の目標として、第一には、政治が生活にむすびついていること、第二には公正でない選挙は家庭を破壊することを家庭婦人に理解させようということになった(4)。

ともあれ、選挙粛正同盟への加盟婦人団体は最終的に三つとなり(その後愛国婦人会も加盟)、そのなかで市川は、個人としては中央連盟の評議員として、団体としては婦人団体側の総元締めとして中央連盟との連絡・交渉にあたり、婦人の選挙粛正運動を各地に浸透させる役割を担うことになった。以後、市川は政府、東京府・市・区の行うすべての選挙の粛正運動に絡んでいくことになる。列記してみよう。①一九三五年一〇月八日府県会及衆議院議員選挙(第一次運動)、②三六年二月二〇日衆議院議員選挙(第二次運動)、③三六年六月一〇日東京府会議員選挙、④三六年一一月二八日東京区会議員選挙、⑤三七年三月一六日東京市会議員選挙、⑥三七年四月三〇日衆議院議員選挙、⑦三七年一二月一八日東京区会議員選挙(麹町区ほか一一区)、⑧三八年三月二日東京区会議員選挙(牛込区ほか二区)、⑨四〇年六月一〇日府県会議員選挙(国民精神総動員運動の一環)、⑩四二年四月三〇日翼賛総選挙、⑪四二年六月一五日翼賛東京市会議員選挙(5)。

選挙粛正運動とは、醜悪な選挙（干渉・買収）に対する人々の不信感が高まった一九二八年末以降選挙法改正の問題として常に論議されてきたものが、満州事変後政党政治が弱体化するなか一挙に具体化の契機をつかんだもので、「自由公正な選挙の実現」を標榜しつつ、政党の腐敗矯正という課題を官僚管理を強化するかたちで押し進められた。端的にいえば、反政党的な契機を孕み、それは内務省の既得権益死守という課題と表裏一体のものであった。実際、内務省が総元締めとなって、「選挙報国」のスローガンを掲げつつ、「自由公正な選挙の実現」をうたって国民を啓蒙する一方、それを警察精神作興運動と捉えて選挙運動を厳しく取り締まった。前者の啓蒙運動においては、講演会・祈願祭等、とりわけ部落懇談会が重視され、その場合もすべて神社と直結して神祇の礼拝、神前の宣誓が義務として行われ、手段として新聞・ラジオ、映画などマス・メディアが利用された。後者においては、地方によって違いはあるが、警察による激しい干渉が行われた。

ここに『昭和十年度地方議会選挙粛正運動の実態調査』（選挙粛正中央連盟）がある。そのなかで、「粛正運動の方法中最も有効なりしもの」に注目すると、①警察官の活動、②部落懇談会、③名士の講演、④神前の宣誓、⑤粛正委員の活動、⑥官民一致の協力、⑦ポスター及びビラの利用、⑧実行の申し合せ、⑨小学生を通じての運動、⑩青年及び婦人を通じての運動、⑪祈願祭、⑫新聞の利用、⑬レコード及び映画の利用、となっている。一瞥すれば、運動は国家的行事として上から強引に推し進められたことが分かる。

ただし、運動を牽引した内務省が一枚岩でまとまっていたかというと、必ずしもそうではない。大きくは二つの系列、つまり地方局系と警保局系に分かれていた(6)。一般に地方局は自由主義的、立憲主義的な人物が多く、したがって運動においても国民の啓蒙運動を志向し、他方、全国の警察の総元締めである警保局は当然ながら選挙の取り締まりを重視し、したがって強権的だった。ただ実際の運動は、両者の対立を内に含みながら、相互に関連・補完しあうかたちで進められた。

市川の場合は、こうして大きくは二つの系列にあって、基本的には地方局の自由主義的、立憲主義的な人々とその選挙粛正観を共有していたが、他方で、警保局の優良議員の推薦、罰則の強化、選挙の公営制といったファッショ化を助長する施策を支持、というよりむしろ積極的に提言し、その点警保局系の革新官僚とも触れ合う部分を有していた。

両者の違いをもう少し具体的に理解するために、官僚勢力の硬軟両様の志向を過渡期の様相を呈して垣間みせている「選挙粛正の第一線に立つ人々の座談会」（一九三六年一月一四日開催）(7)をのぞいてみよう。これは第一次運動（一九三五年九月府県会及衆議院議員選挙対象）を終えた首脳陣が第二次運動（翌三六年二月二〇日総選挙対象）をどのように推進すべきかを語り合っているもので、出席者は、岡田周造（内務省地方局長）、加藤於兎丸（同地方局行政課長）、古井喜實（同内務事務官）、清水重夫（同警保局防犯課長）、小林尋次（同内務事務官）、船津宏（司法省刑事局司法書記官）、不破祐俊（文部省社会教育局社会教育官）、宮野省三（東京府総務部長）、松原一彦（選挙粛正中央連盟幹事）といった人々である。

座談会では、まず松原が中央連盟による加盟各団体に対する質問の回答を概括して、部落懇談会と警察の活動が有効であった旨を報告した後、今後の方向性として、「本質的な、立憲的な選挙を実現すること」をめざしたいとの意見を表明した。彼はもともと田澤義鋪の門下生（協力者）で、選挙については自由主義的な発想をもっていた。

これに対し警保局の清水は次のような強気な発言を行っている。第一次選挙における「内務省の選挙取締り方針」は、まず「厳正公平」、次に「防犯運動」を伴った「悪性犯罪の徹底的糾弾」として、それを「多少の副作用は顧みず」に行った。それには「色々批判もある」が、この方針はそのまま第二次でも「堅持する」。小林も清水の意見を引き継いで、取締り的な運動の正当性を強調し、識者のなかには「形式犯なるが故に取締を寛《ママ》にしたらよいではないかといふ声がある」が、「之を其の儘放つて置く」ことは不公平である、と言って憚らない。

他方、自由主義的選挙観をもつ古井は、「法の力、官憲の威力に依って不正が影を没したとしても、国民自身にとってそれが何程の意味をもつか」、「真の正しい選挙はやはり国民自身の自覚に依り、国民全体の政治的進歩の結果として実現される」べきとの意見を開陳、それに松原が「同感ですな、全く」と相槌を打つ。

また、文部省の不破が公民教育の普及徹底の実績と今後に向けた覚悟を語れば、地方局長の岡田は、立場上中立的な意見を述べる。そこで宮野が東京の具体的な計画を網羅的に述べれば、清水がまた、「威武に屈せず富貴に淫せざる断固たる取り締まりをし度い」との態度を示す、という具合である。

こうして地方局と警保局はその理念や施策を異にしていたのであるが、市川は、先に述べたように、前者の立場に立ちつつ、後者の志向する強権的な取締りの要を強く説いていた(後に詳述)。

なお、松原は中央連盟にあって婦人団体の担当者として市川とは直接に交渉があった人物であるが、婦人に対する対応は微妙で、例えば、第一次運動の開始時には、「選挙粛正は、男の世界の懺悔録、五十年の垢落しです。はなはだ愧しい話だが、これが出来なかつたら、婦人参政権どころの話ではない、……私共の知つたことなどぢやないとすねないで、……日本の為めに、真剣にお考へ下さることは出来ますまいか」(8)などと宥和的な態度を示しつつ、婦人の進出には「婦人は団体としての運動よりも家庭的に粛正の力を発揮できる」と抵抗感を示している(9)。だが運動の積み重ねのなかで婦人への期待も依存度も次第に高め、一九三七、三八、三九年の『女性展望』の「年賀広告」にその名をだし、三七年には「新年お芽出たう。ことしも粛正をお願いします」(10)などとの挨拶を付している。もちろん、市川の懸命な働きかけがあってのことだろうが。

2　戦術としての選挙粛正運動（一九三五年東京府会議員選挙）

市川の選挙粛正運動の基本的なスタイルは、「婦人参政権を付与せずして、これ［選挙粛正］を望むも不可能」と権力側に婦選をアピールする一方、「婦人も国民の一人として政治の影響を受けてゐるものである事を明確に、婦人に認識せしめることが必要」(11)との立場から、大衆婦人に「協力」を訴える(12)、これであった。

先述のように中央機関に座を確保し態勢を整えた市川は、第一次選挙粛正運動（一九三五年一〇月八日、府県会及衆議院議員選挙対象）では、政府（内務省）の運動の一翼を占めつつ、「抽象的なお題目では効うすい」と、徹底的に「具体的な方策」を追求した。

選挙粛正婦人連合会として中央連盟との共催で第一回講演会（八月三一日）を開催し、永田秀次郎（中央連盟委員長）、ガントレット・恒子ともに講演をしたのを手始めとして、例によって華々しい運動を展開した。例えば、標語を「選べ人物・いかせ一票」と決め、立看板用布を実費の半額で地方団体に頒布、また同じ標語で藍地白ヌキのポスターとリーフレット（「婦人と選挙粛正」と題した問答体の説明と、婦人の立場からみた「理想候補者の資格」六項目を列記）を作成、これを「選挙粛正デー」（九月二二日）に全国の婦人が一斉に街頭で配布するよう手配した。また選挙中央連盟には各府県へ議員立候補者の夫人宛ての書翰並びにリーフレットを三千五十部送るように依頼した(13)。

このほか個人としても、地方講演を精力的にこなした。市川清敏（当時、壮年団中央協会の代表で加盟団体主務者協議会のメンバー）が証言している。「永田秀次郎、田沢義鋪、……堀切善次郎、……丸山鶴吉、市川房枝、山高しげりらをはじめ多数の知名士は、全国各地からの依頼に応じて講演行脚をした」(14)。また婦選獲得同盟としても独自の活動を行い、「選挙粛正デー」には各支部に立候補者への問い合せ状の発送、醜類立候補辞退勧告を行うように指示、一部支部はこれを熱心に行った。

こうして粛正ムードを盛り上げた「婦人の立場から」運動であるが、市川にあっては既成政党の腐敗状況に対する強い反発があり、ゆえに男子側の選挙粛正運動に対する共感も強かった。が、しかし、基本的にそれは婦選獲得のための手段、つまり戦術（大衆婦人の政治教育―政治的覚醒）だった(15)。いや、傍系運動への献身はすべて最終的には婦選という大河に流れこむはずのものであった。

実は、市川らは、選挙粛正婦人連合会の加盟が承認されるに際し、田澤義鋪（選挙粛正中央連盟常務理事）から「婦選の要求を行はざる事」を条件づけられていた。この「緘口令」に対し市川は、「婦選獲得同盟としての主張は、法律に於て許されてゐる範囲に於ては、如何なる力も、これをさへぎる事は出来ない。従つて私共は此度の粛正運動に対しても『粛正』は先づ婦人参政権の獲得よりの主張を堅持して譲らない」(16)と自らに誓い、そこでのディレンマを「選挙粛正婦人連合会書記」と「婦選獲得同盟理事」との役割を使い分けることで解決しようとした。

実際、そのへんは面従腹背、巧妙に立ち回ったと思われる。市川は当時にあっても「現在程度の婦人の粛正運動でも婦人の政治教育には利用できますよ」(17)と言い、戦後も「獲得同盟としては、いかなる圧力がかかろうとも婦選の要求は引っこめはしない。しかし、選挙粛正婦人連合会として行動する場合には、婦人参政権という言葉は使わなくとも、いくらでも方法はあ」(18)ったと回顧している。金子は当時にあっても、地方遊説時には「独自の立場では多少乍らも独自の主張をやりました。それから私達はむしろそれを逆用しすぎた位」で、もし聴衆のなかから婦選についての質問が出た場合は「その知識を与える意味で十二分」(19)に婦選に触れ得ると公言していた。

そうした彼女らに根源的な疑問をつきつけたのが奥むめおである。

元来選挙は、政策の争ひに黒白をきめるべき投票である。政策を明示せずして、ただ清き一票だとか、選挙の粛正とは、呼ばれたとて、国民は戸惑ひをするばかりだ。……政策をもたざる、お題目にすぎない選挙粛正の運動にうかうかと賛成して、婦選をもたざる婦人までがわけなく感激して参加協力することはみつともない。婦選の依つて以つて立つべき根拠も、買収されず、情実に捉はれざる、たゞ正しい投票があればいゝといふだけのものではない筈だからである(20)。

確かに正論である。そもそも、奥は市川の「婦人の政治参加が選挙浄化につながる」との考えに否定的で、「私は少なく共、それほど簡単に、婦選に依つて、選挙の粛正を期すべし、などとは考へざる現状」(21)と市川らに疑問を投げかけており、そこに奥の問題意識があった。両者の見解の相違をつき詰めれば、奥は選挙粛正運動を原理的に否定し、市川はそれを原理的に認め、かつ戦術として利用しようとしたと言うことができよう。

山川菊栄も、地方の婦人たちの動きに関して次のような揶揄的な批判を投げかけていた。

「売るな投票」「瀆すな一票」だの、「選挙粛正」「危険防止」だのと染め抜いた揃いの手拭、揃いの浴衣で景気よく押出す総選挙……。近ごろある地方の婦人団体では「嫁と議員は調べて選べ」という標語を掲げ、……こういう姑婆さんたちに粛正された次の議員は定めし糠味噌の漬け方のうまい議員さんばかり……(22)。

ただし、これは市川らが実際運動にのりだす前のことであり、この点は市川も自戒していたと思われる。男子側の運動にのって早々に華々しい運動を展開する官製の婦人団体を暗に批判しつつ、「粛正も粛正ながら、本筋の婦選運動も総選挙を控えて今から練つてもおそからず。せめて婦人公民権運動の促進に、今度の粛正がハッキリ効果あらしめる事は、何より大切」(23)と訴えている。しかし、その真意を地方の官製婦人団体の大衆婦人に浸透させることは容易ではなく、選挙粛正を訴えるほどに彼女らと同じ役割を担うことになるというディレンマは避け難くあった。

ともあれ、その実際的な運動が評価され、運動終了後、市川は久布白落實や山田わかとともに東京市の中央選挙粛正実行委員会(会長・牛塚虎太郎)の実行委員に加えられ、さらに市川だけは常任委員(一三人のうち唯一の女性)に任命された。

『女性展望』(一九三六年一月号)には、「粛正運動第一期に婦人の意気昂る——第一期運動の成功認められる——」との見出しで、東京市の中央選挙粛正委員会委員に市川らが選ばれたこと(24)、区の実行委員会に六十余名の婦人粛正委員が任命されたこと、全国レベルでも婦人粛正委員が六百名に増員されたことなどが弾んだ筆致で報告されている。地方の婦人粛正委員はそのほとんどが愛国婦人会、国防婦人会、大日本連合婦人会の婦人幹部だったが、婦人の進出という意味でも、運動の大衆化という意味でも、それはうれしいニュースであった。同欄には「婦人の粛正委員任命は一種の婦人参政である」とのコメントも見られ、こうしたところに、後に「婦人国策委員」として積極的に国策機関に登用されていく心理（論理）を読みとることができる。

市川は、そうした確かな手応えを励みに、主観的には婦選に手が届きそうで届かない、客観的には婦選成就はありえない情勢のなかで、さらに運動にのめりこんでいく。

3　高まる婦人への期待のなかで（一九三六年総選挙）

第二次選挙粛正運動（一九三六年二月二〇日の衆議院議員選挙対象）では上からの啓蒙・教化が一層強化され、選挙犯罪取締りも相変わらずの厳しさだった。方法としては町内会・部落会がより重視され、運動指導者養成に力が入れられた。前項でみた婦人の大量登用もその一環といえよう。そうしたなか、男子側から婦人の活躍への期待が具体的に語られるようになった。

永田秀次郎（選挙粛正中央連盟理事長）は、「今日の議会政治の不信用をとり戻すために」、「日本の立憲政治を良く」するために、婦人の助力が必要として、「選挙は男のすることだから、男だけで粛正しようなんて考へて居る時ではない。……さういふ意味から……、ご婦人の方にも御頼みするといふことになる」(25)とやや揉み手風の期待感を示している。ちなみに、彼はかって自らを「不熱心な婦選賛成者」と称する迷論をはいていた(26)。

潮恵之輔内相は、ウインストン・チャーチルの言葉を引用しながら、英国は婦人の協力なしには戦争の継続も勝利も不可能だったとして、「国の礎を固め国家を愛育した女性の偉大なる力をもつた婦人をどうして軽視できるのか」、「国民の半数を占める婦人の方々が愈々起ち上がられる時、その力が何で選挙界を粛正させずに置きませう」と婦人を称揚しつつ、その国家への献身の重要性を強調している(27)。

『選挙粛正時報』(一九三六年二月八日臨時号)のトップには、「婦人活動の意義」と題する次のような論説(無署名)が掲げられている。

婦人達が粛正に熱中する有様を見て、とんでもない出しやばりの如く思ふ人もないではないであろう。…戦争の如きもの昔は婦人に無関係であつた。然し昨今は、無関係ではありえない。欧州大戦が終了したとき、イギリスの軍需大臣が何といつたか、イギリスが斯の如く戦ひえた一半の力は、イギリス婦人の助力があつた。

次号の『選挙粛正時報』(一九三六年二月二〇日号)には、市川の「決意表明」が示されている。

国家は道徳の表現でなければならぬという立場から、私共は国政は道徳的でならぬと信ずるのであります。……私共は婦人の立場から……此度不道徳な人物を排斥する運動に邁進する覚悟です。

こうした市川のスタンスのとり方に「警戒の要」を発したのが山川菊栄である。

選挙粛正がどんな効果をもたらしたにせよ、それが官僚の善政主義の現はれの一つで、決して民主々義的な要求から発したものでもなく、またそれを発達させるためのものでもないことは誰の目にも分り切つたことだつた。……婦人参政権、結社権の片端すら与えようともせずに、官僚的統制強化のための選挙粛正運動に婦人を動員する企てならば、婦人の解放とは正反対の方向へ向かつている。……今後婦人の社会的勢力が認められるにつれて、一方では指導者の名誉心に多少の満足を与え、他方では大衆の真実の自主的な活動を防圧するために巧妙な方法がとられるに相異ない。……いやしくも婦人の隷属に反対する立場にたつところの、自主的な婦人団体は十分警戒の必要があるであろう。……婦人も大衆の一部分、ことにそのなかのおくれた層である。その関心を呼びさますのは、政局の批判にあり、断じて天降り的粛正運動の片棒をかつぐことにはありえない。おだてられ、甘言に乗せられて方向を誤ることは、婦人団体といわず、無産運動といわず、警戒にも警戒すべきことであろう(28)。

だが、市川とて無批判だったわけではない。「選挙の腐敗について一番悪いのは政府、それから政党、有権者は一番罪が軽い。今度の政府は粛正のために約百五十万円近く金を使ひ、殆ど政務を放り出して」(29)いると言い切るだけの冷静さと洞察力はもっていた。だが、山川は選挙粛正運動論の矛盾を衝いてやまない。

談合禁止の選挙は見合い結婚と同一意義しか有しない見合選挙である。候補者の人物や意見について第三者が自由に批判し、討論し得るのでなければ政治教育は成立しない。官僚の説教のみを政治教育と考へる思想の一掃が政治教育の第一歩である(30)。

だが、実のところ事態はもっと深刻で、底深いところで反動化が進行していた。在郷軍人会本部が、一九三五年五月、選挙粛正委員会公布に対応して各地の粛正委員会に会員を送りこむ一方、「一時屏息したるやうに見えたる皮相なる平和論及び誤れる自由主義は漸く其の勢力を挽回し軍備と一般国費との関係等に基づく反軍的思想亦抬頭し其の勢決して侮り難きもの有之殊に今秋の府県会議員選挙及び来年度総選挙の時機には此等の言動蔟出可致」として、「反軍思想の芟除を目的とする「国防」宣伝を強化していた(31)。また、一九三六年一月二六日には、「選挙権行使の指針」を発して、(1)既存の議会人を攻撃すること、(2)選挙に軍人精神を発揮して議会の刷新をはかること、(3)国防に理解ある「優良議員」を選出して「国防の強化」を実現することなどを指令していた。

軍部も、「国防国家」の建設をめざして、『国防の本義と其強化の提唱』(陸軍省パンフレット、一九三四年一〇月)を内務省との連携で実現するため、内務次官宛に露骨な要求を突きつけていた。

一、選挙粛正運動では「進ンデ非常時局ニ寄与シ得ヘキ優良議員ヲ選出シテ議会ヲ更生セシムル」べく啓発すること。
二、選挙演説では「国防思想ニ暗影ヲ与フルカ如キモノ」を取締まること。
(三、省略)
四、反軍思想ノ撲滅ニ就テハ平素ヨリ努メアルトコロナルモ此際尚更特ニ之ニ着眼シ此種思想ノ鼓吹者ニ就テハ其立候補タルト応援者、演説者タルトヲ問ハズ、合法的手段ヲ以テ其反省ヲ促シ」是正させること(「選挙粛正ニ関スル通牒」)(32)。

こうした動きは、二・二六事件(一九三六年二月二六日)後一挙に顕在化するのであるが、市川の方は運動の上げ潮にのって一日でも早く婦選を勝ちとりたかった。周囲の「政府の提灯もち」との声に対しても、「婦人の粛正運動の心棒の地位に座り盛んに提灯をもつてゐる」のは、「日本国家の将来のために、日本の憲政の将来のため」であり、「一般大衆婦人への政治教育の機会として、将来政治的要求へ迄発展させんことを期してゐるからである」と反論する一方、「次の段階は当然、婦選運動の大衆化で、そのための用意をわすれてはならない」(33)と檄を飛ばし、その二面作戦をもって運動に邁進した。

では、市川らの第二次選挙粛正運動を具体的にみてみよう。まず、東京市中央選挙粛正委員会がその要綱に次の方策を掲げた。

一、政治教育の普及徹底に関する方策。
二、選挙粛正宣伝に関する方策。
三、自主的粛正運動促進に関する方策。
四、危険防止に関する方策。
五、市区職員を対象とする粛正方策。
六、選挙粛正事務の整備統制。
七、其の他適当と認むる方策。

そして、このうち、一、二、四に関して婦人団体と協力関係を結んだ。これには市川（同委員会常務委員）の水面下での大奮闘があったと思われる。選挙日が二月二〇日と確定されるや、婦選団体連合委員会を開き、次の声明を発表した。

今回の選挙たるや実に粛正の選挙にして、之が達成のためには今や全国の婦人が蹶起して空前の協力ぶりを示している。我等は婦人のこの純情に対し、何よりも先に認められるべきは婦人参政権であると信じる。従つて我等はこの総選挙を通じて同志議員の獲得に努め、飽迄婦選の実現に邁進せんとするものである。

この意気ごみと実力を見せつけるチャンスはすぐに到来した。男子側の粛正運動が選挙運動開始後は選挙運動と混同されやすいという理由で一月末をもって打ち切られ、あとは全面的に婦人側に委ねられたのである。市川は早速婦選獲得同盟として「人格高潔にして婦人公民権乃至婦人参政権を政策に掲げ、議会に於て婦人及び子供の利益を積極的に代表する候補者」を推薦応援すべく支部に通諜を発する一方、婦人の奮起を促した。

婦人の粛正運動と婦人の政治参加の要求とは、紙一重の隔たりでしかない。……昭和六年以来の反動の波にのつた議会政治の否認からまき起された選挙粛正運動によつて、婦人は再び別な形に於て政治戦線に推しだされたのである。来るべき次の段階は当然、婦選運動の大衆化で、その為の用意を忘れてはならない(34)。

反動を逆手にとって起死回生をはかる、このリアリズムこそ市川の身上である。「選挙粛正婦人強調日」とした二月一五日には、各地方で委嘱されていた千人近い婦人粛正委員はもとより、それまでもたびたび会合を開いて協力を誓い合っていた選挙粛正中央連盟参加の三団体(愛国婦人会、大日本連合婦人会、選挙粛正婦人連合会)で統制ある運動を行うべく「共同申合」(地方各団体で協力し合うこと、講演会・座談会、その他の会合への出席、神社に共同参拝して選挙粛正を祈念するように一般婦人を指導すること等)を発し、それを全国各府県知事に要請する一方、東京府市に対しては「婦人の日」の開催を提言した(35)。他方、東京市の婦人粛正委員会としても組織的な運動を展開すべく会合を重ね、府、市、区の婦人運動委員を中心に講習会、街頭でのビラまき等を行った。

こうして市川が仕掛けた婦人による選挙粛正運動は遼原の火のように広がっていくのであるが(36)、彼女は婦選獲得同盟の地方支部にも「選挙粛正婦人強調日」に同様の行事を行うよう指示し、個人としても地方への選挙粛正の講演と候補者への応援演説を精力的にこなした。応援演説は議会で世話になった片山哲(社会大衆党)、加藤鯛一(民政党)、宮沢胤勇(民政党)に対するもので(東京は粛正運動との混乱を避けるために断念)、これには山田わか、久布白、金子、神近等も出向き、応援者全員当選という結果を得た。

市川は、文字通り、「日本の婦人選粛運動のコマの心棒役」(37)として大車輪の忙しさであったが、運動は大成功で、「婦人粛正委員が活動した選挙区程棄権率が尠く然も質の良い候補が当選している」(38)という「快ニュース」さえ流された。

市川は婦人の政治的見識の欠如をもって婦選に反対する男子への反論を滲ませつつ、婦人の選挙粛正運動の成功をこうアピールしている。「今度の選粛については婦人の粛正委員が全国で九百人も運動に参加したが、これは粛正に役立つたのみならず従来もつとも棄権の多かった中産インテリ階級を投票所へ赴かせる機運を作」ったのであり、こうして「婦人が政治に理解をもち責任をもつて真剣に粛選のために努力した」ことは、「婦人参政権反対論者の『政治に理解なし』といふ」考えを払拭するものである(39)。

こうしたなか婦選の影がちらつきはじめ(40)、他方、大衆婦人の政治的自覚を引き出しえたとの手応えから、市川の周囲には、「この次は婦選だ」(41)と、これを機に一気に突破しようとの空気が盛り上がってきた。「女性の社会時評座談会」(『女性展望』一九三六年三月号)の会話も弾んでいる。市川が、「日本の女は権利としては自発的に要求する事は中々しないが、義務として責任を追はされゝばあくまでやるといふ真面目さはある」として婦選獲得への意欲を示せば、金子が「女が粛正を手伝った結果、婦選を要する形勢が看受され、大衆婦人が婦選にめざめつつある」とうれしい報告をする。そこで石本静枝〔加藤シズエ〕が、婦選が頓座して傍系運動に切りかえたが、「今度は婦選を真先にやつた方がいゝ」と婦選優先を促せば、金子が「その意味で今度の婦選大会は今までにない盛んな会になるだらう」と次のダッシュを見計かる。そこでまた市川が、地方では愛国婦人会主催の講演会でさえ「話はきまつて婦選に落ちる」と地方にもその機運が生じているとの報告に及ぶといった調子である。だが、これも幻に終わる。

4 婦選の可能性を探りつつ（一九三六年東京府会・区会議員選挙／三七年総選挙）

一九三六年二月二六日、二・二六事件勃発。市川の衝撃は大きく嘆きは深かった。「私のページ」（『女性展望』一九三六年四月号）にはその不安と焦燥を映して沈痛さが漂っている。婦選もさることながら、市川がまず危惧したことは「軍政府の樹立」だったという。軍部への怒りも露わに、総選挙での民意は「此度の内閣の組閣及政府の政策決定に際して全く顧みられてゐない。××を持てる軍部のみがこれを左右し、その決定権を握ってゐるやうである。これでは何のための選挙であり、何のための選挙粛正ぞと言いたい」と論じている。

問題は軍部だけではなかった。確かに、軍部は二・二六事件を梃子に国防国家建設の体制を強化し、軍部大臣現役制を復活するなどして内政への介入を強めていたが、内務省内にもそれに呼応する空気が生まれ、選挙粛正運動も選挙取締りの強化はもちろん、上からの教化宣伝の機構の整備、集中化が進み、国民の選挙における義務がさらに強調されるようになった。その中心にあったのが警保局の右翼的な官僚で、彼らは軍部の威光を背に次第に地方局を圧倒していった。

婦人側への協力要請も強まった。内務省は運動開始以来矢継ぎ早に訓令、通諜を発して強烈かつ詳細な指導を行っていたが、「選挙粛正運動に関する件通牒」（一九三六年五月二一日）では、選挙粛正運動が選挙違反の取締りのみならず、国民の公民的強化訓練をはかり、それによって内務省が直接的な民衆把握を成し遂げようと、婦人団体についても、「中央、地方を通じ、婦人団体の努力を助長し、家庭に於ける公民的教養の達成に努むること」(42)とその役割を明確化した。

市川も選挙粛正中央連盟から強い要請を受け、東京府会議員選挙（六月一〇日）と、東京区会議員選挙（一一月二七日）での選挙粛正運動に参加、いずれも男性陣から高い評価を得た。とりわけ前者においては街頭宣伝が(43)、後者においては同運動における婦人の役割を明確化した点が評価された(44)。

市川は、東京府の方からも、府会議員選挙（六月）にあたって「選挙粛正家庭化運動」の具体案の諮問を要請された。それを受けて市川は選挙粛正婦人連合会の肝入りで各区選挙粛正委員に集まってもらい大体の方策を練り、五月一二日には、①婦人の選挙粛正強調日の設定、②婦人を対象としたビラの作成、③中堅幹部の講習会開催を決めた。そして、①に関しては、六月三日を強調日として講演会を開き（潮内相出席のなか久布白などが意見を発表、田澤義鋪が講演した）、三千名の聴衆を集めて府当局を驚かせた。②に関しては、投票日前日に婦人団体を動員してビラ配りを行い、投票日には「投票は済みましたか」の白タスキ隊を編成、棄権防止に一役かった。③については、五月二一、二二日に開催、市内及び郡部から四百名を集め、府の総務部長から府政概要、前田多門の自治政治の話を聞いた。これ以外にもこれに類する会合を各区で開催、多数の婦人の参加を得た。こうした活動について東京府側資料はこう記している。

特筆大書すべき一つは婦人団体の活発なる協力活動である。……会合に、府政リーフレットの作成に、華々しき活動がなされたのであった。その結果、選挙粛正上多大の効果を収めたるは固より、公民教育の徹底、とりわけ府政に関する智識の普及の上に甚大の効果を實したことは、府政にとり何よりも悦ぶべきことであつた(45)。

こうしたなかでも、市川は婦選の可能性を必死に探っていた。婦人団体協議会（五月二日）では、対議会運動の継続を決める一方、「婦人選挙粛正運動の方向を政治教育的に導くとともに、已に台頭しつゝある婦人の愛市運動（後述）を発展せしめ、同時に公民権実現の積極的運動を起すこと」を申し合わせ、その翌日の獲得同盟第一一回総会では、「選挙粛正運動を婦人公民権獲得運動につなげること」を決定している(46)。だが、これを実行するにはかなりの「バランス感覚」が必要だった。

「社会時評座談会」（『女性展望』一九三六年八月号）をのぞいてみよう。「お先棒問題」（市政改革運動などを含む）をめぐって、石本静枝（加藤シズエ）が「お先棒を務める時は出来るだけせつせと踊つたらいゝと思ふんです。国防婦人会だつていゝと思ふんです。……婦人自身が訓練されて行くといふ意味で……」と市川を援護すれば、新妻伊都子が「それにしても自ずから範囲はある」とブレーキをかけ、これに対し市川が、「はつきりと利害の反する事がありますから、或る時には蹴つてやることも必要だしなめられない為には随分苦労します」と操縦の難しさを語っている。

そうしたなか、市川はまた区会議員選挙（一一月二八日）を対象とする選挙粛正運動に着手、奔走することになる。まず選挙粛正中央連盟の選挙担当者の会合に出席して運動には婦人の協力が一層必要であるとのアピールをし（八月四、六日）、翌日には選挙粛正婦人連合会として東京市区政課長を招き勉強をはじめ、同常任委員会では清水重夫（警保局防犯課長）の訓話を聞いた（九月二九日）。また、東京市当局からの要請で選挙区の婦人団体幹部を対象に講習会を開催（一一月五、六日）、以後各区で市川と金子が講師となって講習会、講演会を開いている(47)。

東京市側資料にはこう記されている。「婦人団体に於ても選挙粛正婦人連合会が中心となり、婦人の立場より選挙粛正の徹底、優良人物の立候補を容易ならしむるが如き雰囲気を醸成するため、……活発に動いた」。「候補者夫人に対する文書の発送」、「『選べ人物いかせ一票』ビラ六万枚配布」を行った(48)。

もちろん、市川は婦選を忘れず、この間の一〇月二三日には選挙粛正婦人連合会の全員一致の声として潮内相に「選挙法改正に関する陳情書」を提出した。これは廣田内閣が軍の要求にしたがって選挙制度調査会を設置し（七月）、選挙資格の再考（選挙権を戸主、世帯主に制限するなど）を始めたことに対して、粛正運動への参加協力の成果を強調して婦人参政権問題などを要望したものである。このとき潮は「快く面接して各委員交々語るに耳を傾け希望条項は調査会委員に配布して参考に供すべきを約し、更に話題は発展して婦人公民権問題、結核予防運動にも及び各般の婦人の協力を期待する旨」(49)を述べたという。だが、彼が婦選に動いた形跡はまるでない。

他方で、市川らは、一二〇名の男子著名人に対して、「婦人公民権は時期到来か」（アンケート）を行い傍系諸運動の成果を確認、それを機関誌（『女性展望』一九三六年一二月号～三七年二月号）で発表している。回答をみると、尾崎行雄、加藤勘十、石橋湛山、浅沼稲次郎、岩波茂雄、横田喜三郎、荒畑寒村が、「既に到来せり」、あるいは「参政権も可」の回答を寄せている。興味深いのは、松原一彦や桜井忠温陸軍中将が賛成意見を述べていることで、松原は「市町村自治の範疇では、婦人公民権を否認する理由は全くありません」と、桜井は「婦人に公民権を付与する必要は昔からあつたのだ。……選挙界の空気を浄化するだけでも婦人の機能を認める必要がある。……進んで男子同一の権利を与えてよい」と回答している。また、注目すべきは、阿部真之助（当時『東京日日新聞』総務部長）の、「現実の問題として婦選の時期は逆に遠くなつた。議会政治そのものが危機に臨んでゐるのだ。況んや婦選をや」とのコメントである。確かに、客観情勢は「遠くなつて」いたのだ。しかし、市川らは、その「遠くなつて」いた細い細い可能性の糸をたぐって、さらに婦選を追い求めていく。

5　東京愛市運動への参加と献身

次の東京市会選挙（一九三七年三月一六日）を対象とする粛正運動はそれまでのものと相貌を異にしていた。すなわち、「従来の特定の選挙に密着して行う運動を一歩進めて常時基礎的な公民教育訓練を行い国民の国家意識の昂揚を図ること」とされ、そのために教化宣伝が重要視された。そして、その方針に基づき、「市町村委員会と町内（部落）会の普及・促進」と、「町内（部落）会にはなるべく成員全員を参加させること」など、「公民的教化訓練の常時徹底」が図られることになった。

また、それとは一応区別されたかたちで、内務省奨励のもと市町村自治を掲げた愛市運動が、「市民の自発的運動」として、青森市を嚆矢として宇和島・呉・宇都宮・下関・東京等に生まれ、地域によっては、一方では先の行政系統の運動、他方ではこの愛市運動の一環としての運動と、二つの系統の選挙粛正運動が一体となって推進された。

東京の場合は、一九三六年一一月六日、六人の元市長（尾崎行雄、阪谷芳郎、永田秀次郎、伊澤多喜男、市来乙彦、堀切善次郎）が、選挙粛正・市政刷新のために愛市運動を起こすべく、市内各種団体（教育・文化・宗教諸団体、法曹、警察、消防関係団体、婦人団体など）に呼びかけ、東京愛市連盟組織協議会（会長・堀切善次郎）を結成するというかたちではじまった。これは、例によって東京市政調査会によって推進されたもので、運動の実質も彼らが担った(50)。

市川は、こうして新段階を迎えた選挙粛正運動に本来の批判力を発揮できぬまま慣性ともつかぬ勢いでのめりこんでいった。行政系統の運動の動きが鈍いとして、早々に東京市政調査会お膳だての東京愛市運動に加わり、しかも一一月一一日の東京愛市連盟（会長・堀切、顧問・尾崎、阪谷、永田、伊澤、市来、実行委員長・簗田欽次郎）の発会式当日には早や、東京愛市連盟婦人部（実行委員長・吉岡彌生、実行委員市川ほか、幹事・金子しげり）を結成するという手回しのよさだった。吉岡実行委員長は例の通り対外的な「お飾り」で、采配は市川がふるった。

なにしろ男子支配の組織に婦人が婦人部として一定の位置を与えられたのはこれが初めてである。彼女らの自立心は満たされ、独自性も発揮することができた。

東京愛市連盟は早速東京市会選挙（一九三七年三月一六日）を対象とする選挙粛正運動にのりだすが、開始にあたっては婦人部から金子が愛市連盟に三ヵ月出向し、他方婦人部は東京愛市連盟から三万円の予算をもらって、例の如く華々しい運動を展開した(51)。その渦中にあって市川は「二月末から三月へかけては首でもくくらなければならないほど苦しい思ひをしました」(52)との「悲鳴」をあげている。金子も「男子側運動のお手伝ひ程度に留まるべきではなく、一票を有せざる者の力強き選挙粛正運動であり市政浄化運動でなければならぬ」、「府市の当局の指図に依つて動くものではなく飽迄自主的にこれを樹て、着々実行して行つたといへる」(53)と充実感あふれる報告をしている。投票日の前日には、次のような熱い「メッセージ」（東京府下の各新聞に掲載）を発した。

市会議員の選挙は明日に迫りました。今回も亦私共には一票がありませんが、私共の懸命に預かつている台所と市政が、どんなに密接に繋がつてゐるかは、今更申す迄もありますまい。私共はこの台所を、家庭を、子供を守る為に、真に「市民全体の利益幸福の為に働く、公私共に明るい生活の人」が市会議員に選び出されるやうなお互いのまはりの有権者に訴へて、明日投ぜられるその一票が、女や子供の意思をも反映した、力ある一票となるやうに、最後の力を尽さうではありませんか。そして明朝はお赤飯を炊き、国旗を掲げて有権者をにこやかに投票所に送り出さうではありませんか。

東京愛市連盟婦人部。

運動終了後には男子側からお褒めの言葉をもらった。「婦人団体は『台所は市政に通ず』という信念に燃えて、一糸乱れぬ統制下に猛運動を行ひ、帝都の愛史運動史に大きな足あとを残した」(54)。会長の堀切も「婦人と市政とは密接な関係にある。……朝から夜まで、水道、学校、電車……瓦斯と何一つ市の世話にならぬものはない。市政は市民、特に婦人に特別な関係をもつ」(55)と婦人の役割の重要性を語っている。

さて、東京愛市連盟と同婦人部は、規定通り、運動終了後解散した。だが、その時点で「内外の熱心な存続希望があり」(56)、その対応が田邊定義(東京市政調査会参事)等に委任された。その結果、一九三七年一〇月一七日、東京愛市連盟は東京実業愛市協会として、東京愛市連盟婦人部は東京婦人愛市協会(57)として、それぞれ恒久的な愛市運動を行う機関として再出発することになった。両者の関係は「実業団体の地位は活動の主力であり、婦人団体の働きはその親和力」、そして、「生産と消費を掌る二大勢力」とされ、「この両者が相呼応して愛市的活動」を行うことが期待された(58)。

東京婦人愛市協会の人的構成をみると、堀切、田澤を顧問として、吉岡を会長、久布白、阿部みさを(愛国婦人会)を副会長に、市川が理事長、金子が幹事と、堀切、田澤を除けば、それまでの陣容を踏襲したものになっている。もちろん吉岡の会長就任は市川が図ったもので、手綱は市川の手にあった(59)。この「官許」の組織、東京婦人愛市協会は、「婦選獲得同盟」の名を使うことは決定的に不利という状況のなかですこぶる重宝だった。種々の活動の砦として自在に使いこなしている(60)。

選挙粛正運動に関してみれば、ちょうど発足したところへ林銑十郎内閣の「喰逃解散」という事態が発生し、第二〇回総選挙(一九三七年四月三〇日)に対応して早速選挙粛正運動が行われることになった。このとき内務省は軍部に呼応して、それまではなかった「言論取締規準」を作り、わずかでも政府批判を含んだ演説・文書は許さぬ徹底的な選挙干渉を行うとした。

これにはさすがに市川も、「此度の如き選挙に於ては皮肉にもむしろ投票の義務なき立場にゐる事の心安さをおぼゆるのである。粛正運動については、今迄と逆にむしろ政府当局に向つて説くとともに監視することの必要さを感ずるものである」(61)と批判するが、選挙日まで残すところ一ヵ月という段階で、運動はもっぱら婦人の手に委ねられることになり(選挙運動との混同を避けるため)、また大奮闘がはじまることになる。

選挙粛正婦人連合会を中心に、愛国婦人会、大日本連合婦人会の三団体が府・市と協力して運動を展開する一方、市川と金子は講演のため全国を飛びまわった。市川は、「まるで職員のひとりでもあるかのように、三婦人団体および府・市との連絡調整、地方から要求された婦人講師の選定・交渉まで私の役割になつてしまつた」(62)との報告に及んでいる。実際運動にも熱が入った。投票前日の棄権防止運動は東京市政調査会の資料にこう記されている。「最後の気勢を添へるため……棄権防止宣伝に……白地に『生かせ一票　選べ人物』と赤く抜いた粛正襷に身を固めた総勢二百人の婦人は黒く染抜いた粛正幕に装ひをこらした四十台の車に分乗、一同揃つて宮城遙拝の後、各班に分れて各区を巡回宣伝した」(63)。

総選挙後、選挙粛正中央連盟の主催で第一回選挙粛正自治振興婦人協議会(六月七、八日)が開催された。これは市川と金子が進言し、そのすべてに責任をもったもので(64)、選挙粛正中央連盟側の資料によれば、その主旨、内容は次のようなものであった。

選挙粛正運動がその進展に伴つて婦人の協力を必要とすること益々大きく、殊に自治振興運動に到つては、その性質上婦人の政治的自覚と公民訓練の徹底に俟つべきもの頗る多いところから……〔開いたもので〕、集まる婦人運動の猛者八十二名、これに婦人傍聴者十五名、何れも熱心に講演を傾聴し、又各自の体験に基いた意見を発表し、体験談を語り流石に第一線の勇士と任ずる人々だけに内容の豊富、態度の真摯、思想の穏健、実に我が国婦人運動の指導者として、今日の婦人運動を育てあげた人々に相応しいものがあつた(65)。

彼女らの「体制加担」もその実質性を増していたことになるが、ただ、婦選を大目標においていたことは間違いなく、婦選獲得同盟第一三回総会（一九三七年六月六日）で決定された「昭和十二年度目標」の第一項には、「議会活動を強化して先ず婦人公民権の獲得を期すること」が掲げられている(66)。

愛市運動の一環として展開された次の選挙粛正運動は区会議員選挙（一九三七年一一月二八日）に対するもので、選挙標語も盧溝橋事件（一九三七年七月）後にあって「選挙粛正　銃後の奉公」と、国民精神総動員の一翼を担うものであった(67)。男子側の東京実業愛市協会の活動をみると、立て看板の標語は「忠義の心選挙に映せ」、そして「市政カード」（東京市政調査会作成）はさらに過激である。

時局と今回の選挙　今や、皇軍は、北支の野に、上海地方の戦線に、言語を絶する艱苦を忍びつゝ果敢な進撃をつゞけ、暴戻なる支那軍を膺懲して居ります。然れども支那は猶未だ反省の誠を示さず、……われわれ国民は、更に一層の堅い決心を以てこの難局に当り、堅忍持久、不屈不撓の勇気を振ひ起して、……進んでは戦後の経営を完うするに努めねばならぬのであります(68)。

こうしたなか、衰弱していた政党政治の蘇生への努力は決定的に圧せられ、反政府的な政治勢力の進出も完全に不可能になるのであるが、そうしたなか東京婦人愛市同盟はどのような活動を展開したのか。「区会議員選挙について婦人区民のみなさまへ」(ビラ、一〇万枚配布)を見てみよう。生活と直結する区政の重要性を説いた後、次のように訴えている。

今度こそよい区会議員を選んで銃後を固めなければ、お国の為を献げて戦つて居られる出征将士の方々にも申訳ないのですが、今まで悪い癖がついてゐる為、放つておけば中々それは実現し難いでせう。そこでこゝは女が出てお手伝ひしなければならないのです。何分にも区会議員のよし悪しが私共の一生懸命守り育てゝゐる子供たちの幸不幸にかゝはる事であり、ひいては兵隊さん方の守つて下さるお国の将来にかゝはる事でもあるのだとすれば、私共は母としてたゞない訳にはまゐりません。なる程私共女には一票はありませんが、私共の正しい願ひを、周囲の有権者に理解させ、私共や子供の分までも代表して投票して貰ふ様に、有権者の心をめざめさせる力を有ち合せてゐない筈はありません。そしてこれを行ふ事は、決して違反でも出しやばりでもないどころか、銃後を固める女のつとめの一つなのです。時節柄お忙しいでせうが、どうか勇気をもつてお宅のご主人や息子さん、父上、兄上方の一票が「正業を有つ公私共に明るい生活の人」に投ぜられます様同時に今回も一人の棄権者、違反者の出ませぬ様、お働きのほど願上げます(69)。

東京実業愛市協会と趣は違うが、大きくはそこに包摂されるものである(70)。

6 「婦人の立場から」の選挙粛正運動——若干の補足

繰り返し述べれば、市川にとって選挙粛正運動は基本的に戦術であった。しかし、そこにはさまざまな屈折がはらんでいる。まず、選挙粛正運動への参加協力が不本意だったかというとそうではない。むしろ、選挙粛正の意義を積極的に認めていた。戦後、婦選無視のまま義務だけが肥大化して「ワリをくった」のではないかとの質問に対して、「政府の政策にある程度協力したということにはなるわけですねえ。選挙粛正なんか政府の政策だけど、いいと思って協力したのですよ」(71)と答えている。また、市川が選挙粛正運動を、手段たる「具体的」な運動ではなく、婦選に直結する「抽象的」な運動として捉えていたことは先に触れたが(第四章三節注9)、やはり、それは単なる受け身の協力(参加)ではなかった。先述のき如猛烈な活動を行ったほか、優良議員の選出、罰則の強化、選挙の公営制という、いずれもファッショを助長する施策を積極的に、先取り的に提言している。以下、その点を補足的に確認しておきたい。

まず、優良議員の選出。これは市川の選挙浄化・粛正運動を考える場合、重要なポイントである。市川にとって優良議員選出は婦選賛成議員選出につながり、罰則の強化や選挙の公営制もそのために必要としていた。先述の「選挙法改正に関する陳情書」でも、「優良なる候補者の立候補を容易ならしめ、且つ其候補者の当選を可能ならしむる為に」、罰則の強化、優良議員の立候補の方途の確立、選挙公営制の導入が必要としており(72)、この文脈においては、優良議員の選出は下からの戦略的要求であった。

しかし、そもそも選挙粛正運動とは選挙粛正の名のもとに上から個人の選択を制限(拘束)するものであり、それが国家の思惑と合致するものであったことは間違いない。「座談会　選挙をよくしよう」(『家庭』一九三五年八月号)をみると、市川が「抽象的に粛正といつても見当が分かりませんから、幾人かの候補者の中で誰がよいかといふ目安をつけさせるまでに進みたいものです」と発言して松原一彦をあわてさせている。松原は、「いや、それは飛《ママ》んでもないことです。自由選択が立憲政治の根底ですから、そんなことをすると粛正でなく干渉になります」と市川を嗜めている。だがすぐに、「しかし政治家は人格、力量、政策の三つを具へた人を選ぶべきだといふことを知らしめる必要はあります」と、市川の誘導に従っている。

　市川の優良議員選出への意欲は強く、その後もそのシステムづくりに腐心し、選挙粛正婦人連合会として「よい候補者を推薦する積極的な粛正をしやうといふので計画をすゝめて来てゐるが、選挙法との関係が仲々六ケ数しいので具体的にはまだ着手されてゐないが、何とかしなくてはならない」[73]との焦燥感をみせている。また、「愛市心を徹底し、本当に選挙を粛正しようと思へば、よい候補者を当選させるより他に途はありません。然し誰れがよい候補者なのか一般の人には分かりません。……その選定は急には困難なので、此度は中止する事にしました。然し将来はしたいと思つています」[74]との意欲を示している。

　市川の優良議員の選出の主張と行動が如何に内務省の熱い視線を浴びていたかは、『選挙粛正時報』(一五号、一九三六年二月二〇日)の次のコメントからも理解できよう。

> 　独自の立場から売るな、汚すなの粛正運動を一歩すゝめ政界浄化の基本となる優良議員の選出を目標とし、人選運動にのり出し、選べ人物、活かせ一票の標語を高らかにかゝげて全婦人に呼びかけ……、消極的粛正運動の一段落を告げんとする此際更に婦人団体からかくの如き積極的に選挙の粛正運動が台頭した事は大いに注目すべきである(「不品行な男に投票するな　選粛婦連の人選運動」)。

　では、繰り返しになるが市川のいう優良議員とは具体的にどういう議員だったのか。

一、所謂政治屋でなく、まじめに、府県民全体の利益、幸福のためにはたらく人。
一、贈収賄、瀆職罪、選挙違反等で刑に処せられたり、又その嫌疑を受けた事のない精練潔白の人。
一、有権者を金銭や利殖、情実、泣き落とし等で誘惑しない人。
一、野次つたり暴行したりせず、又妾等を蓄えていない人。
一、遊郭、待合、芸者屋のやうな職業を持つてゐない人。
一、女や子供の事をまじめに考へてくれる人。

これが「婦人の立場から」の切なる願いであることは間違いない。だが、願いは純粋でも、当時にあって市川はすでに選挙粛正運動の立派な担い手であり、この条件は、先述の「選挙粛正　銃後の奉公」や「忠義の心　選挙に映せ」の掛け声に重ならざるを得なかった。やはり盲点だったと言わねばならない。だからこそ、間接的な粛正運動を一歩進めて立候補者を統制する方向を模索していた内務省の注目を浴び、また彼らに一定の示唆を与えることになったのである。

市川は、こうして選挙粛正運動の展開のうちに批判力を薄め、例えば一九四〇年六月の府県会議員選挙（国民精神総動員運動の一環）時の選挙粛正運動では、選挙粛正運動に参加しない団体があるとして、それを「これは政治に対する――日本の憲政及び自治政に対する無理解を明らかに表示するもので、平常に於ける或は義務教育に於ける政治教育の不足不徹底の証左といふべきであらう」(75)と論難している。

罰則の強化についていえば、それが有害な作為であることは東京府の委員会答申においてさえ指摘されていた。すなわち、選挙の「弊風」の「其ノ責ヲ啻ニ政党ト選挙民トノミニ帰スベキニ非ズ、其ノ一半ハ既往ノ政府当局モ亦之ヲ負ハザルベカラズ」「故ニ当局ニシテ真ニ厳正公平ナル態度ト熱意ヲ以ツテ之ニ臨ムノ覚悟アルニ非ザレバ如何ニ選挙ノ粛正ヲ叫ブモ其ノ目的ヲ達スルコト能ハザルベシ」(76)。

また選挙の公営についていえば、当時それによって私的な選挙活動と政党の組織活動を排除が可能になるという観点から、管理・運営する規格化された運動以外に一切の私的な選挙運動を禁止すべきだというレベルで広く議論されていた。だが、この反動時代の選挙公営論こそ、既成政党の腐敗イメージ増大のなかで一見説得力をもちながら、その官僚管理主義によって政党による組織化活動そのものを腐敗の原因として切り捨て、ひいては言論の自由を圧するものであった。その意味で傾聴すべきは斎藤隆夫(当時内務政務次官)の主張である。

国民が自分の代表者をだすのでありますから、其の費用は国民自身の手に依つて、若しくは代表者になりたいと云う候補者自身に於いて支弁すべきで、……それをば人工的に色々の制限を設けて手も足も出ないやうにして置いて、さうして選挙の世話を官吏や公吏にやらして置いてと云ふのは、是は官僚政治の変形したものであります。斯う云ふことで立憲政治が行はれるものではありませぬ(77)。

それにしても、その見えすぎるほどの目で、なぜ市川はその主張が反動に利することを洞察できなかったのか。この点は戦略・戦術的意図だけでは説明できない。まず、これには彼女の倫理的な性格が深く関わっているように思われる。また、シカゴ婦人クラブやアメリカの有権者同盟の活動から示唆されるところも少なくなかったであろう。実際、具体的実践の多くはアメリカの婦人団体を範にしたものであった。

ところで、市川は反既成政党ではあったが、反無産政党ではなかった。むしろシンパシーをもっていた。しかし地方で、内務省の拠点であり、基本的に反無産政党の立場にある東京市政調査会と反既成政党という点でその価値観を共有し、協働した。また東京市政革新同盟(東京市政調査会が全面的に支援—先述)の活動(役割)の意義を認めてやまなかった（後述）。その客観的には矛盾する市川のスタンスを端的に示しているのが、東京市会選挙（一九三七年三月一六日）にあたって市川が発している次の言葉である（東京愛市連盟婦人部として粛正運動展開中）。

ボスの手から市政をとり戻し、市民の市政にすることです。そのためには市政革新同盟や無産党の新興勢力を代表する市議を多く市会に送りこむことです(78)。

では、市川は無産政党に対して具体的にどういうスタンスでのぞんでいたのか。「女性は誰に投票する?」（『女性展望』一九三六年三月）では、この設問に対し、市川は「加藤勘十」（労農無産協議会）と回答し、その理由を「十余年節を枉げず、虐げられたるの〻代弁者として闘って来られた点」としている。金子も、河野密（社会大衆党）をあげ、「婦人も子供も含む大衆のために闘ふ政党は無産政党であり、氏が当区唯一の無産政党候補であるがゆえ」と答えている。ここでは彼女らのリベラリズムは健在である。だが、皮肉にも、加藤にしても、河野にしても、市川らがその旗の下に集まっていた内務省によって、選挙演説抑制など、恣意的かつ集中的な取締りの対象となっていたのである。とりわけ加藤に対する選挙干渉が過酷だったことは周知の通りである。

市川は、衆議院議員総選挙（一九三六年二月二〇日）で無産政党が進出したときにも、「無産政党の進出は、婦選の進出を意味する。今日の政党で婦人の為に積極的態度を示してゐるものは無産政党だけだからである」とそれを歓迎している(79)。もっとも、このときは一般世論も好意的だった(80)。

ここで選挙粛正運動をめぐる市川の認識の誤りを指摘しておきたい。それは、『自伝』における「選挙粛正運動は、ファッショ反対議会政治の確立のための運動だから、それに反対の立場にある軍が賛成するはずがないのである」(81)との認識である。これは第二期運動開始時、国防婦人会の本部がいったんは引き受けた東京市の選挙粛正実行委員会委員を後に目的が違うとして断ってきたことに関連して述べているものであるが、彼らの根本の意図は選挙粛正運動に反対というよりも、家族制度崩壊の危惧から婦人の進出を抑制しようとするところにあった。当時軍部は「国防は台所から」、「婦人よ、家庭に帰れ」を標語に、街頭への進出著しい国防婦人会の婦人たちを台所に押し戻しつつあった。他方、彼らが政府の選挙粛正運動に触手をのばしていたことは先に見た通りである。

市川の選挙粛正運動への「献身」は、総括的に述べれば、軌道としては軍を中心とする臨戦体制のなかに向かいながら、主観的には婦選を最大の価値として、その戦術として行ったものであり、その意味では時代と対決し、少なくとも「体制迎合」の文脈で捉えられるものではない。また、選挙を政策選択の場とする権利の視点は政府側のスローガン「選挙報国」「選挙愛国」が示す義務のそれとは対極のもので、その活動も男子側のそれとは位相を異にしていた。

しかし、全体主義的な支配体制が着々と整えられていくなかにあって、それが「一大国家的事業」たる選挙粛正運動の一角を占めて行われた限り、また、優良議員の選出、罰則の強化、選挙の公営制を追求する限り、そこへ絡めとられていくのは必然であった。結局、婦選問題に風穴を開けることができないまま、意識的にせよ、無意識的にせよ、結果として体制補完・強化に資する役割を担っていたのである。

★5章 日中戦争突入と婦選運動の屈折

1 国民精神総動員運動（精動運動）への「協力」と「要求」

1 岐路での選択――「第三の道」への邁進

一九三七（昭和一二）年七月七日、盧溝橋事件勃発。その約一ケ月後、政府（第一次近衛内閣）は、軍部に圧倒されつつ、「暴支膺懲」を名分として戦争の全面化に踏み切り、国民精神総動員運動（以下「精動運動」と略記）を開始した。組織的には、国民精神総動員中央連盟（会長・海軍大将有馬良橘）を設置し、その下に、地方に官民合同の実行委員会を設ける一方、民間団体に対して精動連盟への参加を要請、それに応じて在郷軍人会、各種教化団体、日本労働組合会議ほか計七団体が参加した。

「精神」の「総動員」とは、文字通り精神を重視し、物資を軽視する国民動員策で、日本精神の昂揚をうたいつつ、軍人遺家族の慰問、出征兵士の歓送のほか、精動強調週間を設定して全国民一斉に明治神宮を遥拝させるなど、国民の思想や生活様式を統制しようとするものであった。また、ねらいは総力戦にあたって国民の協力と忍従を求めようとするところにあり、それを官民一体の国民運動として行おうというのである。

こうした政府の動員策に即応して、婦人界では、愛国婦人会、国防婦人会、大日本連合婦人会、女子青年団、東京連合婦人会などが慰問袋作成や軍用機献納のほか、国民教化の運動に乗りだした。

他方、国民の戦争支持ムードが高まるなか、自由主義的な立場にたつ思想家や評論家は、壊滅状態の反戦勢力に代わって軍部、憲兵特高、警察特高の監視の目に直接さらされることになった。四四歳の市川がその最前線にあったことは神近市子の言葉から推察できる。

近年の政治的反動は、この団体「獲得同盟」を唯一の進歩的な婦人の活動団体とした感がある。左翼団体がいっせいに壊滅し、社会民主系の無産政党が、党勢の拡張に余念なくて婦人の問題を等閑に付している時、この団体だけが婦人の政治的自由の獲得に専念することになつた。最近の東京の婦人団体は、ほとんどこの団体を中心として、東京市政への割込み、婦人の政治教育の諸活動に参加している。そしてそこにおける中心的存在は依然として市川房枝氏であり、その古色蒼然とした風貌とともに、氏は婦人運動の至宝となろうとする様子を呈している(1)。

自らが屹立する存在であること、ゆえに、「反体制」の運動者として弾圧を受けるであろうことは、市川自身が承知していた。彼女は自らに開かれている選択肢として次の三つを想定した。(1)正面から反対して監獄に行く、(2)運動から全く退却する、(3)現状を一応肯定してある程度協力する。そして選択したのが(3)、「協力」を前提に婦人運動を継続する道、いわば「第三の道」である。決断するや、市川は、九月二八日、精動運動を視野に八民間婦人団体(基督教女子青年団、全国友の会、日本基督教矯風会、日本女医会、日本消費組合婦人協会、婦人同志会、婦人平和協会、獲得同盟)を糾合して日本婦人団体連盟(以下「婦団連盟」と略記)を組織した。

この選択には密かな「計算」（後述）があったが、決断に至るまでにはやはり苦しい葛藤があった。市川は記している。

事変が勃発してから二ケ月近くになる。私共も政府当局者と共にその局地的解決を切に希望したのだつたが、遂に拡大のやむなきに立到つてしまつた。街頭の戦時風景は段々濃くなつて来るし、ラジオや新聞の伝える戦況も日増しに激しくなつて行く。この二ケ月といふもの、私は憂欝に閉ざされて来た。国を愛するが故に、この不幸なる事変の発生を悲しみ、拡大の程度、事変の後の措置、経済上の影響等々が、案ぜられてならなかつたのである。然しここ迄来てしまつた以上、最早行くところまで行くより外あるまい。

悲壮感と諦観が交錯する重苦しい文章である。が、これに続く言葉は俄然闊達である。

物資の不足、戦費の増大から来る物価の騰貴、生活の困難は、当然来るべきものとして覚悟は固めなければなるまい。……然し婦人子供全体の——延いては国家社会全体の幸福を増進するために、多年同志と努力して来ている私共の立場としては、この時局の困難に如何にして打克ち、将来の幸福を建設するかを考慮し、実行に移す責務がある。……直接、婦人が事変から受ける影響としては、
一、出征軍人の遺家族として精神的物質的の打撃困難。
二、男子の出征によつて空席となる職場の補充乃至は労働強化。
三、生活必需品の不足並びに物価の騰貴と、それからの必然的に来る母子の保健問題等々が考えられる。

一、は已に政府及び婦人団体によって着手されているが、二、と三、は事変の初期のためか、殆ど何処でも考慮されていないようである。そこで私共としてはこの二つに対しての具体的対策を考究し、政府当局並に各婦人団体の注意を喚起し、その実行を促進しなくてはならない。殊に三、に対して当然取上げられるであろう消費の統制、節約運動に対しては、消費者である婦人の協力なくしては全く不可能であることを政府をして認識せしめなくてはならない。

現在の如き状勢においては所謂婦選―法律の改正運動は、一層困難となろうであることはいふ迄もない。然し私共が婦選を要求する目的は、婦人の立場より国家社会に貢献するために政府と又男子と協力せんとする所にある。従つてこの国家としてかつてなき非常時局の突破に対し、婦人がその実力を発揮して実績をあげることは、これ即ち婦選の目的を達する所以でもあり、法律上に於ける婦選を獲得する為めの段階ともなるであらう。悲しみ、苦しみを噛みしめて、婦人の獲るべき部署に就こう(2)。

抜群な適応力であるが、ここに滲みでているのは無権利であるがゆえに一層の苦難を強いられることになる大衆婦人への思い、そして彼女らの生活と権利を守ろうとする決意と覚悟である。原田清子も市川の選択は、「それが自分の指導者として臨んできた大衆婦人たちへの責任と義務であるとの思いから」(3)と代弁する。

だが、見逃してならないのはこの複雑で多義的ないい回しのなかに伏在する婦選への尽きせぬ思い、そしてそれを精動運動という国策の運動に託そうとする冷徹な計算である。もっと直截に言えば、婦選運動を潜航化させる一方、自らを非常時局に適応させるかたちで外装を整え、そのなかで婦選の契機を探ろうとする戦略的意図である。

その意図は、婦団連盟の「参加資格及び目的」と「宣言」の文言の齟齬からも読みとれる。すなわち、前者は「本会は全国的組織を有する自主的婦人団体にして、社会改善乃至は婦人の地位の向上を目的とせる婦人団体を以て組織し、相協力して婦人の立場より現下の非常時局の打開克服に努力することを以て目的とす」(規約第二条)と、とりわけ反動性を感じさせないものである。だが、後者では趣が一変する。

国家総動員の秋、我等婦人団体も亦協力を以て銃後の護りを真に固からしめんと希ひ、玆に日本婦人団体連盟を結成して起たんとす。我等はよく持久その目的を達せんと誓ふと共に、翼くば我等の精神よく全女性に潤ひて非常時局克服に、女性の真価の発揮せられんことを。

読み方によっては、銃後の護りのためとも、婦選運動の持久延命のためとも読める。この微妙さのなかに婦選獲得への強い意思が縫いこまれている。

ところで、「私の頁」(『女性展望』一九三七年九月号)には、戦争の全面化後帰郷した際(八月中旬)、偶然に国防婦人会の分会発会式に立ち会い、そこでみた婦人たちの姿にひとつの婦人解放のあり方を見出すという印象的なくだりがある。すなわち、帰郷時、国防婦人会の集まりで、「十五、六歳から六十、七十歳のお婆さんまでが、みんな恥ずかしそうだが、うれしそうでもある」場面に遭遇して国防婦人会の意義を再認識する箇所である。

国防婦人会については、いうべきものが多多あるが、かつて自分の時間というものを持ったことのない農村の大衆婦人が、半日家から解放されて講演を聞くことだけでも、これは婦人解放である。時局の勢いで、国防婦人会が村から村へ燎原の火のように拡がつて行くのは、その意味でよろこんでよいかもしれないと思つた。

はからずも「敵状視察」となったこのとき、市川は家族制度の最底辺であえぐ農村婦人が「社会参加」を果たし、解放感のなかにある姿をみたのである(4)。

嫁の立場で愛国婦人会の会合に出席した経験をもつ馬場千代(5)も回想して述べる。

婚家では奴隷のような状態で青空をみることもできなかった。そうした日々のなかで、集まりがある日は公然と外出できて非常にうれしかった。集まりは嫁の展覧会のように華やかで、いくつかの着物のなかから姑に選んでもらい、それを着て参加した。

翻って、婦選運動はどうか。なお一部の知識婦人の枠を脱し切れず、社会の底辺に根を張ることなどまだまだ遠い夢であった。市川にとっては、その乖離の解消、運動の大衆化が新婦人協会時代からの継続的な重要課題であった。婦選を寸前まで追いこみながら逃がしたのも、運動に大衆基盤がなかったところに根本の原因があった。市川が故郷でみたものは、皮肉にも「婦人解放」を地でいっているのが自立的・市民的な女性ではなく、反動的な官製婦人団体の婦人たちであるという逆説的な現象だったのである。彼女の「第三の道」の選択がそうした実態を直視することによって促されたとしても不思議ではない。

もちろん、選択の理由はそれに尽きるものではない。実は、その裏には規模壮大な構想が秘められていた。第一次世界大戦下の米国の婦人団体の例に倣って、日本の全婦人を網羅する一元的な組織網を作り上げ、その機能的な活動を通じて「協力」を果たす一方、それを砦に婦人の最低限の権利や生活を守りつつ婦選の契機を探るという計画である。

2　戦時下の婦人運動構想――アメリカの先例を範として

市川は、政府の精動運動における具体的政策の欠如と婦人（家庭）の閑却を批判したうえで、「日本の政府当局の此態度は欧州大戦時当時、英米両国の政府当局が婦人に対してとつた態度と比較すると頗る興味がある」として、第一次大戦時米国で設置された婦人委員会（国防委員会の諮問機関）の政府と一体となった活動を懸命に説明している(6)。

欧州大戦に於て、欧米婦人は如何なるパートをとつたであらうかといふ事は、今日の日本婦人殊に婦人団体関係者の等しく知らんとする所であらう。……大戦に参加した欧米各国の婦人中、最も迅速に、然も最も組織的に大衆婦人を動員して、十二分の効果をあげたのは、何といつても米国が第一である(7)。

続けて、「米国が第一」だった理由を三つあげる。(1)その参戦が遅かったため各国の経験を参考にし得たこと、(2)平時からよく組織された団体的訓練ができていたこと、(3)政府当局が婦人の力を認めて最初から婦人に協力を求めていたことである。そして、その協力体制について詳述する。

「政府の戦時最高機関としては、陸海軍大臣、内務、商工、農林、労働の六大臣によつて国防協議会（委員長・陸軍大臣）なるものが組織され」、それを「大統領より任命された産業、金融、労働等々各方面の有力者七名よりなる諮問委員会が」助けた。その「国防協議会は、諮問機関として各種の特別委員会を任命して協力せしめる」ことにし、宣戦布告後一五日目には「その委員会の一つとして婦人委員会なるものが」組織され、その委員長には前婦人参政権協会会長が、委員には全国婦人クラブ連盟会長、婦人参政権協会会長など婦人諸団体の長が就任した。婦人委員会の使命は、「近代戦争に於ては婦人の貢献が非常に大なることを認識し、如何にして婦人を協力せしむるかについて考へ、アドヴアイスせしむるか」にあり、「組織された婦人は勿論、未組織の婦人たちをも協力せしめて婦人と政府との連絡をとり、政府からの婦人に対しての要求を迅速に伝えると共に、必要と認めたことを政府に建言する」こととされていた。婦人委員会がまず着手したのは、「事業の重複を避け、能率をあげるために全国に動員網をつくる事――即ち州、市、町、村に各婦人団体及び未組織の婦人によって各々婦人委員会を組織する事」であった。

これら地域の婦人委員会は「方面別に部を設け、此部は中央の婦人委員会内に設けられた部と連絡をとる事とした」。方面別の部とは、「食料品の保存、食料品の生産と家事経済食料品の管理、教育、労働婦人、社会及び福祉事業、事業交際、保険、児童福祉、国内及び国外の救済事業」などである。なお各婦人団体はこうした政府機関としての活動とは別に、独自の活動を行っていた(8)。

以上、市川の説明は詳細を極めていたが、彼女もこのシステムをそのまま日本に導入することは不可能であることを承知していた。日本にはまず強固な官製・半官製の婦人団体が現存し、政府や軍部の後援を受けつつ猛烈な銃後後援運動を展開していた。そこで市川は、次のような日本型の青写真を提示した(9)。

時局下婦人が直接被る影響は、「欧州大戦当時における英米、乃至独逸等の経験」からみて、「一、男子の出征によって空席となるであろう職場への婦人の参加　二、物資の不足――軍事費の増大から来る当然の結果としての物価の騰貴、生活の困難」であろう。「銃後の守りとは、子供をよく育て、家事をうまく切り盛りして行くといった平素の婦人の務めをよりよくする事である。それも婦人が相扶けて、男に――夫に頼らずに、立派に責任を果し、後顧の憂ひなからしむる事で」あり、婦人団体の活動は、「現在の活動を一歩も二歩も進めて、真の銃後の運動に向けられる」べきである。ただし、「一、については特種な婦人団体の活動に任せても」よいが、二、については「消費の節約運動、生活の合理化運動を伴つた運動として、各種婦人団体が政府と連絡をとり全国的に組織的に展開すべき」である。それには婦人団体の連絡協力が必要であるが、婦人団体の合同は仲々困難である。それでも、連絡協力する事は不可能ではない。愛国婦人会や国防婦人会も政府当局がその認識のもとに提唱すれば合同も不可能ではない。もちろん政府が提唱する場合は、「官製婦人団体だけでなく、総ての婦人団体を網羅すべきであり」、それも「上から下への強制的」なものではなく、「出来るだけ婦人の自主的運動たらしめる事が必要である」(10)。「運動は抽象的な掛け声だけの精神運動ではなく、直ちに実行の可能な具体的プログラムを作成すべき」である。「かくして私共は大なる試練に耐えて、難局を突破すると同時に、かくされてゐた婦人の能力を見出し、将来の理想社会の建設へ一歩を踏み出すことが出来れば、禍転じて福となし、尊き犠牲を生かすことにもなるであろう」(11)。

翻って、足下の日本の精動運動はどうか。市川にいわせれば、第一に運動の目標が抽象的・精神主義的にすぎ、国民生活の具体的な諸問題は無視されている。第二にその対象が漠然と国民全般に置かれ、戦時下当然生活面で特殊で重要な役割を担うことになる家庭と婦人の存在は軽視されている。しかも、中枢機関には四つの官製・半官製の婦人団体(愛婦、国婦、連婦、女子青年団)がバラバラに加えられているだけで、民間の婦人団体は完全に無視され、役員には一人の婦人も加えられていない。

米国では、「上から下迄、組織されたる婦人は勿論、一般未組織の婦人が実に整然と組織され、食料品の保存、節約、其の他の政府の政策の実現に大なる寄与をなした」。英国でも当初は日本と同様に「婦人側からの申出を白眼視して」いたが、戦局の進展につれて顕在化した労働力の不足、食料品の不足によって態度を一変、婦人の働きを認めるようになった(12)。

だが、日本にはそうした自主的・合理的な運動を展開する余地はない。そこで市川は、とりあえず民間の市民的な婦人団体だけで、「消費経済、児童の教育、家庭の保健衛生乃至は労働力の補充乃至は労働に従事せる婦人の保健の問題等について研究調査し、具体案を立案」するための組織をつくり、「政府の総動員計画に側面から協力、その足らざる点を少しでも補」っていこうと考えた(13)。その婦人だけの組織が他でもない、先の婦団連盟である。

さて、婦団連盟に結集した婦人団体の多くは事業内容や運動方針の異なる、かつては敵対関係にあったが選挙粛正運動を機縁に急接近した右よりの団体であった。会長はガントレット・恒子、市川は書記という要の役をにぎり、「事務の連絡調整、進行係は書記の役目なので」、新しく設けた事務所には「毎日のように通うようになった」(14)。

こうして独自の運動を展開する態勢を整えた市川は、すでに中央連盟入りしていた官製・半官製婦人団体の向こうをはって、「私共の強みは参加団体が強制やお義理ではなく、自ら進んで一つの理想の実現にめざめた人達であることである」(15)とアピール、以後婦団連盟を砦に、婦人に密着した消費経済政策では政府の役割を補完する、いや政府をリードする勢いでつき進んでいく。

3　婦人再組織論と日本婦人団体連盟

精動運動にみる自主的な組織(婦団連盟)を確保したうえで公的な役割を担うという参加方式は、選挙粛正運動の場合と同じで、しかも双方ともアメリカの例を範としたものであった。前者は第一次大戦下のアメリカの一元的な婦人組織の活動を、後者はアメリカの大統領選時の婦人団体の活躍、さらにはシカゴ婦人クラブの活動をお手本としたものである。ただし、婦団連盟の結成は、先述の通りあくまで次善の策であり、ゆえに理想型たる全婦人を包摂する一元的な婦人組織の構築に向けて全勢力を傾注することになる。それが市川の説いてやまない婦人再組織論として表れるのであるが、予備的に述べれば、それが精緻化され一定の完成をみせるのが「国民組織としての婦人組織大綱試案」(一九四〇年八月三一日)、それが具体化されたものが大日本婦人会(日婦)である。もちろん日婦は理想とは似て非なるものであり、結成されるや今度は日婦解体、婦人再々組織を叫ぶことになる。

ここで、婦人再組織論をめぐる基礎的事実を押さえておこう。日中戦争突入後、これが婦選に代わる当面の大きな目的として彼女の言動の軸となっているからである。

婦人再組織論とは、改めて述べれば、国民の半数を占める婦人がその権利と能力と自発的創意が尊重されるかたちで政府と機能的・合理的につながり、そのうえで一定の役割(協力)を果たすという一元的な婦人組織を構築しようというものであった。ただし、初期には全婦人の統一というより、官製婦人団体の一元化の要求として提出されている。順序としてそれが妥当というばかりでなく、盧溝橋事件後対立・抗争が激化した官製婦人団体のはざまで、当時大衆婦人が二重、三重に頻繁かつ無統制に動員され、その動員のあり様が社会問題として浮上し、例えば全国学務長会議（一九三七年八月一三日）で官製婦人団体の統合問題がとり上げられ、内務省もそれに前向きの姿勢を示していたからである。

官製婦人団体一元化論の主張は、管見する限り、「両婦人団体の合同」（『日本読書新聞』一九三七年八月二五日）を嚆矢とする。内容は官製の婦人団体だけを統合し、民間の婦人団体はそのままに両者相協力すべきというもので、全婦人の組織化は時期尚早とされていた。次には「婦人団体の統制について」（『女性展望』一九三八年二月号）で、これは男子側の動きを歓迎しつつ、合同の際の男子介入を強く牽制するものとなっている。

以後、機関誌でほぼ毎号とりあげる他、新聞、雑誌などでも婦人再組織の必要性を説き、その実現のためにはあらゆる方法を試み、如何なる勢力への接近も厭わず、その点徹底していた(16)。

だが、全婦人を組織化するという事業は、日本という官尊民卑、男女差別が骨の髄までしみこんでいる国では所詮観念論、机上の空論でしかなかった。市川はその見果てぬ夢を追い、「手段」であるはずのそれを「目的」化し、さらには原理化して戦争の深みに入りこんでいる。婦人再組織構想は、その意味で市川の戦争「協力」への導きの糸だったと言えるかもしれない。だが反面、その要求の持続のなかで戦争推進勢力との心理的距離を保持しえたということもできる。そのことは官製・半官製の婦人団体の場合と比較すればはっきりする。またその点は章を追うなかで明らかにするが、少なくとも一九四〇年四月「東亜新秩序建設」を承認し新体制運動（国民再組織運動）のなかに婦人の再組織論を挿入させる運動に走りだすまでは、権力とはあくまで駆け引きの関係にあった。

では以下、婦人再組織構想からいえば暫定的な組織だった婦団連盟の活動を見ていく。まず、大室政右（元精神総動員連盟職員）の証言を聞こう。

精動のよき理解者であり、協力の推進者は市川房枝さんが第一であったと思う。元々「婦人参政権獲得同盟」にあって市川さんの情熱は真剣そのものであった。政治の刷新や社会に矛盾是正には積極的な姿勢で対処され、時局に対する認識も的確であった。婦人や家庭の不利益なことや社会的政治に反することについては、極めて厳しい対応をされる方であった。

精動運動では各委員会の委員として活躍され、各事項の決定に大きな役割を果たした。委員会の外にも展覧会や講演会等にも協力され、私たち事務局員とも仕事を通じて何かと話す機会が多かった。市川さんは婦人指導者の中では中堅的存在であったが、その理論と良識は、情熱の伴う実践的行動と相まって、難しい問題となると自然とその中心的存在になっていた。飾らない清潔な人柄が、年や肩書を越えて頼りにされていた。

市川さんと良きコンビのように行動されていたのが金子しげり（山高しげり）さんであった。市川さんとは対象的に陽気な雰囲気をもち、そのバイタリティーには敬意を表したものである(17)。

政府の行った精動運動は、先述のように、戦争遂行を目的に国民の思想・生活態度・生活様式を統制するため、とりわけ初期は精神の教化運動が中心で、国民の日常生活とは遊離し、婦人や家庭に関しては等閑視されていた。それに対し、婦団連盟は、日常生活に関わる具体的な問題すべてを課題化し、精神作興、保健衛生、生活改善、消費節約、児童問題、婦人労働、社会事業（以上、常設研究委員会）、託児所問題、女子青年、廃品更生、社会事業、体育問題、映画（以上、特別研究委員会）、白米廃止、性病予防（以上、実行委員会）の委員会を設けた。そして活動の内容や方法については各団体から三名づつ推薦された二八名の中央委員が決めることにし、獲得同盟からは中央委員として市川、金子、藤田などが各委員会に加わった。

こうして婦団連盟を拠点に、民間婦人団体の意地と力量をみせつけていくのであるが、男子側からの情報収集も怠りなかった。第一回組織準備会（一九三七年九月一七日）には清水芳一文部省成人教育課長を、第二回中央委員会（一〇月三〇日）には中央連盟の香坂昌康理事を、結成記念講演会（一一月一三日）には企画院の山田秀三を迎えて話を聞いている。

また、先の委員会とは別に時局下の諸問題を研究する機関として婦団連盟内に「水曜クラブ」（幹事・金子）を設け、幹部の勉強会を開くことにし、一一月一〇日には内務省社会局長灘尾弘吉を迎え「軍事援護事業について」の話を聞いている。他にも、東京府職業課長、官製婦人団体の事務当局者（男子）から活動の概要を聞く一方、講師として衆議院議員加藤鯛一（テーマ「北支に於ける政治経済工作」）、東洋新報社拇井義雄（テーマ「電力国家管理法について」）、企画院総務部長・陸軍少将横山勇（テーマ「国家総動員法について」）、文部省柴山直（テーマ「青年学校義務制について」）、ダイヤモンド社野崎龍七（テーマ「戦時経済と消費統制」）等を迎え、情報を集めている。

4　日本婦人団体連盟の活動——生活の自衛をめざして

婦団連盟が行った主要な活動は概括すれば、次のようになる。

(1)　主食改善運動（一九三八年当初より）

「白米食はやめましょう」をスローガンに、三つの標語、(1)「非常時の肚ごしらえは胚芽米」、(2)「お菜には魚(肉) 1、豆1、野菜4」、(3)「栄養分逃がすなこぼすな棄てさるな」を掲げて大衆婦人に呼びかけ、「白米食廃止懇談会」（一月二八日）、米穀商との懇談会（二月一四日）、市内各婦人団体との懇談会（二月一九日）を開催するなどした。この運動は限られた厳しい食糧資源のなかで何よりも栄養の観点から要請されていたもので、市川も熱心にとりくんだ。なお、これは中央連盟加盟の四官製婦人団体に参加を呼びかけたが断られ、独自にとりくむことにしたものである。

(2)　女子の坑内労働禁止緩和反対運動（一九三八年一月）

鉱山における女子の坑内労働は、若干の例外を除いて一九三三年以来禁止されていたが、満州事変以来労働力不足を理由に緩和の方向に向けられていた。運動はこれに反対するもので、厚生、商工大臣などに「禁止方針堅持」を要望した。これには、市川がＩＬＯ東京支局勤務時代に実態調査をし、その線上で禁止されたという経緯があり、市川としては放置できないものだったが、運動は実らず、一九三九年八月九日、厚生省が条件付で緩和してしまう。

(3)　時局婦人大会開催（一九三八年三月一三日）

時局を配慮して全日本婦選大会の代わりに開催したもの。当日は、「起ちて負え総動員の秋」、「婦人の協力なくして建設なし」をスローガンとして、「消費生活部門における諸問題について」など四項目を議題に、次の申し合わせを行った。「徒らな買溜めを戒め、進んで代用品、国産品を用いると共にその品質の改善、価格の公正を生産者並に政府に求めませう」。また、桃井もき（全国小学校連合女教員会）の緊急動議によって、「皇軍に対する感謝決議」を採択した。

(4)　花柳病予防に関する請願の第七三議会衆院への提出（一九三八年三月一五日）

要旨は次の通り。「出生率の低下・乳幼児死亡率上昇の原因の一つに花柳病がある。性病患者の結婚を禁じ婚姻に際しては相互の健康診断書を必要とすること。性病患者に対して治療の義務を負わせること。無料乃至軽費診療所を直ちに地方公共団体に設置せしめ、国庫補助の途を講じること。速やかなる公娼制度廃止、私娼取締り、女給制度改善により花柳病の伝播を防ぐこと」。

(5)　「街にムダを拾う」運動（一九三八年七月）

政府の経済戦強調週間（一九三八年七月二一～二七日）に呼応して、戦時生活様式委員会の提案によって実行されたもの。参加者総勢八八三人、拾ったムダ一五五七件、集計の結果、ムダの一番は電灯のつけっぱなし、それも断然役所が多かった。このほか、ゴミ箱の中の有価物を調査し、節約すべき物資中、再生のきく筈のものが焼却される運命になっている点などを問題にした（捨てる方が悪いというより廃品回収のシステム化が先決問題とされている）。当日の参加者の多くが「非常に喜び、度々催したいといふ希望であつた」(18)。

(6)　買溜防止協議会開催（一九三八年九月二一日）

政府の消費統制強化に対して買溜問題が発生、商工省は「一人一種以上を売るな」と小売商に厳達したが押さえきれなかった。それに対して商工省商工課長、大蔵省貯蓄課長の出席を得て、婦人側のいい分をつきつけた。すなわち、「主婦は従来の教育によって国策消化の能力がなく、買溜は非愛国的ではあれ、その動機は責められない。政府は公経済観念を培い、もつて国策に協力せしめよ」と、さらにその大きな原因は婦人に公民権・参政権を与えていないからと主張した。また、政府に物価引下げ、新生品の生産促進を要求することなどを申合わせた。

(7)　天幕託児所開設（一九三八年八月、二週間）

戦局の進展に伴って、生活のため工場で働く母親が増え子供たちは街に放置されがちになったが、託児所の設備はほとんど皆無の状態だった。まず試みとして、東京市公園課の後援で深川元加賀公園に託児所を開設した。集まった児童は延八七五〇人、平田のぶ（子供の村保育園主宰者）の指導で日本女子大などの生徒が保母役を担当した。

(8)　不用品交換即売会（一九三八年九月の三日間）

「消費節約」「死蔵品活用」「貯蓄奨励」を目標に掲げて行った不用品即売会。蒐集総点数三五四七四点。連日多くの婦人が押しかけ、警察官をもってしても入場者を整理し切れないほどの盛況であった。羽仁説子主導の「友の会」の提案による。

(9)　戦時生活婦人団体協議会開催（一九三九年三月）

日本労働総同盟など一五団体との共催。「新東亜建設達成のために家庭に於ても職場に於ても戦時生活を実践し、以て国家総力戦の実をあげましょう」などを申し合わせ、「酒なしデー」「貯金日」「廃品日」などを実行した。

⑽　贅沢品全廃運動協議会開催（一九三九年七月）

「七・七禁令」による贅沢品全廃運動に積極的に参加し、堅実なる新生活の創造、建設への協力を期するとの申し合わせをした。贅沢全廃委員会委員に就任した金子が中心となって官製婦人団体の代表者と一緒に行ったものである。

こうした活動は戦時下許された最大の婦人運動であり、ここには市川の戦略的、政治的感性が息づいている。しかし、当然ながら、そこには婦人側の「要求」と「抵抗」を国策に沿ったかたちで突きつけねばならないというディレンマがあった。また、構成団体たる他の婦人団体の意向も無視できなかった。例えば、婦人の坑内労働復活反対の要請書提出は市川の発意による「要求」そのものだが、時局婦人大会における「皇軍に対する感謝決議」は市川の発想から遠いものである。

ムダを拾う運動には市川も獲得同盟の分担地域に出動しているが、その結果をみれば、婦人の個人生活の監視・干渉（例えば、夏手袋の摘発など）もあった反面、「ムダの一番は電灯のつけっぱなしで、しかも役所が一番」（先述）といった調査結果を示したことは、それなりに社会的意義があった。また、主食改善運動、贅沢品全廃運動では政府の精動運動を補完・補強する役割を担ったが、それは厳しい戦時下、限りある食糧を最大限に利用する、あるいは均等に分ち合うということでもあった。反対に、買溜防止協議会では政府に女性の社会的視野を狭める教育こそが問題と詰め寄ったが、そうして政府の無策を衝くほどにそれが戦時体制に寄与することにもなるという皮肉・矛盾が避け難くあった。いや、白米食廃止にせよ、貯蓄奨励にせよ、すべて軍事費捻出と表裏のものだった。

以上、婦団連盟の果した役割は功罪ある。だが、指導者市川は、現実主義的ではあるが、現実の追認に終始することなく、無権利であるがゆえに差別、抑圧される大衆婦人たちの生活に目を向け、現実を理想に近づけるべく努力した。このことは軍事援護一辺倒だった官製婦人団体の活動と比較すれば、はっきりしよう。

児玉勝子は力説する。「応召を拒否する自由を持たない男たちが戦線に出ていった後は、残された貧しい女たちが家族の生活を守ることに必死の時代であった。生活を守るためにはしばしば結果的に『国策』に添わざるを得なかった時代でもあった」(19)。原田清子も「国策にそう姿勢を見せながら、必ず婦人や子どもの生活擁護に関する項目が入っている。……政府や御用団体が軽視あるいは無視している国民生活の被害防止のため、当時の要求としては革新的な政策要求を行ってい」(20)たと、その果たしたプラスの役割を強調する。

市川自身も「戦争はもちろん、これを推進している軍部、職業軍人にも反対であったが、日華事変勃発後は、言論の自由はなく、このため苦しんでいる兵士、その遺家族、一般庶民の立場で、政府、国策に協力せざるを得ない立場に立っていた」(21)と振り返っている。

やはり、生活の深部まで男女差別が浸透していた日本の土壌で、しかも戦争の拡大と長期化のなかで生活上の困難のしわ寄せの多くは婦人にかかっていた当時にあって、婦団連盟のあり方は、戦争賛成とか戦争反対とかいう枠組みでは語り切れない問題を含んでいる。少なくとも婦団連盟の生活防衛的な運動に関しては、大衆婦人を最悪の事態から救った部分があったことは間違いなかろう。

未曾有の戦局にあって、軍部の独断専行が進み、弾圧事件が相次いでいたころのことである。中国では日本軍による南京大虐殺が行われ(一九三七年一二月一三日)、国内では、第一次人民戦線事件(一二月一五日、山川均など労農派の大量検挙)、第二次人民戦線事件(一九三八年一月一日、大内兵衛、美濃部亮吉など学者グループの検挙)が起こっている。他方、四月には国家総動員法が制定され、経済統制・生活統制、さらには言論統制・思想統制が一段と強化された。

そうした歴史局面にあって、孤軍奮闘した婦団連盟であるが、一九四〇年一二月には、その三年余りの活動に終止符を打つ。経過を見ると、一九三八年中頃を頂点として以後動きを弱め、一九三九年九月には各種委員会をストップして運動を縮小（勤労奉仕、婦人労働、経済動員の三委員会のみを残す）、一九四〇年四月には活動停止を決定、一二月正式に解散している。実はこの推移はそっくり婦人再組織問題と対応する。この間の一九三九年二月一八日には、婦人時局研究会を結成しているが、これは婦人再組織の研究のためといってよい。婦団連盟の退場と婦人再組織運動の登場という構図である(22)。

5　精動運動の渦のなかへ――戦時態勢への「順応」と「抵抗」

市川は、婦団連盟の活動とは別に、精動運動において実は公職を得て一定の公的役割を果たしていた。以下、精動運動の渦のなかに飛びこんで奮闘する市川を姿を追ってみる。

市川の公的な仕事は中央連盟が動きだす前、東京市からはじまっていた。一九三七年一〇月二八日、東京府がその精動実行委員会委員として三人の女性（本野久子、吉岡彌生、荒木錦子）を、東京市がその精動実行委員会委員に五人の女性を加えたが、市川は後者の一人として登用されたのである（一九三八年三月九日には、金子とともに府の特別委員に指名される）。

まわりを見れば、水野万寿子（愛婦）、武藤能婦子（国婦）、吉岡彌生（連婦）、木内キヤウ（女子青年団）といった面々ながら、全婦人の組織化をねらっていた市川にとっては大きな前進だった。また、出征兵士の歓送迎、遺家族の援護・慰問、国防費の献納等に向かっていた彼女たちの関心と行動を消費経済問題へ引きこむチャンス到来でもあった(23)。ただ、そのためには自らが婦人側の運動のイニシアティヴを握る一方、少なくとも婦人に関しては男子側の手足ではなく頭脳として働く態勢を整えねばならない。市川の精力的かつ献身的な働きは一つにはそうした動機に支えられていたように思われる。

婦人の生活に関する限り、市川はかなりの発言力を確保していた。何といっても、蓄積された運動のノウハウと日常的な研究による市政に関する識見は他の名流婦人たちにはないものであり、実際当局者は市川のそれを利用し、市川も積極的に応えた。市川自身、「府と市の精動運動の相談役として多忙を極めた」(傍点―引用者)(24)と記している。いま少し具体的にみてみよう。

「国民精神総動員婦人大講演会」(一九三七年一一月九日、東京府・市及び各婦人団体共催)の開催にあたって、まとめ役として三千人の婦人の動員に成功した(講演会では自らも吉岡彌生、本野久子、井上秀子らとともに講演)。また、東京市が教育局社会教育課に組織した「東京市生活刷新婦人団体連絡委員会」(一一月八日結成、官製、民間の一〇婦人団体参加)にも参加し、虚礼廃止運動の一環として開かれた「貯蓄報国婦人大講演会」(一九三八年六月二一日、大蔵大臣ほか講演、羽仁もと子、大江スミの意見発表の後、貯蓄報国を申合せ)では、その計画・実行にあたって中央連盟と府・市三者と参加各婦人団体間の連絡調整役を果した。

この間の一九三七年一二月、東京府市に遅れて、全国レベルの中央連盟の方も、吉岡彌生、井上秀子、市川、丸岡秀子、赤松常子ほか、官製婦人団体の代表者に調査委員を委嘱してきた。市川は、その調査委員会のなかの社会風潮に関する委員会委員に、官製・半官製の婦人団体の代表らとともに加えられた。彼女はそこで、同調査委員会発表の「家庭報国三綱領」(25)と「実践十三要目」(26)に対して、内容が抽象的すぎるとして、実践要目に主食改善(白米食廃止)の挿入を要請している。が、一度は入れられながら、理事会で貴族院議員の反対にあい削除された(27)。

だが先の要目を一般婦人に示すための家庭報国展覧会(一九三八年四月九日~一七日、中央連盟主催)では中央連盟から委嘱され、金子とともに事務一切を仕切った。また、「物資需給計画に関する政府声明」(六月一三日)に基づいて設けられた非常時国民生活様式委員会にその準備段階から協力し、委員に登用されている(六月三〇日、四七名中婦人委員八名)。同委員会には他に西野みよし(文部省成人教育課長)、井上秀子、河崎なつ、嘉悦孝(孝子)、山田わか、吉岡彌生、高良富子の諸女史が加えられ、また後にはガントレット・恒子、金子ほか一名が専門委員として加えられている(28)。彼女らはほとんど婦団連盟の構成団体の強力メンバーだった。

この後も金子とともに「物の利用更生展覧会」(中央連盟主催、九月一日〜七日)を手伝い、東京府の婦人団体連絡委員会(九月二二日、家庭実践に関して婦人団体の連絡統制のために設けられた)には、精動中央連盟府実行委員長の資格で参加している。

こうして官製・半官製の婦人団体を凌駕し、あるいは名流婦人たちをリードして、精動運動の足らざる施策の補足補充に努めた市川であるが、その裏では着々と婦人再組織の方策を練り、その具体化の機を窺っていた。その意味で注目すべきは、「国民精神総動員実践網要綱」(一九三八年四月一三日、中央連盟決定)である。同要綱は町内会・部落会の規模・機構を画一化し、さらにその下部組織として隣組を強化しようとするもので、そこには町会・部落会、隣組の会合への出席者として世帯主とならんで「主婦」の文字が加えられている。この「主婦」は市川が押し上げたものと断言してもよかろう。というのも、市川は同調査委員会に唯一の婦人委員として、その第一回(一九三八年三月八日)、第二回(三月一八日)、第三回(三月二四日)、第四回(三月三一日)、第五回(四月一一日)の全委員会に出席し、その後の実践網運営に関する打ち合せ会(五月二五日)では、「実践網実施促進方につき内務省より地方長官に通達せらるる様申し出ること」などの決定にあずかっているからである(29)。

「要綱」への「主婦」挿入は、婦人再組織のための布石である。実践網に関連して市川は、「今までは全く男子のみで会合してゐた。……婦人が男子と同等に乃至は副次的に参加することは、一方からいえば婦人公民権実現の先駆とみてもよかろう」とし、次には「婦人がとるべきパートなどについて研究を進めたい」と述べている(30)。「婦人のとるべきパートなど」の研究とは、全婦人の一元的組織結成をめざしたものに他ならない。彼女は新組織の足場として実践網の活用を構想していたのである。

五月には町内会総会に出席して「現場検証」に及び(31)、九月一四日には、同問題を協議するため「町会隣組懇談会」を開くが、このとき婦人再組織構想の下部組織として、町会・部落会、隣組を活用する方向で研究を進めることを決めている。

6　精動運動のなかの婦選運動

市川にとっては、すべての活動や運動が婦選に収斂されるべき手段であり、精動運動も例外ではなかった。だが、必ずしも理解されず、やがて「方向転換」との声も聞かれるに至る。次なるはそうしたなかでの市川の弁明である。

時局に際会して、私共がこうした方向に向つて運動を開始した事については、一般から歓迎され、少なからぬ期待を持たれてゐるのであるが、然し中には、これを以て婦選運動の方向転換の如く解釈してゐる向きも少なくない。然し私共としては、この運動は数年来の運動の継続として、否婦選運動の一つの運動として、当然なすべきをなしてゐるにすぎないのである。……婦人参政権の要求は、今日の時局に於ても毫も変らない。否国家社会が非常時局に直面すればする程、その責任を頒つべく、要求の切なるものがあるのである。従つて、その要求運動は表面にあらはれると否とに拘らず、これを継続するであろう（傍点―引用者）(32)。

この時期の厳しい言論統制・言論弾圧を考えれば、かなり勇気を要する発言である。とりわけ傍点部分の「宣言」は、批判への牽制にはなっても、対権力の面では決定的に不利であった。だが周囲の不満や批判はくすぶり続けていたのであろう、一九三九年五月の段階では改めて、「我々は婦選運動を放任して目下しきりに他のことをやってるやうに思ふ人もあるかもしれないが、今我々のやってることはすべて婦選の仕事である」(33)と念押ししている。

市川のその思いは、議会制度審議会が設置（一九三八年六月一〇日）された際、そして同じころ都制案が浮上した際にも、婦人公民権の挿入工作というかたちで噴出している（後述）。もちろん閉ざされた門扉は小揺るぎもしなかった。そうしたなか、万が一婦選獲得があるとしたら、それは「協力」による「ご褒美」としてでしかあり得なかったであろう。英米の婦人参政権も、先述のように、戦時の活躍によって付与されたものである。市川の周囲でも盧溝橋事件直後から、「ご褒美には婦人参政権を」「この機会に女も少しは浮び上がらなくては」(34)といった声があがっていた。

『女性展望』を見ると、第一次世界大戦時の婦人の活躍が参政権獲得を促進したとの論調が、「世界大戦中に於ける英国婦人の活動」（無署名、一九三七年一一月号）、「世界大戦と米国婦人の活動」（大月照江、同年一二月号）、「大戦中の米国婦人の活動」（ルシナ・ハンナ・ハドレー、一九三八年六月号）、「大戦時の英国婦人の活動」（無署名、同年一一月号）、「大戦と米国婦人活動」（大月照江、同年一二月号）と続いている。内容は、彼の地では戦争協力によって、「男性社会の女性観が一新され」、男性が「協力」に対して敬意を表せざるを得なくなったと、大戦における欧米婦人の役割の大きさを論じ、政府に婦人政策の見直しを迫るものである。次のコメントは、こうしたなかで婦選を手探りしているものである。

> 婦人の公民権など遠い遠いといふ人もあるけれどそれも餘り早計すぎる。じつくりと見定めてゐて、時に臨んでの運動も行わなければならない。今は婦人運動の素地においては利のある點もある。たゞ餘り国策線に沿つて活動分野が拡大してゐて、そのためにすぐに戦線が展開出来ない場合を心配するわけだが、そこは何とか努力せねばならない(35)。

では、市川自身は「ご褒美」についてどう考えていたのか。おそらく、「成行き次第」といったスタンスで自己鞭撻をはかっていたのではなかろうか。「第三の道」を選択するにあたって、その覚悟を示した「最早行くところまで行くより外あるまい」(36)との言葉を想起したい。次はその半年後の言葉である。

［精動運動への協力］の結果は参政権を要求せずとも或は欧州大戦当時の実例が示す如く、婦人の国家社会への責任の負担が法律的に確認され、合法的協力の道が開かれるかも知れないといふ人達がゐる。或はそうかも知れないし、又さうでないかも知れない。さうであつても、それはあくまで結果であつて私共は婦人参政権と時局打開への協力とを交換条件にする程さもしくはない。私共は国民としての愛国心からこの非常時局に馳せ参ずるのである(37)。

強気と焦燥感が交差する言葉ではあるが、やはり「成行き次第」との気持が強かったのではなかろうか。では、言論統制・弾圧の激化のなかで、どの時点まで、どの程度まで婦選に触れることができたのか。確認できる最後のものは『女性展望』（一九四〇年四月号）の社説「時局と婦選」における次の言葉である。

時局の政治性がつよいだけに、婦人の運動のチャンスもとらへればいくらでもあるのであつて、こうした機会を逸せず、適切な婦人の運動を展開せしめてゆくことは、現下において最も大切なる婦選運動の一戦術ではないだろうか。もちろん直接的な婦選の要求をも行ふべきであつて、議会開催中が最も適当であることはいふまでもないが、それが形式的、観念的に行はれるのであつては、力が弱いのみならず、反つて悪影響を生じさへする。どうしても時局の性質をよく認識し、そこににじみ出す婦人の力によつて新東亜建設のため牢固として抜くべからざる婦人の地位を確定せしめるのでなければならない(38)。

この後、第七六議会（一九四〇年一二月二六日～四一年三月二五日）に提出すべく選挙改正案が浮上し、そこで選挙被選挙権を戸主乃至は世帯主に限定縮小する案が生まれたときには、もし限定するなら当然婦人の戸主、世帯主へも与えるべきとの要求に及んでいる(39)。

2 「婦人国策委員」就任と銃後の組織化

1 「婦人国策委員」としての「政治参加」

国民精神総動員運動は、必ずしも統一的ではないが、すべての婦人組織、すべての婦人が直接間接に国家的事業に参加し、その限りで婦人の「社会進出」を大きく促すものであった。政府が国策審議のために設けた各種委員会には、官製婦人団体のみならず、民間婦人団体の婦人も参加し、そのもとに大衆婦人も好むと好まざるとに拘わらず「協力」を果したのである。

そのなかで国策の審議に関わった婦人たちは、マスコミ造語で「婦人国策委員」といわれた。その先頭をきったのが吉岡彌生で、一九三七年一二月、教育審議会委員（内閣直属）に唯一の女性として任命された。このあと、市川、金子、井上秀子、羽仁もと子、竹内茂代、大妻コタカ、嘉悦孝子、河崎なつ、村岡花子、木内キヤウ、高良富子、山田わかなど、全国的に著名な女史が次々と各種委員会委員として政府関係機関の固い扉を開けて入っていった。市川の場合、その前後を含めて、すべての公職を一覧すれば次のようになる（国政レベルのみ）。

一九三五年　六月　選挙粛正中央連盟評議員
三七年一二月　国民精神総動員中央連盟家庭実践に関する調査委員会委員

三八年　六月　同非常時国民生活様式委員会委員
三八年一一月　厚生省国民服制定委員会委員
三九年　三月　国民精神総動員委員会幹事
三九年　三月　大蔵省貯蓄奨励婦人講師
三九年一二月　商工省繊維単純化委員会スフ、絹委員会委員
四〇年　四月　国民精神総動員中央本部参与
四一年　四月　大政翼賛会調査委員会委員
　　　　　　　第二委員会（推進員の銓衡・国策の遂行貫徹に関する事項）
　　　　　　　第三委員会（大東亜共栄圏の建設に関する事項）
四二年　二月　大日本婦人会審議員
四二年一二月　大日本言論報国会理事

では、市川がこれら華々しい肩書をもって戦時下の行政補完の役割を担っていたのかといえば、必ずしもそうではない。市川は、「婦人の行政への参加の一つの途が開かれた。……私共の多年の希望である婦選の一部が実現した」と一応それを歓迎しつつ、「可能な限りにおいてこれを利用すべき」(1)と戦略家ぶりを発揮し、婦人側の最大限の要求と最大限の抵抗線を確保すべく努力した。市川の側からいえば、国策の舞台にのったのは婦選を究極の目的として、むしろ婦人の自己決定権確保のためであり、実際にも権力に限りなく近づきながら完全に密着することなく、国家の思惑とは異なる次元でモノ申し、また彼らの動きを洞察し批判するリアルさをもっていた。

市川や金子が、婦人の日常生活に密着した経済・消費生活の領域で圧倒的力量を見せつけたことは先に触れたが、そ

うして無権利状態にあった婦人の生活と権利を擁護しようとする姿勢は最後まで不変だった。

男子の牙城に「婦人国策委員」として乗りこむことに成功した市川は、大衆婦人の代弁者として、政府の物資統制、物資動員策をめぐって批判し、要望を突きつけていくのであるが、では具体的にどのようなスタンスで臨んでいたのか。その点をみるまえに、当時の庶民の日常生活、政府による物資の統制状況（消費経済の面のみ）を見ておこう。

一九三七年一二月、生ゴムが配給制となり、一九三八年三月には綿糸、ガソリン・重油の切符販売制が実施されたほか、その前後に羊毛・皮革・パルプ・鉄・鉛などの使用制限が実施された。一九三九年以降は木炭・マッチ・米・小麦粉・味噌・醤油・砂糖、魚介類など生活必需品が統制の対象となるが、その間スフ（人造繊維）が登場し、婦人の振袖や留袖は、時局にそぐわぬものとして元禄袖が奨励された。「日本人なら、ぜいたくは出来ない筈だ！」とのポスターが東京の街角に現れるようになるのはこのころである。そして、長髪・パーマネント・指輪・華美な服装なども追放・排撃の対象となり、さらに、料理店・カフェー・待合・遊戯場等の営業時間の短縮、ネオンサインの抑止、一定の階層・一定の場所に於ける禁酒等々が、次々と実行に移された。こうして政府の支配と統制が強まるなか、一般大衆婦人はそれらに同調しなければ「非国民」「国賊」との非難を免れ得なくなり、物心ともにその日常生活は大きく圧迫されることになった。

もちろん、市川らがこうした消費経済の統制と生活様式の指導のすべてに関与したわけでも、盲目的に追従したわけでもない。これらの政策を婦人の側で支えたの愛国婦人会や大日本連合婦人会の婦人達であり、市川らはむしろそこに権利の視点を入れるのに必死であった。それでも一般国民（婦人）から一段と高いところで、その政策立案過程に参画し、是々非々ではあったが、大きく捉えればその政策を支える働きをした。

そこでの役割は、権力と国民（婦人）の中間にあって、「上意下達、下意上通」の仲介者といえるが、その主目的は「下意上通」にあり、それがまず「上意下達」の前提条件であった。その反面、市川にとって婦人大衆は政治的自覚の欠けた、教育・啓蒙を必要とする存在であり、知識婦人はその責を担う指導者であり、そして自らはその両者を啓発・指導する指導者であった。もっとも、家族制度のしからしむるところではあるが、実態として大衆婦人の権利意識の欠如、政治的未成熟は冷厳な事実であり、またそうした大衆婦人を導くのはどこの国でも知識婦人であった。

2 「婦人国策委員」としての役割と使命

「婦人国策委員」は、そもそもその選択基準が曖昧で任務も限定的だった。その点、市川は権力への不信、不満を隠そうとはしなかった。吉岡が紅一点で教育審議会委員に選ばれたときも、「政府がどれだけ審議会の意見を入れるかは疑問ですが、……とにかく一つの進歩ですね」(2)と冷めていた。山田わかが商工省中央物価委員会委員に任命されたときには、委員会が「一般消費者のために果たしてどれだけのことができるかはかなり疑問ですね。結局ゼスチユアーに終るんぢやないですか」(3)と冷ややかな対応を示している。市川に言わせれば、当局者は心から婦人の協力を期待しているわけではなく、人選も、「その衝にあたつた当局が新聞等でみる人物を含めて自分たちの知つている範囲で行い、したがつて必ずしも適材適所ではな」(4)く、「まあ婦人も加えておけといつた程度」の認識であった。そして、たとえ「婦人国策委員」が会合に呼び出されても、当局が立案したものを「形式的に審査する場合が多く」、婦人の意見が成案のなかであらわれる場合はまずなかった。いや、委員会そのものが形式的で、「官民協力のジエスチユアーの感」があった(5)。

市川は同性の国策委員に対してもシビアで、彼女たちの無自覚、無定見を指摘し厳しい注文をつけてやまなかった。例えば「委員会に代理を出して当局を困らせる婦人国策委員」、「見当違いのことを言つてもの笑いになる婦人国策委員」、こういう婦人委員は辞任して他の適当な人に途を開くべきと主張する(6)。また、「婦人国策委員は重要な役割を与えられているわけではないが、そこに婦人の行政への参加の一つの途が開かれたわけであるので、可能な範囲でこれ

を利用すべき」であり、もし「婦人国策委員」が何らかの失敗をしたら、「だから女はやつぱりダメさということにな
つて容易にまた却けられる。……それだけに委員になった婦人たちに試験台にされてゐることを自覚してほしい」。だ
いたい彼女らは「自分の任務に対して全力をつくしてゐない気がする、自分の意見を過大に評価してゐて他人に聞こう
としない」、もっと「婦人の持場をハッキリ自覚してほしい」(7)などと辛辣であった。

市川が同性の国策委員に言いたかったのは、「婦人側の意見をよく聞かれ、よく検討されてから下意を上通していた
ゞきたい。さうして会議が済んだ後で、反響その他代表からの直接の御報告を承りたい」(8)との言葉に尽きよう。「婦
人国策委員」は、権力を代弁するロボットではなく、下からの要求をつきつける代弁者たれというのである。もちろん、
対権力という面でも、男子にはみくびられたくはない、足元を見られてはならないといった気持ちが強かったであろう。

市川は「婦人国策委員」ばかりではなく、彼女らを輩出している婦人団体に対しても遠慮しなかった。官製・半官製
婦人団体に対して、「婦人団体幹部・職員には男子無用」(婦人団体にも拘わらず、男子が支配していた)と直言する一方、
民間の婦人団体に対しては「正しい批判をせよ」、「婦人運動の新しい指導者いでよ」と訴えてやまなかった(9)。

以上、市川の「婦人国策委員」をめぐる言説には、リベラルな感性や知性、婦人の利益と総意を代表しようとする気
概や使命感が溢れている。「婦人国策委員」ではあっても、婦人の問題に関する限り、在野精神を失うことはなかった。

「自他に厳しかった」という点では金子も同じであった。彼女は「婦人国策委員」の増員を歓迎しつゝ、男子の指導
に甘んじることは潔しとせず、安易な「参加」を戒め、またその周囲の支援の必要性を説いている。例えば、「今まで
の女のおかれて来た場所からいつても女の実力がさうすぐれてゐるとは見栄を切りかねるのだから、何事も勉強という
心持ちが肝腎。……受けた以上多勢の婦人の代表だから後に控えた婦人の意向を常に代弁するだけの努力は絶対に必要
であり、後の連中も大いに之を支援する義務がある」(10)と説く。そして商工省中央物価委員会委員になった山田わかに
対しては、「利用されるだけで終らないよう自重してほしい」(11)と釘をさすことを忘れなかった。

奥むめおも同じで、「婦人の国策委員たちが、真に、婦人に依つて守られている生活の部署々々について、その生活の不満と要求と対策とを提示して火花の散る程会議の席上で論議すべきだと思ふのに、多くの場合それがなされてない」、その原因はむしろ「婦人国策委員」側の生活実感の欠如にある、と手厳しかった(12)。

では、他の委員たちはどういう姿勢で臨んでいたのか。時期によって違うが、目立つ人の声を拾っただけでも多様である。例えば、吉岡は、「女子の機会均等のために闘ふ」と一応権利の視点を押しだし、山田わかも「母子保護法のために闘ひたい」と闘う姿勢を担保している。それに対し、大江スミ（大蔵省貯蓄奨励委員会委員）は「ムダをはぶけ」と、羽仁もと子は「おかみさんたちに家の持ち方を教へる」と、大衆婦人の指導・教化の姿勢を示すばかりである(13)。

また、市川、金子、奥などが、委員会での情報の収集とその伝達を一つの使命として大衆婦人に対する責任を果たそうとしているのに対し、帆足みゆき（大蔵省国民貯蓄奨励委員会嘱託婦人講師）、山室民子（中央物価委員会専門委員）などはまず国家への忠誠・奉仕の精神を先行させている(14)。その点、徹底しているのが桐淵とよ（全国友の会中央委員）である。彼女は「長期戦をたゆまぬ、明るい気持ちでなしとげるには、少ない物資にも不平をいはず、その日その日を雄々しくむかへてゆく明るい気分の家庭をつくりあげることがもつとも大切なことでせう」(15)と精神主義的軍事援護論をぶちあげ、主婦に一方的な堪忍を強いている。

やはり、日本の婦人の国策参加は、第一次世界大戦時のアメリカのように全婦人をバックに全婦人の利益代表のかたちで参加する重みとは雲泥の差であった。市川としては、少なくとも婦人の日常生活に密接な経済・消費生活面に関しては、権力の恣意を排除し自己決定可能なシステムがほしかったのだ。また、アメリカ型の統一的な運動と比較すればこそ、日本の場合の欠点がよく見えたに違いない。

市川は、委員会には「男の人達による政治、所謂官僚の実態を見学するにはよい機会であるので出来るだけ休まないで出席し、御名論？　を謹聴する事に」し、「婦人の立場からどうしても発言の必要を認めた時だけ」(16)発言することにしたと言う。だが、あたってみると、発言する場合は根源を突き、さらには詳細な具体策提示に及び、その点徹底していた。健康週間に因んで健康十項目が制定されたときにも、それを歓迎しつつ行政管掌が分散されている点を問題にし、その解決策まで提示している。

現在のまゝで出来ることは、現在の国民精神総動員中央連盟の組織をもつと改組強化して予算も充分にとり、人材を集めて中央に於けるすべての運動のほんとうの総元締めを願ふ。地方に於ては、各部局に対してにらみのきく協力な国民精神総動員の如き課を設ける。現在ある所ではもつと強化をする。さうしてそこで大衆に対しての一切の宣伝運動を受持つていゞだく事にしたらどうかと思ひます(17)。

福岡、長崎、両県を訪れた際には次のような提言をしている。県当局は、定期的な会合を開き、「幹部の婦人達をして時局の認識を深めしむると同時に、その活動を刺激する事が必要」である。「中央団体連盟としてはその決定事項が如何に実施されてゐるかを見届けると同時に、視察員を派遣する事によつて、地方の当局、婦人団体を激励しその註文をきく事は、運動の進展の上に極めて効果のある事を発見した」(18)。政治支配層への市川の不満、ないし問題意識は、アメリカ型の戦争協力体制を理想とする市川にとっては当然だった。

以上、市川が「婦人国策委員」として、まず大衆婦人の代弁者の役割を果そうとしていたことを確認した。では、実際に男子の牙城に入りこんではどうであったか。それは、まさに「抵抗」と「同調」、「批判」と「協力」が交差し、そこでの矛盾と拮抗はさまざまなかたちで現れることになる。次節以降、その両面の事実を掘り起こしていく。

3 非常時国民生活様式委員会委員として

非常時国民生活様式委員会における出席と発言の様子を、内務省側の資料から探ってみよう(19)。

一九三八年

第一回委員会　六・三〇　市川出席　市川他「熱心なる意見の開陳あつた」

第二回委員会　七・　四　市川出席　市川他「熱心なる意見の開陳ならびに研究調事項の発表あり」。市川特別委員一七名の内の一人に選任さる

特別委員会

（第一回）七・　五　市川出席　市川小委員会委員七名の内の一人に選任さる

（第二回）七・　九　市川出席

（第三回）七・一二　市川欠席

第三回委員会　七・一四　市川出席　「各委員種々熱心なる意見の開陳あり」

専門委員会（生活様式用品）

（第一回）七・二〇　市川出席　「各委員の意見開陳あり」

（第二回）七・二一　市川出席

（第三回）七・二七　市川欠席

（第四回）八・　一　市川、金子出席　（七月生活用品専門委員に就任）

専門委員会（生活用品）

（第一回）七・二〇　市川、金子出席

（第二回）　七・二三　市川、金子出席　　金子死蔵品蒐集委員に選任さる
（第三回）　七・二五　市川、金子欠席
（第四回）　七・二八　市川欠席、金子出席
第四回委員会　八・　四　市川、金子出席　　専門委員会の経過報告、非常時国民生活様式委員会決議案支持決定

次に委員会の決定事項を見てみよう。

非常時国民生活様式委員会決定事項
一、左記物資は有合わせのものを以て間に合せ新調を差控ふこと。綿製品（衣類、足袋等）、麻製品（洋服、ワイシャツ等）、毛製品（洋服、帽子等）、皮革製品（靴、鞄、ハンドバック等）、ゴム製品（靴、玩具等）、金属製品（鉄器、銅器、トタン、アルミニウム製品等）。
二、曩に製造を制限せられたる綿製品、皮革製品は勿論、今後同様の措置を講ぜられるべき物資の売惜み、買溜め等は非愛国的行為として厳に相戒むること。（ひらがなの部分ママ）

第一次（七月一四日）
非常時国民生活様式ニ関スル決定事項
一、国民実践事項
一、新調見合　二、贈答廃止　三、服装簡素　四、宴会制限
二、実行促進方法
前各項ノ実行ヲ効果的ナラシムル為官公署、学校、会社、工場、団体、組合、町会、部落会等ニ於テ特ニ実行ノ申

合ヲナシ又ハ委員会、実践班等ヲ設ケテ実行ノ促進ヲ期スルコト
三、上申事項
一、精白米ノ販売ヲ禁止スル為更ニ適当ナル措置ヲ講ゼラレタキコト
二、各種飲食店、演芸場其ノ他ノ娯楽機関ニ対シテハ適当ニ営業時間ヲ制限セラレタキコト
三、ネオンサイン等刺激的ノ証明ハ適当ニ制限セラレタキコト
第二次（八月四日）
非常時生活様式ニ関スル事項
一、集団行動ノ規律化　官民トモニ定時ヲ厳守シ、特ニ会合ニ於テハ主催者ハ開会閉会ノ時間ヲ明ラカニシ、必ズ之ヲ励行スルコト
(イ) 停車場其ノ他ニ於テ多数集合ノ際ハ、出入ニ先後ヲ守リ喧噪混雑ニ陥ラザル様各自注意スルコト
(ロ) 停車場、埠頭等ニ於ケル送迎ハナルベク近親者及ビ団体代表者等適当ナル員数ニ制限スルコト
二、儀礼ノ改善
(イ) 結婚ハ仕度ヲ簡素ニ、挙式ヲ厳粛ニシ、披露ハ「オ茶ノ会」ノ程度トスルコト
(ロ) 争議ノ前後濫リニ避ケ食ヲ餐スルコトヲ避ケ、香奠返シハ之ヲ廃止シ、マタ花輪生花等ノ供呈ハ公的関係ノ外之ヲ見合スコト
三、酒、煙草ノ節制
(イ) 公私ノ宴会ニ於テハ飲食ヲ節スルコト
(ロ) 学校校舎内ニ於ケル会合ハ酒ヲ用ヒザルコト
(ハ) 執務中ハ喫煙セザルコト

四、体位ノ向上

(イ) 官公署、会社、工場、商店及ビ家庭ニ於テハ毎日適時ニ体育運動ヲ行ヒ且ツ毎年定期ニ健康診断ヲ行フコト

(ロ) 通勤、通学等ノ場合三〇分以内ハ徒歩トスルコト

(ハ) 部落、団体、職場、学校等ニ於テ共同炊事ノ施設ヲ講ジ、適当ナル栄養食ノ配給ニ努ムルコト

(ニ) 弁当携帯ヲ奨励スルコト

(ホ) 安価ナル栄養食ヲ工夫シ、特ニ鰯、鰊等廉価ナル動物性食品ヲ奨励スルコト

(ヘ) 保健上乳幼児ヲ同伴シテ、映画館、劇場等ニ出入リセザルコト

五、物資ノ節約

(イ) 紙ノ使用ヲ節約スルコト

(ロ) 電灯、瓦斯、薪炭及ビ水ノ節約ニ努ムルコト

六、空地ノ利用（詳細省略）

非常時生活用品に関スル事項

一、用品ノ愛護

二、用品ノ流用

三、用品ノ補充

廃品不用品に関スル事項

一、屑物ノ活用

(イ) 屑物ハ左ノ種類ニ分カチテ　㈠金属　㈡ガラス類　㈢ボロ類　㈣紙類　㈤革類　㈥ゴム、セルロイド類

(ロ) 特ニ政府ノ必要トスル物資ヲ蒐集スル場合ニハ男女青年団等ヲ主体トシテ之ヲ行フコト

二、塵芥類ノ処理
(イ) 塵芥類ハ厨芥、雑芥ノ二種類ニ区別スルコト
(ロ) 都市ニ於テハ右ニ対応シテ塵芥分別蒐集ノ施設ヲナスコト
三、不用品ノ活用（省略）
国民儀礼章
……儀礼章ヲ制定シ非常時下ニ於テモ儀礼ヲ重ンズル美風ノ存続ヲ図ラントスル（詳細省略）

以上、漠然とながら、非常時国民生活様式委員としての市川の姿が見えてきた。ここで委員会での肉声に迫りたいところだが、現在それに届く資料は見つからない。ただ、間接的な情報としては、特別委員会で市川が、「標準以下の生活をしてゐるものはその線まで引上げ、それ以上の者はこれを引下げさせなければならぬ」と発言したとの記録がある(20)。いずれにしても、日常生活の細々した問題にまで踏みこんだ「決定事項」を見れば、精神主義的な政策しかもたない男子側に実質的な問題の所在を示し、ときには審議をリードしたことは間違いなかろう。

統制に関していえば、市川は、政府が生活必需品の不足等々の実態やそれに対する方策を国民に明示しない点を何度も批判、また婦人の「ムダ」や「買溜」が指摘されたときには男子側のもっと大きな浪費や不正を問題にしている。その一つとして男子の宴会の制限に対する異議申立がある。市川は情報公開を徹底して趣旨の周知徹底をはかるべきとして、「已むを得ず行はれる宴会についての私の具体的な希望」として次の四点を挙げている。

一、食事はなるべく洋食を選び、なるべく晩餐会ではなく午餐会とする事。
一、会費は一圓乃至二圓を超えないこと。

一、酒はなるべく用ひない事、已むを得ず用ふる場合、酒杯の献酬は絶対に廃し、又強ひない事。
一、清涼飲料水はやめ、水を用ふること(21)。

やや私的領域に立ち入った「希望」ではあるが、これも一部の男子だけが料亭、待合、料理屋等で酒席をはり、婦人はひたすら倹約を強いられるといった当時の社会風潮を背景に考える必要があろう。

だが、皮肉にも国家の婦人政策の不備を指摘し、その改善を建言すればするほど、それが戦時国家に資するのみならず、大衆婦人に対し生活の根底から国家への従属を促すことになるという厳然たる事実、絶対的な矛盾があった。ここに満州事変以後、傍系運動に婦選運動の命運をかけた市川の、深い痕跡を刻みつつなお尽瘁し続けなければならなかった宿命的な悲劇をみる。

4 山川菊栄・神近市子の批判をめぐって

精動運動への「参加」「協力」には市川を追うだけでは見えない死角がある。まず、山川菊栄に注目してみよう。山川の目に市川はどう映っていたか。

婦選専門家も、廃娼運動家も、新旧さまざまな色彩を帯びた女子教育家も、歩調を揃えて、精動や貯蓄奨励に東奔西走の活躍を続けている……、これに対して一般婦人大衆はむしろ無関心で、ことに地方でも行けば、「またお役所の使いで女の先生がなにか講釈しにきたそうな」ぐらいのところで……、陰口屋のいうように、精動のチンドン屋、旅費稼ぎの講演屋というような職分に甘んじているはずもなく、相当長期の教育運動を目がけているのであろうが、なにぶん、一貫した方針が見られず、政府のその時々の思いつきに追随して、いたずらに右へ左へ走る観もないではなく、中には政府との協力を気負つてもはやただの女、ただの人民ではなくなつたかの様に鼻息のあらいものもあるとかで……、他人の吹く笛に踊らず、しつかりと大地を踏みしめて、のろくとも、正しい方角へ確かな歩みを進めてほしいものである(22)。

山川の批判は例によって皮肉に満ちて痛烈だが、少なくとも「婦選専門家」に対してはその具体的な精動運動すべてを否定していたわけではなく、ただ瑣末な事業への関与を批判していたにすぎない。というのも、八ケ月前には、婦人指導者は「消費生活」の領域を越えて「広汎な社会問題、国民経済の問題」に活動分野を求めるよう要望し、「婦人国策委員」として進出することは是としていたのである(23)。下って、大政翼賛会中央協力会の婦人議員に高良富子、桐淵とよ、木内きようが選出された際には、「倦まず訴え説き進め」と彼女らを励まし、男子側が偏見なしに女性の意見を冷静に聞き入れることを要望している(24)。

「貯蓄奨励」とは、貯蓄奨励のために、一九三九年五月三〇日大蔵省の貯蓄奨励局によって任命された三一名の婦人嘱託の任務をさし、彼女らは一般に不評をかっていた。が、市川もその一人として金の集中運動、中元廃止運動、家計相談所の開設、消費調査(「無駄探し運動」)などに直接・間接に関わっていた。

消費調査に注目すれば、これは百億貯蓄強調週間にちなんで当局から提案され、消費の多い場所、物及び望ましくない消費の状況を女学生(六校、約三百名)、婦人団体有志を動員して調査したものであるが(六月一日〜一七日)、この女学生動員に対しては、山川は「教育を放棄する宣伝屋根性」と手厳しかった。すなわち、「まだ思想のさだまらぬ女学生の授業を犠牲にして、はやりもの〳〵の運動に一々連れ出すことにどんな収穫があるのか」、とりわけ、消費調査のような「他人の欠点悪癖を、本人に気づかれぬやうに注意する役割など」は教育的なものだろうか、「ひとが何を着、何を食ひ、そのためにいくらの金を払つたか」などを注意するのは「一般に上品な趣味でもなく、淑女の美徳でもない」(25)

と厳しい批判を加えている。

市川も反撃した。まず女学生動員について、「卒業すれば間もなく一家の消費を掌る事になるのだから、この機会に消費についての教育を行ふ意味に於て上級生を参加させやうとの申出があつた」とそれを肯定した後、こう切り返している。

この物資が不足しているのに一般の消費が減退してゐない事、殷賑産業関係者ではかえつて増加している事については、一般が心配している。殊に歓楽街の盛んな事については色々な立場から問題とされている――就中上流階級の遊興については相当の反感があることが感ぜられたのであつた。

だが、知識人、自由人には、こうした調査?は悪趣味として勘に障るらしい。……然し私達は……別に驚きはしない。……自分がどんな気持ちでやつてゐようと、どんな計画でやつてゐようと外からみては分からないものである。又分かつてゐても難癖をつけようと思へばどうにでもつく。……手弁当で、時間や労力を費やして悪口をいわれるより、座つていて、批評して原稿料がとれるのだつたらその方がよつぽど割がよいのである。其点、実際運動者は馬鹿でお人好しという事になるだろう。……然し私は日本の指導者というか知識階級の婦人の間には、あまり利巧な人が多くて、馬鹿が少なすぎる――それが日本の婦人大衆を現在のような所に置いているのだと思う。現在のような時局に際しては、特にそうした馬鹿な役廻りをする人達が出てほしいと痛切に感じてゐるのである(26)。

この山川と市川の応酬の裏にあるのは、一つには理論家と実践家の違い、つまり原理原則を大切にするか、状況のなかで状況を逆用して事態の好転をはかろうとするかの違いであろう。だが、本来道徳的潔癖性の強い市川である。そうした運動には比較的熱心で、抵抗感もなかったと思われる(27)。シカゴ婦人クラブや、第一次世界大戦時下の婦人運動

という お手本もあった。

無駄探しや貯蓄奨励の運動には、マスコミも辛辣だった。新聞は、例えば「〃無駄な〃買物探す　百億貯蓄搦め手作戦、女巡察隊」(『東京朝日新聞』六月一七日)、「ゲリラ戦術で市民の消費調査　無駄を探る女性部隊」、「夜の歓楽街を嗅ぐ　名流婦人連お忍び偵察」(『報知新聞』六月一八日)といった見出しを掲げ、十余名の女学生がデパートや盛り場に出動し、市川や河崎なつらも銀座に現れデパート、麻雀クラブをのぞいたこと、夜には赤坂の待合、銀座、新宿、渋谷等のバー・カフェーから吉原などの花街を視察した様子を伝えている。『報知新聞』(六月一八日)は、「ゲリラ部隊の御大」と市川を揶揄し、市川の次なる談話を掲載している。「かうした街は特に云々されてゐるところですから調べた訳で、けふの結果は勿論調べ上げて今後精動上断固改革すべきは当局の手でやつて貰う訳で〃かういふのもある〃といふ一例を上げようといふのです」。

市川らの行動に対しては身内の平井恒子からも批判がでた。

同じ街頭に立つといつても寄附を仰ぐのと監視の眼を光らせるのとでは、人に与える印象が自から違つて来る。この際戒むるべきは当事者の優越感であると思ふ。仮にも指導的立場にある人が優越感を以て臨む限り大衆は決して共鳴を感じ得ないであらう。切に当事者の自重を望みたい(28)。

だが、市川は耳をかさなかった。その消費調査の結果を踏まえて、大蔵省婦人講師団として、次のような内容を骨子とする「政府当局に対する建議」(八月三一日)を提出する。

一、商品券の発売の禁止。

二、飲食店、喫茶店、カフェー、遊郭等の営業時間の短縮、遊興飲食税の免税点の引下げと税率の引上げ。
三、待合の営業禁止。
四、街頭の泥酔者への何らかの処置。
五、健全なる娯楽慰安の奨励とその機関の整備の必要性と、そのために必要な事項。
(a)最低生活標準の立案と、生活指導者の養成。(b)家計相談所の設置(国と地方)。

その一方で、婦人団体側にも「婦人団体に対しての要望」を示した。

一、今後一切商品券の不利用の徹底。
二、不急不要品、高級品、贅沢品の不買の徹底。
(a)家庭経済上・保健上外食の抑制の勧奨。
(b)青年子女の体位向上・健全な娯楽の奨励。

戦時下にあってもなお贅沢な生活が許されている有閑婦人や特権階級、夜の街に繰りだす男子、さらには待合で談合する高級軍人、高級官僚に対する糾弾である。ここに貫徹しているは困苦欠乏の平等の観念であるが、市川にしてはやはり瑣末主義に陥っているように思われる。

山川の批判と市川の反論を視野に入れつつ、より大きな視点から論陣をはっているのが神近市子である。少々長いが、真実を穿っていると思われるので記す。

実際に仕事といふものは、自分でその衝にあたれば各種の条件にはばまれて個人の理想や意思は案外行はれないもので、その点批判された婦人指導者もすこし気の毒な気がした。……少なくとも善意をもつて働いてゐることを認めれば、その批判に深切《ママ》に説得する余裕ある方が望ましかつた。……今日悪性インフレの怖れいよいよ濃厚となり、買溜めが致命的な国家の問題となつたのだから、買溜め抑へに出掛けた婦人たちの行き過ぎた非常手段も今では肯定されてゐる譯である。……けれど、今日になつて見ると、全体としてのこの婦人指導者の態度は、このまゝであつてよいものであるかどうか疑問となつて来た。……事変以来、政党はひたすらに事なかれ主義に終始し、弱態猫の如しとさへ嘲笑されて来た。しかも、それすら来る議会を中心として反噬の機運が濃厚だといふし、官吏に至つては自らその政策遂行に従事してきた人々である。その人々が政府の無定見に愛想をつかしたといふのに、政府委員の婦人達が僅かにおこぼれ式の待遇をうけて、時局柄という名目の下に、政府の政策に対して何等の批判をも、あえてなし得ないといふのは無気力の謗りをうけても止むをえない。

これらの婦人達は、委員会その他の席上に於いては、情勢はいつも民意を拒む雰囲気があつて、申言するところが行はれないのだと言つてゐるやうである。しかし大衆の利害を尊重してその為めに戦つてゐると言つたところで、一度も大衆を集めてその意見を徴したこともなければ、何をいかに主張しいかにこれが峻拒されたのか、大衆は一度も報告をうけたこともなく、また間接にもかゝる文書も接してはゐないのである。いはば政策の闇取引の中に終始し、その結果を漠然と報告されたところで、大衆の婦人はそれに対して感謝もできなければ、訂正も出来やう筈はない。それでゐて、批判は止めて呉れと言はれたのでは、委員以外の婦人たちが急にそれらの婦人たちの官僚化を嗤ふのも無理はない(29)。

ここには市川らの活動の実態が等身大で映しだされている。神近がいう「大衆」、つまり大衆婦人の問題を考えれば、山川も言うように市川の対大衆婦人の姿勢やその自己満足のあり方には問題があったかもしれない。
市川にとって大衆婦人は基本的に「無知」で権利意識をもたず、社会的訓練に欠け、その点きわめて無防備な存在だった。とはいえ、市川が大衆婦人と掛け離れたところに立っていたわけではない。むしろ常に大衆の生活心情と密着したところで呼吸しようとし、さらに根源的問題としては、社会的視野を狭めている家族制度や教育のあり方を問題にしていた。もし、そうした市川を責めるなら、神近も同罪と言わねばならない。神近もその一年前には、次のように市川らをけしかけているのである。

兵隊の慰問などにも手が不足している。……知識人のなかには何とかしなければといふ事を痛感しながら何もせぬ人がゐますから、それ位のことは是非やりたい。……全体の知識婦人を組織して慰問隊を作り、国防や愛婦の人たちとは違つた方法の慰問、例えば手紙の代筆をするとか書物の選択をしてあげるとか、……一番手が少ないといふ陸軍病院の慰問からまず始めたらと思つています。……五百人でも千人でも知識婦人が集まれば生活様式の改善などはすぐに出来ると思ふ。云つてるだけでは駄目です(30)。

戦争が日常生活のなかに深くくいこんでいた時代のことである。知識婦人は誰でもその責任感ゆえに大なり小なり混乱していたのかもしれない。
神近の先の市川批判に戻れば、今日とは違って大衆婦人の意見を聞いたり、報告したりする手段は決定的に乏しかった。もちろん、市川は運動については可能な限り発信し、具体的な経過や結果の報告は少なくとも機関誌を通じて行っていた。だが、それに接するのはごく少数の知識婦人であり、圧倒的多数の大衆婦人は日常生活に追われていた。また、大衆婦人の政治意識の触発には知識婦人の役割が重要視されていたが、活動可能な知識婦人といえば、その大半が保守的な婦人教育家、社会運動家であった。こうした構造的なディレンマのなかで市川の善意や使命感と大衆婦人の意識との乖離は如何ともしがたく、結局それを埋めることなく戦中を突っ走ることになる。

5　「婦人国策委員」——金子しげりの場合

金子の母性保護運動への献身や精動運動での活躍については先に述べたが、そうしたなか金子は早々に「協力」へ傾斜していった。第一次近衛文麿内閣によって「東亜新秩序建設声明」(一九三八年一一月三日)が発表されるや、それに共鳴し、婦人も「力を養ひ心をひきしめ以てつくべきところにつく」べきであり、「国策のわかる女、新たに男と共に新しき東洋の建設をかち担える女、こんな女の養成が遅きにすぎる。今から即刻行はれるべきではないのか」(31)と国策を担う気概を示し、その多彩な能力と生活実感的な発想をもって「協力」に向かった。

精動運動に対する姿勢も当然変わった。かつては国家と一線を引き、例えば「一口に国策に沿ふといつても政府や中央連盟から出るお題目に合せてドンックドンックと太鼓を叩くだけでは情ない。本当に根のある仕事を生んでゆくのでなければ国策も芝居の金襖以上に出ないことになる」(32)などと言っていたものが、「精動本部に『贅沢全廃委員会』といふのが出来て、その委員を引き受けた。……この運動は先ず六大都市に展開されるのだから、足下の東京市に於ける婦人の自粛運動を何より先に展開させねばならない責任を痛感している」(33)と国家への忠誠心を示すようになる。

当時にあっては、金子のみならず、「体制協力」への傾斜は広くみられ、文学界、言論界、婦人界いずれにおいても、自ら進んで大勢に順応する動きが加速度的に進行しつつあった。身近な例では、久布白がその一年前に「転向」を遂げていた(34)。

傍系運動から国策参与へという「上昇」は金子にとって自然の流れだった。彼女は述べている。

［ゴミや市場、税金、ガス等台所の諸問題に対する運動や母子保護運動などは］すべて家を守り、子を育てる女性の立場から起ち上がつた運動であつて、ゴミの運動では私は東京市と婦人運動を結ぶ楔の役目として東京市の嘱託に任命せられたし、母性保護運動では昭和十二年に母子保護法と同じく十四年に人事調停法の成立をみるに到つてゐる。選挙粛正運動においては昭和五年以来の運動が実つて、昭和十一年以来の選挙粛正中央連盟を中心とする運動では、われわれの仲間が婦人の運動の指導的立場に立つことを許されて来たし、更に一転して支那事変勃発に伴ぐ精動運動にも、またさまざまの協力を示すことが出来たのである。政治は生活であり、……政治に関心をもち、女性の立場から、よりよき政治を希ひ求めた婦人たちが、政府から協力を求められたることは何にも不思議のない話であろう(35)。

金子に特徴的なのは、非常時の逆用の強烈さとそこに葛藤や逡巡がみられないことである。とりわけ後者については市川と際立った対照をみせ、傍系運動へまっしぐら、大車輪の活躍を見せている。次の一文はそれまでの傍系運動の継続として自治振興運動振起の急務を説いたものである。

満州事変以来台頭せるファッショの攻勢に対しては徒らに退いて守るよりも、進んで一票なき婦人をして間接的に自治団体に協力せしめる手段により、婦人自ら自治政を体得するとともに婦人の力を自治体当局者に認めしむる方途に出でたのである……、［その結果、］例え一票なくとも婦人の力によりこれを左右しうる事実さえ体験するに到つた。［他方、］自治団体当局亦婦人の本質を漸く理解して適当なる協力を求むる意欲漸く動き……。保健行政に見るべきものあり、更に母子保護法実施を機とする婦人方面委員の増員の如き、全国的の事実となりつゝある。……「選挙粛正より自治政へ」は一つの指導方針であつたので、之に打てば響いたのは婦人であつたのではなかろうか。……真の銃後の護りは平時成すべき所を非常時なるがゆえに尚心をこめて行ふべきで、関係者の奮起を促し敢て協力を期せんとするものである(36)。

行間に金子の自信と充足感があふれている。このころには婦選運動では開店休業状態の婦選獲得同盟も傍系諸運動の拠点としてあわただしく、金子もとりわけ母性運動が国策線上に引き上げられてからはその方面での活動が多忙を極めていた。金子曰く。「非常時といふものは面白いものだといったら叱られるかも知れないが、……とにかく次から次へと仕事が飛びこんできて、六月など三〇日の内二〇日はどこかで講演してゐる勘定になる」(37)。そして、その三ケ月後、「この頃は私の方が奥さんでといふ市川さんの言葉を細かく味わひ乍ら……私は旅にでるのです」(38)と、市川と主客交代の観をみせている。

金子は「大陸花嫁」にも強い関心を示していた。例えば、「大分各方面で動いているけれど、大陸移民問題の根を掘らなければ、花嫁問題はきまらない。当時者にその認識を望みたいし、同時にこの種の問題が今少し婦人の間で討議されてもよからう筈」(39)、「拓務省の大陸花嫁問題も……起つて居る。国策のわかる女、新たに男とともに新しい東洋の建設かち担へる女、こんな女の養成が遅くにすぎるとも、今から即刻行はるべきではないか」(40)と女性の大陸への雄飛を急ぎ、その意味での女子教育の変革（良妻賢母主義からの完全脱却・現実的な対応）を迫っている。

一九三九年五月、金子は軍事保護院の中央遺族家族指導嘱託を受諾した（一九四六年三月の解散まで任務を遂行）。市川との方向性の違いが決定的になったのはこのときである。軍事保護とは、「第一線将士に後顧の憂いなからしむる」ため応召軍人、軍人遺族家族、帰郷軍人、傷痍軍人の援護を行うもので、金子はこの内、軍人遺族家族の指導嘱託を担当し地方官庁の招きに応じては地方に赴き、地方の第一線で精神指導、生活指導を行った。

また他にも、大蔵省貯蓄奨励婦人講師（一九三九年二月）、厚生省外局の軍事保護院中央嘱託（同年五月、当初は軍事援護部中央嘱託)、商工省繊維単純化委員会人絹委員会(同年一二月)、国民精神総動員中央本部贅沢全廃委員会委員(一九四〇年七月)、厚生省価格形成委員会家賃地代専門委員(同年八月)、大日本婦人会理事(一九四二年二月)、大政翼賛会中央協力委員(同年七月)と次々に公職(国レベル)に就いたが、このうち贅沢全廃委員会委員(委員長・堀切善次郎)としての活動は完全に瑣末主義に陥り、世上の批判を受け身内からも突き上げられ、しかもそうした金子を放置した市川も糾弾されるという事態を招いた。

同委員会は七・七禁令に対応して設置されたもので、奢侈贅沢品の製造販売を禁止した。しかし、その提案が精動理事会で否決されたにも拘わらず金子が中心となって贅沢品一切使用禁止を決め、ビラ、立て看板作り、街頭への婦人推進班出動、自粛カードの配布などを決定、興亜奉公日には自粛カード渡しを実行した(41)。これには身内の「匿名子」から批判の声があがった。

　国策順応、即実践もいいが見方によつては末梢的ともいえる現象の放浪ばかりつづけてゐるのでは真に強大なる婦人活動とは誇り得まい。……何れにしても、ちか頃の婦人団体といふか、国策活動をする婦人達にあつて、やゝもすれば、国策なる名目が世の厳正な批判や、聞かねばならぬ非難を外らして呉るといふ事情に乗りすぎてはゐないかと思はしめる傾向が感じられるのはどんなものであらう。……序でだが、十四日の東朝紙上で金子しげり氏が、贅廃運動について語つてゐる中に、「贅廃について製造禁止などに頼るのでは精動も精神指導も疑はれることになる云々」とあるが、これは些か解しかねる申され様である。精動の精神運動をそのやうな見地からそのやうな方向に理解するのは、むしろ皮相のきらひがあらう(42)。

この匿名子、婦人時局研究会の人事をめぐっても、次のように市川を攻めたてているが、これも金子を念頭においたものに違いない。

……次に人間の問題が時研〔婦人時局研究会〕にはある。これは此の場所を借りては云い難いが、市川女史に敢えて苦言する。事業も結局、人である。人物の再評価をこの際ぢつくりと肚中に見て欲しい。これは筆者の意見というよりは時研内外に亘る広く世上の見解である(43)。

満州事変前の金子をめぐる内訌を想起させる下からの突き上げであるが、次はさらに熾烈である。

指導的女史が何かと言えば精動を口に、一にも二にも精動々々で明け暮れたのも無理はなかつたが、おかげで醜態を世間に晒したのもしばしばであつた。精動が消えて、残念がつている女史もあるといふことだが、昔を思ひこれからを思へば定めし無理からぬ次第であらう(44)。

確かに、傍系運動は隘路に陥った婦選運動打開の一方法であった。しかし、それが確かな手応えをもたらし、それがまた「やる気」を再生産する、この循環のなかで金子はいつしか国策協力の先兵になっていたのである。

3 精動運動から新体制運動へ

1 精動運動への進出と後退——主務官庁の主導権争いのなかで

政府の婦人層掌握プログラムからいえば、精動運動は未掌握だった市民的婦人団体（獲得同盟が中心）をその権利要求には応えないまま相手が土俵に入ってくるかたちで引き入れ、限定付きながらその頭脳を利用した運動だった。ただし、指導層すべてが彼女らの進出を歓迎したわけではない。精動運動には統一的な指導官庁がなく、指導は「情報委員会、内務省及ビ文部省ヲ計画主務庁トシテ各省総掛リニテ之ガ実施ニ当ル」とされ、主務官庁の競合・対立関係のなかで、内閣情報部（一九三七年九月二五日情報委員会から昇格）が国民の自発性喚起を旨として婦人を総動員体制へとりこむべく市川らへの「進出」にも「器量」をみせたのに対し、内務省はあくまで精神運動を志向し市川らに対しても婦人選挙粛正運動でみせた「理解」を返上、拒絶する姿勢をみせた。

そもそも政治支配層における内政上の最大の課題は、国家総力戦体制の確立、強力な権力集中と国民の自発性喚起であり、精動運動はそのための官製運動であった。だが、運動は閣内の不統一と指導官庁の確執を内にはらんで、当初は思想・精神教化のみが課題とされ、現実生活に密着した具体的な問題はまったく無視され、婦人や家庭に関する政策も無為無策、これに対しては市川らが婦団連盟を組織して具体的な活動を展開したところである。だが、やがて内閣情報部が精動運動の主導権を握るなか、物資動員策がとられるようになり、市川らもかなり彼らのなかへ食いこむことができた。しかし、また内閣情報部の後退・内務省の実権奪還という状況のなかで、その「舞台」から引きずり下ろされることになる。

市川らの駆逐という点では、文部省もその排撃姿勢を一層強めていた。婦選近しとみるや家族制度の崩壊を怖れて大日本連合婦人会を作ったことは先にみたが、それと同時に民間婦人団体に対する「自由主義・個人主義思想の芟除」に努め、「第二回国民精神強調週間に関する通牒」（一九三八年一月、伊東延吉文部次官名）では「特ニ誤マレル個人主義、自由主義、功利主義、唯物主義ノ打破」を要請し、これに照応して「婦人会経営講座」（連婦機関誌『家庭』一九三八年一月号〜三月号）では、「インテリ婦人」団体への批判と警戒を強くうちだした。もちろん矛先は市川ら旧婦選運動者である。

街頭進出する官製・半官製婦人団体の婦人たちも家庭に押し戻されようとしていた。出征兵士の見送りなどのため街頭へ進出する姿が目障りになってきたためで、その一端が『東京朝日新聞』(一九三八年五月九日)のキャンペーン記事に見られる。「街頭には出なくともお手本を示す木戸内相夫人」との見出しで、自宅で赤十字章、襟章、胸章等を作って「お針報国」を果す同夫人の写真を載せ、家庭での報国を説いている。「家庭から解放された街頭の魅力が、その婦人にとつて忘れ難いものとなり、銃後奉公の名の下に家を護ることがお留守になる場合が万一あつたとしたら……『女よ、速かに家庭に帰れ』の苦言を提されても仕方がない……」。これが内務省の婦人に対する基本的スタンスであった。

軍部や右翼勢力も大衆婦人の街頭進出に拒否的だった。『日本婦人』(国防婦人会の機関誌)が一九三九年末あたりから盛んにうたいあげている「修身斎家」「日本婦徳」も、そのバックたる軍部の意向を映したものに他ならない。もちろん、市川は「正面の敵」であった。

他方、市川らにとっては、「国民総動員」といい、「国民精神総動員」といい、その「国民」に「婦人」が入るのか入らないのか、それが曖昧ではっきりせず、彼女らの不満や焦りもそこにあり、その意味でいえば、彼女らの奮戦は「国民」のなかに「婦人」を確定させようとするものであった。こうした点を確認したうえで、以下主務官庁の主導権争いと市川らの精動運動への進出・後退の実態とそのメカニズムを探ってみよう。

政府の行った精動運動は、停滞とその克服のために行った改組に即して、次の三期に区分できる。第一期(一九三七年一〇月~一九三九年三月)、第二期(一九三九年四月~一九四〇年三月)、第三期(一九四〇年四月~一〇月)である(1)。第一期は、当初は精神を重視する内務省が掌握していたが、それに対抗して、物資動員を志向する内閣情報部が、「物資の活用、消費の節約、貯蓄の実行、勤労の増進」をとり上げ、運動のテコ入れにのりだした時期である。そのなかで市川らは婦団連盟を結成して独自の運動を行う一方、その加盟団体の代表が中央連盟や東京府・市の運動に参加し、その接触のなかで内閣情報部と一定の協力関係が生まれた。そこで勢いを得た市川は、一九三八年の近衛新党運動のなかで提唱されはじめた国民再組織論に婦人再組織を接続させるべくその方策を模索しはじめる。

第二期（一九三九年四月～一九四〇年三月）。前半はテコ入れに乗りだした内閣情報部が、内務省とのせめぎあいのなかで一定程度進出に成功した時期(2)、後半が内務省が巻き返しに成功した時期である。前半には、命令系統が中央連盟と中央省庁（文部、内務、内閣情報部）がバラバラに各府県に命令する無統制なものから内閣所管の精動委員会（内閣情報部が事務局的存在）へと一本化され（一九三九年三月二八日、官制公布）、他方、精動中央連盟が純粋に民間団体とされて（実質は内務省が握る）、運動の中心は内閣情報部が担うことになった。

市川は、その前期、同部主導の精動委員会に竹内茂代（五九名の委員中唯一の女性）を委員として送りこみ、自らは幹事として入りこむことに成功した。この人選は前もって内閣情報部の西村直己情報官から依頼され、それを市川が推薦し調整のうえ決定されたもので(3)、物資動員を重視する彼らが市川らの「力量」を認め、重用したことになる。市川の幹事入りについては、委員長の荒木貞夫（陸軍皇道派、当時文相）が「旧婦選運動者」との理由で難色を示したという経緯があり(4)、これに鑑みれば市川登用は横溝情報部長の「英断」だったということができる(5)。

内閣情報部とのチャンネルを確保した市川らは、同部を通して一定程度の要望や要求を押しあげることができた。婦人再組織の課題化はその最大のものであるが、一九三九年八月には八田篤子（東京市役所勤務・婦人時局研究会常任幹事）を内閣情報部の嘱託に送りこむことに成功した。だが、その前後を頂点として急速に抑えられる方向に向かう。第二期の後期、内務省が巻き返しをはかって内閣情報部を圧倒し、精神主義を強調して「婦人の進出」を抑制・忌避する方向に動いたからである。

戦意喪失した市川は、「座談会　本年の精動方針検討」（『女性同盟』一九四〇年二月号）で、不満と批判をぶちまけた揚げ句、八田とこんな会話を交している。「政府が婦人を全然認めていないとは云えないが、つまの意味位だから」（市川）、「利用する丈で、本当の協力を求めてゐるのではないのね」（八田篤子）、「その点不満ですね。心から協力しようといふ気がなくなりましたね」（市川）。

もちろん婦選どころではなく、市川は内務省の態度への懐疑のなかで苦悩を深め、「婦選運動にしても何等かの手がかり足がかりを発見することはできないものだろうか。……婦人運動の技術的研究が振興されなければならないことを又しても痛感する」(6)との苦衷を吐露することになる。

迎えた第三期（一九四〇年四月〜同年一〇月）。いよいよ内務省の主導権奪還のうちに、ふたたび精神文化が重視されるようになる。機構的には、精動委員会と中央連盟の廃止、国民精神総動員本部の設置というかたちで運動は一本化され、本部長には首相が、副会長には内相と堀切善次郎（兼理事長、運動の実質を握る）が就任した。市川らは確実に「異分子」となり、精動運動そのものから遠ざけられることになった。

2 内閣情報部とその婦人登用策

精動運動において市川が最も運動の中枢に接近して一定の発言権を確保することができたのは、先述の通り内閣情報部が中核を占め運動をリードしていた時期であった。以下、その内閣情報部の婦人登用策と市川の進出との関連を拡大して見てみる。

内閣情報部は、一九三八年に入るや、国民の自発性喚起を旨として、批判も聞かれるようになった官僚主義的・精神主義的な精動運動のテコ入れに乗り出した。そして三八年六月二三日、近衛内閣の「消費節約、配給統制を強化し物価の引き下げを行う」方針（「物資需給計画に関する声明」の一部）に沿って物資活用、貯蓄奨励運動を計画、それを主導・調整した。「国民精神総動員強化方策案」（一九三八年一一月二六日）では、①企画・指導官庁を内閣情報部に一元化すること、②中央連盟の主たる構成者を有力団体代表者とするなどして実践的効果をあげること、③民間の有力団体の組織的活動を誘発し将来の団体統合・国民再組織への機運を醸成することなどを提案したが、そこに中央連盟の理事会の要素を一新し、その構成者として青年団体などとともに婦人団体の代表者を入れるとの文言が付言された。

これらは内務省に対抗して内閣情報部が運動を自らの管轄下におこうとするものだが、この道筋をつけたのは横溝光暉内閣情報部長で、彼は当初から精動運動を単なる精神運動ではなく具体的な実践運動にも力を注ぐべしとの見解をもち(7)、婦人を含めて国民の自発性喚起の課題に真剣に取り組んだ。婦人団体幹部懇談会の開催（一九三八年九月二三日）もその一環であった。同懇談会は「長期建設対処ノ為メ、国民総動員強化方策案」（一一月提出予定）の策定のために各種団体との懇談を重ねるなかで、婦人団体を対象として開かれたものである。ただすでに、家庭報国展覧会（一九三八年四月九日〜一七日）や非常時国民生活様式委員会（一九三八年六月三〇日〜八月四日存置）を通じて市川らの力量は分かっており、当初から協調路線を築こうと考えていたと思われる。

さて、婦人団体懇談会当日、横溝が「婦人は国家の整備員、経済戦、思想戦の戦士である。漢口は陥落しても、長期戦はこれからであるから、なにぶん協力の実をあげてほしい」と要望すれば(8)、市川らも各省の割拠主義を排して、その連絡統制を内閣情報部や中央連盟の役割とすることなどを具申、そこで話題は期せずして婦人団体統合の問題になった。金子は横溝の協力要請に対して、「婦人代表にも何等異存なく、むしろその協力のためには情報部乃至国民精神総動員中央連盟において、何等か適当な機構を設けてとくに国民半数の婦人の動員を有効ならしむる様、研究考慮する必要あり」と答え、横溝らも「これを諒として今後も此種の会合をしばしば催して彼我の連絡を計ることを約」した(9)。

かくて両者婦人再組織をめぐる思惑は一致、果たせるかな、内閣情報部起案の「国民総動員強化方策案」（一一月二六日発表）において婦人団体の統合が示唆された。また「別紙」で、「重要案件の審議機関」を理事制とし、その理事会の構成メンバーとして、「全国的実践組織網ヲ有スル団体（職能別又ハ各層別団体）ノ代表者」があげられ、そのなかに青少年団、在郷軍人会等とともに婦人団体が加えられた。婦人の審議機関への参加が予定されたのである。

その動きに即応して、市川の方も彼らと連絡をとりつつ婦人再組織の研究機関の設立準備にとりかかった(10)。そこで成ったのが婦人時局研究会である（一九三九年二月二八日結成）。その発会式には横溝部長を講演者に迎えた。そして、特殊研究されるべき三項目の第一に「全国の婦人団体を打って一丸とし精神的、物質的摩擦を防ぐこと」を掲げ、そこに同会の目的が「婦人再組織化の具体的方法の研究・立案」にあることを示した。当日「婦人界の大御所」(11)が集まったというが、さしずめ新組織の指導者候補だったか。

その後内閣情報部は、全国地方長官から教育家や実業家まで、官民の有力者二二九名から、「一、従来の国民精神総動員運動に付欠陥として今後是正さらるべき点、二、今後の国民精神総動員運動に於て強調実践せらるべき事項」について意見を集約し、それを「国民精神総動員運動に関する各方面の意見（一九三九年四月）」(12)としてまとめた。そこにも婦人部の設置、婦人団体の統合、家庭婦人の再教育、資源愛護、消費節約、貯蓄奨励運動等の徹底を期すため各家庭婦人を動員することなど、市川側の提案に違いない要求が含まれている。竹内（委員）と市川（幹事）が精動委員会に加えられたのは、この間の三月二八日であった。

『精動委員会関係記録（概要）』から、彼女らの動向を探ろう。まず第一回精動委員会幹事会（三月二九日）で「強化方策及び新展開方針」（横溝案）が示され、そのなかに「青年層、婦人層に対し一段の一致協力を俟つこと」と市川待望の婦人がとり上げられた。それが第二回幹事会（四月一日）で継続審議され、市川などが質問や意見を発し（詳細不明）、横溝が修正案を作成することになる。そして第一回委員会（四月六日）で最終案が決定されるが、この日、竹内が「第四項(二)「「官民共に指導的地位にある者は率先実行を期せねばならぬ」」は、我々婦人にとって、……実現は難しいと思ふから婦人が実際働き得る様指導されんことを望む」と要望している。なお、市川は委員会への出席資格がないため（幹事ゆえ）、以後竹内（委員）が市川の意見を代弁することになる。

こうして「国民精神総動員新展開の基本方針」（四月七日精動委員会決定、一一日閣議決定）のなかに、「家庭生活ニ於テ重要ナル役割ヲ担フ婦人ハ一段ノ奮起協力ガ必要デアル」と婦人の位置が確定されるに至り、その具体案が第三回幹事会（四月一五日）で審議された。この日、市川は「基本方針ノ実施要項中㈡ノ後段ト㈢ハ如何ニ取扱フカ」と質問し、横溝が「後日立案する」と応えている。㈡ノ後段とは、「物資ノ活用、消費ノ節約、貯蓄ノ実行、勤労ノ増進、体力ノ向上ニ主力ヲ注ギ業務並ビニ生活ノ間ニ於テ刷新ヲ図ルコト」であり、㈢は「事変ノ進展ニ伴ヒ、益々銃後後援ノ実ヲ挙グルコト」である。

第三回精動委員会（四月二〇日）では、竹内が「婦人ヲ対象トスル時局認識其他運動徹底方策一、二、三」を提出、これを補足説明した。内容は要するに婦人の再組織、官庁間の連絡統一、婦人指導者の養成など、市川の持論を代弁したものである。

第五回精動委員会（五月二五日）でも竹内が、「公私生活ヲ戦時体制化スル基本方策」（意見書）を提出し、生活刷新の問題について「トリワケ私生活デハ国民ノ半数タル婦人ヲ指導スルコトガ絶対ニ必要」として衣食住の標準の設定を提案している。

一週間後（五月二六日）の第一回特別委員会（「時局に照応する政治的社会的態勢を促進するための特別委員会」）では、竹内が、「例へば米はどの位食へば足りるか。副食物はどの程度にすればいゝかを決定されたい。軍隊に於る食事の如く程度を決定すべきと思ふ、これが簡易生活の基本的要件である」、「一人前三十円もする結婚披露宴の如きものを切り下げるといふやうな方法としては如何」などの他、汽車食堂での飲酒全廃（酔漢の横暴、無礼の問題）、享楽的営業の時間短縮などを提案している(13)。この会には市川も出席、横溝が「民間デ研究セル生活費三割切下ゲ」を示唆したのに対して、「コレヲ決定スルノハ困難ト思フガ厚生省ノ生活課デハカヨウナ問題ヲドンナ風ニ取扱ッテイルカ」と質問している。

第二回特別委員会（六月六日）では原案作成のため小委員会を設置すると決められ、竹内も第二特別委員会に加えられた。彼女はその第一回会合（六月一〇日）で、岡田文秀厚生次官の「公私生活刷新―戦時態勢化するの基本方策」案の説明に対して、「服装に就いて婦人の方は?」、「遊郭の方は何も言つてないの?」と質問したほか、「婦女子の〝パーマネントウエーヴ〃其の他浮華なる化粧服装の禁止」等に関して、「パーマネントウエーブは時間と経済上有利な点もあるので、その点を考へて手心を加へるやうにして欲しい」(14)と訴えている。なお「勤労の増進・体力の向上に関する基本方策」(七月一一日決定)の一項に「婦人にして余暇ある場合殊に未婚女子青年に対し其の環境に従ひ銃後の勤労奉仕作業を行はしめる方途も講ずること」が掲げられているが、金子によれば、これは竹内が独自に提出したものという(15)。

肝心の婦人再組織については、「時局照応政治的、社会的態勢促進の基本方策」(精動委員会、九月七日発表)において、「国民諸組織の戦時態勢化」を実現するには「同種団体の統合整理各種団体の連絡協調を実行し……有力なる国民組織の樹立を促進すべき」とされ、婦人に関しても、愛国婦人会、国防婦人会、大日本連合婦人会を解消して一元的組織を樹立すべく(内閣情報部はこれを発展的解消という)、各府県に婦人団体活動強化に関する意見を求める一方、各方面代表婦人にも同じく参考資料の提示を要請するとされた(16)。

しかし、そうして曙光が見えてきた矢先、婦人再組織は頓座する(17)。内務省の激しい巻き返しにあって、内閣情報部の「基本方策」そのものが閣議決定をみることがなくなるからである。経過を見ると、精動委員会が、「時局認識徹底方策」と「物資活用などの消費節約の基本方策」(四月二七日)を策定し、その「運動の展開にあたり注意すべき事項」のなかで「婦人に対し積極的協力を求むるべき方法を講ずるべきである」と婦人を位置づけた。にも拘わらず翌日の「時局認識徹底方策」(四月二八日、閣議決定)では、「権威あり最も信頼し得る実践組織を国民各階層の間に整備充実することが喫緊の急務である」とされたのみで、「婦人」に関する個所は抹消されている。

半年後、精動委員会が「時局照応政治的、社会的態勢促進の基本方策」(九月七日)を決定、「国民諸組織の戦時態勢化」を課題として、「同種団体の統合整理、各種団体の連絡協議を実行し其の活動をして組織的計画的ならしめる真に有力なる国民組織の樹立を促進すべきである」とし、ここにわずかな期待をもたせられたが、これもやはり閣議決定には至らなかった(18)。

他方、市川らは勢いをつけるかのように、内閣情報部と連携して、「経済戦強調婦人大会」（東京市精動婦人団体連合会主催、一二月八日）を開き、当日は、横溝が「支那」、ドイツ、イギリス、ソ連、ポーランドの婦人のそれぞれの戦争協力に触れつつ、日本の婦人は「思想戦、経済戦の戦士として戦つて頂きたい。……充実した戦時経済は婦人の手にて！」(19)と檄を飛ばすのだが、これも空念仏に終わつた。

その後も、精動委員会が「昭和十五年に於ける国民精神総動員実施方針」（一二月七日）を決定し、地域別、職場別、団体別の実践網を整備強化して極力其の活動を促進すること、特に各種の同種団体の統合整理を断行することを決定するが、これも閣議決定を得ることができなかった(20)。

他方、内務省の「昭和十五年精動運動実施に関する希望意見」（一二月五日）をみると、内閣情報部が方向づけた国民の「自発的実践運動」と「経済的分野に於ける精動運動」を、「国民道徳運動」として展開すると修正し、また中心機構の問題として、内閣情報部精動部会の役割は「各官庁間の実行上の連絡会議たる機能に止むること」と、精動運動における内閣情報部の機能の縮小を提案している(21)。

そして一九四〇年二月、横溝が第三期の改組（同年四月）に関与することなく左遷される(22)。実は、彼は前年一一月すでに兼任の内閣書記官職を解かれていた。「暗躍」の中心人物は不明だが、いずれにしても内閣情報部と内務省の精動運動をめぐる熾烈な争いは、こうして後者の勝利となって終わったのである。

3　「国民の自発性喚起」と「精動方式」のはざまで

内閣情報部と内務省の精動運動をめぐる主導権争いの背景には「国民の自発性喚起」か「精動方式」か、という国民運動の組織論をめぐる対立があった。前者は国民を下から組織化しようとする国民再組織論で、新体制運動の高揚・停滞・再高揚に対応して、登場→後退→再登場、そして最終的には消滅という末路を迎えた。後者は、国民を上から支配しようとする精神主義的な運動論で、最終的には前者を圧倒して勝利をおさめた。

こうした構図のなかで婦人再組織論を見れば、それは本来的に「国民の自発性喚起」を旨とする国民再組織論に包摂されるものであり、先述のようにそこへの合流を狙った。しかし、当時の市川をみると、「国民の自発性喚起」を志向する内閣情報部にそれを働きかける一方、その手足となる下部組織については方法論として対極にあった内務省の一元的な民衆支配網（町内会、部落会等）の利用を企図しており(23)、その点、ねじれ現象を呈している。ここに方法論として目的と手段の分裂をみるが、内務省の実践網の利用については、当時すでに婦人は消費経済の担い手として町内会・部落会、隣組を通じて一定の実績をおさめており、運用はその実践網に委ねるのが最も合理的かつ効率的ではあった。ただし、市川は内務省の実践網、つまり「上意下達」組織をそのまま利用しようとしたのではなく、その点では、内務省、ないしはその実践網とは一線を引いていた。このことは婦人再組織論の一応の「結実」たる「国民組織としての婦人組織大綱試案」（一九四〇年八月三一日）をみれば分かる（後述）。

顧みれば、内閣情報部が上からの国民運動の限界を見通し、「下からの盛り上がる国民運動」をめざして精動運動にテコ入れをしはじめたのは一九三八年夏ごろ、ちょうど第一次近衛内閣下、国民再組織論を中核理論とする新党運動の台頭期であった。他方、内務省は普選後政党が台頭するなかで既得権を失うまいと、すでに着々と町村の執行機関を強化していたが、その後も新党運動、国民再組織論が台頭するなかでその動きに拍車をかけた。その後も、新党運動が沈静化し国民再組織論が後退するなか、一九三九年四月には講演会、講習会などの開催と興亜奉公日の行事を通じて実践網のさらなる整備にのりだしている。この間の内閣情報部の動きは前項で見た通りである。

迎えた第三期、精動運動の軌道は「国民の自発性喚起」から「精動方式」に戻され、国民再組織の道も、婦人再組織の道も完全に閉ざされた。精動本部理事長に就任した堀切は、「国民精神の昂揚こそ、一切の政治体制の基礎だ」、「精動の根本精神はすこしも変更する必要はない」と断じて、国民の協力を威圧的に要請した(24)。また、実践の徹底を計るため、「実践網の整備の急要なる所以を強調して、隣組常会並びに部落常会の普及徹底に努め、地域的国民組織の整備に力を尽くし」た(25)。

こうして指導組織が内務省一色に染まるなか、市川らも押し戻され、婦人は参与に八名加えられただけだった。本部人事の人選は堀切を中心に進められたのであるが(26)、彼はかつて「これまで私の関係した大衆への運動の経験によれば、婦人に手伝つてもらうことが効果があると思ひます。特に経済生活の問題では家庭の主婦が重要な役割を持つているので、婦人の協力が不可欠です」(27)と語っていたにもかかわらず、裁量権を握っては婦人を退けたのである(28)。婦人参与八名との懇談会(五月三〇日)でも市川らの婦人登用要請に、「考慮する」とは答えたが(29)、結局、吉岡一人を理事に加えただけだった。

堀切の態度は噴出する婦人のエネルギーに家族制度解体の危機感を募らせ、家族制度の維持・強化に躍起となっていた軍部や右翼勢力の態度と変らなかった。いや、そもそも精動化をめざす内務省の責任者として、それと相容れない物資動員を志向する市川を婦人委員の要におくことはできなかった。ただし、この時期にあっても、選挙粛正運動においてのみ市川と堀切は協力関係にあった。東京府会議員選挙(一九四〇年六月一〇日施行、精動運動の一環)を対象とした選挙粛正運動(堀切も実行委員の一人)でのこと、「よき人を挙げて銃後の御奉公」「忠霊に捧げて恥じぬこの一票」との標語の下、市川らは、愛国婦人会、大日本連合婦人会とともに例の如く華々しい運動を展開している(30)。

この第三期の動きで重要なのは内務省によって地方組織の基盤が急速に固められたことである。地方に道府県知事を本部長とする地方本部が設置され、「新機構に進んで参画し、中央地方共にその運動の主体となる」として、部落会・町内会などを精動運動の下部組織として整備する方針が全面的に打ち出された。この方向性は新体制運動の展開のさなか、内務省訓令「部落会町内会等整備要綱」(一九四〇年九月一一日)によって確定的となり、新体制運動が独自の地方下部組織をつくることを阻むことになった。堀切も新体制準備委員として同運動方針決定に関わり(八月二三日就任)、準備委員会（九月三日）では、内務省の立場を代弁して職能的な再組織論に反対し、部落会町内会等に根底をおくべきと力説している。一〇月二三日には精動運動も大政翼賛会に吸収され終焉を迎えるが、先取り的に言えば、大政翼賛会の成立から改組という進展のなかで、翼賛会の精動化は決定的となり、「国民の自発性喚起」の契機も、婦人の再組織の契機も失われることになる。

4 戦争肯定への傾斜——「東亜新秩序建設論」の是認

金子が近衛の「東亜新秩序建設声明」（一九三八年一一月三日発表）をいち早く認めたことは先に述べた。実は、市川もその約一年半後、つまり満州視察（一九四〇年二月二日〜四月一一日）後、「東亜新秩序建設論」を完全に追認するに至る。もっと正確にいえば、視察前に「東亜新秩序建設論」を認め、その確認のために満州視察に赴き、同論を確信、帰国するや新体制運動への参加を決めた。

顧みれば、市川は、すべての運動が国策協力という枠組みを逸脱しては成り立たない状況のなかで、婦人の最低限の要求を束ねるため、そして究極的には婦選獲得のため、婦人の再組織を企図した。そこには「協力」の意図もあったが、戦争を是としていたわけではない。いや、ゆえにこそ、軍部の独走を抑え中国と対等の立場で東亜の新秩序を築こうとする「東亜新秩序建設」計画の落とし穴にはまったというべきかもしれない。いずれにしても、そこで勝たねばならない日本が想定された。

市川が「東亜新秩序建設論」を認め一歩踏みだすまでには、早々と「転向」を遂げた金子を横目になおしばらく態度を保留していた時期があった。「社会時評座談会」（『女性展望』一九三九年五月号）では「新東亜秩序建設論」を語り合うなか、金子の「詰め寄り」をこうかわしている。

時局認識は、……人によつていろいろ違うし、新東亜の建設といつても此の内容ははつきりしてゐないとも云えるので、私にしても自分流の解釈はしてゐるが、それが果たして正しいかどうか疑問に思ふ位です。「内容」が刻々変りつゝあるといへませう。複雑というか激しく変化しつゝある時といふか、……国民全体に常に正しい時局認識を与えることは不可能なやうな気がしますね。……概念としては参加しなければならないでせうが、まず支那に対する認識が不足してゐるから見る事が第一、次には現状において何が私達に出来るかを検討するのですね。

だが、この態度も徐々に軟化し、やがて「汪の手で早く強力な政権ができるといいですね」、「日本の方もそれに対し、近衛声明を実行して、協力すべきですね」(31)と、汪兆銘(当時反共親日派)の樹立工作成功への期待感を示すようになる。この間の六月八日には婦人時局研究会として満州国弘報處長・武藤富男の「最近の満州国の事情」なる講演を聞いている。彼の話は大要次のようなものであった。英国の侵略主義からの解放のために東洋民族が戦うのは民族の使命である。「日本の、否東洋の経済の根本的改革が東洋経済が改められる時こそ、東洋民族の正しき発展は決定される」。「日本が資源豊富なる満州の開発に努力する事は、要するに東洋全般に亘る経済問題解決の第一の仕事である」(32)。

これを市川がどう受けとめたかは不明だが、この半年後には次の結論を導くに至る。

いつでも婦人運動の先頭をきつて来た婦選としては、現在の婦人界で最も欠けている事、将来の必要を見定めて、それに対処し、リードして行く義務があると考へてゐる。時局下に於ては、勿論今迄以上に婦人をして国策に協力せしめることは必要だが、その国策特に婦人に関係ある国策に対しての批判はもつとあつてよいし、その決定にはもつとイニシヤテイブをとる必要があると思はれる。その意味に於て婦選としては、今後或程度政治性をもつた独自の運動をはじめてもよいと考へてゐる(33)。

ここでいう「或程度政治性をもった独自の運動」こそ、「東亜新秩序建設論」を認めたうえで、当時昭和研究会などが研究していた国民再組織構想（国民の自発性に根ざした国民組織の構築構想）(34)に婦人再組織構想を合流させようとする試みに他ならない。そう断言する理由を、以下、「東亜新秩序建設論」との関連に留意しながら述べよう。

「東亜新秩序建設論」は、指導理念の多様性を前提にして、大別すれば、「東亜共同体論」、「東亜連盟論」、「皇道亜細亜論」の三つに分けることができる(35)。このうち代表的な前二者が近衛の「東亜新秩序声明」の理論構造、歴史的背景、実践計画等を支えようとする点で一致し、なおかつ多様なヴァリエーションをもって一九三九年末から一九四〇年前半にかけて代表的総合雑誌に掲載され、世の注目を浴びた。市川の『内容』が刻々変りつゝある」、「複雑といぅか激しく変化しつゝある」といふ先の言葉は、諸理論が交錯するなかで真なるものを見分けがたい状況において発せられたものと言えよう。

市川が最も影響を受けたのは、「近衛新体制論」の源流となる昭和研究会の「東亜協同体論」と思われる。昭和研究会が当時発言の場を失いつつあった知識人の最後の拠り所となっていたことは周知の通りであるが、彼らは自由主義的な性格や「資本主義の修正」志向、政党政治の忌避といった点で価値観を共有し、それぞれ当時収拾不能だった「日支問題」を解決しようとしていた。すなわち、一九三八年一一月ごろから国内の「再編成」の必要性を認識して、「国民的大組織の編成と東亜新秩序建設の目標」をたて、蠟山政道、尾崎秀実、平貞蔵、三枝博音、佐々弘雄、船山信一、山崎靖純、加田哲二、三木清などがその理念形成にそれぞれ独自の論を展開していた。彼らの「東亜新秩序建設論」に共通していたのは各民族平等の立場でそれを樹立し、そのために国内的には強力な国民組織を作り上げ、それを武器に軍部を牽制し、近代的・合理的な社会体制を建設しようとする点で、実際彼らは、政治機構の合理化、財閥独占体制の是正、教育行政の改革など革新的プランをうたっていた。

市川はこの昭和研究会系の知識人に関心をもち積極的に情報を得る機会を設けている。具体的に見てみよう(36)。婦人時局研究会として三木清、平貞蔵、林広吉、平井羊三、佐々弘雄、野崎竜七などを次々に講師に招き、あるいは機関誌『女性展望』に登場させ、彼らの説くところを聞き、それを広く伝えようとしている。彼らが日本と中国が対等の立場で「東亜新秩序」を築こうとしていたことは先に述べたが、これは軍部や右翼陣営が中国の主権を否定し中国に対する支配権を無制限とするのとはまったく異なるものであった。

まず、婦人時局研究会の講演会に二度招いている三木清に注目したい(37)。彼はかねてから日本精神主義による日支共存共栄原理を批判しつつ、東亜協同体とは諸民族を含みその個性と独自性を認めねばならないと主張し、その思想的原理が昭和研究会の活動に一定の方向性を与えていた。彼の説はこうである。日支は支那事変を契機に「東洋を西洋の植民地から解放」するために協力すべきである。今次の事変の日本に対する意義と世界史における意義は、「資本主義の是正」と「東亜の統一」であり、しかも両者は相互に関連し、とりわけ前者の解決なしに後者の実現はない。「東亜の統一」が要請される所以はヨーロッパの文化が文化であり、ヨーロッパの歴史が世界史であるという考え方が欧州大戦によって根本的にくつがえったという点にある。今後世界というものは西洋と東洋が合わせて考えられねばならない。東亜共同体は単に経済ブロックとしてではなく、政治、文化、国防においても日満支の連鎖として形成されるべきで、「東亜思想の原理」としては協同体内の民族とその民族内の個人の独自性が認められるべきである。

次いで三木は家族主義、共産主義、自由主義、国際主義、三民主義の問題を縷々説明するが、そこで三木が最も腐心している点は、「東亜新秩序建設」のイニシャテイブの問題、つまり「東亜新秩序建設」と大陸侵略の整合性のつけ方である。軍部の強権化がすすみ、一般にも国粋主義的な考え方が浸透していた当時にあって、それは彼らの許容の範囲で、しかもアジア諸国を納得させるものでなければならなかった。その点、三木は「イニシヤテイヴといつても勝手なことをやつてはいけない」(38)、「支那の独自性を認め、その特殊性を認めなければならない」(39)と、日本の特殊性のみを力説する偏狭な日本精神論者、あるいは戦争推進勢力と一線を画し、彼らに対する精一杯の抵抗を示している。平貞蔵も「東亜新秩序について」と題して婦人時局研究会で講演している。彼はまず支那事変が行き詰まっている理由を次のように整理する。

一、支那人の民族国家建設の要求を無視したこと。
二、国民党の指導力を過少評価したこと。
三、国共協力の程度について観察を誤ったこと。
四、事変をめぐる国際関係において長期的な見通しがなかったこと。
五、支那の封建性・半植民地性を重視したこと。

そして、日本の生存発展は日支提携・共存共栄以外になく、三原則と国際関係については日独防共を再考する必要がある。そのためには英米、ロシアの力を借りることも辞してはならないと結論づける(40)。平はその記録にみる限り、「東亜新秩序建設論」については肯定も否定もしていないが、「東亜新秩序建設」を前提として各民族平等の権利を認めていたことは確かと思われる(同じく婦人時局研究会で講演している林広吉、平井羊三、佐々弘雄などについては後に触れるが、市川が彼らの「東亜協同体論」に影響を受けたことは確かと考えられる)。

ただ、いくら「良心的」な論であろうと、「東亜協同体論」が紙一重で既成事実としての大陸侵攻に大義名分を与える欺瞞的なものであり、また戦争政策への大筋の合意と追随を示すものであったこと、もう少し大きくみれば、「支那事変」から「大東亜戦争」への橋渡の役割を果たした独善的な戦争合理化論であったことは間違いない。その東亜を米英の侵略主義から防衛するという大義名分論は、中国の侵略を欧米列強と争うという以上に、結局日本が中国侵略を行い、欧米がその中国を擁護するという主客転倒の「大東亜戦争肯定論」であった。そもそも、対等の立場での「東亜新秩序建設」の客観的条件は存在したのか。否である。日中の提携と大陸への進出という決定的な矛盾をはらむ「東亜新秩序建設」はあくまでフィクションでしかなかった。ただ当時にあっては、日本の行き詰まった軍事、政治情勢に新しい転機を与えるものとして、必死に生み出されたものであり、「次善の策」ではあったかもしれない。

「東亜連盟論」にも触れておかねばならない。これは石原莞爾が主唱していたものであるが、市川は彼からも影響を受けていたと思われる。石原が満州事変の立役者であったことは周知の通りであるが、当時は日中戦争の開始と拡大に反対、帝国主義勢力の駆逐、日本の植民地的思想排除を基本的な主張とし、その説くところは「東亜協同体論」と交差していた。だが、それは三木が「満州建国理論の発展継続である」(41)と論難したように、「迅速巧妙に支那本部をわれ支配下」に入れ、「北京、天津、……等必要最小限の地点を占領守備し」などと矛盾したところをも露呈していた。

市川が「東亜連盟論」に興味をもったのは、淡谷悠蔵(石原が一九三八年一一月に結成した「東亜連盟協会同志会」の幹部)から、石原が「軍による日本中心の東亜新秩序に反対し、日本と中国と同一の立場で……、事変を解決しよう」(傍点—引用者)と考えているとの話を聞いたときで、市川はすぐに石原の自宅を訪問(一九四〇年二月、渡満前)、中国問題の意見を聞いている。「初めてあった偉い軍人さんであったが、普通人と全く同じ態度で、好感がもてた」(42)と市川は後に記している。爾来、彼の「人柄、考え方に関心を持ち」(43)、東亜連盟協会に接近、婦人時局研究会の定例会(一九四〇年六月八日)にも講師として招いている(ただし、病気のため淡谷に代る)。

実際、石原の「東亜連盟論」は日本の帝国主義政策に対する反省や、日本の国家主義に対する自己抑制を保持し、かつ中国や朝鮮のナショナリズムへの理解をもち、これら諸民族の独立と自治を擁護していた。市川が石原に傾倒した理由を考えるとき、五百旗頭真の分析が役立つ。彼は帝国主義批判や理想主義が不徹底であっても、石原の主張が説得力を持った理由として、彼の主張が次の三者の結晶として論じられ、それが相互補完的に機能したからだという。すなわち、①日本帝国主義批判（思想的レベルの問題）、②今後の日中関係改善と国際情勢への対応策（政策的レベルの問題）、③石原の熱意と暖かさ（人格的レベルの問題）が融合するかたちで主張され、それが説得力をもった。事実、「東亜連盟論」には昭和研究会の人々をはじめ多彩な知識人や学者（尾崎秀実、木下半治、田中惣五郎、宮沢俊義など）がそれに共鳴した(44)。そして、市川もその一人だったということになろう。

5 満州訪問記にみる「東亜新秩序建設論」

一九四〇（昭和一五）年二月二二日、市川は淡谷悠蔵の勧めもあって満州訪問を決め、内閣情報部の紹介状を手に竹中繁子（『東京朝日新聞』記者）とともに上海、蘇州、杭州、南京、漢口等を巡る旅にでた。その動機が満州訪問の船から書き送られている。

全く、私共――否私自身、事変処理、日満支の互助連環、東亜新秩序等々を口にし、大衆の婦人の人達に説きながら、その内容は受け売りしていたのです。先ず自分自身の時局認識を深め将来の覚悟を更に深めたい、然して銃後の特に一般婦人の方達にも更に努力していただくその資としたい。……新秩序の建設のためには政治家や、商人や、或は男の人だけでは駄目で、どうしても日支の婦人達が手を握る事が必要である。それは現在の段階ではまだ早いかも知れないが、その緒でも見つけられれば……(45)。

では、市川は現地で何を見、何を感じ、何を考えたのか。実は帰国後の報告には表向きと裏向きがある。といっても、タテマエとホンネを使い分けているわけではない。軍の横暴に触れているか、いないかの違いである。まず表向きの帰国報告会（四月一一日）の内容を、「見てきた新支那」（上）（下）（『婦女新聞』四月二一日、二八日号）からみてみよう。「愛国」と「友好」、「侵略」と「親善」が同居した報告である。当時の市川の政治的スタンスを知るためには外せないので、少々長いがここに記す。

市川はまず現地の状況を、「楽観はいさゝかもゆるされない」、「最後の勝利を得るまでには、容易なことではない」としたうえで、国民の一致協力、知識婦人の現地視察の要を説き、占領後の治安の回復方法を探るためとして、宣撫班の活動、治安維持会の組織、産業や経済の状況を説明する。そして、軍が軍票（占領地で物を買うため発行）を民衆に信用させるのに苦労しているなどと述べた後、次のように言う。蔣介石は「日本軍が占領してゐるのは点と線だけではないかとうそぶいているそう」だが、何といっても広いので便衣隊のゲリラ戦術は相当に行われており、これに対しては都市の城門で通行人の検索が行われたりしている。南京では新政府（汪兆銘傀儡政権）の中央政治会議に出席したが、「新政府が事実上相当の実力をもつか否か、その重要なポイントは日本が如何にこれをよく支持するかにかゝつてゐる」。

中国婦人とはしばしば懇談会をもち、役人の奥さんや学校の先生（日本に協力的な人々）とも話し合った。「かういふ人達のいふ事は、必ずしも本当のことを喋つてゐるのではあるまいが、話してみて、忌憚なくいふと比較的低いといふ感じがした」。ただ、日本と比較すると、「社交でも、話し方でも、態度でもなかなか感心させられることが多」い。「あるとき、日本に対する不満は？　とたづねたら、三輪田女学校に二十年か前にゐたという人が、あまりいばらないでほしい。軽蔑しないでほしい。さういふ態度をとられると、どうもしたしめない」といわれた。中国人は「相当に立派な人もゐる。今までのように下の方だけみて支那人だと思つてゐた認識」は変えるべきである。

上海のインテリ婦人は、「日本人に悪感《ママ》はもつてゐないらしいが日本人に会うことを非常に怖がつている。といふのは、上海には親日分子を狙ふ重慶のテロ団が横行してゐるので、うかうか日本人に会へば、命があぶないのである」。会った婦人たちは「早く和平にしたいといふことは非常に考えてゐる。また日本と提携しなくてはいけないといふことも知つてゐるが、今までのやり方では提携できないといふ。そこで私が近衛声明の話をして、日本の事変に対する態度はあのとほりだといふと、彼女たちは近衛声明が何であるかを知らず、本当にそれを実行するなら結構だといつてゐた。政府は、重慶政府もそうだが新政府も婦人を尊重しようとしている。支那は女の権力がつよい国で殊に奥さんの権力が強い。大家族制度の下、それをうまく纏める主婦は「悧巧でなければならないし、権力も相当に必要だからということである」。やはり、「日本はこれから支那の婦人をつかまなくてはならない」。それには「日本の婦人が向うにでていくこと」で、「軍の人もそれをしきりに云つてゐた」。「武力がひいたあとに元の木阿弥にならないやう日本人が文化的に根をしつかりおろし個人々々が相互に尊敬しあふ心からの提携がなければならぬ。東亜百年の平和のためにはどうしてもしなければならぬ。そのためには婦人の責任が非常に重大だと思ふのである」。

次に、「支那旅行の感想」(『女性展望』一九四〇年五月号)から拾う。在留日本人の他、軍や出先機関にも接触して、その活動を見、杭州では戦闘のあった前線地域をトラックで視察した。「近衛声明の原則で事変を処理する事になると、ご承知のやうに領土もとらない、賠償金もとらない主権は尊重すると云ふのでありますから経済的な特殊権益もとらなければ、軍隊もやがて撤兵する事になりませう。すれば両国のつながりは、精神的な日支にその基礎をおく事になりませう。これは簡単なやうであるが、実は非常に困難な事だと思ひます。今まで日本語を習つてゐた中国の女学生に『新政権が出来たからもう日本語を勉強する必要はないでせう』等といはせるやうでは困るではありませんか。この点は新政権にこれから参加して来る若い中国の青年達にしても保安等に日本と提携しやうといふ気持を持つてゐてくれなくては困る」。

しかし日本側の努力も必要で、「支那の民衆の間に這入り込み根を下さねば駄目」である。現地では「所謂精動運動らしいものも殆どない。『東亜新秩序建設』『日支親善』と方々に書いてはあるが、これは支那人だけにいつてゐるやうで、日本人自身には、その気持ちがないやうに思はれます。支那の人達と色々私共が話しても『現地の日本の人達が我々にこんな態度をとつてゐるではないか』と仲々信じてくれない場合がしばしば」あった。政府当局はこれに対して方策を立てねばならない。

知識階級の婦人は男子より抗日意識が強いが、それも「相当の努力と時をかければ、親日にもなし得ない事はあるまい」。その役割は日本の知識階級の婦人でなければ出来ない。しかし、日本の知識婦人といっても、中国の知識婦人と比較すると太刀打ちできる人は少なく、「政治意識は中国の女学生よりも低い」。汪政権は政府の最高政治機関や立法院に婦人を参加させ事実上婦人参政権を与えているが、日本は自治体の参政権さえ与えず各種委員会に婦人を少しづつ加えはじめたところだ。日本の出先機関も中国婦人を軽視するのみならず、日本と同等までその地位を引き下げようとするので、中国婦人は日本の男子を好まない。「これは政策として非常にまづい訳だから日本の当局に再考を願いたい」。「将来の日本は、支那と切りはなしては考へられない。それは尊い犠牲を生す為ばかりではなく、政治、経済、外交等の問題を含めて単独では行き得ないことを皆様方が了解され、支那の問題について深い関心を払はれんことを切望する次第」である。

同行の竹中は和服だったので、日本婦人だと一目で判り行動の範囲を狭められた。日本人と親しくしている支那人は漢奸と見られて、いつどこで危害を加へられるかも知れない状態にあるので、それを恐れて、例えば現地の婦人と外出できなかったり、外で偶然に現地の知人にあってもそ知らぬふりをしなくてはならなかった。また、ホテルに入ってまず目についたのは「防諜注意」の文字で、至るところ重慶側のスパイが暗躍していた。

以上、市川の表向きの報告であるが、根強い反感と抵抗をぬっての視察だったことが分る。内容的にいえば、「東亜新秩序」の建設を是認し、日中の民族的提携を絶対価値として、中国人も日本人もその認識が不足していることへの焦慮を示すとともに、日中の婦人の具体的な提携を模索していると言えよう。『朝日新聞』（一九四〇年一二月二日）でも、日支インテリ婦人の連携・協力の必要性を説き、「全東亜の婦人が集まつて東亜建設を誓ふ『大東亜婦人大会』もそのうち開かれてもよかろうぢやありませんか」などと語っている。

では、裏面の報告について。実は、田中未来（元白梅学園短大学長）が、東京女子大予科一年入学直後の一九四〇年五月一五日、市川が同大で密かに行った「反軍批判講演」を聞いたという。以下は田中の証言である。

講演前日、「本当のことを知りたいならいらっしゃい」と学内で耳打ちされた。講演で市川さんは「新聞は日本の大勝利と報じているがうそだ」と切り出した。「中国の点と線を押さえただけで民衆の心をつかんでいない。女性や子供まで殺し、ひどすぎる。聖戦と喧伝されているが、泥沼に入っており勝ち目はない」と、虐殺例を交え約一時間話した(46)。

学内で、「戦争のことで本当のことを知りたい人だけが来なさい。いいかげんな気持ちの人は来なくてよろしい」と上級生から耳打ちされました。……当時は反戦までいかない、ただ平和主義の講義をしただけで学校がつぶされてしまうような時代でしたから、情報が漏れることの危なさを私たちも感じていました。……学長の安井てつ先生が非常に強い平和主義者でしたから私自身は大学主催だと思っていますが、大学の正式な記録では学友会主催になっていたり、ある方の連絡によると学内のＹＭＣＡになっていたりするようです。大学主催ということになると、大学にとがめだてがきますから、外部的には秘密ということはあり得ます。……出席者は三〇人位で、窓もろくにない倉庫のような所だったと記憶しています……。

皆さん、戦争について本当のことは国民には隠されています、というような悲しい切り出し方だったと思います。あなた方若い人は本当のことをしらなければいけない、知る権利というより義務がある。聞きたくない話かもしれないし、聞いてどうなるという問題でもない。しかしいつの日にかそれを生かしてほしい。今、支那事変で、……日本は南京攻略、広東陥落と勝った勝ったと言っているが、本当はそうでない。単に都市と鉄道をおさえたにすぎない。日本のような工業国は鉄道と都市を押さえればそれで機能はまひし、国を掌握したことになるが、支那のように広い国ではそれだけではだめで、その中に住んでいる人たちに日本人が信頼されるようにしなければならない。ところが全然そんな信頼関係はなく、人々の心を逆なでするようなことをしている。私が日本軍の通った後をたどってみた中で一番ひどいと思ったのは南京だった。例えば、赤ん坊を放り投げて銃剣で受け止めた……というようなことをおっしゃって、……女の人や子供たちを虐待した話は聞くに耐えませんでした。終わった後は皆ショックで、黙々と家へ帰るという状況でした(47)。

切迫した雰囲気が再現されている。が、これが事実としても、市川の演説はあくまで軍部の突出行為に対する憂慮を映した「反軍」のそれであって、日本の中国進出に対する原則的・絶対的な批判ではない。「東亜新秩序論」に基づく中国の主権尊重と現実の軍部の中国侵略とのギャップを、そして中国の人々の抵抗によって「東亜新秩序建設」が不首尾に推移している事実を、いやというほど思い知らされたのである。つまり満州国の存在とそこへの進出は、「東亜新秩序建設」のプロセスとして認めていたのである。

ただ、そうではあっても、もし官憲に知れたら確実に身に危険がおよぶに違いない状況にあって、その「反軍批判講演」が市川の良心と勇気を示すものであったということは認めらねばならない。

ともあれ、満州視察後市川は、「東亜新秩序建設」を正当と確信して、新体制の樹立＝国民の再組織を緊要とすると同時に婦人再組織の必要性を再認識し、当時近衛側近（昭和研究会）を主力として進んでいた近衛新体制運動への参入を決心した。そして、そのためにまず婦団連盟の機能を連絡機関のみに限定して自らの役職を軽くする一方（事実上、組織機能を停止）、留守中停滞していた婦人時局研究会の活動を活発化、一九四〇年六月の定例会には、講師として三木清を招き（前述）、八月三一日には「婦人の再組織」案の集大成である、「国民組織としての婦人組織大綱試案」（婦人時局研究会名）を発表、新体制運動者側に提出した。そして、いよいよ獲得同盟の解散（一九四〇年九月二一）である。藤田たきがその経過を書いている。

支那に旅して帰つた市川さんは日支事変の解決、東亜新秩序建設が如何に至難な大事業であるかを痛感せられたのだ。そして聡明な市川さんはこの難局打開の為には国内新体制が一日も早く樹立されねばならぬ事をいち早くみてとり婦人も亦この体制に順応する必要を痛感した。婦人団体の統合、婦人組織の問題等々に関し市川さんは自分のなさねばならぬ義務を思ひ、心重い日々を過ごしたのであつた。婦選解消、婦人時局研究会への参加が決定された日、市川さんは「これで安心した。なすべき義務を果たした」と漏らされた(48)。

以後、市川は、新体制運動を横目に急ピッチで婦人再組織の具体案を仕上げていくのであるが、婦人問題研究所の設立(一九四〇年一月、満州訪問の一ヵ月前)や、先に触れた東京愛市婦人協会の自然消滅も同じ文脈で考えるべきであろう。前者についていえば、その「創立趣旨」には、「時局下に於て最も重要問題の一つである各種婦人問題並びに婦人運動に関する研究調査を行ひ、政府当局及広く一般に提供して時艱の克服、国運の進展に寄与せんがため」とうたい、五月末にはガントレット・恒子、竹内茂代、竹中繁子、平塚明(らいてう)、藤田たき、金子しげりなどを理事として陣容を整えている(49)。

先に婦人解放思想においては不変と論じたが、以後、戦争をめぐる問題に限っては権力の動きを見透す目を鈍化させ、国家の思惑にのって婦人に「協力」を説くようになる。そこでは、政治問題レベルの「転向」と、婦人解放運動レベルの「非転向」が分裂状態で併存し、この二重構造が戦時の市川の本質を見えにくいものにしている。

では、次節以下、いよいよ新体制運動→大政翼賛運動という時勢の「るつぼ」のなかに身を投じ、巨大な権力との綱引きのうちに体制加担を強めていく市川をみる。

4　新体制運動の渦のなかで――婦人再組織運動の展開

1　新体制運動への参入をめざして

一九四〇年四月の北ヨーロッパ侵攻に始まるドイツ軍電撃戦の勝利は、日中戦争の泥沼化に悩みぬいていた日本に衝撃と興奮をよび起こした。陸軍枢軸派を中心に南進論が盛り上がり、新聞も英米依存の日本外交を批判して枢軸強化・南進強行の論調を強めた。

その熱狂のなかで一九三八年以来の近衛新党計画が再燃し、既成政党主流派が新党樹立をめざして活発に動きだした。他方、陸軍皇道派や観念右翼が「反国体」としてこれに反発し精神作興（国民精神総動員運動方式）を強調、内務省もまた観念右翼に同調しつつ、新体制を行政機構の補助手段にすべく画策しはじめた。

近衛の側近グループの有馬頼寧、風見章なども思惑を微妙に違えつつ、一部政党人と組んで新党結成に向けて動いていたが、その新党構想は基本的に軍部を抑制して日中戦争を解決すべく新しい国民組織を背景とする強力内閣を組織しようというものであった。五月発表の新党構想では各民族の自主と協調を基調とする東亜新秩序建設をうたい、精動運動にかわる、国民の自発性を喚起し軍部を牽制しうる国民組織の構築（＝国民再組織論）を掲げている（この時点で、新党構想が議会勢力中心の「新党運動」から国民組織中心の「新体制運動」に転化）。

新体制運動の意図は各勢力によって異なっていたが、「婦人」に関しては、軍部は「革新」「復古」を問わず強い拒否反応を示し、観念右翼はさらに憎悪に近い感情を露わにした。また、内務省は最下部組織（町内会・部落会等）での利用だけを考え、「婦人」の政治進出にはそれを拒み抑える役割を果し、良くも悪くも「婦人」を政治の舞台に引き上げようとしたのは近衛側近グループ（昭和研究会関係者）と国策研究会その他若干であった。

こうした新体制運動に対して、市川は、婦人再組織構想を掲げ、婦人の役割の特殊性と重要性を強調して参加の烽火をあげていった。曰く、「支那の現地を視察して以来、特にその〔新体制運動―国民再組織運動〕の必要性を痛感して」いるが、「今や日常の生活を通じて政治への関心が大衆婦人の間に芽ばえ普及」してきている。「婦人のこの意識と関心は、男子によって代表し得えない」ものであり、婦人の特殊性に鑑み、「男子側の組織、形式とは別の参加形式」（傍点―引用者）が検討されてしかるべきである(1)。他方、反応の鈍い婦人指導者層に対しては、「婦人指導者は枝葉末節の事のみに忙殺されないで、時局下に於て最も重大なる此問題に眼をむけ、おくれながらでも研究に着手せんことを切望」(2)した。そして、七月一九日、婦選獲得同盟解散の方針を決め、新体制運動に即応する態勢整備に向かった。

精動運動への失望が深かっただけに、市川の新体制運動への期待は大きく、その行方を熱い思いで注視していた。第二次近衛内閣が成立するや（七月二二日）、国民の最低生活の保証と消費生活合理化の指導を要望したうえで、そのためには「消費生活を分担してゐる主婦の全国的な組織が絶対必要」(3)と訴えた。

だが、手応えはなかった。「基本国策要綱」（七月二六日、閣議決定）には、「新国民組織の確立」はうたわれているが、「婦人」への言及はなかった。七月三〇日に発表された「首相側近案」(4)も、「一君万民」「肇国の精神」といった枕詞でカモフラージュを施しつつ、アクセントは国民組織に置かれ、しかも軍部抑制の意図さえ窺えるものであったが、やはり「婦人」の文字はなかった。

八月二三日発足の新体制結成準備会の準備委員（全閣僚、貴衆両院議員、学会、言論界、財界、右翼から二六名）にも婦人は加えられず、審議予定の国民組織の中央指導部にも青年局はあったが、婦人局はなかった。また、八月二八日から九月一七日まで六回開催された新体制準備会の第一回の近衛声明でも、「万民翼賛の国民組織が新政治体制の基底である」とされているだけで、「婦人」には触れられてなかった。

市川はこの婦人無視に、「婦人を忘れた新国民組織」(5)と猛反発、八月三一日、「国民組織としての婦人組織大綱試案」

（婦人時局研究会名）を発表するとともに、それを新体制準備会へ提出した。しかし、客観的には「婦人」が俎上にのせられる余地は皆無であった。周知の通り、同準備会は相剋する勢力の対立や確執のうちに四分五裂の模様を呈して大波乱のうちに終り、「国民再組織」でさえ成らなかったのである。

ただし、この間市川らの主張が完全に無視されていたかというとそうではない。市川の執拗な働きかけがあったとは思われるが、実は、昭和研究会関係者が最大限努力した痕跡がある。彼らは近衛側近グループの中核にあって当初新体制運動をリードしていた。

まず、昭和研究会の新体制案、「新体制建設要綱」（一九四〇年八月）に注目しよう。そこには「婦人」が確かなかたちで位置づけられている。すなわち、「二、国内新体制」の「第七章　婦人並びに青少年問題における新体制」のなかに、「婦人の分担せる育児、消費経済、社会的諸活動等の国家に於ける重要性に鑑み、女子教育の改革、婦人の社会的政治的地位の向上、婦人団体の統一を期すること」(6)の一項が挿入されている。

また、同「要綱」とは別に代表の後藤隆之助の名によって作成された「新体制基本綱領（草案）」（日付不明）にも「婦人」が挿入されている。これは一カ所を除いて昭和研究会と同じものである。一カ所とは、昭和研究会の試案が「婦人団体の統一を期すること」であるのに対し、後藤案が「婦人団体の統一再編成を期する」（傍点—引用者）としているところで、比較すれば、後藤の方がより市川の意図に沿ったものである。

矢部貞治（東京帝国大学教授、この時期近衛側近として新体制の立案にあたっていた）も、彼個人の「新体制の基本構想」（一九四〇年八月二〇日）(7)の「三、国民組織の主内容」に、「種々の精神団体、青年団体、婦人団体等を統合し、必要あらば新に之を組織し」と婦人の再組織を予定している。のみならず、新体制準備会の機構のなかの一つとして婦人指導部をあげ、それがそのまま新体制の事務局にスライドされるべきことを示唆している(8)。

有馬頼寧も、「婦人の意思を現す機関は、例えば、婦人部という部門は作らぬまでも、何とか取り入れたいと、思っている。ひところの参政権という意味をもっと広げて、お台所の声を政治に反映したい。……政治の婦人の声も――私は痛切にかう考へている」(9)との意欲を示している。これは後に返上されるが、少なくともその時点では彼の本心と思われる(10)。

次の事実にも注目したい。先に新体制準備会の第一回準備会(八月二八日)における近衛声明には「婦人」は含まれていないと述べたが、実はその文案の作成段階では「婦人」が確かに存在し、しかも市川の婦人再組織論の前提たる「婦人団体の統合」が次のように示唆されていたのである。「新国民組織は現存する多くの精神団体、教育修養団体、興亜運動の団体、革新運動団体、乃至青年運動、婦人運動の諸団体を統合し、必要な部門には更に新しい企画に基づく新しい運動を興さねばならぬ」(傍点―引用者)(11)。これも近衛側近(昭和研究会関係者)によって挿入されたものと考えられる。同声明文案は矢部貞治を中心に富田健治書記官長、村瀬直養法制局長官、後藤隆之助などが具体案作成を急ぎ、矢部の許で原案が作成されたものだからである。それが削除されたのは、最終文案ができあがるまでに武藤章軍務局長が横槍を入れる(12)などの経緯があったことを考えれば、当然と言えよう。

こうした動きの裏にはもちろん市川の必死の突き上げがあったと思われるが、新体制準備会終了後の九月二一日、市川は、「新体制よ、婦人を認めよ」の一声を発して、予定通り獲得同盟の歴史を閉じ、人的にはほとんど重なる婦人時局研究会へ合流し、新体制参加の態勢を整えた。他の婦人団体に率先垂範して新体制運動への参入をはかったのである。

2 「国民組織としての婦人組織大綱試案」をめぐって

では、市川が提出した「国民組織としての婦人組織大綱試案」(一九四〇年八月三一日発表、婦人時局研究会名)とは、具体的にどういうものであったか。大きくは東亜新秩序建設に向けての国内的な条件整備＝新体制の確立を課題として、既存の大衆婦人を組織している官製婦人団体の白紙還元と、そのうえでの一元的婦人組織の構築(これによって大衆婦人の二重〔三重〕の動員も解消）を提案したものであった。それは、それまでの婦人再組織研究の「集大成」であり、「主婦」を中心においたところに市川の腐心があった。具体的には、婦人を①主婦、②労働婦人及び職業婦人、③文化に関係する婦人、の三つの系統に大別して（独身女性には別に女子青年の組織をつくる）、主婦を職業婦人や文化人等と対等に位置づけ、社会的な存立基盤のない圧倒的多数の主婦に「社会的足場」を与え、その地位を引き上げる一方、主婦にその国家的役割の重大さを認識させよう（主婦の政治教育・政治的訓練）とするものであった。

また、組織としては、現に機能している内務省系統の実践班（町内会・部落会、隣組）を下部組織として活用し、主婦はその実践班の構成員であると同時に新組織の構成員でもあるとする。すなわち、主婦はそれまで同様内務省系列にあっては隣保相互扶助実践班の一部として活動するが、他方で、その実践班の常会を主婦会とし、これを新組織として、そこでは主婦に関するものだけを独立的に扱うというのである。つまり、そこを主婦の拠点として男子の専横と介入を排し、自らの世論を形成して、それを上部に押し上げようというのである。この場合、主婦は二重の役割を担うことになるが、市川はあくまで実践班の主婦会を主婦の保塁とし、そこに「婦人の自発性喚起」「婦人の世論形成」という課題を託そうとしたのである。

また、システム的には、新組織は主婦のみの組織を下から市町村、道府県、全国と積み上げ、それを中央機関の婦人部（婦人局）に接続させる、他方、その婦人部（局）は下からの意見集約をすると同時に、その新組織の指導に責任をもち、構成は男女であってもかまわないが、直接の指導者としては婦人を登用すべきとする。これによって「下意上通」のシステムが完成するわけである。

以上、「試案」は現実のなかで最大限許容される婦人の権利を要求するものであり、また、それまでの婦人に対する男子支配構造を転換し、婦人の自治を確保しようとするものであった。同「試案」をもって新体制運動への参加を求める態度は、野望や保身のために時流にのった既成政党やその他政治勢力のそれとは、はっきり次元を異にするものと言える。

しかし、何といっても客観的条件が熟していなかった。さらに言えば、気負いが先行した非現実的な構想だった。まず、家族制度の呪縛のなかで、男子側は軍部から底辺の人々までそれほど寛容でも柔軟でもなかった。他方、底辺の婦人は、そのために要請される自立心や権利意識をもつにはあまりにも社会や政治から遮断された生活を強いられすぎていた。

また、確かに実践網を活用することは合理的・現実的な方法論であったが、内務省は当時すでに大政翼賛会成立に先手をうって町内会・部落会、隣組を市区町村の下位単位として確定し、府県↓市町村↓町内会・部落会↓隣組という一元的な民衆支配の系列を固め、新体制が独自な下部組織をつくりあげるのを阻止していた。市川はその逆用をねらったわけだが、内務省は全国民をこの官僚機構の末端に編入することで、上からの組織化とそれへの指導権の確保を図っていた。

常会についていえば、上からの通達指示の徹底のため、市町村、部落会・町内会、隣保班の各段階でそれを定例集会として開くことを命じていた。その常会を「下意上通」の拠点にしようというのである。

宮本百合子は、「主婦」の位置づけについてこう述べている。

〔婦人〕の成長を促す一つの方法として、一部には隣組に主婦会をおいて、主婦というものを一つの職能として上部の組織へも代表を送りだして発言する可能性をつくろうと考慮中らしい。主婦という立場を職能とみるべきであるという考えは、日本の新体制からはじまったことでなく、社会施設の完備を目ざしている国々ではドイツでもソヴイエト・ロシアでも、主婦の仕事を社会構成上の一職能として評価している。しかしながらきわめて興味あることは、そのようにして主婦に職能としての社会的評価を明らかにしているところでは、そのような婦人に対する社会的評価そのものからみな選挙権その他市民としての政治力を認めていることである(13)。

この論から言えば、婦人再組織論は日本の歴史のテンポの遅れを極度に圧縮しようとした無理・矛盾を本来的に抱えもっていたことになる。

さて、市川は「試案」発表によって、同案の趣旨に即した建設的な意見、具体的な提言の出現を期待した。しかし、民間の婦人団体は「笛吹けども相手は踊らずの観」(14)で、反応は鈍く、むしろその複雑な人間関係が露呈し、有効な議論や行動を呼び起こすことはできなかった(後述)。

反応という点で敏感だったのは官製婦人団体である。彼らは「試案」に対して一斉に阻止する態度にでた。「試案」発表日の「新体制婦人団体協議会」では、市川の「各代表者を出して今後その研究に当たる事にしてはどうか」との提案に対して、国防婦人会(以下「国婦」と略記)は「政治には関与しない建前であるから、代表者を出すことは遠慮したい」と、愛国婦人会(以下「愛婦」と略記)は「一存では図らひかねるから、一応自会に諮ってから……」と暗に拒否の態度を示した。そのとき大日本連合婦人会(以下「連婦」と略記)が妥協案をだし、新たに研究会を設けることになった。

他方、官製婦人団体の最下部組織は過敏なほどの反応を示した。京橋槇町三丁目、麹町区九段三丁目の婦人二〇名が愛婦、国婦、連婦等を脱会して新たに婦人会を結成することにするや、本郷、深川、滝野川、荏原、蒲田、葛飾各区の厚生課長(愛婦分会参与兼国婦顧問)が主婦重点主義の新組織結成(婦人奉公会(15))を提唱、本郷区連合町会ではすでに「主婦常会設置」の具体案を作成するなどの動きを活発化した。そうした動きについては、『朝日新聞』(一九四〇年九月七日)が、「最下部組織の分会には早くも東京始め各地に『愛婦』『国婦』の合同が実践されつつさえある。うつかりしてると本部だけの愛婦、国婦になりはせぬか」と皮肉っているが、事実そうした下部組織の崩壊現象をみるや、上部は引き締めをはかり、九月五日には愛婦が臨時総会を開いて男子理事を増加する補強工作に出、一二名の理事を二〇名に増加、しかもそれを男子をもってあてることに決めた。

国婦はまた動揺する会員を戒める行動にでた。理事懇談会(九月一〇日)で政府が解散せよといわない限り解散しないと決定し、一二日には支部長分長を招集してその方向に沿って会員の自重を説き、新体制をまって大勢に順応する旨を声明したのである(16)。続いて愛婦、国婦、連婦の三団体が、「肇国の大精神にもとづき国体の本義を顕揚し、新体制に応じ日本婦人としての使命完遂に邁進を誓ふ」旨の申合わせを行い、市川らとは対抗的な「新体制婦人組織委員会」を設置して具体案を練ることにした。その後三団体は婦人新体制運動をリードすべく協議を重ね、九月一八日、「私共は肇国の大精神に基づき国体の本義を宣揚し以て天業翼賛の実を挙ぐる為相協議し新体制に即応し日本婦人としての使命完遂に遭遇する事を誓ひます」との「申し合わせ」を発表、「新体制婦人組織委員会」設置の計画を実現した。

3 「国民組織としての婦人組織大綱試案」への婦人界の反応

「婦人組織大綱試案」に対する民間の婦人団体の反応であるが、婦人界の重鎮、吉岡彌生とその一統は婦人の自主性の確保や婦人の新体制運動(婦人の再組織)の必要性は認め、男子の婦人無視には失望や怒りを示すが、はっきり拒否反応を示した。新組織において市川らの指導下に置かれる事態を招きたくないとの思いからであろう。婦選運動の最高揚期の婦人同志会結成時のヘゲモニー争いを滲ませた確執と対立が、この間の選挙粛正運動での協調にも拘らず、尾を引いていたと考えられる。九月二〇日には協議会を開き、各種既成婦人団体の組織をそのまま統合強化し一元化はその後に漸進的に進めよと、市川の「試案」を骨抜きにする案を提出した。

見逃せないのが吉岡に近い福島四郎(『婦女新聞』社長)の『婦女新聞』の社説における一連の批判である。まず一九四〇年四月一四日号で、市川らの婦人再組織構想を意識して、「愛国婦人会の現在もってゐる組織の力を、更に拡大して、全婦人団体に及ぼ」すかたちの婦人の統合を提案し、その約半年後には正面から「吾等はこの機会に、婦選の市川

・金子その他の人々に忠告する」として、次の如く出る釘を打った。

婦人団体を統合して大組織を完成させるために最も妨げをなすのは、各婦人の狭量である。他をして名を成さしめるのを快しとせず、陽に推挙しながら陰に排斥する者の多いことである。吾等は諸君が、全婦人界の為に人柱となる覚悟をもって、功を大婦人団体に譲り、文字通り、滅私奉公、以て新体制を促進せんことを祈つてやまぬ(17)。

その一週間後の社説の論調もその線上のものである。

婦人団体も亦、各人の修養女権拡張、信ずる宗教の宣伝等々から出発し、公利公益を目的とするものも、「男に負けないやうに女の力でやつて見せやう」といふが如き、男子に対立する意識が裏面では強く働いてゐた。これは婦人の家庭的、社会的地位が低かつた不満の結果でもあるが、何にしても個人主義又は男女対立思想から脱することが出来なんだ。……現存婦人団体の当事者が、新体制に即する団体組織の根本意義が、是までとは対蹠的になることを自覚するにある(18)。

さらに一週間後は、婦人時局研究会案を「万民輔翼が新体制の根本観念である以上、全婦人を中央に連結させるこの隣組基礎案は、最も理想的なものだと称して可い」としつつ、「隣組基礎以外の婦人団体は絶対に認むべきではないと決めてしまふのは、聊か行き過ぎではなからうか。事柄によっては、例へば愛婦・国婦・連婦を統一した大婦人団体の別の存在にしてゐる方が、ヨリ活発に、機敏に行動し得て好都合なのではなからうか。……分業よろしきを得れば、相協力して全婦人の協力を発揮させる上に反つて得策にはなるまいか」(19)といい、またその一週間後には、「女子教育の振興とか、悪風俗の矯正とか、思想の善導……には適しないというより不可能である」(20)と婦人時局研究会案をはっきりと退けている。

そして、いよいよ「現在の三大婦人団体を全部消滅せしめんとする過激主義に反対し、之を統一して全日本的大婦人団体たらしめんとする主張に賛成したい」として、具体的には最も有力なる愛婦が音頭をとって自ら率先して解散すべきと(21)、はっきり市川を排除する動きを示している。こうして、婦人時局研究会の組織論は新体制運動側からも官製婦人団体からも、そして限定的ながら婦人解放思想を抱懐していた民間の婦人団体(吉岡彌生らとの組織)にも受け入れられず、宙に浮くかたちとなった。

そうしたなか官製婦人団体を批判しつつ、市川らに痛烈なパンチを浴びせているのが神近市子である。彼女は官製婦人団体側に対して、三団体だけで合同を策したのは、「婦人側グループ[市川ら]に占有されることを忌避したもの」か、獲得同盟の解散前後の「行動に釈然たらぬものを有したもの」かどうか知らないがと皮肉ったうえ、「少数団体のみ合同を企て、そこにすでに対立を予想せしめることは、時局的態度とはいえない」と難じ、返す刀で市川らをこう切っている。

忌避された側の人々においても、多少かゝる憶測を許すべき行動はある。婦選に属する婦人指導者達が、すぐれた実行力を持つた人々であることは、認めるに吝さかでないが、事変勃興以来の彼女達の行動は、常人には受とりかねる点もある。悪くいえば、精動といへば、精動、新党運動といへば新党運動、新体制といへば新体制と応じ、只管割込み迎合運動に憂身をやつしてゐると見えぬ点がないでもない。廃品回収運動、買物尾行運動から、最近の贅沢排撃の街頭推進運動まで、その立案は盡く場当り的であり、卑俗的であり、かゝる婦人達に大運動指導の可能性があるかを疑はるゝも無理はない。……彼女達自ら自己のサイズを、如何なる運動の指導、如何なる問題の解決にも、好適である自負してゐるところに、その逆効果を招来してゐる。愛国的諸団体の偏執は非難さるべきことながら、慌てたバス便乗者とみらるゝ態度をとつたといふことにも、反省はすべきであらう(22)。

確かに、市川らの行動は場当たり的に映ったのかもしれない。だが、今まで見てきたように市川の行動は良くも悪くも、思いつきや状況追随ではなかった。

奥むめおの態度も冷めていた。奥は神近の「慌てたバス便乗者」という言葉を引用しつつ、名指しこそしていないが明らかに市川に対して、「婦人界には、団体間にも個人同志の間にも、相当争いがあるらしいから」、婦人団体の解消を急ぐ必要はないと、その動きを制している(23)。

ついでながら、婦選獲得同盟解散の際、奥が「創立当初の目的からは次第に外れて、年々婦人による傍系の国策宣伝係に転化しつゝあったことですから、この限りに於ては、解消は当然というべきでありましたらう」(24)と批判し、これに市川が「国策宣伝係とは心外な批判」と反発したことはよく知られているが、奥の批判は、精動運動における無駄の監視活動や贅沢追放の運動だけに注目すれば必ずしも的はずれではない。だが、奥とて「国策宣伝」と無縁ではなく、その点連帯責任を負うべき立場にあった。奥は新婦人協会から手をひいた後、確かに職業婦人の啓蒙と福祉に尽力したが、一九三九年三月には大蔵省の貯蓄奨励婦人講師（三一名中の一人）、一一月には厚生省労務管理調査委員会委員（三〇名中唯一の婦人）に就任、生活の不満と要求を提出しつつ「協力」を果たしている。

市川への批判は身内からもでた。「匿名子」はいう。

講師の話を聞く会だ位に思はれていた研究会が、突如〝婦人再組織〟案を公表して婦人界のみならず社会の注目を惹いた。市川、金子、八田［篤子］のトリオが牛耳るところだけに流石である。……何時も乍らの美事さである。

この組織案は大いに不備である。……この案に示された組織の実際活動についての研究や用意が殆ど裏づけされてゐない点が気になる。……組織は実際活動によって生き、組織図は更に一歩、具体活動のデテールにまで方寸立つて始めて魅力をもち価値を生じる(25)。

婦人再組織案の具体案作りが独走的に進められたこと、またそれに対する不満が市川の足下で渦巻いていたことがよく分かる。

ところで、この時期にもなお参政権獲得の運動を志そうとする動きが一部にあった。特記しておこう。第四九回日本基督教婦人矯風会大会(一九四〇年四月四日〜六日)でのこと、法律部長の千本木道子が廃娼の目的や食糧難問題などの解決には婦人の参政権が必要であり、そのための運動を再び盛り上げようと訴え、ガントレット・恒子も「参政権運動は台所からはじまるもので、決して婦人と縁の無い問題ではない」と援護射撃している(26)。提案は流れたが、市川らはこれをどう見ていたのか。何ら言辞を残していない。

4 婦選獲得同盟の解散——「協力」体制への確立に向けて

歴史の歯車は以後、三国同盟の締結、南方への進攻、対米英戦へと、破局に向かって回転していくのであるが、市川もこのころには既成事実の積み重ねのなかで事実上「協力」を果していた。では、その「協力」への傾斜において決定的な屈折点はどこにあったか。原田清子は「市川が婦選運動に自ら終止符を打ったとき、それまでの市川の婦人運動は思想的にも運動形態の上でも、一応断ち切られたように思う」(27)と言う。とすれば、それは一九四〇年九月二一日、婦選獲得同盟を解散したときである。確かに、市川はそのとき「実体のない看板をかついでいた重荷から開放された安堵、よろこびがあった」(28)との言葉を残している。しかし、市川はこうも言う。「私自身は、ますます苛烈となる時局下において、婦選獲得同盟の名称での今までの組織を継続することについての疑問を、特に中国の現地を見てから持ち始め、むしろ解散して婦人時局研究会に合同、身軽になって自由に時局下で適当な運動を展開してはとの意見を持っていた」(29)。「支那を視察して帰ってきてから、強力なる新政治経済体制確立の急務なることを主張してきた」(30)。このことから、少なくとも満州から帰国後（一九四〇年四月）には新体制運動への参加の覚悟ができていたということができる。いずれにしても、獲得同盟の解散は、市川自身が「〃新しきもの〃への一つの捨石」(31)と語っているように、自発的・発展的解消であり、決して「苦渋の選択」の類ではなかった。この点は確認しておきたい。

顧みれば、一九三九年二月、市川は婦人時局研究会を設立し婦人の再組織の本格的研究の態勢を整えたが、この時点ではなお慎重であった。「婦人の時局認識」（同年四月二八日、閣議で精動委員会決定に基づく「時局認識徹底方策」が決定され、その実施が要請されたもの）をめぐっても、金子が「新東亜建設のために働きたいと思います」との覚悟を語るのに対し、「概念としては参加しなくてはならないでせうが。まず、支那についての認識が不足してゐるから見る事が第一、次に現状に於て何が私達に出来るかを検討するのですね」(32)との考えを示している。

だが、やがて、汪兆銘政権樹立工作成功への期待感を示すようになり（先述）、一一月には三木清の講演「協同主義の理論と実践」を聞き(33)、翌四〇年一月には「今後或程度政治性を持った独自の運動をはじめてもよいと考へてゐる」(34)との方向性を示すに至る。「独自の運動」とは、「東亜新秩序建設論」を認めて、新体制運動に参加することである。もちろん、そうではあっても、昭和研究会周辺の人々と同様にそこには軍部のファッショ行動に対する深い憂慮があったことは間違いない。また、「時局下に於ては、勿論今まで以上に婦人をして国策に協力せしめる事は必要だが、その国策特に婦人に関係ある国策に対しての批判はもっとあってよいし、その決定にはもっとイニシヤチブをとる必要がある」(35)と述べているように、婦人の国家的任務の分担の重要性を認識しつつ、そこに男子専制排除のねらいもあったことは確かである。だが、結局、「東亜新秩序建設論」のもつ欺瞞性を見破ることはなく、ゆえにこそ善意をもって

「日支親善」「日支婦人親善」を説くに至る。この点は先にも見たが、「女性と民族の問題」(『婦人朝日』一九四〇年六月号)でも、満州視察の印象を軽く語った後、「今後日本の婦人達はもっと支那を正しく理解し支那で職業をもつて働くことが、益々必要であると思ひます。……日支相互の理解と尊敬に到達し世紀の大業を完成したいと思ひます」として、「日支婦人親善」を説いている。「時局政治経済問答」(『女性展望』一九四〇年六月号)でも、「東亜新秩序建設論」を絶対的価値としつつ、欧州戦争によって打撃を受ける日本の貿易をめぐる問答を、「日満支で自給自足が出来るとよいのですが……」との言葉で締め括っている。

当時日本は、「次期国際転機」(第二次世界大戦の勃発)に備えて、作戦地域を限定して兵力を節減しながら治安の回復と資源の獲得をはかろうと、補給路遮断作戦として仏印ルートと香港・ビルマ(英領)の援蔣(蔣介石援助、軍需品輸送)ルートの遮断を計画していた。が、他方で、一時停滞していた南進・日独伊提携論が勢いを盛り返してきていた。それについての市川の考えは、次の問答から見てとれる。

□「仏印の援蔣行為に対しては今迄々抗議を申し込んでいたのですが、言を左右にしてきかなかつたのですが、此の度は日本の要求を承認、実行するらしいのです」。

×「仏は独逸にまけたから弱腰になつたんですか」。

□「勿論先方も弱くなつたが、日本の腰が強くなつたんですよ。此の度は日本も、若し仏が日本の要求を容れなければ実力行使をするといふ態度に出たのです」。

□「日本は前から、独、伊と防共協定を結んで密接な関係にあつたのですが、独逸がロシアと結んだ事によつて一時多少離れたようですが、然し最近はまた段々接近して来ています。尚日本としては従来英米ソ等とも友好関係を持続する外交方針をとつて来たのです。然し、こうした外交は現在の欧州の情勢からみて清算し、英米に対しては攻勢に出よとの意見が台頭して来ています。つまり、外交転換が各方面から要求されています」。
×「独逸が強くて勝つたから、そちらにつくというのでは、何だか卑怯のようですね」。
□「いや、そうでなくて、日本は東亜新秩序の建設を分担している、独逸は世界新秩序の再建を分担しようとしている、従つて日本はこの立場から独逸と今迄以上に緊密な連絡をとる、旧秩序の維持者である英米にはあまり顧慮しなくてもよいというのでしよう」……。
□「……兎に角日本としては飽迄支那事変の処理を第一にし、真の東亜の安定を確立する事が先決問題だから外交もその観点から樹立さるべきでしよう」(36)。

そして、第二次近衛内閣が成立するや、新体制確立への協力の決意をもって、同内閣に次の要望を提出した。(1)国民をして文字通り「協力一致」せしめ、政府並びに軍と共に時艱克服に努力するの熱意をかき起すこと、(2)現在国民大衆が直面している生活難を緩和し、その最低生活を保障すると共に、消費生活の合理化を指導すること(37)。そして大衆婦人には、次のような心構えを説いた。

現在の重大なる時局を克服し、皇是を完遂するためには、先ず国家全体の利益を考えそのために、私共個人乃至は家庭だけの利益欲望を抑えなくてはなりません。国家全体のことを考えれば、どんな不便を忍んでも物資の節約、贅沢品乃至は贅沢行為の抑制等は、法律や規則で命令される迄もなく進んで実行すべきです(38)。

そして、そのうえで、女性の任務を家庭的任務(出産、子女の育成、消費経済面、保健、健康管理など)と国家的任務(生産力の拡充のための生産への参加)に分け、後者については国家や事業家に対してその対応の鈍さを指摘する一方、大衆婦人に向かって「ひまのある人達は申し訳ないと考えて進んで働くようにしなければならない」と叱咤激励する。

九月二七日、いよいよ日独伊三国同盟の調印となるが、市川は「日本の使命を完遂するためには、必然の方向」とそれを歓迎、日本国民の覚悟を次のように説く。同条約によって現在の欧州戦争に参加する義務はないが、「将来参加することあるべきを覚悟しなければならない」。この条約は「日本が独伊の両全体主義国と共に旧秩序を破壊し、欧州並東洋に於ける新秩序の建設に邁進するの態度を明確にしたものであるが故に、民主主義国である米国との摩擦、衝突を免れない」。「然して最悪の事態の発生も予想し、尚それを克服して、日本に与へられたる使命を完遂し、以て聖慮を安んじ奉るため」に、新体制の確立に向けた関係者の努力と国民の協力が必要である(39)。

日独伊三国同盟をめぐっては体制内にも慎重論が根強くあり、昭和研究会の人々や国策研究会も反対の立場をとっていた。そのなかでの発言である。やがて汪兆銘傀儡政権との間に新条約が締結され、日満支三国の共同宣言がうたわれるが、市川は「慶賀に堪えない」とそれを喜び、日本政府の戦略を支持して、「汪政権が東亜新秩序の建設に参加しうる実力をもつべく援助」する一方、「第三国の援助をかりてますます抗日意識を昂めている蔣政権の打倒を継続すべき」とまで論じるに至る(40)。

5　藤田たきの変貌――その言説にみる転回

時勢とはいえ、市川の急転回はどうであろう。確かに大衆婦人擁護のまなざしは失っていない。婦選獲得も視野に入っていた。だが、政治的スタンスは完全に「協力」のそれである。なぜか。問題は「東亜新秩序建設論」の是認であるが、その点で、見落としている動機づけはないか。そうした疑問から、本項では原田清子の「市川の航跡を辿るにあたっては……藤田たきの存在を見逃せない」(41)との示唆を想起し、藤田の動きを探ってみる。

第一回汎太平洋婦人会議(一九二八年八月)を契機に藤田が獲得同盟に加わり、以後、尊敬と信頼のうちにそれぞれの立場で婦選獲得に努力したことは先に述べた。藤田はその後も婦人時局研究会では幹事として（一九三九年二月一八日～一九四四年四月七日）、婦人問題研究所では主事・理事として（一九四〇年五月末～敗戦。以後、役職名は変わるが、同等の役職に就任）、市川を支え、その厳しい時代をくぐりぬけている。とりわけ市川と金子の確執が深まるなか、藤田はその隙間を埋めるように市川に寄り添い、戦後も最後まで密接な関係を保ちつつその生を全うしている。

藤田の主要な役割は、機関誌上での世界の婦人をめぐる情報の伝達や解説の執筆にあり、それを追ってみると、一九三八年あたりまでは時局に超然と構え、論じるところきわめて冷静かつ客観的である。だが、一九四〇年二月頃から反米感情を露わにし、以後次第に「聖戦」支持の心情を昂進させている。具体的に見てみよう。まず、「世界婦人矯風会議／独乙職業婦人増加／米国の労働条件改善案／モント・ホリオーク女大の百年祭／比島婦人人民投票に成功？／紐育州弁護士協会婦人の入会を認む」（『女性展望』一九三七年八月号）に注目すれば、世界各国の婦人の情報を気負いなく、ありのままに提供している。一九三八年代に入っても、九月号「フィリッピン通信」、一〇月号「マニラの女市会議員――日比学生会議の印象」と、その流れは変わらない。

だが、一九三九年に入ると、スタンスは不変だが、風雲急を告げる西欧情勢一辺倒の内容になる。もちろん、婦人問題といえども世界情勢の影響下にあり、それも当然であろう。「北洋漁業問題」（一月号）から、「独ソ不侵条約」（同年九月号）まで(42)、「外交事情早わかり」欄で、刻々と変化を遂げる西欧の政治事情が解説されている。その後、「アメリカの中立法」（一〇月号）から、「英、仏、独の和平提唱を一蹴」（一一月号）、「海外事情解説」（一二月号）と続き、一九四〇年代に入っては、「ソ芬戦火を交ふ」（一月号）から、「伊希戦争と羅国の三国同盟参加」（一二月号）まで、西欧の政治情勢を描きだして興味深い(43)。

バランス感覚が崩れはじめるのは、この間の「日米無条約時代」（四十年二月号）あたりからで、そこでは「アメリカは何故に通商条約の廃棄の暴挙にでたか」との問を設定して三つの理由をあげている。①大統領選を控えて、そのために世論の動向に応えた対日制裁の必要があった。②アメリカは支那に於いて不公平な取扱いを受けていると信じている。③懲らしめのためにおどしつけてきた。注目すべきは、②である。藤田はそれを補足して、「東亜新秩序とはアメリカの権限を極東より駆逐せんとするものであるとの見解をアメリカは持ってゐるのだ。……我国の当局者はよくアメリカの動きを監視しつつアメリカ一国に四割近くも依存する通商関係を徐々に是正すべきである」と言う。この認識・主張に間違いはなかろう。だが、ここに「東亜新秩序建設論」が当時藤田にとって自明の理であったこと、そしてアメリカに対する敵対心が芽生えていたことが示されている。市川が「東亜新秩序建設論」の正当性を今一つ確認したいと渡満する直前のことである。

その後、藤田は、「仏印援蔣ルート／香港・ビルマ援蔣ルート」（『女性展望』一九四〇年八月号）で、「援蔣政策の一角が美事にくづれたのである。重慶政府の痛手が相当強いものである事はいなめない」と言い放っている。市川もこのころ同様の意見を宣明していたことを想起したい。

「満州の旅」（『女性展望』同年九月号）は、藤田の満州訪問記（一九四〇年七月二四日〜八月二〇日）だが、弾圧を意識したものとしても、あまりにも軽すぎる。行く先々で津田英学塾の卒業生か歓待を受け、また教育界の要人の一人から日本婦人の美徳を賞賛されたことを述べた後、若き日本女性が「新興国満州を心から愛して、のびのびと生活している事を嬉しく思った。……大きな犠牲が払はれた満州国がすくすくと生長をとげる事を心から祈る」などといったレベルの報告なのである。日本が土足で相手を踏みにじっている実態をみなかったのだろうか。

「英米合作」（『女性展望』一九四〇年一〇月号）は、アメリカがドイツのヨーロッパ支配に対して、イギリス側に立ってこれを阻止しようと準備を進めている時期に書かれたものであるが、藤田はこの英米合作について、これは「多分に日本を牽制し、日本の支那事変解決、新東亜樹立の邪魔だてせんとしてゐる」と断じ、アメリカの英国接近に危機感を強めている。「伊希戦争と三国同盟参加」（『女性展望』同年一一月号）では、「三国同盟はハンガリー、ルーマニア、スロヴアキアの参加によって五カ国同盟となつた。枢軸強化が着々と行はれる事は喜ばしい事である」と言う。「花嫁学校の価値」（『女性同盟』一九四一年四月号、『東京日日新聞』より転載）以後の言説はいずれも戦争協力について日本の婦人の認識不足を指摘したものである(44)。「花嫁学校の価値」から一部抜粋してみる。

朝に夕に私達の周囲の男子は召し出されて軍国のために身を捧げてゐる。既に十万の私達の父夫、兄、弟は骨を大陸に埋めてゐるではないか。この事実を前にしても仮に私達若き女性が、御国のために徴用せらるゝ光栄を与へらるゝならば何故に雀躍御奉公できないであらうか。日本女性は臆病者、不忠者であつてはならない筈だ。

これに続けては、花嫁学校は軍国の花嫁の養成学校たれとまで主張している。「必勝の信念」が狂ったように叫ばれていた時代ではあったが、紛れもなく女子の根こそぎ動員への尖兵の役割を示す提言である。

『婦女新聞』（「社会時評」欄）における諸論説も戦意昂揚、皇国勤労精神の鼓吹、愛国的献身をうたいあげて激越である。その論調は、例えば、「アメリカは今や参戦へ参戦へと猛進しているのだ。アメリカ若し闘はば！……売られた喧嘩は買はねばならぬ」（一九四一年一月二六日）、「学生報国隊の組織は……学籍にありながら、国土防衛の一戦士たるべきことを自覚し、且つ実践せしめてゐる。……老いたるも若きもこの皆この心を心とする時日本帝国は微動だもしない筈である」（同年一〇月五日）、「銃後奉公強化運動週間である。……一分間の黙禱に護国の栄霊を追悼し、出征勇士の武運長久を心から祈つたのである。だが、黙禱に我がことおはれりと思ったら大きな間違ひである。……日頃の感謝の心をこの週間に、或は遺家族の訪問として即ち何等かの具体的なる形にあらはさうではないか。五人の子供を国に捧げて尚献金に陸、海軍省を訪ふた老婦人もある」（同年一〇月一二日）といったものである。

「英国婦人の戦時活動」シリーズ（『女性展望』一九四一年五、六、七月号）では、「他山の石としてこれを知つて置く必要がある」として、Peggy Scott の近著 *British woman in War* から、婦人奉仕団と農地娘子軍〔Land Army〕の自主的な戦争協力などを報告している。

以上、藤田の戦中の言説を概観してきたが、少なくとも三九年までは、その海外事情に関する造詣の深さ、海外情報の収集能力、それに裏づけられたその論説は婦選理論を補強し、それに幅と奥行きを付与するものである。そして、そこにこそ市川の厚い信頼があったはずである。

しかし、欧米における戦争を追うなかで白人の帝国主義への敵対観、愛国的心情、好戦的感情などが醸成・増幅されたのであろうか、戦争の深化のなかで発散するそのナショナリズムは、市川や金子がファナティックな言葉を用いつつもなお権利の視点を留保し、婦人の自主性の確保や生活の擁護・改善の要求の意思と態度を失わなかった精神構造と比較するとき、一層強烈な印象として迫ってくる。また逆に、藤田を対象化することによって市川や金子の「協力」に流れている「抵抗精神」がはっきり見えてくる。

では、この藤田の言動が市川に何らかの影響を与えたことはあったであろうか。原田の示唆や、両者の戦中の密接度などから考えれば、やはり、それが市川に一定の刺激と方向性を与えないはずはなかったように思われる。

5 婦人再組織への執念――「東亜新秩序建設」を見据えて

1 新体制案（昭和研究会、国策研究会その他）にみる「婦人」

少し先を急ぎすぎたかもしれない。今一度新体制運動のスタート地点に戻って、市川の婦人再組織に賭けたすさまじいまでの執念を確認し、それを次章につなげていこう。

「国民組織としての婦人組織」をめざした市川は、自らの「試案」策定に傾注する一方、男子側の新体制案に「婦人」

を挿入させるべく奔走した。昭和研究会のほか、後藤隆之助や矢部貞治が個人として自らの新体制案に「婦人」を位置づけていたことは先に示したが、他にも現在判明しているところでは国策研究会（矢次一夫主宰）、国民運動研究会（昭和研究会の別動隊(1)）、企画院、新体制促進同志会（政友会の中島派、久原派のほか、民政党の永井柳太郎などの脱党組、社会大衆党、安達謙蔵の国民同盟などが、一九四〇年八月五日大同団結した組織）、大日本党（佐々井一晁）が「婦人」をとり上げ、しかも夫々に市川との関わりが見出される(2)。

以下、順次、彼らの新体制案を見ていくが、昭和研究会案についてはすでに検証済なので、同会に関しては先述の三木清、平貞蔵を除いて、市川と接触がみられる何人かにアプローチして、彼女の新体制運動への参加、つまり国民組織への婦人組織挿入に賭けた思いを確認することにする(3)。

林廣吉（昭和研究会幹事・国民運動研究会政治部長）(4)。彼は三木よりは実践的な立場で協同体論を説き、協同主義を指導原理として「東亜新秩序建設」を標榜、そのための国民運動（新体制運動）を提唱していた。市川は彼を婦人時局研究会へ講師として二度迎えている。まず「国民組織としての婦人組織大綱試案」（八月三一日）の発表当日、「新体制とは何か」との話を聞いている。要約すれば、男女協働して新体制の構築に努力しようというものである(5)。次には、婦人時局研究会の九月例会（九月二六日）、同じく「新体制とは何か」と題する講演を行っている。内容は言論弾圧を意識したのか、複雑ないい回しになっているが、つきるところ婦人の自由の問題は「新体制発展の過程」で解決され得るとするものである(6)。

次に平井羊三（国民運動研究会組織部長）(7)。彼は婦人時局研究会の「座談会　大陸進出と婦人」(8)に出席、その後も継続的に青年部時事研究会（婦人時局研究会内に設置）の講師として招かれている(9)。第一回講演会（一九四一年一月二一日）の記録をみると、彼は自由主義的な感覚をもって、中国との関係、満州の特殊性、三国同盟の成立以後の国際情勢を語った後、「事変処理」（=「東亜新秩序建設」）と国内の新体制確立が要請するものとして、経済新体制の確立（産業部門別の再編成、資本と経営との分離）と行政機構の改革の必要性を訴えている(10)。

また、佐々弘雄（当時、『東京朝日新聞』論説委員）が、婦人時局研究会で、「時局下における政治情勢について」と題する講演を行っている（一九四〇年一月二〇日）。彼は政変を単なる興味本位で傍観せず、具体的な問題（「米」と「石炭」など）に目を向けねばならないが、それを解決できるのは「革新的な政府」しかないとの主旨を語ったという(11)。

では、国民運動研究会の新体制案、「新体制建設要綱試案」を見てみよう。同研究会は昭和研究会の別働隊といわれ、林や平井が主導していた。まず、「四、新体制の確立」中の「㈣新生活体制の確立」の(3)に「国民学生のための母性及び児童の保護……」と、そして「㈥其の他」に「婦人、青年に関する綱領は別に考慮される」（傍点—引用者）(12)と、「母性」、「婦人」がはっきり位置づけられている。また、『国民運動研究会会報』（第一号、一九三九年三月五日）にも、「戦時体制への転換と新たなる諸問題」として、「婦女、幼、老労働の組織化」、「青年、婦人労働者問題の重要性」（傍点—引用者）があげられている(13)。

次に国策研究会（代表・矢次一夫、当時陸軍省嘱託）(14)の新体制案、「新体制試案要綱」（一九四〇年八月二一日）であるが、同「要綱」は、「指導者原理の確立」のためとして、現政府の強化とともに、「政府と表裏一体を成す国民的指導部の結成」を掲げ、その課題として「広汎なる国民の政治経済活動に統一的指導性を確立する任務を有つ建前に於て先づ第一段階の基底組織たる労働、国民生活、婦人及び青年の組織化に全力を傾倒しなければならぬ」（傍点—引用者）としている。ただし、その「政治新党の大衆機構と運用」は、「大衆のイニシャチーブを強化」するものではなく、「上意下達徹底の組織でなければならぬ」とされ、そのうえで「現在の青年団各婦人会等も亦政治新党の指導下に置く」一方、「婦人、青年を大量動員する要あり、市区町村会議員の地位に限り之を解放し且つ府県市町村会等自治団体の過去における党派的対立の一切を清掃すべきものとす」（傍点—引用者）とうたっている。ここには、「国民組織としての婦人組織」が担保されているのみならず、市町村会議員に限り婦人への被選挙権が認められている。そして最後に、「新国民運動所属各組織運用上に必要なる二、三の注意」として、「婦人並に青少年の大量動員と之が訓練教育に関する任務等」（傍点―引用者）が挙げられているが、この婦人の訓練と教育も市川の求めてやまないものであった。

市川はこの国策研究会にはかなりくいこんでいる。同研究会が特設した「新体制研究会」委員として(15)、「国民組織に関する懇談会」（一九四〇年八月一六日）(16)、及び「会員会友懇談会」（同年九月九日）(17)に出席、いずれも婦人の再組織の持論を披歴している。金子も一歩早く、「『生活必需品対策を語る』座談会」（一九三九年五月二八日）に出席して切符制度の円滑化の話に加わり(18)、「『国民生活刷新』座談会」（同年一一月一五日）では、「国民組織に於ける婦人の組織の早期確立」を訴えている(19)。また国策研究会の『調査週報』（二巻三六号、一九四〇年九月七日）には、婦人時局研究会の「試案」がしっかり掲載されている。

国策研究会との関係を語るには、矢次の妻とよ（豊）に触れねばならない。彼女は、婦選獲得同盟の会員、かつ誌友会の世話役であり、精動運動では婦団連盟の生活改善委員として活躍、婦人時局研究会でも市川らと行動をともにしていた。戦後矢次の病気全快祝いパーティーで、市川は「私と矢次さんとは物の考え方ではちがうが、かれこれ、五十年以上の友人。前の奥さんであった豊子［とよ］夫人が私の友人で、その関係でよく知っている」(20)と挨拶している。市川はまた、終戦直後矢次がたちあげた「新政研究会」に中山伊知郎、高橋亀吉、有沢広己、大河内一男、東畑精一、矢部貞治などとともに加わっている(21)。

なお、大政翼賛会成立後、大政翼賛会議会局の臨時選挙制度調査部（代表清瀬一郎）が選挙区制、議員定数、選挙公営、選挙権、候補者推薦制等を検討しはじめ、そのなかで選挙権に関しては戸主または世帯主ならびに女子にも男子同様の選挙権を付与するとの方針を打ち出しているが(22)、おそらくこれも一二人の理事の一人として同調査部に加わり、一定の影響力をもっていた矢次一夫の力にあずかるものだったのではないかと考えられる。

企画院の新体制案、「新政治体制確立要綱（試案）」（企画院第一部、一九四〇年八月三日発表）(23)は国策研究会絡みのものと思われるが(24)、その「第四、新国民組織竝機構」のなかに、婦人部が総務部、指導部、調査部、宣伝部、情報監察部、教育訓練部などと並んで挙げられ、その取扱事項も確定されている(一、婦人に関する一般的事項、二、関係各庁との連絡に関する事項、三、国民生活の刷新竝に隣保共同生活の確立に関する事項、四、婦人団体の統合に関する事項)。しかし、それもつかの間の命で、一〇日後に提出された「政治新体制確立要項」(八月一三日提出)では大きく後退、敢えていえば「民間団体の再編成を指導促進すること」のなかに、婦人団体の統合が辛うじて含まれている程度になっている。なお、市川は翌四一年二月に美濃部洋次(企画院調査官)を婦人時局研究会の主婦講座の講師として招いている(テーマ「計画経済に於ける主婦の役割」)(25)。

次に、新体制促進同志会案であるが、安達や永井などかつての「婦選理解者」の顔ぶれをみれば(先述)、確証はないが、そこに市川の働きかけがあったことは間違いなかろう。その「新体制要綱」(一九四〇年八月一七日発表)は当然ながら無力化した議会と政党を再生しようとするもので、「婦人」に関しては「政党の性格及び其の任務」の「六」に「政党は国民の基底組織として隣保団体を組織し、これが指導の任にあたること、なお、政党は青年運動、婦人運動等に対して指導すること」(傍点—引用者)とうたわれている(26)。

大日本党は「新体制要綱」として新体制案を提出し、その「六、新体制の組織方針」のなかの「二、職能組織の再編成」に、「ホ、在郷軍人会、聯合青年団、学生団体、婦人団体の整理統合は組織としては中央組織の青年部に所属すること」(傍点—引用者)として一応婦人団体の一元化が構想されている。ただし、これは現在のところ市川サイドの記録でしか確認できない(27)。同党は、七月七日佐々井一晁を中心に結党された「近衛公ノ要望セラル、新党ニ対シテハ積極的支援ヲ為ス」(28)組織と考えられる(29)。

以上、「婦人」挿入の男子側の新体制案をみてきたが、彼らの努力も誠意も実らなかった。周知の通り新体制準備会は各勢力対立のなかで大波乱に終り、そのなかで国民再組織論や国民運動論は骨抜きにされ、さらには、その対立と摩擦が大政翼賛会にもちこまれ、「国民の自発性喚起派勢力」は劣勢に追いこまれてしまったからである。が、もちろん、そこで矛をおさめる市川ではなかった。「東亜新秩序建設」への使命感を強めつつ、婦人の再組織という年来の夢に向けてさらに激しく突き進んでいく。

2　大政翼賛会の成立と婦人再組織論

市川は婦人時局研究会の新方針として、「一、大政翼賛運動に於ける婦人の任務を闡明し、これが完遂に協力する事二、その為中央地方を通じて婦人指導者及び将来指導者たらんとする婦人を糾合する事」を決め、次のように宣明した。「新体制を必要とする高度国防国家建設の基礎は、丈夫な子供を多数産み育てる事であり、限られたる物資で家族の健康を維持し、台所から悲鳴をあげしめない事にあるのである。……翼賛会が『婦人層の組織統合及び其指導訓練に関する事項』を規約に加えると同時に婦人部を設置せんことを要求せん」(30)。

こうした突きあげに、実は翼賛会当局も応えようとした痕跡がある。すなわち、市川は「翼賛会当局は、何れ婦人のことも取上げるが、今は忙しくてそのいとまがないと称」(31)するばかりと不満をぶちまけているが、翼賛会の発足にあたって綱領的なものを掲げなかった代わりに作成した「大政翼賛会実践要綱」(一九四〇年一二月一四日発表)がまだ案の段階で、「婦人」が真っ正面からとり上げられているのである(32)。以下、その「婦人」の浮沈(提案→後退→消滅)を跡づけてみる。

まず、一〇月三一日の「部長会議」で、総務部副部長(馬場元治)から「大政翼賛会実践運動要綱試案」が提出され、そのなかに、「東亜共和体制、新政治体制、新経済体制、新労働体制、新教育体制、新文化体制、新婦人体制」(傍点—引用者)として「婦人」がとり上げられた。市川が送りこんだ八田篤子(組織局連絡部)を通して、後藤隆之助(組織局長)、三輪寿壮(組織局連絡部長)などに迫ったものと思われるが(33)、その「新婦人体制」には、その改革目標がこう掲げられている。

国防及び社会生活に於て男子と協力し、家庭生活に於て育児と消費とを担当する婦人の立場は、家庭を国家の単位とする婦人の立場、家庭を国家の単位とする組織に於て、特に重大である。女子教育を改革して、それに必要なる教養訓練を与え、政治的社会的地位を向上せしめ婦人団体を再編成して統一を図る。

これは市川の婦人再組織の意図が貫徹された「完全案」である。ただ、この日は「各部も漸く人員を充実しつつあるを以て、関係各部よりそれぞれ試案を作成提出する事を約す」として終わり、次の「部長会議」（一一月二日）までもち越された。だが、その当日、先の試案は留保される一方、文化部長（岸田国士）と経済組織部長（武内文彬）から夫々試案が提出されたが、「婦人」はといえば、大きく後退し、前者において「従来遅々としてその促進を見ざりし多くの重要なる文化問題に対し、時局的考慮の下に之が急速なる研究解決を図ること。例へば、国語問題、児童文化、婦人問題、学生問題、対外交文化宣伝等」（傍点—引用者）とされているばかりである。また、同日、それとは別に「国民生活指導部各課の活動目標（私案）」なるものが提出されているが、これはまったくの復古調で、「母性の健全なる発揚を保成し家庭における育児、子女訓育の健全化を図り、……従来の家庭生活における浪費不合理を芟除し、……国防的家庭生活の実現を期す」と、婦人を淳風美俗に押し戻そうとするものであった。

その後小委員会が設置され、一一月五、八、九、一五日の審議のなかで事務局案が作成されるが、「婦人」はもはや完全に逆コース的再編の軌道にのせられている。すなわち、「日本伝統の正しき家族制度を堅持し、健全なる母性の保護発揚、家庭における正しき児童の訓育を期す」と、「婦人」を家庭制度の枠に押しこめようとするものであった(34)。

こうして大幅な後退を見た案が、常任参与会（一一月二六日）で、「もっと平易に完結なるものに作られたし」との要望が出され、常任総務会（一一月二八日）でも、「字句の修正に止まらず構想に於ても未だ十分の修正の要があり、一、簡潔にす可き事、一、臣道実践を信仰的ならしむる事」と修正が求められた。そこで事務局が練り直し、それが幾つかの委員会、協議会(35)の審議を経た後、近衛総裁の決済・成案（一二月一四日）となるが、「婦人」は最早影も形もない。では、後退→消滅にはどのような力学が働いたのか。探ってみると、消滅、つまり抹消した人物として橋本欣五郎（陸軍軍人、一九三一年の三月事件、一〇月事件の首謀者、当時翼賛会常任総務）の名が浮かび上がってくる(36)。「婦人」は橋本によってとどめがさされたのである。

顧みれば、有馬（翼賛会事務総長兼総務局長）にしても、後藤（同組織局長）にしても、ポストをめぐる謀略が渦巻くなか辛うじてその座にすわったものであり、役職を得ても独自の路線を貫くことはできなかった。のみならず、彼らもやがてアカ攻撃のうちに敗退、代わって石渡壮太郎、狭間茂がその座を占めた（一九四一年四月）。昭和研究会もそれ以前にアカ攻撃のうちに解散している（一九四〇年一一月一九日）。

安井英二内相（新体制運動推進者）も、枢密院で新体制とマルクス主義の関係が大きな問題として非難攻撃され、一二月二一日には動揺した近衛によって風見章（法相）とともに辞職させられ、そのあと内相に平沼騏一郎、法相に柳川平助（皇道派陸軍中将）が座った。一二月末には企画院内の「革新」グループ（和田博雄、勝間田清一、稲葉秀三など）が共産主義の背後関係があると検挙されている（企画院事件）。

こうして翼賛会の主導権は「自発性喚起」派から、「精動方式」派に移るのであるが、市川は、翼賛会と翼賛運動を峻別し、翼賛会というより、翼賛体制の補完・強化に燃えていった。

寔に今日の如く婦人の協力を必要とする時代はかつてなく、高度国防国家の建設はこれなくしては絶対に不可能だと思うのであるが、此の期に及んでも尚、婦人を無視しようとしていることをつくづく嘆ぜざるを得ない……。

然し時局は重大である。翼賛会がどうであらうとも、私共は「たたみ」として翼賛の臣道を実践すべきである。翼賛会と翼賛運動とは同一ではない。私共はひるむ心に鞭ち、私共としてなすべき翼賛運動に挺身しやうではないか(37)。

もちろん、「挺身」の条件は婦人の再組織だった。

3　内務省の婦人支配体制――町内会・部落会、隣組をめぐって

市川が、婦人の再組織にあたって、早くから内務省の実践網（町内会・部落会、隣組）に注目し、それを新組織構想の核心に据えたこと、それでも内務省とは一定の間隔を保持していたことは先に述べた。だが実践網の「上意下達」機能を認めていなかったわけではない。とりわけ「東亜新秩序建設論」是認後は、「聖戦完遂」のため、その行政の下請けとしての機能・役割を重視していた。ただし、その「上意下達」は婦人にとって不条理、理不尽なものであってはならなかった。また、ゆえにこそ「下意上通」の機能は確保しておく必要があった。

他方、内務省サイドも市川の提言を採り入れたものの、突出される事態は好まず、やはり一定の線を引いていた。こうして両者は思惑を微妙に違えたまま、それぞれ町内会・部落会、隣組の活用を追求するのであるが、内務省が観念右翼の跋扈を味方に、翼賛会を制して町内会・部落会、隣組を自らの行政組織としてその一元的な民衆支配体制を確立するなかで、それは市川のめざすものとは大きくかけ離れていった。後に詳述するが、やがて内務省が大政翼賛会を圧倒して国策の指揮命令系統（町内会・部落会、隣組）を独占するに至るや、市川は公的な場で内務省を指弾するに及ぶ。

では、ここで新体制運動以降の内務省の実践網をめぐる政策と、それに市川がどう対応したかを具体的に確認しておこう。一九四〇年九月一一日、内務省は「部落会町内会整備要項」、「部落会町内会等の整備指導に関する件」を発し、

町内会・部落会、隣組を「国策の浸透徹底と国民生活の安定確保をはかる基礎的団体」と位置づけた。新体制準備会が最終段階を迎えていた頃のことである。そして翼賛会が成立するや、「部落会町内会整備ニ関シ注意スベキ事項」(一一月六日)を通達した。そこでは常会の運営に関連して、その「参会範囲ハ必ズシモ世帯主ノミニ限局スルコトナク主婦家族等全住民ヲ参加セシムルコト」とされ、「部落会町内会ニ部制ヲ設ケ」るべく、総務、経済、青年などとともに「婦人」が例示された。また常会が「一、二幹部ノ独占」にならないようにすること、「全員ガ発言シ得ル様殊ニ婦人ノ出席セル場合等ハ婦人ノ発言ヲ歓迎スルコト」とされた(38)。内実はともかく、表面上は市川の要求に沿ったものである。

一一月七日、内務省は行政事務を敏速に徹底させるため、「方面委員制度と部落会、町内会等との関係に関する件通牒」(内務省地方局、厚生省社会局長)を発した。それによって部落会の幹部に方面委員が加えられ、この方面との連携も密に保たれることになった。常会開催についても、町内会・部落会、隣組はそれぞれ少なくとも月一回開催することを定めていたが(「部落会町内会等の整備指導に関する件」一九四〇年九月一一日)、その定例日も統一した(一九四一年一一月二〇日)。また次官会議(一二月一一日)では、毎月各庁及び翼賛会が常会で徹底しようとする事項はすべて情報局の主催する各庁情報官会議で統制し、その事務は情報局及び内務省で扱うことにし、それらは情報局発行の『週報』や関係機関で発表されることになった。さらにその活動を促進強化するために、優良部落会・町内会、及びその長の表彰を行うなどを決め、その国策浸透機関としての機能を固めた。

また内務省は、常会では挨拶・宮城遥拝・黙禱からはじまって、報告・申合せ・講話を行うなど、その開き方から心構えまで微細な事柄まで指示した。

東京市の場合、開き方についていえば、指導者は「猥りにその型を崩さないやうに」留意すべきとされ、さらにはその心構えが「我が国体精神をしっかりつかみ、そのやり方において我が皇道の上にはつきりとたつてゐなければならない、皇室をご本家と仰ぎ奉る一国一家……」と説かれた(39)。

市川はそうした内務省の政策を逆手にとり、とりわけ主婦の日常的な活動の場となりつつあった隣組を重視し、その運営によってそこに「下意上通」の機能をもたせようと、躍起となる。いや、既に足元の東京では、金子とともに隣組での主婦の地位と役割を確定すべく具体的に動いていた。市川自身、一九四〇年九月の段階の話として、「一、二年前から東京市の区政課にいわゆる隣組の組織について相談を受けてきた」(40)と記している。

4　隣組常会を主婦の「とりで」に

ここに市川の、「隣組と主婦」(熊谷次郎編『隣組読本』非凡閣、一九四〇年二月)との主婦向けの論説がある。これは隣組での主婦の役割を説いたものであるが、大きくいえば、婦人再組織論に包括される隣組論である。少々長いが内容を摘記する。

主婦を無視したり軽視したりしては、隣組は絶対に目的を達する事は出来ない……。隣組常会には……主婦は戸主の代理といふのではなく、出席する義務がある事にしておいてほしいと思ひます。代理だと矢張り責任感が薄くなる心配があります。／隣組常会が戸主常会、主婦常会と別れてはいけないと思ひます。……然し特に主婦に関係の多い問題だけについて別に主婦常会を開いて協議し、その実行を申合はせるといふのなら結構だと思ひます。／東京市では約十万の隣組の内、その四分の一近くの隣組では婦人の隣組長となつています。……斯うなると隣組に於ける婦人組長乃至婦人指導者の養成は忽せに出来ないと思ひます。／私共が婦人の隣組長にお目にかかつた時、異口同音に云はれました事は、指導してほしいといふ事でした。……内務省では近くその養成に着手されるといふことですが、其際是非とも婦人指導者の養成も考慮してほしいと思ひます。……知識階級の人達は、今までは隣組を軽蔑して超然としてゐる傾きがなくもなかつたのですが、これは知識階級の責任として引張りだすべきだと思ひます。／

最近、隣組の主婦達の間に、今迄の各種の婦人会［愛婦、国婦、連婦など］を脱けて隣組婦人会一つで奉仕をし様といつた傾向が見受けられますが、これは非常に結構だと思ひます。……競争の結果、対立が出来て喧嘩をしたりする所があります。……こうした事があるべき筈ではないのに、今迄存在してきたのでした。これは此度新体制に於ては当然取り上げられ、再組織される事は必至の事だと思つています。／

私は婦人会といはないで主婦会といひ度いのです。……此の主婦会は中央の全国主婦会から都市に於ては区迄、農村に於ては町村迄は独立した主婦会とするが、町会隣組、部落会に於ては、町会隣組及部落会の一部分である主婦常会をそのまゝ主婦会の下部組織としたいと思つてゐます。さうすれば主婦は一人残らず含まれる譯ですし、又事業が隣組と重複しないですみます。隣組でしない事――主婦自身の自覚を促す事、啓蒙する事、育児に関する事等は、隣組では出来にくいでせうから、これは主婦会の方の指導を受けて隣組の主婦常会がする事にしたらよいと思ひます。かうして婦人会としては全国主婦会（仮称）が唯一つ……になる譯で、この組織は縦には全国の主婦が一団となつて主婦の任務を通じて国家に奉公する。横には隣組の一部分として男女協力、隣保相助で国の基礎を固めるといふ行き方にし度いと思ひます。／

隣組で最も重要な事は所属組員の各家庭をして物資の不足に対応して消費を節約し、合理化し、然して家族、特に子供の健康を増進して、長期に亘つての困苦を切り抜けて立派に御奉公の出来る精神と肉体を培はしめる事、その為に隣保相扶け合う事になるだらうと思ひます。……そのためには思ひ切つた生活の刷新が必要となつてきます。その生活の刷新の具体的な内容方法については、大政翼賛会其他政府の方から上意下達を以て隣組に指示されるでありませうから、それを遵奉し、皆で実践しなければなりませんが、それには特に主婦が責任者として相協力する必要があります。然し上からの指示を待つ迄もなく、隣組でその精神を体して、よい事はどしどし実践してほしいと思ひます（漢字はすべてルビ付き）。

主婦の任務を説いて周到な指導だが、主婦の「東亜新秩序建設」への自発的協力の必要性を認めつつ、国策遂行のための隣組とその常会を国民監視の組織ではなく、臨戦体制下の「隣保共助」の組織、「コミュニティー」にしようとしていたということができる。

次は、市川の「隣組における婦人の地位」（東京市『隣組常会』、一九四〇年）である。まず、婦人の働きとして、「従来の個々別々な私経済本位の家庭生活を検討して国家興隆を目標とする公経済本位の国民生活への発展過程を推進させる力となること」という方向性を示したうえで、整理すれば次の四点を挙げている。

一、第三国からの輸入品を買入れないこと。一家の生産力を増大して、時局によって激増した、需要に充てるものを働き出す生活を案出すること。
二、四六時中の時間利用法を巧みに工夫して一家の計理を短い時間で、てきぱき片付けて、その上に公けの奉仕時間を上手に生み出すこと。
三、自分の家は勿論、同じ隣組から病人を出さないように、保健上の工夫をすること。
四、次の時代を見透して、子女の教養を高めること。

そして、婦人の常会への出席を奨励し、「婦人部」特設の必要性を述べて、これによって「常会が隣組の推進力」になると結論づけている。

常会をめぐる啓蒙には金子も大奮闘だった。「婦人常会を見る」(『女性展望』一九四〇年八月号)では、町内会・部落会、隣組の常会の実態を探り、翼賛会発足後も新婦人団体の下部組織の問題と関連づけ、以降、『女性展望』が廃刊されるまでほとんど毎月、常会の問題を取り上げている(41)。それは、例えば次のような語り口で説かれる。

この間も東京の山の手の奥さんが「私のところは回覧板も手早くまわり切符など配給も円滑に行つているから常会など開く必要はない」といひ張りましたが、私は「それでは上意下達だけですよ。常会を開かずに下情上通が出来ますか」といつたことでした。……大政翼賛会の婦人部問題や、婦人団体統合問題は表面的には一向に進捗していないやうですけれども、われわれはそれはそれとしておいて此方のやることだけやればいゝのではないでせうか(42)。

金子はさらに説き、訴える。

京都では、……下が固まらず、婦人部が上から出来て浮いてゐるために生じている現象の一つは申合わせの行きすぎでした。……ある区で一人の婦人部長が、……「もしも申合わせに背いた人は町内会から脱退させる事にした」といつたので、……罰則主義は執るべきではない事、皆で実行の出来る所から申合わせ必ず実行すべき事を申した次第です(43)。

町内会婦人部としての活動を急がず、細胞たる隣組においての婦人活動が重視されなければ、いつもいふ通り、足が浮きます(44)。

この節では一にも隣組、二にも隣組で、国策協力のあらゆる問題が隣組に奔流のやうに流れ込んで来てゐます。

この事は結構なのですが、やはり、要所々々に堰を設け、引き入れ口を考へて導入しないと出来たての隣組の護岸工事が壊れるおそれが多分にあります。隣組において常会は魂であり、……運営の妙によつて……大政翼政が無理のない形で行はれ、国策協力の実があがるのです(45)。

これら金子の主張は、次の「わたしの立場」(『隣組婦人読本』非売品、東京府総務部振興課、一九四一年一二月)につながる。

特に婦人の上に課せられた使命を遂行するためには、女だけが集まつて、細いやり方などを研究する婦人常会を開いた方が成績があがるのです。……婦人の肩に負はされた国家的な仕事は、結局この隣組において実行すれば立派に完成するのです。貯金だつて、廃品回収だつて隣組で固めれば、全国が固まります。乳幼児死亡率の低減などゝいふ大問題も、つまりは各隣組において組内の子供を一人も死なせないやうに協力すれば完遂出来る事です。軍事援護にしたところで組内の傷痍軍人、出征家族、遺族を組の者があたゝかくまもる事が出来なければ国の力だけでは行きとゞくものではありません。

なお、『隣組婦人読本』には、河崎なつ(「隣組は婦人を育てる」)、奥むめお(「引立て役になって組全体を動かす」)、羽仁説子(「子供について」)、吉岡彌生(「風教樹立の近道」)、竹内茂代(「隣組と乳幼児擁護」)が、さまざまな角度から生活防衛の方法や知恵を説き、あるいは婦人の能力発揮を啓発している。

こうして市川らは、内務省の上からの婦人支配政策に対抗して、大衆婦人に最も身近かな隣組、隣組常会を主婦の生活防衛の拠点、主婦の世論づくりの場にすべく、大衆婦人の啓蒙に必死だった(46)。だが、それはあくまで「東亜新秩序建設」、「聖戦完遂」を大前提とし、その使命を担うものだった。換言すれば、その啓発、指導は、戦争の深化とともに大衆婦人を「協力」に縛りつけ、その負担を強めるものであった。この両義性、二重性には留意しておきたい。

5　大政翼賛会調査委員会委員として

一九四一(昭和一六)年五月二三日、市川は大政翼賛会の調査委員会委員に任命された(47)。だが、市川自身、「どの委員会に所属していたのか記憶もないし記録もない」(48)と言い、機関誌等にもその痕跡は見られない。以下、その空白をうめるてみる。

翼賛会は、批判や圧力によって発足から解散までの四年半の間に頻繁に機構改革、人事異動、規約改正を行っているが、その内三回が大きな改組で、第一回(一九四一年四月)、第二回(一九四二年六月～八月)、第三回(一九四三年一〇月)と行われている。市川が加わった調査委員会はその第一回改組を機に設けられたものである。同委員会は有馬頼寧(事務総長)などが、反対勢力の総攻撃に足元を揺さぶられつつ、発展的な意味で外部勢力の参入を企図したもので(49)、奥むめお、羽仁説子、竹内茂代らなども進出していた。おそらく市川の執拗な働きかけが効を奏したのであろう。

市川は、調査委員会の第二委員会(「推進員の銓衡、国策の遂行貫徹に関する事項」担当。五月二三日設置)、並びに第三委員会(「大東亜共栄圏の建設に関する事項」担当。同日設置)に、前者には四七人中、後者には五七人中の唯一人の婦人として委員を委嘱されている。なお、この配属は市川自らが選択したものであった(50)。

では、彼女の委員会での活動を『大政翼賛運動資料集成』(第六巻、第七巻、柏書房、一九八八年)を参考にまず第二委員会からみていこう。同委員会では三つの小委員会に分かれて審議されているが、そのなかで緊急課題となっていたのが「推進員の銓衡問題」だった。推進員とは市町村までに限られていた翼賛会組織において、町内会・部落会レベルで翼賛運動を推進する任務を負った役職で、目的は底辺まで翼賛の根を下ろすことであった。

同問題は、新体制準備段階から構想されながら放置されていたものが当時再び課題となっていたもので、具体的には、

「大政翼賛会地方組織の方針に関する件」（一九四〇年一二月一五日）に基づいて、全国で五万人を獲得しようとするものであった。

市川はこの推進員の銓衡方法をめぐる審議のなかで、「婦人推進員を選任する必要がある」として、「国策遂行貫徹」における婦人の役割の特殊性と重要性を縷々述べている（一九四一年七月二一日、第三回委員会）。またその後も、第二小委員会第三回（八月一一日）で、「母性」「子供」「消費経済」という観点から婦人推進員の必要性を述べるとともに、婦人推進員の自発性の重視を訴えている。

それが理解されたのか、審議のまとめである「推進員の銓衡運営に関する件」（一九四一年八月二九日報告）には、「推進員の資格」が列挙されるなか、「六、婦人推進員もまた同じ」とされ、また「推進員の運営」の項には「三、婦人推進員は特に母子保護任務、家庭経済等に重点を置き主として下部組織内に配員すること」の文言が加えられている。なお、こうした中央本部における推進員制度の整備をまって、各地方で推進員の活動が展開されるのであるが、東京府の場合、婦人推進員には否定的だった。その「推進員銓衡基準要綱」(51)において婦人は、「ホ、今回に限り女子は銓衡より除外すること」と遮断されている。市川も「必ずしもうまくいかなかった様である」(52)としている。

第二調査会委員会では、「国策の遂行貫徹に関する事項」も審議されているが、市川の関心は当然ながら進行中の婦人組織の統合一元化問題と新婦人団体の下部組織の行方にあった。当時、軍部主導で「婦人団体統合要綱」が決定されたものの、それは市川の主張する「再組織」ではなく、官製婦人団体の「統合」であり、それも「やむを得なかったかもしれない」が、「下部組織が明確になっていないのは心配」(53)といった状況にあった。この点の市川の質問に対し、理事側はまだ返答の段階ではないとし（一九四一年七月二一日、第三回委員会）、また次回（七月二八日、第二小委員会第一回）でも、「目下研究中」と素気ない回答であった。それでも市川は、「アノ問題ハコノ委員会ト非常ニ関連ノアル……」と食い下がり(54)、同じ質問をしている。だが、幹事は「目下研究中」と答えるばかりであった。

これに対し市川は、新婦人組織において町内会・隣組の大衆婦人の意見が反映されるシステムが確立されるならば、推進員をその新婦人団体からだすかたちでもよいが、もしそうでなければ、新婦人団体からだすと決めてもらっては困る。大衆婦人の意見が反映されず、また大衆婦人の自主性も阻害されるからとの主旨を述べている。また、推進員は翼賛会の構成員で、他方新婦人団体は翼賛会の外郭団体という分裂状態を指摘し、大衆婦人が気持ちよく働くために新婦人団体は翼賛会の構成員にしてほしいと要望するほか、推進員の「直接行動」(暴力)はやめて欲しいとの意見を出している(八月一一日、第二小委員会第三回)。当時、東京でパーマネントをした婦人がなぐられるなどの事件が起きていたためである。

第五回第二小委員会(八月二五日)での審議は、「国民の自発性喚起」か「精動方式」かという国民運動の組織論をめぐって、翼賛会と内務省の対立(綱引き)を孕むものであった。もちろん、市川は、「国民の自発性喚起」を旨として翼賛会にその機能をもたせる立場であり、内務省が翼賛会を通さず「直接市役所ノ局課ヘ国策ヲ伝達シテイル現状」を問題にして、「内務省デナク、翼賛会ノ下デ、或ハ情報局ノ下デ関係者ガ集ツテヤル性質ノモノヂヤナイカト思ウノデスガ……」と問い詰めている。

さらに市川は、内務省が町内会・部落会、町内会の「整備」はともかく「運営」や「指導」にまでのりだしているのはどうか、翼賛運動はもはや国民運動ではなくなっている、現在専ら精神運動(道徳的運動)として行っている内務省に代わって、翼賛会がそれを担当すべきであると、内務省が翼賛会を圧倒して国策の指揮命令系統(町内会・部落会、隣組)を一人占めにしている点、つまり「越権行為」を指弾している。

また、市川は、内務省の「部落会町内会等整備要領案」をめぐって論議が沸騰するなか、それをリードして流れを同「要領案」の根本的検討の方向へ変えている。すなわち、同「要領案」の組織への浸透を担当する機関をめぐって、それを翼賛会にするか、内務省にするかで意見が二つに分かれるなかで、中沢辨治郎委員が後者で行くべきと主張するや、匝瑳胤次小委員長が「ソレハチョツト行カナイデセウ。モウヤツテシマツタンダカラ……」と発言した。そのとき市川が「ソレハ訓令デスガ、内務省デハ……法制化スルコトヲ何カ計画シテ居ルヤウデス。……デスカラ内務省デコノ訓令ヲ法制化スル場合ニオイテ多少内容ヲ変ヘルチヤンスハアル譯デス」と「知恵」をつけ、それに応じるかたちで匝瑳小委員長が「ソレハサウデス。根本的ニ検討シテ行ク方ガヨイヤウデス」と答え、これを機に会議の流れが根本的検討に変わっている。

その後、第六回第二小委員会(九月一日)でも、市川は内務省案の「組織」は、そのままにして、「運用」「指導」の面を翼賛会の仕事にするのが妥当ではないかとの意見を開陳している。

こうした審議の結果をまとめた「国策の遂行貫徹に関する事項」(第二委員会、一一月五日報告)は、市川に満足を与えるものだった。翼賛会が内務省への反撃をはかって国民を基盤とする「国民組織の確立」をめざし、下部組織からの内務省撤退を迫ろうとするもので、「婦人」もそのなかで一定の位置を与えられているからである(55)。

では、第三委員会ではどうであったか。こちらでは目立った発言はみられない。出席は総会六回、小委員会四回の内、計三回(第三回・第五回委員会総会と、第一回第三小委員会)、このうち発言は第一回第三小委員会においてのみである。それをみると、第三小委員会(一九四一年八月五日)に付託された議題「文化的建設に関する事項」の「心構へ」をめぐる論議に入ったとき、満州訪問時の話として次のように述べている。「日本人ガ支那ノ大衆、知識階級方面カラ本当ニ尊敬サレテ居ナイ部面ガ相当アル」、「寧ロ日本人ヲ見下スヤウナ傾向サヘモ」あり、もし「東亜共栄圏ノ中心トナツテ、東亜ノ諸民族ヲ率キテ」いこうとするならばそれは看過すべきことではなく、「例ヘバ、酒ニヨツテ支那ノ街ヲ歩」くなどは直すべきである。

また、共鳴したこととして次のような意見の開陳に及んでいる。「板垣[征四郎]閣下ガ仰シヤルノニ、結局ハ日本人ノ一人ヅヽガ支那人カラ尊敬サレルモノニナラナケレバイケナイ」、「ソノ為ニハ日本ノ教育ト云フモノヲ変ヘナケレバイケナイ」。

以上、こうした市川の調査委員会委員の仕事も、一九四二年五月一五日、翼賛会第二次改革で調査委員会から調査会と改称される時点で終わった。改称された調査会には二一六名中五名の婦人委員が任命されたが、市川は奥むめお、羽仁説子とともに外され、そのかわりに竹内が残り、新たに高良トミ（富子）、氏家寿子、小林珠子、松岡久子が加えられた。改組案における新委員の条件をみると、「従来の調査委員中出席皆無者及び翼賛運動に関する不適格者はこれを解消すること」、そして「委員には、……単なる興味的希望に基づく所属を許容することなく、適材適所主義により再委嘱を行ふ」と厳格化されている。

なお、市川は東京市の協力会にも議員として、「奥むめお、富野ナオ子、山本キクの三氏に私の四名が加えられていた。もっとも東京市の協力会がどんな会合であったか、全く記憶に残っていない」(56)と書き残しているが、現在のところ当該資料は見当らない。

6　婦人再組織論の「結実」に向けて

市川の婦人の再組織に賭けた情熱は尋常ではなかった。大政翼賛会成立後も、「聖戦完遂」という至上目的を盾に、激しい言葉で婦人の再組織を説き続けている(57)。だが、やがて、そのヘゲモニーを軍部と内務省（両者の主導権争いも熾烈であった）に奪われ、先述の通り、大日本婦人会（以下「日婦」と略記）という似て非なる一元的御用婦人団体として実を結ぶことになる。以下、その曲折をみる。

一九四〇年一二月一七日、大政翼賛会臨時協力会議で市川の主張が一歩前進をみた。高良とみ（当時唯一の翼賛会婦人議員）の婦人局設置の提唱に対し、それまで頑固に拒否していた田中稔中将（国婦総務部長・在郷軍人会参与）が婦人局には触れずに、婦人団体統合の推進を示唆したのである。また、三輪寿壮（大政翼賛会組織局連絡部長）も主婦を中心に婦人を国民組織のなかにとり入れるため、支部、部落会・町会、隣組のなかに婦人班を設けると婦人再組織問題の核心部分に触れる点を肯定した。ただ、婦人局については個人的には賛成だが客観的には時期尚早との見解を示した。田中と三輪の思惑、真意は異なると思われるが、市川は彼らの発言を歓迎した。

ただ、高良に対して市川は、彼女が肝心な婦人再組織に触れなかったとして強い不満を示し、また婦人局についても、高良が「大衆並びに私共の意思を代弁せず」、「婦人局のなかに文化部、興亜部、農村部等々の分課を設置」するなどと、「恰も現在の大政翼賛会の他に今一つの婦人大政翼賛会の設置を要求するが如き」提案をしているが、これは自分の考えとは反対だと責めたてている(58)。翌四一年五月二九日には、第一回中央協力会議を控えて、おそらくその点の徹底をはかるためであろう、高良のほか婦人代表に選ばれた桐淵とよ、木内キヤウと、奥、河崎、神近、吉岡ら三四名を集めて「婦人の総意を反映させる会」を発足させている(59)。

しかし、高良が当日婦人再組織に触れなかったというのは明らかに市川の誤解であり、その点は議事録で確認できる。高良は当日の午前、婦人局をめぐる提案の後、それと付随した問題として間違いなく「統合」を口にしている(60)。また、午後六時一八分に再開した会議においても、「現状の婦人団体は解消さし、一元化さるべきもの」との意見を開陳している(61)。この件についての市川の高良への追及はかなり執拗だったと思われる。高良が市川に「取消し」を求めたのに対し、市川はその「取消し」の取消しを求めている(62)。

第七六議会中の一九四一年二月一三日、「婦人団体統合に関する建議案」(斎藤直橘議員ほか七名提出)が審議され、田中隆吉(兵務局長)、三島誠也(軍事保護院副総裁)などが統合に積極的な態度を示すなか、それが満場一致で可決された。しかし、このとき市川の構想は完全に逆転されていた。すなわち、田中は新組織を「事業とか修養とか云うことではありませぬで、世界に比類なき日本の婦道を根底と致しました修養と訓練、此の二つを兼ねた団体にしたい」と述べ、しかもその「婦道」は「家庭の中の任務を完遂することだ、家庭を放り出しておいて銃後のご奉公も何もあったものではない」と言い切った。この時点で婦人の再組織の主導権は男性側に握られその核心も完全に骨抜きにされたわけである。

それでも市川は男子側の態度表明を、「永年の懸案であった……統合問題は正に解決の緒についた」と歓迎し、軍部と内務省の確執が絡んでなかなか進捗をみない三月五日、三監督官庁に改めて「婦人団体一元化に関する建議書」をもって新組織のあるべき姿を提示した。「座談会　主婦の組織と運営について」(『女性展望』一九四一年四月号)でも、全国婦人を網羅した婦人団体は「統合でなくて再組織です」と再組織を強調している。

しかし、やがて、「ただ上からの命令で二重、三重にも動員されている一般の大衆婦人が気の毒でみていられな」くなり、再組織に固執せず統合案での妥協も考えるようになり、この年の「四月のある日」、星野直樹国務大臣夫人と東条英機陸軍大臣夫人を訪問し、「一日も早く統合すべきこと」を「個人として申し入れ」たという(63)。

しかし、歯車はもっと大きなところで市川らの思惑とは逆に回転していた。それから二カ月後の六月一〇日、閣議で決定された「婦人団体結成要綱」は、再組織ではなく統合とし、下部組織については言及せず、全体として、『朝日新聞』(一九四一年六月一一日)が「婦人よ家庭に帰れそのもの」と解説している通りの組織であった。発表にあたっては、東条英機(当時陸相)が暗に婦選運動者をこう威嚇・牽制していた。

> 新団体は皇国伝統の婦道に則り修身斎家奉公の実を挙ぐるを以て目的とし、事業亦その範囲内で行はれるべく、従来兎もすれば欧米思想に禍せられて婦人本来の職責を忘却せんとしたるが如き、……弊害は新団体の成立を契機に是正せらるべき。

実際、六月一六日発表の結成準備会委員に市川、金子の名はなかった。

市川は「要綱」の内容について、「かくの如き形式によって決定された事は、婦人の立場からは遺憾とせざるを得ないのであるが、然し日本に於ける婦人団体の特殊性から見て、已むを得ない当然の措置だといってよかろう」と一応納得したものの、やはり再組織ではなく統合であること、下部組織について言及していないことについては、これを問題にし、最後に「果して活発な活動を期待し得るかどうかについては、……多くを期待できない」、あとは運用の面での知識婦人の自主的な活動に託す他ないとした(64)。

金子も市町村以下の下部組織が示されていない点に異議をはさみ、「町内会、隣組の組織とよくにらみ合せ、所謂隣組婦人であるところの婦人大衆が、新に婦人団体員としての動員を受け、二元的活動を強ひられないやうに、十二分に警戒しなければなりますまい」(65)との警戒感を示している。

そうしたなか、組織の問題については、先の市川の提言によって、「政府部内諒解事項」(66)を取り付けることができ、その線で定款案やその他諸規定が作られることになった。その内容は形式的には市川側の構想通りのものであり、おそらく成文化までには、金子と関わりの深い軍事保護院ルートを通じての周到な根回しがあったと思われる。という理由が二つある。一つはこの「諒解事項」がそのまま「新婦人団体結成準備委員会諒解事項」の「別紙」の内容となり、その「新婦人団体結成準備委員会諒解事項」は「軍事保護院に於て印刷せる『新婦人団体結成準備資料』中より必要事項を抜粋せるもの」(67)だったことである。次には、新婦人団体は「事業ハ之ヲ行ハズ」とする軍事保護院局長の方針が、市川側の考えと完全に一致するものだからである。その方針は、「諒解事項」を決定した新体制団体結成準備会(七月一八日)において、「新団体ノ中央地方本支部ニ於テハ施設ヲ伴フ事業ハ之ヲ行ハズ分会ニオケル事業ハ奉仕ノ趣旨ニ依リ且其ノ事業ハ当該分会ノ経費ノ範囲ニ止ムルコト」と決定されている。

市川らの「事業ハ之ヲ行ハズ」の主張は、新団体ではあくまで主婦の日常生活に即した活動を主体とすべきとの考えに基づくもので、そこには官製婦人団体の銃後の活動に対する批判があった。だが、その主張は、軍部(=国婦)の「愛婦は金のかかる事業中心の団体」だという批判、そして彼らの大衆婦人の街頭進出に対する「婦人よ家庭へ帰れ」の主張と表裏のものだった。

なお、吉岡彌生は事業賛成派で、「新団体は教化団体であり、教化には事業が付随する栄養・育児・看護を会得させるにも講習や文書だけでは不可能」ゆえに、「事業も是非必要」(68)とし、これは内務省(=愛婦)の意向を代弁するものであった。

その後、婦人の再組織化は、定款案その他諸規定案完成(七月末)→「大日本婦人会」の名称決定(八月一五日)→官製婦人三団体の共同声明発表(八月一九日)と進捗するが、この八月一九日、先に締結された「閣議諒解事項」に「追加」決定が加えられ、その主管が地方長官の一元的監督から軍と官の二元的監督に変更された。これは内務省と軍部の妥協の産物であるが、またすぐに軍部と内務省の対立が顕在化し、その拮抗のうちに結成準備会が再開されるのは七〇余日後の一一月八日(69)、この日妥協が成立して監督における地方長官の優先権が認められた(「新婦人団体の地方に於ける監督に関する件」通牒)。内務省側の巻き返しがなったのである。

他方、市川の危惧していた最下部組織の問題は各地方長官宛の通牒、「新婦人団体結成準備委員会諒解事項」(一九四二年一月九日)に添付された「別紙」で示された。内容は市川らが先に取り付けた「政府部内諒解事項」そのものであり、「部落会、町内会と新団体下部機構との関係については、その区域に新団体の班を置き、会員は必ず班員たらしめること、その婦人部長と新団体の班長とは同一人とすること」とされていた。ただ、事業については「但シ、本会ノ目的達成上必要ナルモノニシテ本部ニ於テ特ニ実施ヲ決定又ハ承認シタルモノハコノ限リニ在ラズ」と、例外的に「施設を伴う事業」が認められることになり、この点は市川らの要望とは違ったものになった。

こうして新婦人団体の結成準備が整い、幹部人事も発表されるが、市川は、その男子中心の、かつ旧団体職員の寄せ集め人事には遺憾を示しつつ、「新団体の生命は下部組織の実践にある……、地方の組織が結成されれば次は運営の問題である。運営にはよき指導者が必要である」(70)と、望みを下部組織の運用に託した。しかし、成った大日本婦人会は、形式は整っても、肝心の自治・自立の精神は完全に骨抜きにされ、運用でカバーできるような代物ではなかった（後述）。

★6章

太平洋戦争下の「翼賛」と「抵抗」

1　翼賛体制下の「協力」――その起伏と屈折

1　太平洋戦争の勃発――大日本婦人会の成立

一九四一（昭和一六）年一二月八日、日本軍は真珠湾を奇襲、ここに宣戦布告なき日米戦争がはじまった。この開戦を市川はどう受けとめたのか。

私が対米開戦を知つたのは、八日の朝鹿児島駅に到着して間もなくであつた。宣戦の大詔は、八日夜、大隅半島の鹿屋市の一旅館のラジオを通して拝聴したのであつた。

毎日の田舎回りで、ラジオも新聞も満足に手に這らず、焦燥の一週間を過ごし、十五日の朝真直ぐに帰京したのであつた。

×　　×

世界戦史にその類をみない緒戦のハワイ、マレイ沖に於ける大戦果に引き続いて、海に陸に、皇軍は益々戦果を拡大されつつあるのは私共の感謝に堪えないところである。然し私共銃後の国民は、この戦勝に酔い、心をゆるめてはならない。この皇軍の戦果を確保し、聖戦の目的を達成するためには、銃後を固めなくてはならない。戦争は必然的に、長期に亘るであらうが、最後迄、断じて弱音をはいてはならない。此の度こそ、婦人がその本来の認知と勤勉を発揮して、あらゆる困難を克服御奉公しなければならないと思うのである。

×　×

私共は宣戦の大詔を繰り返し繰り返し拝誦し、別記本会申し合わせ〔略〕を実践、婦人の決戦体制を確立して婦人の職域奉公に邁進しようではないか（十二月二十五日）（傍点—引用者）(1)。

四八歳になった市川の抑えた高揚感が伝わる。

当時日本は真珠湾奇襲作戦の成功にはじまり、シンガポール爆撃、マレー沖海戦でのイギリス東洋艦隊の撃滅、グアム島、マキン島、タワラ島の占領と破竹の勢いで突き進み、その予期以上の成功に日本は熱狂と興奮の渦に包まれていた。この一文はそうした戦勝気分への引締めと持久戦の覚悟を説いたものであり、婦人に対して発せられたものとはいえ、「大東亜共栄圏建設」のための「聖戦」という大義名分にのって、国民の統合強化と国民の自発的協力の触発という課題に積極的に応えようとするものである。いや、用意周到な「決意表明」というべきものかもしれない。同年二月の段階で市川は、次のような見解を示していた。「米国が飽迄東亜における日本の地位を認識せず、東亜新秩序の建設を否定する限り、事態が最悪の場合に到達するも亦已むを得ない。……その事態を認識して、覚悟を固める必要がある」(2)。そうしたなか、ますます「婦人の決戦体制の確立」、つまり一元的婦人団体の組織化が急がれた。

開戦二ヵ月後の一九四二年二月二日、大日本婦人会（日婦）中央本部の発会式が九段軍人会館で華々しく挙行された。

鳩山薫子の開会宣言で始まり、君が代斉唱、宣戦の大詔奉読の後、水野万寿子前愛婦会長が座長に選ばれ、三条西信子前連婦会長が経過報告、武藤能婦子前国婦会長が日婦定款を読み上げた。そのあと、山内侯爵夫人禎子が会長就任挨拶、ついで副会長、理事長、理事、顧問、審議員等、本部役員の氏名が次々と読み上げられた。副会長には武藤能婦子、水野万寿子、三条西信子の旧三婦人団体会長に穂積ナカ（穂積重遠夫人）を加えた四人、そして理事長には内務省出身の川西実三、理事には内務省振興課長、陸軍省大佐、海軍省大佐等に加えて羽仁説子、鮎貝ひで、河崎ナツ、山高しげり、村岡花子等が、また顧問には内務、陸・海軍、文部、拓務、厚生六省の各大臣はじめ全閣僚、軍人等にまじって吉岡彌生、井上秀子等がその名を告げられた。そして、市川はといえば、やっと審議員二百人の内の一人として名が挙げられたにすぎなかった。

この役員選出は、市川によれば陸軍と厚生省当局の間で候補者をあげつつ激しい論議の末決定されたもので、陸軍が婦選のレッテルの張られた市川、金子の参加には強い拒否反応を示したが、厚生省当局の努力の結果やっと入れられたものだった。また、金子の理事就任については厚生省が嘱託としての軍事援護における協力の事実をあげ、市川については、審議員の一人にということでやっと納得させたものという(3)。

市川の落胆も想像に難くないが、彼女が何よりも承服できなかったことは、婦人団体であるにも拘わらず男子が実権をにぎり婦人を支配するという旧態依然たる組織のありようであった。実際、名流夫人が顔を揃えながら、実質的権限は全部官僚と軍人の古手が握り、彼らが運営の実質をとり仕切るシステムになっていた。

市川が準備段階で、新組織（日婦）の足らざる点は下部組織の運用に託すとしたことは先に述べたが、現実は厳しかった。男子支配の状況に加えて、結成前の軍部と内務省の確執がもちこまれ、さらには旧官製婦人団体的観念が根強く残存して指揮命令系統が混乱し、町内会・部落会、隣組と表裏一体の関係を確立して婦人の自主性を発揮するなど、夢のまた夢であった。

市川は、第一回通常総会（一九四二年一一月一一日）に出席した際の感想をこう記している。「愛国婦人会式で、苛烈な太平洋戦下というにこれでよいのかの感を深くした。また、壇上で動いているのは一応婦人だが、すべては男子職員及び関係役所によってお膳立てされ、まるで踊らされている人形といった感じであった」(4)。

市川の日婦への疑問・懐疑は、実際に下部組織の運営に関わり(5)、また本部に顔をだして全体の運営を観察するなかで、さらに膨らんでいった。「身辺雑記」（『婦人問題研究所々報』第四号、四三年六月二五日号）を見てみよう。

婦人会の最下部組織の責任を持つ一方、本部の会合等にもたまに顔を出して全体の運営をみてゐると大日本婦人会そのものゝ運営に、色々な問題があると思ひます。組織後間もないからこうなのか或は組織そのものゝ運営の方針そのものに欠陥があるのか、その研究は、矢張り私共婦人自身に取上げる責任があるやうに思はれます。……昭和十五年の初めに婦人時局［研究会］で取上げたやうにやらなければなるまいか。戦局の苛烈なる現段階に即応して、婦人が最も御奉公し易いやう現在よりもつと困難になつても頑張り通し得るやうにするためには現在の婦人体制では寔に心細い限りです。

こうした問題意識から市川は、東条、星野両夫人と一緒の懇談会席上で、「自主的な婦人団体は日婦に統合する必要はない。統合してはならないことを主張し」、また審議員の会合で、「日婦は職域の婦人に手を出してはいけないと発言」するに至る(6)。

その後、岩手での講演会（一九四三年一一月一六日〜二六日、翼賛壮年団と日婦秋田県支部共催、「翼賛壮年団幹部に婦人運動に対する理解を持たしめる」ためのもの）の後の座談会で日婦不用論（理想としては婦人会の下部の班は必要ないとの主旨）を口にし、これが引き金となって一九四四年一月二七日、ついに日婦追放（再選拒否）となった。理由はそのことに加えて、市川の平常の日婦解釈（町内会・部落会婦人部と日婦の班との表裏一体関係についての理解）が本部事務当局と違うという点にあった(7)。だが、市川自身は痛痒を感じるどころか、「さういふ理由で解放された事は私としては寧ろ有難く、これからは遠慮なく婦人会〔日婦〕の批判否改組についても公にいへる事になりました」と反日婦、組織改革を公言して憚らなかった。

ただし、市川のそうした反日婦の姿勢が反権力的ではあるが、愛国的心情やそれゆえの焦燥感、戦争遂行への使命感、問題意識などと表裏をなすものであったことには留意しておきたい。市川は、政府の指導力の欠如を問題にしつつ、こんな言葉も発している。「戦局の苛烈なる現段階に即応して、婦人が最もご奉公し易いやう現在よりももつと困難になつても頑張り通し得るやうにするためには現在の婦人体制では寔に心細い限りです」(8)。「どうしたら主婦達をして勇んでこの苦難を克服せしめるか、差し迫つた重大な問題だと思ひます。……戦争に勝つ為には与えられるものだけで我慢しなければならぬ理由をすべての主婦に納得せしめる事が必要です」(9)。「この差し迫つた時局に処し、とにかく多年婦人の先頭に立つてきた私共として、如何なる方策をとる事が、もつともよく婦人達をして国家に御奉公せしめ得るかについて苦慮している次第です」(10)。

ともあれ、市川にとってもはや日婦は百害あって一利なし、追放されるやすぐに日婦解体と婦人の再々組織の方策を模索し、それがついに「爆弾発言」（「大日本婦人会を解消し町内会部落会に一元化せよ」『婦人問題研究所々報』日婦問題特輯号、一四号、四五年二月二八日号）(11)となって火を噴くことになる。折しも国民運動組織再編問題が再燃、日婦解消のチャンスであった。

2　大日本婦人会への批判と改革案の提示

「爆弾発言」とは、要約すれば次のようなものである。今や日婦存立の意義はない。改組改革というより原点に戻って町内会部落会に一元化すべきである。結成前の「政府部内の諒解事項」で決めた同一人を構成員とする、指導系統の異なる二つの組織（日婦系列と内務省系列）において表裏一体の役割を果すという前提がまったく機能しておらず、依然として重複対立が存在する。日婦から現在指令されていることはせいぜい貯蓄、廃品回収、狩り出し（勤労奉仕等への動員）等であり、本来の任務である決戦生活の具体的指導実践でさえ内務省系列の隣組でできなくはない。といっても、「有志による自発的な婦人会」を否定するものではない。「否さうした婦人会の必要をむしろ主張せん」とするものである。もっとも、「現段階に於ては婦人のみによる独立の組織をもつのではなく、例へば、翼賛壮年団の婦人部乃至は国民運動総本部の婦人部として組織し、それ等の婦人が前記町内会部落会の指導に任ずべきである」と考えている。

こう述べたうえで、現状のままでの「日婦改革の具体案」（婦人問題研究所有志による）を次のように示す。

一、時局下に於ける日本婦人の指導原理を確立すると共に、戦時生活の具体的指導を行う事。

二、中央本部役員を全員更迭し、実力ある婦人をこれにあてるとともに其の責任を尽さしめる事、又その選任には婦人大衆の意思を反映せしめるが如き方法を講ずる事。

三、中央本部事務局の権限を縮少、その機構を簡素化するとともに、婦人を中軸とする有能なる職員を配置し、全会員に対する指導力を強化する事。

四、中央本部の経費、就中人件費を大幅に削減し地方支部特に小都市区郡市町村支部には婦人の専任委員職員を置く事。

五、地方各級支部役員を更迭し婦人を以て充てると共に事務局を整備強化すること。小都市区郡市町村支部には婦人の専任職員を置く事。

六、最下部組織である班の活動は、町会部落会との重複対立を避けるため町会部落会に於ける活動はすべて婦人部の活動として行ふ事。

七、会員は町内会部落会と表裏一体たらしめ、一戸一人主婦乃至は主婦に準ずるものとする事。

次に、これを第一案とすれば、第二案は根本的な改革案として、「婦人再組織要綱案」（婦人問題研究所有志による。未定稿ゆえに読者の意見によって訂正も可とする）を提示する。核心部分（第三、国民組織の構想と其中に於ける婦人組織）を記す。

一、国民組織中核体として党(12)を設立、男女指導者を党員とし、地域職域の国民組織の指導、政府の根本国策決定へ参画せしめる。婦人を含む国民組織の指導連絡及婦人に関係ある国策の立案に対しては党本部に婦人委員会を、党本部事務局に婦人部を設置して担当せしむる。

二、国民組織は地域及職域により全員を組織する。

1. 地域組織としては現在の家を単位とする町内会部落会、隣組組織を整備し、強靭なる消費防衛組織とする。右組織に於ては婦人は家の主婦として又消費生活の担当者として殆どその主体をなすものである。

2. 職域組織としては生産者組織、分配者組織、文化関係者組織に三大別し、各々は更に数組織に組織する。右組織には何れも婦人が参加してゐるが、これを別個の組織とする必要はない。

3. 右の如く地域国民組織に於ては婦人はその主体をなしており、職域に於ても少なからぬ婦人を会員として包含してゐるのでその指導のため事務局機構に婦人部を設置し、婦人をして担当せしむる。

三、各国民組織事務局の婦人部は中核体である党事務局婦人部の指導の下に、連絡協力、婦人の総力発揮のため努力する。この他、党婦人委員会及び婦人部、各国民組織婦人部の構成及其の他の任務等がうたわれている（詳細は省略）。

ここで、先の第一案における「翼賛壮年団の婦人部乃至は国民運動総本部の婦人部として組織し」云々について検討しよう。実は翼賛壮年団（以下「翼壮」と略記）との接触は早くから始っていた。市川は、先述の講演会（翼壮と日婦秋田県支部共催）の直後、次のような一文をしたためている。

寔に婦人会は婦人だけでといふ考え方は昔の事で、現在としては男女の協力が絶対に必要だと思ひます。婦人会の活動にしても会独自に行ふのではなく、各種国民運動との総合協力の上で行はれるべきであります。……ここに於いて翼賛会の推進隊である翼壮と婦人会とを結びつける事は、両者にとって否国民全体にとつて一つの新しい方向を示したものといつてよいと思ひます」（一九四三年一二月九日、傍点―引用者）(13)。

翌四四年一〇月には、かなり具体的な報告に及んでいる。

此の度翼壮本部の副団長となられた小林順一郎氏が先達て大日本婦人会の事務当局に「翼壮に婦人部を設けようという意見があるがどう思うか」と質問され、これに対して「理論的にはそういうことも可能だが、今そんな事をされたら日婦は混乱するから困る」と答えたということを聞きました。

……そうした意見が翼壮の内部から出始めて居ることは私共として頗る興味のある事です。又婦人会当局が、そうなれば日婦が混乱するというのも成る程とうなずかれ、その狼狽ぶりが眼にみえるやうです。

翼壮がそのめざしている目的を達成するには、婦人の協力が絶対に必要であり、その事については翼壮の中の一部の人達も、はっきり認識しています。それで婦人部問題がどうせ一部でしょうが台頭して来ているのだと思ひます。若し婦人部が出来たとしたら、それこそ日婦にあきたらない婦人達、日婦中のよい分子はこの方に吸収され、日婦は混乱どころか、藻抜けの殻となるでありませう。この重大時局を前にして日婦は何をしているといつた非難が一般からは勿論、政府部内からも起こつているそうです（一〇月二五日）（傍点―引用者）(14)。

その後、翼壮側とは話が煮詰まった模様で、先述の改革案の第一案（婦人再々組織案）における、「翼賛壮年団の婦人乃至は国民運動総本部の婦人部として組織し」との提案に至った。なお、文中の「日婦にあきたらない婦人たち、日婦中のよい分子」とは山高ら民間の婦人団体の知識婦人たちをさすと思われるが、この点についてはまた後に触れる。

翼壮には、大政翼賛会の精動化に反発して独自の組織拡充に力を注いできたという歴史があるが、戦時統制のもとで惹起された大衆の生活上の諸問題にも積極的に関与し、当時地域社会においても一定の影響力をもつようになっていた。

ここで翼壮に今少し接近してみたい。一九四三年四月、翼壮は本部の改組・機構の大幅な拡充・本部人事の一新を計り、本格的な運動の展開をめざすことになった。一新なった翼壮がその方針を明示した『翼賛壮年団の基本的性格㈠㈡』（一九四三年五月八日発行）(15)を見てみると、まず、「挙国的一大国民運動」の実践組織が、「地域、職域、性域、年齢等の各種領域において、その領域に属する全員を網羅的に組織動員して、その領域独自の翼賛運動を実践する組織」と規定されている。そして、町内会・部落会、隣組が、「従来その性格が明確でなく、寧ろ行政補助機関としての面を強調されて地方行政庁の指導監督を受くことの著しかつた」として、それらが明確に翼賛会の指導統制下に入ったことを「我が国国民運動史上特筆大書すべき重要なる事件」と歓迎している。さらに、「翼賛運動の中核的実践推進組織たる壮年団に、その中堅精鋭分子を加入せしめて、これと有機的連結を確保し、その内面的推進を受けて組織の強化、活動の活発化を計らねばならない」として、壮年団が翼賛会の部分組織ではなく、独自の強力な「全国単一団」である点を強調している。

その後、翼壮が全面的に翼賛運動の機能を担い、他方翼賛会がまったくの指導・統制機関となるに及びさまざまな摩擦が生じるが、翼壮は非妥協的な発言を続けたため、ついに「陰謀団体」とされ、一九四三年一〇月八日機構が縮小された。そして、副団長に丸山鶴吉（翼賛会事務総長、元警視総監、東京市政浄化運動を推進した東京市政革新同盟の中心人物）が登場、その他多くの右翼団体系人物が首脳陣に加わった。彼らは決戦士気の昂揚、食糧増産、航空機増産という三大目標を掲げて活動しはじめる。

市川が最初に翼壮への参加を匂わせるのがこの二ヵ月後の一二月、人脈は不明ながら、この間彼女が日婦解体を視野に、一つの選択肢として翼壮の国民運動とのドッキングを模索していたことは間違いなかろう。

市川の反日婦の感情は強く、今井新造議員（翼賛政治会）にも、第八六議会の予算委員会第二分科会（一九四五年一月二九日）で、「日婦の根本的刷新」に関する質問をしてもらっている(16)。

ここまでくると、理由はどうであれ、「要求」と「協力」のバランスが崩れ、手段であった婦人再組織が完全に目的化してしまっている。また他方で、市川の主張が権力側の注目を集めたとも、多くの婦人に刺激を与えたとも考えられない。大日本帝国崩壊前夜にあって、政府も軍部も官僚も日婦の立て直しに関わる余裕などなかった。また、知識婦人の多くは日婦に甘んじ（少なくとも体制内改革意識にとどまり）、大衆婦人といえば生活の窮乏は耐えうる限度をこえ、何よりも直接の生命の危機が身に迫っていた。そうしたなか市川はまったく孤軍奮闘の状態だったと思われる。

3　大日本婦人会をめぐる市川と山高（金子）

日婦をめぐっては、市川と山高（このころ金子から旧姓に戻る）との間に対立があり、それによって両者は戦争の末期疎遠になっていた。このことは原田清子が示唆し(17)、市川自身も認めているところであるが(18)、対立点は日婦をめぐって市川がその根本的修正を主張して日婦から追放されたのに対し、山高は残って「運用論」で突破する道を選んだところにあり、そこで両者は完全に朝野に分かれた。もっとも、既述の通りすでに母子保護運動における山高の体制寄りの姿勢や軍事保護院嘱託受諾をめぐって微妙なズレが既に生じており、それがこれをもって決定的になったという方がより正確かもしれない。

ただし、婦人再組織論をめぐる原則的な認識においては両者に齟齬はなかった。顧みれば、日婦の結成まで山高ほど市川の婦人再組織論の精神を汲みとり、その具現化に努めた仲間はいない。山高は「丸のみ鵜呑みで政府当局の盲従を敢てしてゐるのではない。むしろ、未曾有の時局に際会して、この機を逸せず乗り出してゐるのであって、その心は知る人ぞ知るかも知れない」(19)との苦衷を吐露しつつ、戦時下の婦人運動に必要なのはまず一元的な婦人組織と婦人の指導者と専門家であると説いてやまなかった。また、その核心である下部組織（町内会・部落会、隣組）における婦人の役割の重要さをよく知りその内実をつくるのに一生懸命だった（前述）。問題はやはり日婦成立後である。市川が『諒解事項』の不徹底を追及して、日婦を解消し町内会・部落会に一元化せよと主張したのに対し、山高は、最後まで「運営論」を貫いた(20)。

改めて市川の主張に耳を傾けよう。

> 結成当時「政府部内の諒解事項」により、新に町内会部落会に事務機構として婦人部を設け婦人部長と班長とを同一人として表裏一体の関係に置くことに定められたのであったが、現実には、……両者の間に重複対立が存在する。……大凡今迄婦人会より指令される事柄は、貯蓄、廃品回収、狩りだし等であり、町内会婦人会で出来ない事は一つもないのである。否町会部落会活動をすれば、それ等だけでなく婦人会本来の任務である筈の決戦生活の具体的指導実践も男女協力、隣保扶助により実現出来易いのである(21)。

その後、内務省は、「町内会、部落会と大日本婦人会の班との関係に関する件」（一九四五年一月二二日）を通達し、そのなかで「婦人会は苟且も町内会、部落会と対立的態度に出るが如きことあるべからざる事」として、市川の動きを牽制するが、彼女はひるまず、むしろ「これによって町内会部落会と婦人会との間に重複対立のあることを認めたものであり、両者を一元化することの必要性をむしろ痛感せしむるものである」(22)と闘志をむきだしにする。

ここで、戦後の「大日本婦人会史」（前掲『翼賛国民運動史』）に注目したい。これは日婦の結成から解散までを概観するものとして貴重な資料というばかりではなく、実は山高によって書かれたもので(23)、したがって山高による総括であり、当然ながらその内容も彼女でなければ知り得ないものである。同論には貯蓄奨励・軍人援護・戦時生活確立・動員・健民・教育錬成といった活動について詳述されているが、行間にはさまざまな制約のもと創意工夫のうちに精一杯成し遂げたといった自負が滲みでている。

ただ、決定権が男子に握られていた点については山高も不満を隠さず、もし日婦の活動に「不振の批判があればその一因には男子職員の主流体制があげられる」。「地方指導対策」が成功しなかったのも、「逐年支部運営が事務担当者中心（例外なく男子）に傾き、……全国的に婦人運動の経験者が実践面を離れ、実践面の担当者には未経験者がついた」からで、その結果「各部面に不調を来した」としている。見落とせないのが次の記述である。

本会の実践運動において真に婦人生活に即する域まで到達しなかったのは、人事問題が旧団体均衡主義にこだわったことと、婦人役員の少ないことがその主な理由であった。創立当初、川西理事長はこれを本来の婦人会とするために婦人顧問懇談会を設け、やがて婦人理事をも含めてこれを八月まで月例的に催して来たが、その後はこれも廃止した。ここにおいて婦人役員間には自主的会合の要求が昂まり、十八年五月本部に迫って在京婦人役員懇談会を開催し、その席上十日会と称する婦人役員の定期的会合が成立された。爾来この会は自主的に運営され、本部内における一勢力となっていた。また八委員会(24)においても、婦人委員による自主的運営が強く期待されたが、男子側の消極性と婦人側の因習的態度とによって、実際には綜合性を見るにいたらなかった(25)。

当時、日婦における民間婦人団体の指導者としては、山高のほか、吉岡彌生、井上秀子、羽仁説子、河崎なつ、竹内茂代が顧問、あるいは理事の地位を占めていた。この一節は彼女たちが男子幹部ばかりではなく旧官製婦人団体の名流婦人たちとも一線を画し、ある程度の発言力を確保していたことを窺わせるものである。またこの「十日会」の実質的統括者が山高だったことも想像に難くない。

おそらく市川のいう「日婦にあきたらない婦人たち」、「日婦中のよい分子」(前項)とは彼女らをさし、市川はできることなら、彼女らとともに「有志による新婦人団体」を作ろう、いや、日婦から「とり戻したい」と考えていたのではなかろうか。だが、山高は日婦に残って、「体制内改革」を志ざした。

山高の先に示した活動への「誠実」な対応は、彼女の著書『女性の建設』(三省堂、一九四四年)を見れば了解できる。彼女は、「それぞれの歴史ある団体が、一切の行き掛かりをすてて、一丸となつたのであって、国家の要請に応ずる為に日本婦人が一つに結ばれるその組織こそは、婦人の国民組織でなくてなんであらう」とうたいあげた後、その機能や性格を説明しつつ、日婦の会費・事務局人事・事業要目・指導者養成・支部活動の指導養成等については、その不備や矛盾点を指摘してやまない(26)。

また、山高は日婦に関連して隣組の重要性をこう説いている。

いまや大東亜戦争は緒戦以来の打ち続く戦果により、我国は絶対不敗の態勢をかち得たといはれますが、敵米英もさるもの、しきりに抗戦準備をとゝのへて居るやうで、……国民はます〳〵堅忍持久おの〳〵の職域を守り抜かねばなりません。……台所を守り、子供を守る女のたゝかひは、生活戦であり、思想戦であります。その戦士たる主婦をして、その使命にめざめせしめ、よく職域を守らしめるために婦人会〔日婦〕は大きな役割を有ってゐる訳でありますが、会員たる主婦からいへば、その拠るべき陣地が隣組であることを明確に認識し相携えて任務につかなくてはなりません(27)。

ここに主婦の立場と役割の「二重性」の問題が示されているが、実際問題として一般主婦には理解できないものではなかったか。いや、金子の説も、市川の論も、国民生活が危急存亡の限界に達し、主婦にのしかかった生活の重荷も限度を超していた、その歴史的時点にあって、実質的意味をもち得なかったのではなかろうか。

4 『戦時婦人読本』『婦人年報第一輯 婦人界の動向』にみる「協力」

一九四一年九月一七日、雑誌の整理統合が進められるなか、機関誌『女性展望』が廃刊を余儀なくされた。そして約一年後の一九四二年一二月、それに代わる『婦人問題研究所々報』(四六版、四〜八頁)が発刊され、以後隔月に一四号(一九四五年二月二八日発行)まで発行されている。だが、それだけでは従来通りの豊富な情報を伝えることはできなかった。そうしたなか『戦時婦人読本』(昭和書房、一九四三年七月)、ならびに『婦人年報第一輯 婦人界の動向』(松文堂出版、一九四四年七月)がいずれも市川の編集で発行されている。以下、両書から市川の「協力」のあり方を探ってみる。

まず、『戦時婦人読本』。これは大東亜共栄圏建設を果たすべく、そこでの日本婦人の役割を説き、かつその自覚を促すことを目的としたもので、市川が総論「婦人と国家」を、各論を田中孝子(「結婚報国」)、相馬黒光(「夫婦の道」)、竹内茂代(「母と子の医学」)、波多野勤子(「よい子、躾け方」)、河崎なつ(「青年男女の扱ひ方」)、帆足みゆき(「家庭管理」)、香川綾(「台所の必勝体制」)、成田順子(「戦時下の服装」)、山高しげり(「隣組と主婦」)と、各専門分野の女性たちが担当している。

市川の総論（「婦人と国家」）は実に二九頁、「節」も「婦人は民族の母」「国の礎をなす家と主婦」「国家経済と家庭経済」「生産者としての婦人」「婦人の自己錬成」と五つに及ぶものである。やや長くなるが概要を記そう。

今まで日本の歴史に名をとどめているのは殆ど男子ばかりであるが、日本民族が今日までの歴史をもち栄えているのは婦人が出産と哺育という任務を果たしてきたからである。大東亜戦争下にあって必要なのはその民族の母としての自覚や誇りであり、我々は喜んでその任務を果たさねばならない。過去婦人は低く価値づけられて来たが、今や政府の「人口政策確立要綱」によって日本民族の母としての地位が確認され、その自覚、協力が国家から要望されるに至った。これに婦人は応えようではないか。

今後、夫の出征や名誉の戦死などによって、婦人の戸主、あるいは世帯主が増加することが予測され、婦人の責任は重くなる。ただ、そこでの役割は今までの良妻賢母主義だけではたちゆかない。例えば、嫁と姑の協力は必要だが、姑は適当な時期に主婦の地位、つまりしゃもじと財布を嫁に譲り、嫁はそれを握って家を継続してゆかねばならない。しかし、そのときでも、家庭経済だけではなく国家経済との関係を認識しなくてはいけない。

国家経済をみると、戦争に勝つために必要なのは兵器弾薬、その材料である鉄・銅・アルミニウムのほか、人手と金が必要である。だが現在国家には金がなく、国民の税金、公債に依存しなければならない。主婦も我が家だけを考えていてはいけない。公定価格で国家から支給される配給物資で家庭経済を賄い、今まで以上に公債を買い貯金しよう。

婦人には生産者としての任務がある。農村や家内工業では昔から婦人も生産者であったが、大東亜戦争勃発後は機械工場、官庁、銀行、会社でも多くの婦人が働くようになった。これからは、そうしたところへ娘を進んで送り出すとともに、主婦自らもその覚悟をしなければならない。つまり家庭と職業の両立であり、今やそうした負担に堪えるだけの自己練成が大切である。婦人に求められるのは、(1)自身の健康、(2)子供を心身ともに立派に育てるための知識と技術・

その活用能力、(3)皇国の女性としての固い信念を養い教養をつみ人格をみがくことである。

以上、必勝のために家庭婦人の心構えを説く口調は、有無を言わせないものがある。当時の大衆婦人の置かれた状況を考えれば、かけ離れた叱咤激励ではなかったか。日々の生活レベルは、食糧・衣料・燃料などの必需品の不足、わけても食糧の不足が深刻化し、米、副食類、調味料、衣料、その他ほとんどすべての日常生活物資がすでに配給制となって、生きることそのものが大変な時期であった。

他方、各論をみれば、問題はあるものの、そこに貫かれているのは家庭婦人の不可避の困難や混乱の軽減に向けて方策を示そうとする使命感や、ぎりぎりの局面に至ってもなお女性を家に閉じこめておこうとする封建的婦道への反発、そして主婦の社会的地位をどうにか浮上させたいという願望である。そうした点を総合すると、『戦時婦人読本』は、「妻であり、母であり、主婦である女たちに、あるべき戦時下の女の心構えと平易に説いた啓蒙書」(28)であるばかりではなく、時勢下婦人が自らの生活と権利を守るための方策を示した手引書でもある、ということができる。

次に、『婦人年報第一輯 婦人界の動向』。これは当初『婦人年報 昭和十八年版』として出版されたもので、津久井竜雄が第一章「一般政治経済情勢」を執筆、市川が「第二章婦人界一般情勢」(総論部分)のほか、「労務動員と婦人」「国民運動と婦人運動」を担当、他に稲田登美子(「大東亜共栄圏内の婦人活動」)、原田清子(「工場における婦人の生産活動」)、大月照江(「人口政策と婦人」)、藤田たき(「教育政策と婦人」)、山高しげり(「軍事援護政策と婦人」「戦争生活と婦人」)、斎藤きえ(「農村における婦人の活動」)が執筆陣に加わっている。同書は「大東亜戦争」の勃発後から一九四三年三月末までの「未曾有の大東亜戦争下における日本婦人の各方面に於ける活動をまとめて叙述し、……内容の取上げ方については単に婦人界のみの動向、活動を記述するのではなく、出来るだけ全体との関連を失わないように努めた」(序文)といわれ、内容は体制イデオロギーを基調として、「大東亜戦争」完遂をめざすスタンスを共有するものではある。が、それぞれに実態に即した比較的客観的な叙述に終始しており、当時の著作としては全体として醒めた印象を受ける。

市川の「婦人界一般情勢」（総論）をみると、政府の政策を示したうえで、片やその不備を指摘し、片や婦人の協力も要請するという、市川独特の言説が目につく。例えば次のように言う。「政府は、割当てられた分量を、政府の決定した配給機関から公定価格で入手することを婦人に要請してゐるのであるが、実情は必ずしもこれが励行されて来たとは云ひ難い。……これは婦人に時局認識が欠けてゐると同時に、婦人の家庭個人主義の結果と思はれるのであるが、一方婦人達に対し、如何にして割宛量だけで家族特に子女の養育をするかについての具体的な指導も与えられてゐないと思はれる」。

また遺家族問題に関する政府の施策を是認して、「従来も経済的及び精神的の援護の手をさしのべてきたが、大東亜戦争後に於ては、特に扶助料の増額、授産及び就職の為の施設の拡充、婦人指導員の増加による生活指導の徹底等々の方途を講じて来た」としつつ、「未亡人に対しては、この上の政府並に民間、就中婦人たちの暖かい援助が必要」と注文をつけ、さらに大衆婦人に向ってこう叱咤する。

「現在の婦人の困難、努力は」交戦各国の婦人の状況に比較すれば日常生活も遙かに豊富であり、生産への婦人の参加も農村を除いてはまだ少数で、婦人の徴用さへ実施されてゐない状態である。これは我国がこの大戦争を戦ひながら、しかも尚余力を有つことを証するものといってよからう。従って私共婦人はこの現状を以て困難を訴へる事なく、政府の要請にしたがつて努力し、更に将来、如何なる困難が来ても決して台所から悲鳴をあげる事なく、立派に任務を果すだけの覚悟と実力を今から養成しておかなければならない。

他方、政府に対しても「婦人達が御奉公し易いやう又婦人の熱意を昂揚するために、政府の施策の立案、実施に際して、婦人の希望、考へも採り入れる事が是非とも必要だと思はれる」と建言する。

そして、いよいよ日婦の批判と婦人の再々組織論と、大衆婦人の指導・統制強化の要請である。後者のみ摘記しよう。

日本の婦人界にとって、否日本の国家にとって、今日の一つの重要なる問題は、婦人に対する新しい指導理念を確立する事である。……道徳や制度は固定したものでなく、その時代の影響を回避したものでなく、その時代の影響を回避する事は、絶対に不可能な事である。……大衆の婦人の中には今日已に、実生活の体験から新しき性格が芽生えつゝあるのを発見する事が出来るのであるが、一方政府当局を初め、所謂指導者階級の、婦人に対する指導振りは、今日に於ても尚婦人に対する所謂「頭の切換へ」は全く行はれず、封建時代の思想をそのまゝ露出してゐる場合が頗る多い……。

この言説は、国家と天皇と個人を一体のものとみなす一元的な国家観と皇国民教育が強制力を伴って社会の隅々まで浸透していた時代にあって、市川もやはりそれから自由ではなかったことを示している。また、対大衆婦人の面では、愚民観と紙一重の「婦選魂」が滲んではいるが、深層心理的には、そこに婦選をにらんだ大衆婦人の政治教育の意味合いも見てとれる。さらには、家族制度の重圧の下、犠牲や負担を強いられるのみで地位や名誉とは無縁の主婦にその任務を通じて誇りや自信をもたせようとする真情も汲みとれる。政治認識としては「転向」、婦人解放の点では「非転向」、この構図をここで改めて確認しておきたい。

5 翼賛選挙運動への「協力」

話は一九四二（昭和一七）年四月段階に戻る。当時市川は選挙粛正運動の延長線上で、翼賛選挙運動（東条英機内閣下、一九四二年四月三〇日選挙施行）に深く関与していた。

周知の通り、翼賛選挙運動は民間団体を擬した翼賛政治体制協議会（候補者推薦母体、会長阿部信行陸軍大将、以下翼協と略記）を結成して、その道府県支部が候補の推薦を行い、その内申のもとに本部が決定するというかたちで行われた官製の「優良議員選出運動」であった。

候補者については、翼協成立以前から内務省、警察がその活動状況、思想傾向等を調べあげていたが、東京では警視庁情報課が中心となって三月一八日まで数回の調査が行われた。そして成った道府県支部の内申は翼協に設置された推薦候補者詮衡委員会で検討され、「出たい人より出したい人」をスローガンに啓蒙運動が展開されると同時に、推薦候補とされた候補者には軍の機密費から金が配られるなどあらゆる支援がはかられた。他方、非推薦候補には内務省主導で翼賛会、帝国在郷軍人会、末端の部落会、町内会、隣組などによる激しい選挙干渉が行われ、結局、推薦候補が圧倒的勝利を得た。

市川は、この日本憲政史上例を見ない大がかりな推薦選挙運動への協力を選挙粛正中央連盟から依頼され(29)、それに即応して運動を展開、改めて選挙粛正運動における婦人の存在感を示した(30)。

市川らの運動は翼賛選挙貫徹婦人同盟（代表者・吉岡、市川）を結成して始まった。同同盟については、「翼賛選挙貫徹婦人同盟要項」（日付なし）(31)にこう規定されている。

一、本会は婦人の立場より大東亜戦争完遂、翼賛選挙貫徹の為関係当局と協力する事を以て目的とする。
一、本会は選挙粛正婦人連合会、東京婦人愛市倶楽部並にかつて東京市、区の選挙粛正実行委員たりし婦人及び本運動に熱意ある婦人等を以て会員とする。
一、本会は来る衆議院議員総選挙並び引続いて行われる市町村会議員選挙終了後解散するものとする。
一、本会に世話人若干名を置き会務を分担するものとする。

一、本会の費用は当局の補助金並びに会員有志の拠出金を以て充てるものとする。
一、本会は事務所を東京市四谷区尾張町五番地に置く。

ここに掲げられている目的は、「翼賛選挙貫徹運動基本要綱」（一九四二年二月一八日閣議決定）に示されている「大東亜戦争の完遂を目標として清新強力なる翼賛議会の確立を期する」との目的に沿ったものである。また事務所の住所・東京市四谷区尾張町五番地は当時の婦人問題研究所の所在地、かつ市川の居住地であり、このことは紛れもなく市川が例の如く吉岡を前面に押したて、自らは運動の主導権を握るという大同団結スタイルをもって運動に臨んだことを示している。

一九四二年四月一八日、約六〇名の婦人を集めて翼賛選挙貫徹婦人同盟の初会合が開催された。当日は吉岡の「立派な人を出すやう、家庭の総意を選挙に反映しませう。特に棄権防止には家庭婦人の協力が大きな力を揮ふことと思ひます」との挨拶を皮切りに、篠山東京府総務部長の協力要請、運動方針をめぐる意見交換と続いた後、次のことが決議された。①四月二三日に翼賛選挙貫徹婦人大会（東京府・市、警視庁との共催、於九段軍人会館）を開催すること、②市内に立看板（「推せよ人材、捨てるな一票」）をたてること、③二八日早朝明治神宮に参拝して翼選貫徹の祈願祭を行うこと、④チラシを配布すること。なお、このチラシについては、「翼賛選挙に女の選んでほしい代議士は」として「女や子供の問題も国の基として考へてくれる人」「公私ともに生活が明るい人」などの文案がだされたが、「微温的で分かりきってゐる」との抗議がでて練り直すことになった。最後に紙芝居「翼賛選挙」の実演を行った(32)。

これらは、「翼賛選挙貫徹運動基本要綱」で示された実施方策、「啓蒙運動の徹底」「候補者推薦機運の醸成」「選挙の倫理化と戦時態勢化」に応えようとするものであるのみならず、内務省の「大東亜戦争完遂翼賛選挙貫徹運動に関する件」（二月二三日）の「実施事項」のなかにある標語制定、ポスター、立看板などの掲出や、翼賛会が決定した宣伝劇や紙芝居の上映といった実践方針に沿ったものである。ただ、「翼賛選挙に女の選んでほしい代議士は」のチラシづくりには、無権利の婦人を代表しての「抗議」も見出される。

こうして翼賛運動の一翼を占めつつ、四月二三日（投票日の一週間前）、東京府・市、警視庁と共催で「翼賛選挙貫徹婦人大会」を開催するが、これは「振るわなかった」(33)。だが、言論戦が不振で演説会場の集まりが悪かったのは運動全体の特徴であった。厳重な言論統制のもと候補者には新鮮味がないところに、天下り選挙への反発や不満も重なっていたことを考えれば、それも当然のことだった。

四月二八日の投票日直前には翼賛貫徹婦人同盟の代表者二九名が明治神宮で祈願式を行った。また同日東京市で大々的な運動を繰り広げるが、その模様は『朝日新聞』（一九四二年四月二九日）に次のように報じられている。

全市各区では動員された婦人団体、女学生ら約一万名が目抜き通りの要所々々に白エプロン姿で出動、〝翼賛選挙貫徹〟の徽章を胸に赤、青のビラ約十万名を配布、また全市十二万隣組には、この日一せいに市の回覧板が廻され棄権防止を強調、各百貨店員や、交通従業者も〝翼賛貫徹〟の文字入りの徽章を胸に佩用、都下各国民学校では朝礼の時間に校長から翼賛選挙の訓話があり全児童を通じて父兄に棄権防止を強調するビラを配るなど翼選の啓蒙運動が各所で力強く描き出された。

市川は、個人としても、福島県の推薦候補者の応援に行き選挙粛正の講演を行う一方、非推薦の戸叶武（栃木県）(34)の応援に進んででかけた。前者は橋本清之助（翼賛政治体制協議会事務局長）などの依頼によるものであるが、市川は「私の応援演説は選挙粛正の講演であった」(35)と言う。後者については、経緯不明だが、戸叶が婦選運動の理解者であったことは間違いない。彼は夫人（戸叶里子）について、「女房はあなた方の婦選運動にも関心がなく困るんですよ」(36)とこぼしていたという。だが、応援の甲斐なく落選。ここで留意すべきは、非推薦候補者といえども、一般に戦争遂行や国民動員の一層の進展、強力議会の確立を主張するという点では推薦候補となんら変わらなかったということである(37)。

四月一日、全国一斉に隣組の選挙常会が開かれた。それにちなんで市川は、「翼賛選挙に対し一般婦人はどうあるべきか」(『朝日新聞』一九四二年三月三一日)を語っている。

できるだけ「家庭で選挙を話題にすること」をおすすめしたい。婦人は選挙権をもつてゐないから、これまでは、ほとんど無関心だつたし、また関心をもつてゐても消極的なものでしかなかつた。しかし政治と生活が今日ほど密接に結びついてゐる時はない……無関心であつていゝはずがない。

主人の投票にたいしては自分も責任をもつてゐるんだ、ぐらいの積極的な考へ方がほしいし、それでこそ翼賛選挙だといへると思ふ。……政治がよくなつて初めて生活もよくなるのだ、といふことを決戦下の主婦は十分に知つてゐなければならない。

四月三〇日、歴史的な翼賛選挙が挙行された。市川は当選議員に次のような期待を表明した。

なんといっても、一億国民の大きな希望を背負ってでた人たちです。……けつして男子の側ばかりの意思で投ぜられたものではありません。一家の総意がその一票に入つているのです。……われわれ家庭の者が、どんなに大きな期待をもつて見てゐるか、忘れないでほしいと思ひます。……国策の土台をなすものは家庭であり、その生活であることを十分に考へてほしい。いま家庭で、もつとも真剣な話題になってゐるのは物資の配給、子供の保健問題です。しかし、これをどうまとめてゆくか、家庭の婦人は判りません。せいぜい隣組や町会で話しあふにすぎませんが、かういう戦時生活に一番大切なことを今度の代議士の方々が代表して堂々と議会で委曲をつくし、より合理的にしてもらひたい……。われわれ家庭人は、この代表者を通じて立派な翼賛政治の行はれること、そして大東亜戦争の目的が完遂されることを待ち望みたいと思ひます(38)。

選挙権をもたない婦人の声を何とか議会に反映させたいとの悲痛なまでの思いが伝わるが、果して真実彼らに願いを託せると考えていたのだろうか。直後の第八〇議会(一九四二年五月二七〜二八日)と第八一議会(一二月二六日〜一九四三年三月二五日)で、彼らは臨時軍事費追加予算案等の重要法案を無修正で認めるばかりであった。

6 「東京市版」翼賛運動への「協力」

次の協力は東京市会議員選挙(一九四二年六月一五日)に際してである。後年、市川はこの翼賛運動の限定性と自らの協力の消極性を示唆しつつ、「東京市翼賛市政確立協議会が結成され、ある程度の推薦選挙を行ったが、当局から極度の制限が加えられ、いっさい演説会もしないという運動であった。これはもちろん政治結社なので、私ども婦人は参加できず、強調週間に選挙粛正のビラまきを手伝った」(39)程度だったと語っている。

しかし、慎重さは要請されていたものの、必ずしも地味な運動ではなかった。まず内務省が自らの実践網を駆使して強引な指導を行っていた。すなわち、すでに「四月の常会徹底事項」(内務省地方局、一九四二年三月一一日)、『翼賛選挙の誓』配布方の件」(内務省地方局、三月二〇日)、「翼賛選挙貫徹に関する一斉常会開催の件」(内務省地方局、三月二〇日)をもって強圧的な常会指導等を行っていたが、その後も「市町村会議員選挙対策翼賛選挙貫徹運動に関する件」(内務次官通牒、四月八日)、「市町村会議員選挙対策翼賛選挙貫徹運動実施に関する件」(内務省地方局長・警保局長通牒、四月八日)等を地方の推薦議員の勝利に向けて連発していた。

そして、これに呼応して東京では、五月九日、堀切善次郎（当時、選挙粛正中央連盟常任理事、東京市政調査会副会長、東京愛市実業協会顧問）を会長に東京市翼賛市政確立協議会（政治結社、以下「東京市翼協」と略記）が組織され、同協議会が「帝都」の自負をもって候補者の推薦にあたり、その当選を期して第三者運動（推薦者への投票・棄権防止を訴える）を推進、結局東京市翼協が議員定数一八〇名に対して一七三名を推薦、その内一三〇名を当選させた。この間、東京府・市の方も、「六月常会開催の栞」、「東京市隣組回報」で、それぞれ強烈な宣伝と運動を行った。こうした東京市翼協、東京府・市側の意向に沿って、市川らも協力し、その成功の一端を担ったわけであるが、すでに一九二九年の東京市政浄化運動以来、すべての選挙粛正運動に参加協力してきており、翼賛選挙においてもそのいわば手慣れた作業を終えたと思われる。

その実態を探るために、まず「座談会　翼賛政治の確立と推薦選挙」(40)における内務省コンビ、堀切と狭間茂（大政翼賛会組織局長・東京市翼協委員）のやりとりを聞こう。

堀切　これまでのやうに自由に各人勝手気儘に立候補して行くといふことはその間にいろいろ好ましくない人も入り込んで、しかもそれが当選して行くといふことになり勝ちですが、それではいけない。立派ないゝ人、出たい人ばかりでなく、どうしても出て貰ひたい人、出さなければならない人、かやうに方々にもこれを推薦して出ていただく……。

狭間　この推薦制度といふものを全体として呑む。いろいろの欠点もある事であらうが、この推薦制度に行くのが一番いゝのである。……推薦制度を呑む気持ちになって貰ひたいと思ひます。

こうして「鵜呑みの投票」が強制されたのであるが、彼らの考えた「候補者銓衡の条件」(41)は次のようなものだった。

一、大東亜戦争完遂の大目的に副い翼賛市政確立の熱意を有する人物たること。
二、国体の真義に徹し人格識見高邁なる人物たること。
三、真摯純正にして愛市心、方向真強き人物たること。
四、市政の浄化刷新の熱意を有する人物たること。
五、同党伐異の傾向なき人物たること。
六、一定の生業又は恒産を有する人物たること。
七、犯罪の前科（復権者を除く）なき人物及び刑事々件繋続中ならざる人物たること。
但し政治犯、選挙の形式犯に付ては其の人物極めて適格なる場合に限り考慮すること。

堀切によれば、候補者推薦者は、「あらかじめ本部［市翼協議会］の方で内協議し、……［各区委員長と］と双方隔意のない意見の交換を遂げて、……それに各方面の材料情報を集めて十分に慎重に推薦」(42)した人物だという。が、肝心の各区の委員長や委員の選出は、区長と警察署長の協議で内定され、本部の幹事会の審査の上で委嘱されるというシステムになっており、そこにはやはり本部の意思が貫徹していた。また堀切の言う「各方面の材料情報」とは、まず警察情報であった。堀切は東京における運動の重要性をこう説いている。

この間の衆議院の選挙で、大東亜完遂翼賛選挙貫徹の運動が十分に徹底されて中央ではいわゆる国内の総力戦態勢が出来上り、必勝不敗の態勢が出来上がつたと思ふのですが、……これは体の中心胴体が出来上つたようなものであつて……、市町村は国家に対して手足のやうな組織になります。……この点、東京は特に帝都として大事なところで体にたとへれば、頭か心臓でせう。今日の帝都は政治上の中心でもあり、作戦の―軍事上の中心でもある(43)。

こうして各種団体（大日本産業報国会、商業報国会等）や学校（国民学校、中学校）に協力を要請し、またポスターの掲出（関係官公庁、百貨店、大商店、私鉄、浴場等）、大講演会の開催などを行ったが、とりわけ「翼賛選挙貫徹運動強調週間」（三日～九日）には華々しく諸行事(44)を展開した。

棄権防止強調日（六月一三日）には市議選翼賛選挙貫徹大会（東京府、市、警視庁主催、日比谷公会堂）を開き、湯沢三千男内相、堀切会長が講演し、他方、国民学校、中学校では朝礼訓話、市政刷新の意義を説き、その児童・生徒を通じて家庭に呼びかける一方、翼賛標語の習字をさせて投票日に各戸に貼りださせるように指導した。

他方、婦人側の運動は、表面的には「翼賛選挙貫徹婦人同盟」（代表者・市川）と「東京婦人愛市倶楽部」（代表者・吉岡、山高）の二本建、実際は両者が一体となって行われた。まず、市政刷新第一回婦人懇談会（五月二五日）と銘打って会合をもち、市川、河崎なつ、鮎貝ひで、渡辺とめ、勝目てる、新妻伊都子、河口愛子、千本木道子、大妻コタカ、小笠原嘉子、村上秀子、今井けい、沢田しげる、高橋千代、ガントレット・恒子、岡田禎子、久布白落實といった人々が集い、次のことを申し合わせた(45)。

一、非推薦候補者に応援せざる事。
二、推薦候補者に積極的に応援する事。
(イ)応援演説　(ロ)推薦状　(ハ)第三者推薦演説を行う。

六月二日には、「翼賛選挙貫徹運動強調週間」（三日～九日）に先立ち、約八〇名の市内各婦人団体代表を集めて第二回市政刷新婦人懇談会を開催、堀切と谷川昇（東京市市民局長）の講演を聞いた。「強調週間」には立て看板三〇〇本を旧市内を中心に立て、チラシ五〇万枚を各区で街頭配布した。看板の文面は「六月一五日は東京市会議員選挙　父さんしっかり　愛市の一票　清く正しく強い人を」とした。チラシは、その表にこう刷った。

六月一五日は東京市会議員選挙　清く正しく立派な人を翼賛一路愛市の一票　市政は台所とつながつてゐます。私たち女もこの選挙に、
一、帝都のためになる人が選ばれるやう
一、決して違反や情実のないやう
一、必ず必ず投票するやう心をあわせてつとめませう。

その裏にはこううたわれている。

父さんしつかり　翼賛一票　女の選んでほしい市会議員
一、愛市心、奉公心つよく真に市政を強化してくれる力のある人。
二、一切の情実や因縁にとらわれない公共心共に生活の明るい清い人。
三、教育、保健、生活等、婦人や子供に関係した事をまじめに考えてくれる正しい人。

また棄権防止強調日（六月一三日）には、翼賛貫徹婦人同盟会員をはじめ各区代表婦人約四百人を動員して祈願式を挙

行するなどした。そうした市川らの運動は、男子側資料に次のように記録されている。「午前九時半商工奨励館講堂に集合、東京府知事の挨拶後、宮城前に行進、宮城奉拝万歳三唱の後、明治神宮及び靖国神社にて翼賛選挙貫徹祈願を行ふ」。その他、「直接、あるいは東京市翼賛市政確立協議会の情勢に応じて、応援演説、または推薦状の発想をなす」(46)。『朝日新聞』(一九四二年六月一三日)によれば、宮城奉拝したのは吉岡、市川をはじめとする三百五十名の婦人代表で、その後一旦解散して各区に帰り、全市で約三千名の婦人を動員して街頭で棄権防止のビラを配布したという。

以上、翼賛選挙運動という暗黒時代の狂想曲のなかで一つのパートを受けもった市川をみてきたが、その協力は選挙粛正運動の延長線上にあって、それをはるかに越えたものであり、その盲目性は指摘されねばならないだろう。

2 大日本言論報国会理事就任とその背景

1 大日本言論報国会成立の背景

戦時における言論統制の厳しさはいうまでもない。太平洋戦争突入後はさらに峻烈さを増した。国策からはみ出る言論の封じ込めはもちろん、沈黙や傍観さえ悪質のレッテルが貼られ、積極的な戦争賛美を行うことが強制された。その言論・思想の弾圧の嵐は大日本言論報国会(以下「言論報国会」と略記)の発足(一九四二年一二月二三日、発会式は一九四三年三月六日)によって頂点に達し、以後、言論・思想への弾圧は凶暴性を帯び、批判的知性は徹底的に抹殺されていく。

言論報国会の任務は「国内思想戦」、すなわち英米思想の撃破・掃滅を目的として、きわめて神がかり的な言論によって異端を排除する一方、敵に対するファナティックな敵愾心を煽ることであった。会長には徳富蘇峰が、専務理事には皇道主義(日本主義)の哲学者鹿子木員信が就任、市川も三七人の理事中の唯一の女性理事として、匝嵯胤次(海軍少将)、斎藤瀏(陸軍少将)、野村重臣(元同志社大学助教授)、斎藤忠(軍事外交評論家)といった人物と肩を並べ、その任ゆえに戦後「公職追放令」の対象になった。

それにしても、この戦後悪名高い陰謀団体めいた言論ファシズム組織・言論報国会に、なぜ理事という要職まで背負って入り、どんな役割を担ったのか。詳細かつ克明さを誇る『自伝』でもその核心部分はなおヴェールに包まれたままである。

市川は弁じている。台湾旅行中（一九四二年一一月二〇日から約一ヵ月半）の一二月五日、評論家協会（日本評論家協会の単純ミスと思われる）から市川の履歴書をとりにきたが、これについては台湾で知らせを受けて承知していた。が、理事就任については、現地での設立総会（一二月二三日）開催の新聞報道によってはじめて知った(1)。つまり、渡台中に無断で理事に就任させられたというのである。この台湾訪問は、当地の皇民奉公会（台湾総督府が大政翼賛の戦時体制の強化と台湾人の皇民化のために設立したもの）(2)からの招きによって実現したもので、市川は当時約四〇回の座談会や講演会をこなしている最中であった。市川の弁明は続く。

評論家協会［日本評論家協会］は、［昭和］十七年の春ころ東洋経済新報社を中心に結成された組織で、私が婦人経済研究会の関係で、同社と多少のつながりがあったためか、婦人では私だけが役員に加えられた。

軍から拒否され、日婦にも役員として加われなかったのに、どうして私を理事に加えたのか不思議であった。親団体の評論家協会［日本評論家協会の誤りと思われる］には、私ひとりだけが理事として加わっていたし、情報局には知人があり、その二、三年前、内閣の精動委員会の幹事として加わっていたから、心配がないというのかもしれない。時節柄断るわけにもいかないので、台湾から帰ってから理事会に出た。理事長の鹿子木員信氏はじめ初対面の人が多く、すわり心地はあまりよくなかった。しかし新聞に出ていないニュースが聞けたので、隔月くらいに開かれた理事会にはなるべく出席、だまって聞いていた。平理事のためか、また私には信頼がなかったのか、何にも仕事はなかった。三月八日には発会式を行ったようだが、印象には残っていない(3)。

では、だれが、いつ、どのように市川を言論報国会の理事の役職に導いたのか。その「空白のページ」を埋めるためには、言論報国会の成立の背景や事情をみておく必要がある。以下、現在言論報国会に関する研究として最もまとまっている赤澤史朗の「大日本言論報国会――評論界と思想戦――」(『文化とファシズム』日本経済評論社、一九九三年)を参考にアプローチする。

言論報国会は挙国一致を看板にして生れた組織にも拘わらず、統一性のない諸勢力の割拠する御用団体で、大きくは三つのグループに分かれていた。思想戦協会系、日本評論家協会系、団体的背景をもたない「その他」である。まず、第一のグループ、思想戦協会系は、井沢弘(元『東京日々新聞』論説委員)、野村重臣、斎藤忠などが構成する少数の同士組織で、彼らは情報局次長奥村喜和男との結託のうちに言論報国会を制していく。

第二のグループ、日本評論家協会系は市川が属していたグループで、その前身を評論家協会(一九三八年一二月二日発起人会・一九三九年二月二二日発足)とし、その評論家協会は自由主義的な思想・文化活動の公然たる展開が不可能になるなか、タテマエでは「時局に協力して評論活動に従ふこと」、ホンネでは「時局下の著作権の擁護」を目的として結成された団体であった。ちなみに、三木清はその微妙な方向性を次のように表している。「協会は時局に協力することになる。[が]、それはもとより単なる追従であるべきではなく、独自の立場における批評や指導を通じての協力でなければならぬ(4)。

評論家協会は、人的には、馬場恒吾会長以下、室伏高信、伊佐秀雄など評論家百数十名が名を連ねていたが、やがて時局の影響を受け開店休業の状態に陥る。日本評論家協会(会長・杉森孝次郎)は、それを室伏が津久井龍雄(右翼評論家)に相談、その津久井が(評論家協会の会員ではなかった)、一九四〇年一〇月五日、室伏高信、中野富美雄、池島重信、中島健蔵、市川房枝ら一四名を常任委員として再組織したものである。そして、言論報国会は、その日本評論家協会が情報局に働きかけて作ろうとしたものであるが、やがてそのヘゲモニーを情報局と思想戦協会グループに奪われることになる。第三のグループは特別の団体的背景をもたない人々、例えば大熊信行、山崎靖純などで、彼らは情報局の第五部第三課長井上司朗(5)の意向で加えられたものである。井上が言論報国会の主管課長になる以前の情報局は、「極右、単純右翼、左翼よりの転向者、中道者(自由主義者は皆その看板を適度に塗りかえざるを得なかった)が入り乱れ極めて混乱した状況に」あった。そこで任務を引き受けた井上が、極端な右傾化を懸念し、「極右分子に対する中和剤」として、「理事陣の構成に多少の修正を加え」たのだという(6)。

では、市川の属する第二のグループ、日本評論家協会に焦点を絞っていく。同会は、「高度国防国家の建設」「大政翼賛会運動に於ける理論的役割の遂行」といった綱領を盾にして、ホンネでは「時局下における評論家の最低限の権利確保」をめざしていた組織だった。評論家協会からの移行にあたっても、「異端」を排除することなく、左翼右翼の殆どの評論家を網羅的に糾合し、権力とはあくまで一線を引いていた。その点に関しては津久井が、「旧評論家協会の会員名簿を基礎として全部の人に入会を勧誘し、そのほかに新しい人たちにもむろん参加したのであって、その点は、公平無私だとおもっている」(7)と述べているが、事実、発足後も内部的には最大限の自由が保障され、宮本百合子(執筆禁止中)が創立大会でテーブル・スピーチを行ったり(8)、「各部会をつくって研究会をやり、婦人部会には平塚らいてう、神近市子、宮本百合子などという人も顔を見せた」(9)りしていた。こうした「自由主義的」な志向は、その前身である評論家協会から引き継いだもので、「時局の重圧」に抗しつつ、「独自の立場に於て時局に協力」しようとする二面性はこのグループの伝統的な特性であった。

だが、この日本評論家協会も太平洋戦争に突入するや権力に親和的になり、時局に協力の姿勢を打ちだすようになる。例えば、評論家愛国大会(一九四二年一月一〇日、約一〇〇名参加)では、津久井司会のもと、匝瑳胤次の詔書奉読、協会代表、来賓の東亜局長、独伊代表の挨拶の後、宣言決議ならびに皇軍将兵への感謝文を可決している(10)。こうした動きは津久井の「転向」に無関係ではなかろうと思われる(後述)。その後、日本評論家協会は日本文学報国会結成(一九四二年五月二一日)に触発されて、ふたたび改組の機運高揚の時期を迎え、言論報国会の結成に動きだすが、情報局と協議を重ねる過程で、先述のように、思想戦協会グループに圧倒され、彼らに実権を握られていく。

ところで、市川は自らの日本評論家協会の常任委員就任について、「評論家協会は東洋経済新報社を中心に結成された組織で、私が婦人経済研究会の関係で、同社と多少のつながりがあったためか、婦人で私だけが役員に加えられた」(先述)としているが、はたしてどうか。確かに、評論家協会の事務所は東洋経済新報社にあり、また婦人経済研究会も東洋経済新報社を会場として、市川、苅田アサノ(東洋経済新報社)、勝目テル(消費組合)、加藤タカ(YMCA)、前島ふく(獲得同盟)などが集まって一九三四年九月から終戦近くまで月一回会合している(石橋堪山の好意で会場、講師とも無償で提供された)(11)。だが、例え市川の言通りだとしても、それは一つの表面的な契機にすぎない。

2 歴史の「空白」――理事就任の経緯

評論家協会から日本評論家協会へ移行する段階で新団体の常任委員に加えられた市川は、日本評論家協会の代表として、情報局との言論報国会結成のための協議会(一九四二年九月二一日)に津久井、大島豊とともに出席している。また、一週間後の新組織の発起人会(九月二八日・訪台前)にも内外の有力者三〇余名の内の一人として参加している。この日、名称が大日本評論家報国会と仮称され、武器の戦争と表裏する思想戦に挺身する旨の「申合せ」が行われた(12)。そして、市川を含めて出席者の内一二名が実行委員(結成準備委員)に選ばれ、早速新組織の定款、機構、人的配置等を協議することになった。

こうして評論界の大同団結が大東亜戦争下の国策に即応するかたちで進められたのであるが、市川は先の発起人会出席の感想と思われるものを残している。

三時から［日付なし］内閣情報局主催の打合せ会に出席、主催側は井上第五部第三課長、出席者は津久井龍雄氏以下錚々たる新進評論家十氏、そこに私が列つてゐるのは少々面はゆゐ心持ちがしないでもない。協議は日本的世界観を確立、これを普及徹底するため評論家を一丸とする新団体の結成に関することであった。そのためなら私共もお役にたたなくてはならない(13)。

市川にとって理事就任は、「唐突」でも「不本意」でもなかったことが分かる。むしろ、太平洋戦争を「聖戦」と認め、それをゆるぎのない信念とし、新団体結成の結成準備委員就任を「誘い水」として積極的に新団体の一角に婦人をすべりこませようとした。いや、実際に行った（後述）。

さて、では、留守中に市川を言論報国会の理事に押し上げた人物は誰か。実は、その謎を解く突破口となる証言がある。井上情報局第五部第三課長が明かしている。「人を介してきた市川氏を敢て理事陣にいれた」、「当時の情勢からすれば、今の市川氏の瑕瑾にはならないだろう」(14)。では、井上に依頼した人物は誰か。その霧は戦後における次の対談で晴れてこよう。ニュアンスを保つためそのまま転記する。

大熊信行　理事といってもその中の一部のものが実際の理事で、あとはお飾りであったということははっきりしておく必要があるわけですね。

津久井　それは、僕が、証明するには適任者だ。そうしてその後追放問題が起きたときに穂積七郎君と市川房枝さんが私のところにそういう証明をしてくれ、ときましたよ。

大熊　超国家主義者でないというのですね。

津久井　私達と深い関係でなかったと私はちゃんと判を押してだしたですよ。それが効いたわけではないけれども、しかし市川さんも穂積君も早く解けたよ。

大熊　穂積君から私のところへも証明の依頼が来た。そこで穂積七郎君は超国家主義者のグループとは違うという証明を私の文章で書いて、判をついて送った。多少は役に立ったかと思います。やはりすぐパージも解除になった。

津久井　全くその通りで気の毒なんだよ。特に市川さんなんかね。あれは僕が頼んだのじゃないかと思うのだ。あのとき余計に悪いことをしたと思っていた。僕の気持からいえば戦争だから戦争に反対でない人は誰でも入ってもらうのが当然だ、だから入りたいという人ならば、自由主義者だろうが、社会主義者だろうがよい。あれでも入れるに審議したですよ、どうだこうだと。その中で僕が勝手に入れてしまった人もあるのですよ。社会主義みたいな人でも(15)。

では、津久井の市川推薦の意図はどこにあったのか。

実は、当時言論報国会は一部自由主義者のいわば「カクレミノ」的な存在、つまりそこへの加入が一つの「免罪符」になっていた。そして、もしその人選にもれ、勧誘されない場合には該当者は生命の危機さえ伴う重大な問題として何らかの覚悟をしなければならなかった。実際、入会の勧誘を受けなかった本多顕彰は「私はひけめを感じるとともに、危険を感じた」と語っている(16)。

津久井は言う。「言報に入れてもらわないと、こんご新聞や雑誌への執筆がゆるされなくなるとかいううわさが立って、……一種の恐慌がおこったようだ。私のところへなども、是非入れてもらいたいといって頼みこんできた人もあった。中には泣かんばかりにたのむ人があり、私はこっそり独断で入会のとりはからいをした人もあった」(17)。市川の場合は後者に該当し、その行為は彼の善意、あるいは好意から発したものということができる。

だが、津久井は市川が公職追放になるに及んでその責任と謝罪の気持ちを強く意識したのであろう、『津久井龍雄氏談話速記録』では、二度も「市川さんなどは理事になったばかりに戦後追放になってしまいましたね」(18)と談じている。だが、そもそも市川が言論報国会結成の準備段階で実行委員になっていた経緯からいえば、津久井としてはむしろ推薦しない方が不自然だったはずである。

では、津久井龍雄とはどういう人物で、市川とは如何なる接点、共通基盤があったのか。

3 津久井龍雄――その思想と転回

津久井龍雄。一九〇一(明治三四)年一二月生れ、早稲田大学英文科中退、高畠素之の大衆社に参加、国家社会主義運動に身を投じる。一九二六年赤尾敏らと建国会を創立。一九二八年一二月高畠の死後は、その正系を任じて一九三〇年急進愛国党を結成(委員長・津久井)した。また、同時期、大川周明らの「行地社」と八幡博堂らの「日本国民党」と、「全日本愛国者共同闘争協議会」を結成して、『興民新聞』を発刊する。さらに、赤松克麿や石川準十郎らと日本社会主義研究所を創立、機関誌『日本社会主義』の発刊を試み、その創刊号校正中に満州事変が勃発した。

満州事変の勃発後、赤松克麿(当時社会民衆党書記長)らに接近、その「転向」に影響を与えた。一九三二年一月には内田良平・頭山満らが結成した大日本生産党に、「『実力』のみあって組織と理論をもたぬ」と「活」を入れるべく入党。五月には、五・一五事件を契機に神武会(大川周明)、国家社会党(赤松克麿)、大日本生産党の三者連合で「国難打開連合協議会」を結成するが、翌年分派活動をもって大日本生産党を除名される。

一九三三年夏赤松克麿らが国家社会主義から日本主義へ「再転向」するや、赤松と国民協会(日本主義団体)を組織し、その実践団体・青年日本同盟の会長となり、同年秋から一九三五年に至るまで赤松と密着して講演活動などを行う。一九三六年二月の総選挙には、神奈川県から立候補したが保証金没収の惨敗、二・二六事件勃発直後、赤松らと日本革新党を結成して日本主義団体の統一を達成した。この時点では完全に国家社会主義から離れて日本主義の流れに位置づけられ得る存在になっていた。

こうして右翼陣営を「遊泳」して勇名を馳せた津久井であるが、その実、義狭心と表裏の一種の「思想的包容力」を合わせもった特異な人物だったように思われる。この点については判沢弘によって、「多彩、かつ複雑なものたらしめている彼の思考の『型』の一つとして一種の多元論的傾向が認められる」と分析されているところである(19)。

かくて津久井の戦中の歩みは、反動のうねりに沿って、「第一次転向」(満州事変―「国家社会主義」の抛棄)→「逆転向」(中日戦争―戦争批判、軍に対する認識を一変)→「第二次転向」(太平洋戦争勃発―戦争肯定、東亜解放理念の承認)→「第三次転向」(一九五五年新中国訪問―「国家社会主義」への回帰)という独特の「転向曲線」を印すことになる(20)。

この変転のなかで重要なのは、言論報国会をめぐって市川との接触が生じていた時期、つまり日中戦争開始後の「逆転向」の時期から「第二次転向」を経てしばらく後までで、それはちょうど津久井がかって加担した国体明徴運動を自己批判するとともに、「天皇信仰」や「八紘一宇」に批判の目を向け体制側の矛盾を徹底的に衝いていた時期、そして、一転して「大東亜戦争」を肯定し、かつて反対していた日独伊三国同盟を既成事実として承認していった時期にあたる。

当該時期の津久井を本論のテーマに即して見てみれば、彼は日本評論家協会の再出発にあたって、現下の言論の自由に対する危機感と、そのなかでの言論人の自主性の必要性、自らの覚悟を次のように述べている。新体制運動によってそれまで乖離していた「政治と文化が、……緊密な有機的親縁を以て協力する」可能性が生まれた。だが、その一方で、「新体制の名において、従来の偏狭な独善政治が強化され、文化の如きはますます無用の贅物としてしりぞけられる傾向」も少なくなく、「焚書坑儒」の暴政も時間の問題と思われる。そのような切迫した状況であればこそ、「自己防衛と自己主張の態勢を整えるという自然の衝動」に基づく評論家の大同団結の機運が生じたのである。したがって、「協会は新体制と緊密な関係をもっても、その支配下に入ったり吸収されたりするものではなく、そこには自ずから「自主性」がなければならない」(21)。当時にあって、きわめて冷静で鋭い現状認識であった。

だが、その津久井も太平洋戦争突入後は一転して「東亜解放」という大義名分に縛られ、その無謀性と欺瞞性を見通す眼力を曇らせている。それでも思想戦協会グループの如きファナティックな集団とははっきり一線を引き、例えばこの時期執筆・刊行した『日本政治年報』第二巻は、『日々新聞』(余録)の筆者、丸山侃堂(丸山真男の厳父)をして「勇気さえあれば、現今でも相当のことが書けるものだ」と感嘆せしめるといった側面を残していた(22)。この時期に限定すれば、津久井と市川の立脚点にそれほどの隔たりはなく、直接、間接に価値観や利害関係を共有していたということができる。

4　市川房枝と津久井龍雄の接点

市川は、見たように少なくとも日中戦争開始までは自らを非戦、軍縮、国際協調の立場に置き、日中戦争開始後も「協力」はしても「反体制」の座標軸は失わなかった。だが、やがて「東亜新秩序建設」を是認し、「聖戦」支持に埋没することになった。しかし、それでも決して狂信的ではなかった。また婦人解放の視点だけは失わず、その一点に関してはリアルな認識を崩さなかった。

他方、津久井も、満州事変前には、「国家社会主義」を受容しつつ、華族制度廃止、枢密院・貴族院改革、治安維持法の廃止、労働組合の産業管理参加、婦人人身売買の禁止等を掲げるなど(当時結党予定の国家社会党の綱領案、政策大綱中に)、きわめて良識的な思考・態度をもっていた。そして満州事変後を経て二・二六事件を契機に「逆転向」した後は、また日本の対中国政策へ批判の目を向け、「東亜新秩序」こそ是認したものの、先述のように新体制運動を冷静に見る余裕をもち、例えば、「新体制なるものが、国民を単にロボットたらしめるのみで、実質的に何等政治の内面に参画しえざるものであるならば、国民は之にむかって、積極的な情熱を感じることができない」(23)といい切る洞察力をもっていた。そのことは、津久井が軍部や「革新」右翼、観念右翼に同調せず、国民の自主性に価値をおいた国民再組織論者と同じスタンスにあったことを示している。また、そのことは、国民再組織論に対応して婦人再組織論を構想しそれを新体制運動者側につきつけた市川と国民(婦人)の自主性を強調する「見識」を共有していた証左でもある。

以上、津久井と市川は双方とも基本的に「清濁合わせのむ」気質を有し、少なくとも津久井が市川を「無断推薦」するころには、時代の隙間で呼吸する機微、そして「協力」と「抵抗」の微妙なバランスのうちに目的を達しようとする行動人としての積極性を共有していたということができる。

実際、両者の接近を示す具体例がある。まず第二次近衛内閣時代、選挙権を男子戸主のみに制限しようとする動きが浮上し、それが軍部、右翼などの圧力によって修正を重ねられつつ、一九四〇年一二月「日本独特の家族制度擁護の為」、選挙権を男子戸主に制限する案が提出され、これに対して市川が運動に着手しようとしたとき、津久井が日本評論家協会として市川らを援護射撃している。『日本評論』(一九四一年二月号)掲載の次の「声明」に注目しよう。

「戸主選挙制について声明す」

日本評論家協会

政府が先に閣議において決定せる選挙法改正原案中、新たに選挙権を戸主に限定せんとするは、万民翼賛の真政治精神よりするも、或はわが国伝統の家族制度擁護の立場よりするも将又、新しき国防国家における国民の政治動員の見地よりするも、反動姑息の手段と言ふ他はない。この際政府は既往に拘泥することなく、寧ろ進んで国民翼賛の方途を拡大し、万民の創意を国政に反映せしむるにおいて、間然するところなき、真に国体的にして、進歩的なる改正案を用意せんことを要望する。即ち、政府の改正原案にたいするわが日本評論家協会の見解を挙ぐれば次の如くである。

三、選挙法において、家族制度を尊重することゝ、現行戸籍法、民法における戸主をもって選挙権の対象となすことゝは、明らかに矛盾し、殊に女子の戸主、或は満二五歳以下の男子戸主を除外するにおいては、その弊いよいよ大なるものがあらう。（一、二、四、五、省略）

この「声明」は津久井に主導されたものである。彼の次の言葉はそれをさりげなく示している。「評論家協会〔日本評論家協会の単純ミス〕は大した仕事もしなかったけれども、平沼内閣の選挙権を世帯主に制限するように選挙法を改正するという案があったのですが、それなんかには反対しましたね。そういう時にはみんな協力してやりました」(24)。

協力的だった男子でさえ婦選問題には口を閉ざさざるをえなかった当時にあって、津久井の理解と勇気は決して半端なものではなかった。また、それが市川らにとって如何に心強いものであったかは想像に難くない。ちなみに、先の「声明」と並んで掲げられている「『家長選挙』の是非——諸家回答——」（アンケート〔一、家長選挙権に御賛成ですか。二、世帯主選挙権は如何ですか。三、選挙権は現行法どほりがいゝでせうか〕に対する回答）をみると、回答者九〇名のうち婦選に触れているのは八名、うち積極派はわずか四名である。そのなかで、かつての婦選派議員一宮房治郎は婦選に触れず、安部磯雄までもが三、の問いに「現状のまゝで可。……現状のまゝ別に不都合があつたとも考へられません」と回答している(25)。

また、津久井は、『女性展望』（一九四一年一月号）にも一度だけ顔をだしている。「アンケート『年頭女性に望む』」に対する回答で、曰く、「新体制で男子はますます活力を失ひみぢめにいぢけてゆきつゝあります。せめて婦人だけでも元気に朗らかに美しくあって下さい」。津久井らしい表現であるが、このころには両者とも大政翼賛会に失望していた。

日本評論家協会の結成が一九四〇年一〇月五日、津久井が同会の役職を退くのが一九四三年八月三〇日（後述）、両者は少なくともこの間情報を交換していた筈である。いや、その後も接触を保っていた。前掲の市川房枝編『戦時婦人読本』（一九四三年七月）は津久井が会長を務めていた昭和書房（後、昭和刊行会）から刊行したものである。また、市川房枝編『婦人年報第一輯婦人会の動向』（文松堂出版、一九四四年七月）は、市川によれば、当初「昭和刊行会の依頼で、三月早々着手することになっていた」(26)が、出版社の合併によって新会社の発行することになったものである。しかも、その第一部の「一般情勢」（総論）は津久井が担当している。

実は、このころには津久井自身が「隠れみの」になっており、一部評論家・文学者が彼のまわりに集まっていた。津久井は明かしている。「隠れみののような形で、いろいろな人が接触を求めて来」たが、青地晨も、戦後会ったとき、「津久井さんは隠れみのだった」といっていた。また、阿部知二、清水幾太郎なども「そうすればある程度のことを書いても当局からはにらまれないということで」接触を求めてきた。他にも、そうしたかたちで鈴木安蔵、木下半治他多くの人が昭和書房から出版した(27)。

世の動きにはきわめて敏感な触手をもっていた市川のことである。彼女にその種の「深謀遠慮」が働いたとしても不思議はない。津久井の「隠れみの」の「側面」を端的に示すのが、戦後（一九五六年）津久井の参院選出馬の際の帰国歓迎をかねた激励会への出席者の顔ぶれで、井上日召、児玉誉士夫、笹川良一などの右翼人に加えて、市川房枝、緒方竹虎、浅沼稲次郎、青野季吉、尾崎士郎、磯村英一、木下半治、田辺茂一、池田勇人などが集まっている(28)。伊佐英雄の証言は言い得て妙である。「彼に冠せられたる右翼の実際運動家としてのレッテルが彼に普通の評論家には与えられてゐない程の『言論の自由』を与え、ジャーナリズムが、この微妙な点を利用し、彼を重用した」(29)。

以上、言論報国会結成の経緯から市川と津久井の関係を概観するなかで、市川と言論報国会との関わりの輪郭が見えてきた。市川の言論報国会理事への就任は津久井の「所業」に他ならない。ただし、その客観的条件は整っており、必ずしも彼の「独断専行」とは言い切れない。

しかし、津久井の名はその理事就任を根拠に公職追放を受けるに至って、痛恨のうちに市川の胸の奥深くしまわれたのであろうか、あるいは暗黒時代の悪夢として密かに葬りさられたのであろうか。支援を受けた人々や共働関係にあった人々を大切にし、「できるだけ正直に、いやなことでもかくさずに書いたつもりである」(30)と人名や運動内容を克明に記している『自伝』にも彼の名は登場してこない。

5 評論界の再編と婦人評論家

女性として言論報国会に加わっていたのは総勢二〇名、市川を筆頭に、阿部静枝、井上秀子、伊福部敬子、奥むめお、河崎なつ、木内キヤウ、竹内茂代、羽仁説子、羽仁もと子、平井恒子、村岡花子、山高茂(金子しげり)、香川綾子、三瓶孝子、帆足みゆき、生田花世、谷野せつ、藤田たき、田中孝子が名を連ねている(一九四三年七月一〇日現在)(31)。では、彼女らはどのようなかたちで加わったのか。

評論家協会も日本評論家協会も、先に見たように会員はその入会、あるいは再編成にあたって、「選別」の関門をくぐる必要はなかった。しかし、言論一元化の動きの最後の段階で登場した言論報国会には、異端を徹底的に排除する仕組みが施されていた。先に見たように思想戦協会グループが牛耳るに至り、正会員の条件が「本会の目的達成に挺身せんとする者」(定款第六条)とされるなど、思想的選別、異端排除が明示されたのである。発会式の席上でも奥村喜和男(情報局次長)が、「戦争の遂行を阻害する如き言論が許されざることは当然である」、「如何なる言論も国家と離れて存在するものではない」と評論家の自由を否定するとともに、批判を牽制している。

実際「選別」に立ち会った津久井も、正会員の選考は「思想的な選別」というかたちで進められ、候補者一人一人を呼び上げて検討するという「なかなかものものしい風景で、ウロンなものは一人も通さぬといった空気だった」(32)と言う。

人選における厳格さは、当然ながら婦人評論家の場合も同じであった。いや、彼女らの「選別」は事前に市川が中心になって行っていたフシがある。というのも、山川菊栄が宮本百合子とともにこの言論報国会から、直接的には市川あるいは市川を中心とする勢力によって選別・排斥されているのである。山川は記している。彼女が日本評論家協会から会合の通知を受けてでかけると、「二、三〇人の女性が列席」していた。山川はそのとき平井恒子(33)から、「こんどこの会が政府の内命で言論報国会と名をかえました。その機会に、好ましくない人物を会員の名簿から除けということで、あなたと中条(宮本)百合子さんの名を省くことに、市川房枝、金子しげり両氏の発言で決定。誰も異論なし。あなたの紹介で入会した私が会員として残り、すまないけれど……。」といわれて「追い出された」。そこで山川は、「未練のある団体でもなし、長居は無用と中条百合子さんを促して席をたち、外へ出てから事のいきさつを話し」た(34)。

では、山川のいう会合とはいつ開かれたものか。それについては彼女の「その頃、何でも芝の水交社で海軍軍人が海軍の活動について講演する予定になっているとかいうことでした」との付言が手掛かりになる。『婦人問題研究所々報』(第一号、一九四二年一二月一五日)に、婦人問題研究所(所長・市川)の一二月例会(一二月一八日)の行事として、高瀬海軍中佐(情報局第一部第一課長)の講演(「南太平洋海戦の状況並に将来の展望」)が予告されている。とすれば、会合は九月二九日~一一月二〇日の間の一日ということになる。これは先述の男子側の動きと相応する。また、市川が発起人会で一二名の実行委員の内の一人に選ばれたのが九月二八日、そして、一一月二〇日~翌四三年一月五日までは渡台中だからである。

では、宮本百合子はそのことをどう考えていたのか。彼女自身は何も書き残していないが、勝目テルの証言が参考になろう。婦選獲得同盟解散(一九四〇年九月二一日)前後の話として、彼女は語っている。「解散のあとをどうすべきかというので、獲得同盟の事務所で集まりがあり、……百合子〔宮本〕といっしょになった。みんなの意見は、非常体制にさからわないような婦人の組織をつくるべきだということになり、私は一言も発言せずに中退した。百合子もいっしょに出てきて、四谷駅まであるいた。私がどうしようね……というと、言下に、『きまってるじゃないの。どうせ下請仕事みたいなものよ。こっちがついていくといってもさあ、執筆禁止くってる私なんか、おっぽりだされるにちがいないわよ』とはき出すようにいった」(35)。

ここで留意すべきは、そうした婦人評論家間の反目や対立もさることながら、彼女らが婦人解放への願いと情熱を共有しているにも拘わらず、ファシズム攻勢のなかで分断され共通理解を深めることができなくなってしまっていたという時代背景である。さらにいえば、権力側が着々と進めてきた愛国婦人会(内務省系)、国防婦人会(軍部系)、大日本連合婦人会(文部省系)といった官制婦人団体の組織・育成とそれによる婦人の分断作戦、あるいは包囲作戦が確実に功を奏していたという婦人界全体の問題状況である(36)。その意味で、次の宮本百合子の言葉は重い。

婦人参政権獲得のために苦難の道を経た先進婦人たちも、日本では政治上直接に婦人が発言してゆく機会をもっていなかったため、いつも間接に、いつも男の代議士を動かして公の声を伝えなければならなかったということで、自身の動きかたを、おのずからふるい政治家流の観念に犯されている悲しさもあるのである(37)。

結局、「選別」後二〇名の婦人評論家が残ったわけであるが、その後第一回婦人会員懇談会(一九四三年七月三一日)が開かれ、そこには市川、阿部静枝、伊福部敬子、生田花世、田中孝子、谷野せつ、羽仁もと子、平井恒子、山高しげりの九名が参加している(38)。

かくて、いよいよ活動開始となるが、実は津久井が第七回理事会(一九四三年八月三〇日)をもってその役職(常務理事

・総務部長）を返上、その後任に斎藤忠（思想戦グループ）が座るに及んで、彼らの跋扈するところとなり、女性の出番はなくなってしまった。市川の期待と意欲は実を結ぶどころか、早々に抑えられてしまったのである。

6　言論報国会理事として――期待と挫折と失望と

言論報国会は、津久井の退任後いよいよ情報局の別働隊として本格的に言論ファシズムの中核を担っていくことになるが、しかし市川は最後まで理事の席に残った。市川は述べている。「新聞に出ていないニュースが聞けたので、隔月くらいに開かれた理事会にはなるべく出席、だまってすわっていた」(39)。確かに、第一回・第二回の総会と第一回から第二〇回理事会までのうち記録が存在する一八回分の議事録を見ると、そのうち一四回と理事のなかでも高い出席率を誇っている。ただ、発言については確認できない(40)。だが、津久井が先の役職在任中には婦人会員が活動する余地があり、市川も一定の役割を果たそうと意気ごんでいた様子は窺える。

また、米英撃滅思想戦大講演会竝懇談会（一九四三年三月八〜二八日、一般向けに全国二二会場で実施）へ参加した講師たちの報告会（同年五月）で、市川が大衆婦人に対する思想戦の指導（思想錬成）の内容や方法などについて発言していることが、第三者のメモ（元情報局嘱託星野英夫氏旧蔵）によって判明している（以下）。

> 地方民ニ□□ヲ□□□シタガッテイル、ソシテソレヲ生活ニイカシ□□□□□、コノ要求ガ高シ。◎指導ノ資料モホシガッテイル。◎新婦人思想戦、◎□□婦人思想錬成方法、女学生ガ米軍捕虜ニ Sign ヲ求む（□は判読不能、◎印と下線はママ）。

詳細は不明ながら、積極的に任務を果そうとする意欲だけは看取することができる。

また、先述の第一回婦人懇談会で婦人部の設置が課題になっていたことが、森本忠（一九四四年一〇月、言論報国会会員から野村重臣に変わって常務理事・実践局長になる）の次の証言によって確認できる。市川は斎藤忠総務部長（津久井の後任）に、「会に婦人部を設けようといふ」提言をしたが、斎藤が「婦人たちにはお互ひにヤッカミがあったりして、うまくゆくかどうか」と渋って実現を見なかった(41)。この婦人部設置の要求は、男子側の組織内に婦人側の発言・要求を集約するセクションを設け、それによってシステム的に婦人の意見を上部に反映させようとするもので、選挙粛正運動では成功したが（東京愛市連盟婦人部→東京婦人愛市協会）、精動運動や新体制運動では失敗に終ったものである。ただ、斎藤の「ヤッカミ云々」の言は一面的な観察のように思われる。むしろ、戦時下の婦人運動のヘゲモニー争いを滲ませた強い緊張関係を反映したもので、それが見えざる火花として散っていたと考える方が妥当であろう。彼女らは大同団結の極にあって思想信条はいわば雑居状態、「協力」の内実も微妙に異なっていた。

ついでながら、森本は当時の市川をこう描写している。「体はしゃんとしてゐるがもう灰色の髪で、これもどちらかと云へば困ったやうな表情に見えたのも婦人参政権運動の先駆者であり、根からの自由主義者であった女史が、こんな戦争でかういふ思想団体に属してゐなければならない苦渋があったかもしれない」(42)。

ともあれ、一定の動きを見せた市川らであるが、先述の通り津久井が後景に退くという趨勢のなかで活動の余地も存在の意味も失われていった。婦人懇談会は二度と開かれず、その他の活動の痕跡もない。ただ、個人としては動いていたようだ。市川自身が証言している。全国各地での思想戦講演会の一環として四国高松で講演（一九四三年一一月初旬）し、「戦争に関すること、政治に関することは発言できない。いや、発言したくなかった。結局日本の家について話すことにしたが、いわゆる家族制度を心から支持することはできない。そこで日本における家族制度の由来、特色を話すことにし、そのなかで不満をちょっぴり話した」(43)。無力感と孤独感が漂う言葉であるが、嘘ではなかろう。精動運動において、また大政翼賛運動においてそうであったように、勇躍して加わっても結局失望に終わるというパターンがここにある。

なお、市川は言論報国会機関紙に一度だけ寄稿している(44)。「婦人に対する世論指導について」(「内観外観」―コラム)『言論報国』一九四四年八月号)で、内容はつきるところ日婦に対する不満と批判、そして婦人の再々組織の要求である。

また、市川は言論報国会における人脈を婦人時局研究会や婦人問題研究所の例会(研究会)の講師として招待することで生かしている。すなわち、井上司朗を婦人時局研究会一九四三年二月例会(テーマ「時局下における文化人と婦人」)に、穂積七郎を婦人問題研究所一九四三年四月例会(テーマ「皇国女子勤労観について」)に招いている。

以上、市川と言論報国会との関わりを可能な限り探ってみた。

3 決戦体制下の「協力」――女子動員政策をめぐって

1 女子勤労動員制度化の要求(強制力の発動と保護政策の整備)

近代の戦争が女子労働に大きな影響を与えたことは、いずこの国も同じであった。戦場にかりだされた男子の労働力の代替として、あるいは生産力増強のための新規労働力の供給源として、女子の労働力が活用され、それによって女子の社会進出が大きく促された。

市川らは世界各国の婦人の動向に目配りを欠かさなかったが、女子動員についても早くから先進諸国のそれに注目し、機関誌でも彼の国の女性たちが政府と緊密な協力関係を結んで勤労動員に携わった、あるいは現在携わっている様子を伝えていた(1)。「では、日本ではどうか」、彼女らにとって問題はこれであった。

日本では、満州事変以後、「勤労給源枯渇」の打開策として女子労働力が要請され、女子の工場労働者の増加のみならず、職種の多様化が進行した。だが、家族制度への拘泥から、政府は勤労を強制しつつそれを徴用ではなく勧奨(奨励）というかたちで任意の強制を行い、他方、雇用における労働条件、労働環境などは無視していた(2)。

市川は、社会的進出という観点から、女子の勤労を認めつつ、政府の施策のタテマエ（家族制度による制約）とホンネ（女子の勤労動員の要請）の乖離、そして女子の自発性に還元するかたちで実質的に勤労動員を進めるその姑息性を問題にした。そして、積極的に女子勤労動員の制度化を要求し、とりわけ「東亜新秩序建設」の是認後はその不徹底性を焦慮し、それを求めてやまなかった。やがて銃後のみならず、前線への動員を建言し、一部軍人による国民義勇戦闘隊への女子編入計画に力を貸すに至る。いや、市川だけではない。他の知識婦人たちも、内的契機を微妙に違えながら、女子の勤労動員を積極的に要求していた。以下、大まかではあるが、政府の女子勤労動員政策と、婦人間の対応を市川を中心に見る。

女子動勤労員は、「昭和十四年度労務動員実施計画」（一九三九年七月六日、閣議決定）をもって、男子労働力に代替するものとして要請されるというかたちではじまった。次に、「労務動員計画実施に伴う女子労務者の就職に関する件」（一〇月一六日、閣議決定）によって、男子に限定されていた労働統制が女子にも適応されることになり、さらに、「青少年雇入制限令」（一九四〇年二月一日）によって、一二歳から二〇歳の女子の不用不急産業への流出防止がはかられた（女子の重工業方面への就業促進がねらい）。

こうして政府は、雇用における労働条件等を放置したまま、実質的に女子勤労動員を推進したのであるが、この間の一九三九年七月一一日には、内閣の精動委員会が、「勤労の増進・体力の向上に関する基本方策」をうちだし、そのなかに「婦人にして余暇ある場合殊に未婚女子青年に対し其の環境に従ひ銃後の勤労奉仕作業を行はしめる方策も講ずること」を掲げている。確証はないが、これは市川・竹内コンビのプッシュが奏功したものと思われる。同委員会には彼女らがくいこんでいるからである（前述）。

その後、「人口政策確立要綱」（一九四一年一月二二日）によって、「生めよ増やせよ」が奨励されることになるが、他方で、徴兵、徴用の強化、軍需品、資材、食料の生産の拡大などが要請され、そこでの労働力不足はやはり女子への期待となって現われざるを得なかった。もっとも、人口政策と女子勤労動員政策との矛盾相剋は日本だけの問題ではなく、西欧諸国でも克服すべき課題だった。しかし日本の場合はそこに家族制度が絡み、それが日本のそれを特殊で複雑なものにした。

日独伊三国同盟の締結以降、日米経済断交、米国の経済制裁措置と日米関係が悪化し、国内の生産体制強化がさらに必要とされるなか、「労務緊急対策要綱」(一九四一年八月二九日、閣議決定)、続いて「男子青少年使用を制限し女子を使用すべき職種に関する件」(一〇月八日、厚生省職業局長・労務局長名)が通牒された。後者において示された職種は、製図、旋盤、フライス盤など男子と変わらぬ重労働を伴うものまで及んでいたが、政府の対応の遅れから、動員された女子はきわめて厳しい労働環境におかれねばならなかった。その点については、山川菊栄も「あらゆる部門にわたり、女子労働に対する保護官督《ママ》の徹底を切望する」(3)と申したてている。

一九四二年に入ると、「労務調整令」(一月一〇日)によって重要工場・事務所への女子勤労動員が強化される一方、「重要事業場労務管理令」(二月二五日)によって、厚生省が女子の就業する軍需工場における乳幼児保育施設の設置命令権をもつことになった。ただし、ここには抜け道があり、それを根拠に三月三一日には、「女子坑内労働禁止緩和制限」が五年間延期されてしまった。

太平洋戦争開始の半年後、戦況が悪化するなか、軍需品、資材、食料などの生産拡大がさらに要請された。日婦の「大日本婦人会勤労報国会」の結成(一九四二年一二月四日)はまさにそれに応えようとするものであったが、同会は、金子の総括によると、「満二〇歳以上二五歳会員が女子青年団と重複しているので、動員上摩擦を起こした点もないではなかった。……[が、] 消費生活に立てこもっていた家庭婦人が、これによって直接生産と結びつき、敢闘精神を鼓舞した効果は特筆されるべき」(4)ものであった。

九月六日、大政翼賛会第十調査委員会特別小委員会が、「労務充足に関する緊急対策として大政翼賛会に於て協力すべき事項　女子労務供出対策」(案)を提出した。同調査委員会には竹内茂代や奥むめおが委員として加わっており、委員会では竹内が女子保健、奥が労働環境の観点から当局の女子勤労動員策の不備をつき、注文をつけた。そして、そこで成った先の「対策」(案)には、「女子労務供出対策」の対象として、「一、遊休無業未婚の女子　二、不要不急業の女子　三、家事使用人　四、家庭婦人中余力のあるもの　五、女子中学校以上の学生、生徒」が列挙された。また、特に普及徹底に努めるべき「適切な施策」として、「臨戦態勢に添わざる女子の職業観の排除に努むること」、「女子の家事育児保護の施設を講じ家庭と職場生活の両立不能の問題を解決すること」、「女子労働に対する賃銀の不合理性を是正すること」などが挙げられた(5)。

一九四三年に入ると、女子勤労動員はいよいよ緊急性を増し、「生産増強勤労緊急対策要綱」(一月二〇日)などを通して女子は男子の代役を立派にはたすべく要請されるが、政府は相変わらず女子勤労動員の制度的確立には消極的であった。

第八一回通常議会(予算委、一九四三年二月二日)では、東条首相が、「家庭ヲ守リ、子弟ノ養育ニ任ジ、ソノ夫ヲ、マタ子ヲ、兄弟ヲ前線銃後ニ活動セシムルアタタカキ源泉ハ家族制度ニ基ヅイテイル。コレハ帝国女性ノ当然ノ天職デアリ、将来永久ニ保存シテオカネバナラナイ」(6)と家族制度護持を強調し、同じく第六回予算委員会では小泉厚相が、女子徴用の制度化を進言する議員に、「家族制度ノ上ニ於ケル日本女子ノ位置、又日本女性ノ特性ト云フコトヲ考ヘマシテ今日マダ徴用ヲ致スノ域ニ達シテ居ナイ」とそれを拒みつつ、「併シナガラ女子モ出来ルダケヤハリ国民皆労ノ線ニ参加シテ貫ヒタイ。勤労協力ト云フコトニハ進ンデ出テ貫」(7)いたいと任意を強制した。だが、彼らが拠って立つところの家族制度は実態としてすでに解体しつつあった。

そうしたなか、市川らは婦人時局研究会と婦人経済研究会の名で、「女子勤労動員強化方策」(一九四三年六月二二日)

を企画院と大政翼賛会に提出した(8)。その一方、大政翼賛会第四回中央協力会議（七月一四〜一六日）では、山高が「むしろ女子の徴用をせよ」と女子徴用断行を迫った。

市川の女子勤労動員論の矛先は大衆婦人にも向けられていた。「大東亜戦争下の今後に於いては、大部分の婦人が、生産者としても立たなければならない情勢に」あるとした上で、娘の動員を渋り、自らも躊躇する母親もいると断じて、それを叱咤してやまなかった。

娘たちを進んで喜んで送り出すと共に、主婦自らも、其の覚悟、用意をしなければなりません。……国家若しくは公共団体等で母としての、主婦としての任務を充分尽し得るよう、労働時間の短縮、母体を損なわない為の厚生施設、託児所、共同炊事等々の施設を考慮さるべきでありますが、一方、主婦自身も家庭生活を徹底的に合理化、簡素化する事が絶対に必要であります。……かくして、民族の母として、又主婦としての御奉公も立派にやつてのけたいものです(9)。

ここにあるのは、心情においても理念においても大衆婦人に寄り添いながら、体制原理に押し流され、その大衆婦人に「御奉公」を説く市川の姿である。

2　女子勤労動員の要請と家族制度の衝突

一九四三年九月二二日、「女子勤労動員促進に関する件」（閣議決定）によって女子勤労挺身隊の設置が決められた。しかしなお、動員促進の方法は主として勧奨によること、動員にあたっては家族制度と女子の適性を考慮して女子勤労管理を刷新整備すべきこととされていた。一〇月一五日にはその女子勤労挺身隊に関して、期間一年、地域別単位制、学校単位制の二本建にする旨の通牒が出された。

第八三回臨時議会（第二回予算委、一〇月二七日）でも、東条首相が女子徴用は「国体ヲ破壊スルヤウナ行為」として、それを突っぱねた。

女子ヲ徴用スル意思ハアリマセヌ……英国ガ斯ウシタカラ、英国ガ斯ウシタカラ、コンナコトニ調子ニ乗ツテヤツテ居ツタラ是ハ日本ノ家族制度ノ破壊ニナツテシマイマス。……女子徴用ト云フコトハ一切私ハ蹴飛バシテオリマス。………家族主義ト云フコトハ此ノ日本ノ国家ノ重大ナル点デアリマス。……即チ国体ヲ破壊スルヤウナ行為ハ断ジテ私ハヤリマセヌ(10)。

この東条発言に真っ向から反発したのが市川である。

女子の勤労が生産力増強の為めに国家として不可欠だといふなら、何も遠慮する必要はないと思います。徴用で勤労に出るのは家族制度を破壊するが、自発的に出るのは破壊しないという論理が立つのでせうか。婦人の勤労については、政府自身もつとはっきりした婦人の勤労観をもつてほしい、それでなければ一般の婦人は出たらよいのか、引込んだらよいのかわからなくなります(11)。

そして、女子の勤労動員が円滑に進まないことをこう憂慮する。

現在のこの段階に及んでも尚、政府初め社会の各層の殆どすべての男子の人達の婦人に対する考へ方が、封建時代の思想から一歩も出ていない事を遺憾にも歯がゆくも思はれてなりません。現状のやうでは、婦人の勤労動員は、いくら紙の上で計画を立てても〔昭和〕十七年度のやうに、予定通りに進まないでせう(12)。

一九四四年に入り、戦局は大きな転機（＝後退）を迎えた。前年の七月にはサイパン島の守備隊が玉砕、続いてグアム島の日本軍が全滅していたが、一月末にはアメリカ軍のマーシャル諸島攻撃があり、二月一七日には米軍機動部隊によって日本海軍基地が急襲され日本側は大打撃を受けた。

そうしたなか、東条が日婦会員に「家庭を通じて国家に奉仕して戴きたい。別の言葉で申しますならば、日本の家族制度の美風を愈々昂揚して戦争完遂に貢献して戴きたい」(13)と告げれば、小泉厚相は、「『男に代つてやる』覚悟が必要です。たゞし『男に代る』ことは『男になる』といふことではない。よろしいか。みなさんは男に代つてあくまで『日本の女』であるといふことを忘れていけない。ここが外国の女工員とは違ふところだ」(14)と恫喝的な教訓をたれた。

一月一八日、女子挺身隊制度の運用の強化と男子の就業制限に依る女子代替の方針が明確化されるが、やはり動員は徴用ではなく勧奨によるとされていた(15)。

第八四回議会では（於第三回予算委、一月二三日）、東条が女子徴用を行わないと断じつつ、だからといって、「此ノ切迫セル秋ニ、女子ナルガ故ニ戦力増強ニ何ラ貢献スル所ナシト云フコトガアルトスルナラバ、是ハ許スコトガデキナイ。余裕アルニ拘ラズ、コノ陰ニ潜ンデ安逸ヲ図リ、勤労部門ニ挺身シ得ル地位ニアルニ拘ラズ之ヲ敢エテセザル女性アリトスルナラバ、是ハ許セナイ」(16)と威嚇、牽制した（この点は市川らの主張と触れ合うものである）。

この翌々日には（於第五回予算委）、小泉厚相が「日本ノ家族制度、日本ノ女性ト云フヤウナコト等モ考ヘマシテ、出来ルダケ此ノ姿ノ儘、勤労ニ挺身デキルヤウナ方法ヲ考ヘ需給ノ調整ヲハカツタ国民動員ヲ計画スル。……女子挺身ノ為ノ受入レ対策ハ今日遺憾ナガラ甚だ不備デゴザイマスノデ、……今軍需工場等ニ強力ナル指導ノ手ヲ差伸ベマシテ、速ヤカニ、受入体制ヲ整へ」(17)たいと、女子徴用という意味では一歩進んだ答弁をした。そして、「決戦非常措置要綱」(二月二五日、閣議決定)によって、いよいよ女子挺身隊の強制加入が指示され、ここに女子挺身隊が実質的に徴用として機能することになった。

そうしたなか、婦人時局研究会の定例会(一九四四年三月二一日)では、原田清子を座長に、「家族制度の研究から出発し、家族制度が婦人の労働賃金に及ぼす影響、……婦人の地位に及ぼすマイナスの作用について検討、……さらに家族制度護持を楯に『女子は徴用せず』と再三再四言明している東条首相の、家族制度とはいかなる形態、いかなる内容をもつものなのか」などを議論し、結局、「『女子徴用は家族制度となんら抵触するもののみあらず、否、むしろ家族制度を護持するためにこそ、女性はハンマーをふるい、銃を取って立ちあがらねばならない』との結論に到達」(18)した。この「結論」は、可否はともかく、家族制度の価値体系のなかで抑圧され、苦悩し、闘い続けてきた者であればこそ発せざるを得なかった憤懣、憎悪の爆発だったように思われる。もちろん、愛国的気負いもあったであろう。原田清子の「総じて戦争を体験しなかった人々の戦時批判には、歴史の主体としての民族の心の総和のような、目に見えない噴出力が見落とされがちのように思う」(19)との述懐がそれを示している。

その後、内閣が東条英機から小磯国昭に変わり、「女子挺身隊による勤労協力に関する勅令案」(六月六日)、「女子挺身勤労令」(八月二三日)、「女子徴用実施並に女子挺身隊出動出勤期間延長に関する件」(一一月一〇日、厚生次官名)が通牒され、ここに市川らの要求が一応実を結ぶことになった。

もっとも、このころには銃後はもちろん婦人を前線にまで駆りださざるを得ないところまできていた。秋山邦雄陸軍中佐(陸軍報道部)は、「……戦争の最後の勝敗は銃後だけでなく、戦場に於てさへ、次第に女の手で決められようといふ形勢になつて来た……世界で一番健気な婦人と云はれる大和撫子の真価を発揮して……天皇陛下の御ため日本民族永遠の生命のために思ひ残すことのないほどのお働きをお願ひしたい」(20)と訴えていた。徳富蘇峰も有無を言わせぬ口調で、

「戦争と同時に男女の区別は全廃せらるる事になつてゐる。……むしろ婦人を銃後に働かしむる方が戦争の目的を完遂する上に便宜が多く、利益が多い……。決して婦人は戦場に立つべきものではないという原理もなければ原則もない。我が全国民の半ばを占むる姉妹たちがこのことをはつきり心得らるることが最も大切なことゝ思ふ」(21)と叱咤している。

3 「銃後」から「前線」へ――体制原理への追従と抵抗

一九四五年に入ってからは、米軍の本土上陸近しの緊迫感を背景に、「国民義勇隊組織に関する件」（三月二三日、閣議決定）、「状況急迫せる場合に応ずる国民戦闘組織に関する件」（四月一三日、閣議決定）が発せられ、女子も適格者は軍人として動員されることになった。続いて、第八七臨時議会（一九四五年六月一〇日）で義勇兵役法が可決され、一七歳から四〇歳までの女子が同法に服するものとされ、さらに「国民義勇戦闘隊統率令」（六月二二日、軍令）をもって、国民義勇隊から国民義勇戦闘隊への転化が計られた。だが、実際に戦闘隊が編成されたのは鉄道、船舶、船舶救難だけ、しかも八月に入ってからであった。

実は、市川はこの国民義勇隊から国民義勇戦闘隊への移行実施計画のなかで注目すべき働きをしている。市川自身が語っている。六月はじめ、陸軍報道班の幸村中佐（名は不明―元国婦副会長、日婦理事大野朔子の娘婿）(22)から、「このたび国民義勇戦闘隊を組織することになったが、この戦闘隊には婦人も含まれている。ついてはいろいろ意見を聞かして欲しい」と持ちかけられた。私は、「逃げることはできない。できるだけ協力しようと腹に決め」た。「婦人指導者として運動してきた婦人を、私の個人的なすききらいでなく、公平に人選したつもりで、十数名であったと記憶している」が、彼女らとともに、幸村の話を聞き、女子の戦闘隊の編成を期して何度か会合をもった。「国民義勇隊に関する件のためか、私は六月中に七回、七月中には九回東京に出かけ［疎開先から］、ときには一、二泊し」ている。だが結局、「何も進捗しなかった」(23)。敗戦の五日後にここでの軍部側の動きについて市川は、こう述べている。「婦人に対してもつとも保守的であった陸軍はその最後において婦人の重要性を戦闘隊に見出だし、それを強調し始めてゐたのであった」(24)。これについては、軍側の記録もある。

第二次世界大戦勃発以後世界各国ハ其ノ動員兵力ノ厖大化ニ伴フ兵力源トシテ或ハ人的総動員ノ緩和策トシテ女子ヲ軍ニ採用シ之ヲ以テ女子ノミノ軍隊ヲ編成シ又ハ之ヲ適所ニ充用セリ我カ国ニ於テモ特ニ昭和十九年中期以降人的資源逼迫シタルニ依リ之ガ打開策トシテ且ハ本土作戦ノ特質ヲモ考慮シ通信、防空、衛生、海岸砲部隊等ニ女子ヲ採用スヘシトノ意見起リ一部主務官ノ間ニ研究セラレタルモ軍一般ノ空気ハ極メテ気乗リ薄ニテ女子徴兵或ハ志願兵ヲ採用スルハ我ガ国家族制度ノ根本的破壊ナリトシ或ハ国民慣習上ノ問題、女子ノ戦力上ノ見地等ニヨリ猛烈ナル反対意見アリ殊ニ軍上層部ニ於テ之ガ意見強ク遂ニ決定ヲ見ルニ至ラサリキ(25)。

皮肉にも、家族制度が「女子ノミノ軍隊」(=女子の戦闘隊)の編成を防いだという逆説がここにある。それにしても、「最早行くところ迄行くより外あるまい」(26)と「第三の道」を選択してから七年、市川もとうとう前線への婦人動員を推進するところまできてしまった。もし戦争が長引いていれば、もし女子戦闘隊が実現していれば、それが女子の徴兵制に発展する可能性もなくはなかった。

原田清子が、「戦時中市川の所には、女の協力をとりつけたくてか、新官僚、政党人、言論関係者、陸軍の統制派、皇道派などの連中も出入りしていた」(27)と証言しているが、市川自身も「軍部の有志というか企画院なんかに行っていた人が、婦人の動員の問題で私どものところに意見を聞きに来たり、また向うで書いたものを持ってきたりしたことがありましたよ」(傍点―引用者)(28)と語っている。ここに婦人運動者として大衆婦人への「かけ声」を期待されていた市川、あるいは「婦人の動員」をめぐって戦争責任者とわたり合う市川の姿をみるが、いずれにしても、ここまで錯綜する人間関係は、戦術・戦略から国策線上にのった市川の深みにはまった姿を映してあまりある。

確かに女子勤労動員の制度化の要求は、それが事実上進行するなかで、女子の保護政策の整備、犠牲の負担の平等を求めるものであった。また、「抵抗」の可能性を考えれば、それは制度化に解決するほかなく、その要求、建言も一つの「抵抗」だったといえなくはない。また、それを評価する場合、公的領域から排除されていたがゆえに一層社会進出への欲求が生まれた、そうしたいわば屈折した、人間であれば不可避の心理・心性にも目を向ける必要がある。

しかし、次のことは確認しておきたいと思う。女子勤労動員の制度化の要求は、即、「根こそぎ動員」の要請であり、即、国家権力・戦時体制に資するものであった。前線への進出の推進に至っては、単なる女子勤労動員要請とは次元を異にして、はっきり反動の側に立つものであった。

★7章 戦中から戦後へ

1 疎開—敗戦—廃虚からの再出発

1 戦争の激化——疎開生活

一九四四（昭和一九）年六月下旬、市川は八王子郊外の川口村（現東京都八王子市）へ疎開した。前年一二月同村での講演の際、奥住忠一村長に依頼し彼の紹介で同村の旧家坂本章一宅の離れと蔵を借用したもので、以後同所を婦人問題研究所分室として、そこから東京四谷の事務所（本室）へ通い週末に帰宅するという生活がはじまった(1)。国内は本土決戦気分一色、戦争が生活に際限なく浸透するなかでのことである。

市川にとって疎開は不本意な選択であった（あくまで資料保存のため）。機関誌では、国家の重大なる危機にあたって、以後も引き続き婦人の「協力」を束ねていきたいとの強い願望と覚悟を示している。

内南洋マーシャル島及びトラック島への敵の侵攻、第五次内閣改造、陸海軍大臣の参謀総長及び軍令部総長兼任……寔に時局容易ならざる事を痛感する次第です(2)。

私共個人としては、最後迄ふみとどまり、御奉公をしなければならない〔が、〕只この差し迫った時局に処し、ともかく多年婦人の先頭に立って来た私共として、如何なる方策をとる事が、もつともよく婦人達をして国家に御奉公せしめ得るかについて苦慮している次第です。此の際に及んでも……婦人の手は借りたいが婦人の頭を動員すること——婦人の意見をきく事は欲しないといった状態であり、したがつて婦人の所謂指導者といったものは全体として忌避されている状態です。一方阿諛追随せず、真に婦人指導者としての新しい意識と実力を備えている人達も誠に寥々たるものなのです(3)。

疎開先に身をおいてもなお、時局に絡んでいこうとの意欲が漲っている。しかし、疎開生活が現実のものとなると、「戦線後退」の感はぬぐえなかったと思われる。機関誌では自給自足用の畑の借用などについて報告した後、次のような心情を吐露している。

戦局は皆様御承知の通り、全く切迫した重大状勢で、その事は夢寐にも忘れる事は出来ません。日夜その必勝を祈念してゐる次第ですが、扨その為めに今自分は何をしているかといえば、残念ながら自分の力の十分の一も発揮しては居りません。ありあまる忠誠心を持ちながら国家の将来を心から心配しながらこの状態にゐるのは、否いなければならないのは、一体どうした事でしようか。

とはいうもののこのまま隠居等は出来そうもなく、どうしたら私達として御役に立てるか、此機会にとくと考えたいと思つています。そうして必要となれば何時でも東京生活にまい戻る覚悟はいたして居りますから、御安心下さい〔六月二六日川口村にて〕(4)。

ここに滲みでているのは戦局の緊迫度が増すなか大衆婦人指導の一線から退くかたちになってしまうことへの歯がゆさと、なおやまぬ活動持続の意欲である。

そして半年後、このころには一定の安定感を得たと思われる。

一一月二四日以来、帝都は殆ど連日、時には日に二、三回警報の発令をみ、サイパン失陥以来空襲を予期していた事が現実となつた訳です。……「当局の指示にしたがい最善を尽くした後は天命に任せる」心構えが出来ればどこにいてもこわくはなく、常在戦場の生活が出来ます。都民には既にこの心構えが出来ているようで、皆元気で頼もしい次第です(5)。

では、「よそ者」の市川は疎開先にどう迎えられ、どのように溶けこんでいったのか。当時市川と接触をもった二人に直接伺った(一九九四年八月三一日、インタビュー)。敗戦直後(一九四五年秋頃)青年会を結成し、その活動について市川から教えを受けたことのある石川友夫氏(当時二〇歳)と、当時馬場商店(よろずや)の主婦(長男の嫁)で市川と親しくなった馬場千代さんである(以下、敬称略)。以下はそのときの話である。

村人は、当初、「戦争に反対らしい」、「男だか女だかわからない」といった話をひそひそとするばかりで近づこうとはせず遠巻きに眺める状況だった。それでも次第に着実に溶けこんでいった。馬場の「市川房枝先生の思い出」(『永遠のふる里川西』八王子市川口町西部町史誌、一九九四年)を紹介しよう。

市川先生が川口に来られたのは、戦争がますます激しく日夜空襲に明け暮れていた昭和一八、九年の頃だと思います。「配給お願いします」と云って配給通帳を渡された時、どこかのオバサンかなと思って受けとり、通帳をよくみると、市川先生でびっくりしました。「ハイ承知しました、有難うございました」と云ったきりあとの言葉が出ませんでした。後姿を見送りながら、市川先生のお名前は知ってはいても御本人と面会出来るなどとは夢にも思わず、本当にびっくりし、声も出ませんでした。初めのうちはとも角、先生のお人柄がいつのまにか村の人達の中に溶け込んで、村の人達も「先生」「先生」と親しく交際していきました。毎朝農家へ牛乳を取りに行く格好は短髪で、ズボンにジミな上着で寒い時は短いマントを肩からひっかけた姿でとても女とは見えず、村の人達も初めは驚きの目で見ていました。川口も毎日のように空襲を受けるようになっていきましたが、空襲の無い時は養女のミサオさんと二人で鍬をかついで榎木の雑木林を開墾しに通う姿も、今は返らぬ思い出だけになりました。

働き盛りの人は出征して手が無く本当に困っている時、麦刈りなどの農作業など二人で手伝って下さり、いつも手弁当で、お礼も受けとってもらえず、頭の下がる思いでした。作物とか栗の落ちたのを届けては、御礼の気持にしました。先生の疎開されていた家は坂本フミ子様の家です。

先生は、終戦になると直ぐ、東京へお帰りになりましたが、方々へお寄りするので忙しい様子で、お帰りになってから、お電話で話しましたが、仕事もお忙しくなっていくようでした。坂本様、五味ケイさん、原田ヌイさん、浜中サトさん達、村の人達の様子を懐かしそうに話されました。暖い人々の住む川口村が好きだとお話になったこともありました……。

市川が村の人々の信頼を得つつ交流を深めていった様子が描きだされている。

石川の話も興味深い。彼の母親は「生意気な」(「進歩的」の意―石川氏)女性だったので、当時の田舎の人々が知り及ばない「自由主義者」という表現をもって市川を表し、石川自身もそうした理解をしていた。「自由主義者」とは「戦争反対者」に通じ、そうしたレッテルを貼られることは文字通り致命傷になった時代のことである。実際に市川は当局からマークされ、少しでも市川と言葉を交わせば、駐在さんに「どういう話をしたか」と尋問された。他方、市川も慎重で、「戦争がどうなるのか」といった話には決して乗らなかったという。

疎開先での行動については、市川自身も報告している(6)。川口村では可能な限り部落常会（毎月二七日）に出席していること、他の疎開者が出席しない状況にあってその熱意が褒められたことなどを報告した後、ある日隣の婦人二、三人が話していたこととして次のことを紹介している。

> 農村では出征後女世帯が相当あり、それらの人達に対しての供出には何等の斟酌もないらしく、それに対しての女の人達の不平が相当あるようです。……
>
> 煙草といえば、私の隣組では青年男子十八名に対し男の喫煙者十名女四名で、女は五本乃至七本、男は十本位宛ですが、これに対しても女衆の間に大分不平があり、常会の度毎にそれが出ます。私自身としてもその度にいやな気持がします。

供出や税金等の義務は男と全く同様で、酒や煙草等の受けるものは少くする。これが婦道というものでしょうか。

婦人差別への敏感さは変らない。

馬場によれば、市川と接した人々の市川評は「ぶらない」「さっぱりしている」「心に深みがある」といったものだったという。石川も「田舎の話が好きで、気持ちがあったかく親しみがある人だった」と述懐、また市川のこんなエピソードを語ってくれた。困窮のなかで神経病に罹患した一人ぐらしの開墾仲間（女性）を病院へ入院させ費用を負担した。

その女性は感謝して市川を神様のように慕っていた。石川はこの話に「底辺の人の面倒みがよかった」と付け加える。ただ、馬場はその女性のこんな言葉を耳にしている。「市川先生は女としての理解が少ない」。この発言の具体的な背景は不明だが、どうも「母性への理解がたりない」といった文脈で発せられた言葉のようである。平塚や金子、あるいは母性（母子）保護運動との絡みで考えると興味深い。

石川が市川と直接の交渉をもつのは戦後のことである。戦後の混乱のなか、仲間の青年たちと「与えられた民主主義とは？」「その民主主義の中で自分たちはどう生きるべきか？」などについて考え、「新しい青年会をつくって皆なで勉強して新しい時代に取り組んでいこう」と話し合うなか市川の話が出、「彼女こそ戦後の民主主義に相応しい人だ」という結論になって市川を訪ねたという。ただし、それは三回ほどで必ず夜だった。周囲から「市川はアカではないか」といった批判が出たからという。

その「勉強会」について市川の養女であるミサオは、「先生の呼びかけで、村の青年たちが先生のもとに集まりました。……青年団の皆さんは市川先生のことを知っていらして、皆で何か勉強したいと考えていたところだったということで……」(7)と語っている。「勉強会」は双方の気持ちが合致するかたちで実現したということであろう。ただ石川は、ミサオの「先生は月に二回ぐらい青年団の方の家で話をなさっていました」、「青年たちは自分からすすんで来ておられていましたので、皆さんとても勉強熱心でした」(8)との証言に対しては、「それは少々誇張で、戦後の生活難を切り抜けるのが精一杯でそれほど勉強に傾注したわけではない」とそれを訂正する。ただ、市川の発意と大家さんの好意によって、青年たちへの図書貸出用に本棚が作られ、それが図書室のように利用されたことは確かだという(9)。

石川によれば、その「勉強会」で市川は、「民主主義のイロハも知らない青年にかみくだくように」丁寧に教え、例えば、「多数決」や「衆愚政治」のこわさを語り、「大切なのはしっかりした考え方と見透しをもったリーダーである」と説いた。「その説明は歯切れがよくて、分かりやすかった」。一九四六、七年頃には鈴木茂三郎（後に社会党左派の委員長)(10)を川口村青年連合協議会(二〇~三〇人参加)へ連れてきて、「仲の良い友達だから何でも聞くように」と紹介し、そこで話が交わされたという。なお、疎開先の坂本章一氏の妹・田中君子さんは、義理の姉(章一氏の妻フミ子氏)から「藤田たき、斎藤きえさんがよく出入りしていた」との話を聞いている(11)。

2 敗戦――婦人有権者同盟の成立まで

一九四五(昭和二〇)年八月一五日、戦争は終った。

涙が頬を流れた。戦いに敗れたくやしさであった。しかし平和がよみがえった安堵の気持ちのあと、さて、私たちは何をすべきかを考えた。十八日まで東京にいて友人たちを訪問し、新しい計画について相談して歩いた(12)。

敗戦に涙あり。無念と安堵、これが市川の敗戦にあたっての感慨だった。だがそれに浸ることなく、早や一〇日後には運動を再開する。といっても、「大東亜戦争=聖戦」の呪縛がただちに解けたわけではない。敗戦五日後の「自主的行動を」(『朝日新聞』一九四五年八月二〇日)との論説を見てみよう。戦後的価値観はなお未創出である。かなり長いが全文を転載する。

此度の大東亜戦争終結に関する大詔は、婦人大衆にとつてはかつてない深い感銘と感激を与へたのであつた。初めて玉音を拝する尊さ、国民に垂れ給ふ大御心の有難さ、かほどまで宸襟を悩まし奉つた事に対しての臣子としての自責の念で泣かぬものは一人もなかつたのであつた。

同時にわが子をわが夫を戦場に送りその必勝を固く信じてゐた婦人達にとつては、この結末は以外であり、悲憤の涙をとどめ得なかつたのであつた。戦争が済んでよかつた等と考へた婦人が全くいなかつた事は力強い限りであつた。

降伏が私どもにどう影響するかについてはまだ保挙《ママ》占領のため敵軍の上陸もみず、ポツダム宣言の具体化も行はれてゐない今日においては的確に予想する事が出来ないのであるが、然しそれが非常の苦難でないことは今から覚悟しなければなるまい。特に母として子女の養育に当たるとともに主婦として家庭生活の責任を担当し、その上生産にも参加しなければならない婦人の艱苦は、死にまさるべきものがあるかも知れない。

然しかしこくも、聖上御自ラ堪ヘ難キヲ堪ヘ忍ヒガ難ヲ忍ヒと仰せられてゐるのである。私共婦人はこの大御心に帰一し奉り、その艱難を立派に克服するであらう事を信じて疑はないものである。

× × ×

大東亜戦争始まって以来四年、又支那事変に遡れば八年余になるのであるが、その戦時下において、日本婦人は、戦場において兵として直接銃こそ執らなかつたが、わが子やわが夫を戦場に送ると共に銃後において困難なる家庭の責任を果し、田畑で、或は工場で生産に努力してきたのであった。殊に青年女子および女子学徒の軍需工場その他の職場における活動には相当めざましいものがあつたのであった。またそれらの活動と併行して婦人の国家意識、時局認識はかつてみない程の進歩を示した事も確かといつてよかろう。然し婦人の力が十二分に発揮され、戦力化されてゐたかどうかといへば、私は残念ながら否と答へざるをえないのである。今次の戦争において婦人の力が戦力化されていなかつたのは、ソ連を第一とし米、英、独、重慶の順序となると思はれるが、日本はその最下位といはなくてはならないやうである。

今次の大東亜戦争において、我国がその聖戦の目的を達成し得ず、聖慮煩し奉る結果にいたつた原因については、冷静に検討さるべきであるが、私は婦人の協力が十分でなかつたこともその一つの原因だと断定して差支へないと思ふのである。これを私自身の口からいふ事は婦人として、また今まで多少とも婦人の先頭に立つて来た一人として甚だ苦痛であり、自責の念に堪へないのである。

× × ×

然し婦人自身に忠誠心が足りなかつたといふのではない。婦人は御奉公大切に一生賢明働いたのであるが、従来の婦人に対する教育訓練の不足不徹底が、その効果を十分発揮せしめ得なかつたのであつた。また婦人自身相当の能力を持ち御奉公の熱意に燃へてゐても、社会一般の男子および政府当局の婦人に対する封建的な思想感情のため、適当な働き場所や機会が与へられなつかた事にもよるのである。

殊にこゝで私が指摘したのは支那事変発生以来の歴代の内閣が私共の度重なる提言に耳を貸さず婦人の勤労動員において全く姑息、一時逃れに終始した事、婦人に関係深い各種国策の立案実施に際して、支那事変当時には申訳的に所謂婦人国策委員等の任命をみたが、大東亜戦争下においてはむしろ逆に婦人の行政面への協力を拒んで来た事である。

二千万婦人の御奉公の組織として大東亜戦争下で結成された婦人会が、軍人、官僚のための指導下に置かれ、婦人の自主的行動を全く封じて来た事も周知の通りである。この結果は一方では婦人の勤労意欲や奉公の熱意を冷却せしめてその実力の発揮を妨げてきた――他方においては、消費、配給、生活等婦人に関係深き重要国策をして最後の段階まで不徹底ならしめて来たと私には考へられるのである。かうした反省を私はこの機会に先ず婦人に望みたい。特に婦人の指導者と呼ばれた人達、ならびに各職域で敢闘してきた若い婦人達に望みたいのである。しかしてその反省により婦人自身で新日本の婦人道を確立し、再建の礎石となるべく勇気を持つて進んでほしいのである。

次に私はこの反省を世の識者及び政府当局者に望みたいのである。婦人に対して最も保守的であった陸軍はその最後において婦人の重要性を戦闘隊に見出だし、それを強調し始めてゐたのであった。現政府としては解決を要すべき幾多の戦後問題に直面してゐるのであるが、それらの内復員と関連して、女子勤労者の問題、戦死者の未亡人問題、婚期を逸した青年女子の問題を始め、配給問題、生活問題、教育問題等々婦人の協力に俟つべき問題が多々ある。それらに対して政府は、真面目に考え、率直に婦人に呼びかけてその協力を得る方途を講ずべきだと思ふのである。かくて私どもは男女各々協力してその総力を発揮、国民一家大詔のまにまに今日の大なる不幸を克服して、将来の新日本建設に邁進せんことを期したいのである。

ここに抑えがたく滲みでているのは、戦前に引き続き婦人の利益を代表して国家への貢献を果たそうとする代弁者意識である。それが明治に生を受けた市川の最深部で息づいているナショナリズム、大正デモクラシーのなかで身につけた自立の精神、そして長い苦難の婦人運動で培った自信などと絡み合って一種説得性を醸し出している。

八月二五日、市川は日婦の幹部から女子学習院の同窓会常盤会の役員まで七二人の婦人を結集して戦後対策婦人委員会を発足させた。「敗戦の結果、占領軍の進駐に伴う風紀問題や、復員兵の職場復帰による女子労働者の失業問題等々、早急に対処しなければならない婦人問題が山積する」状況に対処すべく、「戦争中も何らかの形で何らかで指導的立場にあったものたちが、立場の違いを超えて連帯責任をとるべき」(13)と考えたからである。この大同団結主義は戦前のそれを継承したものだが、その「申合せ」(九月一三日)も、戦前の行政の下請け意識をひきずるものであった。

一、建設にふさわしい活動的な服装としてモンペの常用を続けましょう。
一、貯蓄を続け、金を物に換えることを固く戒め、インフレを防ぎましょう。
一、心から復員の人々の苦労を謝し、温かく迎えましょう。
一、進駐の連合軍に対しては日本婦人の誇りをもって毅然たる態度を示しましょう。

九月二四日（総会）には、「本委員会は戦後に於ける婦人関係の諸対策を考究企画し政府当局に進言すると共に、これが実現に協力する」ことを目的に、「申合せ」として婦人選挙権・被選挙権の実施、行政機関への婦人の参加と婦人関連事項決定への参画などを決めた。

だが、この構想が具体化する段階で市川は、「若い人たち」（原田清子、斎藤きえ、長瀬タキエ、吉岡万里子など）に誘われ、自ら作ったその戦後対策婦人委員会を飛び出し、一定の譲歩の上(14)、その「若い人たち」を起動力とする新日本婦人同盟を結成、その会長に就任した(15)。原田ら「若い人たち」は、「婦人の政治教育というような狭い抽象的な枠に捉われないで、もっと具体的な生活向上の大衆運動を通じて、民主化促進の中核となり、社会変革の第一歩としての民主主義を定着させて行こう」と意気ごんでいた。市川はそうして新しい夢と希望をもって船出したいとする「若い人たち」の意見に耳を傾け、勇気をもって「旧指導者」から離れたわけである。だが、この「右から左への旋回」は後に市川の悔やむところとなり、後に「中道」へ軌道を修正することになる。

新日本婦人同盟会結成までの経緯については、原田が「新日本婦人同盟の成立——日記を中心に——」（『銃後史ノート』通刊一〇号復刊七号）で詳述している。これは市川側の資料の隙間を埋める貴重な証言となっている（以上についても参照されたい）。「九月二四日付」の日記を見てみよう。

Y女史［吉岡彌生か?］あたりが黒幕で大野さく氏あたり旧日婦の理事その他が、例のような婦人組織、戦後対策婦人委員会を設けるというので、先に市川氏から私にも話しかけがあった。私は反対だった。いま日本の政治体制が大きく転換しようとしている時に、旧態依然たる××対策というペーパープランの作成と、政府への進言という様な追随的なやり方にいったいどれだけの価値があると言うのだろうか。いま第一になすべき事は婦人大衆の間から新しい自主的な運動がもり上がるための努力と、それを支え可能にする永続的な組織の形成と民主主義を補完定着させるための辛抱つよい啓蒙活動の開始である。……ポツダム宣言を受け入れ、民主的自由が拡大されるであろう今後、これまでのような手段のみを追求した運動に戻るのであれば、私としては協力できない。若い連中の不満は、市川氏の運動には哲学と理論がないと言う点なのである。

原田は戦後対策婦人委員会の「申合せ」(九月二四日)のなかの婦人の選挙権被選挙権の獲得、公職への就任とそのための啓蒙活動などに対しても手厳しく批判している。

これまで通りの手段的な意義と形式的民主化の意味しかない。……いまは何のために婦人参政権を要求するのか、その目標の明確な把握と、目標を実現するための具体的な方法、政策が示されなければならない。いまの場合には婦人を隷属させてきた古い封建的な専制政治体制を変革するために、婦人の参政権が要求され、行使されなければならない。……ただ漠然と古い政治経済体制の中に「男女平等の実現」を組みこんでみても、実効はあがらないであろう。

原田は、市川の譲歩については次のように述べている。

天皇の存続も危ぶまれ、共和制政府樹立の主張まで自由に論議されるようになった初期日本の占領政策の方向は、少なくとも労働者階級にとって有利な革新的なものであった。政治的に敏感な市川氏の若い者への同調は、それらの状況判断によられたものか、いまは大多数が勤労階級だからという現実的な判断からの変更なのか、はっきりしないけれども、私にとってはもっとも主要な女権主義的婦人運動の進路変更と受け取っ［た］。

しかし、この方向は、その後の市川の公職追放（一九四七年三月）→会長辞任（藤田たきを次期会長に推挙）→追放解除（一九五〇年一〇月）→臨時総会での会長復帰（同年一一月、副会長藤田）という推移を経て逆戻りする。復帰した市川が会名を新日本婦人同盟から日本婦人有権者同盟に変えたのである。なぜか。当初「若い人たち」が考えた新日本婦人同盟（新しい日本をつくる婦人同盟の意）という名称に合意したものの、やはりアメリカ型の有権者同盟という名称に執着があったのである。市川は、日本婦人有権者同盟として再出発する際、「改名問題は創立以来の懸案」(16)と初念を貫いたと語っている。

いや、名称だけの問題ではない。市川は新日本婦人同盟の結成段階でこう述べていた。「過去約二十五年に亘って展開されて来た完全なる婦選運動の後継者として、婦人参政権の獲得と、これを有効に行使することを目的として新なる団体が結成されたのです。この意味に於て新日本婦人同盟は婦人有権者の同盟といっても差し支えありません」(17)。市川は、「若い人たち」のめざす社会の変革ではなくあくまで、有権者あるいは婦人の政治教育を考えていたのである。

この出発点のずれが、市川の公職追放後、市川を信奉する藤田や大月照子ら旧婦選運動家の巻き返しとなって表れた。詳細は省くが、市川復帰まで混乱が続き、結局、原田が第三年次総会（一九四七年五月一〇日）で中央常任委員に選出されながら、それを辞退して身を引いた（後任、大月照子）。原田にとっては挫折以外の何ものでもなかったろう。

そうした混乱について市川は、「本部の執行部には自民党及び共産党の婦人幹部が同席して、役員会は理論闘争の場となり、運動の進展を妨げた事実もあった。追放解除後の会長として……組織のたて直しに大部分の勢力を消費され」(18)たと憤慨の口吻で振り返っている。

ともあれ、この戦後対策婦人委員会→新日本婦人同盟→日本婦人有権者同盟という戦後婦人運動再生の模索過程にみる市川の政治的な敏感さと状況への適応力、イデオロギー的なものへの拒否感情、さらには運動手法における頑固さは戦前と少しも変わっていない。

さて、では、肝心の婦人参政権問題はどうなったか。実は戦後すぐに動きだしていたのだが不首尾に推移し、他方見たように内部的な整備に手間どっていた一九四五年一二月一七日、そのために必死に闘った婦人参政権が、皮肉にも市川のまったく手の届かないところで課題化され、そして付与されていた。

2　婦人参政制度の成立——占領政策と国体護持のはざまで

1　マッカーサーと婦人参政権

戦後政治改革のなかで最も早く着手され、最も早く実現をみたのは選挙法改正であり、婦人参政権はそのなかの目玉であった。一九四五（昭和二〇）年一二月一五日（一七日公布）、敗戦のわずか四カ月後、あれほど難渋をきわめた婦選問題が急転直下決着となったのである。

今日一般には「マッカーサーの贈物」説が有力だが、それも曖昧なかたちで流布されているにすぎない。市川サイドは日本側の「先手」を強調し、「マッカーサーの贈物」説には否定的である。しかし、事実はきわめて複雑である。真相に迫るには占領という磁場で、あるいは占領政治のもつダイナミズムのなかで占領軍の意図、日本側支配層の思惑などを総合的に考察しなければならない。以下、占領史、政治史、女性史を接続するかたちでその全容に迫ってみる。

まず市川ら運動者の動きをみておこう。市川は戦争末期、疎開先で空からふってきた連合軍の紙切れを拾った。その一節に「日本国政府は日本国国民の間に於ける民主主義的傾向の復活、強化に対する一切の障礙を除去すべし。言論・宗教・思想の自由並に基本的人権の尊重は確立せらるべし」とあった。ただ、この朗報も拾った時点では「戦争に敗けるのがいやで、この項目に眼がとまらなかった」(1)。が、しばらくして民主主義とは男女平等——当然婦人参政権が付与される——では「何をすべきか」、「放っておけば占領軍から命令されるであろう。その前にわれわれの手で、日本政府自らの手で決めなければならない」と気がつき、早期付与を東久邇稔彦内閣に「友人を介して」申し入れた。だが、「考えておく」というだけだった。「これは危ないと思って、陸軍省にいって次官にあったら、いや戦争に敗けて僕たちは何の権限もないんで僕たちのところへ来ても駄目です」と言われた(2)。

市川が婦選獲得に向けて公的に動き出したのは一九四五年九月二五日、この日「戦後対策婦人委員会」の初会合で、彼女を長とする政治委員会が「婦人参政権は与へられるものでなくて婦人自身の手ですべき」ものと婦選のほか婦人官吏の登用などを、政府、貴族院、衆議院、各政党に申し入れることを決定した(3)。

政党関係は自由党結成の準備段階にあった鳩山一郎と薫子夫人に訴えた。鳩山はすでに民主化の方途として婦人参政権付与を考えており、一〇月二三日には党の綱領に組みこんだ。「家庭の主婦たるべき素地において米英の婦人に対し優るとも劣らない……。今次の戦争に際しても最も熱心に銃後の協力ぶりを示したのは婦人であり、また家事、家計を通じて国民生活の実相をよく知ってゐるのは婦人である」(4)。

また、片山哲を書記長とする日本社会党が一一月九日の結党大会で「男女同権の原則に基づき婦人を拘束せる一切の慣習、制度、法律の禁止」をうたい婦選を認めたほか、日本共産党も婦人政策のなかに婦選を入れた。他方、鶴見祐輔を幹事長とする日本進歩党は国体護持を真っ先に掲げ、婦人政策には無関心だった。

だが歴史の皮肉であろうか、婦選獲得への道はまったく異なった次元で切り開かれていく。

一九四五年一〇月一一日、連合軍最高司令官ダグラス・マッカーサーの「五大改革」指令の第一項に「選挙権付与による日本婦人の解放」が挙げられた。これは占領政策としては唐突なものであった。アメリカ政府が戦争開始と同時に詳細な戦後占領政策の研究をはじめていたことはよく知られているが、「婦人」に関しては、その段階では少なくとも公的には占領課題の対象になっていなかった(5)。では、なぜ「婦人」が「五大改革」の、しかもその筆頭に押し上げられたのか。それは占領政策の全権を委ねられた「立法者」として、マッカーサーがその権力を行使したからに他ならない。二代目労働課長コーエンは述べている。「婦人解放は、マッカーサーの考えに基づくもので、指令によるものではありません。……それを我々の任務だと考える理由はなく、……それは必ずしも正しかったとは思えません。それはすぐれて日本の国内問題であるからです」(6)。

マッカーサーが婦人参政権問題に力を入れたのはなぜか。それを解くためには、そのパーソナリティーに触れておかねばならない。それを前提にしなければ、核心に迫ることはできない。マッカーサーが相対的にせよフェミニストであったという評価は今や一般的である。マッカーサーは回想して言う。「占領軍が日本で行った改革の中で、婦人の地位向上ほど私にとって心暖まる出来事はなかった」(7)。これは必ずしも誇張ではない。というのも、そういわしめる二つの要因がある。

一つは彼の日本女性に対する高い評価(少々過大評価ではあるが)、もう一つはアメリカ的良妻賢母だった母親を通じて醸成された彼のフェミニズム思想である。前者については、GHQの非公式の顧問となった加藤シズエに注目する必要がある。彼女が戦前アメリカで著した自伝、*Facing Two Ways* (Farra & Rinchart, New York, 1935. 船橋邦子訳『ふたつの文化のはざまから』青山館、一九八五年)が「日本を占領するにあたっての占領軍のテキストに使われ」(8) ていたのである。同書は日本社会の風俗習慣、日本の女性の生活、その抑圧状況等が綿密に記されたもので米国で評判になり、彼の地の主な図書館に配布され、また一流新聞や雑誌にも紹介文や書評が掲載された(9)。非公式の顧問として彼女に白羽の矢をたてたウイリアム・カルビンスキー初代労働課長も、ハーバード大学入学(一九四四年)前後に二度読んだと証言している(10)。おそらくマッカーサーの耳にも同書の存在は入っていたと思われる。いや、直接目にした可能性もなくはない。

加藤によれば、マッカーサーは、日本の男性は「威張っていて、行儀が悪い」が、女性は「完全で、犠牲的精神の持ち主」であるとの認識に基づいて、日本女性には非常に好感をもち(11)、彼の「日本女性にベストをつくしたいとする気持ちは、進駐以前にあたためられていた」(12)という。彼が伝統的社会秩序のもと政治的・社会的無権利の状態にあった日本の女性については予備知識をもち、その点についての強い関心と問題意識をもっていたことは間違いなかろう。

彼のフェミニズム思想については、次の概括を引用したい。

マッカーサーの母親は元帥が結婚する前の長い独身時代をかれと共に暮らし、息子が将軍になってからも長期にわたって、息子に助言を与え、かれが軍人として出世するのに積極的な役割を果たした人だった。元帥はこの母親に強く親近感をいだいており、それが彼をして女性に関する問題には同情をもって耳を傾かせさせることになった(13)。

マッカーサー自身も母との密接な関係を「自分の人生にとって支配的要素の一つ」と認め、そこには「マザー・コンプレックスが根底にある」(14)とさえいわれる。「子供に及ぼす母性の影響力を誰よりも感じているマッカーサーにとって、日本の婦人が政治的にも社会的にも不平等な立場におかれ、家庭に閉込められていることは全く許しがたいことであった」(15)というのも事実であろう。そのことは、第一回総選挙投票日に部下から「婦人たちが赤ん坊を背負い、あるいは子供の手を引いて一票を投ずる姿について報告を受けた時、珍しく相好をくずして大喜びした」(16)といったことからも傍証されよう。

とはいえ婦人参政権付与指令をマッカーサーの個人的志向・思念といった文脈でのみ把握することはできない。効用面への着目というリアリズムがあったことは、統治という側面をもつ占領力学から言えば当然である。彼はそれを一つの突破口として理想的な日本占領政策を推進しようとしたのである。マッカーサーは日本占領のためマニラから厚木へ向かう専用機のなかでコートニー・ホイットニー准将に自分の改革シナリオを一一項目口述した。「まず軍事力を破壊する。……次に代議政治体制をつくる……婦人に参政権を与える……政治犯人を釈放する……農民を解放する……自由な労働運動を確立する……自由経済を奨励する……警察の圧制を廃止する……自由な責任ある新聞を発展させる……教育の自由化をはかる……政治権力の地方分権をはかる」(17)。「五大改革」はこの壮大な占領構想のなかから五つ選択されたものである(一、婦人参政権による日本女性の解放、二、労働組合の結成奨励、三、学校教育の自由化、四、秘密訊問ならびに民権を制限する制度の撤廃、五、経済諸機関の民主化)。それはまた、ポツダム宣言に基づく日本の「非軍事化」と「民主化」を包括したものであり、そのトップに婦人参政権を掲げたことは、マッカーサーが女性をその重要な推進力とみていたことを示している。

「非軍事化」に関してはマッカッサーの次の発言に注目したい。「日本の女性に参政権を与えよう。女性はいつでも、自分の子供が戦場で死ぬのを好まない。女性の参政権が、日本の軍国主義をやっつける力になるだろう」(18)。これはボナ・フェラーズ准将がやはりマニラからの機上でマッカッサーが語った言葉として記録しているものである。マッカーサーは日本の軍国主義払拭、あるいは復活の歯止めという課題に処するために女性特有の心性に期待をかけたのである。「五大改革」指令前の九月一五日、マッカーサーは日本政府の最高責任者として初めて会見した人物、東久邇首相に口頭で婦人参政権付与を指示した。東久邇はその日の日記にこう記している。「マッカーサーが日本の軍国主義者の過失を述べたあと……日本の将来の政治は、民主主義にもとづき国民全般が政治に関与しなければならない。特に婦人に参政権を与えることが必要である。婦人の参政によって戦争を防止することができると述べた」(19)。

次に、「民主化」とはどういう脈絡をもっていたのか。マッカーサーは一九四五年一〇月四日、近衛文麿に対して「第一に憲法は改正を要する。改正して自由主義的要素を十分に取り入れねばならぬ。第二に議会は反動的である。解散しても、現行選挙法では顔ぶれは変わっても同じタイプの議員が出てくるだろう。それをさけるためには選挙権を拡張し、婦人参政権と労働者の権利を認めることが必要だ」(20)と強調した。つまり彼にとって「民主化」の基本条件とは新しい革袋に新しい酒をもること、新しい民主議会の誕生のために「国民の自由な意見の表明」による新しい議員を選出することであった。彼はその課題を第一に女性票に託したのである。そのことは「五大改革」第一項の「婦人参政権付与」に、「婦人は政治体の一員として家庭の安寧に直接役立つ新しい概念の政府を日本に招来するだろう」と付言されていたことからも分る。マッカーサーは回想している。「昭和二一年四月一〇日の総選挙は、過去幾世紀もの慣習と伝統をくつがえした。……千三百万人以上の婦人がはじめて選挙権を行使したが、この千三百万人以上の票は、日本政界の顔を一変させた」(傍点—引用者)(21)。

こうして日本の女性への先見と自らの女性観に基づいて占領政策と女性を結びつけたマッカーサーの着想や洞察力は、女性将校を別にすれば、占領軍の中でも突出したものだった。例えば先のコーエンは「マッカーサーは、婦人参政権を含め、婦人解放にも責任を負った。将来には恩恵があり重要であっても、……占領の全体の流れに大きな影響を与えるものではなかったにもかかわらずである」(22)と述べ、女性への関心や評価の低さを示している。

2 婦人参政権付与指令と加藤シヅエ

「五大改革」の具体化までの経緯に関して、竹前栄治はこう説明している。「当面の政策の中から特にこの五つが優先的に選ばれたのは、占領軍の進駐前から準備されていた友好的日本人リストから選んだ指導者とのインタビュウによるところが大きかった。例えば、民間情報教育局のベアストック大尉やツカハラ中尉は、進駐直後の九月に、加藤勘十に労働組合の関係の顧問を、加藤シヅエに婦人関係の顧問を依頼し、……当面占領軍のとるべき措置の優先度について助言を求めた」(23)。

シズエ自身も証言する。降伏調印後「しばらくたったある日のこと、わが家の前に、突然ジープが止まったんです。……塚原太郎さんとおっしゃる若い二世の中尉さんで、……ご用向きは『今後、日本に民主主義のいろいろな法則を作らなくちゃならないので、ご夫妻に非公式な顧問を引き受けていただきたい』ということでした。……私には、『国防婦人会とか愛国婦人会は全部解散されているから、民主主義的な新しい婦人会を作ることや、婦人のいろいろな問題をどういうふうにしていったらよいか意見を述べてもらいたい』という重ねての要請がありました」(24)。その訪門が彼女の著書に触発されたウイリアム・カルビンスキー初代労働課長の意向を受けたものであることは間違いなかろう。

カルビンスキーは、労働組合法の制定に関与した際、シズエの夫勘十やその他多くの日本人と接触して意見を聞いているが、その理由をこう語っている。「アメリカ占領軍が命令するのではなく、日本自身にとって有益であって、しかも、日本人が運営するのですから、まず、日本人の考えを第一に考えたのです。だから、何回にもわたって会合を重ねました」(25)占領初期のリベラル派が日本国民のエネルギーを解き放ち、そこから新しい道を開こうとした姿勢を示す言葉である。もっとも、その施策の原型は「軍国主義の廃絶と民主化の強化」(一九四四年五月九日)にあり、その点彼個人の問題に還元すべきではないかもしれない。同文書は軍国主義復活防止の手段として自由主義者の助長を、そしてその勢力の中核としてキリスト教指導者、軍部に抵抗した勇気ある教育者、社会改革者、政治家を挙げていた。その点からいっても、シズエは戦中「危険思想」の持主として東京の警察署に拘引された経験(一九三七年一二月二五日〜三〇日)があり、まさに「適格者」であった。

シズエがGHQに招かれた婦人問題の顧問として受けた最初の質問は、「日本の婦人は、戦前どういうことで一番苦しんでいたのか。それで、何を一番求めていたのか」であった。彼女は「人間として認められることを求めていました」と家族制度の重圧について具体的に説明し、「民主主義・日本を作るなら、どうしても婦人に参政権を与えてくれないと意味がない」(26)と主張した。この提言は婦人参政権付与のためにマッカーサーがとったその後の動きと連動する。

先述の通り、彼の意向は九月一五日に東久邇に、一〇月四日に近衛に伝えられた。他方、シズエの方は最初に来訪を受けた日を「降伏文書の調印式〔九月二日〕から少し後」と、勘十は「九月二日か、三日ごろ」(27)と証言している。このことから、シズエが参政権付与を提言した日を、九月三日から九月一四日までの間と推測することができる。

以上の推移を整理すれば、先の機上でのマッカーサーの「改革構想」がホイットニー、カルビンスキーら改革の中心的担い手の「課題」になり、それがシズエとの「インタビュー」を経てマッカーサーへの「進言」となり、最終的にはマッカーサーの「裁量」によって「五大改革」の第一項に収斂されたということになる。シズエの次のような一見矛盾する発言もこのプロセスを雄弁に物語っている。彼女は、「私が『参政権下さい』なんていわなくても向こうでやらなくてはいけないと思って来て下さった」(28)と述べつつ、「五大改革の指令を見て『ああ、私たちの意見をすぐ取り上げてくれたんだなって、嬉しゅうございました」(29)と語っている。シズエの果たした役割はその英文著書を含めてかなり大きいといえよう。

シズエは戦前、獲得同盟に加わり市川らとともに活動しており(30)、その彼女がまず婦人参政権付与を進言したのは当然だったろう。

シズエはまた最初に婦人参政権が行使された総選挙（一九四六年四月一〇日）に立候補し当選を果たした。そのとき七九人が被選挙権を行使し、三九人の女性議員が誕生して注目を浴びたが、加藤によればその大量進出に一番驚いたのはマッカーサーとそのスタッフだったという(31)。また加藤は立候補にあたってはGHQからの「勧め」があったことを示唆しているが(32)、それが民間諜報局長のエリオット・ソープ准将によるものだったことは彼自身が証言している。

加藤シズエさんら、六人のレディを招いて立候補を勧めた。彼女らは軍人の石頭とは比べものにならないくらいの国際的知識をもち、ことにミセス加藤は、〝日本の家庭には小型東条や小型ヒトラーがいる〟と説明してくれた。

私は、彼女らに〝立候補するなら、精神的・物質的なあらゆる援助を惜しまない〟と約束し、ミセス加藤を含む何人かは当選した(33)。

日本の女性は、敗戦・占領というきわめて異常な時期にこうして「夜明け」を迎え、晴れて選挙権のみならず、被選挙権をも行使したのである。マッカーサーは、選出された三九人の婦人議員との非公式の会見で、「日本の女性は民主主義の挑戦に見事にこたえている。四月一〇日の総選挙の投票記録は世界にその例を示した」(34)と日本の女性たちを称えた。また二年後には次のようなステートメントを発表している。

この二年は日本の歴史上注目すべき年月であった。何故ならば、日本婦人は政治的平等により、柔和と威厳をもって政治に参加し、その測り知れない精神力と知恵をもって時代の複雑な問題の解決に寄与したからである。……私は日本全国の婦人に、彼女たちが、政治的に長足の進歩をとげたことを賞賛するとともに、……恒久平和を目指す日本の運命を築き上げるために今後とも婦人たちが指導的役割を果たすであろうという私の不変の信念をつたえたい(35)。

この高いトーンには、なるほど「雄弁家で、美文家で……自己宣伝というかPRの名人でもある」(36)と評されるマッカーサーの個性が滲みでている。とはいえこの言葉を単なる自己顕示的な外交辞令とは裁断できまい。ここで袖井林二郎が提出している次の「思考枠組」を想起したい。「アジアで日本が勝っていたとき、日本はどのような軍政を布いたのか、あるいは布こうとしたのか——それがわれわれの日本占領を研究する際のスタートにならなければならないと私は信じています」(37)。袖井はその例証として、日本の陸軍がアジアの女性に示した言動を示唆しているが、この比較論的視座をもってマッカーサーをみるとき、やはり彼は日本の女性にとって「解放者」の名に値するといえるのではなかろうか。

以上、占領軍（マッカーサー）の女性参政権をめぐる政策を見てきたが、それは日本側の為政者の女性に対する旧態依然たる役割固定意識に対し、民主主義の理念をもって新しい方向づけをしようとするものであった。加藤シヅエの「日本の官僚や政治家の古さからすれば、GHQの方がよほど民主化の頼りだった」(38)との言葉はまさにその実感から発せられたものに違いない。

もちろん、占領の全過程をみれば、占領政策がその後の日本社会に落とした影や限界もさまざまにある。また婦人参政権についても、そこに占領戦略の意図があったことは間違いない。依田精一は、「アメリカ政府の戦後構想の戦略的要請が最大の占領政策決定の要因であった」と総括し、「婦人解放」についても「それが占領政策の一環として位置づけられることは、……アメリカの国益に沿って……その戦後構想の中に収束させられる運命にあった」(39)と論じている。しかし、そういった全体把握をふまえてもなお、戦後の占領軍の婦人政策は「男女平等の一語につきる」(40)といわれるように、日本側が色濃く残す封建的婦人差別観とははっきり違うものであり、婦人参政権付与はその最も基本的な条件であった。

3　東久邇内閣・幣原内閣における婦人参政権

では占領軍の動きに対して日本側はどのように対応したのか。「国体護持」が日本の降伏にあたっての唯一絶対の条件であり、降伏決定のときから「国体護持」に向けてあらゆる努力がなされたことは周知の通りである。彼らは「国体護持」という課題が守れる限り、すべての占領政策に柔軟に対処し、婦人参政権についても寛大な態度を示した。

その「国体護持」を大前提としつつ、戦後処理の役割を背負って登場した東久邇は、最初の記者会見で（八月二八日）、

「国体護持ということは理屈や感情を超越した固いわれわれの信念である。先祖伝来われわれの血液の中に流れている一種の信仰である」と強調した。そうした日本側に衝撃を与えたのが、GHQから発せられた一〇月四日の「政治的民事的及び宗教的自由に対する制限の撤廃に関する覚書」(「人権指令」)である。これは、天皇に関する討議の自由、自由を制限する一切の法規の廃止、すべての政治犯の釈放、内務大臣の罷免、特高警察の廃止などを含むすべての自由を拘束する機関の廃止を命じたもので、東久邇内閣は総辞職をもってそれに抵抗した。もちろん「人権指令」は東久邇内閣のみならず、天皇制国家の抑圧機構が厳然として存在していた当時の日本にあって、それを背景としていた政治支配層全体への最初の痛烈な一撃であり、日本側支配層にさまざまな波紋をひろげた。例えば、この指令による獄中の共産党員および政治犯三千名の釈放に対して、吉田茂外相は「占領軍に治安維持法を共産党に対してだけ残してもらうよう占領軍に交渉せよ」(41)というほどの狼狽ぶりを示した。

他方、国内の食糧危機を景気とする混乱状態も彼らに本能的な危機感を与えた。この時期まだ残存していた憲兵司令部は、九月四日付で現下の治安判断をこう下している。「治安は……国民生活上の不安増大、思想的混乱の激化等に基因して逐次悪化の傾向を帯び、概ね十一月以降においては相当注意する事態に……」(42)。こうした内外からもたらされた日本の政治支配層の不安がかれらの関心を加重的に「国体護持」に向かわせ、それを必死で達成すべき課題にした。

市川が間接的に東久邇内閣に婦選付与を申し入れたことは先に述べたが、東久邇サイドにはその資料はない。ただ同内閣の動きのなかから婦人参政権問題への対応を仔細に検討すれば、占領軍からの刺激があったにせよ、それが決して視野外のものではなかったことがわかる。

一九四五年八月二八日、アメリカによる日本占領が開始された。東久邇内閣は同日初の内閣記者団との会見で、過去において「選挙粛正の美名」の名をかりて官吏が選挙干渉したことを非難し、近い将来に「新しい思想の下に総選挙を行いたい」(43)との所信を表明した。これは内務省当局の具体的な選挙法改正の動き(後述)と照応する。八月三〇日、これを受けて山崎巌内相が関係閣僚と選挙法改正問題のすすめ方について協議し、三一日には閣議で一九四六年一月下旬に総選挙という段取りを決めた。ただし、この日は改正を婦人参政権をも含んだ根本的なものにするか否かの決定は留保された。各方面の意向は改正は総選挙に関する便法にとどめておいて根源的な重要問題は選挙世論の動向を汲んで慎重にというのが一般的であった(44)。

しかし占領統治が進み、日本の非軍事化・民主化についての米国を中心とした連合国の意向が明らかになるにつれて、政府は暫定的な選挙法では事態に即さないことを認識しはじめた(45)。『東久邇日記』(九月六日付)にこうある「私は内閣を組織した直後、近衛、緒方[竹虎]両氏と相談して、……民主的平和的新憲法の制定を実現しようとして計画し、内々委員までも予定したが実現しなかった」「議会制度の大改革を行うためにはまず選挙年齢を低下し、婦人に参政権を与え……」。

『朝日新聞』(九月一四日)も社説で戦後はじめて選挙法改正についてとり上げ、民意は「根本的改正」にあるとして、「現制度をこのままにしておいたならば、現議員の殆ど大半が再選されて面目の一新が不可能とみられるからである。……。技術的応急措置だけではどうにもならなく、根本的改正が必要であることは当然である」と論じた。

九月一五日、東久邇はマッカーサーから婦人参政権付与の示唆を受けた(先述)。以後の動向は当然ながらこの影響を受けることになる。九月一八日、東久邇は午前一〇時からの閣議で「急変する内外の諸情勢は、休息なる民主政治の確立」を必要としているので、「たとえ総選挙の実施が多少のびてもこのさい選挙法の根本的改正」をしたいとの意向を表明した(46)。また、同日午後の連合各国の外人記者団との会見でも、天皇の戦争責任などの他、婦人参政権についても質問を受け、「民主主義の前提として、……婦人にも参政権を与え、公職にもつきうるようにせねばならぬ」(47)と答えている。なお、その際東久邇の方から逆に日本に対する感想を外国記者に求めたら、彼らから日本に対しての建設的意見として「日本婦人が各方面に進出しており、すこぶる優秀なのに関心した。婦人に参政権を与え、官界政界にも進出させ、婦人の地位を高めることが、国家の発展と平和確立のために有効であると思う」(48)との提言を受けた。東久邇の意向を受けた山崎巌内相が、関係閣僚と選挙法の根本的改正について協議したのは三日後の九月二一日だった。が、その日は結論が得られなかった(49)。

以上のような経緯を経て九月二八日、東久邇は婦人参政権を含め広範な課題を盛りこんだ選挙法の根本的改正に踏みきること、そのために「議会制度審議会」を発足させることを決めた。その翌日にはマッカーサーとの二回目の会談に臨んで、「近く議会を解散して、総選挙を行いたい」と報告した。これに対しマッカーサーは「よろしい」と答えたという(50)。ちなみに、この間の九月二六日には高松宮が外人記者に、「戦争期間中、余が得たものは銃後の婦人に対する深い尊敬の感情であった。戦後において婦人の社会的地位を向上せしめ、婦人にもっと社会的生活に機会を与へてやるのが余の念願である」(51)と語っている。

実は、きわめて重要であるにも拘らず市川サイドに記録がないが、『朝日新聞』(一九四五年一〇月五日)によると、一〇月四日東久邇内閣が「議会制度審議会」を設置し、その委員として堀切も市川もその名があがっている。すなわち、内閣三長官をはじめ関係官、貴衆両院議員、学識経験者四五名の委員のなかに、堀切は貴族院議員として、市川は学識経験者として、その名が連ねられているのである。ただし一度の会合も開かれずに終わった。前述の通り、東久邇内閣が自ら政権放棄の選択をしたからである。

一〇月六日、東久邇は最後の記者会見で「果し得ざりし抱負」として、その第一に「議会制度の改革」を挙げ、「選挙権の拡張して年齢の改正を行い……婦人の選挙権を考えていた」(52)と述べ、この件に関しては心残りのうちに政治の舞台から退場した。このように婦人参政権問題は東久邇内閣で政策線上にのり、実際始動されようとしていたのである。

東久邇の後継の幣原首相は所信演説で、「目指す革新の第一歩は総選挙の断行」と語った。当時再編されつつあった与野党も、民意に基づく議会実現のため、総選挙の即時実施を強く要望した。ただしこれらの主張はとりあえず現行法で総選挙を実施し、婦人参政権を含めた根本的改正は他日に譲ることを意味していた。実は東久邇内閣の末期には、婦人参政権を含む選挙法の根本的改正は「多くの時間を要し、来年五、六月位まではかかる。強いて早くし不完全なもので間に合わせても議会での審議混乱を免れない。結局、衆議院の現翼賛議員の任期延長になるだけ」(53)といった理由で、「暫定的改革で早期総選挙を」の声が優勢になっていた。幣原もそれを意識していたのであろう。

市川も理由は違ったが、「現行法のまま総選挙」を認めていた。「できるだけ早く多数の婦人に政治参加の票を与へること、ケチに制限などしないことです。……議会を解散して現行法のまま総選挙を行い新しい議会で選挙法改正をやるのはどうでせう。婦人は早く参政権がほしいけれど……一回は待ってもよいと考えます」(54)との意思表示をしている。戦前(一九三〇年)の制限婦人公民権案拒否の論理で、完全な参政権をと考えたに違いない。

4 堀切善次郎内相(幣原内閣)の立法意図

一〇月九日、選挙法をめぐるこうした政治気流の変化のなか、選挙法の根本的改正の決意を胸に内務大臣として登場したのが堀切善次郎である。そのとき堀切は、「どうしても選挙法を根本的に改正しなければならんと……幣原さんに呼ばれたときからそういう考えで、大急ぎで根本的に選挙法を改正しようという決心をしていた」。ただ、「デモクラティックということは多少あったがまだアメリカが言って来ない時ゆえ、それが強く働いているわけではな」(55)い。とにかく「新事態に対処するために日本の上層部の指導者を一新する必要があり、そのためには衆議院議員選挙法を改正しすみやかに総選挙を行うべき」との考えから、内務次官に坂千秋を起用することを条件に内相就任を受諾した(56)。

こうして選挙法の根本的改正の作業が両名の就任によって急テンポで進むことになるが、堀切起用の主眼はどこにあったのか。実は、この人事は特に選挙法改正に照準があてられたわけではなく、いわば消去法で直接には次田大三郎書記官長、前田多門文相が選任し、幣原が追認したものであった。また「選考基準」は「人権指令」の衝撃を反映して、まず過去、現在において警察畑に直接関係せず、しかもその経験はなくとも治安維持の重責を充分に果たしうる条件を備えた人物とされた(57)。治安対策が堀切に期待された主任務だったのである。

しかし堀切自身が前面にうち出したのは、幣原の選挙法の「根本的改正以前に総選挙」という方針をひっくり返しての「総選挙前の根本的改正」であり、そのなかで婦人参政権付与も既定の方針になっていた。この点に関しては小林与三次（内務省地方局行政課事務次官）が、「堀切さんが特に初めから婦人参政権を断行すべき」(58)との主張をもっていたと証言しているが、堀切自身も「婦人参政権付与をぜひやりたいと思って、そういう考えは固」(59)っていたと述べている。実際に堀切は内務省地方局が準備していた選挙法改正を積極化するのみならず、それを完全に官僚主導のものにした。また、その前提条件も整っていた。占領軍の初期の任務は非軍事化であり、日本軍は順次解体され、旧指導者は先般の指定・逮捕に怯え威信を低下させていた。その一方で、官僚をチェックする政治勢力、政党はまだ確立されていなかった。それに地方局当局者には戦前の経験、蓄積があった。

婦人参政権については堀切に期するところがあった。後年彼はその動機を次のように語っている。「日本の国体はポツダム宣言で日本の国民が決定しなければならないと思っており、イギリスの例をみても婦人の投票は右、左に偏らず、中性穏健に落ち着いているので戦後のごたごたの際には、こういう票を余計にすることは、非常に大切なことと考えて婦人参政権を主張しました」(60)。「あの時は、日本の国体はポツダム宣言で……、必ず人民投票で国体は決定しなければならない、私はそう思っていたのです。……イギリスの先例なんかによると、婦人の選挙権というものは中性穏健なところに集まるのですね。……戦後の混乱の際には中性穏健な投票が非常に大半《ママ》だという感じをもっていました」(傍点―引用者)(61)。そして、「人民投票とは選挙と別のものなのか」との念押しに、「むろん別です」（傍点―引用者）と答えている(62)。堀切は「国体護持」の是非は「人民投票」に委ねられると想定し、それを「是」にもっていくために、「中性穏健」な「婦人票」を利用しようと考えていたのである。

実際、ポツダム宣言そのものは「国体」に触れていなかったが、受託するにあたっては「究極的な政治形態は日本国民が自由に表明した意思によって決定される」との条件が付されており(63)、占領軍が「国体護持」問題にどう出てくるか、それが天皇の戦争責任の問題とも絡んで、日本の支配層全体に大きな不安と緊張を与えていた。堀切が「国体」の可否は「人民投票」によって決定されると想定したのはそうした状況のもとである。

では、なぜ「人民投票」だったのか。実は、堀切は第一次世界大戦後、内務省からワイマール共和国成立後のドイツに派遣され、ワイマール憲法やそれに関連する選挙法の実務を学んだ。そのなかで北ドイツの「アルレンシタイン市及び其の附近二市郡の所属問題をめぐる人民投票(住民投票)のための投票規則(堀切私案)」(傍点—引用者)を制定、そこでドイツに有利に導いたという経験があった。そして、その規則こそがワイマール憲法下、婦人参政権をはじめて認めた新選挙法に準拠して作成したものであった。そうした経験をもつ堀切にとって、「人民投票」は国民の意思を問うきわめて現実味のある方法だったのである(64)。

当時の日本の状況はかつてのドイツとそっくり重なっていた。ドイツは植民、侵略、征服、戦勝によってその国土をひろげ、第一次大戦敗北後は、国境策定(変更)の問題が大きな難題として残されていた。連盟国側、とくにアメリカやイギリスは大戦中からすでに「正当にして恒久的な平和の適正な基礎」として「民族自決の原則」を主張し、実際その線に沿って戦後処理がなされた。

翻って、戦後日本はどうか。八月一四日の天皇の詔書では、「朕ハ茲ニ国体ヲ護持シ得テ忠良ナル爾臣民ノ赤誠ニ信倚シ」(傍点—引用者)とされたものの、先述のように当時占領軍は必ずしも「国体護持」を保障していたわけではなかった。のみならず、GHQの「人権指令」(一〇月四日)によって国民に天皇制批判の自由が認められた。

堀切にとっては、ドイツでの「民族自決の原則」が日本の「国民の自由の意思」に、ドイツの「領土問題」が日本の「国体護持問題」に重なった。そして、ドイツの経験から「人民投票」は必定とされ、「国体護持」のために「中正穏健」とみなされた婦人票の利用が考えられた。つきつめれば、彼にとって緊要だったのは「国体護持」のための「婦人票」であって、権利としての参政権はあくまで二義的なものだったのである。

かくて、「国体」の危機の活路を婦人参政権に見出した堀切は、その決意を秘めて、内務大臣就任の抱負を「皇室に対する与論の問題は最も慎重を要するところで今この場かぎりで気づいたことを語るわけにはいかないが、私の信念は国体護持にあり、……」（傍点―引用者）と語る一方、選挙制度については「抜本的改正か急場に対する技術的改正でよいか、内閣全体の問題として練らねばならぬ」[65]と一応慎重な姿勢を見せた。だが、その直前すでに大臣官邸に内務省の坂次官、入江地方局長などを集めて意見交換を行い、事務当局も根本的改正の方針に異論がないことを確認していた[66]。また坂次官の発令に先だっては、坂に衆議院議員選挙法を根本的に改正し、(1)選挙権・被選挙権の年齢を引き下げ、(2)婦人に参政権を賦与し、(3)大選挙権区制を採用したいと述べ、全面的賛成を得ていた[67]。

そして、一〇月一一日には早速選挙法の根本的改正を閣議で提案、それが承認となり、一〇月一三日の閣議で選挙権については男女とも満二〇歳とすることに、被選挙権については少し遅れて一〇月二〇日の閣議で男女とも二五歳にすることに決定し（大選挙区制、制限連記制、選挙取締規定の簡素化なども決められている）、一二月上旬の臨時議会で成立させる段取りになった。次田大三郎（当時書記官長）の『次田日記』（国会図書館憲政資料室所蔵）の「一〇月一一日」には同日の閣議の模様がこう記されている。

……内務大臣ノ説明ニヨルト、「理想的選挙法ノ改正、即チ比例代表制ト云ウガ如キ問題ヲモ一挙ニ解決シテ、選挙法ヲ改正シ、引続キ解散、総選挙ヲスルトナレバ、如何ニ急イデモ数箇月ヲ要スル・併シ、ソンナコトダケデ済マスナラバ、一二月ノ始メ、臨時議会ヲ招集シテ、選挙改正案ヲ附議シ、其ノ決議ヲ待ッテ解散シ、総選挙ヲ行フナラバ、総選挙後ノ特別議会ハ二月中旬ニハ招集シウルト考エル」、「然ラバ其ノ簡単ナ選挙法ノ改正ト云フノハ、唯現在ノ儘ノ制度デ、人口ノ異動ニ応ジテ選挙区、並ビニ選出セラル、人員ヲ動カス、変更スルト云フダケノコトデアルカ」ト云フ質問ヲ私ガシタ所ガ、「サウデハナイ、選挙年齢ノ低下、婦人ニ選挙権ヲ授与スル コト、大選挙区ニスルコト等ハ所謂簡単ナ選挙法改正ノ中ニ包含シテ居ル」トノコトデアッタ．……閣僚全部ガ賛成デ、結局サウ云フコトニ決ッタ．サウシテ閣議後直チニ其ノコトヲ新聞記者ニ発表シタ．

その閣議後、幣原首相は就任挨拶をかねマッカーサー司令部にその報告に行くのであるが、その日はちょうど「五大改革」発令の日であった。そこで翌日また閣議を開くことになるが、次田はその日（一二日付）の日記にこう記している。

此ノ日ノ閣議ハ主トシテ先方ノ覚エ書ニ付テ、其ノ要求スル所ハ如何ナルコトデアルカト云フコトニ付テ、意見ヲ交換シタノデアルガ……婦人ニ選挙権ヲ与フベシト云フ要求ハ僅カ一時間程ノコトデ、当局ガ先手ヲ打ッテ、昨日閣議直後、……婦人ニ参政権ヲ与ヘルト発表シタノデ、際ドイ所デ後手ニナラナカッタコトハ、政府ノ面目カラ言ッテモ非常ニ宣カッタト皆デ喜ビ合ッタ．

いみじくもＧＨＱと直接接する日本側支配層の心理の機微がみえて興味深いが、後年堀切はこの閣議決定時（一〇月一一日）の模様を「婦人参政権はマッカーサーの贈物ではない」として市川らに次のように説明している。「私の提案に対して幣原首相が真先に賛成、前田多門文部大臣も積極的に、松本蒸治国務大臣はいずれの問題にも議論の多い人ながら、婦人参政権に対しては異議なく賛成。二〇歳以上の国民は男女の別なく選挙権を有することが全員の賛成で決定されました」(68)。

堀切はまた、閣議後幣原首相がマッカーサー司令部に赴いた際の話として、「幣原首相が、五大項目のうちの婦人参政権についてはすでに閣議で決定しているというと、マッカーサーは非常に喜んで、万事その調子でやってほしいと言ったと、閣議で首相は話されました」(69)と語っている。だが、好印象を与えたはずの「先手」もマッカーサーには印象に残るものではなかったらしい。マッカーサーは回想している。「日本の議会は私の提案で婦人を含め従来選挙権をもっていなかった多数の国民に選挙権を与えるよう選挙法を改正しました」(傍点—引用者)(70)。日本側の「先手」以前に命令を発していたマッカーサーとしては当然であろう。

その堀切と市川の戦前戦中の協力関係(ときには緊張関係)については可能な限り追ったつもりであるが、戦後堀切は、「婦人運動者の方々とは、愛市連盟、選挙粛正運動、また国民精神総動員のときしたしく仕事を共にし、真面目な協力を頂き敬意と感謝をもっておりました。そこで婦人の中性穏健な思想を期待しました」(71)。「市政浄化運動に携わった時、市川房枝、山高しげり、吉岡彌生などの婦人運動家と知り合うようになり、婦人参政権にも共鳴するようになっていた」(72)と語っている。

他方、市川の方も、「堀切さんは、戦争が始まる前に公明選挙運動、東京市政の改革の運動なども一緒にやりましてね、われわれ婦人参政運動をやったものは嫌われていましたが、堀切さんは理解してくれていました」。「堀切さんは『あんたたちは、歴史を間違えちゃいかん。婦人参政権はマッカーサーからもらったんじゃない、日本政府でこう決めたんだ』とおっしゃったんですよ」(73)と、「堀切証言」が彼女の大きな支えになっていたことを窺わせる。

では、まず本当に堀切は婦選運動の共鳴者、あるいは理解者だったのだろうか。堀切は市川らを利用こそすれ、婦選要求には「ロぬぐい」を通したのではなかったか(74)。一九二八年末の東京市政浄化運動にはじまり選挙粛正運動、国民精神総動員運動、翼賛選挙運動と、直接間接に共働しながら、彼が市川を重用したのは選挙粛正運動関係のみで、国民精神総動員運動でははっきり拒否反応を示した。もっとも婦人の政治的進出には強い抵抗感を示す多くの男子のなかにあっては、その程度でさえ婦人の「理解者」とすべきものかもしれない。また「マッカーサーからもらったんじゃない」との言葉も真相を知れば「一人よがり」でしかないことが分かろう。

5　内務官僚の自主的改革構想

内務当局の動きに注目しよう。戦後初めて選挙法改正問題にとりくんだのは山崎巌内相（東久邇内閣下）であった。八月一九日、彼は「新しい事態」に対処するためには選挙法改正が必須とし、「さしあたり占領政策の方向如何とは無関係に」選挙法に詳しい古井喜實を内務次官に起用し、その翌日には古井を中心に疎開、戦災、復員などで人々の移動が激しい事情に照らして選挙法一二条の改正等を討議した(75)。入江誠一郎地方局長の八月二三日付の日記には、「昨日以来、地方局内ニ於テ選挙法改正問題ヲ研究スル」(76)とある。

その後、八月二六日に省内協議、翌二七日には選挙法改正に関する会議が開かれ、その結果に基づき二八日、法制局と選挙法改正に関する打ち合わせが行われた。米軍の先遣部隊が厚木に到着し、アメリカ軍による日本占領が開始された日のことである。そして八月三〇日、マッカーサー元帥厚木に到着、その日山崎内相を中心に商工相、厚相、司法相などが選挙法改正について協議し、他方、入江も法制局長官などと討議した。そして翌三一日の定例閣議で、人口調査及びそれに基づく住居条件の特例を設けることなどが決定された。この閣議決定に基づき、九月五日には内務当局が法制局と打ち合せを行い、七日の閣議に緊急案「衆議院議員選挙法第一二条の特例に関する勅令」を提出、これが一二日の枢密院本会議で可決された。だが、以上の内容は根本的な選挙法改正ではなく、婦人参政権についてもこれが検討された気配はまったくない。

内務省で婦人参政権を含めた選挙法改正の必要性が認識されるのは、九月一五日マッカーサーから婦人参政権付与の指令を受けた東久邇が一八日の閣議でその検討を命じた後と考えられる。山崎内相が九月二一日の閣議で選挙法の根本的改正を協議している（前述）ことから推すれば、おそらくその直後であろう。入江によれば、一〇月九日、堀切から根本的改正（婦人参政権の付与、有権者の年齢引き下げ、大選挙区制）への協力を要請された時点ですでに、「主として、行政課の小林［与三次］事務次官が中心になって選挙権、選挙年齢、婦人参政権、選挙区制度、貴族院制度などの問題について研究を進めていた」(77)という。

それが堀切の内相就任によって加速化されるのであるが、堀切登場後の内務省は慌しかった。入江は、「その晩の発令で、あくる朝すぐ会議をして、その後すぐに婦人参政権と年齢低下……といったような突貫作業で……坂さんはあぁいうふうに選挙法の大家であるし私は全然素人でありますから鈴木さんと小林さんとのあいだの取り次ぎをしておった」(78)と語っているが、とにかく改正作業は、「幣原首相は意見はゼロといえばゼロ」(79)というなかで「最高の権威として、識見の高い、堀切内務大臣と坂内務次官とが、気脈を合わせて、積極的に引張」り(80)、これに当局者が積極的に応えるかたちで急ピッチで進められた。

この間、堀切は改正案作成を急ぐ必要から審議会などは設けず、坂次官を中心に諸般の準備をすすめることにし、一〇月一二日の閣議で東久邇内閣が設けた「議会制度審議会」官制を廃止した。ただ、坂や入江はその種の機関が必要と考えていた模様で、堀切は、坂から「選挙法調査会を作り、そこにかけて議会にもってゆかないと、紛糾してむずかしいじゃないかと注意されたことを覚えている」(81)という。また入江局長からも、「選挙法を改正するならやっぱり調査会のようなものを」(82)との提言を受けたが、堀切は、「あれにかけてやったら暇ばかりかかってとても間に合わないと思い」(83)、「いやそんな必要はない。急ぐのだからそんな閑もない。大きな重要な問題は私と坂次官と決めるから、君たちはただ文案を作って貰えばいいのだ」(84)と自らの意思を通した。

堀切に特別の切迫感があったことは確かだが、例えそれを除いても、占領軍の非軍事化・民主化に向けた動きが活発化するなかで形式的な手続きにさく時間はなかったと考えられる。小林も「ぐずぐずしていて……占領軍からとやかく言われるのはかなわないという含みもあった」(85)と述べている。

他方、次田はもっぱら彼らを鞭撻する役割を果たしていたようだ。坂は次田から「ぐずぐずしていると司令官から何をいってくるかわからないので」、「早急に立案するように命じられた」(86)と、また、「急げ急げと鞭撻を受けた。……その部屋に呼ばれて急がされた」(87)と語っている。小林も次田から「改正作業を促進された」(88)と書き残している。

こうして連日連夜急ピッチで改正作業が進められるのであるが、次の小林の証言はその空気を映してリアルである。「よくあの選挙法の改正は、司令部の意図でやったのではないかといわれるけれども、そうではない。私は我が国で本当に選挙のエキスパートだけで、思いのままに選挙法を作ったのは、あの選挙法だけだとさえ思っている」(89)。そして、そうした「ふつうでは考えられない内容の大改正を異常な手続きとスピードで可能にしたのは、世情が動揺、混乱、放心、虚脱の状態にあった」からで、まさに「戦争が終わって新しい戦いが、それこそ『戦争』のような騒ぎで行われ選挙法の根本的改正を完成させることができた」(90)。

内務当局者のそうした時代の趨勢への適応感覚、時代を先導する現実的適応能力は、例えば、「婦人参政権ニ対スル各層ノ意嚮聴取ニ関スル件」(一九四五年九月二二日付国立公文書館所蔵)と比較すればよく分かる。同文書は神奈川県知事と警察部長が管轄下の各層(有識者)の意向として、内務大臣に意見を具申したものであるが、「訓練ノナイ日本婦人ガ参政権ヲ得テモ大ナル希望ヲモテズ又日本家族制度カラミルニ時期ハ尚早デアル」と結論づけている。

ともあれ、婦人参政権を含む選挙法改正案は、発案から立法作業まで、占領軍の干渉を受けることなく、完全に日本側の内務官僚主導で成案に至った。一一月一六日には堀切が皇居におもむき、それを天皇に内奏した。その心境や如何ばかりであったろう。

以上、戦後の動揺と混乱のなかで婦人参政権の付与、選挙法の改革が、体制の危機を感知した堀切とそれに迅速な対応を示した内務省官僚の共鳴によって推進された経過をみた。ここに見る彼らの先見性と行動力はまさに注目に値する。

そのなかで堀切は、「人心一新論」(「総て指導的地位にある人は皆変わる必要がある」)をもって立案を大きくリードした。それが安易なものではなかったことは、しばしば発せられている「追放なんてうまい考えがあるのなら、第一にそれを考えるべきだったが……」(91)との述懐からも理解できる。彼は急進的な改革――天皇の存在を危うくする改革――には拒否反応を示したが、基本的には議会の戦争推進勢力一掃をめざして選挙法の根本的改正に尽力した。それが天皇制支配機構の再編・統合のための条件反射的なものであったとしても、議会一新を真剣に考えていたことだけは間違いない。もっとも「特高パージで若い人達が皆のかなければならん。如何にも気の毒なので、特高パージを緩和してくれないかと」(92)と占領軍と折衝するなど、意識の浅さも見せている。

婦人参政権についていえば、先述のように、婦人票を「利用」しようとしたばかりではなく、そこには共産主義化防止のねらいもあった。堀切は後年こう語っている。「二、三年前のギリシャで立証されましたな。一般の予想では必ず内閣がひっくりかえって共産系の内閣が多数を占めるということだったのが、婦人参政権の与えたためにそうならなかった」(93)。この論でいけば、堀切は次田が当初期待した治安維持の任務の一端を下から支えたことになる。

なお、坂が大正デモクラシーの高揚期には婦人参政権を認めながら、満州事変後は腰が引け、冷淡になっていたことは先述の通りであるが、では戦後はどうであったか。彼が直接に婦人参政権に言及した記録はないが、小林が「日本に婦人の代議士があんなに沢山でたのは坂先生のおかげ」(94)というように、確かに婦人議員の大量輩出を助長する制限連記制の実現には努力した。だが、それは結果論であって、坂自身も「あれは技巧的な考え方で、本質的なものの考え方から来ているものではない」(95)と語っている。他方、鈴木俊一(当時内務事務官)は次のような見解を示している。「坂さんの終戦後の選挙法改正の一大卓見は、制限連記であったと思う。……あの時の坂さんの考えは、年齢低下、婦人参政権のいずれも戦争中抑圧されていた民衆の気分に広くはけ口を作っていこうという考え方から出発していたと思います」(96)。とすれば、坂にとっても婦人参政権は革命、あるいは革命状況の出現の歯止め策の意味をもっていたことになる。

いずれにしても、堀切はじめ内務当局者にとって婦人参政権は、それが彼らの自主的な改革構想であったにも拘わらず、普遍的権利としてのそれではなかったのである。

6　婦人参政権をめぐる国会審議

では、議会では婦人参政権はどう扱われたのか。大日本政治会（翼賛政治会の後身、進歩党系）の動きに注目してみよう。国立公文書館所蔵『選挙法改正問題に対する日政の態度に就て　昭和二〇年八月三一日』（警視庁情報課作成）によれば、同会の政調会に設置した戦後措置委員会のなかの第三委員会（委員長・太田正孝）と第四委員会（委員長・清瀬一郎）との連合委員会が、八月二七日第一回の会合を開いている。が、この日は「先ヅ此際法ノ根本的改正ヲ行フベキカ或イハ応急的改正ニ止マルベキカニ就イテ論議サレタガ、根本的改正ヲ行フ為ニハ相当ノ時日ヲ要スルヲ以テ差当タリ応急的改正ヲ行フベシトスル意見ガ強ク」、「人口移動ニヨル選挙区域ノ問題」などだけの審議で終わった。その後、九月二九日、衆議院に「議員制度調査特別委員会」が設けられ、一〇月一二日には「衆議院議員選挙法改正要綱」が議決されているが、改正は技術的細目にとどまっていた。そうしたなか、一〇月一九日には坂と入江が大日本政治会に出向き、先に策定した「衆議院選挙制度改正要綱」案を説明するが、彼らの対応から「議会ニ上程サレタ場合ノ困難ガ予想サレタ」(97)という。

ともあれ、その政府案が一一月二七日に第八九議会衆議院へ提出され、それが一二月一日に本会議に上程され、四日に委員会に付託、一二月一五日には「選挙法改正法」成立となるのであるが、この間の婦人参政権をめぐる論戦は、議員サイドもさることながら、政府側（堀切）の旧態ぶりを示してあまりあるものであった。まず堀切の提案理由を聞こう。

女子モ……一般的ニ教養モ進ミ、殊ニ近時或イハ男子ニ伍シ、或イハ男子ニ変ワリ、或イハ男子ナキ後ヲ守リマシテ活動致シマシタ実情ニ徴シマストキハ、選挙権行使ニ支障ナキ段階ニキテイルモノト認メラレルノデ在リマス。而シテ女子ガ男子ト等シク新シク参政権ヲ取得シ、政治ニ参与致シマスコトハ、婦人ノ地位ヲ向上シ、国民ノ総意ヲ新ニ如実ニ政治ニ反映セシメル所以デアリマシテ、今後婦人問題、家庭問題、社会問題等ニ付キマシテ政治ニ一新機運ヲ与エ、新日本ノ建設ニ寄与スルコト少ナカラザルモノガアロウト存ゼラレルノデアリマス(98)。

ここには婦人の銃後の役割におけるその能力や実績への高い評価と信頼があり、また、婦人解放の視点もないわけではない。この堀切の提案に対しては、「婦人参政権に反対するものではないが」との前置きがなされつつ、執拗な抵抗が繰り返された。議員たちの意識は、堀切をして「マッカーサーの勧告があったことによって、枢密院や議会がスムーズに通してくれたことは否定できませんが……」(99)といわしめるものであった。

枢密院については、法制局長官楢橋渡の恫喝ともいえる直談判が功を奏したところもあったかと思われる。楢橋は書き残している。「担当大臣〔堀切〕が困っているとの知らせを受け」枢密院に行き、「枢密院顧問官諸君は婦人参政権法案に挙げて反対しているようだが、あなた方は、平沼〔騏一郎〕議長をはじめ皆戦争犯罪人ではないか！」と一喝、平沼以下唖然としているところを、「男性はことごとく戦争の責任者だ。……今回の戦争によって一番苦しんだ者は誰であるか」と母親や妻の苦難を述べ、「もしこれらの女性に今少し早く、男子と同様の政治上の発言権を与えていたら、……この無謀な戦争は或いは喰い止められていたかもしれない」と説き、最後にこう警告した。「貴殿の座っている椅子は日本の敗戦、マッカーサーの進駐によって既に転覆しているのである。それに気付かず旧い制度を守り、呑気にしているのは時局を見る目を失った惰性と見る。マ指令部が貴殿を戦争犯罪人として牢獄にぶち込む準備をしていることを私は知っている」(100)。

議会に戻れば、婦人参政権付与による家族制度の崩壊の危惧や危機感や、政治的には未熟とみなした女性に対する政治教育の必要性など、議員の発する言葉には一種の無念ささえ滲みでている。上田孝吉（日本進歩党）はこう論じる。

私ハ婦人参政ニ反対ヲスルモノデハアリマセヌガ、我ガ国ハ従来婦人ハ家庭ヲ司ル、内助ノ功ヲ讃ヘラレテキマシタ。所謂我ガ国ノ家庭制度、淳風美俗ガ存在シテ居ツタノデアリマス。此ノ家族制度、淳風美俗ト婦人参政権トノ調和ガ最モ必要デアルト存ズルノデゴザイマスル(101)。

問題は男女同権という普遍的権利と家族制度という日本に特殊な課題との矛盾と、その調和の方法であるが、堀切はこれを次のように説明している。

婦人参政権ノ付与ニ依リマシテ家庭内ノ平和ヲ紊リ、淳風美俗ガ壊レルガ如キ虞ハ毛頭ナイ……、寧ロ之ニ依リマシテ却ツテ婦人ノ地位ヲ高メ、其ノ知識ヲ向上シ、妻トシテモ真ニ近代的ナ教養ヲ備ヘタ女性トナリマシテ、夫婦ソレゾレノ立場ヲ理解シ合フ、本当ノ意味ノ新道徳観ガ完成サレルノデハナイカト……(102)。

上田は、委員会でも、現在十分なる政治教育がなされていない婦人に婦人参政権と家族制度の調節をすることができるかと攻めたてているが、これに対しても堀切はこう突っぱねている。

今日マデ我ガ国ノ家族制度ハ非常ナ長所ヲ持テ、淳風美俗ノ根底ヲ成シテ居ルモノト考ヘマスガ、併シ其ノ間ニヤハリ又我ガ国ノ家族制度トシテモ色々ナ欠点ガアリ、一方カラ考ヘマスレバ、マダ婦人ハ不当ニ圧迫サレテ居ル点モアルノデハナイカト云フ点モ考ヘラレルノデアリマスガ、是ラニ対シマシテ、今日婦人ニ対シテ参政権ヲ与ヘルニ一応十分ナモノト考ヘマスノデ、之ニ依リマシテ益々婦人ノ地位ニ対スル一般的、国民的理解ガ更ニ深マリ、……(103)。

また、田村秀吉（日本進歩党）は婦人参政権が「政治上の効果」をあげるには、「二年ナラ二年後ニ婦人ノ参政権ヲ与ヘテカラ、ソレマデ全力ヲ挙ゲテ婦人ノ政治的教育ヲスルコトガ穏当」と意見を述べ、これに対し堀切は、「今日ノ婦人ハ相当政治的ノ自覚モアリ、参政権ヲ与エルノニ差支エナイ」、ただ懸念されるのは棄権だが、「公民啓発運動」によって防止したいと答えている(104)。以上、ここまでは議員の「後進性」と堀切の「先進性」が対照をなして現れている。だが論の組み立ての弱さから、堀切は旧意識を露呈することになる。婦人参政権と家族制度は矛盾しないといい含めても、事実として現行の刑法、民法との齟齬が残っていた。この点については上田、田村などから追撃を受けるが、堀切は「刑法上、民法上等ニツキマシテハ、現状ヲ維持シテ行ク」とする一方、婦人参政権付与によって「家族制度ノ根本ニ激変ヲ来スヤウナ影響ハナイ」(105)と言い切っている。翌七日にも菊池養之輔（日本社会党）から、「民法上ノ制限ヲ此ノ儘ニテ置カウナドトイフ考ヘ方ハ断ジテ私ハ誤マリダト考ヘル」「婦人選挙権ノ付与ハ、一体婦人ノ基本的人権ヲ尊重スルタメニ付与シタノデアルカ、ソレトモ連合国ノ意図ヲ推察シテ巳ムヲ得ズ付与スルニ至ツタノカ」と迫られるが、堀切は「直チニ民法上ノ男女同権モ実行シナケレバナラナイト云フコトモ考ヘテ居ナイ」と制度上の家族制度は撤廃しないと突っぱねている(106)。

他方、岩田宙造司法相も中村梅吉（日本社会党）の追及に対して、現在は「同時ニ改メナケレバ差支ヘヲ生ズルコトハナカラウ」が、いずれは家族制度についても改正が必要として、「具体的点ニツキマシテハ早速研究ニ着手スル」と答弁した。また、妻の立候補の場合の夫の同意事項に関して大川光三（日本進歩党）から、妻の立候補については選挙法と民法の矛盾を避けるべく新たな条文を置く必要があるとの質問を受け、「夫ノ同意ハ必要ナク、ソノ点ニオイテ選挙法ト民法トハ矛盾シナイ」と答えている(107)。

政府側のそうした対応の矛盾を衝いているのが『朝日新聞』（一二月一二日）である。

内相は婦人参政は私の持論であると答へたが、それにしては、婦人の政治的自由はその社会的自由と離れてはあり得ないのであるから、当然参政権付与と共に私法上の婦人の立場を検討しなければならぬ訳であるが、この点について、民法上の妻の立場から例へば立候補する場合、夫の許可を要するかどうか等についての政府の答弁はしどろもどろである。

堀切と岩田の対応については、市川も厳しいクレームをつけていた。「ポツダム宣言中の『基本的人権の尊重』のためには婦人を『無能力者』とする法律は一日も早く撤廃」すべきであり、「この点に関する堀切内務大臣及び岩田司法大臣の先日の答弁は全く笑止の限りといわざるを得ません」(108)。

そうして勇躍して改革に取り組んだ意識の程度が露呈するなか、堀切は占領軍側を巻きこむ事件を惹起する。堀切が「〝たとえ婦人に参政権が与えられたとしても次の選挙で投票する婦人のうち、九〇％は、男のいうがままに投票するであろう。だから、女性の権利を縛っている法律〔家族制度〕をかえる必要なんかないんだ〟」と言ったのに対し、加藤シズエが「女性に対して失礼千万なことを言った」として、占領軍の女性中尉ミス・エセル・ウィードに訴えた。それを受けて彼女はＮＨＫの放送番組で堀切と加藤を対決をさせ、そこで「加藤は切っ先鋭く堀切に切り込んだ」というものである(109)。

実際、これを立証するGHQの資料がある。NHK文化調査研究所『GHQ文書による占領期放送史年表』（"GHQ/SCAP Records Box No. 5351 Sheet No. CIE(B)-02408"）で、およそ次のように記されている。一九四五年一二月二九日（第一・二放送、二〇：〇〇〜二〇：三〇）、「座談会　民主主義日本における婦人の立場」と題し、山浦貫一を司会者として加藤（急進派）、堀切（保守派内務大臣）、市河彦三郎（自由主義派、元イラン特命全権大使）が議論を闘わせた（具体的内容は不明）。「内務大臣が国会の選挙法討議のなかで婦人の地位は変わらないと発言したのが引き金」となって、「婦人たちが手紙で内務大臣を攻撃し、法律改正を要求した。……家庭に民主主義がない限り、日本に民主主義は存在しないと抗議している手紙もあった」。

では、震源となった堀切発言とはどういうものか。おそらく衆議院での次の答弁と考えられる。

婦人ノ集リデノ話ヲ聞イタノヲ一寸申シ上ゲテミマスト、……投票スル人ノ八、九割ハ多分主人ト同シデアラウ、其ノ中ノ一割位ハ寧ロ主人ヲ引摺ルコトニナリハシナイカ、後ノ五分カソコラガドツチニナルカ分カラナイ。……主人ト大部分ガ同ジデアラウトイフコトハ、……家族制度ノ上カラ申シマシテモ洵ニ麗シイ。……一割位ガ主人ヲ引摺ル、……コウイフ場合ハ主人ノ方ガ寧ロ政治的ノ自覚ガ十分デナイト考ヘラレルノデ……是モ家族制度ノ上カラ申シマシテモ、洵ニ結構ナコト……(110)。

堀切は、貴族院でも同様な答弁している。

何ト申シマシテモ矢張リ婦人ハ単純デアリ、率直デアル点ガアルト思ヒマス。……固ヨリ婦人ノ投票ノ大部分ハ亭主ノアル婦人デアリマスレバ、夫婦仲良ク多分同ジ所ニ行クコトダラウト思ヒマス。或イハ娘達ハソノ家ノ家長ノ、否父兄ノ話ス所ヲ聴イテソレニ左右サレテ同ジヤウニ行クト云フコトガ大部分デハナイカト思ヒマス。此ノ間或地方ノ婦人達ガ集マツテ、婦人ノ投票ガドウナルダラウカト云フ話ヲシタ際ニ、皆ノ一致シタ意見トシテノ観測ハ、コノ儘デウツチヤツテ置ケバ、棄権ハ五割位ニナリハシナイカ、残リノ五割ノ内四割ハ主人ナリ父兄ト同ジ投票ニナルダラウ、五分ハ女ノ方ガ男ヲ引連レルダラウ、後ノ五分ガドウナルカ分カラナイト云フヤウニ意見ガ一致シタト云フコトヲ聞キマシテ、……大体ソンナ所デハナイカト云フヤウナ感ジガイタシマス……(111)。

これは頑迷固陋な貴族院議員山隈康(研究会)の質問、「婦人ノ如キ政治ニ関心ノナイ、教養ノナイ、経験ノナイ、斯ウ云ウ者ニ、突如トシテ、何等ノ心構ノナイ際ニ選挙権ヲ与エマシタ処ガ、是ハ寧ロ失敗ニ終ル結果ヲ生ズルノデハナイカ」に対する答弁であるが、保守的な議員の追及をかわすためではあれ、あるいは漸進的な改革をめざす意欲ではあれ、堀切の婦人参政権論はやはり制度のなかの理念に乏しいといわざるをえない。

ここで堀切の「マッカーサーの勧告がなく、枢密院や議会で障害にぶつかろうとも……婦人参政権は実現してみせると確信をもっていました」(112)との言葉が現実味を帯びてよみがえってくる。確かに堀切の覚悟は中途半端なものではなかった。だが彼の究極の目的は「国体護持」にあり、それを除いた個人としての意識は「肯定」とも「否定」ともいえない紙一重の分別ではなかったか。

堀切は後年この議会で議員から「人民投票」をめぐる質疑がなかったかとの質問にこう答えている。「人民投票の機会だとまではっきりしたなにはないと思うのですが、……誰だったか突いてきたなあと思っていた」(113)。そこで議事録にあたってみると、確定はできないが、菊池養之輔の質問とそれに対する堀切の答弁がそれではないかと思われる。

「私ハ第一ニ国民投票ニツイテ政府ハドウイフ考ヘヲ持ツテ居ルノカト云フコトヲ聞キタイ……最近ノ情勢カラ見マシテモ、単ニ議会ニ意志ヲ問ウダケデハナクシテ、直接国民ノ投票ニ依ツテ此ノ問題ヲ解決スルノガ正シイト思ハレルコトガ出テ来ル……或ヒハ又連合国ノ要求ニヨツテサウセネバナラヌヤウナ事態ガ起ルカモ知レマセヌ」（菊地）、「只今マデノ所マダ其ノ必要性ヲ認メマセヌ」が、「今後ノ情勢ニヨリマシテ、或ハサウイウヤウナコトノ必要ガ起ツテコナイトモ限リマセヌ。若シサウイフヤウナ場合ガ起ツテキマシタ場合ニハ、之ニ応ズル用意ハ十分ニ持ツテ居ル積リデアリマス」（堀切）(114)。

いずれにしても、婦人参政権付与と家族制度の温存という相反するテーゼを調和的に消化する政治感覚は、国・家族を中心におく価値観から個人中心の価値観への大転換などが一朝一夕にはいかないものであるにせよ、その推進意欲の本質を映し出してあまりある。しかし、表面的にはマッカーサーの意図と完全に一致するものゆえ、推進当事者として堀切の勇気は倍加したに違いない。結局、議会での婦人参政権をめぐる説明、反応、答弁は、吟味するほどに、国民としての普遍的権利ではなく、資格審査的な国家的義務に対する能力の問題としてしか扱われていないことが分かる。

以上のような議会審議を経て、一二月一五日「選挙法改正法」成立、次の選挙から婦人参政権の行使が可能になった。女性を圏外においてスタートし「婦選なくして普選なし」と市川らを慨嘆させた普通選挙法成立以来、実に二〇年の年月が経過していた。

ところで、五百旗頭真は、占領改革の一般的枠組を「日本側先取り改革定着型」、「典型―混合型」、「GHQ指令型」の三つに分け、「成人男女全員が選挙権を有する真の普通選挙法が、長年の経験を有する啓蒙官僚の手で樹立された」として、婦人参政権を「日本側先取り型」に腑分けしている(115)。しかしその類型でいけば、今まで見てきたように婦人参政権は「典型―混合型」が妥当ということになる。

なお、戦後の公職追放令（一九四六年一月四日）によって、堀切、坂、次田は改正作業終了後、追放該当者になった。この追放令における占領軍の意図が戦争推進勢力の総選挙出馬阻止とそれによる民主議会の誕生だったことを考えるとき、それはその限りにおいて堀切の意図と完全に一致するものであった。それゆえに追放令が翼賛議員すべてを対象とし、しかも最終的には総勢二一万人にも及ぶものであっても、堀切自身がその対象になる運命だったとはあまりにも皮肉だった。ここに歴史を創造した者の「主体性」と被追放者という意味での「客体性」が、民主主義を体現しながら過去からの伝統を背負いこまされた婦人参政権の光と影が映されているといえるかもしれない。

7　婦人参政権成立の史的条件——総括として

最後に市川ら婦選運動者が拒まれ続けてきた婦人参政権が、なぜかくも早く実現をみたのか、その史的成立条件は何であったのか、婦選運動の決着点としてそれを今一度整理しておきたい。

総括的に述べれば、婦人参政権は、占領政治のダイナミズムのなかで、占領者、立法者、運動者がその内発的契機を違えつつ利害の完全一致をみて生みだされた戦後民主改革であった。では、その三者の立場とその利害はどのようにからみあっていたのか。まず占領者についていえば、本来占領という統治形態が完全無欠であるはずはなく、その功罪もさまざまに論じられている。しかしそれを前提にしても、「五大改革」の婦人解放指令（婦人参政権付与）は占領政治の最も良質な部分の発露だった。占領下であれ、もっぱら「マッカーサーの贈物」とされたのも、個人が国家に埋没し女性が男性に隷従する日本社会において、人々がこの権利を実現させる「器量」を自国の政府、あるいは男性ではなく、マッカーサーのなかに見出したからに他ならない。政治的無権利のもと忍従の生活を強いられていた女性たちは占領政策によって得るものこそあれ失うものは何もなかった。占領軍に対する評価の多岐性もこの種の得失に無関係ではなかろう。婦人参政権は占領戦略の一環としてにせよ、日本のあるべき姿のなかにくっきりと描かれ、選挙法改正の主眼としてのみならず戦後民主化改革全体のなかでもその中心的位置を占めるものだった。

他方、被占領国日本では、間接統治ゆえに占領の客体で終わらず主体たりうる余地があった。占領者と被占領者は対立や緊張をはらみながらも、模索のなかで最終的な政策を生みだしていった。そのダイナミズムのなかで占領軍と日本政府の政治的利害を共有する方向性をもった。その典型はマッカーサーの高度な政治的判断と日本側の比較考量から導きだされた「象徴としての天皇」であり、日本政府は「国体護持」が崩壊されない限りにおいて協力を惜しまず、むしろ「自主性」を発揮した。「国体護持」の問題は少なくとも新憲法の成立までは体制側の最大・最高の命題であった。占領者側の「裕仁天皇の存在が確かなものになるや、日本側の従順さは保証された」(116)との証言は、敗戦時から「国体護持」に狂奔した支配層の姿と、それがやがてマッカーサーの意思による天皇の容認によって安定に向かった過程を彷彿とさせる。

婦人参政権においても、占領者側と被占領者側の双方が、視点こそ違え、「穏健中立」女性票を政治支配の道具のひとつと考え、その意味での認識を共有した。その点では一九四五年一〇月一一日の「五大改革」の指令と「婦人参政権の閣議決定」にみる一致は論理的必然性があったというべきかもしれない。それでも日本側の自主性は、その文脈を広げれば、他動性を前提とした、あるいは他動性に包含される自主性であった。

婦人参政権付与に尽力した堀切内相についていえば、彼の意欲と熱意を下支えしていたものは、やはり占領状況をのりきろうとする体制保存の本能と現実的な戦略意識だった。婦人参政権と家族制度は矛盾しないとの論理・主張はそれと表裏のものである。

では市川ら婦選運動者の方はどうか。彼女らの戦後の立上がりは早かった。「男たちが敗戦の焦土に虚脱状態におちいり、頭の切りかえもできないでいた時に、女たちは敗戦という不幸を婦人解放のチャンスに切りかえたのである」(117)と端的に誇れる素早い対応だった。そこには戦前からの苦闘の歴史があり、彼女らはその実現の契機や背景に関わらず、婦人参政権を即座に受入れ、その権利を発展的に使う能力を醸成してきていた。

だが彼女らは、直接には婦人参政権成立に関与することはできなかった。婦選運動の目標は加藤シヅエを媒介者として占領策政の目玉となり、片や日本側がそれを先取りして実現したのである。今までの「血みどろ」の闘いは一体何だったのか……。市川の心境は複雑だったに違いない。堀切の「先手」を強調して、婦人参政権は日本政府によって付与されたとしつつ、同時にそれが「マッカーサーの勧告によって、最も保守的な議会をスムーズに通ったことは否定できない」(118)と一応マッカーサーの功績は認める。だが、婦人参政権の実現は「結局ポツダム宣言の趣旨だと思うんです。だからマッカーサーでなくてもあのとき、誰が占領軍の司令官になっていても日本政府にそれを指示したにちがいないと思います。」と「マッカーサーの贈物」説には強い抵抗感を滲ませる。そして、戦後第一回衆議院議員選挙で当選した女性議員がマッカーサーのところへお礼にゆき加藤シズエが代表で挨拶をしたことに対しても、「マッカーサーのところへお礼に行くのはおかしい。お礼に行くならアメリカなりイギリスで婦人参政権運動を一生懸命やって男女平等を認めさせそれ以来、民主主義に男女平等が入るようになったんだから、感謝するならむしろそういう人たちに感謝すべき」(119)と異を唱える。

また、婦選付与が決定され新聞記者にうれしいでしょうと言われたときには、「すぐうれしいとはいえず、しばらく黙っていてうれしい」といった。「戦争でたくさんの人が死んでいるし、家屋をやかれ、商売もやめさせられ、それで敗けた。イギリスやアメリカの婦人たちは第一次世界大戦に協力してくれたから勝ったとされて、そのほうびとしてもらった……。日本は戦争に負けてもらったんじゃ肩身が狭い。しかし欲しいと思って運動して来たのだから、うれしいと言っていいけど、素直にハイといえなかった」(120)と言う。

市川の心の底には、実現の根底には永年の運動の積み重ねが存在したという自負と、女性解放史上に画期的な力を示したにも拘らず改革のヘゲモニーをとりえなかった無念さが秘められているように思われる。「ポツダム宣言の趣旨」といっても、「市川は最後まで、参政権が米国によって一方的に与えられたといういい方には『無念』の思いをかくさなかった」(121)、「参政権運動一途の市川にとって…それは耐えられないこと」(122)といわれる。

運動の正当な評価を願う市川の心情は充分わかる。しかし、成立の契機がどうであれ、その苦闘の歴史が女性解放上の大きなモニュメントであることはゆるぎない事実である。「協力」はあったが、家族制度が深く浸蝕した日本の風土にあって彼女たちの苦闘は並大抵のものではなかった。この点については占領軍も認めていた。占領下、ソ連をはじめとする極東委員会の調査団が来日したとき、調査団が「アメリカの新聞が日本の女性への参政権は押付けと書いている」と述べたことに対し、占領軍の民政局は「婦人参政権運動は戦前から日本にあり、その進展が、敗戦によって早められただけのことです」(123)と答えている。

以上、三者それぞれの立場を敷衍すれば、立法者は婦人参政権付与に「国体護持」という至上課題の鍵を見出し、それによって占領軍の民主化の要請に積極的に呼応しつつ、同時に戦前からの先覚的女性によって続けられきてた「婦選運動」に対して理解を示し解決するという妙味ある手綱さばきをやってのけたことになる。婦人参政権の重要性を切に認識したのは、運動者を別にすれば、当事者一般よりもむしろ立法者だったと言えるかもしれない。

★終章

市川房枝と婦選運動

1　「要求」と「協力」のはざまで

1　体制加担の論理と内的契機

戦後婦選成立にあたって女性側の推進力になったのは、「満身創痍」の市川ではなく、「無傷」で戦後を迎えた加藤シズエであった。この歴史的現実、市川にとって婦選運動とはいったい何だったのだろうか。

市川の評価に関して筆者は、冒頭でそれをトータルに肯定したり否定するのではなく、歴史的背景を視野に、「正」と「負」、「光」と「影」のそれぞれをきわめて運動の困難な時期に遭遇した「試行錯誤の局面」として捉え、そのうえで歴史的教訓を導きたいと述べた。最後に、その観点から、市川の歩みを若干整理しておきたい。

市川の主導した婦選運動は、日本が大正デモクラシーを経て破滅の道をつき進んだ時代に重なり、悪戦苦闘のうちに、権力との「対決」→「妥協」→「同化」の軌跡を残して終わった。この流れのなかで、「対決」の局面についてはもはや詳述することもなかろう。その前史である新婦人協会における権力への果敢な挑戦、婦選獲得同盟での許容限度ぎりぎりの激しく粘り強い闘いは、いくら称賛しても称賛しすぎることはない。まさに大正デクモラシーを体現してあまりある態度であった。その非妥協の精神に貫かれた戦略・戦術を駆使して、満州事変前には婦選を政府の政治課題にまで押し上げることができた。そこに見る市川の独自性は、目的達成への強い意欲と、固い信念に裏打ちされた状況把握のリアリズと言えよう。

「妥協」の局面についていえば、精動運動では一定の譲歩はしたものの、権力に媚びることなく、婦人の最低限の抵抗線たらんと在野精神をもって突き進んだ。その志には一点の曇りもなかったといってよかろう。その後の動きをみても、問題は多々あれ、市川以上に「反権力」の姿勢を貫いた運動家はいない。だが同時に、市川は権力への接近を厭わなかった。「反権力」の自覚・自負をもちつつ、婦人の立場を代弁する立場で積極的に国策線上にのっていった。それは基本的に戦略、あるいは戦術であったが、その軌道を慣性ともつかぬ勢いで突き進み、結局は退路を断たれるかたちで彼女自身がいうところの「行くところまで」いってしまった。そこにみる市川の独自性は良くも悪くも権力状況への適応性の強さであろう。

この「妥協」→「同化」の局面に注目して体制加担の論理とその内的契機を探れば、一つには戦略的・戦術的意図と行動、もう一つには参加=解放とみなす心理と論理が浮かび上がってくる。前者は政治力学的な契機、後者は心理力学的な契機といえるが、その両者が複雑に絡み合って体制加担が加速している。またそのプロセスにあって、「東亜新秩序建設論」を是認した時点を転機として、それまでは前者が前面に、以後は後者が前面に現れ、やがて全面化している。

前者について言えば、家族制度に基づく徹底的な男女差別を前提として、婦選運動は男子の社会運動以上に苦難を強いられ、目的達成のためには一定程度時代が要請する、あるいは権力に適合的な戦略・戦術が必要不可欠であった。そうした戦略・戦術は、それが非常時を逆手にとったものであっても、運動家としては健全、かつ合理的な衝動、いや本能であり、非難することはできない。

運動（対義会活動）がたちゆかなくなったのは満州事変後、市川らは迂回策として時代に沿った実践的な戦略・戦術を編みだし精力的に運動を続けた。日中戦争突入という事態に至っては、さらに巧妙な戦略・戦術が要請されるが、それも巧みに対処した。婦選を水面下にひそませる一方、「協力」を前面に押し出しつつ、戦時下婦人の生活と権利の擁護をはかり、そのなかで婦選を模索するという作戦をとったのである。婦団連盟はその拠点たる組織だったが、それも当面の処世術で、市川のなかでは、「協力」も果すが、「注文」も「要求」も「異議申立」も行うという全婦人を網羅した一元的組織が構想されていた。そして、それを隘路に陥った婦選運動に代わって単純なほどに追求し続け、やがて「東亜新秩序建設論」を追認して本来の自立性とバランスを失し、とうとうたる国家総動員体制の波にのまれてしまった。

市川は語っている。「私はもちろん思想家ではない。大正デモクラシーの洗礼を受けた自由主義者のひとりで、極めて現実主義の運動家だったようだ」(1)。縫田曄子（国立婦人教育会館前館長・（財）婦選会館理事）も、市川の「私は現実主義者だから、現在の社会情勢の下で一歩でも前進するといふことをやる」(2)との言葉を書きとめている。確かに運動は観念ではなく、現実に応じた柔軟な対応が必要である。しかし一歩誤れば、理想や原則を見失い、理想とは逆の結果を招くことになる。戦略にせよ、戦術にせよ、国家権力体系に自ら組みこまれていけば、その権利意識が国家の論理に矮小化され、そのエネルギーが体制内活力として利用されることになる。市川の歩みはそれを物語っている。

次に参加＝解放とみなす心理・論理、これは一つには無権利者であるがゆえに、あるいは政治の世界から疎外され続けた被差別者であるがゆえに、国策決定機関（それに準ずる中枢機関）への「参加」を「婦人解放」とみなしそれを一層追求する、ある意味では屈折した心理・論理である。もう一つには政策決定機関、行政機関などへの進出を実質的な政治的権利の拡大、あるいは立法機関、行政機関への参加とみなす心情・論理である。前者については鹿野政直が、後者については鈴木裕子が論じているところであり、詳説の必要はなかろう(3)。

いずれにしても、明治の時代以来、婦人参政権は、無視され、軽視され、愚弄され、そして日中戦争突入後はまた歯牙にもかけられなくなった。そうして権力者は運動者の奥底の思いや願いを押しつぶしながら、利用できる範囲で利用し、利用できる範囲でその「社会進出」を認めようとした。無権利の運動者がそこに「政治参加」の意義をみつけたとしても不思議ではない。

批判や抵抗は封殺され、あらゆる抵抗主体が体制内へと巻きこまれ、時代に埋没しないだけでも賞賛に値するような時代、とりわけ女子には異議申立の余地は残されていなかった時代のことである。結局その渦のなかで市川の願望も要求も、戦略も戦術も、総体として戦争体制に吸収されてしまったのであった。

最後に、市川がとりわけ力を注いだ一連の選挙粛正運動について特記しておきたい。これは基本的には戦術だったが、それに尽きるものではなかった。市川の「政府の政策にある程度協力したということにはなるわけですねえ。選挙粛正なんか政府の政策だけど、いいと思って協力したのですよ」(先述)との言葉がそれを端的に表している。それどころか、戦後の理想選挙の源流が東京市政調査会を中心とした選挙浄化・粛正運動にあったことを市川自身が認めている。一九三七年三月の東京愛市運動と称して行われた選挙粛正運動に関連して彼女は、「[東京]市政革新同盟[代表・丸山鶴吉、新人候補を推薦して闘い一五名中、九名が当選。東京市政調査会の全面的な支援による]のやり方は終戦後私が主唱し、実行した理想選挙に近」(4)いと述べている。田澤義鋪の子息河野義克(戦後、参議院事務長、国立国会図書館長、東京市政調査会理事長等を歴任)も、市川が「私の理想選挙のお手本はあなたのお父さんの粛正運動よ」(5)としばしば語っていたと証言している。

いずれにしても、市川が選挙粛正運動の本質を見ぬくことなく、それへの関与のうちに本来の在野性や批判精神の磨耗、あるいは減退を招いたことは間違いない。なお選挙粛正運動については、戦後の理想選挙運動・公明選挙運動との照合・比較や、その連続性と非連続性の検討によって、議論が深まると思われる。今後の課題としたい。

2　市川房枝の「試行錯誤」――その歴史的検討

いま歴史的視野に立って、市川の「負」の歴史を検討するとき、それを結果だけから断罪することはできない。動機を生み出した根源と、結果に至るまでの試行錯誤をみなければ、一方的、かつ観念的にすぎる。もちろん結果責任の検討は当然なさねばならないし、その意味で市川を神様にしても、伝説の人にしてもならない。ただ公式論的な批判は、婦人の地位向上、女性の政治的権利獲得のために泥まみれになって闘った彼女を正当に裁くものではない。日本近代史の歩みのなかで、当時女性がおかれていた全体状況のなかで考える視点は担保しておく必要がある。

その意味でまず目を向けるべきは、当時の女性がおかれていた差別的境位である。市川が「手段」を「目的化」するほどに「婦人の進出」に執着した原点的理由は何か。おそらく彼女が幼き日々に目にした父親の母親への暴力、虐待、そのときの母親の涙だったのではなかろうか。「女に生まれたくて生まれてきたのではないのに、なぜ、女はそういうふうに虐げられて暮らさなければならないのか」(6)と母親の姿を普遍化し、その差別への闘いを自分の人生に重ねて考えたのは高等小学校時代だったという(7)。婦選獲得はそのための最も基本的・前提的な条件であり、そこへ自らの使命を絞りこんでいったのは当然といえば当然だった。幼児体験として刻印された母親の姿、これが消すことのできない体験となっていることは間違いなかろう。一般的に言っても、女性はすべての局面で劣位におかれ、二重、三重の差別と抑圧に苦しまねばならなかった。自由と平等への飢餓感は想像以上だったに違いない。その軛を解き放つにはまず政治的な自由と権利が必要だった。そして、市川にとってそれは悲願以上のものであった。

次に客観的条件に対して、市川がどのように格闘したかを見る必要があろう。それによって要求を現実に合致させつつ理想を後退させて陥穽におちいった市川の「協力」のあり方がみてくる。と同時に、その戦術ゆえに、消極的ではあれ、「抵抗勢力」として存在しえたという矛盾する論理も浮き彫りになってくる。例えば戦時下にあって、もし婦人の声を代表するのが御用団体、御用婦人国策委員だけだったら、もし婦人の立場から抵抗や要求、権利の主張をする者がいなかったら、いったい権力はどのような態度にでたであろうか。彼らは自らの従属者として、犠牲を強い、努力を求め、叱責するだけではなかったろうか。実際婦人委員皆無の大政翼賛会調査会の例がそれを示している(8)。消極的評価ではあるが、権力の婦人に対する専断、横暴を防ぐ盾になっていた部分も認められてしかるべきであろう。大衆婦人は戦争の嵐のなかで、無権利であるばかりでなく無防備であった。

また、ゆえにこそ、市川は大衆婦人の政治教育に腐心した。そこには確かに愚民観(「婦選魂」に滲みでている)も認められるが、家族制度に基づく諸差別によって、大衆婦人が政治意識・権利意識に乏しかったことも否めない。市川にとって大衆婦人は擁護の対象であると同時に、政治教育・政治啓蒙の対象たらざるを得なかったのである。

「婦人国策委員」就任にしても、市川の場合、無原則な参加ではなく、それを政策提言の手段とするリアルな目があり、そこにこそ積極的な意義を見出したのだった。在野で権力を監視するというかたちの政治参加が不可能である以上、そのことを否定することはできない。日本の民衆の大部分が戦争を行動によって支持し、他方、言論弾圧は強化され、治安維持法の適用も拡大されて、抵抗勢力は壊滅状態というなかでのことである。

婦選要求についていえば、「その要求運動は表面にあらはれると否とに拘らず、これを継続するであろう」(「婦選運動を再認識せよ」『女性同盟』一九三八年一月号)とのメッセージ、「婦選運動にしても何等かの手がゝり足がゝりを発見することは出来ないものだろうか」(「今議会と婦人」『女性展望』一九四〇年二月号)との悲嘆を想起したい。婦人の再組織も究極的には婦選を目標にしたものだった。

とはいえ、市川の戦争体制への寄与・貢献のあり方を、「婦人解放」や「大衆婦人の擁護」の名によって肯定したり、美化したりすることはできない。またその歴史的背景や動機や意図の正当性をもって、それを擁護したり、整合性をもたせてはならない。確かに状況は困難であったが、戦争体制への本質的な問いや疑問を持続することなく、そこへ吸収され、お先棒を担ぐことになってしまった。彼女の折々の活動が一般婦人に如何なる効果をもったか、いや、その加害性は国内にとどまらない。台湾奉公会において約四〇回の座談会や講演会をこなしたことは、その冷厳な事実である。

市川は戦後、「個として、公の立場として、どのように筋を通し、また妥協されてきたのですか」との質問に答えて、「基本的なところでの妥協はいけないけど、枝葉の部分での妥協はむしろ必要でしょう。私も戦争には反対だったけど、戦争に負けるのはいやだし、一般の人たちはその下でみんな苦しんでいるんだから、少しでもその苦しみをなくせたらと思って協力した。これも一つの妥協ですけど、私は間違っていたとは思わない」(9)と述べている。この論でいけば、例えば台湾での皇民化運動は「枝葉の部分の妥協」であり、日本国民〈婦人〉の苦しみを少しでもなくすことが根幹の問題だったということになる。

確かに市川は、軍部のかかげる帝国主義的、全体主義的イデオロギーとその行動に対しては反対で、「東亜新秩序建設論」を認めたのも、相互尊重を基本とするという点でそれが対抗論理だったからである。その点、手放しで戦争を謳歌し、あるいは便乗的に侵略戦争の汚濁に身を投じた人々の態度とは明確に異なる。だが、相互尊重を基本とするものであっても、「東亜新秩序建設論」とは不可避的に日本がヨーロッパ帝国主義に代わってアジアのヘゲモニーを握ろうとする思想と織り合わされざるを得ないものであり、しかも時を経るにしたがって帝国主義戦争の単なる粉飾の意味を強化するものになっていった。その欺瞞の論理を合理化し、侵略戦争を「聖戦」としてそれを支持して、そのためには婦人も積極的に協力すべきとの立場で、国内の大衆婦人、さらには満州、台湾の人々にそれを説いたことの誤りは指摘されねばならない。

市川はまた戦後語っている。「どこまでも自主性を持ち、彼ら〔政府や既成政党など〕に利用されたことはないつもりである。……後半においては、政府の提唱する選挙粛正運動、国民精神総動員運動にも協力したが、その中でも自分たちの独自の連合団体を結成、あくまで自主性は失わなかったつもりである」(10)。確かに「婦人解放」の側面をみれば、自主性を貫いたという自負があってもおかしくはない。だがもう少し大きな構図のなかで考えれば、権力に操作され、利用された部分がなかったと言い切れるかどうか。では翼賛選挙への協力、女子の前線への進出の容認・推進についてはどう説明するのか、という疑問もでてくる。

市川はこうも言う。「あの当時社会の表面に立ち、婦人運動を行っていながら、毎日の新聞を見てオロオロするだけでこれを止め得ず、消極的にしろ、これに協力した責任を今更ながら痛感するのである。もっとも戦争という国民全体にとっての困難な時代に、自分だけ逃避しないで大衆とともに苦しみ歩んできたことを、私は悔いてはいない」(11)。困難のなかで、「やるだけはやった」といった気持ちが滲みた言葉である。が、ここでも加害性の認識は抜け落ちている。もっとも、市川にあっては戦争責任というより、戦争反対を貫け抜けなかったことへの自戒自責の念の方が強かったのかもしれない。次の言葉に注目したい。

戦争中にとった態度については、今でも恥とはしません。反省すべきことは、戦争に反対していた人たちが力を合せて、軍部が戦争に突入するのを防げなかったことですね(12)。

共産党の人は別ですよ。はっきり戦争に反対して監獄に行ったけれど、そうでない人は大なり小なりみんな協力していたといっていいですね。あるいは、協力しなくてひっぱられても新聞もかきやしない。また監獄で殺されちゃうかもしれないし、自分たちの意見が生きない。アメリカなんかでは……戦争反対者を認めていたけれど、日本は全然そういうものは認めていないわけだから、全体にそうした戦争反対を民間として起こしえなかったということです。しかしこれに対しては、私は少し反省しています。このつぎそういう場合になったら、一生懸命反対しようと、……戦争に協力したことは事実ですからね。その責任は感じています。しかしそれを不名誉とは思いません。……私はあの時代のああいう状況の下において国民の一人である以上、当然とはいわないまでも恥とは思わないというんですが、間違っているでしょうかね(13)。

開き直りともとれる言葉ではあるが、戦後の平和問題への献身をみれば、事実として反省を生かしている（次項）。

市川の歩みにみる陥穽は我々にとっても無縁ではない。市川の戦中の歩みから多くの歴史的教訓を得ることができる。今日、そして明日に生きる我々の課題は、告発するという心的態度ではなく、また共感に埋没する感傷的情念からでもなく、その加害性と被害性の客観的事実を知り、そこから過ちは過ちとして、それを将来に向けて生かすということではなかろうか。

女性の地位向上、女性の政治参加の推進、女性の行政への進出、もちろん重要である。大いに進められねばならない。しかし、誤解をおそれずに言えば、それは必ずしも第一義的な問題ではない。もう少し大きな装置のなかで、本質的なものと派生的なもの、核心的なものと付随的なものとを識別してその位置を確認するといった複眼的な思考、あるいは、全人類的な平和、平等、自由、民主主義といった普遍的価値に照らしてそれを問い直すという自覚的な点検が、前提としてもう一つなければならない。筆者が市川の戦時の歩みから導いた最大の教訓である。

3　戦後の覚醒——平和の構築に向けて

筆者は冒頭で、婦選運動における市川のワダチを大正デモクラシーのなかでの船出から戦後の覚醒に至るまで、その全線上で考察したいと述べた。最後に、その戦後の覚醒を市川が傾注した平和の問題に絞って述べておきたい。

戦後の市川は、他の多くの知識人と同様に戦争と平和の問題に敏感だった。次の言葉は、戦前の価値観の呪縛から解き放たれた市川の、平和の構築のためにその先頭に立とうとする覚悟を示したものである。

これまでの私達は、平和を欲しつつも、それを実現するには全く無力でありました。今あらたに与えられた参政の権利と義務を通じ、平和国日本、ひいては戦争なき文化世界の建設に邁進しようではありませんか(14)。

ただし、その本格的展開は公職追放解除後、つまり一九五〇(昭和二五)年一〇月以後になる。ただ、いよいよ運動再開というとき、戦後日本は大きく変貌していた。新しい戦後世界の到来を実感させる占領初期の民主化政策は大きく変わり、朝鮮戦争の勃発(一九五〇年六月)、レッド・パージの嵐という事態まで迎えて、以後、「逆コース」の流れは加速度的に進むことになる。当然、反戦・平和の問題への取組みは急を要した。彼女の婦人有権者同盟を拠点にした平和問題への献身は、おそらく原田清子が予期した以上のものだったのではなかろうか。順を追ってみていこう。

一九五一年二月五日、対日講和条約促進のため再来日したダレス米大統領特使に対し、平塚の提案を受け、日本婦人有権者同盟として、日本婦人平和協会、日本大学婦人協会、日本民主婦人連盟などとともに、「講和問題に関する日本女性の希望要項」(一、すべての連合国と同時講和〔全面講和〕二、安全保障は平和機構としての国際連合に期待する)を提出した。また、婦人有権者同盟として、一九五一年九月の対日講和条約と日米安全保障条約が調印を前に先の婦人団体に呼びかけて懇談会をもち、「再び非武装日本女性の平和声明」を発表、その英訳を全世界の婦人団体と関係方面に送付、「世界平和のため、日本はもちろん、アジアの国々が、米ソいずれのブロックにも属さない第三勢力の中立地帯として成長、存在することが望まれます」と訴えた。「講和、安保条約の批准を前にして」(『婦人有権者』一九五一年一一月号)ではこう呼び掛けている。

私共はかねて、再軍備講和およびそれと不可分の日米軍事協定を締結することは、日本を西欧陣営に結びつけ、戦争にまきこまれる危険を増大するものとして反対して来た。この度の条約が日本の再軍備を約束するものであることは明白になった。講和条約によって自主権を回復、独立国となり得ることはうれしい。然し、その代償として米軍の駐留、日本の再軍備が要求された訳で、正に敗戦国日本の悲劇といわざるを得ない。……真に平和の独立しての日本建設の道は遠く、困難ではあろうが、私共は決してあきらめてはならない。……今日、今からそのための努力を開始しようではないか。

ここにあるのは、講和による占領の終結と独立国としての国際社会への復帰に対する喜びよりも、冷戦体制下におけるアリメカ陣営との片面講和、再軍備と安保条約の締結といった事態に対する危機感と、それに立ち向かおうとの強い覚悟である。実際、この年の一二月一二日、平塚（委員長）、市川（副委員長）を中心として、「再軍備反対婦人委員会」を組織、事務所を婦選会館に置いた。以後婦選会館は平和運動の一つの拠点であり続ける。翌年一月八日には、同委員会が米国上院議会の開会に先だって九六人の上院議員に「日本女性に真の声」（憲法第九条の精神に反する日本再軍備に反対の意思表示）を届けた。四月二八日、講和条約発効当日には、「講和条約発効の日を迎え、女性は再軍備に反対する」声明を発表している。

そのころ市川は、「天皇の退位を望む」（『婦人有権者』一九五二年一月号）をしたためている。天皇の退位論は、戦後タブーが取り払われて天皇をめぐる自由な討論が許されるようになるなか一九四八年春ごろに活発化し、その後起伏を経て、講和条約締結時（一九五二年三月）にはその頂点に達し、やがて次第に沈静化するという推移を辿っている。市川の退位論はその最後の盛り上がりのなかで発表されたものである。

新春に際し、私に一つの提案がある。

それは講和条約安保条約の発効を機会に、天皇に御退位を願い度い事である。

私は象徴としての現在の天皇制に反対するものではない。然し多数の将兵を殺し、日本をして今日の容態に転落せしめた天皇の道徳的責任を黙殺する事は出来ない。天皇がその責任を自覚して自発的に退位されるのには、此度は最も適当な最後の機会だと思うのである。……

講和安保条約の発効は再軍備、いや国防軍の創設を意味する。警察予備隊の飛躍的増強、それへの旧軍人の復帰、等々着々その準備はすすめられている。

一方、日本を戦争に追い込んだ政治家達も大手をふってカムバックしているし、かっての右翼反動団体も盛んに巷にビラをはっている。この調子では戦争直前にいや戦争中の軍国主義に復帰するのに、あまり時はかからなさそうに見える。然し、国民大衆は、特に婦人や青年は骨のずいから戦争がいやになっている。今からでもおそくはない。私どもは青年皇太子を象徴とする平和日本、独立日本の再建を願うや切である。

この退位論の背景には、後半部分に見られる通り、再軍備の問題が政治・経済・社会・思想等の全分野を通じていわば全体制的な問題となっている状況の下で、大物指導者が続々と追放解除になって政治復帰し、あるいはそれを狙っているといった実態があった。市川はそれに強い危機感を持っていたのである。

ただ、天皇制については、戦後日本国憲法が天皇を象徴と決めたことを一応歓迎し、「民主主義といえば共和制が当然であるが、いやな政治家が大統領になっていばるよりは現在の制度をまずよしとする。しかし、再び戦前の天皇制を復活してはならない」(15)との立場に立っていた。

ともあれ、そうした間にも、戦前回帰的な傾向はさらに進み、それに対してはたびたび再軍備反対、新憲法擁護の論を張っている。ここでは、「再軍備と婦人の立場」(『有権者同盟』一九五二年三月号)を見てみよう。

再軍備については、国際情勢の緊迫が説かれ、どろぼうに対して戸締まりが必要な如く、国の戸締まりとして再軍備が必要だと主張されている。……この事は逆にいえば、「あぶないあぶないといわなければ、仕方がないといわないから」強いてそれを誇張しているともいえるのである。此の事は戦時中の新聞やラジオその他多くの講演者達が、いかにうそを私達についていたかを想起すればわかる事である……自分の心の中にある希いを口に出して、いや無言でも行いで示すだけの勇気をもちたい……。だまされて夫や子供をとられた悔いを、二度と再びくり返さないために。

「国会報告」(『婦人有権者』一九五四年八月号)でも、第一九国会に提出された自衛隊法改正案とそれに伴う海外派兵、徴兵、憲法改正の問題、警察法改正問題をめぐって強い危機感を示している。また警職法、社会教育法改悪にも断固たる態度を示した。

一九五九年から六〇年にかけては安保反対運動が最高揚、日本全体が政治的激動の渦のなかにあったが、そこでの政府の態度を暴挙として、岸の辞任、解散の要求を行うとともに、デモの学生に対する警官の暴力について警視総監などに抗議する一方、安保廃棄を訴え、議会では審議拒否を通し、また自らの議員手当てを辞退した。

沖縄問題についても、「沖縄が沖縄人の沖縄としてその人権が守られ、平和な沖縄となるためには、即時、無条件の返還——米軍や米基地を撤去し、安保条約を適用しないことにしなければならない」として、その即時無条件返還を強く要望した。また、アジアの平和のための沖縄集会のよびかけ人として力を尽くした。ベトナム戦争にも反対し、ベトナムの母と子の支援にも協力を惜しまなかった。一九六五年四月には、ジョンソン大統領に「ベトナムでの北爆が開始されたことに対しての抗議と話合いによる戦争の終結の希望」を伝達してもらうべく七婦人団体の代表とともにライシャワー駐日大使を訪問している(16)。

戦争の加害性については、一般的認識の高まりのなか、市川も深く思いをいたすことになったと思われる。フィリピンの一九七四年マグサイサイ賞（マグサイサイ大統領を記念した賞。市川は「民衆の指導者」として表彰された）の授賞式では、謝罪のスピーチをした。同行した山本まつよが証言している。市川は「日本軍の罪と、ルバング島民を三〇年も苦しめたことに対して許しを乞」い、「日本人の遺児たちを我が子として育ててくれたフィリッピンの家族に対しお礼を述べ」(17)た。また市川は、中国を訪問した際、よみがえるところがあったのであろう、帰国後「私共は昔受けた恩恵に報いるのと、近年における甚大な迷惑にたいしてのおわびの意味で、日中友好、中国の近代化に少しでもお役に立つべきだと覚悟を新たにして帰って来」(18)たとの真情をみせている。

市川にあっては、やはり戦争を止め得なかったことへの自戒自責が彼女の現在と未来をみつめる原点となっていたように思われる。「与えられた参政権を使って、二度と再びこういう戦争を起こさないように、たくさんの犠牲者が生きるように、覚悟をきめて」(19)、生ある限り反戦平和に寄与献身した。市川が、「三十六年前のあの大戦争で甚だしい犠牲を払って勝ち得た民主主義、平和があぶなくなりそうではありませんか。民主主義、平和、人権の尊重、男女平等を保障している日本国憲法は現存しているのに、……戦争はいやですね。どうしたらチェックできるでしょうか。これは私どもとくに婦人にとっては本年第一の課題だと思います」(20)と論じたのは、衆参同日選挙に圧勝した自民党、保守勢力がその勢いに乗じて防衛力を増強、靖国神社国家護持法案の推進や、奥野法相による改憲論議の発言など、右傾化をいっきに強めていたころのことである。市川は、直後の一九八一年一月一六日、その生を終えることになるが、その二日前には「私はこれからは平和運動に力を入れるつもりだ」(21)との言葉を残している。市川の戦争責任のとり方は、「重い十字架を背負って」というより、むしろそれを超えて、苦い経験から課題と教訓を導き、それを行動で示そうとするものであった。

「しみじみと戦争がきらいになるうつくしい映画です。戦後派のお母さんも、子供と一緒に是非見て下さい」。これは映画『子どもの頃戦争があった』に対しての推薦文である。実に、これが絶筆であった。

註

●序・1

1　日中戦争開始後、婦選獲得同盟に参加、機関紙『女性展望』の編集にたずさわる一方、日本婦人団体連盟（日中戦争下、市川がつくった国民精神総動員運動参加婦人組織）で有給職員として働き、その後婦人時局研究会に加わって婦人動員（徴用）問題にも積極的に発言、戦後は新日本婦人同盟の結成の原動力になった人物。著作に、田中寿美子編『女性解放の思想と行動』時事通信社、一九七五年（共著）、「明治女性の政治志向と自立の精神――変革の時代を生きた有名無名の女たち――」（『月刊ペン』一九七五年二月号）がある。また、原田については、長尾和郎『戦争屋――あのころの知識人の映像』（妙義出版、一九五五年）に日中戦争下の彼女の姿が描きだされており、興味深いが、ここでは指摘するにとどめる。

2　「戦時下の市川房枝――婦選獲得同盟の解散と婦人時局研究会――」『銃後史ノート』復刊五号通巻八号、一九八三年一二月。

3　鈴木『女性史を拓く1　母と女――平塚来てう・市川房枝を軸に――』未来社、一九八九年、二三頁。

4　市川「婦選運動と男のシンパ」『野中の一本杉』新宿書房、一九八一年、一六六頁、初出『自由公論』一九四九年七月号。

5　市川『私の婦人運動』秋元書房、一九七二年、一〇三頁。

●1・1

1　『自伝』三頁。

2　事実、体の弱かった長女と夭折した次兄は別として、長兄は東京の政治学校を出て渡米、次姉は奈良女子高等師範学校まで進んで教師に、末弟は名古屋第一師範学校に入学（入学後脚気で死亡）、妹も女学校を卒業している。

3 『自伝』二頁。

4 ただし、父親への憎悪や反発などは見られない。むしろ父親をかばって、「私たち子供のいうことを何でも聞いてくれるよい父親でもあった」（『自伝』四頁）という。

5 『自伝』五頁。

6 市川「随想わが父母を語る」『月刊時事』一九七二年一月号。

7 『自伝』九頁。

8 同前、一三頁

9 戦後、天皇の「退位論」を展開しながら、「晩年の十年間ぐらいは毎年、元旦に宮中のお年賀に行った」（市川ミサオ『市川房枝おもいで話』日本放送出版協会、一九九二年、一五二頁）といったことも、そのへんに原点を求めることができるように思われる。

10 「女子師範卒業前後」『野中の一本杉』一五頁、初出『婦人サロン』一九三一年四月号。

11 『自伝』一九頁。

12 同前、一八頁。

13 「師範学校時代」『市川房枝というひと』新宿書房、一九八二年、一七九頁。

14 船底型の木枕とは、木製の箱枕の底を船底のように反らしたもので、日本風の結髪に都合がよく、江戸時代以降の女子に愛用され、男子用の坊主枕（括り枕・現在のものに最も近いもの）と区別されて使われていた。だが、それも当時は曖昧になりつつあった（矢野憲一『枕の文化史』講談社、一九八五年、一四三頁〜一四七頁参照）。したがって、その反動的、回帰的な命令に反発したものと思われる。なお、市川自身は木枕を座布団に包んで使用したという。

15 市川自身、「先生としては、生徒の時同様、大体いい先生だと確信しています」と自己採点している（前掲「女子師範卒業前後」）。金子しげりも、「初めは恐い先生のやうに思はれ、末には大好きな先生とさわがれた」（「人物評論市川房枝女史　婦人参政運動の陣頭に立てる市川房枝」『婦人公論』一九二五年三月号）と、おそらく市川から聞いた話を伝えている。

16 『自伝』二六頁。

17 前掲「師範学校時代」一八一頁。

18 名古屋女性史研究会『母の時代』風媒社、一九七二年、三一三頁。

19　一八八〇年小崎弘道、植村正久らによって創刊されたキリスト教主義の総合雑誌。内容は宗教にとどまらず、思想、文学、教育、政治、社会など広範囲にわたり、しかも革新的なスタンスで、婦人問題、例えば、良妻賢母主義などもテーマとしてとり上げていた。

20　『自伝』三三頁。

21　臨時軍事調査委員会編纂『欧州戦と交戦各国婦人』川流堂、一九一七年、八一頁。婦人と国家との関係はそれまでも何度も問いただされていたが、治安警察法によって女子の集会結社が禁止された翌年、つまり一九〇一（明治三四）年には内務省が軍事援護団体として愛国婦人会を設立している。

22　市川は語っている。「学校の先生は好きではなかったので、病気になったのを幸ひ、或る島にいって半年程居りました。それから一年程遊んでゐる中に退職になりました」（「第一線に立つ婦人の座談会」『婦女界』一九三〇年一月号）。

23　伊藤康子「名古屋時代の話」前掲『市川というひと』一八四頁。

24　前掲『母の時代』三一三頁。

25　『自伝』三六頁。

26　「人物評論市川房枝女史　私のために可愛い人」『婦人公論』一九二五年三月号。わかは、市川の勉強ぶりについても、「寒い時も暑い時も定めの本間にはキチンと出席して書物にシガミ付いて居られる熱心さ、態度の謙譲さ、月日がかさなるに連れて房枝さんに対する私共の情はだんだん深く」なって、「実の妹のように感じる」ようになったと記している。

27　小林橘川から名古屋新聞社と中京婦人会の共同主催で夏期婦人講習会開催にあたって平塚と山田を講演者として迎えたいから依頼してほしいと頼まれ、仲介の労をとり、その帰りに実現したもの。

28　「新婦人協会の回顧」『平塚らいてう著作集』第三巻、二七四頁、初出『婦人公論』一九二三年三〜七月号五回連続掲載。ただし未完。

29　『自伝』四二頁。

●1・2

1　『自伝』四五頁。

2　『山内みな自伝』新宿書房、一九七五年、六〇頁。

3　同前、六六頁。
4　市川『私の婦人運動』秋元書房、一九七二年、一一頁。
5　『自伝』四七頁。
6　『読売新聞』一九一九年一二月二七日。
7　同前、一九一九年一二月二八日。
8　外務省『大正九年四月　第一回国際労働会議報告書』一八七〜一八八頁。
9　田中は帰国船上で語っている。「私の権限は範囲がありましたので充分のこともできませんでしたが、……日本の女工を現在のやうに束縛された寄宿舎制度から解放して、自由な空気のもとにその職業を楽しませ度く」（『読売新聞』一九二〇年一月一三日）。
10　鈴木裕子編・解説『日本女性運動資料集成』第4巻、不二出版、一九九六年、初出『新愛知』一九一九年一一月二一日。
11　山川「婦人と労働運動」『解放』一九二〇年三月号。
12　「普通選挙と婦人参政権問題」『婦人問題』一九一九年四月号。
13　「鍍金した天保銭──婦人参政権尚早論を評す──」『山川菊栄集』第二巻、岩波書店、一九八二年、七三〜七九頁、初出『女の立場から』三田書房、一九一九年四月。
14　『平塚らいてう著作集』第三巻、大月書店、一九八三年、六〇頁、初出「女工国日本」『女性の言葉』教文社、一九一九年。
15　なお、田中が選出される前の下馬評では、田中の他に、山川菊栄、山田わか、山室悦子（山室軍平夫人）、久布白落實などがあがっていた（『東京朝日新聞』一九一九年六月八日）。また、与謝野晶子はいよいよ田中の呼び声が高まるなか次のように山川菊栄を推薦している。「内外の労働運動について研究が深く精通されてゐる唯一人です。知識も豊か、見識も充分、妻として、又母として最も立派な婦人です」（『読売新聞』一九一九年九月一五日）。
16　山川『おんな二代の記』平凡社、一九七二年、二二三頁。
17　前掲「婦人と労働運動」。
18　「友愛会と婦人労働者」『婦人画報』一九二〇年一月号。
19　山内「友愛会のころ」同刊行会『市川というひと』新宿書房、一九八二年、三二三頁。
20　前掲『山内みな自伝』八二頁。

1　『自伝』六八頁。実際、「規約」には婦人に関するあらゆる課題、すなわち、「婦人参政権、婦人に不利なる諸法制の改廃、母性保護の要求をなすために実際運動を開始すること」から、「事務所、会合所、教室、婦人共同寄宿所、婦人簡易食堂、娯楽所、運動場、図書館等を含む婦人会館の建設」までが網羅的に記載されている。

2　市川「婦人の社会運動」石川六郎編『婦人問題講演集』第二輯、民友社、一九二一年、一一一頁。

3　平塚は述べている。「私共のいふ参政権要求は、獲得した参政権を或る目的に向つて有効に行使せんがためであります。そしてここに謂ふある目的とは既に繰返しのべた如く、母性自身の立場からする愛の自由とその完成のための社会改造であつて、現在の男性本位の社会を、その社会制度を是認し、その上に立つて今日政治家と呼ばれるところの男子達と共に、ただ国民としての立場から、所謂政治的問題を論議せんが為めではないのはいふまでもありません」（「社会改造に対する婦人の使命――『女性同盟』創刊の辞に代へて」『女性同盟』創刊号、一九二〇年一〇月）。

4　平塚は断じていた。参政権を獲得さえすれば婦人の願いが実現すると考えるのは楽観的で、要求運動も起きはしない。「もしこの際起すものがあれば、それは深くものを考えないものの軽挙か、さもなくば妄動に過ない」（「我が国の婦人参政権問題について」『平塚らいてう著作集』第三巻、大月書店、一九八三年、五三～五四頁、初出『中外』一九一九年四月号）。

5　『自伝』五三頁。

6　平塚は続けていう。役割分担は「編集に関する事務は市川房枝さんに、経営は出資者に、そして私自身は、雑誌のためにあまり時間や勢力を奪われずにすむようなところにおいてもらって、むしろ陰にいて、同志を集めることや相互の間の精神上、または思想上の団結を固め将来の団体運動のための潜勢力を養うことや、そのための資金の準備などのほうにもっぱら力を注ぎたい」（「新婦人協会の回顧」前掲『平塚らいてう著作集』第三巻、二七二頁）。

7　「私たちは雑誌を先に出すという最初からの方針をすて、いっそのこと新婦人協会についての私の夢を初めから全部発表して、広く社会に同志を求め、資金も多方面に理解者を求めて集めるという方針で出発することに決めました。ここに協会の出発的に最初の誤りがあったことを私は今思わずにはいられません」（前掲「新婦人協会の回顧」『平塚らいてう著作集』第三巻、二七六頁）。

8　『自伝』五三頁。

9　米田佐代子「自由民権と婦人問題」『自由民権百年の記録』三省堂、一九八二年、八四頁。

10 尾佐竹猛「七十年前の女子参政権問題論議」『世界』一九四六年二月号。
11 外崎光広『高知県婦人解放運動史』ドメス出版、一九七五年、二八頁。
12 森口繁治『婦人参政権論』政治教育協会、一九二七年、二二九頁。
13 市川編集・解説『日本婦人問題資料集成　政治』第二巻、ドメス出版、一九八八年、三三頁。
14 『女学雑誌』一八九〇年八月三〇日発行。
15 平民社の婦人たちの治安警察法改正運動については、児玉勝子「平民社の婦人たちによる治安警察法改正請願運動について」(『歴史評論』一九七七年三月号)、並びに「婦人解放史における民主主義の課題(一)」(『人文学報』東京都立大学人文学部、八九号、一九七二年三月)を参照されたい。
16 上杉『婦人問題』三書楼、一九一〇年。
17 「婦人も参政権を要求す」『婦人公論』一九一九年三月号。
18 名古屋女性史研究会『母の時代』風媒社、一九六九年、一六〇頁。
19 処女会は「先進的婦人開放運動と背中合わせに進行していた国家による『婦人覚醒』運動であった」(古庄ゆき子『ふるさとの女たち』(ドメス出版、一九七五年、六八頁)。そして、十五年戦争下、銃後の担い手となる(千野陽一『近代日本婦人教育史』ドメス出版、一九七九年、一九七〜二〇五頁参照)。
20 前掲「婦人の社会運動」『婦人問題講演集』第二輯、一〇四〜一〇五頁。
21 「女から観た男の改造――婦人に対する態度の改善」『婦人公論』一九二〇年四月号。
22 『自伝』五八頁。そこで気勢を上げるべく開いたのが先の演説会(二月二一日)であるが、同じく運動者側の手不足について平塚がこう記している。「その頃は、ほとんど毎日のように普選を叫ぶ大衆が芝公園や山王山、二重橋あたりに集まって議会に押し寄せ、代表団の一団は、大臣や議員に、面会を強要しているのでした。こういう中を潜って、ほんの二、三人連れで議会に出入している私たち婦人の姿は、なんとも力なく、みじめなものでした」平塚『わたくしの歩いた道』新評論社、一九五五年、二〇一頁。
23 同前『わたくしの歩いた道』一九八〜一九九頁。
24 「治安警察法第五条修正の運動(上)」前掲『女性同盟』創刊号。
25 「婦選のこと」前掲『平塚らいてう著作集』第四巻、二四六頁、初出不明、一九二七年ころのもの。
26 村上信彦『日本の婦人問題』岩波新書、一九七八年、一一二頁。

27 『大日本帝国議会誌』第一五巻、一九三〇年、一三七九頁。
28 Suffragette。婦人参政権論者（Suffragist）と区別して作られた戦闘的婦人参政権運動者を示す造語。
29 穂積重遠「普通選挙と婦人参政権」『女性改造』一九二三年一月号。
30 この運動とは無関係に、一九世紀中葉より、地主、あるいは納税者の女性は公民権を認められていたが、これは直接投票によらず、大方代理人によるものだった。
31 以上、煙山専太郎『英国現代史』散文堂書店、一九三〇年、金子しげり『婦人問題の知識』非凡閣、一九三四年、松原セツ訳著『クララ・ツェトキン婦人論』啓隆閣、一九六九年、復刻版『近代婦人問題名著撰集』第九巻、日本図書センター、一九八二年、河村貞枝「婦人参政権」『世界女性史小辞典』エッソ石油広報部、一九八六年、ウーテ・フレーフェルト著・若尾祐司ほか訳『ドイツ女性の社会史二〇〇年の歩み』晃洋書房、一九九〇年、姫岡とし子『近代ドイツの母性主義フェミニズム』勁草書房、一九九三年、河村貞枝『イギリス近代フェミニズム運動の歴史像』明石書店、二〇〇一年、参照。
32 大隈「世界の大勢と婦人運動」『女性日本人』一巻二号、一九二〇年一〇月。
33 「海外及海内」『我等』一九二〇年四月号。
34 「婦人の政治運動」『新女界』一九一五年五月号。
35 「普通選挙と婦人参政権」『中央公論』一九二四年一月号。
36 「婦人が政治に参加する意義」『女性改造』一九二四年四月号。その半年後には、「男子が与へまいとしても之を奪ひ取る、社会的の力をもつ婦人だけが、政治上に参加する甲斐のある婦人である」との条件をもちだして、やはり直ちには認めていない（「政治に参加する婦人の実力は」『婦人運動』一九二四年一二月号）。
37 『帝国議会衆議院議事速記録』第四六、四七回議会下、第四三巻、東京大学出版会、六八五〜六八八頁。
38 前掲『わたくしの歩いた道』二二八頁。
39 『大阪朝日新聞』一九二三年一一月七日。彼は、当時継続的に開催されていた臨時法制審議会でも、臨時法制審議会委員として美濃部達吉とともに女子への選挙権付与を主張している。
40 於第四一議会本会議、一九一九年二月二五日。『大日本帝国議会誌』第一一巻、同刊行会、一九二九年、一一一四頁。
41 「第四一議会と婦人参政権問題」『我等』一九二〇年四月号。
42 このあたりの心境については、今井自身、戦後婦選が決定された第八九議会で次のように率直に述べている。「普通選挙の時代に於きまして……私は同志と共に……婦人参政権には賛成を表して居つたのでありますが、唯直ちに此の運動の実現に取掛らなかつたのは何故かと申しますれば、其の当時普通選挙にさえも相当に反対阻止の運動があつたので……、この足枷の連中を連れて行けば普選其のものの妨害になる、一足お先に失敬と云う所で、男子の普選のみをやつたのでございます」（『帝国議会衆議院議事速記録』第八八・八九議会、第八一巻、東京大学出版会、一九八五年、七八～七九頁、傍点—引用者）。

43 「普選と婦人参政権」『女性改造』一九二三年一一月号。

44 『帝国議会衆議院委員会議録』第二四巻、第四二回議会、臨川書店、一九八四年、四九四頁。翌二一日にも、高橋本吉（政友会）が「人間トシテ婦人ノ地位ヲ認メ」るのが当然と迫るが、植原は、婦人参政権を認める日は早晩到来するであろうが、今は政談演説を聞くことさえ禁じられているのであるから、それをまず解決しなければならないとの主旨を述べつつ、その一方で、私見としては「少ナクトモ都市ノ独立シタ生計ヲ営ンデイル婦人ニハ公民権ヲ認メルコトガ時勢ニ適応シタコト」と付言している（同、五一〇頁）。

45 「女子参政権の要求」『女性日本人』一九二〇年九月創刊号。

46 「議会政治と現代婦人」『女性日本人』一九二三年二月号。

47 「地方自治と女子参政権」『地方行政』一九二五年二月号。当時革新倶楽部所属・逓信参与官。

48 前掲『私の婦人運動』五二頁。

49 『自伝』八八頁。

50 松尾尊兊『普通選挙制度成立史の研究』岩波書店、一九八九年、一四二～一四三頁参照。

51 なお、永井は一九二一年の段階ではあるが婦人参政権の付与をはっきり認め、次のように論じている。「仮りに賢母良妻主義が冒す可らざるものであるとしても、女子に参政権を与へる事は毫もそれと矛盾しないのみならず真に賢母良妻たる為に必要である」（「婦人参政権の理想と実際」石川六郎編『婦人問題講演集』第三輯、民友社、一九二一年）。当時にあっては尖鋭的な意見であり、新婦人協会にも後の婦選獲得同盟（初期段階）にも協力している。

52 前掲『普通選挙制度成立史の研究』一九九頁。

53 前掲「治安警察法第五条修正の運動（上）」。

54 市川「治安警察法第五条修正の運動（中）」『女性同盟』一九二〇年一一月号。

55 前掲『わたくしの歩いた道』二〇三頁。

56 前掲「婦人の社会運動」『婦人問題講演集』第二輯、一一〇～一一一頁。

57 前掲「治安警察法第五条修正の運動（中）」。なお、他方でこの議会を意識して、七月一八日院外での示威活動として、松本君平と永井柳太郎を弁士として、婦人団体有志連合講演会（婦人はたらき会、赤想社、友愛会婦人部、婦人社会問題研究会、タイピスト協会）を開催している。この異なった婦人団体の共同運動・示威活動こそ、後の婦選獲得同盟の婦選大会の端緒となるものであった。

2・2

1 前掲「治安警察法第五条修正の運動（中）」。

2 「治警法第五条第二項衆議院通過――第四四議会治警五条改正の運動（上）」『女性同盟』一九二一年三月号。

3 『大阪朝日新聞』『東京朝日新聞』一九二一年一月三〇日、他紙も同旨。

4 「新婦人協会の活動」（解説）『女性同盟』復刻版、ドメス出版、一九八五年、三七頁。

5 『自伝』七〇頁。

6 「握り飯はどうして作る?・」『婦選』一九三一年九月号。

7 『自伝』六五頁。

8 「人物評論市川房枝女史　市川房枝さん」『婦人公論』一九二五年三月号。

9 「人物評論市川房枝女史　敬愛する同志、市川さん」『婦人公論』一九二五年三月号。

10 理由は次の七項目。

一、多くの学校とよりよき学校を持つために（母親と女教師が選挙権を持たないために学校の費用が常に貧しい）。

二、適切な俸給を得るために。

三、職務の安全を計るために。

四、生徒の衣食や健康を安全に保つために。

五、児童を少年労働者の雇主の侵害から守るために。

六、児童を誘う悪趣味から彼等を保護するために。

七、未来の市民を養成し、興味を持って最初の政治知識を完全に与えるために。

11　「全国女教員会の組織に就いて」前掲『女性同盟』創刊号。

12　同案にみる市川の主張は満州事変後も変わっていない。「私は女教員会といふものの目的は教授法等の研究ではなくて、女教員自身の向上――知識的にも社会的にもあるべきだと思ひます。……はっきりと一つ云ひ得ることは、全国連合女教員会の会長を女教員自身の中から出すこと、それから毎年の女教員大会を女教員自身の主催としたいのです」と堂々の論陣をはっている（『帝国教育』一九三三年七月号）。

13　「広島県当局の女教員圧迫事件顛末」前掲『女性同盟』一九二一年一月号。

14　「川村警保局長の言葉」前掲『平塚らいてう著作集』第三巻、二四七頁、初出不明。

15　『東京朝日新聞』一九二〇年一二月九日。

16　「広島県当局の女教員圧迫事件の其後」『女性同盟』一九二一年二月号。

17　大島正徳（「国家社会的自覚と婦人」）、為藤五郎（「教育者の政治運動」）、稲毛詛風（「第一に責むべきは地方教育界の先達」）、沢柳政太郎（「法律上すべて差支ない事」）、大庭柯公（「現状打破と現状維持の抗争」）、宮田修（「かへつて推奨し勧誘するもの」）、植原悦二郎（「一般の自覚が肝要」）など。

18　「市川先生のはげまし」『市川房枝という人』新宿書房、一九八二年、三四八頁。

19　「女教員諸氏へ」『女性同盟』一九二一年一月号。

20　「処女会の現在及び将来」『帝国教育』一九二〇年一二月号。

21　「現代教育の欠陥」『女性同盟』一九二〇年一一月号。

22　前掲「婦人の社会運動」『婦人問題講演集』第二輯、一〇六頁。

23　「日本婦人と参政権」『山川菊栄』第二巻、岩波書店、一九八二年、四八頁。初出『中外』一九一九年四月号、原題「根本的解決としての婦人解放」。その後「日本婦人と参政権」と改題して『現代生活と婦人』（一九一九年一〇月）に収録。

24　「新婦人協会と赤瀾会」前掲『山川菊栄集』第三巻、一五頁、初出『太陽』一九二一年七月号。

25　「ブルジョアの『新しき女』より無産階級の『新婦人』へ」前掲『山川菊栄集』第三巻、二三頁、初出『解放』一九二一年七月号。

26　「山川女史の新婦人協会と赤瀾会を読みて」『女性同盟』一九二一年八月号。

27　「無産婦人の立場から」『太陽』一九二一年一〇月号。

28 「無産婦人運動の任務とその批判」『労農』一九二八年、三・五月号。
29 竹西寛子『人と軌跡　九人の女性に聴く』中央公論社、一九六〇年、二一〇頁。
30 前掲「新婦人協会と赤瀾会」『山川菊栄集』第三巻、一五頁。
31 『自伝』一〇九頁。
32 前掲『ひとすじの道』五四・六二頁。
33 「内外時評」『婦人公論』一九二九年三月号。
34 『近代日本女性史への証言』ドメス出版、一九七九年、一〇四〜一〇五頁。
35 前掲『私の婦人運動』六八頁。
36 前掲「新婦人協会の回顧」『平塚らいてう著作集』第三巻、二八一頁。
37 同前、二八二頁。
38 山本藤枝『虹を架けた女たち』集英社、一九九一年、一九四頁。
39 松尾尊兊「新婦人協会の活動」（解説）『女性同盟　復刻版』ドメス出版、一九八五年、四一頁。
40 「人物評論市川房枝女史　七八年前からの市川さん」『婦人公論』一九二五年三月。
41 『婦女新聞』一九二六年一月一〇日。
42 奥むめお『野火あかあかと』ドメス出版、一九八八年、六一〜六二頁。
43 「平塚さんのこと」『婦人公論』一九二五年四月号。
市川は、平塚の「新婦人協会の回顧」（前掲）の存在を知ったのは戦後（一九六九年）の新婦人協会創立五十周年記念会開催準備の段階）としているが（『自伝』九九頁）、少なくともこの文が書かれたとき、つまりアメリカから帰国後には知っていたことになる。市川の記憶違いではないか？
44 直接には、先に反対した貴族院の藤村義郎男爵が、奥の赤ん坊を連れての陳情に感激して、イギリスの戦闘的な婦人参政権運動を実際に見ての偏見からの反対論を引っこめ、「貴族院を一本にまとめてあげよう」と賛成にまわったからである（前掲『野火あかあかと』六八頁）。

●2・3

1 「ご挨拶」『女性同盟』一九二一年七月号。
2 「米国より――シアトルにて」『女性同盟』一九二三年一月号。
3 前掲『私の婦人運動』二〇六~二〇七頁。
4 同前、二〇七頁。
5 『読売新聞』一九二三年二月三日。
6 実際、『中央新聞』(一九二五年一二月一四日)に、「……大切りは米国の婦選闘士が女囚服のまま釈放される場面で大喝采、臨検の元富士警察署の刑事達もお役目柄ちょっと眉をひそめたがすぐ拍手を送る……」とある。
7 前掲『私の婦人運動』二〇九頁。もっとも、その後婦人党がその運動ひとすじを貫くなかで、社会情勢も一般女性自身の意識も変化して形勢は逆転、四九年後の七二年には憲法改正案が両院を通過、各州の批准を待つことになった。市川もこの時点では「この第二七条憲法改正が批准を完了、各種法律が男女平等に改正されれば、米婦人の地位は確実に向上することとなろう」(前掲『私の婦人運動』二二七頁)としている。
8 『自伝』一〇九頁。
9 同前、一一六頁。
10 同、一一八頁。
11 「地方支部の任務(主張)」『婦選』一九二七年九月号。
12 「『市政と婦人』座談会」『婦選』一九三〇年七月号。
13 「私の頁」『婦選』一九三一年八月号。
14 「自治政への婦人の協力」『婦選』一九三三年七月号。
15 市川「自治政への婦人の協力」『婦選』一九三三年七月号参照。
16 『自伝』一二二頁。
17 守屋東「人物評論市川房枝女史 市川房枝論」『婦人公論』一九二五年三月号。
18 『婦女新聞』一九二六年一月一〇日。

19「人物評論市川房枝女史　七八年前からの市川さん」『婦人公論』一九二五年三月号。
20 田島『ひとすじの道』原発行青木書店、発売ほるぷ、一九八〇年、一一一頁。
21「人物評論市川房枝女史　同志　市川さん」『婦人公論』一九二五年三月号。
22「敗戦前後の先生と私」前掲『市川房枝という人』三三四頁。
23『自伝』一二四頁。
24 児玉『信濃路での出会い　婦選運動覚書き』ドメス出版、一九八五年、四八〜四九頁参照。
25 前掲『近代日本女性史への証言』五七頁。
26『自伝』一四二頁。
27 同前、一二九頁。
28「婦人運動と生活と――婦選運動ひとすじに」前掲『野中の一本杉』五一頁、初出『人物評論』一九三四年二月号。
29 同前。

●3・1

1「婦人界見たまゝ」(時評)『改造』一九二八年九月号。
2 久布白は「金子さんが赤ん坊をおぶつて来ては、一体何時になつたらやるのか、いよいよやるのなら、今まであつたものよりよいものを作らねばならないと、さかんにアジるのです」と、金子も「こゝで新しい会を作らせようと云うのがこつちの作戦」だった(「婦選の思ひでを語る」『女性展望』一九三九年一二月)と回想している。
3 久布白自身はそれをむしろ歓迎、会員の融和をはかっている(久布白『新日本の建設と婦人』教文館、一九三一年、一二一〜一四一頁)。
4「婦選の戦線は乱れるか?」『婦選』一九三〇年七月号)。
5 前掲『普通選挙制度成立史の研究』二五六頁。
6 同前、二六五頁。
7 同、二七三〜二七四頁。

8 同、三〇八頁。
9 『時事新報』一九二四年一二月一二日。
10 枢密院文書『衆議院議員選挙法改正法律案帝国議会へ提出の件会議筆記』大正一四年二月二〇日。
11 婦人参政権(狭義)に至る一つの階悌として、市町村の選挙に参与し、市町村の名誉職に就任することができ、同時に府県会議員の選挙・被選挙権の行使ができる権利を女子に認める法案(正式には市制、町村制、北海道会法の改正案)で、これらの法律中の「年齢二五歳以上ノ男子」にして二年以上の居住者とされた公民権の規定から「男子」の部分を削除して、女子にも公民としての権利を与えようとするものである。
12 『自伝』一六〇頁。
13 児玉勝子『信濃路の出会い　婦選運動覚え書』ドメス出版、一九八五年、九六頁。
14 鈴木聿子解説『近代婦人問題名著選集　婦人問題の知識』第九巻、日本図書センター、一九八九年、三頁。
15 五味百合子「山高しげり」『続　社会事業に生きた女性たち』ドメス出版、一九八〇年、一三八・一四二頁。
16 『自伝』一八三頁。
17 久布白『新日本の建設と婦人』教文館、一九三一年、一三一頁。
18 『婦選獲得同盟会報』七号、一九二九年一一月一〇日号。
19 藤田『わが道こころの出合い』ドメス出版、一九七九年、六三頁。
20 『婦選獲得同盟会報』一七号、一九三〇年九月二〇日号。
21 市川「私の頁」『婦選』一九三四年六月号。
22 前掲『わが道こころの出会い』七五頁。
23 『国民新聞』一九二七年一月二日。
24 「婦選獲得同盟の対政党政策」『婦選』一九二七年三月号。ただし、すぐに左右の対立が生まれ、奥は第二回会合で脱退している。
25 同前。
26 「婦選獲得同盟の対政党政策をよむ」「『婦人運動』一九二七年四月号。
27 「婦選獲得同盟の対政党政策」『婦選』一九二七年三月号。
28 彼女らと比較的スムーズに協力関係を築くことができた理由の一つとして、市川は、「国際労働協会の婦人労働委員会〔ＩＬＯ

東京支局時代」で顔なじみの人が多かった」と漏らしていたという（児玉勝子「関東婦人同盟と婦選獲得共同委員会について」『歴史評論』一九七五年三月号）。

29 「無産政党の分裂と婦人の立場」（『婦人運動』一九二六年一一月号）、「わが婦人運動の進むべき道――婦人は、無産政党を援けよ、これに提案せよ、監視せよ――」（『婦人運動』一九二七年三月号）参照。

30 市川「支部めぐり」『婦選』一九三一年七月号。

31 期成同盟会の第一回総会で婦選運動一本槍（対議会活動のみ）手法が返上され、そこに大衆婦人の権利意識の触発をめざした政治教育という課題が、議会運動委員会に政治教育委員会を加えるというかたちで付加された。それが運動の手応えを得るなかで、婦選獲得をにらんだ「正しい」選挙権行使のあり方、つまり「批判の力を養ふ事が本来の政治教育」と意味づけされ、対議会活動と政治教育は婦選運動の二大分野の観を呈するようになる。

32 市川は述べている。婦選運動は今まで「最も急進的なもの、乃至は不真面目なものとして一般婦人からさえ少なからぬ反対者があつた」が、昨今急に一般から認められるようになった。第一の理由は、「今迄保守的に見られてゐた東京の女流教育家の殆どすべてが我々の婦選獲得同盟に参加したこと」である（「我国に於ける婦選運動の新陣容」『婦選』一九二七年四月号）。

33 「再出発に当たりて」『女性展望』一九四〇年一〇月号。

34 「飽迄完全公民権獲得を期す」『婦選』一九三一年五月号。

35 「婦選運動と男のシンパ」前掲『野中の一本杉』一六四頁、初出『自由公論』一九四九年七月号。

36 一九二五年三月一〇日、本会議。『大日本帝国議会誌』第一五巻、同刊行会、一九三〇年、一三七七～一三八〇頁。

37 前掲「婦選運動と男のシンパ」『野中の一本杉』一六八頁。

38 これは、金子が戦後、林譲治（一九三〇年衆議院議員に初当選、犬養内閣下、鳩山一郎文部大臣秘書官を務め、戦後は自由党の要職を歴任、吉田政権を支えた）から直接聞いた話という（同前、一五四頁）。

39 山高（金子旧姓）しげり「婦選獲得に働いた議員群像」『山鷺』牧羊社、一九七五年、初出『政界往来』一九五八年一〇月号参照。

40 同前、一五五～一五六頁。婦人公民権案の衆院通過（第五六議会）が確実視されながらも、望月圭介内相（田中義一政友会内閣下）が尚早論を唱えて問題になった、一九二九年初め頃のことと思われる。

41 同、一六二頁。

42 前掲「婦選運動と男のシンパ」前掲『野中の一本杉』一六八〜一六九頁。

43 第五八特別議会(一九三〇年五月九日)における衆院委員会委員会において。「帝国議会衆議院委員会議録」第五八議会、昭和篇第一六巻、東京大学出版会、一九九一年、四一二・四一九〜四二〇頁。

44 この間、第五四議会(一九二七年一二月二六日〜二八年一月二一日)からは婦人参政同盟、婦人参政三派連合会、女子参政権協会と正式に婦選団体連合を結成して共同運動を開始、また第五五特別議会(一九二八年四月二三日〜五月六日)の前には、無産婦人団体に呼びかけ、従来の婦選運動団体と合わせて婦選獲得共同委員会を組織、運動の強化拡大をはかっている(一九二九年一二月解散、無産婦人団体の消滅、あるいは脱退のため)。また、一九三二年一月には無産婦人同盟から対議会共同運動の提案を受け、同同盟と自らを含めた市民派四団体と全関西婦人連合会とで「婦選団体連合委員会」を結成、最後まで協力関係を保つ努力をしている。なお、第六九特別議会(一九三六年五月)への議案提出の事実については、婦選運動に関する公的記録一切が記載されている市川サイドの前掲『婦人参政権運動小史』、『十六年の春秋』に記載漏れとなっている。『女性展望』(一九三六年六月号)には記載されている。

45 松尾尊兊「解説　帝国議会における婦選法案の推移」(「解説」『婦選』復刻版、ドメス出版、一九九四年)参照。

46 「開始されたる議会運動」『婦選』一九二七年六月。

47 山高『わが幸せはわが手で』ドメス出版、一九八二年、一五一頁。

48 西岡はこの問題に関連し大要次のように述べている。日曜日に緊急幹事会を召集して政友会幹事会で決めた後、新聞発表という段階で、幹事会の決定では大きくは取り上げられないから幹事会を幹部会として発表し、これによって新聞には大きくとり上げられた。しかし翌日これが党内で大問題となり、西岡は「丸坊主」の罰を受けた(『伝記　西岡竹二郎』中、同刊行会、一九六五年、四一一〜四一二頁)。

なお西岡は根っからの婦選論者で、必ずしも愛党精神だけで動いたわけではないが、そこには普選精神の徹底の主張と並んで、女子の保守票への期待があった。彼はいう。「日本の政治を男子ばかりにゆだねておくよりも穏健な女子に選挙権を与へて思想的調和をはかることも必要」といった思惑もあった(同前『伝記　西岡竹二郎』三四〜三八頁、『中央新聞』一九二八年八月一五日掲載分)。

49 「政友会の婦選案に対する全国婦人同盟の声明批評」『婦人公論』一九二八年九月号。

50 「婦人参政権獲得方法に関する私見」『女人芸術』一九二八年八月号。

51 「婦人界みたまま（時評）・同盟の不活動は何を語るのか?・」『改造』一九二八年九月号。
52 『自伝』一八四頁。

●3・2

1 政府が地方制度改革案の立案のために設けた組織。幹事長は内閣書記官長鳩山一郎、委員は閣僚と貴・衆両院議員、幹事は局長級の官僚。
2 金子と鹽原静（議会運動委員長）によって計画実行されたもの（文案は金子）。一部慎重派役員を除いて「大方はせめても胸のすく思いで」それを「歓迎した」という（前掲『信濃路の出会い　婦選運動覚書』七三頁）。これには川島正次郎（政友会）から不真面目と猛省を促す巻紙を受け取ることになったが、金子は後年さりげなく「若気のいたり」としている（前掲「婦選獲得に働いた議員群像」『山鷲』一五六頁）。
3 ちなみにこのとき成った改正は次の通り。団体自治権の拡充（府県に条例制定権を認める等）、議決機関の権限の拡充（府県会議員に府県会召集請求権を認める等）、執行機関の権限拡充（中央監督官庁の原案執行権のある程度の制限）。
4 市川「婦人公民権の獲得より行使へ」『市川房枝集』第二巻、日本図書センター、一一頁、初出『婦人公民権の話』朝日新聞社、一九二九年。
5 「新内閣と婦人（主張）」『婦選』一九二九年七月号。
6 「浜口緊縮内閣を迎えて」『婦選』一九二九年八月号。
7 「最近の運動一般」『婦選』一九二九年一〇月号。
8 「全日本経済大会の報告」『婦選』一九二九年一〇月号。
9 「消費節約と婦人――先づ婦人に参政権を与へよ（主張）」『婦選』一九二九年八月号。
10 「昭和五年と婦選（主張）」『婦選』一九三〇年一月号。
11 社説『婦女新聞』一九三〇年三月二日号。
12 「総選挙了る（主張）」『婦選』一九三〇年三月号。
13 この日の市川を与謝野晶子（当日発表の『婦選の歌』の作詩担当）がこう描写している。「誰よりも婦人運動家の中で、修養と見識があって、苦労を体験し、議論も態度も確乎してゐるのは市川さんと思わずにゐられなかった」（「婦選に就いて」『横浜貿易新報』一九三〇年五月号)。

14 「値切り倒された婦人公民権」前掲『山川菊栄集』第五巻、二七四頁、初出『中央公論』一九三〇年六月号。

15 「制限婦人公民権案を排す」『婦選』一九三〇年七月号。

16 以下、婦人同志会の設立趣旨(要約)。「過激派」は一般世人を婦人の地位向上に注目させる効果はあったが、他面、人々を恐怖させ、かえってそれを阻止するきらいがあった。その点、婦人同志会は「婦人大衆をして安んじて婦人に権力を付与する事に賛成せしめんがために生まれた」組織であり、女権獲得運動を結実させるのは婦人同志会 おいて 他にない(『女医界』一九三〇年七月号)。

17 政友会系と目される『政界春秋』(一九三〇年一〇月号)はこう皮肉っている。婦人同志会は「民政党代議士 の 裏面活動によって、民政党の同情ある婦人を中心とし、カムフラージュの意味に於て、政友会の代議士婦人の名を連ねつゝあるが、これは不承諾者も入ってゐるから民政一流のやり方」である。

18 それまでほとんど運動をしなかった矯風会内の婦人参政権協会が、今後キリスト教の立場にたった婦選運動を行うとして復帰を申し入れたのに対し、久布白が応諾したもの。

19 『自伝』二三八頁。

20 『婦人運動』一九三〇年六月号。

21 会員数は前年度より三三五名増加の一五一一名、支部も二支部から一一支部となる。

22 「婦選戦線だよりその他」『婦選』一九三〇年八月号。

23 「制限婦人公民権を排す」同前。

24 「政府の公民権案と新聞の論説」『婦選』一九三〇年九月号。

25 『婦選』一九三〇年九、一〇、一一月号参照。

26 「政府の婦人公民権案と新聞の論説」『婦選』一九三〇年九月号。

27 「飽迄完全公民権案を期す」『婦選』一九三一年三月号。

28 「其の後の婦人公民権案(主張)」『婦選』一九三〇年一〇月号。

29 「主張 共同運動について」『婦選』一九三〇年一〇月号。

30 「政府は将して公民権案の公約を果たすや」『婦選』一九三一年一月号。

31 「制限公民権案をめぐりて」『婦選』一九三一年三月号。
32 「制限公民権案を排す」『婦選』一九三〇年八月号。
33 『婦人運動』一九三一年二月号。
34 「婦選座談会　婦人公民権案を中心にして」『婦選』一九三一年五月号。
35 「制限婦人公民権案の否決される迄」『婦選』一九三一年四月号。
36 同前。
37 婦人同志会は、第一回大会（一九三〇年一一月八日）では、市川らとの共闘は拒否しながら制限案反対を唱え「家庭と社会とを有機的組織の内に融合し、精神的道徳的向上を希ふ為に制限案に反対し、同時に参政権結社権をも来議会に実現を希す」と表明しつつ、「殿方の出生の裏にも、お給金なしに働いた女たちの内助の効も少しは認めて頂かなければ」などと搦め手戦術にでていた。だが、今回はそれを翻して背後で政府案の通過に努力した。表面では反対し、裏面では制限案通過を計っていたわけである。
38 『第五九回帝国議会貴族院議事速記録』第五九議会下、第五七巻、東京大学出版会、一九八三年、六二七〜六三六頁。
39 「婦選座談会――婦人公民権案否決を中心として」『婦選』一九三一年五月号。
40 金子は、「時期尚早といふよりは、貴族院内の研究会対政府の抗争に禍されたもの」（「婦選座談会――婦人公民権案否決を中心として」『婦選』一九三一年五月号）という。『東京朝日新聞』（一九三一年三月二七日）の社説は、「平生政府の利害のためなら水火をも許せぬ意気で飛び回る伊沢君、上山君、その他の諸議員は何事ぞ、この重大問題に対する政府の提案に反対票を投じた」ばかりか、「貴族院に議席を有する閣僚［江木翼鉄相、松田源治拓相、宇垣一成陸相など］が、一人として起って投票を試みたものさえなかった」と難じている。
41 「大日本連合婦人会発会式拝見の記」『婦選』一九三一年四月号。
42 「婦選ニュース」『婦選』一九二八年八月号。
43 河崎「婦人の公民教育の必要と展望」『婦選』一九二八年九、一〇月号。概要以下。日本の場合、まず、小学校は尋常五、六年で修身科と国語科で公民教育を行うことにはなっているが貧弱である。女子の中等学校（女子師範、高等女学校、実科高女等）では公民科として法制経済を課し得るとされているが、実態は二割八分の実行率、教科書は法制経済の理論ばかりでアメリカの場合のように事実から出発したものが少ない。また教科書八種の内婦人参政権に言及しているもの一種、それもわずか五行である。成人教育は「普選」の講座として各地方で行われているが、当然女子の参加はわずかである。

44 『東京朝日新聞』一九二八年一二月一一日。
45 「汎太平洋婦人会議及米国視察報告」『婦選』一九二九年一月号。
46 「全国女学校長会議と公民科」『婦選』一九二九年七月号。
47 『東京朝日新聞』一九三〇年七月三一日。
48 「政治教育の方向（主張）」『婦選』一九三〇年一〇月号。
49 「公民教育の眼目」『婦選』一九三一年七月号。
50 おそらく田中文相への質問者は三輪田元道（三輪田学園園長で年来の婦選運動協力者、市会議員立候補の際には応援した）、あるいは宮田修（教育家）と思われる。河崎が、この会議において一二日には諮問案が委員付託となると聞いたので、獲得同盟としての希望（「最も有効なる公民教育は公民権の行使にある。したがって、完全公民権獲得運動の重要であることを生徒諸氏に知らせることといった主旨」）を委員である三輪田、宮田などに頼んでいる（「全国高等女学校長会議と公民教育」『婦選』一九三一年七月号）。
51 『東京朝日新聞』一九三一年六月一二日。
52 「全国高等女学校長会議と公民教育」『婦選』一九三一年七月号参照。

●3・3

1 選挙粛正という言葉は後に政府がとりあげた時にできたもの。市川らは、選挙革正として、政府の選挙粛正運動を先取り的に行っていたことになる。
2 このとき同時に、対総選挙特別委員会として「婦人の総選挙対策一〇ケ条」を作成した。以後の選挙革正・選挙粛正運動にも貫徹している「婦人の政治教育指針」なので記しておく。

◇あなたの選挙区から出る候補者に対して

一、どういう履歴、人格の人かをよく注意すること。
二、婦選に対する賛成を得るやう努力すること。
三、政見発表会を出来るだけ傍聴すること。

◇あなたの関係のある有権者に対して

四、決して棄権はしないやう
五、買収や情実に誘惑されないやう
六、国民生活に理解あるまじめな人格者に投票するやうすゝめること。
◇あなたの周囲の婦人に対して
七、婦人にはまだ選挙権がないことを知らせること。
八、婦選の必要を説くこと。
九、此度の選挙に決して無関心でゐないやうに教へること。
十、正しい人を出すやう努力することを教えること。（『婦選』一九二八年二月号）

3 この萌芽的な動きとして、一九二七年九・一〇月の府県会議員選挙時（茨城、岐阜、大阪など）の選挙応援（金子ほか婦選弁士を送った）があるが、さらに遡れば、新婦人協会時代、総選挙（一九二〇年五月一〇日）において選挙応援を行っている。いずれも婦選賛成者を議会へ送りこむための戦術だった。

4 『自伝』一七一頁。

5 神近『現代婦人読本』天人社、一九三〇年、五三頁。

6 「総選挙と婦選獲得同盟」『婦選』一九二八年二月号。

7 市川にとって吉岡は決して心底響きあえる友人（仲間）ではなかった。そもそも、吉岡は新婦人協会時代、市川が賛助を乞うて「人を喰った悪態を浴びせられ、……このとき以来、昭和三四年に逝去されるまで、四〇年間にわたって交渉があり、在るときは吉岡氏を担いで一緒に運動をしたこともあったが、同氏からは絶えず悪口を言われ、邪魔をされてきた」（『自伝』六二頁）人物であった。一九三〇年五月には婦人同志会を結成し、そのために大打撃を受けたことは既に述べた。市川に吉岡をつなぎとめさせていたのは、結局、戦略・戦術という細くも強靱な糸だったと言えようか。

吉岡については鈴木裕子が、彼女の「女権主義と家族主義（制度）は混然一体をなしている」とその像を浮びあがらせているが（「吉岡弥生論覚え書――主に戦時下における――」『史観』一九八七年九月号）、その延長線上でいえば、市川と吉岡は女権主義でつながり、家族主義で断絶していた、そして市川は吉岡のその両側面を戦術として利用したということになろう。

8 第一回普選の一カ月後の「『婦人参政権問題』についての座談会」（『婦人の友』一九二八年四月号）では、市川、奥、吉岡、平塚らいてう、ガントレット恒子、高良富子（トミ）、赤松明子のほか、高橋亀吉、星島二郎などが参加し、選挙革正運動をめぐって甲論乙駁を展開しているが、大きくいえば、「政治教育派」と「対議会活動派」の二つに分かれ、前者は既成政党にすがらざるをえない対議会活動やその線上の選挙応援に疑義をはさみ、婦選獲得を急がず、むしろ大衆婦人の啓蒙、政治教育に力を入れるべきという批判的助言で、これは奥、ガントレット、羽仁、平塚などが主張している。後者は先ず婦選が重要であり、そのためには政治教育というより対議会活動や選挙応援を推進すべきで、そのために既成政党を利用しても構わないとする意見で、これは吉岡と高良二人の見解である。これに対し市川は、前者の意見を尊重するかたちで対議会運動は本部の少数が担当すればよく、女子の政治教育として自治体に関する運動にエネルギーを注いでいきたいと意向を示している。

9 「汎太平洋婦人会議及米国視察報告」『婦選』一九二九年一月号。

10 「米国婦人の政治運動」『婦人運動』一九二九年二月号。

11 赤木須留喜『東京都政の研究』未来社、一九七七年、二〇五頁。

12 後藤新平と市政調査会の関係については、次のような説明がある。後藤は「台湾総督児玉源太郎の下で、民政長官として土地についての旧い慣行調査を実施して、旧慣調査報国（全八巻）を世に送り、満鉄総裁に就任しては、壮大なスケールを持って、東亜の実体調査にまで進み、台湾の土地慣行調査にならって又満州でもこの調査を実施した。北支那においても、これが貴重なデータとして国策に寄与した筈である。これを大都市行政に絞ったのが、（財）東京市政調査会の誕生である」（明るい選挙推進協会『明るい選挙推進運動三十年史』一九八三年、一一頁）。

13 「逸脱部分」の総括的文書。戦後のものと考えられる。「市政・選挙の浄化運動用と東京市政調査会」と改題され、『市政奉仕七十年』（田辺さんと卆寿記念刊行会編、東京市政調査会、一九七八年）に再録されている。

14 この点については、市川清敏（当時翼賛壮年団を統率し、選挙粛正中央連盟に加盟、革新同盟にも関わっていた）が傍証している。「東京市政調査会は、常時、いろいろ機に臨み折りにふれては、形式上は会の名を冠することをさけつつ実際上、会〔東京市政調査会〕が、あるいは主動力となり、あるいは肝いり役となって、実践的活動をも、屢次にわたって試みた。……初めはその縁の下の力持ちを、のちにはしだいに主役的役割を演じたのが現在同会の顧問として活躍している田辺定義氏である」（市川清敏『理想選挙ものがたり』時事新書、一九七一年、七六～七七頁）。

15 遡れば、東京市には「伏魔殿」といわれるような、日清戦争後の水道鉄管納入事件にはじまる「疑獄史」があり、当時も板船権事件の他、京成軌道乗入れ・青物市場使用料などの諸問題と関連して、市会の定員八八名の議員中四〇名に近い汚職容疑者を出すという質・量とも空前の汚職事件がひき起されていた。

16　同協議会は「市政調査会のいわば別働隊で、実質的には市政調査会と一心同体であり、この協議会が、市会選挙浄化のための啓蒙運動の企画中枢部の使命を果した。これに呼応して言論機関や市民有志および愛市同盟などの推薦運動という、一種の実践的活動が展開されたのであった」（前掲『理想選挙ものがたり』九〇頁）。
17　同決定に対し、『万朝報』（一九二八年一〇月一五日）は「権限を超えたものではない」とそれを歓迎、他方『時事新報』（一二月二二日）は、政党勢力忌避の立場から、「中央政府が一地方の政情を自党に不利とみた場合、疑獄事件に仮託して容易に市会解散を断行し得る危険があり、党争苛烈にして中央の政争が地方に浸潤する今日に悪例を開くもの」と反対している。
18　前掲『市政奉仕七十年』三九頁、一連の動きについては」『東京市政調査会四十年史』一九六二年、一七七―一八八頁。
19　この他、「推薦だけを当てにするな」、「文書や弁舌に誤魔化されるな」、「職業的政治家を警戒せよ」、「不正な運動をする候補者を排斥せよ」、「何を職業として暮しておるか分らないやうな者、道徳上見て面白くない営業をしておる者は、避けよ」、「他にどのやうに優れた点があるにしても、破廉恥罪で刑せられた人、公職を濫用して問題を起したことのある人、その他如何わしい経験を有する人は、選ぶな」と計七項目を掲げ啓蒙に努めた（前掲『東京都政の研究』二〇七頁）。
20　立候補者への質問事項は、位階・勲章から運動者、応援者の氏名までかなり突っ込んだ諸項目に及んでいた（前掲『理想選挙ものがたり』八一頁）。
21　近藤操『市政と世論』森山書店、一九三六年、九〇頁。
22　前掲『市政奉仕七十年』四〇頁。
23　詳細は前掲『東京都制の研究』二〇五～二一〇頁。
24　同前参照。
25　回答結果は「市会に関する制度改善諸案――質問書に対する回答の調査――」『都市問題』一九二八年七月号。
26　「政治運動の秋（主張）」『婦選』一九二八年一〇月号。
27　市政調査会の資料にはこうある。「東京婦人連合会、婦選獲得同盟、婦人市成研究会のような婦人団体をはじめ、各種の団体の運動もすこぶる盛んであった。とくに選挙の前日の三月一五日は、これを「市政浄化デー」と名づけ、本会を中心となって各浄化団体の共同デモストレーションを行い、市内の要所要所でパンフレットやビラを配った」（『東京市政調査会四十年史』一九六二年、一八八頁）。
28　「婦人運動検討座談会」『女性展望』一九三二年一月号。

29 前掲『東京都政の研究』二一二頁。
30 「われらかく闘へり」『婦選』一九三〇年三月号。
31 「婦人と市政改善」『婦人運動』一九二九年三月号。
32 「日本寂しくなりにけり」前掲『市川という人』三八一頁。他方、市川はこう述べている。「田辺定義と初めて会ったのは……昭和四年一月一二日に開かれた東京市政問題対策協議会の席上であった。……同氏を講師にお願いして講演会を開いたし、また選挙の前日には上野の山で行われた同会を中心としたデモにも参加した。四年たった昭和八年三月再び東京市会議員の選挙が行われた。私共婦人団体は、市政調査会で集って市政浄化連盟を結成……運動を始めることとした……田辺氏には更に昭和十年に私共が取上げた選挙粛正運動の際も協力いただいたし、昭和十二年の東京愛市連盟婦人部、東京婦人愛市協会には事務所を提供していただいたのであった。終戦後、公明選挙連盟結成の際にはご一緒に努力したし、二八年私が参議院議員に立候補した際にはわざわざ来訪、激励していただいた。続いて第二回、第三回、第四回、第五回と立候補した際には、自動車を提供していただいたこともあり、私の立会演説をきき歩いて色々助言をいただいたのであった。……氏は勿論思想的には保守の立場におられるが、温厚でしかも正義を愛すること強く、私の行動をよく理解し、激励していただいている私の数少ない長年に亙っての男友達である」(「田辺定義氏のこと」前掲『市政奉仕七十年』二四七〜二四九頁)。
33 「追慕の記」『前田多門　その文・その人』刊行世話人堀切善次郎、連絡先東京市政調査会、一九六三年、二〇四頁。
34 前掲『私の婦人運動』一一四頁。
35 内政史研究資料『田辺定義氏談話速記録』一九六六年一月、五九頁／前述『理想選挙ものがたり』八六頁参照。
36 勝目『未来にかけた日日』前編、平和ふじん新聞社、一九六一年、二〇〇頁。
37 「市会議員選挙標語」『都市問題』一九二九年二月号。
38 前掲『理想選挙ものがたり』八三頁。
39 前掲『東京都政の研究』三七七頁。
40 詳しくは、前掲『東京都政の研究』二一一〜二二五頁。赤木須留喜はこう結論づけている。一九三三年の市政浄化運動は、「東京市政における『浄化市会』実現運動史上の転機であっただけではなく、昭和四年、八年と続いた市政浄化運動のための市政革新の動きが、既成政党陣営にさしたる影響をおよぼすまでの力をもちえないまま選挙粛正運動の前哨選となった意味で、それは、きわめて重要な出来事であった」。また、一九三三年の運動の一九二八年選挙時の運動と比較した場合の相違点は、かつての「市政浄化」という中間色的色彩を脱却し、「選挙粛正運動」による市政改革という新路線を積極的に採用した点である（同前『東京都政の研究』二一〇頁）。

41 「瓦斯値下問題の真相」『婦選』一九二九年五月一〇日。なお、『読売新聞』（一九二九年五月四日）は、市川の次の談話を載せ、その動きを「軽い意味での方向転換とも云へませう」と解説しているが、実態としてまだ「方向転換」の段階には至っていない。婦選獲得の契機が最高に高まっていた当時にあって、消費者運動の側面をもちながら、基本的には婦選運動の一環（通常の戦術―政治教育）の範疇にとどまる運動だったと考える。

42 ガスが生活必需品であること、ガス会社は独占企業であることなどから、ガス料金やガス工事代金などについては、東京市会と東京瓦斯との間で報償契約を結び、それに基づいて決定し、ガス会社が勝手に決定できない仕組みになっていた。その契約を東京瓦斯が自分の都合のよいように変更しようとしたものである。そのために会社側は議員を買収し、また買収しようとしていた。

43 当時のガス料金は一九一九年、石炭が高くなったという理由で市会が五〇銭の値上げを認めたものであったが、当時ちょうど石炭が安くなったため、東京市会が値下げを要請したものである。

44 これも報償契約によって市会の承認が必要であった。

45 前掲『東京市政調査会四十年史』一九四頁。

46 『都市問題』一九二九年七月号（「瓦斯問題特集号」）参照。

47 『婦女新聞』一九二九年五月二六日。

48 「三度ガス問題について（主張）」『婦選』一九二九年七月号。

49 「再出発に当たりて」『女性展望』一九四九年一〇月号。

50 「ガス問題その後」『婦選』一九二九年九月。

51 『婦女新聞』一九二九年九月二九日。

52 内政史研究会『堀切善次郎氏談話第三回速記録』一九六四年一月、二一一頁。

53 米田佐代子『近代日本女性史』上巻、新日本新書、一九八八年、二一九頁。

3・4

1 第二四議会（貴族院、一九〇八年三月二六日）での集会権のみの請願に対してこう答弁している。女子が政治集会に会同若しくはその発起人となれば、まず「家庭内ニ於テ政治ノ思想ト云ウモノガ勃興シマシテ、之ガ為ニ家庭内ニ於テ互ニ政治ノ意見ノ衝突ヲ来タシ、一家ノ調和ヲ保ツコトガ出来ナイトイフ虞ガアル」、そして「女子ニ此権利ヲ与ヘテ置キマスレバ今度ハ一歩進ンデ更ニ又他ノ権利ヲ主張スルト云フコトハ透キ見エタコト」(『大日本帝国議会誌』第7巻、一九二八年、一八三頁)。

2 第四一議会(一九一九年三月一〇日)での山脇玄の婦人参政権付与の質問に対して(『大日本帝国議会誌』第11巻、一九二九年、七七六頁)。

3 国会図書館憲政資料室所蔵「小橋一太政治団体綴」二二八号、「「大正八年一一月一〇日　女子ノ結社竝政談集会参加ニ関スル制限撤廃ニツイテ議論ノ大要ヲ畧記スル　賛成論、反対論の要旨を摘録する　警保局の態度として」参照。小橋は当時内務次官。

4 川村貞四郎『官界の表裏』雄山閣、一九七五年、一五八頁。「上司に答えた」ものとも、「課員の参考に供し」たものとも記されている。

5『内務省史』第四巻、原書房、一九七〇年、二〇七頁。

6 この点については、第四章第一節第四項参照。

7 前掲『普通選挙制度成立史の研究』二六五頁。当時の後藤の婦人に関する考えは、「婦人と自治」(『婦人問題講演集』第五巻、民友社、一九二一年九月)に示されている。彼は「古今東西婦人の地位に差はなく」、「婦人の天職は、生物学の原則から、都市の自治、衛生、教育において重要」との論を繰り返すばかりで、婦人の政治的な権利には一切触れていない。

8 このとき、参政権(狭義)ではなく、公民権の要求としたのは、当時婦人参政権獲得運動への第一歩を踏みだそうとしていた基督教婦人矯風会の代表久布白の意向によるものと思われる。彼女は「市民教育の普及、法律の門戸開放、職業の門戸解放、教育の門戸解放、財産権の確立」のための参政権運動の「第一の実物教育」として「市町村の公民権を要求する」との決意を示している(「市民としての婦人」『婦人新報』一九二四年一月号)。

9『婦選獲得同盟会報』一九二五年四月一九日号。なお、堀切によれば、潮はきわめて保守的で、普選論などにも「一向共鳴してこなかった」(内政史研究資料『堀切善次郎氏第二回談話速記録』一九六三年一二月、四一頁)という。

10 普通選挙法立案時の主務事務官、かつ法制審議会の幹事で、後輩にあたる三好重夫によれば、「『選挙法の坂か』、『坂の選挙法か』といわれるほど有名な内務官僚」(「坂千秋氏を偲びて」『自治研究』一九五四年七月号)だった。

11「婦選ニュース」『婦選』一九二七年八月号。

12 三好は、坂が「赤鬼」なら、狭間が「青鬼」と称されるほど、両者共「やかましい存在」だったと述べている(「坂千秋氏を偲びて」『自治研究』一九五四年七月号)。

13 内政史研究資料『狭間茂談話速記録』一九六五年一二月、五七頁。

14 前掲『内務省史』第二巻、一九一頁。

15 前掲『狭間茂氏談話速記録』六九頁。

16 「婦選ニュース」『婦選』一九二八年九、一〇月号。

17 「町村自治に関し考慮を要する若干の問題(一)」(『斯民』一九二八年八月号)。理由は次の通り。国民経済は進歩し、地方人民の経済生活の需要も多岐にわたるのみならず、そのいずれも家庭生活に密接しているので、「女子の立場からして自治体事務の経理に関する理想を加味する」必要が生じた。

18 『地方自治制講話』帝国地方行政学会、一九二九年五月、六七〜六八頁。

19 「農村自治管見(六)」『自治研究』一九二八年六月号。後に、安井『地方自治の研究』良書普及会、一九三一年、一六五〜一六六頁に収録されているが、こちらは留保が付されていない。

20 坂「選挙法制(一)」(『斯民』一九二九年九月号)、「選挙法制(二)」(同、一一月号)。

21 「所謂選挙の廓清(二)」『斯民』一九三二年六月号。彼は述べている。婦人公民権付与は「矢張り一つの大いなる時の流れ」であり「軈て其の時期が来るであらうと云ふことは想像に難く」ない。「婦人の公民権を与へても何処が急に良くなる」こともないが、「弊害があると云ふ事も余り考へられない」。婦人は「世の中が急激に変ると云ふ様なことを好まない。だから政治に婦人を加へると政治がどちらかと云へば保守的又は地道になっていく」。ドイツにおいても婦人票は保守党に赴き、「共産党に対しては洵に少ない」。

22 望月の婦選ぎらいについては、ときの潮恵之輔内相も「望月さんは婦人参政権には大反対でした。『女が参政権運動など唱へて飛び廻っている暇があったら、早く家へ帰っておしめでも洗ったらよからう。胸くそのわるい。』と苦がり切って居られました」(望月圭介伝記編纂委員会『望月圭介伝』羽田書店、一九四五年、三八二頁)と、坂も、「望月さんは身ぶるいする程婦選は嫌ひでした」(「『選挙革正と婦人』座談会」『婦選』一九三〇年二月号)と証言している。

23 「内務省首脳部の一致した意向として、婦人公民権案は時期尚早ゆえに、政府からは議会に提出しない」(『国民新聞』一九二九年一月五日)とあるが、この場合「内務省首脳部」とはほとんど望月とイコールだったと考えられる。その点は、『婦選』(社説、一九二九年二月号)が、「内務当局の公民権付与反対の理由は、一に時期尚早にあり、しかもこれは主として内務省首脳部といふより、寧ろ内相個人［望月］の意見が主力をなす」と解説しているところである。
24 前掲『内務省史』第二巻、一九二頁。
25 前掲『狭間茂氏談話速記録』五九頁。
26 狭間『地方自治制講話』帝国地方行政学会、一九二九年、七頁。
27 「婦人公民権の意義」『地方行政』一九三一年一月号。
28 実際に市町村に限定した内務省案が出されるが、その理由を、『東京朝日新聞』（社説、一九三〇年九月二六日）は、内務省が「市町村の行政は質実な日常生活の共同処理にあれど、府県の方は多分に政治的色彩を具へてゐるから婦人の関与に適せず」というたところにあるのではないかと論じている。
29 「最小限度の要求（主張）」『婦選』一九三〇年五、六月号。
30 「第五七議会と婦選案（主張）」『婦選』一九二九年一二月。
31 「政府は将して公民権の約束を果すや」『婦選』一九三一年一月号。
32 『帝国議会衆議院委員会議事録』昭和篇第一六巻、東京大学出版会、一九九一年、四二三頁。
33 内外商業新報編「婦選婦人を凹めす斎藤隆夫君」『政治家群像』千倉書房、一九三二年、七六〜七七頁。
34 「選挙法改正の方針（案）」『民政』一九二八年一〇月号。
35 「婦選ニュース」『婦選』一九二八年一一月号。
36 伊藤悟解説『一九四六年選挙分析——アメリカの見た戦後初の総選挙』伊藤悟編、東出版、一九九五年参照。
37 「政府の婦人公民権案と新聞の論説」『婦選』一九三〇年九月号、ならびに「府県と市町村とはどう違うか」同、一〇月号参照。
38 『毎夕新聞』一九三〇年八月一八日。
39 前掲『普通選挙制度成立史の研究』三〇七〜三〇八頁。
40 「昭和五年と婦選（主張）」『婦選』一九三〇年一月号、『東京朝日新聞』一九二九年一二月九日。
41 「所謂選挙の廓清㈡」『斯民』一九三二年六月号。
42 『東京朝日新聞』一九三〇年三月九日。
43 『東京朝日新聞』一九三〇年三月一一日。なお、同審議会は、田中政友会内閣下、一九二七年秋の府県会議員選挙の腐敗状況に鑑み、民政党が選挙法の不備などを調査研究するために設けたもの。

44 「我党の選挙革正調査要綱」『民政』一九三〇年四月号。

45 「立憲民政党々報」『民政』一九三〇年一一月号。

46 『帝国議会衆議院議事速記録』第五七・五八議会、第五四巻、東京大学出版会、一九八三年、一九四頁。

47 「制限婦人公民計案を排す」『婦選』一九三〇年八月号。

48 「婦人公民権の死活」『婦選』一九三〇年五、六月号。

49 『帝国議会貴族院議事速記録』第五七・五八議会、第五五巻、東京大学出版会、一二一頁。

50 『帝国議会貴族院委員会速記録』昭和篇一六巻、東京大学出版会、一九九一年、三九九頁。

51 安達がリーダーシップを発揮できないまま、投票買収防止、選挙費用減少、選挙干渉防止など、選挙の官僚管理の拡大に資することになる課題のみがとりあげられていく。

52 『帝国議会貴族院委員会速記録』昭和篇一六巻、東京大学出版会、一九九一年、四〇八頁。

53 『獲得同盟会報』第一〇号、一九三〇年二月一〇日。

54 「制限公民権案をめぐりて」『婦選』一九三一年三月号。

55 『帝国議会衆議院議事速記録』第五九回議会上、第五五巻、東京大学出版会、一九八三年、二三四頁。なお、結社権（政府案）も、やや遅れて二月二七日、衆議院に提出されているが、これも同様の妥協があったと思われる。議会では斎藤が提案理由を述べ、安藤正純（政友会）のなぜ婦人だけが二五歳以上なのかの質問に対して、婦人公民権案と同じくしたと述べている。なお、市川らは年齢に関して、二月二一日の段階で二〇歳以上とする要求書を斎藤に提出している（このとき政友・民政両党も結社権案を提出しているが、年齢は「成人以上の女子」となっている）が、これも無視されたわけである。

56 「婦選座談会　婦人公民権案否決を中心として」『婦選』一九三一年五月号。

57 国会図書館憲政資料室所蔵「大霞会所蔵内政関係者談話速記録」「No.3　座談会記録　旧内務省高等官食堂の思い出」。

58 松尾尊兊氏は、「そんな思い付き発想ではない」、「おそらく内相の意を受けて貴族院の通過を容易にするための措置として加えられたものであろう。立案にあたったと見られる狭間茂や坂千秋は婦人参政権を必然視しており、好んで家族制度維持の立場から、夫の同意条項を付加したわけではない」「『婦選』復刻版解説」（二一頁）としている。

59 「婦人公民権案是非――政府案に対する批判――（下）」『東京朝日新聞』一九三一年二月一七日。

60 前掲『内務省史』第二巻、一九二頁。狭間は『続　内務省外史』（四三頁）でも、「貴族院で三分の二の多数で否決されました。

そのときは私が立案した」と語っている。

61　しかし、満州事変後の第六五議会（一九三四年三月二〇日、貴族院の請願委員第二分科会）では、結社権については明確に否定し、婦人参政権（広義）についても微妙な言い回しでそれを下している（当時地方局長）。

62　「われら勝てり（巻頭言）」『婦選』一九三一年四月号。

63　「飽迄完全公民権獲得を期す」『婦選』一九三一年五月号。

64　すなわち、対貴族院、対内務省の秘策を練る。議会攻略法を案出する。婦人の政治教育（地方自治研究等）の推進をはかる、府県会選挙への参加協力を予定する（当該時期の『婦選』参照）。

65　金子『婦人問題の知識』非凡閣、一九三四年、復刻版『近代婦人問題名著選集』第九巻、日本図書センター、一九八二年、二三〇頁。

66　前掲『近代日本女性史への証言』六二頁。

67　前掲『私の婦選運動』一〇七頁。

68　「ある墓参の記」前掲『市川房枝という人』二〇四頁。

69　『日本の婦人問題』岩波新書、一九七八年、一二二頁。

70　『女性解放の思想家たち』青木書店、一九八七年、一八七頁。

71　「婦人公民権案」『民政』一九三〇年六月号。

●4・1

1　『婦女新聞』一九三三年一一月二日。

2　「×と□の対話――最近の政界を語る」『婦選』一九三一年一〇月号、「国際平和と婦選」（同翌月号）。

3　「認識不足を恥じよ」『婦選』一九三二年四月号。

4　『自伝』二七九頁。

5　平田のぶ「第三回全日本婦選大会の記」『婦選』一九三二年六月号。

6　ここに至るまでには、かつて主催団体のひとつ無産婦人同盟が、満州事変が勃発するやただちに婦選獲得同盟や社会民衆婦人同盟など七つの婦人諸団体に「帝国主義戦争絶対反対」の立場から反戦のために演説会を開催すべく提起したが賛成を得られなかったという経緯があった。ただ、このとき獲得同盟のみは、「演説会開催することは此際適当ではない。むしろ非公式な各婦人団体の意見交換の会でも開けば喜んで参加する」との、消極的ながら七団体のなかでは最も真摯で前向きな態度を示していた（鈴木裕子「満州事変と無産婦人運動」『銃後史ノート』復刊三号通刊六号、一九八二年四月）。なお、社会民衆婦人連盟はその支持党・社会民衆党の国家社会主義とともに転向して共同運動を拒否した。

7 「若槻さんと会う」、「犬飼さん訪問」『婦選』一九三二年二月号。

8 「総選挙終る」『婦選』一九三二年三月号。

9 『自伝』二八七頁。

10 『帝国議会衆議院議事速記録』第六三議会、第五八巻、東京大学出版会、一二二五～一二二六頁。

11 「昭和八年を迎えて（主張）」『婦選』一九三三年一月号。

12 全員一致で自治政参加の促進を申し合わせ、大会後には早速主催六団体で「東京市政浄化連盟」を組織し、直後に迫った東京市会議員選挙に向けて市政浄化運動を展開、続いてゴミ問題、東京卸売市場問題等に関わっていった（詳細は次節）。

13 「婦選大会と軍縮の決議（主張）」『婦選』一九三三年三月号。

14 『婦人の友』一九三三年一月号。なお、山川菊栄は、「一、資本主義とそれに付随する一切の悪い結果、二、特に戦争」と、高良トミも「戦争、敵意、児童の死亡」と答えている。

15 『帝国議会貴族院委員会議事録』第六五議会、昭和篇四一、東京大学出版会、一九八三年、九二頁。

16 「大日本国防婦人会総本部」『国防婦人会十年史』一九四三年、二五頁。

17 宮川静枝「第六回全日本婦選大会」『婦選』一九三五年三月号参照。

18 当時、廣田は比較的軍縮に熱心であった。かつて内田康哉外相（岡田啓介内閣）が満州国承認に関して「国を焦土にしても構わぬ」との強硬姿勢を示したのに対し、自分の在任中は決して戦争をしないと明言していた。藤田はそれを評価しているのである。

19 「女性展望（社説）」『女性展望』一九三六年六月号。

20 沼田睦子「第七回全日本婦選大会の記」『女性展望』一九三七年二月号。

21 なお、このとき市川らの「大臣は個人的のご意見としては婦選に御賛成だと或る人から伺っておりますが如何です？」との切りこみには、「付添いの狭間茂秘書官と顔見合わせて微苦笑した」（加藤梅子「選挙法改正を目指して　内務、司法省訪問」『婦選』

一九三二年八月号）という。

22　潮恵之助（内務官僚、選挙粛正中央連盟理事）も述べている。「いよいよ日本に普通選挙が行はれるやうになつたとき、私共は新しい有権者はきつと汚れない選挙をやつてくれるだらうと思つてゐたところがすつかり裏切られてしまひました」（「座談会　痛切な婦人の声を聴く」『家庭』一九三五年八月号。市川ほか婦人の選挙粛正運動者出席）。

23　加藤梅子「選挙法改正を目指して　内務、司法省訪問」『婦選』一九三二年八月号。

24　金子「選挙法改正を目指して　政友、民政両党へ」『婦選』一九三二年八月号。

25　同前。

26　一記者「法制審議会と婦選」『婦選』一九三二年一二月号。

27　市川は記している。「私は清水博士のお目にかかったことはなく、したがって私共がお願い申し上げたわけではなかった。まったく氏の自身の自発的な提言で、したがってこれを知ったとき、私共はうれしく、勇気づけられた」（『自伝』二九五頁）。

28　東京市政調査会市政専門図書館所蔵、法制審議会編『昭和八年　諮問第ニ号選挙法改正　法制審議会議事速記録　自二〇回至二五回』九七頁。なお、田澤は「婦人参政の問題に関しましては現在の状勢に於ては公民権を与へるといふ程度が丁度実情に合って居るから、此後に行く々々は婦人に参政権を与へられるとして、それで差支えあるまい、斯う云ふやうに考へて居ります」と答えている。

29　「想ひ出るがまま」『文芸春秋』一九三一年一〇月号。

30　「婦人参政権の問題」『国策研究会パンフレット第一輯　選挙法改正問題について』一九三七年、一四頁。これは、国策研究会の堀切を委員長（常任委員）とする第五研究委員会（教育思想担当）が行った選挙法に関する研究（一九三七年五月～九月）の結論ではなかったかと考えられる（『新国策』一九四〇年一〇月二五日号参照）。

31　「堀切法制局長へ」『婦選』一九三二年一一月号。

32　法制審議会からだされた答申案は、政府から第六四議会（一九三二年一二月二六日～三三年三月二五日）に提出されたが既成政党側の反対で審議未了となり、審議はさらに継続されることになった。

33　東京都制問題をめぐる論点は、官治集権主義をとるか、自治分権主義をとるかに集約できるものであった。同問題の沿革については『東京百年史』第五巻、一九六七年、一二三〇～一二七一頁参照。

34　金子「都制案をめがけて」『婦選』一九三二年一二月号。

35 おそらく『東京日新聞』(一九三〇年一月六日）掲載の内務省腹案に関連するものと思われる（「六大都市公民権問題」『婦選』一九三〇年二月号参照)。実際、六大都市の特別市制の問題は多年の懸案であり、東京、大阪、京都、名古屋、横浜、神戸の六大都市に関する法律案は幾度か衆議院を通過したことがある。一九三〇年段階はその運動の最盛期で、市側の要望によって内務省が「大都市制度調査会」(会長内相、一九三〇年一月設置）に同問題を審議させ、その答申に基づいて特別市制案（政府案）を作成することになった。そして、その際内務大臣から「大都市に関する現行制度に付改正を要するものありや改正の必要ありとせば其の要綱如何」との諮問を発せられ、これに対し一月一五日、決められた「大都市制度調査会」の調査要目のなかに「大都市の公民の範囲資格に関する調査」があった。しかし、九月一五日市側が「大都市制度調査会」の会長たる内務大臣に提出した意見書の「大都市の公民の範囲資格」では、「居住期間の短縮」等とともに婦人公民権は「慎重考慮すべき要あるも大都市特有の問題たる性質たるもその実施困難なるのみならず他に之が緩和救済の方法ありと思惟するがゆえに大体現行制度に拠るも支障甚少し」と、問題にされていない（「大都市制度に関する市長側の意見と世論」『都市問題』一九三〇年一〇月号参照)。
36 「都制案と婦人公民権案」『女性展望』一九三二年一一月号。
37 金子「都制案をめがけて」『婦選』一九三二年一二月号。
38 『婦女新聞』一九三二年一月二〇日。
39 『婦女新聞』一九三二年一一月二日。
40 前田は、かねてより婦選に理解を示し、「地方議会と婦人」(『都市問題』一九三一年二月号）では、問題の沿革や米国に於ける婦人参政の実績を示しつつ、市町村には是非婦人議員が必要と論じている。
41 『自伝』二九七頁。
42 「都制案その後」『婦選』一九三三年一月号。
43 同前。
44 『婦女新聞』一九三二年一一月二日。
45 池田宏『東京都制論』東京市政調査会、一九三五年、九二頁。彼は東京市政調査会理事。
46 『東京朝日新聞』一九三二年一一月九日（「都制と婦人の懇談会」一一月八日)。
47 婦選獲得同盟はこの経験によって婦人の市政への関心が高まったとして、これを機に東京に関する問題は東京に支部を設けて対応すべきと、一二月二三日には東京支部結成準備会を開き、翌一九三三年二月五日には結成式を行っている（会員六〇〇人)。

48 『自伝』二八九～二九〇頁参照。
49 市川「坂本氏の事に関連して」『婦選』一九三二年七月号。
50 児玉勝子『信濃路の出会い』（前掲）がその顛末を明らかにしている。
51 金子の「辣腕」ぶりを、「石本［加藤シズエ］触るれば石本を斬り、鹽原静ふるれば鹽原を斬り、坂本真琴触るれば真琴を斬り」と表している（「婦人団体の女史達」『中央公論』一九三五年六月号）。
52 前掲『信濃路の出会い』九六～九七頁。
53 前掲『ひとすじの道』一一五頁。
54 印刷機械について言えば、もう一台購入して代理部事業として年賀状と名刺印刷業を開始、尾崎行雄はじめ顔なじみの代議士からの注文も得て大盛業だったという。また繁忙期には市川はじめ婦選獲得同盟の職員も手伝ったが、市川はそうした『労働』がとくに好きで得意だった」（前掲『信濃路の出会い』一二二頁）という。
55 「婦選魂」『婦選』一九三四年一月号。
56 「私の信条」前掲『だいこんの花』五二～五三頁、初出『私の人生訓』誠文堂、一九五二年。
57 「婦選魂」に関連して、戦後こう述べている。「私は長い運動の間、たえず悪口をいわれ、迫害を加えられて来たせいか、哲学といっては大げさだが一つの考え方を生み出した。大衆のなかで皆と同じようにふるまっていれば悪口を言われないですむ。しかし大衆の先に立って一つの主義主張を唱え行動すれば必ず悪口をいわれる。……みんなからほめられるようになることは、大衆に追いつかれ、大衆と同じ考えになったことを意味するから、もはや指導者としての役割を果たしてしまったことになる。だから悪口を気にする必要はない」（『私の履歴書』第一三巻、日本経済新聞社、一九六七年、一〇三～一〇四頁）。

4・2

1 これが縁で、市川は東京府商店街振興委員会委員に任命される（一九三七年五月）。
2 戦後の「ストップ・ザ・汚職議員」の運動はこの「戦後版」にあたる。
3 金子は報告している。東京市政調査会は「進んで協議会場を提供せられ、田邊参事官自ら協議会に出席、希望を述べられ、資料の提供や調査の方面で、積極的な援助を約された事は、われわれの士気を大いに盛ならしめた」（「東京婦人市政浄化連盟の活動」『婦選』一九三三年四月号）。

4 当運動の主役は何といっても金子であった。そのめざましい功績によって、一九三五年九月には、東京市初の婦人嘱託に抜擢された。また東京府の廃品回収委員にもなって、映画『活せ廃品』の制作に協力、後に国民精神総動員中央連盟の生活用品専門委員などに就任する。

5 所得税が免除されている低所得市民に課税しようとするもの。市川らは小市民税と呼称していた。

6 女中の傭主への課税であるが、市川らは当時の家庭の状況から考えて、女中ひとり位はぜいたくではないとの認識をもっていた。

7 この他にも日常的に市政に対する監視を続け、例えば教育疑獄が発生した時（一九三三年末）には、検察当局に対して徹底調査を要求する一方、学務委員に婦人を任命すべしなどをうたった声明を発表、それを警視庁、文部省、東京府を訪問して手渡すなどしている。

8 すなわち、「地方に於けるこの種の実際運動の勃興に際して、戒心すべきは、この運動が目前の単なる道徳運動に終つてはならないといふ事である。道路乃至は公園等こ於ける紙屑拾ひも勿論結構であるし、ゴミ箱の掃除塵芥の減量の奨励も必要であるが、然し市民をして各家庭の主婦をして市全体の塵芥の処理を了解せしめ、市民としての自覚の下に行はしめるのでなかつたら、有終の結果をみる事は絶対に不可能である」（「清掃運動の全国的拡大と其の意義（主張）」『婦選』一九三四年一一月号）。

9 山高しげり『女性の建設』三省堂、一九四四年。このころ金子は旧姓に戻っていた。なお、続けて金子は「一方母子保護運動を展開し、かつ又選挙粛正運動にはじめから力を注ぎつゞけて来ている」と述べているが、市川自身は、母子保護運動は具体的運動、選挙粛正運動は抽象的な運動と捉えていた。すなわち、前者については「婦選獲得同盟は反動期に際会するや、従来の抽象的な運動から具体的な運動に、演繹的な運動方法から帰納的な運動方法に展開し、生活に直接関係ある題目をとらへて一つは議会への立法運動に、一つは自治体への改善運動に進んで行ったのであった。母子保護制定運動は前者に属する」（「今次の総選挙と婦人其他」『女性展望』一九三七年四月号）と述べ、地方、後者については「愛市連盟に婦人部と云ふものを作つてゐるのですが、選挙粛正運動をかへたもので、抽象的な運動である点は変りがありません」（「女性の社会時評座談会」『女性展望』三七年三月号）と述べている。愛市連盟婦人部の運動については後述。

10 「婦人論客告知版」『アサヒグラフ』一九四九年一一月一六日号。

11 「昭和八年て迎えて（主張）」『婦選』一九三三年一月号。

12 「今後の婦選運動の目標」『婦選』一九三三年九月号。

13 次節「母子（母性）保護運動とその両義性」参照。

14 「山高しげり」『社会事業に生きた女性たち』続編、ドメス出版、一九八〇年、一四四頁。
15 「市政浄化と女性」『婦選』一九三三年三月号（『東京朝日新聞』二月二六日より転載）。
16 「婦選今昔物語」（『婦選』一九三四年一二月号）。
17 「最近の婦人運動を語る――運動の楯の両面」『婦人新報』一九三四年四月号。
18 宮川静枝「第六回全日本婦選大会」『婦選』一九三五年三月号。
19 「女性の社会時評座談会」『女性展望』一九三九年五月号。
20 前掲『近代日本女性史への証言』一〇五頁。
21 『東京日日新聞』一九三五年六月二三日。
22 「教制案と婦人公民権（主張）」『婦選』一九三五年七月号。
23 東京都公文書館所蔵『東京都制の実施について――一個の試案としての都制案要項――』東京市政革新同盟、一九三五年七月。
24 この後も牛塚は、第二次選挙粛正運動中（一九三六年二月二〇日衆議院議員選挙）、「婦人の選挙粛正大講演会の壇上で、婦人の公民権の主張に及び」、また「婦人愛市の集い」（三七年三月一日）でも、都市インテリア階級の選挙での棄権率が高いのに納税の成績が良いのは主婦が納税を行うからだとして、婦人に参政権を与えるならばもっと立派な選挙ができるであろうと発言している（東京市政調査会市政専門図書館所蔵、東京愛市連盟『昭和一二年三月　東京に於ける愛市運動』七三頁）。
25 「東京市政観察の結果と婦人」『婦選』一九三五年一一月号。
26 「講座都制とは何か　婦人も都公民になる?・」（『女性市民』第一号、『女性展望』一九三六年五月号附録）。
27 「私の頁」『女性展望』一九三六年一一月号。
28 「女性展望（社説）」『女性展望』一九三六年一二月号。
29 「婦人界展望」『女性展望』一九三七年一月号。
30 坂『東京都制要綱に就いて――東京市政の新発展に関する吾等の考へ』（東京市政調査会、都市問題パンフレット、一九三八年七月二〇日）。当時内務省地方局長。
31 「東京都制促進連盟の都制意見」『都市問題』一九三六年一一月号。
32 東京都立大学付属図書館所蔵「東京都制に就いての一私案」昭和十一年一月。
33 「東京都制実行委員会紹介に対する回答意見」『都の議決機関』東京市役所、一九三六年、六七頁。

34 『婦女新聞』一九三七年一月一七日。

35 東京都立大学付属図書館所蔵『都制促進運動誌』東京市役所、一九三六年参照。

36 石井は、「婦人生活の社会化」(『婦人問題』一九一九年四月号)、「家族制度の改造」(『婦人問題』一九二〇年二月号)で婦人の権利擁護の論陣をはり、この後、管見するかぎり、次の著作で婦人参政権の必要性を説いている。
『婦人に味方して』三田書房、一九二一年。

『政党革新時報』創刊号、一九二八年五月。

「婦人問題」『綜合文化体系』玉文社、一九二八年。

『婦人参政の話』アルス、一九三〇年。

「婦選問題につきて——貴衆両議員諸君に与ふ——」『婦女新聞』一九三一年二月一五日。

37 「時事解説」『女性展望』一九四一年一月号。

38 東京都政問題の展開については、『東京百年史』第五巻、一九七二年、一二三〇〜一二七一頁参照。

●4・3

1 貧困に対する施策が未整備のなか、ヤミ堕胎によって罪に問われるか、母子心中によって窮乏を脱するか、といった切羽詰まった状況のなかで、一九一九年、救済事業調査団が母子保護法の制定を提唱し、政府も母子扶助法案の準備をしはじめた。しかし議会に上程されることなく終った。その後、一九二三年、関東大震災後の罹災や失業という特殊な事情のもとに同法制定の動きが浮上し、内務省も立ち上がるが、内閣更迭のため中絶となった。一九二六年四月には福島四郎(婦女新聞社長)が母子扶助法の制定を提唱し、世論の支持も広く受けたが、すでに政府にその構想があったことから中止された。ただその運動が導因となって、一九二九年救護法が制定された。だが所詮窮民対策でしかなく、母子保護が要請される実態はなお残されていた。一九三一年三月、社会大衆婦人同盟が片山哲(社会民衆党)を通じて母子扶助法制定の要求を第五九議会へ提出した。が、委員会付託のまま握りつぶしの運命に終わった。

2 「第六五議会に望む(座談会)」『婦選』一九三四年一月号。

3 「婦人参政権運動の婦人運動における地位」『婦人公論』一九二五年三月号。

4 「婦選と母性保護法制定運動(主張)」『婦選』一九三四年八月号。

5　山高『母子福祉四十年』翔文社、一九七七年、二〇頁。山田は体質的に保守的だったが基本的に純朴で、また昭和初年代から『東京朝日新聞』の「女性相談」欄の回答者としてそれまでも母性保護の必要性を説いており、連盟の顔としても最適で、また彼女自身も結成には非常に積極的だった（五味百合子「山田わか」五味編『社会事業に生きた女性たち』ドメス出版、一九七四年）。

6　五味百合子「昭和初頭の貧困を原点として」前掲『母子福祉四十年』八六頁。なお、五味は当時社会事業研究生として大会準備を担当。翌年一九三六年の四月から三八年九月まで母子保護連盟に職員として勤務していた。

7　『自伝』三四七頁。ただし、一九三六年四月には山田宅に移転、一九四〇年一一月にはまた婦人時局研究会に戻す。

8　山高『わが幸はわが手で』ドメス出版、一九八二年、一七〜一八頁、初出「母性保護法制定について」『児童保護』（一九三四年九月号）、「母性保護法制定運動に寄す」『婦選』一九三四年九月号。

9　「母性保護法制定運動に寄す㈠」『婦選』一九三四年一〇月号。

10　「暗夜の烽火――先覚者たちの活動」前掲『母子福祉四十年』七八頁。「要綱案」（全文）は、前掲『わが幸はわが手で』二二頁、初出「再び母性保護法制定について」『児童保護』一九三四年一二月号。

11　『自伝』三四九頁。

12　一番ヶ瀬康子「母子保護法制定促進運動の社会的性格について」『社会福祉』一四号、一九六七年。

13　「危機を救ふ婦人の与論」『婦女新聞』一九三五年一月一日号。

14　前掲「暗夜の烽火――先覚者たちの活動」『母子福祉四十年』七九頁。

15　浅賀「戦前の日本を想う」前掲『市川房枝というひと』三三八頁。

16　このとき、金子も書記を辞任、宣伝部長専任となり、後任には桜楓会の栄木三浦がなった。

17　これは実質母子扶助法でしかなく、また私生児が保護対象から除外されていた（不品行を奨励する結果になるとの理由で）。金子らはこれに対策を練り、内務省社会局長などと意見を交換し、また対議会工作を行って政府案の修正を迫り、「私生児除外」を撤廃させることに成功している。

18　「今度の総選挙と婦人其の他」『女性展望』一九三七年四月号。

19　「戦前の日本を想う」前掲『市川房枝という人』三三八〜三三九頁。

20　同前。

21　「第六五議会に臨む（座談会）」『婦選』一九三四年一月号。

22 「婦選縦横」『婦選』一九三四年七月号。
23 「婦人運動検討座談会」『女性展望』一九三七年一月号。
24 「母子保護法制定促進婦人連盟の結成について」『女性展望』一九三四年一〇月号。
25 『自伝』四二四頁。
26 五味百合子解説『近代婦人問題名著作集 いたましき親子心中の実相』第九巻、日本図書センター、一九八九年、三頁。
27 前掲「昭和初頭の貧困を原点として」『母子福祉四十年』八四頁。
28 前掲『わが幸はわが手で』四一頁、初出『児童保護』一九三六年一二月号。実は男子を組織に入れるか否かをめぐっても意見が分かれていたが、議論の結果、「男子を組織内に入れる案は取りやめ、その協力は諮問委員としての参加に変更」したという（前掲『母子福祉四十年』二一頁）。これは「運動を単なる社会事業ではなく、婦人運動として進展せしめんがため」とされている（前掲「母性保護法制定促進婦人連盟の結成について」）。
29 前掲「昭和初頭の貧困を原点として」『母子福祉四十年』八五頁。五味については、註6参照。
30 前掲『わが幸はわが手で』四一頁、初出『児童保護』一九三六年一二月号。
31 同前、四一〜五二頁、初出「最近における母性保護運動の動向」『児童保護』一九三六年一二月号。
32 前掲『山鶯』一八一頁、初出「敗戦の記」『政界往復』一九六二年九月号。
33 前掲「山高しげり」『社会事業に生きた女性たち』続編、一四五頁。事実、両者は早くから一緒に生活していたが、一九三五年一〇月（第八回社会事業団大会へ進出を果した頃）、一〇年余の同居生活を解消している。
34 「風媒花と虫媒花」『自由と解放と信仰と』集英社、一九八一年、二四六頁。
35 「解説」（一番ヶ瀬康子）『日本婦人問題資料集成第六巻 保健・福祉』ドメス出版、一九七八年。
36 前掲「暗夜の烽火―先覚者の活動」『母子福祉四十年』七八頁。
37 「今度の総選挙と婦人其の他」『女性展望』一九三七年四月号。
38 同前。
39 「『母子保護法』に寄す」『女性同盟』一九三七年四月号参照。
40 「母子扶助法とその批判」『婦人公論』一九三七年四月号。
41 前掲『母子福祉四十年』四八頁、初出『児童保護』一九三六年一二月号。

42 同前。
43 『日本経済新聞』一九七五年一一月二三日。
44 森チヱ「枯らしたくない雑草のたくましさ」前掲『母子福祉四十年』八七頁。
45 『自伝』四七二頁。
46 「私の婦人運動」『日本経済新聞』一九七五年一一月二三日。
47 「母子保護運動雑描」『婦人運動』一九三六年一月号。
48 前掲『山鶯』一八一頁、初出「敗戦の記」『政界往来』一九五七年九月号。
49 「報告二つ」『女性展望』一九四〇年五月号。
50 鈴木聿子解説『近代婦人問題名著選集 婦人問題の知識』第九巻、日本図書センター、一九八九年、二頁。
51 「母性保護運動雑描」『婦人運動』一九三六年一月号。
52 この「議会入り」は三宅磐（民政党）の紹介によるもので、当時にあっては婦人の「大進出」であった。市川は、「或意味では参政権獲得」「新婦人協会以来中へ入れたらと思ってきたが何十年で達せられた」と喜んでいる。だが記事内容については、時局の制約もあったようで、「初めの頃、軍事費に触れたら投書がきたんで、あゝいふ事は社の為にも金子さんのためにもよくないだらうと朝日から言ってきた」という。「座談会 女が入って見た議会」（『婦選』一九三五年四月号）
53 「議会と婦人」『社会評論』一九三五年二月号。これは産業組合の大会で組合員が米穀自治管理法案に反対する議員には次の選挙で投票しないとしていることに因んで発せられた言葉。
54 前掲『母子福祉四十年』七六頁。

4・4

1 『自伝』三七一頁。
2 「選挙の粛正は婦人から」『婦選』一九三五年六月号。
3 市川は「この人たちと並べられるのはいやだったが、これも婦選の進出と考え、受けることとした」（『自伝』三七一頁）という。
4 杣正夫『日本選挙啓発史』（財）明るく正しい選挙推進全国協議会、一九七二年、二一二頁。
5 この間、一九三九年秋の府県会議員選挙（大阪、青森、石川県等）の選挙粛正運動にも、内務省から依頼を受け、立候補者夫人へ自粛依頼の書状を発送するなどしている。自粛依頼状は以下の通り（『昭和十四年度選挙粛正中央連盟事業概要』九七〜九八頁）。

「御奥様に於かせられましても、ご主人様が飽迄正しい選挙によつて、力ある人格者として栄冠をかち得られますやう、充分に内助の功をおあげ頂きたく、ゆめゆめ買収その他違反行為の生じませぬやう、上には上の御心入れの程を折入つてお願ひ申し上げます。

愛国婦人会会長　本野久子

大日本連合婦人会長　三條西信子

選挙粛正婦人連合会委員長代理　市川房枝

6 伊藤之雄「『ファシズム』期の選挙法改正問題」『日本史研究』一九八〇年四月号参照。

7 『斯民』一九三六年二月号。

8 『婦女新聞』一九三五年七月二一日。

9 「座談会　痛切な婦人の声を聴く」『家庭』一九三五年八月号。

10 「年賀広告」も、三八年になると、「日本は戦争のたびに大きく成長する。それをより大きな成長にまで高くあげたい、今年のつとめの重いことを考へます」とのコメントになっている。

11 「選挙粛正婦人連合会の組織」『婦選』一九三五年八月号参照。

12 例えば、「政治のよし悪しによつて婦人も直接影響を受けるのですから、お手伝ひといふのではなく、国民の一人としてお互いに進んで協力しませう。……政治の革正に婦人が協力を求められたのは、婦人の一大進歩であり、またこれによつて婦人の政治に対する理解を増すでせうから、婦人としては大きな収穫ですよ」（「選挙粛正と婦人の役割」『婦人公論』一九三五年一〇月号）。

13 「創立以後に於ける本連盟の運動経過　昭和一〇年五月下旬〜同一一月上旬まで」選挙粛正中央連盟（国会図書館憲政資料室「斎藤實文書」一八二九年）。

14 前掲『理想選挙ものがたり』九六頁。

15 ただ、その方法には不満もあったようで、次のような言葉を発している。「官製の政治団体中央連盟それ自身への参加が、広義に於ける婦選の獲得だと感ずるが故に、又代議政治を確立するための基礎工事として、選挙粛正は絶対に必要であると信ずるが故に、――粛正の方法には異議があるが――あえてその苦痛に堪へているのである」（「選挙粛正中央連盟と婦選」『婦選』一九三五年九月号）。

16 「選挙粛正中央連盟と婦選」『婦選』一九三五年九月号。なお、市川は田澤の牽制を分析して、「反対論と臆病な事勿れ主義の何れかか、若しくは其の両方であろう」（同前）と述べている。
17 「社会時評座談会」『婦選』一九三五年九月号。
18 『自伝』三七四頁。
19 「女性の社会時評座談会」『婦選』一九三六年三月号。
20 「何のための選挙粛正か」『婦人運動』一九三五年七月号。
21 同前。
22 「粛正音頭」前掲『山川菊栄集』第六巻、一〇五～一〇六頁、初出『読売新聞』一九三五年九月三日。
23 「婦選縦横」『婦選』一九三五年九月号。
24 市川のほか本野久子、久布白落實、山田わかが選ばれ、そのうち市川だけが常務委員。
25 「ちからづよい婦人団体の動き」『家庭』一九三六年二月号。
26 「永田秀次郎氏に物を訊く座談会」『文芸春秋』一九三三年六月号。狭間も語っている。永田の反対演説は「最後の方まで賛成です。……［だが］、どの辺で変わられたのか分からないのだけれども、最後は、残念ながらこの案には賛成できないと言われ」る（『続内務省外史』大霞会、一九八七年、四四頁）。
27 潮恵之輔『選挙粛正と婦人の力』新政社、一九三六年参照。なお、市川は「内相の潮氏は婦人公民権の賛成者だし、この間の選粛運動では中央連盟で婦人の方の係をしてゐられましたね。官僚の中では、まあ婦人のことが解ると言はれてゐる人です」（『婦女新聞』一九三六年三月一五日号）と述べているが、彼が婦人公民権の賛成者であることを裏付ける客観的な資料は現在のところ見つかっていない。
28 「泣く子に飴」前掲『山川菊栄集』第六巻、一二五～一二六頁、初出『婦人公論』一九三六年四月号。
29 「女性の社会時評座談会」『女性展望』一九三六年三月号。なお、機関紙『婦選』は、一九三六年一月一日『女性展望』に改められた。もはや『婦選』では許されない状況になっていたのである。
30 「談合禁止は見合結婚」前掲『第二次選挙粛正の諸批判』一五三頁、初出『読売新聞』一九三六年二月一七日。
31 功刀俊洋「軍部の国民動員とファシズム」『歴史学研究』一九八二年七月号参照。
32 一九三六年一月二二日付内務次官宛文書、粟屋憲太郎「一九三六年、三七年総選挙について」『日本史研究』一九七四年一〇月号。
33 「選挙粛正運動と婦人」『女性展望』一九三六年二月号。
34 同前。
35 東京都公文書館所蔵『昭和十一年三月　東京市第一次選挙粛正運動経過概要』東京市役所、四一〜四二頁。
36 地方の動きについては『婦女新聞』などが丹念に拾い上げている（鈴木裕子編・解説『日本女性運動資料集成　思想・政治』第二巻、不二出版、一九九六年、六二九〜六五五頁参照）。
37 「編集後記」『女性展望』一九三六年二月号。
38 『婦女新聞』一九三六年三月一日。
39 『大阪朝日新聞』一九三六年二月二二日。
40 金子が、「情勢は大分動いてゐ」るとして、後藤文夫内相と会見した際の「好ましい」感触を伝えている。なお、会見とは「某誌の依頼」によるものという（「選挙粛正から婦人参政権へ」『婦女新聞』一九三六年二月九日）。
41 「編集後記」『女性展望』一九三六年三月号。
42 中央大学図書館所蔵『昭和十一年度選挙粛正中央連盟事業概要』四頁。
43 東京都公文書館所蔵『昭和十一年六月　第二次選挙粛正運動経過概況』東京市選挙粛正部、七〇頁。
44 同『昭和十二年十月　東京市選挙粛正運動経過概要』一一頁。
45 同『昭和十一年九月　東京府第二次選挙粛正運動の概況』東京府選挙粛正実行部、二一〇頁。
46 実際、五月中旬には第六九特別議会へ婦人公民権案（坂東幸太郎ほか各派連合）と婦人参政権案（杉山元治郎ほか無産派議員）を提出した（前述、審議未了）。
47 『女性展望』（「編集後記」一九三六年一一月号）には、「東京市選挙粛正部では区会選挙の粛正運動のプログラムに大々的に婦人のパートを計画し、各区の婦人協議会講師にはまづ市川、金子両氏を推挙してゐるのは愉快ではありませんか」とある。
48 『東京市第三次選挙粛正運動経過概況』東京市選挙粛正部、一九三七年二月、三九頁。
49 「選粛婦人連合会の選挙法改正陳情」『女性展望』一九三六年一一月号。
50 「東京市会総選挙と愛市運動」『都市問題』一九三七年四月号。前掲「市政・選挙の浄化運動と東京市政調査会」『市政奉仕七十年』参照。

51　ポスター・立て看板の作成展示、ビラまき（「女の選んでほしい市会議員」など）、愛市マーク販売（百万個）、「婦人愛市の集い」（一九三七年三月一日）、「婦人愛市展覧会」（三月一日より一週間、政治と婦人の日常生活との関連を具体的に展示、入場者十万人）の開催、その他講演会、懇談会開催、映画・紙芝居を使っての運動など。

52　「私の頁」『女性展望』一九三七年三月号。

53　前掲「無権者の投げた石──東京市会選挙と婦人」。

54　東京市政調査会市政専門図書館所蔵『東京における愛市運動』東京愛市連盟、一九三七年三月、六五頁。

55　同前、七二頁。

56　市川の方が強く要請したもの。市川は「婦人部としては、市政と婦人の生活が密接につながってゐることを知らせたい」「婦人側は出来れば継続してほんとうの愛市運動、公民教育運動をやり度いと話合ってゐます」（「私のページ」『婦選』一九三七年三月）と報告している。

57　婦人愛市協会には八一以上の婦人団体が属し、その構成は多様で愛国婦人会の各区分会、区婦人会のような地縁的に全市に亘るもの、また学校同窓会、教化団体、職業団体、婦人の社会的政治的向上を目的とする団体等、東京市内にある大部分の婦人団体がこの協会に参加した。以下は趣意書。「私共は本協会を以て真の全婦人市民の機関とし、以て帝都自治の完成に資したいと冀ふものであります。……加盟団体を通じて全婦人市民の自覚を喚起する為、東京市政に関する知識の涵養に重きをおくと共に、その培ひ得たる力を活かして随時市政への協力に任ぜんとするものであり、これ大東京の主婦として、母として当然の責務の遂行であらうと信ずるものであります」（「東京市会総選挙と愛市運動」『都市問題』一九三七年一〇月号、「東京に於ける恒久的愛市団体の誕生」同、「東京実業愛市協会並に東京婦人愛市協会の成立と其の活動」同、一九三八年一月号参照）。

58　「東京実業愛市協会並に東京婦人愛市協会の成立と其の活動」『都市問題』一九三八年一月号参照。

59　『自伝』四四一頁。

60　例えば、市川の精動運動東京府実行委員会委員就任（一九三七年一〇月）と、金子のその下部組織たる資源愛護専門委員会への配置は、いずれも東京婦人愛市協会代表の資格によってである。また、「町会隣組懇談会」（三八年九月一四日）開催も婦人愛市協会の名による。内閣情報部開催の婦人団体幹部懇談会（一九三八年九月二三日）へは、金子が東京婦人愛市協会の代表として、市川が婦団連盟の代表として出席している。また、婦人団体業績発表会（婦女新聞社主催、一九三八年一月六日）へは、市川が婦団連盟、金子が東京婦人愛市協会、藤田が獲得同盟を代表するかたちで参加している。また、「計量強調週間」（一九三八年一二月一日から一週間、東京市産業局が計画したもの）における家庭を対象とする事業も、東京婦人愛市協会の名で市川と金子がその一切をとり仕切っている。

61　「今次の総選挙と婦人其他」『女性展望』一九三七年四月号。

62　『自伝』四二四頁。

63　東京市政調査会市政専門図書館所蔵『昭和十二年四月執行　第二十回衆議院議員総選挙　選挙粛正運動の概況』一五九頁。

64　『自伝』四二七頁。

65　『昭和十二年度　選挙粛正中央連盟事業概要』六八頁。

66　なお、『女性同盟』（一九三七年六～七月号）では、一九三六年四月三〇日の総選挙で選任された新議員を対象にアンケート（「婦人の選挙粛正運動に対する思想」と婦人の自治政国政参与について」）を実施し、彼らの反応をみている。ちなみに、安部磯雄をはじめ、その大半が婦人に選挙粛正運動ともに婦人の参政権を認めているなかで、船田中が「効を急いではいけません」として、独立の生計を営む婦人に対してのみを認め、家族の婦人（妻）は不可としている。また、河野一郎が婦人による選挙粛正運動について「効果を認めず」、婦選も「不賛成」と運動者に冷水を浴びせている。

67　『自昭和十一年六月至昭和十三年三月　市区町村会議員総選挙　選挙粛正運動の概略』東京府選挙粛正実行部参照。

68　『昭和十三年三月　東京市第六次選挙粛正運動経過概要』東京市役所、六九頁。

69　同前、七二～七三頁。

70　東京婦人愛市協会の行方を追うと、前掲『東京市政調査会四十年史』（二〇四頁）に、「たまたま日支事変の進行速度が高まろうとする際であったので、いきおい……いわゆる銃後の守りを固める体制にならざるをえず、……ついに大東亜戦争に突入するにおよんで、……おのずから自然消滅することとなってしまった」とある。もう少し具体的には、その名が活用されながら（先述）、翼賛選挙へなだれこんでいる。すなわち、一九四二年六月五日執行の東京市会議員翼賛選挙において、翼賛選挙貫徹同盟（代表・市川）と「東京婦人愛市倶楽部」（代表・吉岡、山高〔金子〕の二本建てのかたちで、実際は両者一体で運動を展開している。

71　前掲『近代日本女性史への証言』六四頁。

72　「選挙の浄化と婦選」（『婦選』一九三二年七月号）では、「選挙の腐敗の根本は……金銭による売買、権力による干渉によって行はれてゐる点に存する」、その対策としては「違反者を厳罰に処すると共に、国家乃至は地方公共団体による選挙の公営制度を確立し、売買の余地をなからしむると共に、有為の人材が自由に立候補と、当選し得る路を拓く事が肝要である」と。

73　「私の頁」『女性展望』一九三六年一一月号。
74　「私の頁」『女性展望』一九三七年三月号。
75　「選挙粛正運動雑感」『女性展望』一九四〇年六月号。
76　内務省『道府県選挙粛正委員会ニ於ケル諮問並答申要領（其ノ二）』昭和十一年（赤木須留喜「地方自治と官僚制」渓内謙他編『現代行政と官僚制』下巻、東京大学出版会、一九七四年、二二八頁）。
77　杣正夫『日本選挙啓発史』（財）明るく正しい選挙推進全国協議会、一九七二年、一六二〜一六三頁。
78　『東京朝日新聞』一九三七年三月一〇日。
79　「女性展望（社説）」『女性展望』一九三六年三月号。
80　『読売新聞』（一九三六年二月二三日）の社説は、「正しかりし民衆の審判」として、「今回の選挙に於て感じられるものは、いわゆるファッショ的勢力に対する国民の忌避的態度である。無産党の予想外の成績を挙げしめたのも期せずして民心の赴くところを語ったもの」と論じている。地方局の古井喜實も、「無産党の当選人の増加は粛正選挙のよき結果として好評を博したようである。元来我国の有権者の三分の二乃至四分の三を占むる多数が無産者である事実を顧み、又我国の選挙界を壟断し来った政友会及民政党の分派対立に如何なる本質的主義ありや、又其の分派対立が我国政界を沈滞せしめて居るの事実なきやを考えるとき、無産の進出は我国政界が正に進むべき道を一歩進めたものとして、一般より歓迎せられるのは強ち理由のないことでもない」（「最近の衆議院議員総選挙を顧みて」『斯民』一九三六年四月号）との柔軟性をみせている。
81　『自伝』三八二頁。

●5・1

1　「女はいかに生くべきか」『新女苑』一九三七年八月号。
2　「私の頁」『女性展望』一九三七年九月号。
3　「戦時下の市川房枝――婦選獲得同盟の解散と婦人時局研究会」『銃後史ノート』復刊五号通巻八号、一九八三年一二月。
4　ただし、市川がそうしたプラス面にのみに気をとられていたわけではない。官製婦人団体の二重、三重の動員については強い問題意識をもっていた。

5　聞きとり、第七章第一節第一項参照。

6　「戦時体制下の婦人の動向」（『婦女新聞』一九三七年九月五日号）、「欧州大戦時における米国婦人の活動」（『婦人新報』一九三七年一〇月号）、「国民総動員と婦人」（『女性展望』一九三八年一〇月号）。その後、「世界大戦中における英国婦人の活動」（無署名『女性展望』一九三八年一一月号）と「世界大戦と米国婦人の活動」（大月照子、同一二月号）においてさらに詳しく説明されている。

7　「欧州大戦時における米国婦人の活動」『婦人新報』一九三七年一〇月号。

8　同前。

9　なお、第一次世界大戦時のアメリカの婦人団体が体制側との有機的、協調的な関係を築く上で不可欠な機構として設けたものに、婦人の問題を一括して扱う部局（婦人部、あるいは婦人局、そこに婦人担当者をおく）があった。市川もこのシステムの導入には腐心したが、不成功に終わった。すなわち、婦人部（婦人局）を精動中央連盟、あるいは精動委員会に設けるよう求めたが、一九三八年末ころから浮上しては消えを繰り返し（はっきりしているのは『新東亜建設国民同盟の趣旨及要綱』〔一九三八年一一月一一日、内務省案〕における婦人部設置の案）、結局、消えた。その後、大政翼賛会でも大日本言論報国会でも要求し続けるが不首尾に終わる。唯一成功したのが東京愛市連盟における東京愛市連盟婦人部の設置である。

10　「戦時体制下の婦人の動向」（八月二九日記）『婦女新聞』一九三七年九月五日号。

11　同前。

12　「国民総動員と婦人」『女性展望』一九三七年一〇月号。

13　同前。

14　『自伝』四三八頁。なお会長人事は、汎太平洋婦人会議から帰ったガントレットの歓迎会で彼女が国際的な婦人団体の活動について話をした際にその発足が決まったという経緯から、彼女が押し上げられたが、婦団連盟結成の構想そのものは市川がそれまで暖めてきていたものである。金子も、「日本に於ける、全国的な、自主的な婦人団体の連盟は当然の組織で、是非欲しいとの要求はみんなの間にずつとあつたけれどチャンスがないのでそのまゝになつていた。……今度のやうな時局の転回が、その組織のチャンスを与へてくれた」と述べている（『婦女新聞』一九三七年一〇月三日）。

15　「国民総動員と婦人」『女性展望』一九三七年一〇月号。

16　例えば、『女性展望』（一九三九年二月号）の「社説」には、「国民半数の女の力を活して考へるか否かの問題だから、かなり大きな問題である筈だけれども、……やはりこれは女の方でまとめて持ってゆく他にない」とある。一九三八年後半、「東亜新秩序建設論」と絡みつつ議論の的になっていた国民再組織論が立ち消えになった後のことである。「女性の社会時評座談会」(『女性展望』一九三九年五月号)では思いを爆発させている。「婦人の務めを完ふするからには、婦人はやはり政治に参加しなくてはならない。国防、愛婦の活動も政治への参加です」。

17 「国民精神総動員運動の回想」『国民精神総動員』復刻版、緑蔭書房、一九九四年、頁記入なし。同文は複刻にあたって書かれたものと思われる。

18 「街のムダを拾う——日本婦人団体連盟の催——」『女性展望』一九三八年八月号。

19 「日本婦人団体連盟について」『歴史評論』一九七九年七月号。

20 前掲「戦時下の市川房枝——婦選獲得同盟の解散と婦人時局研究会」。

21 『自伝』四八一頁。

22 やや詳しく述べれば、一九三八年夏ごろ、近衛文麿の側近を中心とする国民再編成・国民再組織運動が浮上するや、市川はそれを婦人再組織実現のチャンスとし(男性側の運動に婦人の再組織を合流させる)、その推移に目配りしつつ、婦団連盟の動きを弱めている。『女性展望』(社説、一九三八年八月号)では、国民再組織論の浮上に「その自発性が大切」「自力で起って何かをいまこそやらなくてはいけない」と素早く反応、また「女性の社会時評座談会」(『女性展望』一九三八年一〇月号)では、婦選実現に向けて婦人の組織化のチャンスを窺っているとの胸の内を明かしている。

しかし、一九三八年の国民再組織動運は近衛文麿の計画放棄から消滅し、それがふたたびもりあがってくるのは一九四〇年春、婦団連盟がその活動を中止するのは一九四〇年四月である。その後新体制運動が盛り上がってくるや、市川は「国民組織としての婦人再組織大綱試案」(一九四〇年八月三一日)を提出、大政翼賛会臨時協力会議が婦人団体の統合を可決するや、一九四〇年一二月婦団連盟を正式に解散している。金子も証言している。「政府が婦人団体再組織を決意するにいたって、一まずその役割を果たしたものとして、昭和十五年の末に解散した」(前掲『近代婦人問題名著選集 女性の建設』九巻、六頁)。

23 「女性展望」(社説)『女性展望』一九三八年一一月号参照。

24 「本部だより」『女性展望』一九三七年一一月号。

25 健全なる家風の作興・適正なる生活の実行・皇民としての子女の養育。

26 皇室の安泰の祈願、神仏の礼拝、国旗の掲揚、予算生活の実行、服装の質素、勤倹節約・廃物利用など。

27 「女性の社会時評座談会」『女性展望』一九三八年三月号。なお、白米禁止については、その後市川が東京市にもちこみ、その精動運動のスローガンへの挿入に成功している。

28 『昭和十三年度　国民精神総動員中央連盟事業概要』一一五頁、長浜功編『国民精神総動員運動　民衆教化動員資料集成』I巻、明石書店、一九八八年所収。

29 『昭和十二年度国民精神総動員中央連盟事業概要』八〇～八一頁、『昭和十三年度国民精神総動員中央連盟事業概要』一〇七頁、前掲『国民精神総動員運動　民衆教化動員資料集成』I巻所収。伊藤博連盟主事は実践班の運用解説のなかで述べている。「特に留意すべきは、町村、都市共にその集りに於て主婦の出席乃至参会を明記したことである。従来この種の運動に於て兎角疎じられた婦人が、この運動に於てかくも重要視されたことは、将来その運営上大いに考慮すべきことである」(『昭和十三年度国民総動員中央連盟事業概要』一一三頁)。

30 ただし、市川は必ずしもその「要綱」に満足していたわけではない。実践網の「重複・錯雑せる各種団体との関係」、とりわけ官製婦人団体について、「只『本運動に協力すべきものとす』だけで逃げてしまつて」いると不満を漏らしている(「国民精神総動員実践網と婦人」『女性展望』一九三八年五月号)。

31 「町会総会に出席するの記」『女性展望』一九三八年六月号。

32 「婦選運動を再認識せよ」『女性同盟』一九三八年一月号。

33 「女性展望」『女性展望』一九三九年五月号。

34 「女性の社会時評座談会」『女性展望』一九三七年一一号。

35 「女性展望」『女性展望』一九三八年七月号。

36 「私の頁」『女性展望』一九三七年九月号。

37 「婦選運動を再認識せよ」『女性同盟』一九三八年一月号。

38 その二ケ月前には、「私共は相変わらず働いてゐるのですが、婦選の名ではできないことが多いので、近年の記録をみると淋しいのです。……ほんとの私は社会運動に適してゐないのじゃないかと思ふ」との弱気な言葉を口にしている(松田解子「活動の個性と方向」『女性展望』一九四〇年二月号)。

39 「選挙法の改正と婦人」『女性展望』一九四〇年一二月号。山川も「女戸主に選挙権を認めぬとなると、女によって代表される家は……存在しないもの」になる。「夫や一人息子が戦死した妻や母の場合、その家が家として見とめられぬことになるというのは不自然である。しかも女戸主とても、納税その他国民としての義務に関する限り、男戸主との間になんの違いもないのであるから」と異議を申したてている（「戸主制度と家庭」前掲『山川菊栄集』第六巻、初出『女性と経済』一九四一年一月号）。

●5・2

1 「私の頁」『女性展望』一九四〇年二月号。
2 「女性の社会時評座談会」『女性展望』一九三八年一月号。
3 「女性の社会時評座談会」『女性展望』一九三八年五月号。
4 「私の頁」『女性展望』一九四〇年二月号参照。
5 「女性の社会時評座談会」『女性展望』一九三八年五月号。
6 「女性の社会時評座談会」『女性展望』一九三八年一二月号。
7 同前。
8 『朝日新聞』一九四一年五月三〇日。
9 『婦女新聞』一九三九年三月五日。
10 「女性展望（社説）」『女性展望』一九三八年七月号。
11 「女性の社会時評座談会」『女性展望』一九三八年五月号。
12 「新体制と婦人団体」『日本評論』一九四〇年九月号。
13 「婦人国策委員は語る」『女性展望』一九三八年八月号。
14 「婦人の国策参与」『婦人運動』一九四〇年一月二〇日号。
15 『朝日新聞』一九四一年五月二八日。
16 「私の頁」『女性展望』一九四〇年二月号。
17 「婦人の立場から」『国民精神総動員』一九三八年五月一五日号。
18 「福岡、長崎　両県を訪れて」『国民精神総動員』一九三九年三月一日号。
19 『昭和十三年度　国民精神総動員運動中央連盟事業概要』一一七〜一二九頁。
20 『婦女新聞』一九三九年七月一六日号。「犠牲の平等論」は市川の持論である。価格停止令（「九・一八令」）の発動の際はそれを歓迎し、「日本には外国のように最低生活標準が決まってゐない」、「消費を節約しろと云っても分らないから、砂糖に家庭用何割、生産何割といふ風にハッキリさせたのは、とにかくよかった」、「節約しろと云っても果して節約したかどうか、結果を調べなくちゃ何にもならない。自粛だけ当てにしてゐても何にもなりません」(「社会時評座談会」『女性展望』一九三九年一〇月号)と論じている。また、「東亜新秩序の建設のためには、もちろん物資の不足も我慢する覚悟であるが、然し、その犠牲は総ての国民が平等に負担すべきである」(「為政者へ望む」『東京朝日新聞』一九四〇年二月一日)と発言している。

21 「宴会の制限に就いて」『国民精神総動員』一九三八年九月一日。

22 「政府の女性徴用——確かな歩みで正しい方向へ」前掲『山川菊栄集』第六巻、初出『東京朝日新聞』一九三九年六月二四日)。

23 「婦人の国策協力」前掲『山川菊栄集』第六巻、初出『婦人公論』一九三八年一〇月号。

24 『読売新聞』四一年六月四日。筆名番紅花。

25 「女学生の動員——教育を放棄する宣伝屋根性」『東京朝日新聞』一九三九年六月二六日。

26 「行動の中から」『女性展望』一九三九年七月号。

27 戦後の「モーテル視察」(一九七〇年六月八日、他の婦人議員とともに)はこれに連なるものであろう。

28 『東京朝日新聞』一九三九年六月一〇日。

29 「婦人指導の混乱」『聯合婦人』一九四〇年一月号。

30 「女性の社会時評座談会」『女性展望』一九三九年一月号。

31 「女性展望」『女性展望』一九三八年一二月号。

32 「女性展望」『女性展望』一九三八年九月号。

33 「4B雑記」『女性展望』一九四〇年八月号。ただし「可からず運動」にしないという原則はもっていた。『可からず運動』であってはならないのだから、この委員は八名でもこゝからまた押しひろげて婦人の分野から協力を求めて根のある運動を展開されたい意欲だけは沸々と心にたぎり上がっている」と述べている。

34 一九三七年九月二二日から約一ヵ月の満州・上海旅行から帰国するや、満州での軍部の行動を承認し満州における日本人の阿片の誘惑、飲酒、性病等が心配であるとして、当地に「人道矯風的、教化的施設事業」が必要であると説いている(「満州国の再認識」『婦人新報』一九三七年一一月号)。また、一九三八年三月一三日の時局婦人大会(婦団連盟主催)では、日本が「東洋平和の確立をめざして満支にのびるには五族のリーダーたるべき資格をもたねばならぬ」と力説している。

35 前掲『女性の建設』二八四頁。
36 「婦人の自治振興運動を育てよ」『女性展望』一九三八年三月号。
37 「一つの報告」『女性展望』一九三八年八月号。
38 「私の報告」『女性展望』一九三八年一一月。
39 「女性展望（社説）」『女性展望』一九三八年八月号。
40 「女性展望（社説）」『女性展望』一九三八年一二月号。
41 一九四〇年八月一日（興亜奉公日）、東京市の精動の肝入りで街頭で華美贅飾の婦人に自戒を促す意味の言葉を印刷したカードを手渡したもの。
42 「婦人界月旦」『女性展望』一九四〇年八月号。
43 「婦人界月旦」『女性展望』一九四〇年一〇月号。
44 「婦人界月旦」『女性展望』一九四〇年一二月号。この匿名子、『女性展望』の一九四〇年七月から一二月号まで毎号登場し、その鋭い上層部批判と時局批評で市川周辺の実相を描きだしているが、その感性といい、度胸といい、洞察力といい、まことに興味深い人物である。それにしても、なぜこうした「内部告発」が可能だったのか。おそらく、同誌六月号から、それまで一四年間編集主任だった金子が市川にその席を譲っていることに関係しているのではなかろうか。この点については金子自身が「格別深い理由もないのであって、市川がやってみるといったので、私がそれに応じただけである」（「婦人界月旦」『女性展望』一九四〇年七月号）と証言しており、「匿名子」の登場は市川編集長の下でこそ可能だったといえるかもしれない。

5・3

1 長浜功編『国民精神総動員運動　民衆教化動員資料集成』Ⅱ巻「解説」、明石書店、一九八八年、一三一四頁。
2 内閣情報部は、国民精神総動員実施要項決定の一カ月後、内閣情報委員会から改組されたもので、この改組によって、従来の職掌、関係各省との「連絡調整」、「国策通信社」同盟通信社の監督に加えて、「各庁に属せざる情報蒐集、報道及び啓発宣伝」という分野が開かれた。国民精神総動員運動は、その代表的なものがであった。また内閣情報部は、『週報』『写真週報』などの刊行のほか、思想戦講習会、思想戦展覧会、時局問題研究会、地方時局懇談会などの開催などを行う独自の情報宣伝実施機関であった（『言論統制文献資料集成二〇　戦前の情報機構要覧』復刻版、日本図書センター、一九九二年参照）。

3 『自伝』四七四頁。なお西村は『女性展望』（一九四〇年六月号）に「闇と明る味――経済生活を通じて国体明徴中心帰一を計るべし」との一文を寄せている。内容は、要するに、今後は「経済生活を通じての国体明徴、中心帰一」が重要であるというものである。

4 『自伝』四七七頁。

5 横溝は述懐している。「国民精神総動員運動は、男女の別なく、国民全体に浸透すべきものである以上、国民の半数は婦人である。そこで僅かであったが、委員・幹事に各二名の有力な婦人を奏請……、今にしてみれば何でもない事ながら、当時としては画期的なこと」（横溝『戦前の首相官邸』経済往来社、一九八四年、八七～八八頁）だった。ただ就任者について、「竹内、羽仁もと子、幹事に市川、金子の4婦人が就任し、婦人の立場から大いに協力するところがあった」というが、これは事実と異なる。あるいは最初四名奏請したが二名に減らされたのだろうか、この点は市川の記述からもはっきりしない。

6 「今議会と婦人」『女性展望』一九四〇年二月号。松田解子が市川の嘆きを書きとめている。「私共は相変わらず働いてゐるのですが、婦選の名ではできないことが多いので、近年の記録をみると淋しいのです。……ほんとの私は社会運動に適してゐないのじゃないかと思ふ」（「活動の個性と方向」『女性展望』一九四〇年二月号）。

7 前掲『戦前の首相官邸』八一頁。横溝は、内務省で採用され主に警察畑を歩いた後、内閣書記官に任用され、精動運動当時はそれを兼任しつつ内閣情報部に属し内務省とは競合関係にあった。ただ内閣書記官の兼任によって「職務上自由に閣議の席に出入りでき」、閣議と直結してそこに政策的な齟齬が生ぜず、「好都合であった」という（『横溝光輝氏談話速記録』上、一九七三年九月、二九頁）。

8 横溝の時局認識とそれに基づく婦人への期待は、「漢口攻略後事変はどうなる――戦時下の女性へ――」（『婦人公論』一九三八年一一月号）にあますことなく示されている。

9 『婦女新聞』一九三八年一〇月九日。

10 市川は述べている。「［一九三八年の］暮れから婦人の、それも指導的立場にある婦人たちの時局認識が不十分であることを痛感」するようになり、「内閣情報部の西村直己氏と連絡をと」りつつ、「広く婦人の評論家、芸術家、教育家、社会運動家、社会事業家などの専門的な、指導的な立場にある人百人を限度としてグループを結成し、内閣情報部、企画院そのほか各省とも連絡をとって、少なくとも月一回の定例会を開くことを計画」した（『自伝』四七三頁）。

11 「女性展望（社説）」『女性展望』一九三九年三月号。

12 『資料日本現代史』第一〇巻、大月書店、一九八四年、〔資料六六〕。

13 竹内は、その後も、第二特別委員会（六月六日）では、「公私生活刷新——戦時態勢化するの基本方策」（案）が中心課題となるなか、「服装は生活中最も重要なものである。前に中央連盟服装委員会で決定されたと思ふが如何」、「贅沢品使用の問題であるが現に四、五〇円もする鰐革蛇皮の草履がドシドシ売れてゐる。之は生産方面を統制する要あり。今後食料品売買も切符制度となると思はれる。栄養の上から見た最低の食料を決定して置く要あり」などと発言している。

14 パーマネントウエーブの問題は物議をかもし、市川周辺でも総じて不評であった（「社会時評座談会」『女性展望』一九三九年八月号参照、市川は不在）。しかし、成った「公私生活刷新——戦時態勢化するの基本方策」（七月四日）をみると、服装は男子のみの簡素化、遊郭には一切触れず、パーマネントは廃止となっている。

15 同前。このことと関係あるかどうかは不明だが、国立公文書館所蔵『昭和十四年四月以降　国民精神総動員委員会』には、竹内が「——政治的社会的姿勢の促進方策の一つとして——」、概略次のような提案を行ったとされている。日付記入なし。

一、同一種類の団体の統合、監督官庁の統一。

二、私生活の戦時態勢化方策の一つとして望ましからぬ消費に対する法律的・行政的禁止制限措置と最低生活の標準の決定。

三、一般既婚婦人の生産への参加激増に鑑み、その健康を守るために地方自治体乃至は各種団体において託児所、共同炊事等の共同施設の設置（その場合、「その施設には中流及び上流の有閑婦人を動員して勤労奉仕を行はしめる事が一挙両得」としている）。

16 「婦人界展望」『女性展望』一九三九年一一月号。

17 市川は、婦人団体統合について、「情報部長の更迭により既定方針が変更にならないとも限らないが、これは是非とも踏襲してほしい」（市川「精動改組と婦人」『女性展望』一九四〇年三月号）と述べている。その危惧が的中したわけである。

18 前掲『資料日本現代史』第一〇巻、〔資料五六〕。

19 「経済戦の勇士として婦人よ起て」『婦人運動』一九三九年一二月号。

20 前掲『資料日本現代史』第一〇巻、〔資料五八〕。

21 同前、〔資料六八〕。

22 岡山県知事へ転出。横溝は自らの経歴について、「官歴二二年のうち、はじまりと尻尾が内務省」だが、全体では「内閣の方が長」く、「故郷はむしろ内閣」との心境を見せている（『横溝光輝氏談話速記録』上、一九七三年九月、二九頁）。やはり、内務省とは精神的に距離があったのであろうか。

23 内務省の「国民精神総動員実践綱要綱」(一九三八年四月一三日)への「主婦」挿入に成功したことは先述の通りである。
24 「かういふ心構へで精動の一兵卒に」『国民精神総動員』一九四〇年五月一一日号参照。
25 「精動本部の発展解消に関する理事長談」前掲『十五度　国民精神総動員本部事業概要』一六〜一九頁。なお、『昭和十五度　国民精神総動員本部事業概要』には、堀切が陣容と機構を再整備しつつ新機軸を編み出し、この期の運動を大きく引っ張った実態が詳細に記録されている。
26 『昭和十五年度　国民精神総動員本部事業概要』三頁。
27 『女性展望』一九四〇年五月号。『東京日日新聞』(日付なし)での談話を転載したものという。
28 市川らは堀切に期待して、この改組前に、一、婦人団体の加盟を増加すること、二、連盟役員に婦人を加えること、三、連盟に婦人部を設け婦人の職員を置くことなどの希望を提出していた。
29 『自伝』四九九頁。
30 選挙粛正婦人連合会として行っているが、市川は個人として山田わか、久布白落實、水野満寿子などとともに実行委員、そして、そのなかで市川だけが常務委員であり、その総指揮者であったことは間違いない(東京都公文書館所蔵『昭和十五年六月十日執行第七次選挙粛正運動経過概要』東京府選挙粛正部参照)。運動は全体に低調で、棄権率も高く、そうしたなか市川は不参加の団体にこう憤慨している。「これは政治に対する――日本の憲政及び自治政に対する無理解を明らかに表示するもので、平常に於ける或は義務教育に於ける政治教育の不足不徹底の証左」(「選挙粛正運動雑感」『女性展望』一九四〇年六月号)である。
31 「時局政治経済問答」『女性展望』一九三九年八月号。
32 「最近の満州国の事情」『女性展望』一九三九年七月号。
33 「私の頁」『女性展望』一九四〇年一月号。
34 昭和研究会が一九三八年夏頃から国民再組織論の問題に強い関心をもち研究していたことは『現代史資料』四四、みすず書房、一九七〇年)の関係資料に示されている。
35 東洋文化社『国家主義団体の理論と政策』司法省刑事局思想研究資料特輯第八四号、一九七一年復刻版、一〇一頁。
36 ただし、検証はもっぱら市川サイドの記録に依拠することになる。昭和研究会サイドの資料には記録がないからで、それはおそらく同会の研究活動が組織的にではなく個人的な活動に負っていたこと、また彼らにとって「婦人」は二義的なものだったことによると思われる。

37 「協同主義の理論と実践」『女性展望』一九三九年一二月号、「日本人の性格改造」『女性展望』一九四〇年八月号掲載。彼が昭和研究会に深く関与したのは一九三八年から一九四〇年ころまでで、日中戦争が長期化し、「東亜新秩序建設」という目標が唱えられるようになった時期である。彼の持論は、『新日本の思想原理』(一九三九年一月)、『協同主義の哲学的基礎』(同年九月、いずれも昭和研究会のパンフレットとして出版された)において具体化、敷衍化されている。

38 座談会「国民動員と世論」『改造』一九三九年八月号。

39 三木「東亜協同体論の再検討」『戦時政治経済資料』原書房、一九八二年、一五七頁、初出『新国策』四巻一四号、一九四〇年五月一五日。

40 「東亜新秩序について」『女性展望』一九四〇年三月号。

41 前掲「東亜協同体論の再検討」。

42 『自伝』四九三頁。

43 同前、五二五頁。

44 五百旗頭真「東亜連盟論の基本的性格」『アジア研究』一九七五年四月号。

45 「支那の旅より」『婦人展望』一九四〇年三月号。

46 『毎日新聞』一九九七年二月二日。

47 『婦人展望』一九九七年三月号。

48 「婦選解消の臨時総会の記」『女性展望』一九四〇年一〇月号。

49 同研究所の歴史は古く、獲得同盟創立の翌一九二五年、婦人運動を進めるうえに確かなバックボーンが欲しいとして開設、主事に市川、金子、新妻伊都子、石本静枝(加藤シズエ)が就任している。

●5・4

1 「新政治体制と婦人」『女性展望』一九四〇年七月号。

2 同前。

3 「新内閣に望む」『女性展望』一九四〇年八月号。

4 有馬頼寧、安井英二内相、風見章法相、富田健治書記官長、後藤隆之助の五氏が新体制をめぐる各方面からの疑惑に答えるかたちで新聞に発表されたもの。
5　『女性展望』一九四〇年九月号。
6　前掲『現代史資料』第四四巻、〔資料六八〕。
7　前掲『現代史資料』第四四巻、〔資料六六〕。
8　すなわち、「尚準備会の構成は必ずしもそのまま新体制の構成に移るのではないが、準備会を推進すべき事務局は、将来の新体制の事務局の基礎をなすべきものである」との但書が付されている。
9　『東京朝日新聞』一九四〇年七月三〇日。
10　有馬は婦選協力者であった。
・獲得同盟最初の演説会で演説（一九二五年一月一七日、題目「社会運動としての婦人運動」）。
・第五一議会への「婦人参政に関する建議案」の提出者（四名の内の一人、当時政友会）。
・第五二議会への「治警法改正法律案」の提出者（七名の内の一人、当時政友会）。
・第五九議会へ提出された差別的な制限公民権案（政府案）をめぐって、貴族院にあって完全公民権案への修正に努力。市川も「私どもの主張に前から賛成、完全公民権への修正に努力された」（『自伝』二六二頁）としている。
11　前掲『現代史資料』第四四巻、〔資料七三〕。
12　富田健治『敗戦日本の内側』古今書院、一九六二年、八一～八二頁参照。
13　「女性の歴史の七十四年」『宮本百合子全集』第一四巻、河出書房、一九五一年、初出「主婦の政治的自覚」『教育』一九四一年一月号。
14　平井恒子「昭和十五年度婦人界の回顧」『婦女新聞』一九四〇年一二月二二日。
15　「各婦人団体の組織をそのまゝにして連合體を組織し、国防婦人会は国防部、愛国婦人会は軍事援護部、大日本連合婦人会は家庭教育及び消費経済部として活動させようといふもので、……これは風呂敷案と称され、一部の婦人指導者、愛婦、国婦等の幹部によって稱えられた『婦人奉公会案』である」（「婦人団体の一元化」『女性展望』一九四一年五月号）。同案に対して、市川、金子は「婦人の要求を上部にあげるシステムが確立されていない」と反対している（「『隣組と主婦の組織』座談会」『女性展望』一九四〇年九月号参照）。
16　「今俄かに解散せず―会員自戒せよ」『大阪朝日新聞』一九四〇年九月一一日。

17 『婦女新聞』一九四〇年九月一日号。
18 『婦女新聞』一九四〇年九月八日号。
19 『婦女新聞』一九四〇年九月一五日号。
20 『婦女新聞』一九四〇年九月二二日号。
21 『婦女新聞』一九四〇年九月二九日号。三団体は、九月一八日に申合せを発表して、婦人の新体制運動の主導権を握ろうとしていた(前述)。
22 『報知新聞』一九四〇年九月二五日。
23 『婦女新聞』一九四〇年一〇月六日。
24 『婦人運動』一九四〇年九月一日号。
25 「婦人界月旦」『女性展望』一九四〇年一〇月号。
26 『婦女新聞』(一九四〇年四月一四日号)。
27 前掲「戦時下の市川房枝――婦選獲得同盟の解散と婦人時局研究会――」。
28 『自伝』五一三頁。
29 同前。
30 市川「新体制下婦人の政治運動」『日本評論』一九四〇年九月号。
31 『読売新聞』一九四〇年八月二七日。市川は、「婦人運動をやめるのではありません、新たに発足するのです」とも語っている。
32 「社会時評座談会」『女性展望』一九三九年五月号。
33 「協同主義の理論と実践」『女性展望』一九三九年一二月号。
34 「私の頁」『女性展望』一九四〇年一月号。
35 同前。
36 「時局政治経済問答」『女性展望』一九四〇年七月号。
37 「新内閣に望む」『女性展望』一九四〇年八月号。
38 「今、女性はどういふ心構へが必要か」前掲『市川房枝集』第四巻、初出『ホームグラフ』一九四〇年九月号。
39 「日独伊同盟と国民の覚悟」『女性展望』一九四〇年一〇月号。

40　「巻頭言」『女性展望』一九四一年一月号。

41　前掲「戦時下の市川房枝――婦選獲得同盟の解散と婦人時局研究会――」。

42　その間の著作は次の通り。一九三九年二月号「英伊会談」、同年三月号「バルセロナ陥落と英、仏、伊」、同年四月号「チェッコの崩壊」、同年五月号「風雲迫る欧州」、同年六月号「独伊軍事同盟と英仏ソ同盟」、同年七月号「天津租世界封鎖」、同年八月号「日英東京会談」。

43　この間、二月号「日米無条約時代」、四月号「ソ芬和平協定の成立」、五月号「北欧の嵐」、六月号「巴里危うし！」、七月号「フランス降伏す」、八月号「佛印援蔣ルート／香港・ビルマ援蔣ルート」、九月号「満州の旅」、一〇月号「英米合作」と掲載されている。

44　「都市児童避難と婦人奉仕団――英国婦人の戦時活動の一」（一九四一年五月号）、「農地娘子軍L・Aの活躍――英国婦人の戦時活動の二」（六月号）、「婦人代議士の活動――英国婦人の戦時活動の三」（七月号）。

●5・5

1　同研究会は、後藤隆之助が「蔭で援助していた」（内政史研究会『後藤隆之助氏談話速記録』）、いわば昭和研究会の別動隊であるが、ただ、カモフラージュのために右翼左翼の混成部隊になっていた（羽生三七発言、前掲『現代史資料』第44巻、伊藤隆解説〔資料解説XXXvii〕参照）。

2　市川自身は、「大政翼賛運動及び大政翼賛会の内容について審議していた新体制準備委員会には、各方面から参考案が、いくつも提案されたようだが、ただ一つを除いては全く婦人にはふれていなかった。ただ一つというのは後藤隆之助氏の昭和研究会が提案したもの……」（『自伝』五一七頁）と述べているが、事実はかように異なる。

3　なお、肝心の後藤隆之助と矢部貞治については市川と直接の接触を示す資料は今のところ見当たらないが、彼らの新体制案には、先述の通り「婦人」の役割が明確に位置づけられており、少なくとも間接的にはつながっていたと思われる。それは、例えば、翼賛会文化部の設置と岸田の文化部長起用は三木清が強く進言し、後藤が一部反対を押し切って実現したものだったこと（酒井三郎『昭和研究会』TBSブリタニカ、一九七九年、二二二頁）、その文化部には市川の推薦で山室善子が加えられていることからも推論できる。

4　『信濃毎日新聞』記者から『朝日新聞記者』に転じた後、フリーの評論家に。個人的には戦前戦後を通じて「共産党」（同前）員とも、「左翼転向者」（内務省警保局『昭和十四年中における社会運動の状況』上巻、一九四〇年一二月、三一〇頁）ともいわれる。

5 『婦女新聞』一九四〇年九月八日。

6 「新体制とは何か」『女性展望』一九四〇年一〇月号。

7 「左翼転向者」（前掲『昭和十四年中における社会運動の状況』三一〇頁）といわれ、また羽生三七によれば「何らかの事件に連座して死亡した」（前掲『昭和十四年中における社会運動の状況』三一〇頁）といわれる人物。

8 『女性展望』一九四〇年五月号掲載。

9 一九四〇年一月から一九四一年五月まで毎月一回。以下、詳細。

「最近の外交、経済、政治」

四一年一月号「三国同盟の成立、国際関係への影響、新体制確立の要請、経済新体制の方向、行政機構の改革」

「時事解説」（以下無署名ではあるが、平井のものと思われる）

四一年二月号「米国参戦の危機迫る、国共の衝突、経済情勢の変化」

四一年三月号「仏印泰の紛争調停について、シンガポール問題の重要性、財産奉還論の是非、議会幻滅」

四一年四月号「興るものと滅ぶもの、東亜の指導者たる道、大国民的風格の確立へ、経済に於ける重大変化、偉大なる政治家たるの道、翼賛会改組をめぐって」

四一年五月号「日ソ中立条約の意義、日本人の衿恃と自信、独英戦の新展開、翼賛会の改組是非」

四一年六月号「ヘス事件の謎を解く、形式主義より真実へ」

四一年七月号「独ソ戦争の展望」

四一年八月号「ヒットラー戦略の優越、ソ連の抗戦力について、西太平洋問題の激化」

10 『女性展望』一九四一年一月号掲載。

11 『婦女新聞』一九四〇年一月二八日。ただし、このとき「婦人」の問題に触れた形跡はない。この他にも加田哲二（昭和研究会内の東亜経済協同体研究会委員長・文化研究会委員、慶応義塾大学教授）が「新体制と婦人」（『女性展望』一九四〇年九月号掲載）として登場しているが、これは『婦人公論』（同年九月号）掲載文を転載したもので、直接な関わりがあったがどうかは不明である。

12 前掲『資料　日本現代史』第六巻、〔資料二二〕。

13　前掲『現代史資料』第44巻、〔資料三八〕。

14　国策研究機関。矢次は、協調会にあっては野田醬油など一九三五年秋に多発した労働争議の仲裁・調停役として辣腕を発揮した「争議屋」（同前）とも、また、その後権力中枢に接近しては「軍部内の勢力を使って内閣をつくり内閣を倒し」た、「一種の黒幕的存在、またはフィクサー」（橋本文男『昭和史を動かす男』山手書房、一九八〇年、一九二頁）ともいわれる、主に政界の裏面で暗躍した人物。

15　前掲『昭和動乱私史』中巻、三二九頁。

16　『『国民組織の再編成を語る』座談会」国策研究会機関紙『調査週報』二巻三五号、一九四〇年九月号。

17　前掲『戦時政治経済資料』三〇四頁。初出『新国策』四巻二六号、一九四〇年九月一五日号。

18　『『生活必需品対策を語る』座談会（二）」前掲『調査週報』一巻二三号、一九三九年九月号。

19　『『国民生活刷新』座談会」前掲『戦時政治経済資料』四〇二頁。初出『新国策』四巻三四号、一九四〇年一二月五日号。

20　有馬将司ほか『陰の主役――日本を動かす十七人』行政通信社、一九七五年、一二六頁。

21　その後有馬頼義も参加して新党結成に動き出したが、矢次が公職追放を受け中断となった（前掲『陰の主役――日本を動かす十七人』一一九～一二〇頁）。

22　結局、意見書「衆議院議員選挙制度改革ニ関スル件」には盛られなかったが、次のように意見提出された。「戸主マタハ世帯主ニノミ選挙権ヲ与フベシ――戸主又ハ世帯主ナラバ婦人ニモ先見ヲ与フベシ」（国会図書館憲政資料室所蔵「浅沼稲次郎関係文書」二七四「選挙制度関係資料　大政翼賛会議会局臨時制度調査部」）。なお、これは観念右翼が世帯主、あるいは戸主の選挙制を唱え出した子とに対応するものであったが、その後、一二月六日突如閣議で「世帯主選挙制」を含む「衆議院議員選挙制度改正要綱（案）」と「申合せ」をもって家族制度擁護のため選挙権を二五歳以上の男子戸主に限定する旨が決定された。もしこれが採用されれば青年層を中心に約四百五十万人もの人々が選挙権を失い、また事実上分家が奨励されることになるとの批判が出されるなか、市川は「もし戸主に限定されるなら当然女性の戸主にも付与すべき」（「再び選挙法の改正について」（巻頭言）『女性展望』一九四一年一月号）として、久布白、竹内、金子などと懇談している。だが、二二日議会きりぬけ策として議案提出はとりやめとなり一件落着となった。なお、矢次の影響力については、拙稿「翼賛選挙における『新党運動――その歴史的経緯と実際――』（『法学新報』二〇〇〇年八・九号）を参照。

23　前掲『現代史資料』第44巻、〔資料六〇〕。

24　第二次近衛内閣に提出した国策研究会の新体制案「総合国策十ヶ年計画」の「政治経済その他の部分」が企画院に提供され、それを企画院がそのまま企画院案として採用、発表したという経緯があった（前掲『昭和動乱私史』中巻、一六〇頁）。

25　市川と企画院とが近かったことは、戦後市川が「軍部の有志というか企画院なんかに行っていた人が、婦人の動員の問題で私どものところに意見を聞きに来たり、また向うで書いたものを持ってきたりしたことがありましたよ」（前掲『近代日本女性史への証言』六三頁）と語っていることからも分かる。

26　前掲『現代史資料』第44巻、〔資料六三〕。

27　「新体制と婦人問題」『女性展望』一九四〇年九月号。

28　「警視庁官房主事一九四〇年七月六日」前掲『資料日本現代史』第一一巻、〔資料二七〕。

29　そうだとすれば、新体制に呼応して最初に解党した日本革新党（佐々井一晁、赤松克麿、江藤源九郎らによって一九三七年七月に結成された社会民主主義政党からの国家社会主義への転向派の大同団結という色彩をもっていた）が、赤松と佐々井との対立によって解散した直後の一九四〇年七月七日、佐々井が神田兵三らと結成した政党である（『特高月報』一九四〇年七月分参照）。なお、この他にも前掲『現代史資料』第44巻の〔資料七一〕に「婦人」に触れている案があるが、組織が特定できないので省略する。

30　『婦人時局研究会々報』一九四〇年一〇月号、「大政翼賛運動と婦人」『女性展望』一九四〇年一一月号。

31　「大政翼賛運動と婦人」『女性展望』一九四〇年一一月号。

32　前掲『現代史資料』第4巻、〔資料八五〕。

33　市川は、事務局の「婦人部員によって当面の問題となってゐた婦人団体の統合に手をつけ初めた」（前掲『婦人界の動向』一八四頁）と記録している。八田と山室の翼賛会の事務局入りは一九四〇年末、市川が押し上げたもので、これも後藤隆之助組織局長、三輪寿壮組織局連絡部長という布陣のなかで可能な人事だったと思われる。三輪が婦選の理解者であったことは、公民権のみならず「婦人参政権即時実施」を主張していること（「公民権は時期到来か」『女性展望』一九三七年二月号）、また、「一、婦人による選挙粛正運動の効果を認め、二、婦人参政権を即時実施すべし」としていること（「新代議士と粛選と婦選」『女性展望』一九三七年六月号）からも分かろう。

34　当時、この審議と平行して、選挙制度の改正案が検討されているが、これに関連して、一二月六日、閣議が「家族制度尊重の申合せ」を行い、それに基づいて司法当局が戸籍法、民法等の再検討に着手している。他方、文部省も数学局で「家族の哲学の樹立」の方策を練り始めていた。

35 連絡官会議（一二月四日）、運動実践要綱小委員会（八日）、常任総務会（九日）、実践要綱協議会（一〇日）、同協議会（一一日）、常務総務会（一二日）、同総務会（一三日）。

36 すなわち、連絡官会議（一二月四日）で、「日本伝統の正しき婦人の生活態度を堅持し〈家族制度の美風を昂揚し〉、健全なる母性の発揚と次代国民〈と〉の錬成を期す」（〈 〉内は挿入）とされ、これがそのまま実践要綱小委員会（八日）で「事務局案」とされた。が、これも許されず、翌一〇日、「事務局案は冗長なるを以て、全文の趣旨を要約し、橋本〔欣五郎〕常任総務案を骨子とし太田〔正孝〕政策局長の手で作成」することになり、それが翌日の実践協議会（一一日）に案としてだされるのであるが、そこで「婦人」関係は全文抹消されている。

37 「翼賛会の改組なる」『女性展望』一九四一年五月号。

38 前掲『資料日本現代史』第一二巻、〔資料四七〕。

39 『常会の心構えと開き方』東京市役所、一九四一年一〇月参照。東京の常会については高木鉦作「東京市、東京都の常会徹底事項――昭和十七年～昭和二十一年――」（『国学院法学』一九八一年一一月号）に詳しい。

40 『自伝』五〇五頁。

41 「町会婦人部」（一九四〇年一一月号）、「まづ常会を開け」（一九四一年二月号）、「町会婦人部の問題」（同年三月号）、「京都市の町内会婦人部」（同年四月号）、「隣組を育てよ」（同年五月号）、「婦人常会について」（同年六月号）、「新婦人団体の下部組織」（同年七月号）、「新婦人団体の下部組織」（同年八月号）。

42 「まづ常会を開け」『女性展望』一九四一年二月号。

43 「京都市の町内会婦人部」『女性展望』一九四一年四月号。

44 「隣組を育てよ」『女性展望』一九四一年五月号。

45 「婦人常会について」『女性展望』一九四一年六月号。

46 戦後、町内会・部落会、隣組は、GHQの指導で廃止となるが、多くの国民も戦中の思想統制や強制力行使、配給制度への不快感や、繁雑さからの解放として歓迎したのに対し、市川は次のような抵抗感を示して、その思い入れの大きさを窺わせる。「あとの方針もきまらないで、町会長、部落会長の資格審査が面倒だから廃止するというのは、無責任な官僚の機構いじりだ。あとのやり方も決まらずに勝手に自治体でやれといえば、また顔役がのさばってくる。私は今の町会、部落会を民主的に発展させるよう努力すべきだと思う。しかし、どうしても廃止となるならば、至急に民間有志、ことに婦人の代表を多く入れた委員会を作って、早く町会、部落会に代るものを決めて示すべきだ」（『朝日新聞』一九四七年一月二四日）。

また「町内会部落会の廃止」（『婦人有権者』一九四七年一月号）では、新組織を「隣保相扶け生活の安定協同を実現する組織」にするために、まず「地域の生活協同組織に改変すること」、第二に「婦人によって運営すること」と提案している。前者については、「私共は従前から町内会部落会を消費者組織とすることを主張して来たのであるが、そのためには、此の度の町内会部落会の廃止はむしろ好機といえるであろう」としている。

47 衆議院議員八六名、貴族院議員三〇名、その他一二八名、合計二四三名（後に増員）の内の婦人委員（計六人）の一人として。

48 『自伝』五二九頁。

49 『翼賛国民運動史』同刊行会、一九五四年、二〇二～二一四頁。

50 当時は、本人に選択の余地があった。「翼賛会婦人調査委員に聴く」（『アサヒグラフ』一九四一年六月号）にこう記されている。「担当したい希望を言って欲しいと翼賛成会から通達された一三項目に、女史［市川］がチェックしたのは『大東亜共栄圏の確立』の一項だといふ」。

51 国会図書館憲政資料室所蔵「浅沼稲次郎文書三三三」日付なし。

52 市川編『婦人界の動向』文松堂出版、一九四四年、一八九頁。

53 『自伝』五三六頁。

54 この小委員会に付託された課題は、「一、国策浸透を完全ならしむる国民組織は如何にあるべきや」、「二、大政翼賛会と政治的思想等諸団体との問題を如何にするか」であった。

55 すなわち、「現在の市町村行政機構の補助機関を以てしては仮令其の組織は整ふも、生硬虫鼠を嚙むが如く形式に堕し、且つ翼賛運動の性質上内務行政がかかる複雑微細なる組織にまで関与することは、それ自体盛り上がる、民意の暢達を阻害し、只一片の指令に依ってお役目的行動をとる空疏の存在に化する虞が多い」と内務省を制し、そのうえで、翼賛会の法的根拠の確立をはかるべく、「市町村常会及び各協力会議は翼賛会の協力会として其の機能を発揮し下情上通の途を拓くべく、部落会、町内会、隣組は翼賛会の下部組織となし、専ら翼賛会の運営下に」おくとして、それまでの町内会等での常会を翼賛常会と改め、そのなかに「婦人（主婦）翼賛常会」がその位置を与えられている。

56 『自伝』五一九頁。

57 例えば、「大政翼賛会運動と婦人（主張）」（『女性展望』一九四〇年一一月号）では、「私共のこの主張、要求にも拘らず、若し翼賛会当局が尚婦人を顧みず、これを旧体制のまま放置するといふのであれば、新体制は絶対に確立されず、高度国防国家はその礎より潰れるであらう事を警告して置き度い」。そして、婦人時局研究会の新しい運動方針として、一、大政翼賛会に於ける婦人の任務を闡明し、これが完遂に努力する事、二、そのため中央地方を通じて婦人指導者及び将来婦人指導者たらんとする婦人を糾合する事等、を決定して不退転の覚悟を示している。

58 「協力会議と婦人代表（巻頭言）」『女性展望』一九四一年一月号。

59 『朝日新聞』一九四一年五月三〇日。

60 すなわち、「規制婦人団体の統合の如きも自ら太陽の下に於ける露の如く、其の良き要素を之に吸収し又合流して行き態度を必ず示されると信じます」と述べている。

61 『大政翼賛運動資料集成』第二集一巻、柏書房、一九八九年、五六〜五七、一四八頁。

62 『女性展望』一九四一年一、二月号の「巻頭言」参照。

63 『自伝』五三一頁。

64 「婦人団体の組織と運営（巻頭言）」『女性展望』一九四一年七月号。

65 「新婦人団体の下部組織」『女性展望』一九四一年七月号。

66 以下、全文。

「町内会部落会の婦人部と大日本婦人会の班についての政府部内諒解事項」

昭和一六年七月　新婦人団体準備委員会

部落会、町内会ト新婦人団体下部組織機構トノ関係ニ付テ、我国婦人ノ活動ガ古来家ヲ中心トシテ行ハレルルヲ本旨トスルノ国情ニ鑑ミ、家ヲ単位トスル綜合団体タル部落会、町内会ト新婦人団体ノ下部実践組織トガ真ニ組織上並ニ活動上一体ノ実ヲ挙ゲ得ルヤウ、特ニ左ノ措置ヲ講ズルモノトス。

一、部落会町内会ノ区域ニ新婦人団体ノ班ヲ置キ会員ハ必ズ其ノ班員タラシムルコト　部落会町内会ニ事務機構トシテ婦人部ヲ置クコト。

一、部落会町内会の婦人部長ト新婦人団体ノ部落会町内会ノ班ノ班長トハ同一人トスルコト其他ニ役員アルトキ又同ジ。

一、新婦人団体ノ部落会町内会ノ会合ハ出来得ル限リ部落常会、町内会又ハ隣保常会ヲ活用スルコト。

一、新婦人団体ノ部落会町内会班ガ速ニ部落会町内会ノ有資格者全婦人ヲ網羅スルニ至ルヤウ新婦人団体ハアクマデ全国婦人ヲ一丸トスル婦人国民組織トシテ之ヲ育成指導スルコト。

67 前掲『資料日本現代史』第一三巻、〔資料七七〕解説、六〇九頁参照。

68 『婦女新聞』一九四一年六月二二日号。

69 村田五郎（内務官僚、当時群馬県知事）によれば、この遅れは、当時陸軍省が従来の如く各府県の支部長（愛婦＝内務省管轄）に府県知事の妻女が無条件に就任するのは不合理であり、「その府県内で最も有能な女性を物色してこれをもって充てるべき」として、「陸軍省と各府県知事との紛争は暫らくの間続いていた」からだという（内政史研究資料『村田五郎氏談話速記録』㈢、一三七～一三九頁）。

70 「研究所便り」前掲『市川房枝集』第四巻、三二〇頁、初出『婦人時局研究会会報』第三号、一九四二年一月。

●6・1

1 「大東亜戦争と私共」前掲『市川房枝集』第四巻、三一八～三一九頁、初出『婦人時局研究会会報』第二号、一九四一年一二月。

2 「巻頭言」『女性展望』（一九四一年二月号）。『自伝』（五四四頁）では、東条英機内閣成立（一九四一年一〇月一八日）の時点で日米開戦という日の到来を予期していたと述べている。

3 『自伝』五四六頁。厚生省関係の人脈は、母子保護運動以来のもので、結成前にとりつけた「政府部内諒解事項」をめぐっても、厚生省関連の軍事保護院が一枚かんでいたことは先に見た通りである。

4 同前、五六〇頁。

5 具体的には町会の婦人部総代兼婦人会班長に就任、男子だけの消費経済部、健民部、軍事援護部に婦人幹事を追加させるなどした。

6 「身辺雑記」『婦人問題研究所々報』第四号、一九四三年六月二五日㈶市川房枝記念会所蔵。なお、その内容の一部（主に「身辺雑記」）を復刻所収している『市川房枝集』第四巻（日本図書センター、一九九四年）では、『婦人問題研究所所報』とされている。

7 『自伝』五八三頁。

8 「身辺雑記」『婦人問題研究所々報』四号、一九四三年六月一〇日。

9 「身辺雑記」『婦人問題研究所々報』六号、一九四三年一〇月三〇日。

10 「身辺雑記」『婦人問題研究所々報』八号、一九四四年二月二九日。

11 当号では、「日婦改革運動費募集」（印刷物配布にあたって紙代、印刷費、郵送費など）を行うなどしており、当時市川が背水の陣で臨んでいたことが印象づけられる。

12 かつて新体制運動のなかで新組織を「党」すにるか「会」すにるかの問題があり（最終的に、大政翼賛「会」となった）、その点、原点に戻って結晶を見るに至らなかった国民再組織の目的と内容の全面的見直しを迫り、そのなかで婦人の立場をはっきり明示させようというわけである。

13 「身辺雑記」『婦人問題研究所々報』第七号、一九四三年一二月一五日。

14 「身辺雑記」『婦人問題研究所々報』第一二号、一九四四年一〇月三〇日。

15 菅太郎（理事・企画室長）著、前掲『資料日本現代史』第六巻、〔資料一〇七〕。

16 質疑応答の内容は、『婦人問題研究所々報』日婦問題特輯号、一四号、四五年二月二八日号に収められている。なお、この質問に対しては、緒方竹虎（国務大臣・大政翼賛会副総裁）が通り一遍の答弁をしているが、今井によれば、緒方はその直後「実は婦人会のことはよく知らない、調査してみると語った」という（『自伝』五九八頁）。

17 原田「新日本婦人同盟の成立——日記を中心に——」『銃後史のノート』復刊七号通巻一〇号、一九八五年八月。

18 前掲『私の履歴書』第一三巻、三八六頁。

19 「時局と婦人運動」『女性展望』一九四〇年一月号。

20 四三年一月の段階で、「主婦は隣組の成員としては町会婦人部の計画の下に活動する事となり、婦人会員としては班長の指揮下に従ふ譯になるのですが、婦人部長即ち班長であってみれば、いま迄のやうに婦人が町内会、部落会活動と、婦人会活動に身をさかれる憂ひは解消したものとみてよいのではないでせうか」、「今後これが運営さへうまく行けば、婦人の国策協力にはみるべき成果があげられると思ひます」（「隣組と主婦」市川編『戦時婦人読本』昭和書房、三五〇頁）と述べ、その後も、予定通りにはいかない点を認めつつ、それを「これから大に上手に運営して行かねばならぬ点ではある」としている（『女性の建設』三省堂、一九四四年、五二頁）。

21 『婦人問題研究所々報』日婦問題特輯号、一四号、一九四五年二月二八日号。

22 前掲『婦人問題研究所々報』日婦問題特輯号、一四号。

23 山高は、『翼賛国民運動史』の編集者のうちの唯一の女性であり、彼女がそのなかの「大日本婦人会史」（章）を担当したことは間違いない。
24 企画、訓練、勤労、援護、生活、貯蓄、健民、航空の八委員会。
25 「大日本婦人会史」前掲『翼賛国民運動史』一〇七一頁。
26 前掲『女性の建設』二四～五四頁。
27 「隣組と主婦」市川房枝編『戦時婦人読本』昭和書房、一九四三年。
28 前掲『フェミニズムと戦争』一二八頁。
29 『自伝』五五一頁。ルートは橋本清之助（翼賛政治体制協議会事務局長）、あるいは田邊定義（事務局）、横山正一（事務局）あたりではなかろうか。それまで幾度となく選挙粛正運動で協働している。
30 存在感といえば、彼女らの主導する粛正運動がそれまで政党人対して「脅威」を与えていたことが、「臨時中央協力会議」（一九四二年二月二五～二六日）の第六部会（議会・政界代表）における次の発言から察せられる。「この際是非とも婦人に対する啓蒙教育をして欲しい、しかしながら婦人が選挙の実際運動に絶対に関係しないやうに政府も指導されたい、啓蒙運動は非常に大事であるが、実際の選挙運動に干与するやうなことをやられては大変だ」（前掲『資料日本現代史』第四巻、〔資料五二〕）。
31 市川記念館所蔵「翼賛選挙貫徹運動関係資料12点ファイル」。
32 『朝日新聞』一九四二年四月一九日。
33 『自伝』五五一頁。
34 『東京朝日新聞』の記者から上海の『大陸新報』の記者に転身したが、当時は帰国して翼賛会や大日本興亜同盟の職員をしていた（戦後は社会党右派議員として活躍）。
35 『自伝』五五一頁。
36 同前。
37 戸叶についていえば、『言論報国』一九四三年一二月号のアンケート「一二月八日の回想」に、次のような意見を開陳している。「米英国と戦はずして支那事変の解決なしとの結論を抱いて……『最後の断』を待佗びてゐた際だけに、十二月八日午前六時ラジオの臨時ニュースを聞くや、思はず掌を握って立ち上り、無念夢想、暫東天に向って合掌した。敵英米と戦争状態に入ったこの歴史的な朝先ず二重橋前に行って宮城を遥拝し、……、ひとり感ずるところあり、暗闇の上野公園に攀登り、黙念と聳立つ西郷さんの銅像を訪づれ『今こそ先生の悲願大東亜維新が達成されます』と報告し終ると、涙がとめどなくふり落ちた」。
38 『朝日新聞』一九四二年五月二日。
39 『自伝』五五二頁。
40 『朝日新聞』一九四二年六月一一日から四日間連載、『都市問題』一九四二年七月号に採録。
41 東京市翼協編『昭和十七年　皇都翼賛市政確立運動概要』二五三頁。
42 堀切発言「翼賛政治の確立と推薦選挙（座談会）」『都市問題』一九四二年一月号。
43 「座談会　翼賛市議選に望む」前掲『皇都翼賛市政確立運動概要』二四四頁。
44 ・各官庁、会社、工場、各種団体で各区毎に代表者懇談会開催（六月三日、一七〇名、於帝國ホテル）。
・六箇所（東京市内、八王子）で講演会開催。
・隣組常会開催、「よい人を選びませう」との申し合せ。「翼賛選挙」の栞一三万部作成配布。
・国民学校児童（家庭にもちかえる）にビラ配布（百十万部）等々。
45 前掲『皇都翼賛市政確立運動概要』二六三頁。
46 同前、二六四頁。

6・2

1 『自伝』五六六頁。
2 会長は総督を総務、長官は中央本部長で、その下に総務、宣伝、訓練、文化、生活、経済などの各部が設けられ、地方組織として州や府には支部、市や郡には支会、街（町）や荘（村）には分会、区には区会、部落には部落会がおかれ、市民の間には奉公班が組織されていた。市川がこなしたという座談会や講演会がどのようなレベルのものかは不明であるが、「身辺雑記」（『婦人問題研究所々報』第三号、一九四三年四月二五日号）には、「台湾の奉公会生活部から結婚問題に関する資料の収集を依頼され」、それを「一応完了して送りました」とあり、おそらく文化部か生活部との関わりではなかったかと思われる。
3 『自伝』五六六頁。
4 「評論家協会について」『三木清全集』第一五巻、岩波書店、一九六七年、三三七頁、初出『読売新聞』一九三八年一二月一〇日夕刊。

5　一九二八年東京帝国大学卒業後、安田銀行に入社、一九三九年に内閣情報部に任官された。逗子八郎をペンネームとする歌人でもあった。
6　井上『証言　戦時文壇史　情報局文芸課長のつぶやき』人間の科学社、一九八四年、二五頁。
7　津久井『私の昭和史』東京創元社、一九五八年、一二六〜一二七頁。
8　『日本芸術新聞』一九四〇年一〇月一〇日。
9　津久井「対談　戦争体験と戦争責任」『日本及び日本人』一九五九年九月号。
10　この日、室伏高信、三木清などに加えて河崎なつも「言論翼賛 の 気焔をあげ」ている（『日本学芸新聞』一九四二年一月一五日）。
11　婦人経済研究会については、市川が、長幸男編『石橋湛山　人と思想』（東洋経済新報社、一九七四年、二五六〜二五八頁）に「婦人経済会の思い出」を寄せている他、苅田アサノが『女性革命家たちの生涯』（広井暢子、新日本出版社、一九八九年）で若干触れている。
12　伊佐秀雄、津久井編『昭和十八年度　日本政治年報』第一輯、昭和書房、一九四二年、一九一〜一九二頁。
13　『日本婦人』一九四二年一二月号。
14　彼は言論報国会との関わりについても、「結成の最終段階で主管課長を押し付けられた」「人のよい文芸課長（私）にその主管課長が次長命令で押しつけられた」と述べている（前掲『証言　戦時文壇史　情報局文芸課長のつぶやき』二四〜二五頁）。
15　「対談　戦争体験と戦争責任」『日本及日本人』一九五九年九月号。
16　本多『指導者』光文社、一九五五年、五六頁。他方、津久井は本多を特に「オミットしたわけではなく、氏が文学評論家だから文報［文学報国会］の方に入っているものとして、これにふれなかったものであろう」と語っている（津久井『私の昭和史』東京創元社、一九五八年、一四二〜一四三頁）。
17　同前『私の昭和史』一四三頁。
18　日本近代史研究会『津久井龍雄談話速記録』一九七四年一一月、一六一〜一六二頁。
19　「右翼運動家　津久井龍雄」思想の科学研究会『共同研究　転向』下巻、平凡社、一九六七年、九四〜九六頁。判沢はその例証として一九四〇年当時、津久井が「戦争をするか、しなければ同盟でも結ぶか、まあそういう考え方なんだ、どっちかなんだ、日本人の考え方にはその中間がない。戦争か同盟か、これはどっちも出来ない相談だ」と語り、また「世に全益なるものなく、全害なるものもない、差し引き何が残るかである」と述べていることなどを挙げたうえで、そうした「問題状況に対処する視点が、一つではなくさまざまにあり得るという理解は、彼をして、極右、極左の不毛性を明確に認識せしめ、かつ、彼の思想と行動の領域において、常にフィードバックを可能ならしめるもの」と論じている。また、反軍演説によって議会を除名された斎藤隆夫に対して、彼が「誠実な言動をする彼には敵といえども好感がもてる」と称揚し、また斎藤の議員除名を唱えて社会大衆党から除名された社民系の松岡駒吉ら一八名の行動を称えるなど、「たとえ敵対する間柄にあっても、正しい主張や、力量ある人物は、それなりに評価する」点に注目している。

20 前掲「右翼運動家　津久井龍雄」『共同研究　転向』下巻参照。
21 「評論家の新しき任務」『日本評論』一九四〇年一一月号。
22 前掲「右翼運動家　津久井龍雄」『共同研究　転向』下巻、一一五〜一一六頁。
23 「新体制の前途」『日本評論』一九四〇年一〇月。
24 前掲『津久井龍雄氏談話速記録』一五六頁。なお、津久井は平沼内閣と述べているが、第二次近衛内閣時代における内相としての平沼の間違いと思われる。
25 賛成者としては、鈴木東民が「家長制、世帯主制ともに不賛成です。現行選挙制度には大体において賛成ですが、婦人も選挙に参加できるやうにしたいものです」と述べているほか、戸田武雄、田川大吉郎、田中直吉が積極的に付与すべきとしている。
26 『自伝』五六七頁。
27 前掲『津久井龍雄氏談話速記録』一四二頁。
28 猪野健治『日本の右翼　その系譜と展望』日新報道、一九七三年、二五〇頁。
29 「常識家の右翼主義者」『世紀の人々』育生社、一九一九年、一二六頁。
30 『自伝』(「あとがき」)。
31 「社団法人大日本言論報国会婦人会員氏名」『昭和十八年度　社団法人大日本言論報国会関係綴』。
32 前掲『私の昭和史』一四〇頁。
33 獲得同盟、婦人時局研究会、婦人問題研究所を通じて市川と行動をともにしていた。
34 山川「言論報国会から追い出された二人」『日本婦人運動小史』大和書房、一九七九年、一四七〜一四八頁。
35 勝目『未来にかけた日々』前編、平和ふじん新聞社、一九六一年、二五四〜二五五頁。

36　なお、神近市子も、本人は何も書き残していないが、情報局が「現代執筆者部門別索引」に載った人名をチェックするなかで、「?・」がつけられ、「大日本言論報国会会員名簿（案）」から落とされている（前掲「大日本言論報国会——評論界と思想戦——」参照）。

37　「女性の歴史の七十四年」『宮本百合子全集』第一四巻、河出書房、一九五一年、初出「主婦の政治的自覚」『教育』一九四一年一月号。

38　「第一回婦人懇談会」『昭和十八年度　社団法人大日本言論報国会関係綴』。おそらく出席予定者だったと思われるが、名簿には九名に加えて奥、河崎、木内、竹内、藤田がチェックされている。つまり、出席予定者一四名のうち出席者九名ということである。

39　『自伝』五六六頁。

40　前掲「大日本言論報国会——評論界と思想戦——」。

41　森本『僕の詩と真実』日本談義社、一九六八年、二三五頁。

42　「僕の天路歴程　二〇」『日本談義』一九五三年四月号。

43　『自伝』五八二〜五八三頁。

44　『言論報国』には、次の顔ぶれも見られる。田中孝子（「十二月の回想」アンケート回答、一九四三年一二月号）、平井恒子（「指導者はかくありたし」アンケート回答、一九四四年一月号）、阿部静枝（同）、山高しげり（随筆「父性の愛」一九四四年九月号）。

●6・3

1　「世界大戦中に於ける英国婦人の活動」（一九三七年一一月号）、「世界大戦と米国婦人の活動」（一九三七年一二月号）、「大戦中の米国婦人運動」（一九三八年六月号）、「独逸女子義務労働制拡大」（一九三九年三月号）、「今次大戦に活躍する欧州婦人」（一九三九年一二月）、「独・仏・英に於ける戦時の婦人傭使」（一九四〇年二月号）、「仏の戦時婦人雇用法」（同年六月号）、「戦時下独・仏・英の勤労婦人」（同年八月号）、「欧州大戦と婦人の活動」（同年九月号）、「ドイツ女子青年の労働奉仕について」（同年一一月）。

2　アメリカでも戦時増船計画によって条件不整備のまま女子が雇用されるといった状況にあったが、それに対する施策として、労働者省婦人局の代表者が雇用先を訪問し、さまざまな助言や提言を行っていた（奥田暁子ほか「アメリカの銃後——『戦時下のアメリカ—銃後一九四一〜一九四五年』から——」（『銃後史ノート』復刊5号通刊八号、一九八三年一二月）。

3　『読売新聞』一九四一年三月五日。

4　前掲『翼賛国民運動史』一〇七〇頁。
5　『大政翼賛運動資料集成』第一〇巻、柏書房、一九八八年、三〜一三八頁参照。
6　『帝国議会衆議院委員会会議録』昭和篇一三九、第八〇・八一回議会、東京大学出版会、一九九八年、一四二〜一四三頁。
7　『帝国議会衆議院委員会議録』昭和篇一三九、第八〇・八一議会、東京大学出版会、一九九八年、一四二〜一四三頁。
8　大きな項目を拾えば、次の通り。
一、女子の勤労動員は未婚女子青年に重点を置き、未就職の動員を強化すると共に、出来るだけ早く徴用令を適用すべきだと思ふ。
二、現在就業せる女子の移動を防止し、同じ事業所に出来るだけ長く勤務せしむるやにすべきである。
三、就業者並に就業せんとする女子に対し技能教育を授け、能率を増進せしむること。
四、已婚婦人中子供なき者、或は子供が一定年齢以上に達してゐる者に対しては、国民勤労協力令に要協力者として一定期間、或は短時間労働に動員すること、又家庭を離れ難い一般家庭に対しては内職を与へ、家庭内に於て、或は隣組内に於て勤労せしむること。
五、未婚已婚を問はず既往に於て特種な職業に従事してゐた婦人（例えば国民学校及び女学校教師をしてゐた婦人等）及或種の技能を有し乍ら家庭の中年婦人を此の際動員し、指導者的な地位その他適当な場所に配置すること。
六、その他女子の動員を用意ならしむるためには、左の諸方策を併せ実施する必要がある（女子の勤労観の確立等）。
七、女子の動員は、女子の特殊性に鑑み、男子の動員とは別個に企画、推進することが絶対に必要である（企画院乃至大政翼賛会に女子勤労動員の綜合的な研究、推進をはかるための諮問委員会あるいは実行委員会を設置すること等）。
　なお、これに先だつ六月一七日には、市川がこの件について山高、羽仁説子、村岡花子、桐淵とよ、藤間あさよ、花木チサヲと懇談しており、同「強化策」の提言はその集約と思われる。
9　前掲〔婦人と国家〕『戦時婦人読本』二一七〜二一八頁。
10　『八二・八三　帝国議会衆議院委員会議録』一一六頁。
11　「身辺雑記」『婦人問題研究所々報』第六号、一九四三年一〇月三〇日。
12　同前。
13　「大日本婦人会会員に告ぐ」『日本婦人』一九四四年一月号。
14　東京女子機械工補導所訪問に際しての発言。『朝日新聞』一九四四年一月一五日夕刊。

15 これに対しては、『毎日新聞』（一九四四年一月一五日）が業を煮やしたように女子が戦力増進のために尽くしてもそれによって崩壊するほど脆弱な家族制度ではないとして、「政府は国民、特に我国の女子を絶対に信頼して、速かに女子徴用を断行せよ」と政府に迫っている。

16 『八四 帝国議会衆議院委員会議録』三四～三五頁。

17 同前、一三二頁。

18 「会員懇談会」『婦人問題研究所々報』九号、一九四四年四月三〇日。当日の出席者は、市川、原田のほか、竹内茂代、八田篤子、加藤寿々子、北田慰子、近藤政子、虎谷喜恵子、竹内美枝、橋本敏子、鷺沼（小林）登美江、石川梅子、鈴木貞子、斎藤きえ他という（『自伝』五八七頁参照）。

19 前掲「戦時下の市川房枝——婦選獲得同盟の解散と婦人時局研究会」。

20 「戦争の決を取るものは婦人なり」『婦人倶楽部』一九四四年九月号。

21 「婦人の任務いまだ軽し」『日本婦人』一九四五年一月号。

22 八田篤子（当時日婦職員）を通して大野朔子を紹介され、その大野から紹介されたものという（『自伝』六一一頁）。

23 『自伝』六一一～六一二頁。

24 『朝日新聞』一九四五年八月二〇日。

25 「女子の使用に就いて」『支那事変大東亜戦争動員概史』第九巻、不二出版、一九八八年、四四二頁。

26 「私の頁」『女性展望』一九三七年九月号。

27 前掲「新日本婦人同盟の成立——日記を中心に——」『銃後史ノート』復刊七通巻一〇号。

28 前掲『近代日本女性史への証言』六三頁。

7・1

1 ただし、東京大空襲の一カ月後の一九四五年四月一三日に事務所が空襲で全焼したため、本室を川口村に移し、分室を竹内茂代方（四谷）に於き、市川はその分室に毎週、火、金、土曜日出勤することになった。だがこちらも同年五月二八日の空襲で焼失する。

2 このとき東条英機首相兼陸相は陸軍参謀総長を兼任し、他方腹心の嶋田繁太郎海相に海軍軍令部総長を兼任させ、東条は政治上・軍事上の権力を一手にもつことになった。
3 「身辺雑記」『婦人問題研究所々報』第八号、一九四四年二月二五日号。
4 「身辺雑記」『婦人問題研究所々報』一〇号、一九四四年六月三〇日。
5 「身辺雑記」『婦人問題研究所々報』一三号、一九四四年一二月三〇日。
6 同前。
7 市川ミサオ『市川房枝　おもいで話』日本放送出版協会、一九九二年、五八〜五九頁。
8 同前、六〇頁。
9 本棚に関して、ミサオは「庭に六畳の板の間の部屋を立ててくださいました。本棚をつくってそこに本を並べて、図書室のようになりました」(前掲『市川房枝　おもいで話』五九頁)と記しているが、石川氏によれば、それは「六畳の板の間」ではなく、「離れの廊下を改造したもの」という。また、「裏口に青年たちが出入りできる門が作られた」という。
10 古くからの婦選賛成者。一九二四年の段階で政府が普選案から婦選案を除外している点を「ゴマ化し」として、政府を糾弾している(「普選と婦人参政権」『婦人運動』一九二四年一二月号)。
11 一九九四年八月二九日、電話でインタビュー。
12 『自伝』六一五頁。
13 児玉勝子『戦後の市川房枝』新宿書房、一九八五年、八〜九頁。
14 「政治と台所を直結し」の一句を挿入し、「勤労無産階級婦人大衆の立場にたつ」との綱領の重点項目についてはそれを容認。
15 市川が抜けた後、戦後対策婦人委員会は山高しげり、久布白落實、宮城タマヨ、村岡花子らが厚生省健民課の肝入りで、吉岡彌生、山田わか、竹内茂代らを顧問に「日本婦人協力会」をつくった(一一月六日)。が、その日婦の再現をねらった町内会隣組の婦人部を末端とする組織は当然天下り式団体の色彩が濃厚で、GHQの解散命令(四七年一月一六日)を受けて消滅することになった。市川はその日本婦人協力会からも声を掛けられたが、それをも断って「若い人」たちについたのである。
16 「婦人有権者の自覚を——日本有権者同盟会長を引きうけて」『有権者同盟』一九五〇年一二月号。
17 「新日本婦人同盟の結成に際して」『新日本婦人同盟会報』一九四五年一一月一五日号。
18 「日本婦人有権者同盟の会長を辞任して」『婦人展望』一九七〇年六月号。

●7・2

1　『自伝』六一三頁。
2　前掲『近代日本女性史への証言』七四頁。
3　『朝日新聞』一九四五年九月二五日。
4　『朝日新聞』一九四五年九月一四日。鳩山は一九三六年の段階で運動者をこう叱咤激励している。「一体日本で何時までも婦選が取れないのは女の運動が足りないからですよ。もつと強硬にやらねばダメですよ。英国で婦選が取れたのは、決して大戦の時献身的に働いたばかりぢやない。その前にあんなミリタントな運動があったからです」(金子談『婦女新聞』一九三六年二月九日)。
5　依田精一「占領政策における婦人解放」『占領期日本の経済と政治』中村隆英編、東京大学出版会、一九七九年参照。
6　竹前栄治『証言日本占領史』岩波書店、一九八三年、一〇九～一一〇頁。
7　ダグラス・マッカーサー著、津島一夫訳『マッカーサー回想記』下巻、朝日新聞社、一九六四年、一六八頁。
8　加藤シズエ『愛は時代を越えて』婦人画報社、一九八八年、一〇〇頁。
9　同前、一〇〇頁。
10　前掲『証言日本占領史』三四～三五頁。
11　加藤シズエ談、中村隆英編『現代史を創る人々』第三巻、毎日新聞社、一九六一年、二五一～二五二頁。
12　同前及び、『ある女性政治家の半生』PHP研究所、一九八一年、一三六頁。
13　スーザン・ファー「女性の権利をめぐる政治」坂本義和、R・E・ウオード編『日本占領の研究』東京大学出版会、一九八七年、四六八頁。
14　袖井林二郎『マッカーサーの二千日』中公文庫、一九八九年、一九五頁。
15　同前。
16　週刊新潮編集部編『マッカーサーの日本』上巻、一九八三年、二〇八頁。
17　C・ホイットニー著、毎日新聞社出版外信部訳『日本におけるマッカーサー』毎日新聞社、一九五七年、七～八頁。
18　前掲『マッカーサーの日本』上巻、八二～八三頁。
19　『東久邇日記』徳間書店、一九六八年、二三七頁。

20 矢部貞治『近衛文麿』読売新聞社、一九七六年、七三五頁。
21 前掲『マッカーサー回想記』下巻、一六六頁。
22 セオドア・コーエン著、大前正臣訳『日本占領革命　GHQからの証言』TBSブリタニカ、一九八四年、三五頁。
23 竹前栄治『GHQ』岩波新書、一九九〇年、一五六頁。
24 前掲『現代史を創る人々』第三巻、二四二頁。
25 前掲『証言日本占領史』一九頁。
26 前掲『ある女性政治家の半生』一二二〜一二三頁。
27 前掲『現代史を創る人々』第三巻、二四一頁。
28 西清子『占領下の日本婦人政策　その歴史と証言』ドメス出版、一九八五年、六頁。
29 前掲『ある女性政治家の半生』一二四頁。
30 一九二五年二月二三日（婦人参政権獲得期成同盟時代）、加藤が中心となって「麗日会」という後援会を作り、「現代名流書画即売会」のほか映画会、観劇会などを開催、その売り上げを運動資金として寄付した。その後、獲得同盟の第六回総会（一九三〇年四月二八日）、第七回総会（一九三一年四月五日）で中央委員に選出されているが、第八回総会（一九三二年七月二六日）で辞任し、獲得同盟から離れた。ただその後も座談会などには出席している。
31 前掲『ある女性政治家の半生』一三六頁。
32 前掲『現代史を創る人々』第三巻、二五〇頁。
33 前掲『マッカーサーの日本』下巻、一五九頁。
34 *Political Reorientation of Japan*, 1948, GS, GHQ/SCAP, p. 752. 訳文は前掲『マッカーサーの二千日』一九五頁。
35 『民主婦人新聞』一九四八年四月一五日。
36 袖井林二郎『占領した者された者』サイマル出版会、一九八六年、一三九頁。
37 同前、二四一頁。
38 朝日ジャーナル編『女の歴史　昭和二十年代』朝日選書、一九八三年、八〇頁。
39 前掲「占領政策における婦人運動」『占領期日本の経済と政治』二六八頁。
40 田辺信一「戦後婦人政策の展開」田中寿美子・日高六郎編『婦人政策・婦人運動』亜紀書房、一九六九年、六五頁。

41 袖井林二郎「戦後みなおしの原点・吉田・マッカーサー書簡」『法学セミナー』一九七九年一一月号。
42 前掲『資料日本現代史』第二巻、〔資料一三〕。
43 自治大学校編『戦後自治史』Ⅳ巻、一九六一年、一頁。
44 『朝日新聞』一九四五年九月一日。
45 杣正夫「選挙制度の改革」東大社会科学研究所編『戦後改革三』東京大学出版会、一九七四年、一〇四頁。
46 前掲『戦後自治史』Ⅳ巻、四頁。
47 前掲『資料日本現代史』第二巻、〔資料八六〕。
48 前掲『東久邇日記』二四〇頁、『読売新聞』一九四五年九月二〇日。
49 前掲『戦後自治史』Ⅳ巻、四頁。
50 前掲『東久邇日記』二四四頁。
51 『朝日新聞』九月二九日。
52 『毎日新聞』一〇月六日。
53 『朝日新聞』一〇月二日。
54 『読売新聞』一〇月七日。
55 前掲「終戦直後の内務行政を語る」四九～五〇頁。
56 前掲『戦後自治史』Ⅳ巻、六頁。
57 国会図書館憲政資料室『次田日記』一〇月七日付。内容は次の通り。「……内務大臣ノ人選ノムヅカシイト云ウ理由ハ、高等警察ニ関係シテ、マッカーサー司令部カラ喧シイ申入ノアツタ直後デアル・従ツテ、警察ヲヤツタ人、警察ヲヤツタト知ラレタ人ヲ内務大臣ニスルコトハ、マッカーサー司令部ノ方デ抗議ヲ言ヒ出スカモ分ラナイ、私ハ第一候補者トシテ正力君ヲ考ヘテ吉田ニ話シタ・『正力ハ、毀誉半バスル人デアル……彼ガ警視庁ニ在ツタ時ハ相当左翼ノ連中ヲ弾圧シタモノデアル・マッカーサー司令部カラ苦情ガデルコトガアッテハ困ルカラ誰カ外ノ人ヲ……』トノ話デアッタ・……松村義一、丸山鶴吉、藤沼庄平君ナド皆警察出身者デアルガ故ニ見合ハセ、併モ治安ノ維持ハ今後ノ内務省ニ課セラレタ大キナ責任デアルカラ、警察ノ経験ハナクトオモ十分治安維持ノ重責ヲ果シウル人ヲ物色セネバナラヌ・ソノ点デ悩ミヌイタ上デ、前田〔多門〕君ニ交渉……前田君ハ……『内務大臣ハ御免蒙リタイ、文部大臣ナラ留任サセテ下サルナラ喜ンデ……』トイウ返答、ソコデ別室デ前田君ト相談ヲシタ、デ、堀切君ト両人ノ意見ガ一致シ、……幣原君ニ話シタ・幣原サンモ賛成デ……」。

58 なお、『次田日記』は、『次田大三郎日記』(山陽新聞社、一九九一年)として刊行されている。

59 「戦後における選挙制度を語る」『選挙』一九五九年一一月号。

60 前掲「終戦直後の内務行政を語る」。

61 前掲『堀切善次郎氏話談第三回速記録』一九六四年一月、四九頁。

62 前掲『戦後自治史』Ⅳ巻、二二頁。

63 前掲『堀切善次郎氏第三回速記録』五〇頁。

八月一〇日、日本政府が国体護持という条件付でポツダム宣言受託を申し出たのに対し、連合国軍側がバーンズ米国国務長官名で、「国民が自由に表明した意思」の尊重を条件づけてきたものである。つまり、日本側はその条件を前提にポツダム宣言を受諾したのである。

64 堀切自身が現地報告的な短文「北独人民総投票実施の記(上・下)」(『斯民』一九二一年六、七月号)を寄せている。

65 『毎日新聞』一九四五年一〇月一〇日。

66 前掲『戦後自治史』Ⅳ巻、六～七頁。入江も「大臣が九日にお越しになって、一〇日に次官がお見えになり、すぐに大臣官舎に次官が私と鈴木[俊一、当時行政課長]さん、小林[与三次]さんが呼ばれ、そこでお話があった」(前掲「終戦直後の内務行政を語る」)と証言している。

67 同前、六頁。

68 市川編『日本婦人問題資料集成』第二巻、ドメス出版、一九八八年、六七八頁(一九五五年一二月三日発言)。だが全員一致に至るまでには、年齢を男子より五年引き上げるべし、被選挙権は三〇歳にすべき、選挙権のみ可とする等の意見もだされた模様(『朝日新聞』一九四五年一〇月一二日)。

69 前掲『堀切善次郎氏談話第三回速記録』一六～一七頁。

70 前掲『マッカーサー回想記』下巻、一六〇頁。

71 前掲『日本婦人問題資料集成』第二巻、六七七頁、一九五五年一二月三日談。

72 『日本経済新聞』一九七三年四月二一日。

73 前掲『近代日本女性史への証言』七五～七六頁。

74 堀切は、戦前戦中、婦選問題にどのようなスタンスをとっていたのか。現在のところ、「反対」を示す資料（一九三七年の段階前述）はあるが、「賛成」を示すものはない。彼は少なくとも敗戦のその日までは大方の男子と同様に時期尚早論（＝反対）にとどまっていたのではないか。市川は『自伝』に男性の婦選運動協力者を意識的に詳しく記しているが、堀切がその文脈で登場することはない。
75 前掲『戦後自治史』Ⅳ巻、一九六一年、一頁。
76 「終戦より地方長官まで日記抄集」『入江誠一郎氏を偲ぶ』同追悼集刊行会、一九六五年、二〇頁。
77 入江談、前掲『戦後自治史』Ⅳ巻、四頁。
78 前掲「終戦直後の内務行政を語る」。
79 三好重夫発言、「坂千秋氏を偲びて——昭和地方制度の歩み」『自治研究』一九五四年七月号。
80 小林『私の自治ノート』帝国地方行政学会、一九六六年、一二一～一二二頁。
81 前掲「終戦直後の内務行政を語る」。
82 前掲『堀切善次郎氏談話第三回速記録』一五頁。
83 前掲「終戦直後の内務行政を語る」。
84 前掲『堀切善次郎氏談話第三回速記録』一五頁。
85 『私の自治ノート』帝国地方行政学会、一九六六年、一二四頁。
86 前掲『戦後自治史』Ⅳ巻、二三～二四頁（一九五七年五月二一日の地方財務座談会で次田の意向として述べているもの）。
87 前掲「終戦直後の内務行政を語る」。
88 前掲『私の自治ノート』一二二頁。
89 「選挙法の改正から町内会部落会の廃止まで——戦後の覚書（その一）」『自治研究』一九六四年一月号。
90 前掲『私の自治ノート』一二五・一二七頁。
91 前掲『堀切善次郎氏第三回速記録』四八頁。前掲「終戦直後の内務行政を語る」でも同旨を展開。
92 前掲「終戦直後の内務行政を語る」。
93 前掲『堀切善次郎氏第三回速記録』四八頁。
94 前掲「終戦直後の内務行政を語る」。

95 前掲「終戦直後の内務行政を語る」参照。なお、「技巧的な考え方」とは従来の単記制では特定の候補者に票が片寄り、有権者の意思が十分に反映されない一方、選挙年齢の引き下げ、婦人参政権付与で有権者が倍増したにも拘らず議員総数がほぼ同数だったので、有権者の候補者選択の幅が狭められ新味が感じられないとの懸念から、その対応策として制限連記制を発案したことを意味している。
96 前掲「坂千秋氏を偲びて」。
97 前掲「終戦より地方長官まで日記抄集」『入江誠一郎氏を偲ぶ』三四頁。
98 一二月二日、衆議院本会議にて。『帝国議会衆議院議事速記録』第八八議会・八九議会、第八一巻、東京大学出版会、一九八五年、六五頁。
99 前掲『日本婦人問題資料集成』第二巻、六七八頁（一九五五年一二月三日発言）。前掲『戦後自治史』Ⅳ巻、二三頁にも同旨の発言あり。
100 楢橋渡『激流に棹さして――わが告白――』翼書院、一九六八年、七三～七五頁。
101 一二月四日、本会議において。『帝国議会衆議院議事速記録』第八八議会・八九議会、第八一巻、東京大学出版会、一九八五年、七〇頁。
102 同前、七二頁。
103 一二月四日、衆議院議員選挙法中改正法律案外一件委員会において。『帝国議会衆議院委員会議録』八七－八九議会、衆議院議員選挙法中改正法律案外一件委員会議録第一回、一六頁。
104 『帝国議会衆議院委員会議録』八七－八九議会、衆議院議員選挙法中改正法律案外一件委員会議録第一回、一四頁。
105 一二月六日、於第三回委員会。『帝国議会衆議院委員会議録』八七－八九議会、衆議院議員選挙法中改正法律案外一件委員会議録第三回、三六頁。
106 『帝国議会衆議院委員会議録』八七－八九議会、衆議院議員選挙法中改正法律案外一件委員会議録第四回、六三頁。
107 同前、五〇～五一頁。
108 市川「新しき政治と婦人の課題」前掲『市川房枝集』第四巻、三九〇頁、初出『新しき政治と婦人の課題』公民叢書1、社会教育連合会、一九四六年四月。
109 アメリカの雑誌『リバティー』に「マックの婦人解放」と題して掲載されたもの（前掲『マッカーサーの日本』下巻、一〇一～

一〇二頁)。

110　一二月四日、第一回委員会において。『帝国議会衆議院委員会議録』八七―八九議会、衆議院議員選挙法中改正法律案外一件委員会議録第一回、一六頁。

111　一二月一三日。『帝国議会貴族院委員会議事速記録』八九、衆議院議員選挙法中改正法律案特別委員会議事速記録第二号、一〇頁。

112　前掲『日本婦人問題資料集成』第二巻、六七八頁(一九五五年一二月三日発言)。

113　前掲『堀切善次郎第三回速記録』五〇頁。

114　『帝国議会衆議院委員会議録』八七―八九、衆議院議員選挙法中改正法律案外一件委員会議録第四回、六一～六二頁。

115　「占領改革の三類型」『レヴァイアサン』六号、一九九〇年春。

116　C・A・ウイロビー『知られざる日本占領　ウイロビー回顧録』番町書房、一九七三年、四九頁。

117　前掲『女の歴史　昭和二十年代』六〇頁。

118　前掲『私の婦人運動』一三六頁。これは堀切発言と同じ。

119　前掲『近代日本女性史への証言』七六。

120　同前。

121　佐藤洋子『自由と自立への歩み』朝日新聞社、一九八四年、一四二頁。

122　児玉勝子『〔覚書〕戦後の市川房枝』新宿書房、一九八五年、一三頁。

123　前掲『マッカーサーの日本』上巻、二〇三頁。

●終・1

1　『自伝』あとがき。

2　前掲市川ミサオ『市川房枝　おもいで話』二〇三頁。

3　鹿野前掲「ファシズム下の婦人運動――婦選獲得同盟の場合」『近代日本の国家と思想』。

4　『自伝』四一九頁。

5　「颯爽たるご生涯」前掲『市川房枝という人』三八四頁。
6　『自伝』二頁。
7　市川は、「私自身が自分の個性を出来るだけのばし、婦人の地位の向上のために生涯を奉じようと決心したのは、未だ高等小学校在学中のことだつたのです」と語っている（「私はなぜ結婚しないか」『現代』一九三三年七月号）。
8　婦人委員皆無の大政翼賛会調査会第三調査会（委員長四王天延孝）の報告書、「家庭婦人に対する総力戦思想の普及　一九四三年四月二二日」をみれば、例えば、「家庭婦人は概して男子に比し修養の機会少く、年齢的には成人であつても思想的には幼稚なるものが尠くない。反戦思想とか流言蜚語に惑はされ易い傾向がある。……家庭婦人に対し（一）戦争目的を徹底せしめ、（二）戦意意識を昂揚せしめ、（三）戦争遂行上家庭婦人の重責を理解せしめることが必要である、などとしている。同じく婦人委員皆無の第五調査会（委員長・下村宏）の『家』ニ関スル調査報告書」（四三年八月一一日）をみると、例えば、近代的な学校教育などによって、女子が「家」を離れる場合が多いので、「家」の伝統に背き、「無責任ナル個人主義的傾向ニ走ラ」せているので、『家』ヲ中心トスル教育ヲ一層明確ニ振興」する手立てを講じなければならないなどと、女子を一方的に家庭内に押し込めようとしている。他方、高良とみが委員として加わった第九調査会の「皇道政治の確立と婦人の翼賛に関する調査報告書」（一九四三年七月二九日）は、市川が「委員会では相当の訂正が加えられたようだが、当時としてはある程度進歩的で私共の要求も含まれている」（『自伝』）というだけに、「大東亜婦道」「日本婦道」「皇道精神」などの言葉がちりばめられてはいるが、「婦人の性情に適したる翼賛の方途を開くこと」と、婦人の意思尊重の姿勢が若干ながら窺われる。
6　「わたしの生き方」前掲『市川房枝集』第八巻、三六八頁（第二回クロワッサン女性論セミナーでの質疑応答）、初出『クロワッサン』一九八〇年五月一〇日号。なお、この質疑応答は、前掲『野中の一本杉』にも収録されているが、当引用部分は削除され、タイトルも「最近の若い女性を見て感じること」と変更されている。
10　「あとがき」『自伝』。
11　同前。
12　「ウーマンリブを語る」前掲『市川房枝集』第八巻、二二三頁、初出『月刊日本』一九七九年三月号。
13　前掲『近代日本女性史への証言』六八〜六九頁。
14　「新しき政治と婦人の課題」前掲『市川房枝集』第四巻、四〇三頁、初出『新しき政治と婦人の課題』公民叢書第一巻、一九四六年四月五日。

15　「天皇誕生日の祝宴」前掲『だいこんの花』一二〇頁、初出『婦人展望』一九八七年五月号。
16　『婦人展望』四一年九月号。
17　「同行記」『婦人展望』一九七四年九月号。
18　「十一日間の中国旅行から帰って」『婦人展望』一九八〇年一二月号。
19　前掲『近代日本女性史への証言』七七頁。
20　「一九八一年の新年を迎えて」『婦人展望』一九八一年一月号。
21　田中寿美子「参議院議員としての市川房枝さん」前掲『市川房枝という人』九〇頁。中野好夫によれば、前年の秋、「右寄りとみに甚だしい最近の情勢が心配」で、市川、丸岡秀子に「抵抗の小組織」を作ることを呼びかけ賛同をえ、早速結成に動いたが、発病はその直後だったという（前掲「政治資金規正協議会のころ」前掲『市川房枝という人』一四六頁）。

あとがき

「市川研究」（婦人参政権問題研究）に着手して約十年、その間、日本の政治・社会状況は大きく変化した。市川が心配した戦前回帰状況が進み、国民の基本的人権を制限する法律の成立（通信傍受法、国旗国歌法など）という実態を伴いつつ国際的な紛争への自衛隊参加を容認する風土が醸成され、それが「同時多発テロ」（二〇〇一年九月一一日）を契機に一気に爆発、大した議論もなくテロ対策特措法が成立した。そして、ここについに自衛隊の海外派兵の道が開かれた。婦選運動が対峙しなければならなかった「いつの間にか狂っていく時代」、その不穏さを感じないではいられない。

他方、「女性解放」の面では、家族や職場の変容を背景に確実な歩みを見せ、男女共同参画社会基本法の施行もあり、女性の地位はより確かなものになった。そして今また夫婦別姓制度導入をめぐる議論が高まり、その実現は時間の問題と考えられるに至っている。ただ、個人の尊重を基本理念に家族を見直すという観点から検討されるべきこの問題に対して、一部自民党議員のなかにはなお「家族制度崩壊」の危機感から発せられた反対論があり、日本の女性参政権獲得運動の難しさが想起されるところであるが、最近は反対理由も「煩雑さ」が優勢になってきており、やはり新しい時代の波を感じる。

いずれにしても、「女性解放」（女性の地位向上）が女性の幸福という観点からのみならず、人類史的広がりをもって追求され、それが世界の福祉・平和の実現につながるよう願ってやまない。

本研究に関していえば、この一〇年間、文献探索方法がインターネットの発達によって驚異的に簡便化した。一〇年前には考えられないことである。また、相次ぐ復刻版発刊によって資料へのアプローチが容易になり、全体を早く広く見渡せるようになった。例えば『女性同盟』『婦選』『女性展望』などの復刻によって作業は格段に進んだ。着手当時は国会図書館のマイクロフィルムに頼らざるを得ず、全体像が見えない焦りのなかで暗然としたものである。実に隔世の感がある。

いうまでもなく歴史研究は資料発掘が重要な意味をもつ。私は資料を求めて駆けまわった。中央大学図書館の地下書庫はすっかり「勝手知ったる場」になった。国会図書館の効率的な利用方法にも「熟達」した。日比谷公園の一角にある東京市政調査会市政専門図書館も貴重な第一次資料収集の場であったが、市川が何度も足を踏み入れたであろうその歴史的建物には感慨一入であった。その他、国立公文書館、東京都公文書館、防衛庁資料室などに幾度も足を運んだ。本書はある意味では、「頭」というより「足」で作り上げたものと言えるかもしれない。

その間、私のなかで何度も蘇り前へ進む勇気を与えてくれたのは、国会図書館正面の図書出納台の上部壁面に書かれている「真理がわれらを自由にする」との文言であった。その高邁な理想主義には入館のたびに高揚感を覚えたものだが、のみならず、何が真実で、何が真実でないか、それを明らかにする使命感のようなものをかきたてられた。

それにしても、その深遠なフレーズはどこからきたのか。調べたところ、羽仁五郎が起草した国立国会図書館法（一九四八年二月交付）の前文の冒頭部分にあることが分かった。彼が一九二〇年代はじめドイツに留学した際見たフライブルグ大学図書館の玄関の石に刻まれていた聖書の言葉を、一九四七年五月、彼が戦後初の参議院の図書館運営常任委員長に就任したとき、「人民主権の国立国会図書館の正面にこそ掲げられるべきもの」と考え挿入したものだった（『近代日本図書館の歩み』、『図書館の論理　羽仁五郎の発言』）。「戦後民主主義」の具体的発露をここにみる。

本書を上梓するまでには、多くの人々のご指導、ご援助を得た。名前を記して感謝の意をお伝えしたい。実は、「研究者には幹となるテーマが必要」として「市川研究」を示唆して下さったのは立教大学法学部の新藤宗幸教授であった。先生の研究室にお訪ねした折のことである。先生は修士論文の延長線上で考えて下さったと思われるが、私にとってはまさに「啓示」であった。緊張感とともに、今やっと「宿題」を果したような安堵感を覚えている。

金原左門先生（中央大学名誉教授）の学恩ははかりしれない。大学院ゼミでは洋の東西を問わず広範な文献を資料として学び、不充分ではあるが視野を広げることができた。本書は学位論文（政治学）を加筆修正したものであるが、学位を頂くことができたのも一重に先生のお蔭である。先生にはその審査の場で厳しくも貴重なご教示を頂いた。副査の菅原彬州教授、本間修平教授にも未熟で冗長な論文の審査をして頂きご迷惑をお掛けした。

さて、学位は頂いたものの、金原先生のご指摘の如く作品としてはまだまだ未完成、他方、新資料が発見されるなどして、私にとって研究は「エンドレス」、悩みはつきなかった。そうしたなか高畠通敏駿河台大学法学部教授（立教大学名誉教授）にご批判とご助言を仰ぐ機会に恵まれた。先生には世織書房との橋渡しまでして頂いた。先生のご助言とお力添えがなければ、出版はとても覚束なかった。

高畠先生のご指導を仰ぐよう私の背を押して下さったのが立教大学で席をともにした大海篤子さん（御茶の水女子大学大学院における女性の政治参加に関する論文で学位取得）であった。彼女の一言がなければ、壁にぶつかったまま、なお悩み続けていたに違いない。

論文の完成までには、中央大学大学院菅原ゼミでともに学んだ日本政治史専攻の小宮一夫氏（史学博士、現日本学術振興会特別研究員）に目を通していただき有益なアドヴァイスを頂いた。当時博士論文執筆の追い込み中であったことを知ったのはしばらく後のこと、大変恐縮した次第である。金原ゼミでご一緒した高原泉氏（中央大学大学院法学研究科政治学専攻博士後期課程在学中）には日本政治思想史の角度から貴重なご助言を頂いた。若き二人の研究者のご指摘が如何に的確なものであったか、今しみじみと感じているところである。

私の研究を知り、市川の疎開先（現八王子市川口町）での証言収集を勧めて下さったのは沼謙吉先生（郷土史家）であった。先生が紹介して下さった疎開先の坂本家の田中君子さんを通して石川友夫氏と面談することができた。また当日、石川氏のお声がけで馬場千代さんがかけつけて下さり、彼女の市川に関する一文（本書収録）を見せて頂くとともに、興味深いお話を伺うことができた。お二人の話は敗戦直前直後の市川の一面を示す歴史的証言となった。

鶴山道子さんにはコピー不能な資料の書き写しを手伝って頂いた。お願いした以上に迅速かつ綿密に書きとめて下さった。友人の戸上万里子さん、彼女の暖かい励ましは忘れることができない。また世織書房の伊藤晶宣さんは、厳しい出版事情にも拘わらず、この大部の出版を引き受けて下さった。編集部の戸來祐子さんのお手も煩わせた。御礼の言葉もない。最後に、「不干渉」というかたちで研究に協力してくれた夫實、長男敬、長女尚子に感謝し、本書を捧げたい。

なお、本書刊行にあたっては日本学術振興会の平成一三年度研究成果公開促進費の交付を受けた。ここに記して御礼申し上げる。

二〇〇一年一二月二四日

著　者

〈著者紹介〉
菅原和子（すがわら・かずこ）
1938年東京に生まれる。1989年3月立教大学卒業（社会人入学），1996年3月中央大学大学院法学研究科政治学専攻（日本政治思想史）博士後期課程単位修得。2000年3月学位取得，政治学博士。この間，中央大学法学部政治学科兼任講師を勤める。著書に『女が政治を変える』（共著，新泉社，1990年），主要論文に「地方女性議員大量進出の意義と課題」（『年報自治体学』第5号，良書普及会，1993年），「翼賛選挙における『新党運動』――その歴史的経緯と実際――」（『法学新報』第107号7・8号，中央大学法学部紀要，2000年12月）ほか。

市川房枝と婦人参政権獲得運動
――模索と葛藤の政治史

2002年2月26日　第1刷発行©

著　者｜菅原和子
装　幀｜間村俊一
発行者｜伊藤晶宣
発行所｜株式会社世織書房
印　刷｜株式会社真珠社
製　本｜株式会社協栄製本

〒240-0003神奈川県横浜市保土ケ谷区天王町1丁目12番地12
電話045(334)5554　振替00250-2-18694

落丁本・乱丁本はお取替いたします　Printed in Japan
ISBN 4-906388-89-2